Ernst Hornickel
Die Spitzenweine Europas

ERNST HORNICKEL

DIE SPITZENWEINE EUROPAS

Eine Führung durch die kostbarsten
Weingärten der Welt
mit einem
Wein-Gotha der großen Lagen

Völlig überarbeitet und aktualisiert
von Pia Charlotte Hornickel

BUSSE SEEWALD

Die Deutsche Bibliothek – CIP-Einheitsaufnahme

Hornickel, Ernst:
Die Spitzenweine Europas : eine Führung durch
die kostbarsten Weingärten der Welt ;
mit einem Wein-Gotha der großen Lagen /
Ernst Hornickel. – 13. Aufl. / völlig überarb. und
aktualisiert von Pia Ch. Hornickel. –
Herford ; Hamburg ; Stuttgart : Busse Seewald, 1992

ISBN 3-512-03084-X

NE: Hornickel, Pia Ch. [Bearb.]

13., völlig überarbeitete und aktualisierte Auflage 1992

Schutzumschlag: Horst Förster
Lektorat: Bernhard Gurk
Satz und Druck: Busse Druck, Herford
Bindung: Klemme, Bielefeld
Printed in Germany

Inhalt

Wer weiss, was er trinkt?

»Es wäre an der Zeit, daß die Differenzierung
unserer bedeutenden, auch nach
weitem Transport untadeligen Weingruppen
zur Allgemeinbildung gehörte.«

Carl Zuckmayer, »Was weiß die Welt vom Wein?«

In einem farbigen Leben und unter friedlichen Umständen habe ich alle fünf Erdteile unter den Füßen gehabt, in erregenden und öden Ländern, bei interessanten und langweiligen Menschen. Man kann nicht sagen, daß es eine Woge von Wein war, die mich um die Welt trug; meist waren es die Kabinen alter und neuer Dampfer und die langen Flügel einer braven Constellation. Meine Aufgaben waren ganz andere und viel nüchternere, als etwa die Weinkarten der Welt zu studieren und die Rebensäfte Kaliforniens, Australiens oder Südafrikas untereinander oder mit den unseren zu vergleichen. Aber wie so manches im Leben unvermutet erkannt und erfahren werden muß, so fand ich doch mancherlei Merkwürdigkeiten im Verhältnis des Menschen zum Wein, vor allem des europäischen oder aus Europa stammenden Menschen, soweit er nicht – und diese Ausnahme bedarf der Hervorhebung – auf eigener Scholle Wein baut oder in Weinbaugebieten ansässig ist.

Ein vernachlässigter Freund

Seit der Antike sind der Weinbau und die Weinbereitung altes europäisches Kulturgut. Sie sind es – unerreicht von der übrigen Welt – bis heute geblieben. »Und sollten die abendländischen Völker eines Tages ein Symbol suchen«, schreibt Rudolf Krämer-Badoni in seinem kenntnisreichen Weinbuch, »das alle und alles verbindet, da ist es: die Rebe!«
Eine rote und eine weiße Rebe im Wappen der »Vereinigten Staaten von Europa«, welch tiefsinniges Gleichnis! Mögen manche noch dafür plädieren, die untere Hälfte des Wappens mit einem stilisierten Automobil zu schmücken, dann stehen die Symbole der natürlichen und der technischen Welt beieinander, der älteste und der jüngste Gefährte des europäischen Menschen, ein uralter und ein neuer Freund auf seinem schicksalhaften Weg durch die Geschichte.
Ist es nicht merkwürdig und wenig schmeichelhaft für den Menschen von heute, daß er im Umgang mit beiden die gleiche Unreife zeigt? Daß er sich so ungern um sie kümmert, daß er sie nur »verbraucht« und dabei so wenig von ihnen weiß?
Der Wein ist seit Jahrhunderten unser bester Gefährte, das einzige »lebende« unter unseren Getränken, er ist immer der Animator der Künste gewesen, unzählige Große haben das bezeugt, er hat den Worten und Taten der Menschen Europas Flügel verliehen, wenn sich auch seine intime geschichtsbildende Kraft der archivarischen Forschung größtenteils entzieht. Auch den kleinen Mann hat er immer ermuntert oder ihm den Rausch des Vergessens geschenkt, den Kranken geheilt oder ihm Linderung verschafft. Der furchtbarste Diktator der abendländischen Geschichte aber trank – Wasser.

Weinkenner, Weintrinker, Weinpolitiker

Lobenswerte Ausnahmen sind es auch hier, die die Regel bestätigen, aber was tat der Mensch seinem Gefährten Wein zuliebe? Widmete er ihm ein wenig seiner Zeit? Bemühte er sich, ihn kennenzulernen? Weiß er überhaupt, was er trinkt? Ich habe im Hause eines rheinischen Industriellen den Gevrey-Chambertin als »einen der kostbarsten Weinberge Burgunds« rühmen hören, ich habe einen unfehlbaren Kenner der Rheingauer und Rheinhessen-Spitzenlagen getroffen, der nicht wußte, daß die größten Bordeaux aus drei bis fünf Rebsorten verschnitten werden. Und ein Hamburger Weinfreund war nur mit Mühe daran zu hindern, einen edlen Château Margaux 1969 schon nach vier Jahren zu öffnen. Welche Enttäuschung ist ihm erspart geblieben und welche Offenbarung mag es im Jahre 1980 für ihn gewesen sein! Es gibt Bedauernswerte, die einen 1949er Beaujolais für eine besondere Gelegenheit unter Spinnweben im Keller aufheben, und Millionen von Europäern und Amerikanern, die nur zwei deutsche Weine kennen, »Liebfrauenmilch« und »Bernkasteler«. Millionen von Deutschen wissen nicht, daß die deutschen Rieslinge in guten Jahren die unvergleichlich besten Weißweine der Welt bringen können, und bei einer kleinen Umfrage unter Freunden stellte es sich heraus, daß mancher nicht wußte, wo genau der Rheingau liegt. »Es ist eine Wissenschaft für sich«, sagen sie, »man kennt sich nicht aus.«

Zugegeben, daß es gerade die deutsche Weinwirtschaft ihren Kunden nicht immer leicht gemacht hat, sich auszukennen – eine Geheim-Wissenschaft aber ist schließlich nicht daraus geworden!

Während die Franzosen seit mehr als einem Jahrhundert eine scharfe Klassifikation ihrer Lagen innerhalb ihrer vielen Weinbaugebiete durchgeführt haben, die sie ständig auf den neuesten Stand zu bringen bemüht sind, standen die deutschen Repräsentanten in der EG auf dem weniger dogmatischen und bei der raschen Entwicklung ihrer hochmodernen Kellerwirtschaft verständlichen Standpunkt, daß die Lage allein nicht das ausschließliche Qualitätskriterium sein könne und daß eine von der Herkunft des Weines völlig unabhängige Klassifizierung allein nach der objektiven Qualität des fertigen Weines, wie sie etwa durch das »Deutsche Weinsiegel« oder, in der höchsten Instanz, durch die alljährliche Bundesweinprämierung der Deutschen Landwirtschafts-Gesellschaft vollzogen wird, der für deutsche Verhältnisse verläßlichste und richtigste Bewertungs-Modus sei.

Viele Spitzenweingüter beteiligen sich allerdings nicht an den freiwilligen Bundes- oder Landes-Weinprämierungen, da ihr Name ohnehin für Qualität steht und denen immer die obligatorische amtliche Qualitätsweinprüfung schon vorausgegangen sein muß.

Nun wird die pragmatische Haltung der Deutschen zu ihren Weinlagen sofort verständlich, wenn man bedenkt, daß eben außerhalb der überlieferten höchstqualifizierten Weingärten des Rheingaus, der Mittelmosel, der pfälzischen Mittelhaardt und des berühmten rheinhessischen Uferstücks südlich von Mainz auch am Neckar, an Saar und Ruwer, an der Ahr, am Main, in der Ortenau und am Kaiserstuhl noch Weine allererster Klasse wachsen.

Zweifellos hat die Lagen-Neuordnung im deutschen Weingesetz von 1971 durch drastische Reduzierung, vor allem der geringwertigeren Lagen, aber auch durch etwas kühne Zusammenlegung von Lagen mittlerer und höherer Güteklassen, zur Übersichtlichkeit des deutschen Weinmarktes beigetragen. Leider hat man dabei in unverantwortlicher Weise in hochqualifizierten Bereichen den Namen des Spitzenweinbergs aus rein materiellen Gründen oft dadurch in Gefahr gebracht, daß man ihn um das Vielfache auch durch geringerwertige Nachbarweinberge erweiterte.

Leicht erkennbar sind die deutschen Qualitätsweine höherer Güteklassen heute als Prädikatsweine, denen jede Anreicherung untersagt ist.

Obwohl manche Zeichen dagegen sprechen, ist immer noch anzunehmen, daß der sogenannte Typenwein und der Markenwein auf der unteren Ebene der Konsumweine eine Zukunft haben. Viele Menschen unserer Zeit wollen immer gleichbleibende Qualität in einer bestimmten Geschmacksrichtung wie bei ihrer Whisky-, ihrer Cognac- und ihrer Zigarettenmarke. Der subtile Reiz, bei der Wahl einer guten Flasche Wein ein Risiko in Kauf zu nehmen, ist ihnen genauso fremd wie die zarte Erregung des Gedankenspiels bei der Betrachtung des Etiketts, einer kleineren Abart des Gedankenspiels, das einem beim Kennenlernen eines neuen interessanten Menschen beschäftigt. Sie kennen nicht die kindliche Freude, eine Blume zu finden, und die Spannung vor der ersten Zungenprobe ist nur ein Stein auf dem Weg ihres Eilmar-

sches zum Genuß, der sich vom Genießen so sehr unterscheidet. Dabei aber bleibt ihnen auch (wir wollen es hoffen) die Überraschung erspart, die freudige, die angenehme und die – schmerzliche. Die schmerzliche ist für den Kenner selten genug, wenn er sich nicht auf das Glatteis des bewußten Probierens begibt. Denn er weiß meist, was er trinkt und wo er es trinkt.
Darum sollte der Weinfreund, ehe er für die Auszeichnung der Kennerschaft kandidiert, einiges mehr vom Weine wissen. Nichts über Rebkultur und Kellerwirtschaft, kein Wort über Weinchemie oder die raffinierten, modernen Methoden des Weinbaus, nichts über seine faszinierende Geschichte, nichts über Bewertungsproben oder EG-Probleme. Dafür gibt es verläßliche fachmännische Literatur die Fülle.

Ein edler Weinberg – Vermögen und Vermächtnis

Dieses Buch will vor allem ein wein-geographisches Handbuch sein und stellt ganz bewußt auch da wieder nur ein Teilgebiet dar, das bei aller obwaltenden Sorgfalt und Sachlichkeit doch eindeutig abzugrenzen war: *die großen Weinlandschaften Europas, die seit langem Spitzenweine von Weltruf hervorbringen.*
Diese »gesegneten Gebreite«, um Goethe zu bemühen, sind den internationalen Weinwissenschaftlern und Weinhändlern bestens bekannt. Ihre Abgrenzung ist überall – mit Ausnahme von Deutschland und Österreich – behördlich vollzogen und entsprechend eingestuft worden. In Deutschland, wo man solche räumlichen Adelsprädikate aus bereits gekennzeichneten Gründen nicht gern vergibt (denn hierzulande sind die Weinbauern immer der Hort der Demokratie gewesen), fand der Autor trotzdem verläßliche Kriterien der kostbarsten Weinberglagen: *ihren Einheitswert beim Finanzamt, die finanziellen Erträge der Weinversteigerungen und das hochgeschätzte Urteil regionaler Wissenschaftler der Weinbauschulen und anderer Experten.*
So grub – um nur ein Beispiel zu nennen – Dr. Decker in Trier für ihn einen weit über 100 Jahre alten Atlas der Mosel-Weinberge aus, in dem der Kgl. Kataster-Inspektor Steuerrat Klotten die großen Lagen der Mittelmosel in die höchste Wertstufe von 480–720 Silbergroschen eingestuft hatte und dabei zu Ergebnissen kam, die zu den heutigen Werten in interessanten parallelen Relationen stehen.
Was einen Weingarten zu einer wirklich großen Lage macht, das wußten schon die Zisterzienser, und noch exakter können das heute die Wissenschaftler der Weinbauschulen belegen. Uns genügt es zu wissen, daß seine besondere geographische Lage, sein Kleinklima, sein geologischer Habitus, seine Bodenbeschaffenheit und das zu allem passende edle Rebgut seither seinen Wert bestimmten und immer bestimmen werden. Denn meistens gerieten jene teuren Lagen – vor der Säkularisierung zum größten Teil in kirchlichem, aber auch fürstlichem Besitz – in die Hände staatlicher Domänen oder solcher erfahrenen und wohlsituierten Weingüter, die nicht von der Hand in den Mund zu leben brauchten und Mittel genug hatten, das edle Rebgut eines so kostbaren Weingartens auch zu kultivieren und seine Weine zu erlesenen Genüssen auszubauen.

Europas älteste Aristokratie

Diese großen europäischen Edelweingebiete heben sich wie Inseln aus einem Meer von Reben heraus, das sich an den iberischen Küsten heraufrankt, Frankreich und Italien überschwemmt, große Teile der welschen und deutschen Schweiz und Süddeutschlands überzieht und in Österreich mit den vom Balkan kommenden und in Ungarn mit an einigen Stellen qualitativ kulminierenden Rebgärten zusammenfließt.
In größerem räumlichen Zusammenhang erscheinen auf Europas Landkarte die hochedlen Weinberglagen seit mehr als hundert Jahren wie folgt:

Frankreich
Burgund mit Côte d'Or und einigen Lagen im Chablis,
Bordeaux mit Haut Médoc, Graves, Barsac, Sauternes, St-Emilion und Pomerol
sowie Teile des Rhône-Tals und die Champagne;
Deutschland
Rheingau einschließlich dem Gebiet von Hochheim,
Mittelmosel und einigen Saar-Ruwer-Lagen,
Mittelhaardt, vor allem im vulkanischen Einbruchsgebiet,
Rheinhessen mit einigen Lagen an der Rheinfront,
Ahr, Nahe, Mittelrhein, Baden, Württemberg und Franken mit ihren Spitzenlagen;
Italien
mit seinen Rotwein-Spitzenlagen in Piemont und der großen Weine der Toskana;
Österreich
mit einigen Lagen der Wachau und vier Rieden von Gumpoldskirchen;
die Schweiz
mit einigen Lagen im Wallis und im Waadtland;
Ungarn
mit dem Gebiet von Tokaj und am Balaton;
Spanien
mit dem Gebiet von Jerez de la Frontera und dem Rioja-Gebiet;
Portugal
mit der Douro-Portwein-Region und der Insel Madeira;
Slowenien
mit den Spitzenweingebieten im Nordosten;
Kroatien
mit den slawonischen Weingärten;
Vojvodina
mit der Region Fruška Gora;
Rußland und Georgien
mit den Regionen der Krim und den Südhängen des Kaukasus.

Allen, die sich über die Aristokratie der Weine Europas, über die erlesensten Weingärten der Welt, ihre kulturhistorisch oft so interessanten Regionen, die Eigenarten ihrer Etikettierung, ihrer Jahrgänge, der Haltbarkeit ihrer Kreszenzen informieren wollen, wird im

Wein-Gotha

dieses Werkes ein Handbuch geboten, das ihnen als Gastgeber und als Gast, als Gebendem und als Beschenktem immer nützlich sein wird. Weil der Mensch unserer Zeit die schnelle Übersicht braucht, die Klarheit, die Differenzierung und Klassifizierung, *darum wurde dieses Weinbuch so und nicht anders gemacht.*

Der Verfasser hat sich bei vielen Männern zu bedanken, die ihn in Jerez, Porto, im Bordelais, in Burgund, in der Champagne, am Rhein, an der Mosel und an der Donau mit wertvollem Wissen unterstützten. Experten von internationalem Ruf waren darunter, Direktoren und Lehrer regionaler Weinbauschulen, mit denen er oft genug viele dieser Weinberge zu Fuß durchschritten hat, um Aufschlüsse über deren Geschichte, ihre Rebkultur und ihr Kleinklima zu erhalten. Er darf von sich sagen, daß er mit ganz wenigen Ausnahmen alle diese Weinberge in jahrelanger Arbeit und auf vielen Reisen besucht und seine Informationen so gewissenhaft wie nur möglich an Ort und Stelle eingeholt hat. Er hat sich bewußt auf die Fixierung der ganz großen und großen Lagen beschränkt, weil es für den Weinfreund zuerst einmal nützlich ist zu wissen, »wo die besten Weine wachsen«. Unser Freund mag einen schwäbischen Trollinger köstlich finden (er ist es), einen Blaufränkischen aus dem Burgenland oder einen Beaujolais, dessen Ausfuhr die Pariser am liebsten verhindern würden, er mag sich in Rom am Frascati berauschen – das alles bringt jene Fixsterne nur zu hellerem Glanz, die Bacchus da in den Himmel gesetzt hat und die ewig schimmern in guten und schlechten Jahren, über Gerechte und Ungerechte.

Ernst Hornickel

WO DIE GROSSEN WEINE WACHSEN

Bordeaux

Rotes Gold in tausend Schlössern

»Trinken wir doch einen Bordeaux!« Das sagt man so leicht in festlichen Stunden. Der Finger liegt dabei auf einer bestimmten Stelle der Weinkarte und auf einer bestimmten Stelle der Karte von Frankreich. Er liegt auf dem eleganten, liebenswürdigen, heiteren und fleißigen Bordeaux, dem geschäftigen Häusermeer inmitten einer Million stiller Rebgärten, die dort ihre hellen und dunklen Trauben unter einem seidigen, königsblauen Himmel reifen lassen.

Ein Wein-Labyrinth

Christus war noch gar nicht geboren, da fand Crassus mit seinen römischen Legionären hier schon riesige Weingärten vor, und für die Rebstöcke, die er aus der Toscana und aus Sizilien mitbrachte, mußte er mit Gewalt einige günstige Lagen roden lassen. Heute wächst hier Wein in einer zusammenhängenden Fläche wie nirgends sonst auf der Welt, und das Departement Gironde gießt davon jährlich Millionen Liter aller Qualitätsstufen in die Weinkeller der Welt. Es sind dabei Weine aus zwanzig einzelnen Regionen, von denen uns nur die fünf interessieren, die zu den Edelweingebieten Europas gehören. Es sind das:

1. *Haut Médoc* am Westufer der Gironde, ohne die Nordspitze der Halbinsel (Rotweine)
2. *Graves,* nördlich, westlich und südlich Bordeaux auf dem Westufer der Garonne (Rot- und Weißweine)
3. *Sauternes* im südlichen Teil des Gebietes Graves, ebenfalls auf dem Westufer der Garonne (Weißweine)
4. *Saint-Emilion,* südöstlich Bordeaux, auf dem Nordufer der Dordogne (Rotweine)
5. *Pomerol,* nordöstlich der Stadt Libourne, Saint-Emilion benachbart (Rotweine).

Die den Franzosen eigene Ratio hat sich in einer strengen Klassifizierung niedergeschlagen, die 1855 für das Médoc und Sauternes aufgestellt wurde und 1973 eine einzige Korrektur in den Crus Classés erfuhr: die längst überfällige Aufnahme von Château Mouton-Rothschild in die Premiers Crus. Château Haut-Brion, das Spitzengewächs von Graves wurde 1855 mit den Médoc-Weingütern eingestuft, andere rote und weiße Graves-Weine wurden 1953 und 1959 zu Crus Classés. Saint-Emilion schaffte 1955 erstmals Ordnung unter den vielen, meist kleinen Besitzungen mit inzwischen zwei Revisionen. Nur Pomerol hat sich bis jetzt jeder offiziellen Einstufung widersetzt und wird es auch in Zukunft tun, zumal die Region im Vergleich zu den anderen klein und überschaubar ist.
Es ist wichtig, den Freund der Bordeaux-Weine mit der ungeheuren horizontalen (geographischen) und vertikalen (qualitativen) Ausdehnung des ganzen Labyrinthes dieser Weinwelt bekannt zu machen, das man wirklich nur mit einem Ariadne-Faden in der Hand begehen kann.
Alles was wir hier behandeln und im Wein-Gotha erwähnen, sind nur Gewächse der fünf anerkannt besten Regionen, unter deren Weinen uns zwar nicht nur die Crus Classés interessieren, vornehmlich aber alle Premiers Crus und die unmittelbar hinter diesen wenigen Spitzenlagen qualitativ auf Luke dahinterstehenden großen Lagen. Da einerseits die alte Klassifizierung noch Gültigkeit hat, deren Revision vor allem in den unteren Klassen seit Jahren zwar gewünscht, aber nie erreicht wurde, sie andererseits aber nicht in jedem Fall mehr den heutigen Gegebenheiten entspricht, haben wir herausragende Châteaux im Wein-Gotha gekennzeichnet und stellen dem Leser auch nicht klassifizierte, qualitäts-orientierte Weingüter vor. Anders würde man hier in einem Meer von Angeboten ertrinken, einem Meer von roten und weißen, sehr guten, guten, erfreulichen und billigeren Weinen, einem ganzen Strauß von Geschmacksrichtungen für alle Zungen. Weine, die mehr als ein halbes Jahrhundert alt werden können und Weine, die man frisch in den ersten paar Jahren trinken sollte.

In der Gironde wächst alles, was Wein heißt und Wein sein kann. Es fließt in die Fässer und Bouteillen anders als im mittleren Europa und in Burgund, und es gibt auch seine Visitenkarte auf dem Etikett in einer anderen Weise ab.

Gemischt und alt wie ein Mensch

In Mitteleuropa ist man gewöhnt zu wissen, was man kauft. Spätburgunder, Portugieser, Sylvaner, Trollinger, Ruländer, Riesling oder Blaufränkisch: es steht meistens sauber und verläßlich auf dem Flaschenetikett. Diese Visitenkarte der Rebsorten sucht man auf der Bordeaux-Flasche vergeblich, denn die Bordeaux sind alle Verschnittweine wie zum Beispiel die italienischen Chianti oder die spanischen Riojas.
Die edelsten Kreszenzen, denen unsere Aufmerksamkeit gilt, werden vorzüglich aus den Säften der Cabernet Sauvignon, Cabernet Franc und Merlot in unterschiedlicher Zusammensetzung bereitet, mit kleinen Zusätzen der Verdot, manchmal auch der Malbec. Die Zusammensetzung der Rebsorten und das Mischungsverhältnis in der Assemblage unterscheidet sich regional, bedingt durch die unterschiedliche Bodenbeschaffenheit und nach dem individuellen Rezept der einzelnen Châteaux. So entstehen, vereinfacht gesagt, die Differenzen im Körper, im Bukett, in der Reifezeit und in der Alterungsfähigkeit des Weines.
Die hohe Alterungsfähigkeit der klassischen Bordeaux-Weine hat ihre Ursache nicht nur in der Eigenart der Zusammensetzung der Rebsorten, sie ist auch auf die Tatsache zurückzuführen, daß man nur reife und absolut gesunde Trauben für die Spitzenweine verwendet und daß diesem Rebensaft in keiner Phase seiner Entwicklung etwas zugesetzt wird. Meist reift er drei bis vier Jahr lang in Fässern (Oxidationsalterung), ehe er auf Flaschen gefüllt, langsam ausreift und die drei bis fünf geschlagenen Eiweiß, die man pro Faß hineingibt, um den Wein zu klären, ihn also von allen Trubteilchen zu befreien, sind die einzige rebgutfremde Substanz, die mit dem Wein in Berührung kommt. Auch in den weniger guten Jahrgängen wird dieser Wein in keiner Weise verbessert, sondern kommt, wenn er nicht dem hohen Qualitätsanspruch und somit dem Ruf des Château genügt, unter einem Zweitetikett des Hauses auf den Markt und wird früher getrunken.

Aus tausend Schlössern

Die andere Eigenheit der roten und weißen Bordeaux-Weine liegt in ihrer Herkunftsbezeichnung. Es sind sämtlich Château-Weine, auf deren Etiketten die Angabe der Lage durch den Namen des Schlosses ersetzt wurde. Auch in Deutschland gibt es Château-Weine, etwa Schloß Johannisberg und Schloß Vollrads im Rheingau, Schloß Staufenberg in Baden und viele andere. Aber im Bordeaux-Gebiet sind weit über neun Zehntel aller Herkunftsbezeichnungen die Namen von Schlössern, unbekümmert darum, ob es sich dabei um wirkliche Schlösser wie das neuklassizistische Margaux, das mittelalterliche d'Yquem, das uralte Ausone, eine herrschaftliche Villa wie das Château Mouton-Rothschild handelt, oder aber nur um eine Art Zweifamlienhaus wie das Château Pétrus. Ein ramponiertes Gutshaus darf sich ebenso Château nennen wie ein kleiner Bungalow, den sich ein Winzer in seine Weingärten gesetzt hat.
Früher verkaufte der weitaus größte Teil der Château-Besitzer seinen Wein in Fässern an die Weinhändler, vor allem an große englische und hanseatische Importhäuser, die ihrerseits durch ausgleichende Cuvées bestrebt waren, diese jahrgangsweise schwankenden Weine in derselben Geschmacksrichtung und auf derselben Qualitätshöhe zu halten. Als 1869 der Château Lafite, weil es ein sehr guter Jahrgang war, komplett im Schloß auf Flaschen abgezogen worden war, nahmen das viele andere Châteaux als Beispiel und verkauften vor allem ihre besten Jahrgänge nicht mehr in Fässern, sondern in Fla-

schen mit dem bekannten Vermerk: »Mise en bouteilles au Château.« Mr. Blondin, der Maître de Chai von Mouton-Rothschild, erzählte uns, daß es in seinem Hause noch nie anders gewesen sei: Château Mouton-Rothschild habe seither *nur* numerierte Schloßabzüge verkauft. Heute geht der weitaus größte Teil der klassifizierten Bordeaux-Weine als »Schloß-Abfüllung« auf den Markt, was in jedem Falle eine zuverlässige Herkunfts-Garantie ist, eine Art Markenbezeichnung, nicht aber unbedingt ein Qualitäts-Zeugnis. Das ist erst gegeben durch den *Namen* des Schlosses und den auf dem Etikett angegebenen *Jahrgang*. Und auch da hat – wie überall in der Wein-Welt – der Teufel noch nicht alle seine Finger aus dem Spiel gezogen.

Haut Médoc: teurer Wein aus armem Land

Das Médoc kann der Herrgott nur im Zorn erschaffen haben. Am Sandstrand des Atlantik ein paar sogenannte Seebäder von abschreckender Primitivität, dahinter ein Dünengürtel von heimtückischer Unruhe, meilenweite Kiefernwälder von erschütternder Eintönigkeit, dazwischen die menschenleere Heide des Landes und die in der Mittagshitze wirbelnde Fliegenbrut über den Sümpfen. La belle France auf der Rückseite.

Die beiden Dünenseen von Hourtin und Lacanau haben ein paar hübsche Winkel und bringen mit ihren lustigen Seglern eine beschwingte Melodie in diesen traurigen Hinterhof des Tourismus. Erst im östlichen Drittel hebt sich das Land sanft und unmerkbar in den heiteren Frieden uralter Dörfer. Felder schieben sich ins Bild, und unter grünen Wolken breiter Laubbäume schöne, verlotterte, gepflegte, romantische, armselige und prunkvolle Herrensitze: die Châteaux des Médoc!

Ein Flieger in der Luft kann sicher ganze Sternbilder aus ihnen zusammenstellen mit Sternen erster, zweiter und dritter Größe. Ihre Himmel sind die Weingärten, die großen und kleinen Weingärten voller Cabernets, Merlot, Verdot und Malbec, Weingärten, die sich fugenlos aneinanderreihen, so weit das Auge reicht. Weingärten, deren Namen die Welt kennt, und solche ohne Rang, die irgendeinen Bourgeois in die alte Kelter liefern oder einen billigen Artisan. Aber alle bilden sie in ihrer kultivierten Akkuratesse, ihrer gepflegten Sauberkeit und Fülle einen merkwürdigen Gegensatz zu den verblaßten Dächern und dem meist vernachlässigten Gemäuer der alten Dörfer um die berühmten Weinorte wie St-Estèphe, Pauillac oder St-Julien.

Diese Erde, die früher vom Wasser überflutet war, hat hier Kiesel, runde Quarze und groben Sand geschaffen, auf häufig wechselndem Untergrund aus Lehm, Sand und Tonsediment. Die Weinstöcke, die hier wachsen, brauchen ständige und sehr sorgfältige Pflege. Es ist ein kostspieliges Handwerk und eignet sich schlecht zur Maschinenarbeit. Die Stöcke werden im Prinzip alle fünfundzwanzig bis fünfzig Jahre neu gepflanzt, man beschneidet sie kunstvoll jedes Jahr, drei- oder viermal pro Jahr werden sie angebunden, ausgeblattet und gehackt, und ab dem zweiten Jahr werden sie, je nach Bodenreichtum, alle sechs oder zwölf Jahre gedüngt. Intensivere Düngung würde zwar die Quantität steigern, aber der Qualität nur schaden, die hier streng überwacht wird.

Das ist die Szenerie der alten »Clarets«, der berühmtesten und vor allem im Alter bekömmlichsten Rotweine der Welt, der »Weine der optimistischen Greise«, von denen man sagt, daß sie schmeichelnd mit der Leber nur flirten und die Adern geschmeidig erhalten. Ein nur 2–10 km breiter und 40 km langer Gürtel des farbigen Lebens in einem sonst reizlosen Lande!

Hinter den letzten Dörfern nahe der Gironde ist er nämlich schon wieder da, der unheimliche, oft weglose Sumpf, das Maquis. In der Einsamkeit des alten Forts Médoc rollen in Vollmondnächten die Köpfe enthaupteter Girondisten über die morsche Stiege. Drüben schwappt braun und

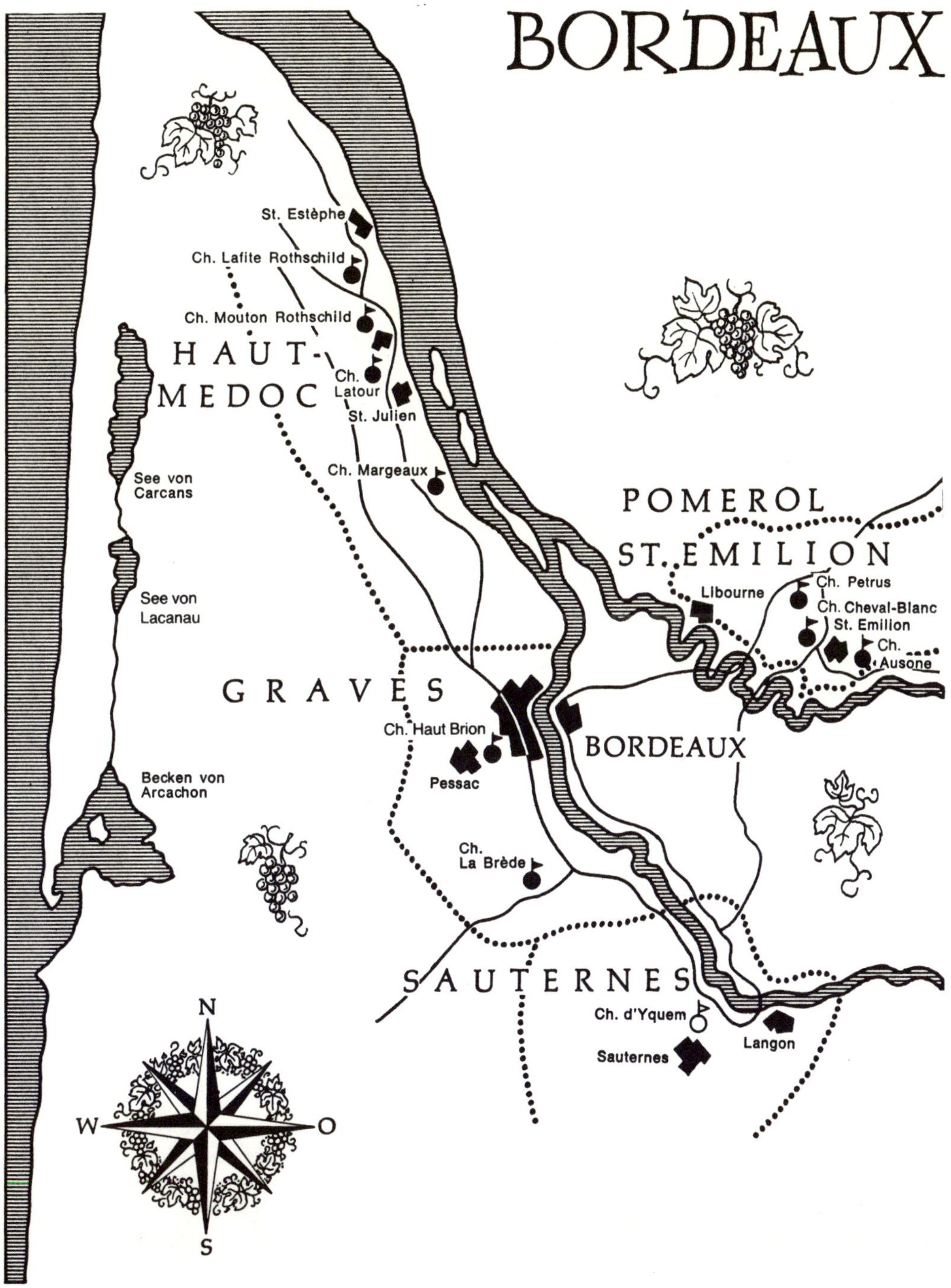
BORDEAUX
St. Estèphe
Ch. Lafite Rothschild
Ch. Mouton Rothschild
HAUT-
MEDOC
Ch.
Latour
St. Julien
Ch. Margeaux
See von
Carcans
See von
Lacanau
POMEROL
ST. EMILION
Libourne
Ch. Petrus
Ch. Cheval-Blanc
St. Emilion
Ch.
Ausone
GRAVES
Ch. Haut Brion
Pessac
BORDEAUX
Becken von
Arcachon
Ch.
La Brède
SAUTERNES
Ch. d'Yquem
Langon
Sauternes
N
W
O
S

brackig das faule Wasser der Gironde an das modernde Ufer, und ganz sicher wohnen hier die Erlkönige, die nachts wie heisere Eulen schreien.

Graves sind Kiesel

Weiter südlich, dort wo das kleine Flüßchen Blanquefort melancholisch durch das Moor zieht, ehe es sich scheu in der Garonne verliert, grenzt das vom Wein her aristokratische Haut Médoc an die Weinlandschaft der Graves, ein Name, der nichts weiter bedeutet als »Kieselsteine«, aber im Kopf eines Mitteleuropäers sich noch immer mit dem Begriff Weißwein assoziiert. Dabei wachsen im Graves viel mehr und bessere Rot- als Weißweine. Die Spitzenkreszenz des Château Haut-Brion hatte schon 200 Jahre Prominenz hinter sich als sie 1855 den berühmten Rotweinen des Haut Médoc offiziell zugeordnet wurde, obwohl der Weinberg in Pessac, dem südwestlichsten Vorort der sich immer weiter ausbreitenden Stadt Bordeaux liegt, also in der besten Region der Graves.

Eine heitere, leuchtende Wald- und Gartenlandschaft tut sich da auf, und es ist, als ob der königliche Glanz der Metropole Bordeaux weit ins Land hinaus strahlte, wo der Wein zwischen Blumengärten wächst und zwischen hellen einladenden Häusern, wo er in launigem Übermut überall da auftritt, wo man ihn am wenigsten vermutet. Welche Sonne, welch lieblicher Glanz überall an den Ufern der kühlen, frischen Gironde, die von den Pyrenäen herunterquirlt wie im Übermut!

Die kostbarsten Weingärten liegen gleich im Südwesten und Süden von Bordeaux, in Pessac, Leognan und Martillac, in Griffweite der Feinschmecker sozusagen. Wirklich kostbar sind nur einige der *roten* Graves, die den besten Lagen des Haut-Médoc nicht nachstehen. Aber es gibt immer mehr sehr gute und gute rote Graves.

Obwohl die Bodenbeschaffenheit der Graves mit quarzithaltigen Decken über Lehm- und Tonschichten, denen oft Kalk und eisenhaltiger Sand beigemischt sind, weißen Rebsorten sehr angemessen ist, hat deren Anbaufläche in den letzten Jahrzehnten ständig abgenommen – zugunsten der Rotwein-Sorten. Das ist nicht zuletzt auf das schlechte Image der langweiligen, süßlichen weißen Graves zurückzuführen, die den Ruf der Region stetig ruiniert hatten. Inzwischen hat sich, aufgrund moderner Weinbereitungs-Verfahren, die sich zunehmend durchgesetzt haben (wie z. B. die Kühlung des Gärkellers), vieles gewandelt, und der Wein erhält jetzt Frucht, Charakter und Vitalität, alles was ihm früher abging.

Die besten sind die trockenen weißen Graves. In guter Qualität findet man sie in der ganzen Region, die feinsten allerdings stammen aus dem nördlichen Bereich.

Liebliches Sauternes

Am westlichen Ufer der Garonne, ganz umschlossen von der Region Graves, liegen die drei großen, klassischen Weißweingebiete des Bordelais: Cérons, Barsac und Sauternes, die wir nicht ganz korrekt zum besseren Verständnis unter den Namen Sauternes zusammenfassen.

Der Untergrund besteht hier aus Kalk, meist auf Glimmer, auf dem da und dort die üblichen aquitanischen Formationen liegen. Die Sémillon- und Sauvignon-Reben wachsen meist auf feinem, kiesel- und glimmerhaltigem Sand, der mit Ton und Quarzkieseln vermischt ist. Der Wein von Sauternes hat Weltruf durch seinen sehr eigenen Geschmack, seine Rasse, seinen Likör, seinen Geist und sein Bukett.

Weniger bekannt ist die nicht alltägliche Art der Weinlese in dieser Region. Die Reife der Traube genügt nicht. Man erwartet, um sie zu ernten, die Fäulnis ihrer Beeren. Eine spezielle Fäulnis gewiß, die man nicht mit Überreife bezeichnen sollte, sondern »Edelfäule« nennt, wie am Rhein. Die zunehmende Pourriture noble entsteht auf den vollreifen Beeren durch die herbstlichen Morgennebel an sonst sonnigen Tagen durch einen Freund mancher großer europäischer Weißwein-Lagen, den Pilz Botrytis cinerea. Dieser wohltuende Verderber befällt die Beeren der Sémillon und der Sauvignon. Sein Pilzlager durchdringt mit kleinsten Wurzeln zunehmend die Haut der Weinbeere, erreicht das Mark und hinterläßt auf der Haut die rosa Färbung, die wie ein einfacher Fleck aussieht und die den Winzern des Sauternais ebenso wohlbekannt ist wie denen im Rheingau. Das Übel verschlimmert sich. Ein grauer Flaum mit aus kleinen Kügelchen gebildeter Brut (Sporen) umgibt die befleckte Beere. Die Brut wird vom geringsten Wind zerstreut und von den benachbarten Trauben aufgefangen. Sie keimt mit Vorliebe im Morgengrauen in der Feuchte des Nebels oder in den Tautropfen. Nach und nach welkt die Beere. Ihre Farbe verfälscht sich mehr und mehr vom Rot zum Braun und zum Granat. So bieten jetzt diese Trauben, zur größten Freude des Winzers, einen ungewöhnlichen Anblick, für nicht eingeweihte Besucher auch ein widerwärtiges Bild. Verwelkt, verdorben, enthalten sie nichts als einen Rest Konfitüre unter der zerrissenen, verwelkten Haut. Der Tatsache, daß durch die perforierte Haut viel Wasser aus der Beere verdunstet ist, verdankt der Sauternes seinen Reichtum an Likör und sein eigenartiges Aroma. Zur natürlichen Konzentration des Traubensaftes fügt sich eine wichtige chemische Erschließung von Glyzerin, Dextrose und Pektin, ohne die anderen Substanzen und Oxydationen zu nennen, die die Botrytis durch ihren Befall hervorbringt. Da der Botrytis-Befall der Beeren in den meisten Jahren nur langsam vorangeht, ist die Lese ungeheuer zeit- und kostenaufwendig- Über mehrere Wochen wird der Weinberg nur bei trockenem Wetter in mehreren mühseligen Lesedurchgängen durchgearbeitet – für die kleine, kostbare Ernte.

Man sagt, daß »ein Sauternes der Tugend Flügel verleihe« (damit sie schneller davonfliegen könne, eifern die Spötter), aber man sollte den Sauternes bei uns nicht schlicht als »Weiberwein« bezeichnen, wie es oft genug geschieht. Man macht es sich auch viel zu leicht, ihn einfach als Süßwein abzustempeln. So kann nur jemand reden, der sich noch nie die Mühe gemacht hat, einem guten Sauternes wirklich zu begegnen, ihn also bewußt zu genießen. Unter der grandiosen Fülle seiner Extraktstoffe und seiner balsamischen Süße verbirgt sich ein zarter, aber im Abgang sofort spürbarer Säureschleier, der immer wieder die Überraschung auch deutscher Riesling-Trockenbeerenauslesen ist.

Ein guter alter Sauternes eines guten Jahres aus einem der von uns im Wein-Gotha herausgehobenen Schlösser ist immer ein großer, festlicher Wein, ein amouröser Zauberer, ein goldenes Gewitter, aus dem die Geistesblitze sprühen. Harte Männer mögen mit Bären zusammen Wodka trinken, erfahrene Männer kredenzen ihrer Dame auch Sauternes, einen Lafaurie-Peyraguey aus Bommes, einen Climens aus Barsac oder einen Raymond-Lafon. Das Herz schlägt Alarm, auch wenn es nicht gleich der König der Könige, ein hochnobler Château d'Yquem ist, bei dem auch die Begum ins Träumen geriet. Immerhin zahlte Großfürst Konstantin von Rußland einmal 20000 Goldfranken für ein Faß Yquem 1847!

Sauternes selbst, das der Region den weltberühmten Namen gab, ist ein in einer lieblichen flachen Senke verstecktes kleines Dorf. Unter den alten Bäumen des Kirchplatzes, nach der Degustation der edelsten Château-Weine, vergißt man die Welt, man hört nur noch die silbernen Hörner des Märchenzwerges Oberon, und die eigene Tochter wird zur gütigen Fee, die den guten Stern auf allen Straßen und den in die schönsten Sémillon-Träume versponnenen Vater durch das Gewirr der mittelalterlichen Gassen von Cadillac nordwärts in eine noch viel ältere Welt bringt.

Langsam vermählen sich dabei die Gespinste des nun schon fernen Sauternes mit dem goldenen Licht des Spätsommers entre deux mers, und die

silbernen Oberon-Hörner verwehen drüben im Bois, vor dem die Kühe im fetten Grase stehen. Einmal nur kreischen Bremsen in diese Idylle hinein, dann blitzt der Vergleich zwischen Henze und Carl Maria von Weber auf, zwischen »König Hirsch« und »Oberon«, schließlich wollen alle Melodien diese trostlos gewordene Erde verlassen, wie bunte, glitzernde Schnüre nachts fahrender Züge steigen sie in den dunklen Himmel und ziehen davon, um irgendwo eine andere, dankbarere Welt zu suchen ... Langsam fällt der Vorhang.
Als er wieder aufging, standen wir in einem kühlen römischen Gewölbe.

Die uralten Steine von St-Emilion

Wir standen in den Kellern von Château Ausone und blinzelten in den klaren Rubin einer Flasche, die Jean Dubois-Challon mit einer Leiter aus der hintersten Ecke der Vinothek heruntergeholt hat. Er hielt sie sehr ruhig und behutsam gegen das Kerzenlicht, als hätte sie soeben ein Archäologe antiker Erde entrissen. Nur die Hand des Regisseurs (so heißen die Verwalter der Weingüter des Bordelais) zitterte dabei, und so hüpfte die Flamme wie eine goldene Ballerina durch das klare Höllenrot dieses Château Ausone, St-Emilion von 1838. Dann spielte der gestreckte Arm des kleinen Gascogners mit dem Kerzenlicht über ein ganzes Jahrhundert aufregender Geschichte, und Jean Dubois-Challon, »Erster Jurat« der Jurade de St-Emilion, sagte fast scheu und mit verhaltenem Stolz einige Zahlen vor sich hin: dix-huit cent quarante-huit, dix-huit cent soixante-quatre, 1866, 1873, 1878, 1899 ...
Wir sahen die weißen Jahrgangsziffern auf den kleinen schwarzen Tafeln, und es war still in den Gewölben des Ausonius wie in einem Mysterienspiel. So alt und geheimnisvoll ist alles hier. In diesem Gemäuer hat nicht nur der englische König Richard Löwenherz gezecht, ehe ihm im Frühjahr 1199 ein Lanzenreiter des Grafen von Limoges die geschwollene Leber durchstieß. Hier stand lange zuvor, um 360, die Villa des römischen Konsuls Decimus Magnus Ausonius, eines Weltmannes und Poeten seiner Zeit, der nicht nur eine Weinreise an die Mosel machte und sie poetisch besang (Mosella), sondern unter den Arkaden seiner heiteren Villa bei einer Magnum-Amphore »Château Ausone« von 363 die Schönheit seiner suebischen Geliebten Bissula in Verse kleidete, ehe die Vandalen und Sueben 50 Jahre später sein Haus zur Ruine machten.
Aber es gibt nebenan viel ältere Zeugnisse der erhabenen Geschichte dieser Erde, auf der zwei Buben, die 1940 einen entlaufenen Hund suchten, in einer Höhle in einem Seitental der Dordogne die Tiere von Lascaux entdeckten, die bisher ältesten Wandgemälde der Menschheit aus der älteren Steinzeit.
Ist es ein Wunder, daß man in der Nähe auch die Skelette des noch älteren Cro-Magnon-Menschen aus der Erde zog? Das heutige Château Ausone duckt sich hinter einem hohen Erdwall, geschützt von uralten Bäumen, über diese bemoosten Gemäuer, und die Bauarbeiter sind still am Werk, um es ein wenig zu vergrößern. Sie tun es fast heimlich, und sie werden den kleinen Anbau sicher mit uralten Ziegeln bedekken, um die Patina dieser patriarchalischen Landschaft sorglich zu bewahren.
Zu Abend essen wir auf dem Dach einer Kirche, es ist ein saftiges Entrecôte Maître de chai von einem jungen Ochsen, über Rebholz geröstet mit Steinpilzen aus dem Waldstück da drüben und einer Sauce Emilionaise, wie sie dem Küchenchef des Hotels de Plaisance alle Ehre macht. Eine Flasche Château Figeac sprüht flüssigen Rubin in drei Gläser. Wir fassen sie am Fuß an, wie es bei Bordeauxweinen schicklich ist, denn wenn man schon auf einem Kirchendach an irdisches Glück denkt, sollte man wenigstens die einschlägigen Riten beachten.
Neben dem riesigen Glockenturm, der als Wahrzeichen von St-Emilion hoch aufgereckt wie der Finger Gottes aus dem Rebenmeer ragt, parken

jetzt noch einige Autos mehr auf dem Dach dieser merkwürdigsten Kirche, die ich je sah. Benediktiner schlugen sie um die Wende des 11. zum 12. Jahrhundert mit einem Mittel- und zwei Seitenschiffen 40 Meter lang, 20 Meter breit und 16 Meter hoch in den nackten Fels – eine nicht nur von der Technik, sondern auch von der mönchischen Mentalität her erstaunliche Arbeit. Im gespenstischen Dämmerlicht unter den rohen Rundbogen wähnt man sich wirklich eher in der Halle des Bergkönigs als in einem Gotteshaus, das es ja auch nicht mehr ist. Ein altes Mütterchen, das nebenan ein Souvenir-Geschäft betreibt, führt die kleinen Trupps von Neugierigen durch die hohen Gewölbe, in denen einst fleißige Mönche bei flackerndem Fackellicht umherhuschten, hämmerten und klopften, um in frühchristlich-atavistischer Verstrickung vor dem Sonnenglast dieser bacchantischen Welt und dem höllischen Feuer ihrer Weine in diesen Katakomben-Dom zu flüchten.

Und die St-Emilions haben Feuer! Es sind körperreiche, vollmundige, oft kompakte, kraftvolle Weine. In den von vielen Kennern heute bevorzugten Weinen des benachbarten Pomerol vereinigen sich samtene Fülle und Rasse mit einem großen Reichtum an Geschmacks- und Bukettstoffen.

Mitte des 19. Jahrhunderts waren die Weine von St-Emilion und Pomerol anscheinend in Vergessenheit geraten. Sie wurden 1855 noch nicht einmal mitklassifiziert, was für Saint-Emilion genau hundert Jahre später zum ersten Mal durchgeführt wurde. Hüter dieser Klassifizierung und ihres Qualitätsniveaus ist die Ratsherrschaft (Jurade) von St-Emilion, die von Johann ohne Land 1199 gegründet worden war und heute mit Stolz ihre roten Talare als älteste Weinbruderschaft Frankreichs trägt. Ihr Festbankett im Kloster der Kollegialkirche, die Schwüre ihrer Novizen im Fackelschein, die Freude an spektakulärer Robe und der Würde des Zeremoniells sind mehr als bacchantischer Kult. Sie sind ein in liturgischer Strenge gefaßter Ausdruck der Verehrung einer Gottesgabe.

Hier weiß man, daß sie alle an einem Weinstock hängen, die heidnischen und die christlichen Trauben, die heidnischen und die christlichen Gleichnisse und Symbole. Hier weiß man, daß Allvater Gott im Wein die Wahrheit verbarg, daß er im Wein das Leben der Menschen symbolisierte, ihre Stärken und Schwächen, ihre Tugenden und Laster. Der römische Konsul Ausonius wußte das, der hier über diese alten Steine ging, Montesquieu wußte das, der drüben im Château La Brède wohnte und sann, und Jean Dubois-Challon wußte es.

Der »Erste Jurat« fragt beim Abschied nach dem besten Platz im Wagen und legt dann eine Flasche Château Ausone 1947 mit der Anmut eines aquitanischen Ritters auf den Schoß einer heiteren jungen Frau.

Die goldenen Hänge Burgunds

Man sitzt gut unter den alten Bäumen, die neben dem Château de Santenay stehen, das unserem Freund, dem Comte de L. gehört, zusammen mit einigen Weinbergen in Pommard, Volnay und Santenay. Das nur ist übriggeblieben vom Besitz einer Familie, der früher ein großer Teil der Côte de Beaune zu eigen war. Für sie war das Leben nicht immer so grün und golden gerahmt wie hier, wo das helle Geriesel sommerlichen Lichtes durch die lichten Fächer der Platanen Bilder von Renoir und Manet in ihren Park zaubert.

Der Bürgermeister von Santenay, der den Namen eines der teuersten Weinberge der Welt trägt und Musigny heißt, stellt eine Flasche Santenay Les Gravières eines hervorragenden Jahrgangs auf den Tisch neben eine schon halb ausgetrunkene Pommard Les Epenots desselben göttlichen Jahrgangs, und der alte Graf sagt dazu, daß man doch in dieser Welt der Maschinen nicht vergessen solle, »qu'il y a encore du soleil et des fleurs, du pain et du vin, de la joie et de l'amour . . .« Seine Vorfahren haben diese Glücksgüter des Lebens sicher in umgekehrter Reihenfolge zitiert, und darum sagte er es wohl so sanft und in einer leisen Melancholie.

Eine dionysische Straße

Eigentlich wollte ich hier die erhabenen Reste von Cluny sehen, die sprechenden Steine von Autun und Clairvaux und das lupenreine »Jüngste Gericht« Rogier van der Weydens im Hospice de Beaune.

Und nun bin ich auf diese heidnische Straße geraten, auf der einst die Römer ihre Weine aus der Provence in alten Amphoren nach Norden brachten und auf der heute große Kisten mit kostbarem Burgunder in die eleganten Restaurants von Milano und Roma rollen. Nun bin ich unter die Bacchanten der Côte d'Or gefallen, die an der »Route des Grands Crus« allesamt in kleinen und großen Schlössern wohnen. An ihren Wänden hängen alte Waffen oder Fayencen, die ihre Großväter sammelten, in ihren hohen getäfelten Stuben sitzt man unter kostbaren Lüstern auf Stühlen des Empire und hört die Zeit aus alten Pendulen schlagen. Aber in ihren Kellern lagern die teuersten Weine der Welt, und in ihren Comptoirs führen Père et Fils die Computerbuchhaltung jetzt so sorgfältig wie die Ahnen die großen Journale.

In diesem glühend-farbigen Lande scheinen nur die Hintertüren zu den kulturellen Schätzen zu führen, ich aber, der ich die große Pforte bei Dijon nahm und auf der Route Nationale 74 nach Süden fuhr, las ununterbrochen nur teure Weine auf den blauen Ortschildern: Gevrey-Chambertin, Chambolle-Musigny, Clos Vougeot, Vosne-Romanée, Nuits-St-Georges, Aloxe-Corton, Beaune, Pommard, Volnay, Meursault, Montrachet und Santenay . . .

Meine Nase genoß den paradiesischen Duft des Chambertin, die rubinrot entfaltete Blume des Musigny, und auf meiner Zunge zerging der einschmeichelnde Bajaderen-Körper eines Romanée-Conti. Es war eine dionysische Straße, und ich hatte das Gefühl, als ob auch die Autos hier mit Corton oder Pommard fahren würden, so sanft war ihr Dahinrollen, so sanft wie das Auge der Gendarmen.

40 Kilometer lang und immer nur ein paar hundert Meter breit sind die Hänge der Côte d'Or, auf denen die kostbaren Pinot-Reben wachsen, die schon Karl dem Großen den Bart färbten, Napoleon die Schlacht von Waterloo verlieren ließen, weil er seine Flasche Chambertin an jenem Tage nicht greifbar hatte, und Erasmus von Rotterdam auf einen bischöflichen Angriff, daß er zur Fastenzeit einen Pommard trinke, antworten ließen:

»Nur mein Herz ist katholisch Eminenz! Mein Magen ist evangelisch.«

Victor Hugo meinte, man könne diese Weine nur kniend trinken, und der Bischof von Lyon, der sich als Meßwein einen der teuersten »Tête de Cuvées« der Côte d'Or bestellte, erklärte schlicht, daß er schließlich keine Grimassen

schneiden könne, wenn er seinem Herrgott gegenübertrete.
Wie die edle Pinot-Noir-Rebe überall in den peinlich gepflegten Climaten (so heißen hier die Weinberge) auf Draht gezogen ist, so ist auch mein Weg durch dieses Paradies wie am Schnürchen gegangen. Ich wurde wie mit Urwaldtrommeln weitergereicht, und überall sprachen wir vom Wein, vom Burgunderwein, vom Wein der Côte d'Or, vom Wein der eigenen Climats und der des Nachbarn. Für mich, der ich früher den Pommard und den Vosne-Romanée eines guten Jahrgangs oder einen Hospice de Beaune für burgundische Träume auf deutschen Weinkarten hielt, war es wie das Eindringen in eine Feengrotte, die in immer höhere und prächtigere Gewölbe führt, es war ein einziges großartiges und charmantes Kolleg über die teuersten Rotweine der Welt, über die guten, die sehr guten und die ganz einmaligen Weine von Burgund.
Wir kannten zumeist nur die billigen aber süffigen, die aus der Gamay-Rebe auf den Urgesteinböden des Beaujolais und des Maconnais kommen. Bestimmt auch die mittleren Provenienzen der Côte de Beaune, seltener schon einige Premiers Crus aus Volnay, Pommard, Beaune und Nuits-Saint-Georges. Die Côte de Nuits, diese elysischen Gefilde des Weinbaues, dieses nur zehn Kilometer lange und nicht einmal einen Kilometer breite Streifchen dionysischen Himmels auf Erden schickte uns meist nur die Villages, die Dorfweine, die zweiten und dritten Cuvées. Wann begegnete uns schon ein Chambertin, ein Musigny, ein Grand Echézeaux, ein Romanée oder ein La Tâche?
Es ist die souveräne Spitzengruppe aller Rotweine der Welt, wenn wir einräumen, daß einige ganz wenige Bordeaux-Weine und unter den St-Emilions nur der Château Ausone in einer anderen Tonart das hohe C erreichen. Die Weine dieser Climats sind, wenn sie älter sind als zehn Jahre, gar keine Weine mehr, sondern Träume, flüssig gewordene Gnade, Lebenssäfte der Götter, die man wie Preziosen in seinem Weinkeller hütet und am besten erst zu seiner eigenen Beerdigung trinkt; denn kein Augenblick des Lebens kann so kostbar sein, daß er mit einem dieser Großen gefeiert werden müßte.
Die acht besten Têtes de Cuvées bringen nur etwa 3500 Hektoliter im Jahr, wovon der Clos Vougeot allein fast die Hälfte beisteuert. Alles versickert bei den Händlern und in den Privatkellern wie Wasser in der Wüste.
Sie reisen nicht gern, diese großen Vier, sie bleiben lieber in Burgund, vielleicht noch in Frankreich, wo sie am liebsten die Patina wohltemperierter Weinkeller ansetzen, im Alter erst zu voller Schönheit erblühen und ihre ganze Pracht entfalten. Sie lieben das Dunkel, die Stille und die gemessenen sanften Bewegungen. Einmal kredenzt, spiegelt sich ihr dunkler Rubin am liebsten beim milden Schimmer festlicher Kerzen in keusch verengten Burgundergläsern, die ihr hinreißendes Parfüm, den zauberischen Duft ihrer Blume ein paar rauschhafte Augenblicke lang zu halten vermögen.
In Vosne-Romanée hörte ich im Halbdunkel eines Weinkellers vier Meinungen über die vier Spitzenweine dieses gesegneten Dorfes, den Romanée-Conti, den Romanée, den La Tâche und den Richebourg – alles Spitzenweine von einer orientalischen Pracht im Bukett, aber doch von so differenziertem Charakter wie die vier Lieblingsfrauen des Königs Saud. Dabei ist dieser Streit in dem Dörfchen Vosne fast müßig, wenn man bedenkt, daß der weltberühmte Chambertin-Weinberg mehreren Besitzern gehört, die ganz gewiß nicht alle dieselben Mittel und dasselbe Können besitzen, dem Chambertin die Ehre anzutun, die ihm gebührt. Ähnlich verhält es sich mit dem Clos Vougeot, jenem berühmten ummauerten Weinberg, in dessen 50 Hektar sich heute fast 80 Besitzer teilen. Wenn man früher das Dorf Vougeot auf der Straße nach Beaune verlassen hat, konnte man sich das Vergnügen gönnen, fast zwanzig Türen und Tore mit Besitzerschildern zu zählen, die alle die alte Mauer des Clos durchbrochen hatten und oft nur

zu ein paar Reben führten, den geringeren noch dazu; denn die besten wachsen oben am und hinter dem Schloß am Hang. Ein Clos Vougeot *kann* ein Klassewein sein, aber er *muß* es nicht. Allzu viele Köche haben hier den Brei verdorben und sind im Begriff, einen großen Namen zu verwischen.

Heute ist es die Bruderschaft der Chevaliers du Tastevin, eine Gilde wohlhabender Winzer und Weinhändler, die alljährlich das verlassene Château de Vougeot mit dem Feuerzauber ihrer roten Roben, ihrer Ritterschläge und ihrer Reden bei Kerzenlicht mit gespenstischem Leben erfüllen. Stendhal erzählt ja, daß Colonel Brisson vor dem Château, das mitten in dem von Zisterziensermönchen ummauerten Weinberg liegt, einmal eine Ehrenkompanie seines Regiments aufmarschieren und das Gewehr präsentieren ließ. Militärische Ehrenbezeigungen vor einem Wein!

Teuerste Weinberge zieren die Dorfnamen

Nach diesen und den anderen erlesenen Climats, die ebenso der glücklichen Hand des Menschen bedürfen wie des göttlichen Segens, um die Spitzenweine hervorzubringen, die man unter diesen Namen erwartet, rangieren die Premiers Crus, zu denen auch immer ein beachtlicher Teil der besten Weinberge jedes dieser Dörfer gehört.

Die billigeren Weine der Côte de Nuits sind immer die mit dem vollen Dorfnamen ohne Zusatz eines Lagenamens oder der Bezeichnung »1. cru«, also die Gevrey-Chambertins, die Chambolle-Musignys, der Vosne-Romanée und der Nuits-St-Georges. Es sind Villages, Dorfweine zweiter und dritter Güte. Die burgundischen Dörfer wie Gevrey, Chambolle, Gilly, Vosne, Nuits und Aloxe erwarben sich nämlich im Lauf der Jahre das Recht, jeweils den Namen ihres besten Weinbergs anzuhängen, und heißen nun Gevrey-Chambertin, Chambolle-Musigny, Flagey-Echézeaux, Vosne-Romanée, Aloxe-Corton und Nuits-St-Georges. Gilly-les-Vougeots hat den alten Dorfnamen überhaupt abgelegt und nennt sich nur noch schlicht und anspruchsvoll Vougeot. Das nutzt zwar dem Export auch der minderen Sorten, die meist unmittelbar an der Route Nationale 74 wachsen, aber Nichtkennern dieser Terminologie vignoble läuft ohne Grund das Wasser im Munde zusammen: im Gevrey-Chambertin ist kein Tropfen des edlen Chambertin, im Vosne-Romanée keine Spur des königlichen Romanée und in dem bei uns so beliebten Nuits-St-Georges kein Schuß des berühmten Saint-Georges. Die berühmten Lagen stehen stets allein auf dem Etikett, also »Chambertin«, »Musigny«, »Romanée-Conti«, »Grands Echézeaux« oder »Corton«.

Das wußte niemand besser als der unglückliche, an einem Magenleiden erkrankte Bürgermeister von Nuits-St-Georges, dem der Arzt den Weingenuß streng verboten hatte. Der gebrochene Maire, der uns beim Mittagessen im Restaurant nur zusehen durfte, hatte Himbeerwasser vor sich hinstellen lassen, weil er wußte, daß seine Leute ihn nicht wieder wählen würden, wenn ihr Bürgermeister etwas anderes trinken sollte als Wein. Eine halbe Stunde später, nach einer Führung durch das alte sehenswerte Hospiz, ließ Maire Noirot, im ehrwürdigen Chapitre auf hohem gotischem Stuhl sitzend, seelenruhig den kostbaren St-Georges eines großen Jahrganges in seinen bauchigen Burgunderkelch rinnen und sagte mit Würde: »Das hier ist kein Wein, das ist Medizin!«

Wir badeten unsere Zungen in diesem Nektar, und allmählich wurden die spitzen schelmischen Lichter in den dunklen Augen des Maire ganz weich, so weich wie der samtene Wein in unseren Gläsern und der leise Gesang in unserem Blut, so weich wie die sommerliche Luft draußen vor dem Fenster, die die burgundischen Herzöge, diese Wikinger zu Pferde, immer wieder zu Abenteurern gemacht hat.

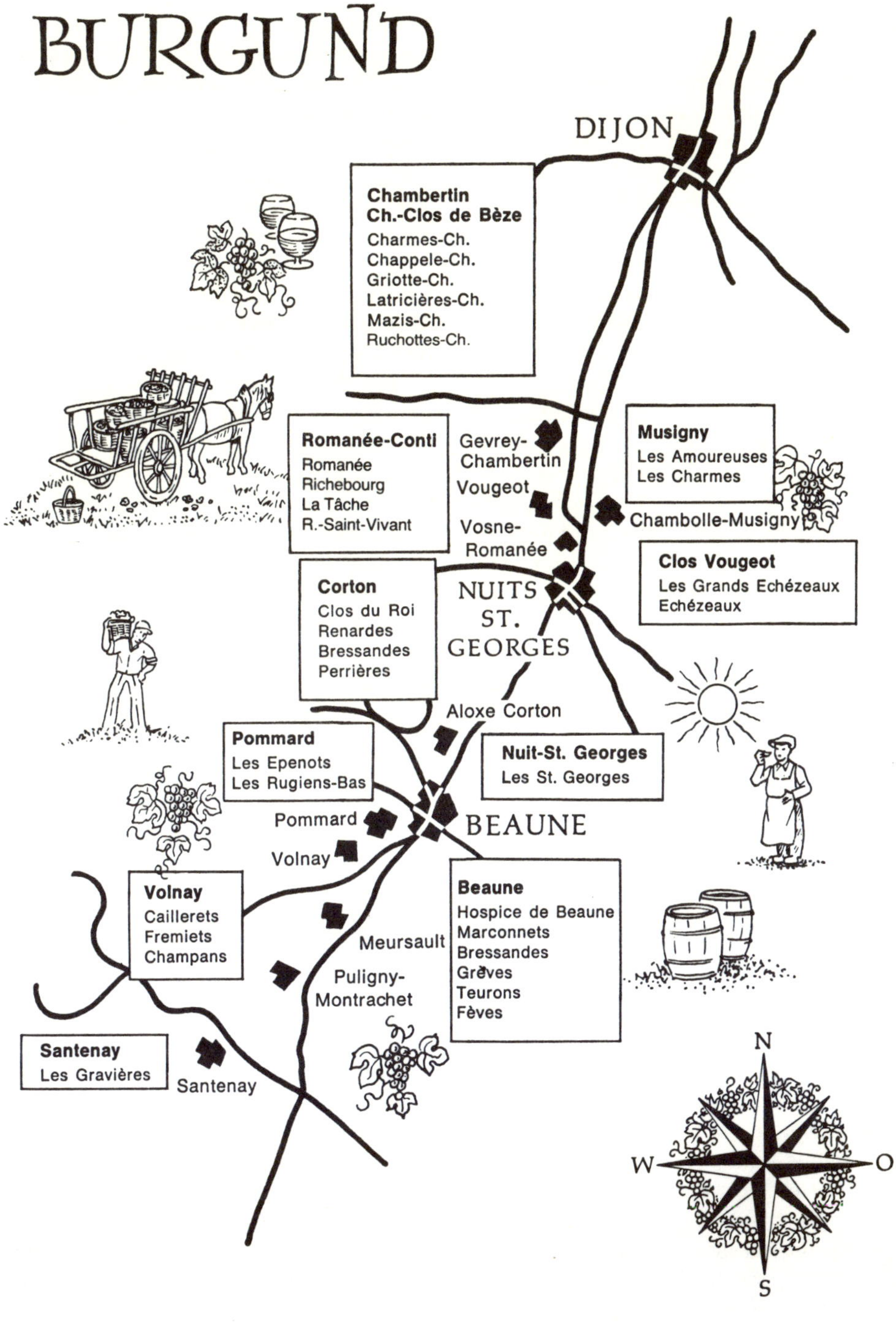
BURGUND
DIJON
Chambertin
Ch.-Clos de Bèze
Charmes-Ch.
Chappele-Ch.
Griotte-Ch.
Latricières-Ch.
Mazis-Ch.
Ruchottes-Ch.
Romanée-Conti
Romanée
Richebourg
La Tâche
R.-Saint-Vivant
Gevrey-Chambertin
Vougeot
Vosne-Romanée
Musigny
Les Amoureuses
Les Charmes
Chambolle-Musigny
Clos Vougeot
Les Grands Echézeaux
Echézeaux
Corton
Clos du Roi
Renardes
Bressandes
Perrières
NUITS ST. GEORGES
Aloxe Corton
Pommard
Les Epenots
Les Rugiens-Bas
Nuit-St. Georges
Les St. Georges
Pommard
Volnay
BEAUNE
Volnay
Caillerets
Fremiets
Champans
Meursault
Puligny-Montrachet
Beaune
Hospice de Beaune
Marconnets
Bressandes
Grèves
Teurons
Fèves
Santenay
Les Gravières
Santenay
N
W
O
S

Die Côte de Beaune

Gleich hinter Nuits-St-Georges verlieren sich die Hügel der Côte de Nuits, an deren unteren sanften Hängen die Aristokraten unter den roten Weinen Burgunds wachsen, in der Ebene, durch die die Route Nationale jetzt schnell Beaune zustrebt.
Als erste berühmte Weinberge der bürgerlichen Hälfte der Côte d'Or, wie man die Côte de Beaune nennen möchte, schieben sich die schnurgeraden Pinot-Zeilen des Corton von Aloxe vorbei.
Dann hat uns das mediävale Kleinod Beaune, mit seinen lieblichen Boulevards, seinen alten Gassen, Türmen und Bastionen, seinem berühmten Hôtel-Dieu, dem uralten Hospiz, das über 50 Hektar bester Lagen besitzt und dessen Weine jedes Jahr am dritten Sonntag des Novembers festlich versteigert werden. Die berühmten Weine dieses Hospice de Beaune sind 32 Cuvées, die ausnahmsweise nicht den Namen des Weinberges, sondern den des Spenders tragen. In guten Jahren bringen sie dem Hospiz beträchtliche Summen, die der Armen- und Krankenpflege dieser Herberge Gottes zugute kommen. Am Abend desselben Tages feiern deshalb die Chevaliers du Tastevin bei einem Diner mit Kerzenlicht in den Kellern des Hospizes die leeren Taschen mit vollen Pokalen.
Diese Bruderschaft der Weinkoster, die »Confrérie des Chevaliers du Tastevin«, erst 1934 gegründet, ist einer jener bacchantischen Orden, wie sie mittlerweile in fast allen französischen Weingebieten ins Leben gerufen wurden. Jedes Jahr, um den dritten Sonntag im November, kommen sie mit ihren feierlichen Roben im Rittersaal des Château de Vougeot zusammen, um dort ein feierliches »Chapitre« abzuhalten. Die Herren, unter deren würdigen purpurnen Talaren meist das nüchterne Herz wohlhabender Hoteliers, Weingutsbesitzer und Weingroßhändler schlägt, haben auch prominente Schriftsteller, Künstler und Politiker durch Ritterschlag mit einem alten Rebstock in ihren Orden aufgenommen. Mit der dem Franzosen eigenen Liebe zur zeremoniellen Repräsentation und zum ausgefeilten Ritus nennen sie den dritten Samstag im November, wenn der neue Jahrgang wohlverwahrt in ihren alten Kellern liegt, »die erste Gloriose«. Am darauffolgenden Sonntag zieht die ganze rote Würde des Ordens in das ein halbes Jahrtausend alte Hospice de Beaune, um dort »die zweite Gloriose« zu feiern, die Versteigerung der Weine des Hospizes, das auf der Côte de Beaune einige kostbare Weinberge besitzt. Man kostet die edlen Provenienzen aus den althergebrachten silbernen burgundischen Flachbechern, die jeder der Chevaliers an seidenem Band um den Hals hängen hat. »Die dritte Gloriose« findet regelmäßig in Meursault, dem Zentrum der wenigen großen burgundischen Weißweine der Côte d'Or, statt. Erst hier lockern sich die strengen Zügel der Zeremonie, aber auch da ist Mäßigung und Verständigkeit im Umgang mit dem burgundischen Nektar die Ordensregel: »Trinken ist nichts, kosten ist alles.« (Wenigstens solange man das Ordenskleid trägt.)
Schwer genug ist die Enthaltsamkeit und die Mäßigung in diesem Lande.
In Beaune liegt mehr kostbarer Wein in den Kellern als in irgendeinem anderen Ort der Welt, Bordeaux ausgenommen. Der ganze burgundische Weinhandel stellt in Beaune die Ohren, die Uhren und die Beine. »Urbis et orbis honos« heißt die Devise dieser stolzen Drehscheibe Burgunds, und ihre alte Aristokratie vignoble rechnet in den Währungen aller Länder.
Und sie rechnet nicht schlecht.
Meistgenanntes Dorf auf den Weinkarten der Welt bleibt aber Pommard, obgleich höchstens die Epenots und die Rugiens, gut behandelt und lange genug gelagert, an die ersten Cuvées, nicht aber an die Spitzenweine des noblen Nordens herankommen. Aber die Pommards hatten immer eine gute Presse – zum Verdruß ihrer Nachbarn aus Volnay, die vor Gott und allen

Heiligen einen Eid darauf ablegen, den besseren Wein zu bauen.
Ich möchte ihnen den Eid abnehmen, vor allem für ihre Climats Caillerets, Fremiets oder Clos de Chênes, die so köstlich aussehen und schmekken, als wären ein paar Geister des Musigny im Glas.
»Der Pommard hat Kraft, der Volnay Temperament. Der Pommard hat Statur, der Volnay Eleganz«, das sagte gestern der Comte de L. zu diesem Problem. Er sprach es aus wie ein Dogma, und ich fand es gut so. Nicht nur, weil ich jetzt gerade unter seinen Bäumen sitze, um meine Notizen zu ordnen, sondern weil ich weiß, daß der Graf diese Welt lange genug durch das Burgunderglas betrachtet hat, um weise zu sein.
Diese gesegneten Höhen über der Saône sind wie ein weiter Mutterschoß gewesen, in dem die germanische Unruhe der Burgunder heimfand und ihr teutonischer Stolz zu Kreuze kroch. Aus diesem Boden sind die Ideen von Clairvaux, Cluny und Taizé gesprossen, ein Aufrütteln der Seelen, das fortwirkt bis in unsere Tage.
Und diese Erde trägt seit tausend Jahren den unvergänglichen Purpur Burgunds, den Wein der Côte d'Or.

Die weißen Könige

Aber es sind da auch goldene Schätze: der Grand Chablis etwa, den man so gerne trinkt zu Austern und anderem feinen Meeresgetier, der Corton-Charlemagne, der aus den Rebgärten Karls des Großen in kaiserlichem Glanz daherkommt, oder die drei großen Weinberge des reizenden Meursault: Aux Perrières, Les Charmes und Les Genevrières. Die drei Meursaults mit dem Paradoxon ihrer sanften Herbe, mit ihrem klaren, sauberen Nußgeschmack und dem innig bewahrten Aroma reifer Trauben.
Aber erst in den südlichen Nachbardörfern Puligny-Montrachet und Chassagne-Montrachet wartet der weiße König auf uns: der Montrachet selbst. Die beiden Dörfer Puligny und Chassagne haben ihrem Namen – nach großem Vorbild der Côte-d'Or-Dörfer – den Namen dieses fürstlichen Weinbergs angehängt, auf dem die Chardonnay, die weiße Burgunder-Rebe, Weine bringt, die man auf zwei Scheunen in meterhohen Lettern als »les plus grands vins blanc du monde« deutlich vorstellt. Niemand zweifelt daran, daß der Montrachet genauso sicher der beste weiße Burgunder ist wie der Château d'Yquem der beste weiße Bordeaux – obwohl man beide nicht vergleichen kann. Unbestritten ist, daß er einer der besten trockenen Weißweine der Welt ist.
Nun aber halte ich ein Glas des guten Santenay Les Gravières gegen die wütende Sonne, die drüben die Trauben kocht.
Von der Platane, unter der ich sitze, fällt dabei das erste gelbe sommermüde Blatt auf die ungeharkten, vernachlässigten, verträumten Wege. Es fällt zuerst in einem quirlenden Tanz, dann gleitet es ein Stück segelnd dahin, um schließlich schnell und lautlos zu sinken. Es sieht zuletzt wie ein Kopfschütteln aus, wie ein stummer Protest gegen das Unausbleibliche alles Sterbens.
Aber es fällt auf den Boden Burgunds, auf dem die Reben wachsen, deren Wein nicht in den Kopf und nicht in die Beine, sondern mitten ins Herz geht, dahin, wo die Liebe wohnt, die Güte und das Fühlen mit anderen. Wo die guten Dinge aller Menschen beieinander sind.
Darum trinke ich diesen alten Santenay auf die Ewigkeit aller Zauber Burgunds.

Wein der Madonnen

Der Rhein, bis Basel ein höchst eigenwilliges und ungebärdiges Kind, muß seine Jugend in zumeist freudloser Umgebung bei schwerer Arbeit verbringen, ehe er hinter Mainz mit einem jähen Seitensprung in die sonnige Heiterkeit des Rheingaues ausbricht. Er perlt dabei zwischen Schierstein und Eltville im Gegenlicht wie Sekt im Glas, wundert sich, daß der alte Kran in Oestrich noch immer wie eine riesige Kaffeemühle am Ufer steht (seit 1652) und daß im Grauen Haus in Winkel (seit 1000) immer noch Leute wohnen, die den Greiffenclaus Miete zahlen, lächelt über die Geisenheimer, die ihre Kirche stolz »Rheingauer Dom« nennen und viel stolzer auf ihre Weinhochschule sein könnten, gerät angesichts des Treibens der Menschen in der Rüdesheimer Drosselgasse entsetzt in die Strudel am Binger Loch, kühlt der »Aßmannshäuser Hölle« die Füße und hört bei Lorch erstaunt die Erzählungen der kleinen Wisper an von großen, unberührten Wäldern, wie sie hier gleich hinter dem Berge liegen und wie sie der Rhein seit Basel nur noch von weitem hat sehen können.

Heitere Rebellen: die Rheingauer

Die alten Rheingauer, immer schon streitbar, unter deren Dächern die Extrawürste hingen, die sie ihrem weltlichen Herrn, dem fürstlichen Erzbischof von Mainz, als Privilegien abgehandelt hatten, rahmten diese ganze Herrlichkeit mit dem »Gebück«, einem 50 Meter breiten, natürlich gewachsenen, aber künstlich raffiniert mit den Zweigen verflochtenen Dschungel von Hainbuchen, die in verschiedener Höhe gekappt waren – einer einzigen Chinesischen Mauer von Lorchhausen nach Walluf bei Eltville, durch die im Laufe einer jahrhundertelangen Geschichte nur der schlaue Herzog von Weimar, die rüden Schweden und ein paar Feldmäuse in den Rheingau einbrechen konnten.
Die heutigen Rheingauer tragen das Gebück nur noch in ihren Herzen, einer Sekte nicht unähnlich, der Reinheit der Riesling-Kultur durch eine Art Erbschwur verpflichtet, den der Vater dem Sohne auf dem Sterbebette abnimmt. Im übrigen aber geben sie sich weltoffen, bauen Autostraßen, renovieren ihre schönen alten Fachwerkhäuser, bauen (1960 in Rüdesheim) neue mittelalterliche Tortürme, wie ihre Großväter um 1880 romantische Burgruinen nicht etwa restauriert, sondern neu gebaut haben, plakatieren die Rheinufer mit Souvenirläden und feiern in ihren zwanzig Dörfern an zwanzig Sommersonntagen zwanzig verschiedene Feste, mit Fahnen, Transparenten, Rosen und Nachtigallen. Sie pressen die staunenden Fremden durch ihre engen Straßen wie den Wein durch die Kelter und heben sie auf Schwebebahnen und Sesselliften über die besten Rüdesheimer Weinberge zur Mutter Germania hinauf, die heute mit gezücktem Schwert die Rheingauer Weinpreise gegen die Tücken der EG verteidigt.
Der Wein hat nicht nur die Württemberger, sondern auch die Rheingauer zu den ersten Demokraten in unserem Lande gemacht, er hat den Standesunterschieden die Schärfe genommen und der Zunge die Spitze. Ein Greiffenclau führte in den Bauernkriegen die aufständischen Bauern gegen die Kirchen und Klöster, andere Standesherren verhinderten die blutige Revanche der Gegenreformation und alle, Adlige und Bürger, stecken den Strauß vor die Türe und decken den Tisch in der besten Stube, wenn die alten Fässer noch nicht leer sind für den neuen Wein. Dann steigen sie selbst gewaltig in die Pokale, und da mag es nach Mitternacht manchem tapferen Rheingauer gehen wie dem aus Hattenheim, dessen ordnungsliebendes Weib ihm sagte: »Gestern kamste heit haam, heit kimmste morsche haam, un morsche kimmste garnit haam. Wenn de heit nit um elf derhaam bischt, raachts.«
Das tapfere Hattenheimchen kam heim, als die Kuckuckuhr gerade zwei schlug. Blitzschnell ging er in die Knie und schrie weiter kuckuck, kuckuck, kuckuck ... und so neunmal.

Da wälzte sich seine Eheliebste im Federbett herum und sagte pädagogisch schlicht: »Des wollt ich der awwer aach gerote hawwe.«

Hundert Jahre sind wie ein Tag

Bettina von Brentano hat ihren Achim von Arnim besser behandelt, und die Dichterin Karoline von Günderode hat sich gar wegen des Heidelberger Professors Creuzer im Weidengebüsch am Rheinufer von Winkel den Dolch ins Herz gestoßen. Aber das waren Romantiker, voll pantheistischer Glaubensseligkeit, und im Garten des Brentano'schen Hauses in Winkel, wo die Brüder Grimm unter Edelkastanien ihren Biedermeier-Kaffee tranken, Clemens Brentano in Lederhosen und mit der roten Freiheitsmütze auf dem Kopf leidenschaftlich demokratische Probleme diskutierte und der Rat von Goethe unter den Wein-Laubengängen, die die längsten nördlich der Alpen waren, seinen Morgenspaziergang machte, ist man noch heute jäh in einer anderen Welt. Hundert Jahre sind wie ein Tag in diesem Garten, die beiden Brünnlein plätschern wie damals in ihre kleinen Becken, und wenn der Mond still über dem grauen Gemäuer steht und flimmernd Schatten auf den Boden zeichnet, dann bedarf es nur eines Krügleins Schloß Vollradser Auslese, vielleicht auch nur eines Winkler Hasensprungs, und man versteht, daß Goethe seinem Freund Hafis einen Römer Rheingau-Wein (es wird ein Schloß Johannisberger Goldlack gewesen sein) schickte, damit er sich im Paradiese neben schönen Huris noch einen anderen himmlischen Genuß verschaffe. Man träumt auf dem Westöstlichen Diwan, den Goethe in diesem Hause schrieb, und nach der zweiten alten Flasche Winkeler Honigberg aus Zeiten, als dieser Name noch kein Begriff für eine Großlage war, kommt gar der Geheimrat selbst die knarrende Stiege herunter und liest uns aus dem Schenkenbuch vor.

Es war eine Zeit ohne Führerschein und Parkverbote, eine Zeit, in der noch nicht gemessen wurde, wieviel Promille Oestricher Lenchen oder Hallgartener Jungfer man im Blute hatte.

Im Rheingau regierte bis 1965 in einem repräsentativen Palazzo Rüdesheims der Landrat Bausinger. Er war ein Schwabe, die Rheingauer fanden ihn trotzdem reizend, denn er war ein Kenner des Weines und der menschlichen Seele, die sehr viel miteinander gemeinsam haben. Er machte die Public Relations für diese deutsche Landschaft und seine Menschen und regierte mit dem alten schwäbischen Geheimnis der Distanz, mit dem die Hohenstaufer und Hohenzollern sich durchsetzten. Jene gaben Lehen, Landrat Bausinger gab den Einheimischen Konzessionen und den Fremden Prospekte.

Er gab sie nicht, er kredenzte sie in einer schönen Sammelmappe, die den gelungenen Slogan-Reim »Rheingau – Weingau« trug. Die Prospekte priesen schöne alte Häuser, Herrensitze, Kirchen, Freibäder, Waldwege und Madonnen an. Nur von ihren Weinbergen war wenig zu lesen, jenen Gärten der Götter, in denen die weißen Spitzenweine der Welt reifen.

Dreißig Kilometer lang ist diese einzigartige Weinkarte mit den Namen Lorch, Aßmannshausen, Rüdesheim, Geisenheim, Johannisberg, Winkel, Oestrich, Hattenheim, Erbach, Kiedrich, Rauenthal, Walluf und Eltville.

Um so mehr stellten sie das heraus, was sie an – oft noch nicht einmal bodenständigem – Kulturgut herzuzeigen vermochten. Man versteht es noch, daß sie stolz sind auf ihre »älteste Orgel Deutschlands« und das Kiedricher Kirchengestühl, daß sie ihre wirklich hübschen Wein-Madonnen in Kiedrich, Hallgarten, Eltville und Rauenthal streicheln, aber auch deren jüngste, die in Schloß Vollrads' kostbarem Weinberg, dem Schloßberg Marienberg, steht, verbirgt scheu die edlen Trauben unter den weiten Falten ihres Mantels.

Da waren die Burgunder immer schon anders! Ihre Prospekte blähen sich vor Stolz über die Weine des Landes wie einst die Wimpel ihrer unruhigen Herzöge. Sie sind voller Superlative,

geschickt erzählter Wein-Stories und Skizzen über die Lage der einzelnen berühmten Climats, wie sie dortzulande ihre Weinberge nennen. Dabei hat Burgund eingewachsene Kulturgüter, die die ganze abendländische Welt faszinieren und gegen die sich die Rheingauer Kulturgeschichte ein wenig bescheiden ausnimmt. Da tat es not, daß ein Mann wie Erwein Graf Matuschka-Greiffenclau das Gewicht auf das Wesentlichste der nach Goethe »hochgesegneten Gebreite« verlagerte: den Wein. Erfahren im Marketing internationaler Prägung, kreativ, weltläufig und engagiert, hat er in wenigen Jahren nicht nur den Rheingauer Weinen die Publizität und Geltung verschafft, die ihnen längst zukommt.
Gewiß sind sie lieblich, die Madonnen, die Kirchlein und die schönen alten Edelhöfe, still und weltvergessen die Wälder, heiter die Luft und heiter die Menschen.

In König Rieslings Reich

Aber der Wein, der ist aus des Herrgotts Garten selbst. Er ist das letzte Wort in der Riesling-Kultur und gehört zu den weißen Spitzenweinen der Welt, von denen einer immer auf allen Weinkarten ganz unten steht, die Flasche zu hohen zwei- oder auch dreistelligen Preisen. Dazu gehören nicht nur die weltberühmten Schloß Johannisberger Goldlack-Beerenauslesen, die Auslesen von Schloß Vollrads, die besten Marcobrunner, die edelsten Steinberger des Klosters Eberbach und der von intimen Kennern besonders geschätzte Rauenthaler Berg, der schon vor mehr als hundert Jahren mit seinem Jahrgang 1861 als der beste Weißwein der Welt galt und in London, Paris und Wien Erste Preise der Weltausstellungen erhielt.
Auch Fürst Bismarck bezog damals den halben Ertrag des »1893er Steinberger Cabinet«, und Zar Nikolaus konnte von dem Erbacher Marcobrunn-Cabinet des gleichen Jahrgangs nicht genug haben.

Man muß sie zuerst im Glase schwenken, alle Sinne der Blume öffnen, die oft – wie bei den teuersten Burgundern der Côte d'Or – von paradiesischem Duft ist, und dann diese goldhellen Rheingauer vorsichtig einschlürfen und den ganzen Mund damit austapezieren, ehe man ihnen den »Abgang« freigibt und sie hinuntergleiten läßt. Das ist die Sekunde, auf die es ankommt, in der sich Charakter, Harmonie und Körper des Weines offenbaren.
Es gibt Weine, die gut ansprechen, »hinten« aber »flach« sind und keinen Schwanz oder – wie manche Weinkieser treuherzig sagen – »keinen Popo« haben. Die vielen guten Rheingauer Lagen aus Erbach, Geisenheim, Hattenheim, Kiedrich, Oestrich und Rüdesheim haben diesen Augenblick nicht zu fürchten. Sie kommen an wie ein Nachtlüftchen der Blumen-Riviera und gehen ab wie die Lollobrigida in ihren besten Jahren.
Dabei ähneln sich diese Rieslinge untereinander noch weniger als ihre ebenso edlen roten Pinot-Brüder der Côte d'Or.
Wie in Burgund ziehen auch hier die Kenner die leichten Berglagen den an der Straße liegenden Tallagen vor, wobei man dem Marcobrunner mit tiefen Verbeugungen die Ausnahme von der Regel zugesteht.
Die himmlischen Heerscharen müssen vielstimmig singen, um die edle Harmonie der Rheingauer Weine aufklingen zu lassen:

die Südlage,
der Nordschutz durch die geheimnisvollen Wisperwälder,
die Sonne, die von oben scheint, und der Rhein, der sie von unten spiegelt,
die Feuchtigkeit der Herbstnebel,
der fanatische Qualitätsanspruch des Rheingauer Winzers, der Weine sonnenarmer Jahre an die Sektfabriken verkauft,
das große Vorbild der Weinkultur, das heute die »Weingrafen« geben, wie es früher die Mönche von Johannisberg und Eberbach getan haben,
die immer greifbaren Ergebnisse modernster

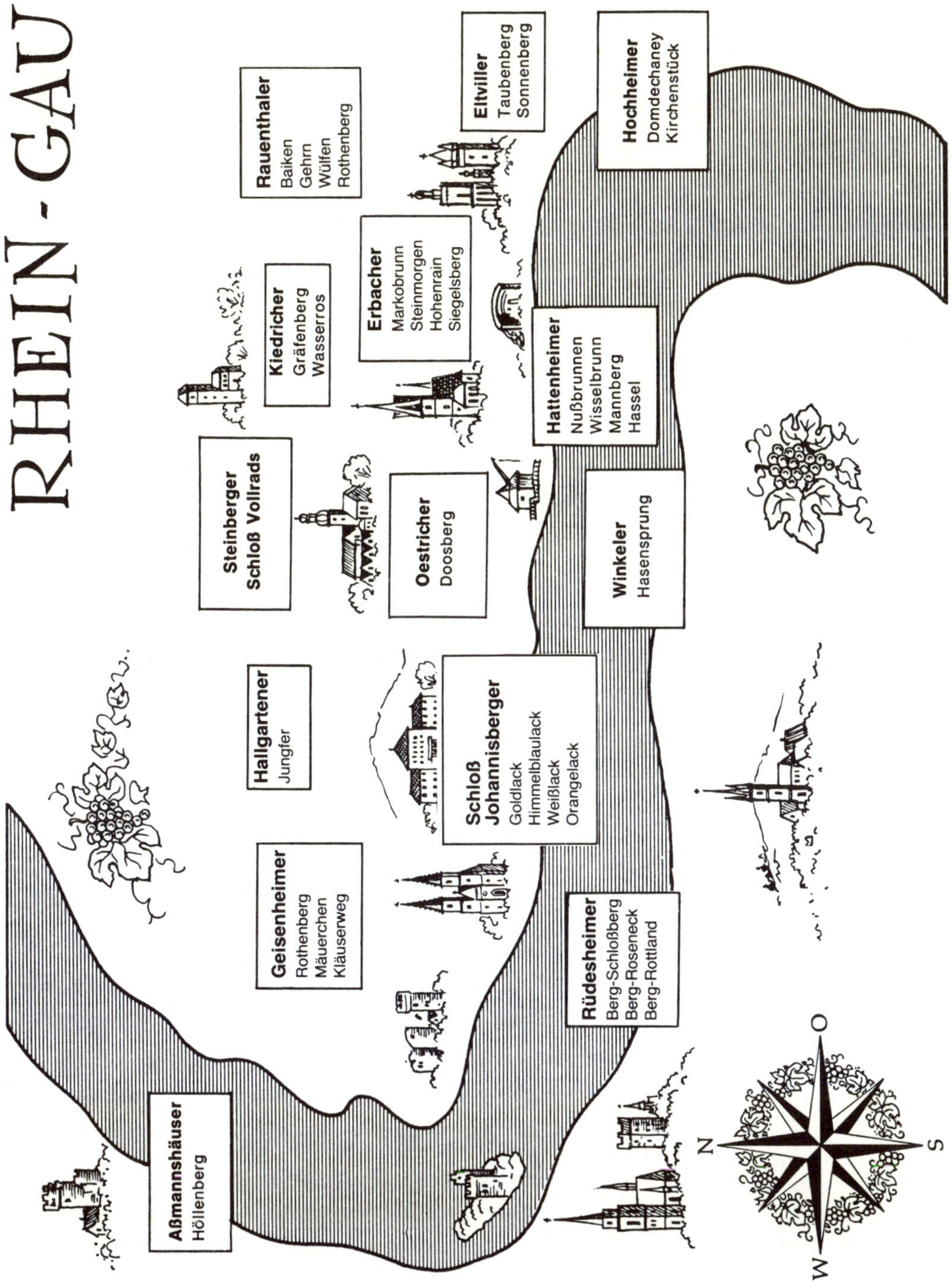
RHEIN-GAU
Aßmannshäuser
Höllenberg
Rüdesheimer
Berg-Schloßberg
Berg-Roseneck
Berg-Rottland
Geisenheimer
Rothenberg
Mäuerchen
Kläuserweg
Schloß Johannisberger
Goldlack
Himmelblaulack
Weißlack
Orangelack
Hallgartener
Jungfer
Steinberger
Schloß Vollrads
Oestricher
Doosberg
Winkeler
Hasensprung
Kiedricher
Gräfenberg
Wasserros
Erbacher
Markobrunn
Steinmorgen
Hohenrain
Siegelsberg
Hattenheimer
Nußbrunnen
Wisselbrunn
Mannberg
Hassel
Rauenthaler
Baiken
Gehrn
Wülfen
Rothenberg
Eltviller
Taubenberg
Sonnenberg
Hochheimer
Domdechaney
Kirchenstück
N
O
S
W

wissenschaftlicher Forschung in der bedeutendsten Weinakademie der Welt in Geisenheim und dann der geheimnisvolle Rebenknabe Riesling, der hier zusammen mit der Buchdruckerkunst in das Licht einer sinnenfrohen Welt trat und hier »im hohen Norden« seine fürstlichen Gewächse hervorbrachte, Weißweine, die unvergleichlich sind auf der Welt in der schier unerschöpflichen Varianz ihrer illustren Blume und ihres zauberhaften Säurespiels.

Aber erst seit Goethes Zeiten ist man sicher, in den früher so oft verkannten kleinen Beeren den Finger Gottes in der Weinkultur ergriffen zu haben. Der Riesling braucht warme Herbste, denn er reift spät, ist winterhart, immer gleichmäßig im Ertrag und zeigt auch in Trockenjahren – wie 1921, 1945 und 1959 – jenen feinen Säuregrad, ohne den ein Wein, der harmonisch genannt sein will, nicht auskommen kann. Harmonisch ist ein Wein nach der Faustregel dann, wenn er sich im Zahlenverhältnis von 10:1 zwischen Mostgewicht und Säure bewegt, also bei 100° Öchsle 10 ‰ Säure zeigt, die sich sowieso im Laufe der Jahre allmählich abbaut. Aber selbst die bejahrten Trockenbeerenauslesen des Rheingaus vermögen ihre lukullische Süße noch mit jenem herbfrischen Air zu mildern, das wie eine jüngferliche Liebkosung auf der Zunge verweilt und das nur der Riesling seinen Patriarchen zu bewahren vermag.

Wir verneigen uns vor der Sauvignon-Rebe vom Château d'Yquem und vor der Chardonnay des Montrachets – es sind die goldenen Spitzen uralter Weinbaukultur –, aber gegen das facettenartig schillernde Bukett eines alten gelungenen Rieslings sind sie von zu einseitigem Charakter.

Die Entdeckung der Edelfäule

Nicht nur die Weingrafen des Rheingaus, die Prinzen von Preußen, Fürst von Metternich, Fürst Löwenstein, Graf Matuschka-Greiffenclau, Graf von Schönborn, die Freiherren Langwerth von Simmern, zu Knyphausen, von Groenesteyn u. a., sondern auch die Staatsweingüter haben das wirtschaftliche Rückgrat, die Riesling-Kultur und die Entwicklung der gehobenen Qualitäten der Auslesen, Beeren- und Trockenbeerenauslesen zu pflegen, ohne kalte Füße dabei zu bekommen.

Man hat jenem Kurier des Fürstbischofs von Fulda ein Denkmal gesetzt, dessen verspätetes Eintreffen mit dem Befehl zum Beginn der Lese 1775 zur Entdeckung der großen Qualitäten der Weine aus spät gelesenen edelfaulen Trauben führte. Die Geschichte ist schon 200 Jahre alt, aber noch vor Jahrzehnten, als die vielen kleinen Rheingauer Winzer nach einem verregneten Spätsommer ihre unreifen Trauben zur Kelter gebracht hatten, setzten – es war der Jahrgang 1920 – von Mitte Oktober ab ein paar Sonnenwochen ein, in deren Wärme die noch hängenden Beeren zu einem unvergeßlichen Klassewein reifen konnten. Geduld war wieder einmal belohnt worden.

Lange Zeit hat man das Geheimnis der höheren Spätlesen, etwa der edelfaulen Beerenauslese, wie wir sie schon in Sauternes kennenlernten, und der Trockenbeerenauslese nicht gekannt; man sah die zusammengeschrumpften, halbfaul gewordenen, pilzbefallenen, unappetitlichen Beeren, die jede reife Rieslingtraube verunzieren, mißvergnügt an und ließ sie unter Gewissensbissen mit durch die Kelter gehen. Erst als man auf Schloß Johannisberg gezwungen war, eine ganze Lage solcher unansehnlich gewordenen Beeren zu keltern, entdeckte man die sagenhafte Klasse der aus diesem so verkannten Lesegut entwickelten Weine: die heutigen Beeren- und Trockenbeerenauslesen. Man kam hinter das Geheimnis der Botrytis cinerea, eines schmarotzenden Edelpilzes, dessen kleine »Wurzeln« (Haustorien) die dünne Haut der goldreifen Beere perforieren und ihr das Wasser entziehen.

Die Beere wird formlos, verliert ihre Farbe und schrumpft kläglich zusammen. Aber das ist nur äußerlich. Der Gehalt an Traubenzucker ist in dieser Edelbeere größer denn je, und auch sonst hat der Schmarotzer Botrytis einige chemische Veränderungen im Traubensaft bewirkt, die die Beere der spitzen Schere der diese unappetitliche Kostbarkeit sammelnden Pflückerin ausliefert. Jeder Traubenesser würde diese Edelbeerenauslese entrüstet in den Mülleimer schmeißen, hier sind sie der sichere Wechsel auf Gold in den Gläsern und Gold in der Hand.

Was sind Cabinet-Weine?

Die höhere Spätlesekultur der Beeren- und Trokkenbeerenauslesen und deren fachmännische Pflege ist kein Privileg des Rheingaues, wohl aber waren es die Cabinet-Weine. Seit der Herzog von Nassau und sein zeitweiliger Kontrahent Fürst Metternich erprobte, gelungene, edle Weine in einem besonderen Keller-Kabinett für den persönlichen Gebrauch zu lagern pflegten, hatte sich allein im Rheingau der Beiname »Cabinet« eingebürgert, dessen Definitionen jedoch verschieden gegeben wurden.

Die meisten Weinhändler wollten damit eine höhere Einstufung derselben Klasse bezeichnet wissen, also Spätlese, Spätlese-Cabinet, Auslese, Auslese-Cabinet, Beerenauslese, Beerenauslese-Cabinet usf. Dieser Deutung als besondere Gütebezeichnung folgte auch Domänenrat Labonte von Schloß Johannisberg – dessen Weine bei verschiedenen Rängen in zwei Qualitätsklassen eingeteilt wurden, in »Original-Abfüllungen« (Rotlack, Grünlack und Rosalack) und in »Cabinet-Weine« (Orangelack, Weißlack, Hellblaulack und Goldlack) –, ergänzte sie aber noch durch die Bemerkung, daß er den Titel »Cabinet« erst vergibt, wenn der Ausbau des Weines als gesichert betrachtet werden kann und der Wein ein gewisses Alter erreicht hat.

Für die Schloß Vollradser Weine, bei denen es nach einer alten Tradition der Greiffenclaus keine »Spätlese« als Bezeichnung gab, hatte Graf Matuschka-Greiffenclau die Bezeichnung »Cabinet« nur für eine einzige Qualitätsstufe beibehalten, die zwischen »Schloßabzug« und »Auslese« fixiert war, also nicht wie sonst überall die einzelnen Lesestufen als besonderes Gütezeichen begleitete.

Von 1971 an ist die Bezeichnung »Cabinet« als besondere Qualitätsaussage auf den Rheingauer Etiketten verschwunden. »Kabinett« ist seitdem die untere Stufe aller deutschen Qualitätsweine mit Prädikat. Besonders und differenziert gekapselt werden die Weine von Schloß Johannisberg noch immer; auch die Schloß Vollradser, in ähnlicher Manier.

Dann ist da noch ein rubinroter Edelstein, den der Rheingau ganz allein in seinem Geschmeide hat. Auf dem Aßmannshäuser blauroten, oft ganz violetten Phyllit-Schiefer bringt die kostbarste Rebe Burgunds, die edle Dame Pinot noir, mit dem »Aßmannshäuser Höllenberg« einen deutschen Vetter der hochnoblen Côte-d'Or-Familie zur Welt.

Diese Entdeckung ist den Eberbacher Zisterziensern zu danken, die die empfindliche schwarze Pinot damals aus ihrem burgundischen Mutterkloster Citeaux mit heraufbrachten und nur in Aßmannshausen Glück damit hatten, obwohl sie es auch auf ihrem Eberbacher »Steinberg« versuchten, hinter dessen zwei Meter hohem Gemäuer heute die besten Riesling-Kulturen des Staatsweingutes stehen.

In Aßmannshausen hat es aber nicht nur die Prominentenstammtische in der »Krone«, die Rot-Weiß-Edelbeerenauslesen der »Hölle«, sondern vorzeiten auch den Dr. med Stefan Oellers gegeben, der die schöne Angewohnheit hatte, statt Apotheker-Medizinen für die verschiedensten Krankheiten die verschiedensten Rheingauer Weinlagen zu verschreiben, Rauenthaler Wülfen gegen Rheuma im Genick, Winkler Hasensprung gegen Hartleibigkeit und Hattenheimer Nußbrunnen gegen Blutarmut. Sich selbst verschrieb er Aßmannshäuser Hölle, und als ihn sein Landesfürst einmal ob seines starken Hanges nach diesem Medikament zur Rede stellte: »Doktor, Sie werden nicht alt, wenn Sie so weitersaufen«, nickte der Dr. Oellers eifrig mit dem Kopf und meinte: »Weiß ich, Durchlaucht! Wein erhält ja jung.«

Die Wein-Madonnen

Es war auf der Terrasse von Schloß Johannisberg, als jemand mit einer ungeschickten Bewegung eine köstliche Rosalackflasche vom Tische wischte. Die junge Dame, die den Flaschenstumpf aufhob und sorgfältig, zärtlich fast, das gerettete Gold in ein Glas entleerte, war wohl die Madonna mit der Scherbe, die von der Hallgartener Kirchenwand heraufgestiegen war und deren liebenswerte Geschichte jeder selbst erforschen sollte, wenn er durch den Rheingau fährt.

Es erhebt das Herz, auch die Rauenthaler und Eltviller Madonnen und die von Schloß Vollrads zu sehen, die mitten unter den Reben steht, sie bei Frost schützend unter ihren Mantel nimmt, um ihn schnell zu öffnen, wenn die Sonne kommt. Eine von ihnen, die Schwester der »Schönen Rheingauerin« aus Hallgarten, die heute im Louvre fälschlich als »Belle Alsacienne« etikettiert ist, stammt in Wirklichkeit aus Eberbach, das – wie man weiß – nicht im Elsaß, sondern im Rheingau liegt. Aber die Kiedricher mit der Weinkrone ist doch die schönste in diesem Rebenmeer. Sie hält einem das Jesuskindlein mit der Taube entgegen, als wäre man der vierte König aus dem Morgenland und könnte ihr behilflich sein, von ihrem Thron herabzusteigen und sich wieder unter die Menschen zu mischen, unter denen sie einst lebte, und die heute nachdenklich in der weichen Abendluft der Rheingauer Gärten sitzen, den rosa Wölkchen nachsehen, die sich eitel im Strome spiegeln, und dazu den Wein trinken, der in seiner herbfrischen Süße auch aus dem härtesten Herzen einen blühenden Garten macht, den Wein der Madonnen.

Der berühmte Turm von Château Latour in Pauillac.

Château Ausone mit dem teuersten Weinberg von Saint-Emilion trägt seinen Namen nach dem römischen Konsul Ausonius, der hier lebte.

Links Mitte:
Château Haut-Brion in Pessac (Graves).

»Petit Mouton« inmitten der Anlage von Château Mouton Rothschild in Pauillac.

Links: Château Margaux im südlichen Haut-Médoc.

Mosel – Saar – Ruwer

Die Schmetterlinge des Bacchus

In ihrem Weinbaugebiet sägt sich die Mosel 200 Kilometer lang zuerst durch schwere Muschelkalkhänge, dann durch den verwitterten Devon-Schiefer des Hunsrück, schließlich durch groben Grauwackenschiefer am Unterlauf; windet und schlängelt sich an sanften Auen, düsteren Steilhängen, milden Rebbergen und drohenden Leis vorbei, die wie geballte, schwarzschimmernde Fäuste plötzlich aus dem Grün der Reben herausragen.

Diese Leis sind alles andere als jene Hibiskuskränze, mit denen in Papetee die braunen Tahiti-Mädchen die Touristen willkommen heißen. Lei, Lai oder Lay ist ein Stück nackter Schichtfels. Die sagenhafte »Loreley«, die jedem bekannt ist, wird nach einer etymologischen Verstümmelung zur Lurley, einem Mußefelsen, einer Lauer-Ley.

Die Moselwinzer schieben ihre Rebkulturen ganz dicht an diese Leis heran, tanzen ihnen oft auf der Nase herum und stützen mit gewagten Mauern und Mäuerchen in schwindelnder Höhe das kostbare Gut. So steigen moselabwärts hinter Bullay bei dem Dorfe Bremm die jähen, fast drohenden Hänge des Calmont-Massivs steil 250 Meter über den Spiegel des Flußlaufs, und der vererbte Trotz der Moselwinzer pflegt hier die steilsten Weingärten der Welt.

Zwischen Trier und Cochem behält die Mosel kaum einmal fünf Kilometer lang die eingeschlagene Richtung bei, in unzähligen Kehren und Kurven taumelt sie wie trunken durch alle Wonnen und Wehen dieser bacchantischen Welt. Auf einem Hektar kann es hier größte Unterschiede des Sonneneinfalls, der Windablenkung, der Regenversorgung, ja der Bodenbeschaffenheit geben, wie sie drastischer nicht denkbar sind. Das alles führt – von den Unterschieden der Kellerwirtschaft wollen wir dabei absehen – zu den feinsten Differenzierungen des Charakters der einzelnen Lagen, zu einer reizvollen »Individualität« auch der anerkannt großen Weine im Säurespiel, vor der Nase und auf der Zunge.

Zauber des Rieslings

Ich möchte sie bildhaft als eine alte Akrobaten-Familie vorstellen, alle leicht, feingliedrig, flüchtig und rassig, aber alle Brüder und Schwestern von unverkennbarer Eigenart mit einem ganz selbständigen Repertoire an bacchantischen Gaukeleien. Ein bunter Wiesenstrauß von Möglichkeiten, eine farbige Palette in der Hand des ewig jungen Meisters Riesling, gegen den die edle Semillon-Rebe aus dem Bordelais eine solide Erbtante und die Sauvignon eine alte Dame von Adel ist. Man kann mir nicht nachsagen, daß ich die großen Sauternes nicht schätze, den d'Yquem, die Climens, Lafaurie-Peyragueys Suduirauts und den de Malle. Sie haben ihren Platz im Wein-Gotha und in den Weinkarten von Monte Carlo, Saltjöbaden und Westerland, aber sie sind einander wie aus dem Gesicht geschnitten, gleich erzogen, mit gleichen Manieren, sie halten einander an der Hand wie Fünflinge. Sie nehmen den Männern das Blut aus dem Kopf und treiben es den Frauen in die Schenkel. Sie stimulieren die Gehemmten und dämpfen die Übermütigen zu sanften Träumen. Sie sind so sorgfältig gezogen, gelesen, gekeltert und gepflegt worden, daß sie immer genau das tun, was man von ihnen erwartet.

Neben ihnen sind die großen Riesling-Spitzen der Mosel eine Horde von Kobolden. Das einzige, was man von ihnen sicher weiß, ist, daß sie fürstlichen Geblütes sind, ohne damit aufzutrumpfen. Sie sind die vertrauten Freunde der Menschen, die Überraschungen lieben. Sie sind unberechenbar, aber flüchtig wie Falter und humorig wie Käuze. Sie entfesseln keine Leidenschaften, sie flirten nur. Sie entzünden kein glutvolles, verzehrendes Feuer wie die fünfbuttigen Szamorodner, die Ruster Ausbrüche, die jungen Marsalas und die alten Sauternes, sondern sie scheuchen höchstens einen Wirbelsturm himmlischer Glanzlichter auf, fugenhaft wie Bachsche Musik oder wie ein Jubilate Mozartscher Geigen. Oft treiben sie Eulenspiegeleien auf der Zunge, und manche von ihnen – ein paar Minuten zu lange im Eiskübel – lassen ihre Blume fallen wie müde Kinder auf dem Heimweg. Andere, ältere, kommen wie Könige daher; über dem Goldgrund des Glases spielen die illustren Bukettstoffe wie Schmetterlinge, und Spiel und Widerspiel von Süße und Säure erscheinen auf der Zunge und im Abgang wie ein Mikro-Ballett der Sylphiden.

Alles ist auf die liebenswürdigste Weise schwingend und voll flüchtiger Heiterkeit im Bukett dieser edlen Mosel. Sie verändern die Welt nicht wie die Auslesen der großen Rieslinge des Rheingaues, aber sie machen sie auf eine unwahrscheinliche Weise transparent.

Jahrhundertelang hat man die unansehnliche, spät reifende Rieslingtraube wegen ihrer Säure verachtet. Heute weiß man, daß es gerade diese sehr eigentümliche und wandlungsfähige Säure ist, deren Spiel dem voll ausgereiften Riesling zu jener edlen Blume und Würze verhilft, die ihn facettenhaft schillernd klar und eindeutig über alle Weißweine der Welt erheben können, und es ist typisch, daß er gerade auf den Schieferbergen des Nordens die höchsten Feinheiten der Aussage gewinnen konnte. Im Rheingau sagt er es mit Charme und Würde, an der Mosel mit Grazie und Witz.

Aber wie soll man in dem Meer von Reben zwischen Trier und Koblenz, wo in schwächeren Jahren viel Grünzeug gekeltert und mit Zucker verbessert werden darf, diese Edlen finden helfen? »Trennen ist immer schmerzhaft«, sagte schon der weise Pythagoras, und wenn man die überlieferten ganz großen Lagen der Mosel schon von den »nur« Großen reinlich scheiden will, steht man sofort vor Schwierigkeiten. Nicht nur, weil es bei uns eine so brutale klare Klassifikation wie bei den französischen Weinen nicht gibt, wo ein Winzer noch stolz seinen 3ème Cru oder 5ème Cru annonciert, weil er immerhin rund um ein Château im Haut Médoc gewachsen ist, sondern weil an der Mosel schon innerhalb großer Lagen Qualitätsunterschiede bis zu zwei oder gar drei Klassen auftreten können, wenn wir streng und unbestechlich sein wollen.

»Jeder Wein jedes kleinen Ortes«, sagte schon Rudolf G. Binding, »hat seine sorgsam bewahrte Ehre.« Wir wollen sie nicht antasten. Sie wuchs aus harter Arbeit und keuschem Gebet. Aber wie die Ehre unter den Menschen sich nicht dem Rang und dem Namen verhaftet, so zeichnet sie auch beim Wein nicht nur den Edlen aus. Mit einer objektiven Wertung, einer verantwortungsbewußten Differenzierung der geographischen, geologischen, meteorologischen, rebwirtschaftlichen, kellertechnischen Besonderheiten hat das aber nichts zu tun. Zwar röten sich auch da zuweilen die Köpfe der Fachleute, zwar gibt es auch da hin und wieder ein Mönchsgezänk, etwa über die Rangfolge des Bernkasteler Doktors und des Grabens, über die Folgen des mangelnden Wasserdrucks am berühmten Brauneberg, über die Grenzen des Piesporter Goldtröpfchens, wo man am liebsten ein »Ur-Goldtröpfchen« proklamiert hätte. Aber das alles bleibt im Oberhaus, es sind ritterliche Turniergespräche, eine Art Wein-Latein, bacchantische Simpeleien. Jeder weiß und erkennt an, daß an dem 200 Kilometer langen Schlangenlauf der Mosel zwischen Perl und Koblenz nur an der Mittelmosel, strenggenommen in einer einzigen S-Kurve zwischen Brauneberg und Kinheim, die Weingärten der ganz großen Moselkreszenzen stehen. Etwas weiter gefaßt, schon um die südlich davon wachsenden Trittenheimer und Piesporter Köstlichkeiten nicht zu übersehen, beginnt das Reich der Moselträume im Süden mit der Thörnicher Ritsch und endet im Norden gleich hinter Zell im Merler Fettgarten. Die Mosel-Winzer sind leicht geneigt, sofort mit Steinen zu werfen, wenn man ihren Weinberg auch hier nur in die zweite Klasse einreihen würde. Nur mit Mühe und Selbstzerfleischung schließen sie sich zu Winzergenossenschaften zusammen, und ich habe in ganz Europa keine Weinbauern getroffen, die sie an Eigensinn übertreffen. Wie konnte das anders sein bei einem tapferen Völkchen, das jahrhun-

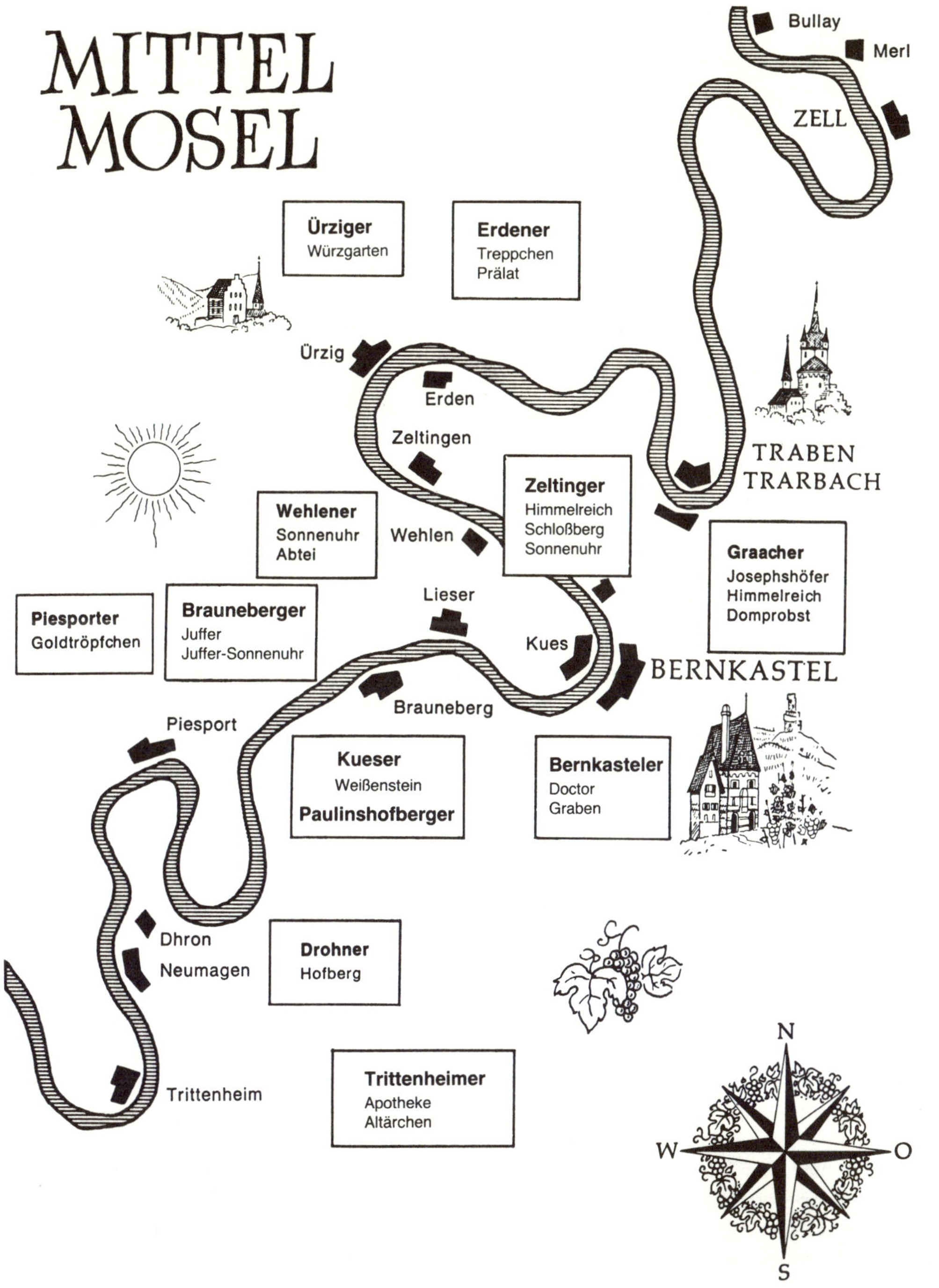
MITTEL MOSEL
Bullay
Merl
ZELL
Ürziger
Würzgarten
Erdener
Treppchen
Prälat
Ürzig
Erden
Zeltingen
TRABEN TRARBACH
Zeltinger
Himmelreich
Schloßberg
Sonnenuhr
Wehlener
Sonnenuhr
Abtei
Wehlen
Graacher
Josephshöfer
Himmelreich
Domprobst
Piesporter
Goldtröpfchen
Brauneberger
Juffer
Juffer-Sonnenuhr
Lieser
Kues
BERNKASTEL
Brauneberg
Piesport
Kueser
Weißenstein
Paulinshofberger
Bernkasteler
Doctor
Graben
Dhron
Neumagen
Drohner
Hofberg
Trittenheim
Trittenheimer
Apotheke
Altärchen
N
W
O
S

dertelang um seine Existenz kämpfte, und zwar mit dem Rücken an der Rebwand?
Auch heute gibt es an der Ober- und Unter-Mosel in manchen Jahren noch Weine, die unverbessert das Gedärm umstülpen und manches für die Frauen so erfreuliche Gesicht in eine Picasso-Fratze verwandeln können; aber unsere Großväter halfen sich mit Lebensweisheiten wie »sauer macht lustig« und »ein leichter Mosel macht den Kopf nicht schwer« darüber hinweg. Das war zu jener Zeit, als noch das melancholische Moselbähnchen durch das Tal stampfte und oft genug zur Zeit der Weinlese leer dahinfuhr. Als eine Bäuerin das einst gewahr wurde, wollte sie flugs wieder aussteigen und sagte zum Schaffner: »Nä, nä, su eilig haon ich et doch net, wäjens mir allän braucht er net zu faohre!« Worauf der Schaffner sie prompt beruhigte: »Steigt nur ein, Mütterchen, mir han och noch e Brief mit!«
Meistens fließen die allzu »trockenen« Mosel-Jahrgänge heute in die Sektfabriken, deren Cuvées die Spritzigkeit und Säure dieser Weine brauchen. Aber lassen Sie sich einmal eine Wehlener Sonnenuhr Auslese oder nur Spätlesen vom Graacher Himmelreich oder vom Erdener Treppchen eines großen Jahrgangs kredenzen! Solche natürliche Reife hat es früher an der Mosel nicht gegeben. Darum trinkt der Moselkenner die Weine der guten Jahrgänge aus geringeren Lagen und die Weine der geringeren Jahrgänge aus guten Lagen.

Die Sippe Mosel–Saar–Ruwer

Damit stehen wir schon auf der Reizschwelle der Saar-Ruwer-Weine, die zusammen mit den Mosel-Weinen eine Familie bilden und doch nicht ganz legale Kinder eines launenhaften Fehltritts sind. Bacchus mag sie, verlockt von Pan, mit einer besonders aparten Nymphe gezeugt haben, und der Gehörnte mag wissen, ob es am Canzemer Berg, am Scharzhofberg oder am Karthäuserhofberg gewesen ist. Weder die Zöglinge des Priesterseminars in Trier noch die geistlichen Herren der Hohen Domkirche oder die sorgsamen Nonnen der Vereinigten Hospitien haben das Gesicht dieser sündhaften Kinder ganz reinwaschen können. Langweilige Experten sagen zwar, daß es daran läge, daß die Saar härtere Devon-Schiefer als die Mosel mit vielen Quarzeinsprengungen hat, aber wir glauben lieber an das Schäferstündchen des Bacchus, wenn wir die sündhafte Verzückung alter Genießer von den weinfeuchten Lippen ablesen, die etwa eine Auslese Scharzhofberger oder eine botrytissüße Wiltinger Braune Kupp Auslese im Teveris-Kristall funkeln lassen.
Diese Saar- und Ruwer-Abkömmlinge sind zwar nahe Verwandte der Edlen von der Mittelmosel, aber sie haben doch in sonnenreichen Jahren einen eigenen Zauber. Ein Bukett, das nach Erde riecht, nach Wurzelwerk, nach Haselnüssen und dem rauchigen Duft eines nebligen Herbsttages. Es sind allesamt Weine, die schon mengenmäßig so gering sind, daß sie am Markt kaum in Erscheinung treten, und wenn nicht die Sammelbezeichnung »Mosel-Saar-Ruwer« auf allen Etiketten zu lesen wäre, würde man sie wohl leicht übersehen. Vor den Augen der Liebhaber frischer, fruchtig-herber und prickelnder Mosel aber sind sie nicht sicher. In deren Kellern liegen weniger die großen Mosel bester Jahrgänge, als vielmehr die Delikatessen eines ausreifenden Ockfener Bocksteins, eines edlen Kanzemer Bergs und eines Maximin-Grünhäuser-Herrenbergs.
In schlechten Jahren wandern sie allesamt in die Sektkellereien, deren Cuvées gerade von den Mosel-Saar-Ruwer-Weinen die prickelnde Frische erhalten, die die Genießer an den trockenen Herrensekten unserer Zeit so schätzen. Die im deutschen Weinhandel gebräuchliche Sammelbezeichnung »Mosel-Saar-Ruwer« läßt gar zu viele Riesling-Freunde im unklaren darüber, daß hier zwar »Blutsverwandte« zusammengefaßt wurden, die aber doch von deutlicher, nicht zu übersehender Eigenart sind.

Das ist die Legende von den Mosel-Saar-Ruwer-Edlen. Sie ist gewiß einigermaßen verläßlich überliefert, aber sie bedarf trotzdem des frommen Glaubens wie alle Weinlegenden. Man sollte das Land selbst sehen, riechen und schmecken; es wird ja nicht immer eine »Moselfahrt aus Liebeskummer«, sondern meistens eine aus Weinfreude sein. Schon manchem hat der Arzt die schweren alten Weißweine verboten und die leichten Mosel empfohlen, auch wenn es noch nicht so schlimm stand wie mit dem Moselbauern, dem der Doktor empfahl, wenigstens morgens den Wein zu meiden.
»Awwer ich kann doch meine Kaffee net trocken errunnerschlucke!«
»Wie Sie wollen«, soll der Arzt gekontert haben, »bedenken Sie aber, daß der Wein Ihr Leben verkürzt!«
»Dat han i schon lang gemerkt«, meinte das Bäuerlein, »die Zeit vergeht dabei wie a Dunnawedda.«
So sind die Menschen. Sie sind wie Kinder, wenn die Schmetterlinge des Bacchus in der Sonne gaukeln.
Laßt sie gaukeln an der Saar in Wiltingen, an der Ruwer in Waldrach, an der Mosel in Trier, Bernkastel, Traben-Trarbach und Beilstein. Schon vor 1600 Jahren, als es noch keine Rieslinge gab, kam der alte Professor und kaiserliche Erzieher Ausonius aus Bordeaux nach Trier und schrieb den heute noch oft zitierten Hexameter-Hymnus »Mosella«:

»Reben sich recken, als habe Natur hier gebaut ein Theater . . .
Bis zum Gipfel hinauf der himmelan strebenden Bergwand
Klettert vom Moselsaum her der grünen Rebe Geranke.«

Melancholisches Finale

Ausonius war begeistert und kannte noch nicht die liebliche »Post« in Bernkastel, wo uns heute hundert gepflegte Weine der Mittelmosel erwarten, oder die idyllischen Lipmannschen Moselterrassen der alten Judenzuflucht Beilstein, wo wir einmal eine ganze Sommernacht verzechten, bis am Morgen jemand den Kaffee in einem alten Zinnkrug servierte, den vor 400 Jahren einer der trinkfesten Reichsgrafen von Metternich dazu benutzt hatte, um ihn, mit eiskaltem Wasser gefüllt, seinen eingeschlafenen Kumpanen in den spanischen Kragen unters Wams zu schütten.
Die heutigen Lipmanns sind mildere Wirte. Sie ließen uns im Freien einschlafen, und als mich am frühen Morgen der Kaffee im Zinnkrug wärmte, da traf ein gespenstisches Bild meine trüben Augen: Auf dem Wasser schwebten tausend kleine Nebelpyramiden im Morgenlicht, tausend kleine, flaumweiche Röckchen tanzten auf dem glitzernden Moselparkett. Ich habe mir die Augen gewischt, aber der Spuk blieb, er blieb minutenlang, und wir alle haben so etwas noch nie und nie wieder gesehen. Es ist selten, daß die Mosel einem Gast so ein fürstliches Geschenk macht, meist geht sie still ihren gewundenen Weg, und in ihren braunen Wasseraugen liegt immer ein wenig Schwermut, etwas von Abschiedsschmerz und Liebesweh.
Vielleicht gedeiht gerade deshalb an ihren Flanken der Wein, der den Menschenherzen Flügel wachsen läßt, die sie leicht darüber hinwegtragen, leicht und heiter wie die Gaukeleien der Nebelelfen von Beilstein, sorglos und beschwingt wie die Schmetterlinge des Bacchus.

Wein für tausend Zungen

Als Bacchus, einer alten römischen Legende zufolge, auf die würdigsten Gebiete des Imperiums Reben regnen ließ, müssen ihm über der Pfalz die Füllhörner entglitten und es muß – wie in Aquitanien, dem heutigen Bordelais und der Charente – zu einem Wolkenbruch gekommen sein. Seit jener Zeit ist dieses Land, soweit es nicht von zauberhaften Wäldern bedeckt war, in einem Meer von Reben verschwunden.
Eine Fülle, aber eine Fülle der Reife, die, wie jede natürliche Fruchtbarkeit, sich zur Maßlosigkeit steigert, was im Land der Riesenfässer und der angeborenen Freude des Pfälzers am Superlativ weniger empfunden wird als anderswo. Vom Heidelberger Riesenfaß des Kurfürsten von der Pfalz bis zu den in modernen Riesentanks aufgefangenen Pfälzer Mostsegen in unseren Tagen ist es zwar fast ein Zeitraum von 300 Jahren, aber nur ein kurzer Weg. Beide sind Wahrzeichen der Überfülle, die damals und heute alle Maße sprengte. Ganz sicher hielt auch die Cuvée, die Karl Theodor in seinen beiden großen Heidelberger Fässern hatte, qualitativ keinen Vergleich auch nur mit den billigsten Weinen der heutigen Massenträger aus; denn die Zehnt-Weine, die die Bauern damals ihrem Landesherrn abzuliefern hatten, kamen meist nicht von den teuersten Weinbergen. Die beiden Fässer auf dem Heidelberger Schloß, die allein etwa 350 000 Liter faßten, konnten den Segen der Pfalz immer auffangen, der Kurfürst war für Kriege wohl versorgt und hatte außerdem alljährlich einen gleichwertigen Deputatwein für alle seine Beamten vorrätig. An dem Rest des älteren Fasses vergifteten sich 1693 die Franzosen Mélacs, die im Weinrausch aus besseren Kellern der Mittelhaardt damals die ganze Pfalz mit Mord und Brand verwüsteten.

Die Pokale der Kaiserpfalz

Ja, dieser Wein, von dem Stefan Andres behauptete, daß er aus einem Mann zwei mache, machte aus vielen Männern Geschichte. Er schwächte die Arme der Burgunder im Kampf gegen den Römer Aëtius, entnervte die Alemannen, die dem furchtbaren Irrtum unterlagen, daß die Weine im Elsaß und in der Schweiz schon deshalb besser sein müßten, weil diese Länder eben südlicher lägen, und hielt die versoffenen Hunnen, die unter Väterchen Attila mit mehr als drei Promille im Blut noch aufrecht in ihren Sätteln saßen, zwanzig Jahre lang vor dem Einfall in Gallien ab.
Der Pfälzer Wein erreichte seinen höchsten Triumph in den Träumen der fränkischen Salier, die in den romanischen Domen von Worms und Speyer ihrem Weltgefühl erhabenen Ausdruck verliehen, und in der nie verblichenen Liebe der Staufenkaiser, die dieses sonnendurchglühte Weinland schlicht zu ihrem Palatinum machten und ihm so den Namen gaben. Die kaiserliche Pfalz wurde eine Stätte prächtiger Hofhaltung, eine schimmernde Bühne der Machtentfaltung vor den Großen des Reiches, eine Szenerie funkelnder ritterlicher Turniere und eine Tribüne höchster richterlicher und politischer Entscheidungen. Pfälzer Wein funkelte in ihren festlichen Pokalen und befeuerte ihre Träume von den Kreuzzügen ins Heilige Land. Er riß sie in ihre italischen Abenteuer und machte ihr Blut süchtig nach fernen Gestaden.

Weinmärchen – Märchenwein

Heute funkelt er in jedem dritten Glas, das in Deutschland getrunken wird, er beflügelt die Freude der tausend Weinfeste, die die Pfälzer alljährlich feiern, die Weinkerben zwischen Schweigen am Weintor hinter der elsässischen Grenze und Bockenheim, wo die Deutsche Weinstraße jenseits der Kaiserslauterner Autobahn ausläuft, das Fest der Mandelblüte in Gimmeldingen, die urkomische Geißbockversteigerung gegenüber der berühmten »Kanne« auf der schönen alten Rathaustreppe von Deidesheim. Beim Lätarespiel in Forst hat es sich wohl zugetragen, daß einer der weinfreudigen Pfälzer, bis

an den Kragen voll, sich von seinem Freund Philp getrennt hatte und in einer Ecke beim Spindler vor sich hindöste. Der aber ließ ihm keine Ruhe: »Kumm, Jakob, noch ee Vertelche, denn geh mer.«
Aber Jakob, dem der Wein schon aus den Augenhöhlen heraustrat, machte nur eine müde Bewegung: »Ich han zeviel, ich kann nemmeh!«
»Bloß noch eens. Bloß noch ee Vertelche!«
Jakob stiert auf das Glas, das ihm Philp hinhält, versucht es zu lupfen, nippt auch daran, aber dann läßt er sich schwer auf den Tisch fallen: »Gut Philp, e scheener Wei, aber, aber ich kann nemmeh. Schüttn iwwer mich!«
Da ist noch der Dürkheimer »Wurstmarkt«, den die Pfälzer »das größte Weinfest der Welt« nennen, weil sie noch nie am dritten Sonntag des November in Beaune waren und in der Woche nach Ostern in Jerez. Aber das größte Faß der Welt macht den Dürkheimern niemand streitig. Es weist 1700000 Liter Fassungsvermögen auf, doch selbst die billigsten Typenweine der Pfalz wären zu schade dafür. Man müßte sie oben am Spundloch in einen – Schornstein gießen, und sie kämen unten zur Türe wieder heraus; denn das Dürkheimer Faß ist eine ... Weinkneipe. Als Kitsch noch erschütternder als die romantischen Burgruinen, die unsere Großväter im Rheingau bauten.
Aber auch dort fließt roter und goldener Pfälzer Wein, und er fließt gut, so gut, daß auch der Keller Hannes bis Mitternacht im »Fäßche« blieb.
»Wo kummscht denn jetzt erscht her«, zetert sein bestes Stück, »wullst du nit bloß *een* Schoppe trinke un am *achte* da sei?«
»Awwer Mariele, da hab' ich's verwechselt. Ich hab' gemäänt, ich wollt' *achte* trinke un am *ääns* dehäm sei!«
Das Geheimnis der vollmundigen, stoffreichen, aromatischen Pfälzer Weine liegt in ihrer größeren Reife auch in minderen Jahren. Sie wachsen – ganz ähnlich übrigens wie die Weltklasse-Burgunder der Côte d'Or –, durch die sanfte Hanglinie der Haardt geschützt, auf Muschelkalk und Lettenböden, in der Oberhaardt von fruchtbarem Löß überlagert, in der edleren Mittelhaardt aber mit diluvialem Sand und kiesigem Geröll bestreut, denen zwischen Deidesheim und Forst vulkanisches Gestein mit Basalt und Glimmerschiefer eingesprengt ist. Dieser Boden läßt die Feuchtigkeit durch und bewahrt das Feuer der Sonne, die schon mit ihren ersten Morgenstrahlen jene gesegneten Hänge wohlig erwärmt, die aus dem breiten Rheintal mit dem sanften Schwung eines Handrückens ansteigen. In der Mittagssonne kochen die Trauben über dem glitzernden Grund, und am Abend hält die Haardt die kühlenden Winde fern. Hier hat man mittlere Jahrestemperaturen von 10,5 bis 11 Grad Celsius und fünf Sonnenstunden am Tag im langjährigen Durchschnitt gemessen. Das sind pro Jahr fast 2000 Sonnenstunden, die auf die Reben fallen, neben denen schon im März die Mandelbäume blühen (und auch zur Reife kommen!), Edelkastanien, kleine Zitronenvorposten und ganze Feigenalleen wie in Deidesheim, die im Freien überwintern und als Kleiderschränke des Paradieses die süßesten Früchte tragen. Hier entdeckt man Beete mit Auberginen, Paprika und Artischocken. In diesem fast mediterranen Paradies blüht eben auch die Rebe drei Wochen früher als anderswo in Deutschland – den Kaiserstuhl vielleicht ausgenommen –, und das macht den Wein reif und köstlich auch für säureempfindliche Mägen.
In der Oberhaardt, dem südlichen Teil der Pfalz, wachsen die anspruchsvollen Traminer wie wohlerzogene Kinder auf, reifen blumige Muskateller und charaktervolle Ruländer; der duftende Müller-Thurgau kann seine schönsten Eigenschaften entfalten und hat den saftigen Silvaner, der noch 1965 in Legionen von Fässern floß, auf den zweiten Platz verwiesen.
In der Unterhaardt um Grünstadt beherrschen auch die Müller-Thurgau das Feld, aber mit dem Dürkheimer »Feuerberg« (Großlage) setzen sich hier schon die samtenen Burgunder durch, die St. Laurents aus südlicheren Breiten und die

anmutigen Portugieser, denen man so gern nachsagt, daß sie die sprödesten Mädchen weich wie Kätzchen machen.

Pipeline der Gourmets

Wir haben die Mittelhaardt nicht übersehen, »die goldene Schärpe der Pfalz«, den Tempel der erhabenen Riesling-Kultur zwischen Neustadt und Bad Dürkheim mit dem knappen Dutzend weltberühmter Weingärten, denen wir nicht nur in den Kellern der Neustadter Weinbauschule und in den verträumten Winkeln der historischen Deidesheimer »Kanne«, sondern auch auf allen Wingertwegen dicht oberhalb der Dörfer unsere Aufmerksamkeit gewidmet haben, um das »Kleinklima« zu erforschen. Denn es ist nicht ohne Belang, ob ein nachts stark kühlender Bachlauf oder der Strich eines Talwindes einem sonst gut gelegenen Weinberg zuweilen kalte Füße bringt; jede Rebe verliert nachts ja sowieso einige Öchslegrade. Genau dieser Umstand ist es, der die Deidesheimer »Leinhöhle« und den »Hohenmorgen« über den »Herrgottsacker« stellt, der ohne den Bachlauf in seiner Nähe eine allererste Lage wäre. Beim Forster »Ungeheuer«, das auch dem Fürsten Bismarck, wie er sagte, »ungeheuer schmeckte«, gab es merkwürdigerweise immer wieder leichten Frostbefall, seit unterhalb der Abfluß des kühlen Nachtwindes durch Siedlungen verbaut worden ist.
Normalerweise sind auch hier die Hanglagen am besten, werden aber in manchen Jahren qualitativ von den benachbarten Tallagen fast erreicht. Die erstrebte Edelfäule bedarf der Feuchtigkeit. Aber das soll die Freude und die Sorge der »drei großen B« bleiben, von denen man sagen kann, daß sie große Weine der Mittelhaardt hinter den Edlen des Rheingaues und mit den Spitzen der Mosel durch sorgfältige Rebkultur und immer verbesserte Kellerwirtschaft auf das Niveau der Weltklasse gehoben haben: die Weingüter von Bassermann-Jordan in Deidesheim, von Buhl in Deidesheim und Bürklin-Wolf in Wachenheim. Andreas Jordan wird heute noch als Begründer des Pfälzer Qualitätsweinbaues anerkannt, und in Dr. Albert Bürklin, dem Vizepräsidenten des Deutschen Weinbauverbandes und dem Präsidenten des Weinbauverbandes Rheinland-Pfalz, hatten bis zu seinem Tod im Jahre 1979 nicht nur die einheimischen, sondern alle deutschen Weinbauern einen traditionsbewußten Repräsentanten, einen international anerkannten Experten vor ihrer Haustür.
Die Winzergenossenschaften und Winzervereine haben in den selbständigen Einrichtungen ihrer vielen Mitglieder ein enormes Aufnahmevermögen in den Kellern und sind auch unter modernsten Ansprüchen hochleistungsfähig.

Die Pfalz ist Deutschlands Feuilleton

Heute liegt diese ganze Weinseligkeit der Mittelhaardt ein wenig abseits, und es ist beinahe unvorstellbar, da die Pfalz ein halbes Jahrtausend lang der Mittelpunkt des »Heiligen Römischen Reiches Deutscher Nation« gewesen ist. Heute fließen die großen internationalen Verkehrsströme 25 bis 35 Kilometer östlich vorbei: Deutschlands belebtester Fluß und Deutschlands belebteste Autobahn bündeln die Eiligen, bei denen weltvergessene Idylle heute nicht mehr gefragt sind. So scheinen die Märchenforsten und grotesk verschwiegenen Täler des Pfälzer Waldes, die alten, schmalen Gassen und Fachwerkgiebel der Weindörfer und der Zauber der alten Herrenhöfe und Burgen unter das Spinnennetz der Geschichte geraten zu sein – der Geschichte einer geplagten und gehetzten Menschheit allerdings, die ihre Lebensfreude nicht mehr in sich selbst und in kleinem Kreise sucht, sondern in Gesellschaft einer Mattscheibe und in ungewissen Fernen.
Unterdessen aber arbeiten und feiern die munteren Pfälzer in diesem deutschen Tessin. Wein und Sonne vermischen sich in ihrem Blut, und der Wein geht ihnen dabei langsamer über die Zunge als das Wort; denn der Wein des Pfälzers

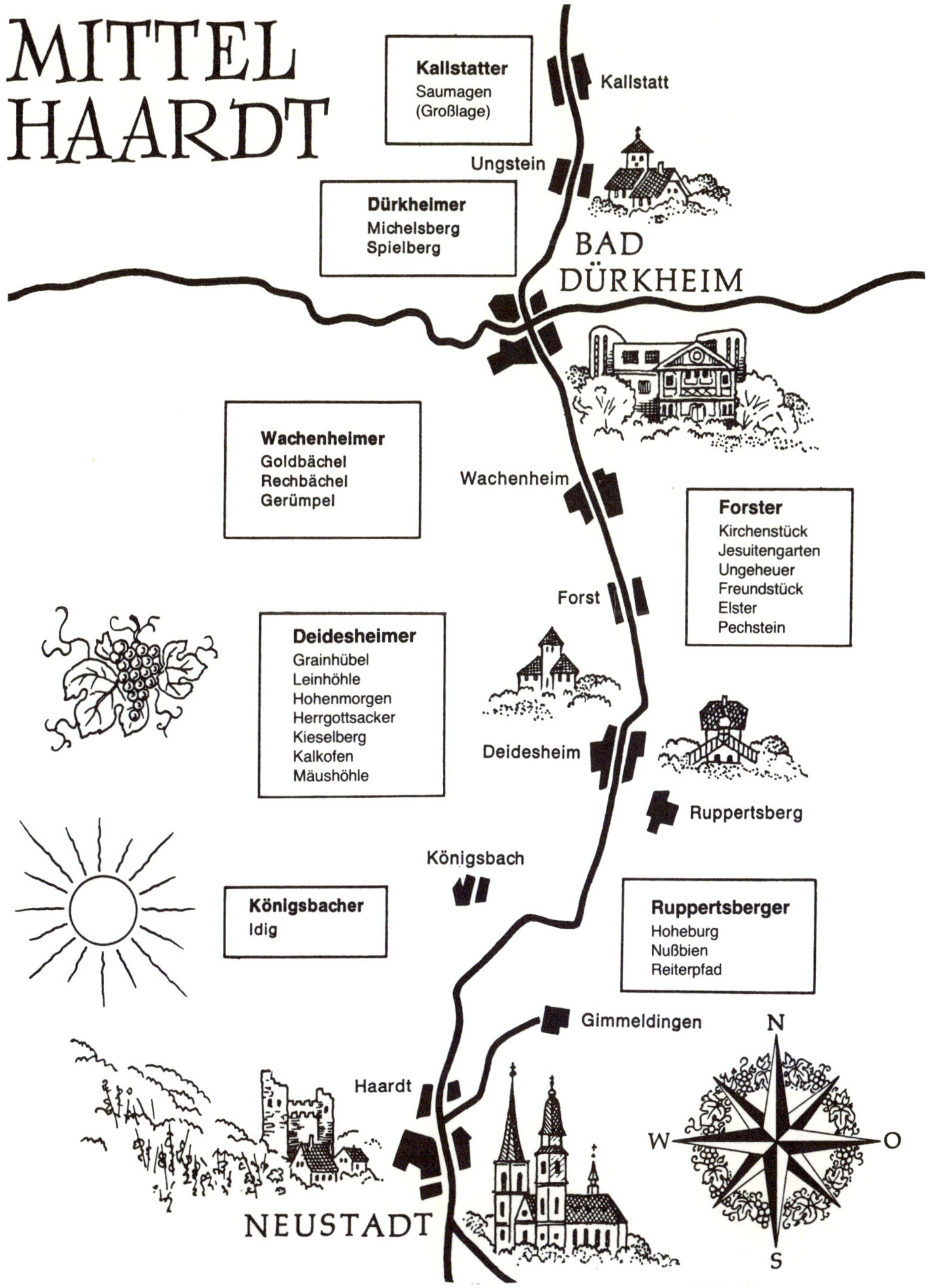
MITTEL HAARDT
Kallstatter
Saumagen
(Großlage)
Kallstatt
Ungstein
Dürkheimer
Michelsberg
Spielberg
BAD DÜRKHEIM
Wachenheimer
Goldbächel
Rechbächel
Gerümpel
Wachenheim
Forster
Kirchenstück
Jesuitengarten
Ungeheuer
Freundstück
Elster
Pechstein
Forst
Deidesheimer
Grainhübel
Leinhöhle
Hohenmorgen
Herrgottsacker
Kieselberg
Kalkofen
Mäushöhle
Deidesheim
Ruppertsberg
Königsbach
Königsbacher
Idig
Ruppertsberger
Hoheburg
Nußbien
Reiterpfad
Gimmeldingen
Haardt
NEUSTADT
N
W
O
S

wiegt schwer, sein Wort aber leicht. Es kann rosa schimmern wie die Blüte seiner Mandelbäume und bös sein wie ein Herbstreif im Wingert.
Der Pfälzer ist kein Bayer, kein Preuße und kein Badener. Er ist ein Deutscher, ein rheinischer Deutscher. Ein Deutscher unter dem Strich, wo in den Zeitungen die ganz gescheiten Sachen stehen. Und sein Land ist Deutschlands Feuilleton.
Es ist eine uralte Kolumne und wird doch jährlich neu geschrieben mit dem Wein für tausend Zungen.

Der Genfer See

»Wenn die glühende Sehnsucht nach einem glücklichen und süßen Leben, das mich flieht und wofür ich doch geboren wurde, meine Phantasie beflügelt, so drängt sie nach dem Waadtland, nach diesem See und nach dieser anmutigen Landschaft. Ich möchte einen Obstgarten am Ufer, einen zuverlässigen Freund, eine Frau zum Lieben, eine Kuh und ein kleines Boot. Hier könnte mein Glück vollkommen sein.«

J. J. Rousseau in »Confessions«

Ein Haus schien dieser Rousseau nicht zu brauchen. Ein kleines Palais an der Ostseite des Marktplatzes von Vevey betrat er ohnedies nur mit Herzklopfen; denn er wußte, daß seine Fortschritte im Unterricht bei der Baronin de Warens, die ihn in den Grundlagen des katholischen Bekenntnisses und in den Verfeinerungen galanter Liebesspiele fördern wollte, nur sehr einseitig waren. Wo anders als in dieser wahrhaft dionysischen Landschaft konnte er die Frauen müder Männer des Ancien Régime schneller und nachhaltiger für seine bukolische Philosophie gewinnen, die später wie ein Steppenbrand über Europa ging? Ein kleines Waldstück oben an der Veveyse, ein heimlicher Garten drüben im savoyischen Meillerie – und nicht nur Marie-Louise Eleonore de Warens, geborene Baronesse de la Tour du Pil, legte die Korsage ab und die Brust ins Gras.

»Zurück zur Natur« hatte Rousseau befohlen. Wo fiel es leichter als hier?

Wenn man alle von Menschen gewünschten und erträumten Schönheiten einer Landschaft programmieren würde: 70 Kilometer im Umkreis von Montreux wäre alles beieinander, bis auf ein Südsee-Atoll mit Palmen. Sogar Urwälder gibt es an der Dranse. Ein Mensch muß weit und lange reisen, um das zu wissen, was jeder Computer auf diese Programmierung nach drei Herzschlägen ausspucken würde: die lemanische Welt.

Es ist fast zuviel des Guten, der Überfülle, des ständigen Wechsels, der Vielgestalt, des unfaßbaren historischen und touristischen Angebots auf einer Fingerspitze Europas.

Wasser, Wein und Weiberlust

Wo anders als hier (im alten Caux-Palace) konnte die »Moralische Aufrüstung« ihr Welt-Domizil installieren, nachdem schon Calvin nichts anderes betrieben hat, zumal der Fallensteller Dionys hier tausend Winkel bereit hält, in denen fleißige Satyrn nichts anderes im Schilde führen, als die Menschen moralisch abzurüsten.

Nirgends wurde in allen Sprachen der Welt mehr und anhaltender über den Frieden gesprochen wie hier, nirgendwo waren Feinde eher zur Versöhnung bereit als an den arkadischen Ufern des Lac Léman.

Ramuz sagte, Gott habe ihn als ein mediterranes Modell geschaffen, als eine Art Layout über die optimalen Möglichkeiten der Gestaltung dieser Welt, als Prototyp zu einem Gehege des Friedens und der Lebensfreude, als eine ausgesprochene Liebeserklärung Gottes an die Menschen.

Womit haben diese Waadtländer, Walliser und Savoyarden das verdient?

Die Logen der Bacchanten

Wenn die Bahn aus dem Tunnel hinter Puidoux geglitten ist, oder der Wagen auf dem Wege nach Vevey hinter Jongny die erste große Serpentine genommen hat, wenn man vom weltentrückten Lac de Bré auf dem Wege nach Chexbres aus einem Waldstück tritt, überall steht ohne Übergang, ohne Ankündigung, mit der Plötzlichkeit einer Erscheinung, dieses ungeheure Panorama als ein Bild von so einmaliger, so vollkommener, so jedes gewohnte Maß sprengender Schönheit vor Augen, daß man es nur mit Metaphern beschreiben könnte, mit denen man heutzutage Gefahr liefe, sich lächerlich zu machen.

Zwischen dem phantastischen Gex über Genf und seiner einmaligen Mont-Blanc-Revue und dem seit 800 Jahren (1175) ununterbrochen im Familienbesitz der Grafen von Blonay verbliebenen Schloß über Montreux führen überall schmale und breite Türen in die Logen der Bacchanten. Die Autobahn zwischen Genf und Lausanne im westlichen Teil und die Corniche zwischen Cully und Vevey im östlichen sind die Korridore zu all den heimlichen Lauben von Crassier, St. Cergue, Begnins, dem »Signal von Bougy«, den Weingärten von Féchy, dem mediävalen Schmuckstück Aubonne, wo zu Gefängnis Verurteilte heute noch »in den Turm geworfen« werden, und dem düster abweisenden Schloß von Vufflens.

Jenseits von Lausanne sind die Prachtlogen der ersten Reihe vom Reblaub fast überwuchert, eine Woge von Wein scheint vom See heraufzubranden: Riex, Epesses und Chexbres scheinen sich zu ducken unter diesem bacchantischen Angriff, und ihre uralten Häuser rücken ängstlich zusammen. Die Corniche ist angenehm ausgebaut, aber an manchen Stellen dieser Dörfer ist gerade noch Platz für zwei schwatzende Weiber, einen Brunnen und das motorisierte Velociped des Postboten. In den fünfziger Jahren jagten sadistische Organisatoren der Rallye Montreux Omnibusse (mit 70 Plätzen) auf der Geschicklichkeitskonkurrenz durch diese Nadelöhre. Die alten Häuser waren höflich, sie machten Platz.

Oberhalb Vevey, Montreux und Villeneuve setzt die Autobahn ins Rhônetal die Corniche-Galerie fort, bis sie im satten, breiten Tale der Rhône-Mündung das »Parkett« erreicht. Die Planer jener Trasse standen vor einer subtilen Aufgabe; denn einerseits sind da, wo das Hochgebirge seine Füße im See kühlt, teure und schwierige Kunstbauten notwendig, andererseits will man gerade hier der Landschaft keine Gewalt antun. Dieser Seewinkel steigert alle Reize der Côte (westlich von Lausanne) und des Lavaux (östlich von Lausanne) ins Orgiastische. Der Zeitgenosse, der viel zu eilig zwischen Vevey und Montreux auf der N 9 durch ein Museum der Belle Epoque fährt, hat keine Ahnung, daß er in La Tour de Peilz den idyllischsten Yachthafen des ganzen Sees unbeachtet liegen läßt und nebenan das Liebesnest »Rive Reine« dazu, das sich die Baronin Harrach, links angetraute Trösterin des Preußenkönigs Friedrich Wilhelm III. 1851 an diesem Gestade bauen ließ. Jenny Piot-Flaux hat dieses Bijou mit erlesenem Geschmack eingerichtet und ein sehr nobles Hotel für unverbesserliche Träumer daraus gemacht.

Die zunehmend erkennbare Abneigung gegen den nüchternen skandinavischen Möbelstil, die wachsende Freude am Dekor, die Auflockerung des allzu Funktionellen durch liebenswürdige Schnörkel in Farbe und Form verleitet gewiß nicht dazu, alle die Beau-Rivages, Bellevues (gönnen Sie sich das Glück, drei Herbsttage im Bellevue von Chexbres zu wohnen!), Carltons, Majestics, au Lacs und Palace-Hotels mit ihren Zinnen, Erkern und Türmchen des Fin de siècle schön zu finden. Aber ich kann dem Österreicher Hans Weigel nicht vorbehaltlos applaudieren, der ganze Kübel von Spott über die Architektur der Hotellerie von Vevey und Montreux ausgegossen hat. Einerseits kann man darüber streiten, ob die modernen, streng kubischen Bienenwaben-Kästen mit Flachdach einen Wald- und Wiesenhang mehr verunzieren als die falschen Burgen und Schlösser, in denen es unsere Großväter liebten, Ferien zu machen, andererseits sollte man auch seine ästhetischen Bedürfnisse nicht an Hotel-Fassaden befriedigen. Die Grand' Rue in Montreux ist so interessant, daß man gar nicht dazu kommt, zwischen den zahlreichen bunten Sonnenrouleaux in die Höhe zu schauen, um nach wehrhaften Erkern, Zinnen und Türmen militanter Baumeister der 1880er Jahre Ausschau zu halten. Man soll den Witwen englischer Kapitäne und Kolonialoffiziere ihr kontinentales Refugium lassen, und derjenige, dessen Blick nicht nur an Hotelfassaden hängen bleibt, entdeckt schnell, daß es zwischen Vevey und Villeneuve auch sehr viel jüngere, lobenswerte Frauenzimmer gibt.

Auf den mit Narzissen übersäten Wiesen oberhalb Sonloup, einem Kurhaus mit der Lage (nicht den Preisen) einer Raubritterburg, sitzt man auf dem »Heuboden« dieses spektakulären Naturtheaters. Allein hier treten mit den Rochers de Naye und drüben in Savoyen mit dem Grammont und dem Dent d'Oche drei ausgewachsene

DIE WEINGÄRTEN HELVETIENS

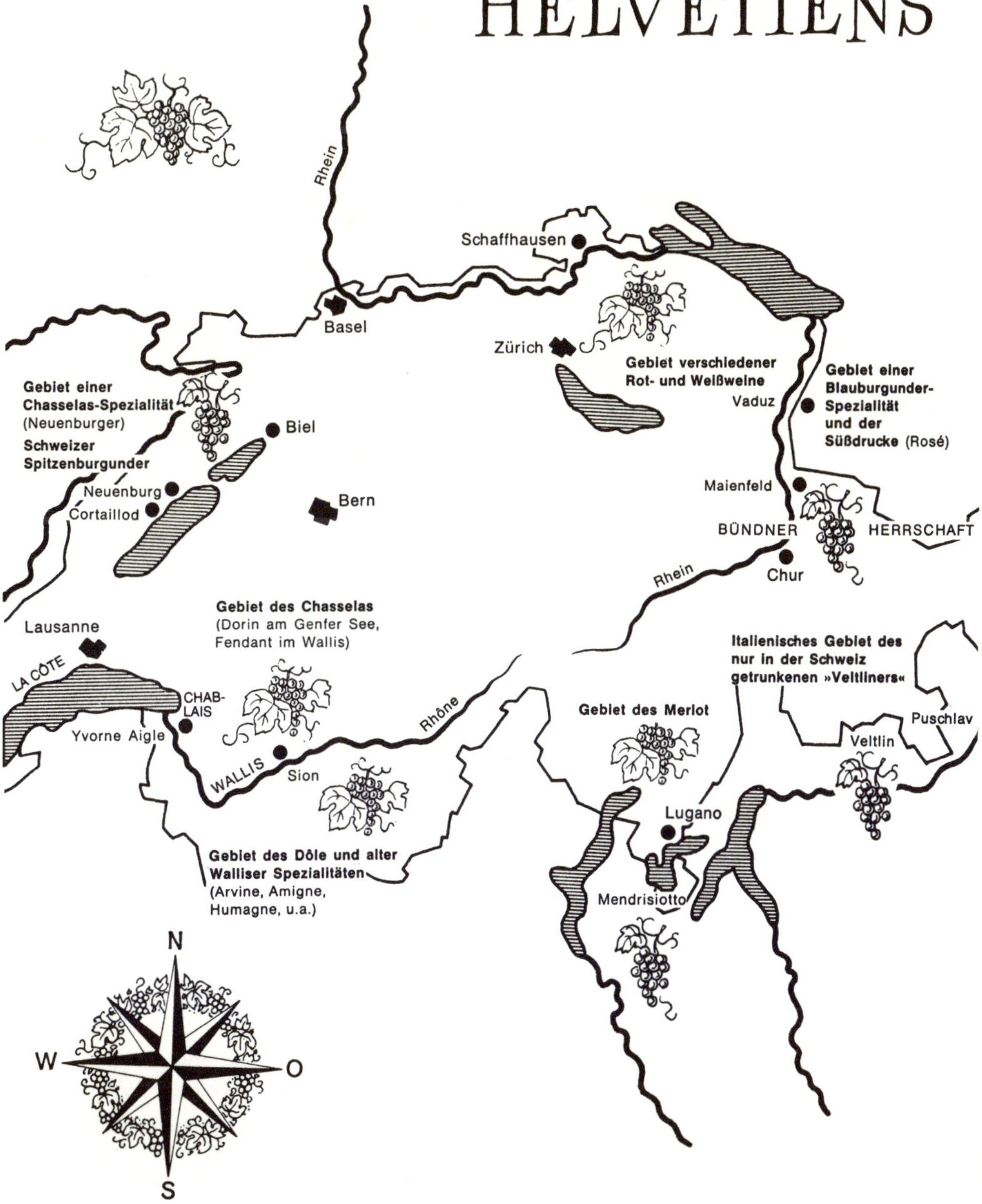

Zweitausender mit ihren Gipfeln auf drei Kilometer Luftlinie an den See heran, und die paradiesische Fülle von Almen, Waldfetzen, Quellen, Wässerlein und Sturzbächen, von verwachsenen und verwunschenen, von peinlich gepflegten und immer blühenden Gärten, von hellen und dunklen Bäumen, belaubt und benadelt, von verschwiegenen Pfaden und putzigen kleinen Sträßlein fällt in Kaskaden rauschhafter Farben zum See hinunter, umspült Les Avants, brandet an Caux auf, stürzt auf Glion zu, um schließlich in tausend Rinnsalen unter den Dächern von Montreux zu versickern. Unten spiegelt der See die weißen Dreitausender der Dents du Midi und zu allem Überfluß die Bastionen des meistfotografierten Schlosses der Welt: Chillon.

Diese attraktive Trutzburg der unruhigen Savoyarden ist nur eines der wohlerhaltenen mittelalterlichen Schlösser wie Moudon, Rolle, Morges, Nyon, Aubonne, Allaman, Vernier, Yvoire, Sciez, Ripaille und St. Gingolph, aber seine einmalige Lage an dem einzig möglichen Straßen-Engpaß ins Wallis auf einem Felsen im See hat es nicht nur für die mittelalterlichen Streithähne, sondern auch für die Maler der Jahrhundertwende und die Fotojäger unserer Tage begehrenswert gemacht.

Den früher sehr gewalttätigen und habgierigen »Gnädigen Herren von Bern«, die das Waadtland und das ganze Nordufer des Genfer Sees von der Mitte des 15. Jahrhunderts an beherrschten und klug regierten, bis die Französische Revolution zuletzt unter der ordnenden Hand Napoleons eingriff und der »Canton de Vaud« zur Eidgenossenschaft kam, diesen alten Bernern hat die Fortifikation von Chillon mancherlei Kopfzerbrechen gemacht. Ihretwegen ließen sie das erste schweizerische Kriegsschiff bauen, um die »Seeherrschaft« der Savoyarden wenigstens zu stören, wenn sie sie schon nicht zu brechen vermochten.

Heute schiebt sich ein ununterbrochener Strom von Touristen durch die Kemenaten, die Rittersäle mit den riesigen Kaminen, die Wehrgänge, Wendeltreppen und schaurigen Verliese.

Aber dann und wann geschieht es, daß die Stadt Montreux ihre prominenten Gäste zu einem »Festmahl bei Kerzenlicht« in den großen Rittersaal bittet. In einem der riesigen Kamine dreht sich dann ein Ochse am Spieß, Mädchen in Waadtländer Tracht eilen, die Gäste zu bedienen, und kostbare Dorins vom Dézaley und aus Yvorne fließen in die Gläser. Der berühmte gemischte Chor der Suisse-Romande singt Volkslieder, und er singt so zauberhaft schön, daß man bei seinen Pianissimi nur das Knistern der Scheite in den Kaminen hört. Das vom warmen Kerzenlicht zum Leben erweckte alte Gemäuer scheint in der zuckenden Glut der Kaminfeuer zu seinem früheren Dasein zurückzufinden.

Aber die Menschen an den langen, festlichen Tafeln sind keine trunkenen savoyardischen Ritter, nicht die Berner Landvögte und ihre Kollaborateure, es sind Menschen unserer Zeit. Sie sprechen von den Anlässen, aus denen ein guter Stern sie hierher führte, in diese traumhafte romanische und romantische Welt.

Wasser für Wunden und Wunder

Auf den Höhen über Glion ob Montreux steht man mitten im Wunder dieser märchenhaften Wasser. Ihre farbigen, pittoresk überzeichneten Ufer nach Villeneuve hinüber rahmen sie in tonloses Schwarzgrau, spielen dann ins Grün eiskalter Gletscherwässer hinüber, bis eine sanfte Brise alles glitzernd versilbert, wie mit Myriaden von Kristallen übersät, aus denen heraus oft Blitze in allen Farben des Spektrums schießen als fluoresziere dort ein riesenhafter versenkter Schatz. Daneben aber sind ganze Felder dieses geheimnisvollen Sees schwarz und leblos, ohne Farbe, ohne ein Lichtspiel, schweres Wasser, das kein Wind aufzuwühlen vermag. Ganze Zonen bleierner Glätte, von Seglern gemieden wie von den Fischern gesucht; denn »in den ›Brunnen‹ trinken die Fische«.

Sie lassen auch den Schwimmer die geheimnisvolle Tiefe unter sich allein durch ihr lebloses Anschmiegen spüren: einen Abgrund, viermal tiefer als Nord- und Ostsee bei 581 Quadratkilometer Fläche, an der tiefsten Stelle zwischen Lausanne und Evian 372 Meter in ozeanische Randtiefen hinabreichend.
Selbst die tückischsten Stürme, die diese wechselhaften Wasser zuweilen züchtigen, vermögen nur ihre Oberfläche aufzurühren, schon in einer Tiefe von wenigen Metern herrscht wieder die Ruhe der »Brunnen«, in denen sich die eiskalten Wasser der Rhône ziellos verströmen.
Der See ist in seiner Ostecke eine Bühne alpiner Eitelkeiten. Im Süden spiegeln sich die attraktiven Dreitausender der Dents du Midi, und im Norden treten die Rochers de Naye auf drei Kilometer Luftlinie an sein schönstes Ufer heran. Savoyen mauert ihn mit steilen 1800 bis 2000 Meter hohen Wänden ein, die drohend wie Zyklopenwälle ihren jähen Absturz unter dem Wasserspiegel fortsetzen und kaum Platz lassen für das unter Frankreich und der Schweiz aufgeteilte St. Gingolph und das Künstlerdorf Meillerie. Erst vor Evian treten die Berge der Savoyarden respektvoll zurück, vor diesem Evian mit seinen kalten, doppelt kohlensauren kalk- und magnesiumhaltigen Quellen für Gichtbrüchige und notorische Säufer, die dort, sich kasteiend, ihre Sünden abbüßen, um sich dafür ein paar Jahre eines für sie trostlosen abstinenten Lebens einzuhandeln. Angesichts der bacchantischen Ufer des Vis-à-vis eine doppelt schwere Zumutung.
Aber oben in der Hotellerie »La Verniaz«, in diesem Paradiesgarten gastronomischer Genüsse und verschwiegener Chalets, in denen sich einst Aga Khan und Greta Garbo monatelang vor der Welt verbargen, brät Marcel Verdier die besten Steaks von Savoyen in Röstkaminen , die in seinen Gärten stehen, hat herrliche Pferde im Stall und immer Patronen zum Tontaubenschießen in der Tasche. Auch in Evian gibt es also nicht nur Heilwasser und Roulette-Chips sondern auch Refugien der Lebensfreude.

Das ganze Chablais, zu dem diese sehr viel ursprünglicheren und naturbelassenen Südufer des Genfer Sees gehören, trägt nicht den Glamour der helvetischen Seite, ist aber in den abgelegenen Schönheiten seiner großen Schlösser, seiner kleinen Städte und Fischerdörfer von einem sehr anziehenden, melancholischen Charme. Yvoire, wie auf einem Balkon in den See vorgeschoben, ist sein mittelalterliches Prunkstück, Thonon-les-Bains die »Metropole« – mit einem Thermalbad und alkali- und eisenhaltigen Mineralquellen. Auch das benachbarte liebliche Amphion-les-Bains hat Schwefelquellen ähnlicher Zusammensetzung.
Die heilenden Wasser rinnen dort überall aus der Erde, und schöne helle Sandstrandbäder verbergen sich wie in Excénevex hinter uralten Bäumen vor den auf den Routes Nationales Genf oder Annecy zustrebenden Eiligen. Das Chablais liegt noch immer im Verkehrsschatten des großen Reisens unserer Tage, und wären nicht Evians berühmte heilende Wasser und die vielen überlaufenen, aber auch überwältigenden Schönheiten des gegenüberliegenden Lavaux, es würden noch weniger Menschen an diese von den Zeitläuften vergessenen Gestade kommen, die sich – nicht nur im Tal der Drance – die wild-natürliche Unberührtheit Rousseauscher Traumlandschaften bewahrten bis auf den heutigen Tag.

Wein an allen Wegen

Kontrapunktierend zum Wasser zieht sich der Wein als Element des Lebens durch diese Landschaft. Er ist nicht nur ein Teil ihrer Wirtschaft, ihrer Geschichte, ihrer Literatur, sondern auch ihrer Politik. Die Rhône schwemmt ihn aus dem weingesegneten Wallis heraus, und gleich nach ihrem Durchbruch bei St. Maurice sammeln sich die Rebstöcke bei Aigle zu Tausenden und Abertausenden. Hier spielen Yvorne mit seinem berühmten »Clos du Rocher« und das nahe Ollon mit seinem hervorragenden Burgunder »Rouge d'Antagne« gleich zwei Trümpfe aus,

die Kenner mit der Zunge schnalzen lassen. Von etwa 3500 Hektar Rebfläche wird dabei nur auf einem Siebtel waadtländischer Rotwein geerntet.
Die uns Deutschen aus dem badischen Markgräflerland bekannte Gutedel-Rebe beherrscht hier das Feld. Sie ist renommiert als eine wundervolle Tafeltraube. *Gut* als Wein ist sie nur unter den günstigen Umständen, wie sie hierzulande gegeben sind, aber *edel* ist sie auf gar keinen Fall. Der Weißwein, den sie bringt, ist allerdings immer selbständig und kann auch in mittleren Jahren als Naturwein in den Handel gebracht werden. Im übrigen ist er nichts als ein sehr angenehmer, leichter, fruchtiger Tischwein ohne die köstliche Blume des Rieslings, den eleganten Schliff des weißen Burgunders oder des Pinot gris, der hierzulande auch Malvoisie heißt.
Der Fendant, wie der Chasselas im Wallis, und der Dorin, wie er an den Genfer Seeufern heißt, ist ein einfacher Bursche, ein guter Kumpan zum Zechen, kein Gefährte für anspruchsvolle Stunden bacchantischer Genüsse, keine edle Kreszenz, die den Geist befeuert, kein amouröser Tropfen, der die Frauen in Verwirrung bringt. Aber die Alemannen trinken ihn gern. Sie sind es gewöhnt, ihre Gedanken tief aus dem Bauch zu holen und sie lange auf der Zunge zu wälzen, ehe sie sie aussprechen, und dieser Wein glättet ihnen den Weg. Der Fendant wird im Wallis und der Dorin im Waadtland getrunken wie in England der Tee. Man kann ihn ungefährdet zum Apéritif nehmen, und er paßt zu jedem Essen, zu jedem Freundesgespräch und zu jeder Liebeserklärung. In den Weinbergen des Lavaux, zwischen Montreux und Lausanne, gedeiht er am besten und eindrucksvollsten auf einem der kostbarsten Weinberge Europas, dem schon gerühmten Dézaley. Nach seiner Bodenbeschaffenheit, seiner Neigung und seinem sehr günstigen Mikroklima ist er ganz sicher einer der kostbarsten Weingärten Europas. Überall in der Welt würde man ein solches Gottesgeschenk mit edleren Rebsorten bepflanzen. Nicht so hier. Die Berner, denen er früher gehörte, trinken seinen Wein so wie er ist. Sie trinken ihn nicht nur, sie lieben ihn. Sie kennen und unterscheiden den Bodengeschmack der einzelnen Lagen und wollen weder Riesling, noch weißen Pinot, noch Malvoisie (Pinot gris) auf dem Dézaley haben.
Man sollte vom Dézaley nicht Abschied nehmen und blindlings den Schönheiten von Lausanne entgegeneilen, sondern noch ein Stündchen bei »Major Davel« in Cully unmittelbar am Seeufer und in Reichweite dieses monumentalen Weinberg-Riesen verweilen. Der Dézaley »Clos des Abbayes«, der »Clos des Moines«, aber auch der »Embleyres« schmecken köstlich zu Filets de perches und sind die vollendetsten Chasselas-Weine, die man trinken kann. Hinter Lausanne beginnt dann »La Côte«, deren Dorins nicht den Glanz der Großen des »Lavaux« erreichen, aber in Féchy, vor allem aber im »Abbaye du Mont« (oberhalb Rolle) einen Weißwein anbieten, der einen erst recht aufgeschlossen macht für die mediävalen Wunder der uralten Siedlungen von Allaman, Morges, Rolle und Nyon. Sie sind allesamt Zeugen gewalttätiger Herrschaft derer von Savoyen, drüben am Südufer, und der »Gnädigen Herren von Bern«, hoch oben im Norden, deren Landsknechte sich damals gewiß nicht nur mit alten Weinbouteillen und Faßdauben aufs Haupt schlugen.
Da, wo bei Prangins, in einem weiten Park versteckt, das Schloß liegt, das sich Joseph Bonaparte erbauen ließ und in dem Kaiser Karl von Österreich nach dem Ersten Weltkrieg Zuflucht fand, wo Coppet folgt mit seinem interessanten »Château«, in dem Jacques Neckers Tochter, die vitale Madame de Staël, das Feuerwerk ihres Lebens abbrannte, da wird es Zeit, nicht mehr von der Rebe, sondern von der Liebe zu reden.

Liebe in jedem Luftzug

Jede Landschaft bewirkt ihre Reflexe in der Menschenseele. Das ist eine Binsenwahrheit und einer der nachhaltigsten Antriebe des großen

Château Lafite Rothschild in Pauillac.

Château d'Yquem in Sauternes.

Reisens unserer Tage. Die zunehmende Materialisierung unserer Urlaubsmotive, der ausgleichende Drang nach Sonne, Wärme und Wasser hat das feine Gespür für die stumme Ansprache einer Landschaft da und dort veröden lassen, aber unbewußt oder bewußt verbleiben ihre Spuren, kurz oder nachhaltig, wie ein heimlich vollzogenes Implantat oder aber auch als formende Erschütterung im Quellgebiet der Menschenseele.

Diese lemanische Welt als Gesamtbild oder als ganz persönlicher Ausschnitt bewirkt sofort eine merkwürdige Lockerung und Entspannung, der sehr bald jene Erleichterung des von Alltagsbürden beladenen Herzens folgt, das, von der Sinnenfreude an dieser Augenweide bei der Hand genommen, den kürzesten Weg zum Du einschlägt. Aber hier wird mehr als ein Mignon-Effekt wirksam, hier wird mehr lebendig als der Wunsch, einem geliebten Menschen ein Gotteswunder zu zeigen: die rätselhafte Zweideutigkeit dieser riesigen Wasserfläche, die brutalen Akzente des Hochgebirges, das sich in ihm spiegelt, die zärtlichen Ufer der Côte, die dionysischen des Lavaux, die burschikosen des französischen Chablais, die einmal zitternde, vibrierende, das anderemal düster drückende Atmosphäre über allem ist ein rauschhafter Akt, ein Liebesspiel der Natur, eine sich in die tiefen Gewölbe des Unbewußten einschleichende Stimme der Verführung. Die Sinnenfreude an dieser lemanischen Welt ist wie ein Aphrodisiacum.

Sie hat tausend Winkel, in denen Satyrn und Nymphen wohnen. Sie wäre auch ohne den majestätischen Dézaley und seine vielen Trabanten-Weinberge dionysisch von Grund auf. Sie ist einfach dazu geschaffen, die Fenster aufzustoßen, frische Luft hereinzulassen, Ketzer zu gebären, Völker zu versöhnen und Liebe zu verkünden. Nur hier konnten moralische Aufrüster wie Johann Calvin und Frank Buchmann zu ihrer Mission finden. Sie hat die Künstler, Erzieher und Reformer angezogen wie ein Blütenbaum die Bienen.

Gounod komponierte hier in den Armen einer Walliserin seinen Faust, Tschaikowsky eine Suite, Rousseau schrieb in Meillerie und Vevey, aufgepeitscht von der Leidenschaft der Baronin Warens, die »Nouvelle Heloise«, Byron betrank sich an der Côte mit seiner schönen Freundin Jane Clairmond, Franz Liszt, umschwärmt von den Mädchen ganzer Klassen des Genfer Konservatoriums, ergab sich hier den Küssen der ihn immer verfolgenden Gräfin Marie d'Agoult, Goethe trieb es in Genf mit einem Freudenmädchen, Balzac in Mirabeau mit einer polnischen Schönheit, nachdem ihn die Marquise de Castrie betrog. Juliette Récamier spielte auf Schloß Coppet die Harfe und mit dem Herzen des Prinzen August von Preußen. Neben ihrem Boudoir überlegte Benjamin Constant, ob er die wilden Umarmungen der Germaine de Staël noch länger ertragen oder sich in das »ruhige Paris« absetzen sollte ...

Es ging zu wie im Dekameron.

Shelley verführte die erst 17jährige Tochter des schottischen Philosophen Godwin im Angleterre von Genf, George Sand erschreckte die Bürger, und Lasalle, der vornehme Sozialist, verlor sein Leben im Duell um eine Frau. Hemingway und Hadley Richardson sollen die letzten hier Genannten sein. Die Lebenden bleiben unerwähnt, und die Legionen der unbekannten Liebenden, die sich die Frühstücksbrötchen von Montreux, Ouchy oder Evian ans Bett kommen ließen, weil die Luft dieser Gestade sie müde machte vor Glück, sie alle seien mit dem Mantel der Liebe zugedeckt.

Wir sind in den Pays du Vaud, im Vaudois, im Waadtland.

Es sollte Kythera heißen.

Jenseits der Heurigenseligkeit

Vor 800 Jahren hatte Österreichs Herzog Leopold V., der sich dazu mit einigen Humpen »Ruster Ausbruch« Mut antrinken mußte, Englands ersten großen Nahostpolitiker, Eroberer von Zypern, unwiderstehlichen Playboy und erfolgreichsten Turnierreiter seiner Zeit, Richard Löwenherz, der vermummt auf der Heimreise in sein britisches Königreich begriffen war, festnehmen und auf die schaurige Burg Dürnstein schleppen lassen. Man wird ihn dort nicht gerade mit knusprigen Backhendln, zartem Donauwels und Beerenauslesen vom »Dürnsteiner Katzensprung« geatzt haben, ehe ihn Kaiser Heinrich VI. nach Trifels in der Pfalz überführte und ihn schließlich gegen ein astronomisches Lösegeld nach England entließ. In der Sage behauptete sich dagegen die Treue seines Mannen, des englischen Minnesängers Blondel, der seinen Herrn auf hundert Burgen vergeblich suchte, bis er ausgerechnet auf der Dürnsteiner Kuenringen-Burg auf sein Lied Antwort erhielt und so den königlichen Refrainsänger erkannte und befreien konnte.

Die sieben goldenen Hügel

Immer vergolden edle Träumer die schnöden Silberlinge der Geschichte, und wer weiß, was die Sage einst aus den politischen Spitzbübereien unsrer Zeit gemacht haben wird! Wer sich auf der komfortablen neuen Wachau-Straße dem Kleinod Dürnstein nähert, kann das noch neuere, überlebensgroße Standbild von Richard Löwenherz und dessen Kammersänger Blondel nicht übersehen, wohl übersieht er aber die Perle der ganzen Wachau, wenn er sich durch den eleganten Zug der Straße dazu verleiten ließe, in den Dürnstein-Tunnel einzufahren, statt vorher links ins Städtchen hinauf abzubiegen.

Dort oben musiziert die begnadete Bau- und Bildhauerkunst von Mungenast und Matthias Steinl in einem der schönsten Barockkirchtürme der Welt, ein steingewordener Jubelschrei über die Herrlichkeit Gottes in diesem gesegneten Stück Erde. Dort oben verbirgt sich abseits der großen neuen und der schmalen alten Straße aber auch einer der idyllischsten Gasthöfe Österreichs – und das will etwas heißen –: Thierys Schloßhotel »Richard Löwenherz«. Tiefbraune warme Stuben, in denen alle Köstlichkeiten der Gegend serviert werden, und ein Garten auf hohem Gemäuer über der Donau, gerade da, wo sie zwischen Passau und Wien am schönsten ist. Ein Garten, an lichten Sommertagen wie von Renoir gemalt, an den Abenden aber erfüllt von jener heiteren Melancholie, die das Österreichische so liebenswert macht. Hier werden Zornige friedlich, Eilige ruhig, Laute still und Stille laut. Verliebte verirren sich noch tiefer in das Gestrüpp ihrer Gefühle, und einer der ganz großen Rheinrieslinge von der »Dürnsteiner Hollerin« oder einer der taufrischen jungen, grünen Veltiner von Dürnsteins kostbarem Ried »Liebenberg« läßt einen seidenen Vorhang vom Himmel fallen: Der Nachbartisch verschwindet, die laute Welt da draußen auch, und nur das Paradies bleibt, die guten Augen der Kumpane, das gehütete Feuer der Liebsten, der blühende Baum der Erkenntnis (eine Castanea vesca) und ganz unten der dunkle Fluß Styx, auf dem ein slowenischer Frachter schwer stromaufwärts stampft. Seine Scheinwerfer tasten die Ufer ab, und seine Bordlichter schaukeln geheimnisvoll und ungewiß. Dabei hat er nur ein paar Fässer Sliwowitz an Bord, Tabakballen und Backpflaumen. Man sieht das alles, wenn man eine Flasche »Kremser Kögl«, eine Spätlese von Fritz Salomons Undhof getrunken hat. Sie schafft den Röntgenblick.

Was auch für Menschenherzen gilt.

Aber Wein macht auch blind, vor allem den, der ihn baut. Doch warum sollte der Winzer ihn nicht lieben, der mit so viel Mühe großgezogen wurde, mit so viel Hingabe gepflegt werden muß und doch so schwach und anfällig bleibt für Gewürm und Gewitter! Der Wein lebt doch wie ein Mensch! Die Rebe tastet und schwankt wie ein Kind, der junge Wein rumort in den Fässern

wie eine halbstarke Seele, um dann in der Bouteille ein zweites Leben anzufangen, das in Österreich leider immer nur kurz ist, viel kürzer als in Deutschland und sehr viel kürzer als in Frankreich. Aber das ist ein anderes Kapitel, das etwas später aufgeschlagen werden soll.
Warum sollte der einzelne Hauer, wie die Weingärtner in Österreich heißen, den Wein des Nachbarn lobpreisen und seiner eignen Hände Arbeit verachten?
In Österreich gibt es keine Versteigerungen nach eingehenden Weinproben wie in Deutschland und Frankreich und schon gar keine Einteilung der Weinberge in »grands crus«, in »premiers, deuxièmes, troisièmes crus« und »villages« wie bei unserem französischen Nachbarn, dessen Weine und Weinberge in geradezu preußischer Ordnung und Disziplin ausgerichtet sind.
Auf die Frage, welchen Wachauer »Rieden« – so heißen in Österreich die Weinberge – sie die Auszeichnung von »Grands crus classés« zukommen lassen würden, antworteten aber nicht nur die sehr objektiven Leiter der Weinbauschulen, sondern auch andere anerkannte einheimische Experten überraschend einhellig.
Österreichs sieben goldene Hügel liegen allesamt an den teils steilen, teils sanften Hängen zwischen Dürnstein und Krems, meist in verwittertem Urgestein, vor allem Gneis und Glimmerschiefer, der dem Wein die Füße warm hält. In diesen erstklassigen Weinbergslagen der Wachau, von denen der Dürnsteiner »Liebenberg«, der Unterloibener »Rotenberg« und die berühmten Kremser Lagen »Kögl« und »Wachtberg« jedes Kennerherz hochschlagen lassen, gedeihen Weine, mit denen die österreichische Staatsregierung ihre Gäste bewirtet. Es sind königliche Rieslinge, deren Kellerkultur durch erfahrene Weingüter gesichert ist.
Sie würden viel öfter auf den Weinkarten der internationalen Schlemmerlokale stehen, wenn der Ertrag mengenmäßig nicht so geringfügig ausfallen würde und – wenn die Österreicher selbst nicht die leidenschaftlichsten Weintrinker Mitteleuropas wären.
Das aber ist nur die oberste Decke aus dem tiefen Füllhorn, das Bacchus zwischen den herrischen Gottes-Burgen von Melk und Göttweig ausgoß, die beide wie steingewordene Lobpreisungen am Anfang und am Ende des Segens dieser im wahrsten Wortsinn romantischen und weinseligen Landschaft stehen. Die neue Wachau-Straße verleitet dazu, viel zu schnell durch diesen Zauber zu fahren, in dem die Donau-Ufer sich nicht ganz so dramatisch gebärden wie die des Rheins zwischen Bingen und Koblenz, in dem es aber auch sonst nicht so hektisch und bienenfleißig zugeht wie dort, sondern um vieles stiller und beschaulicher, ein bißerl inniger und nachdenklicher, und das alles auf den sanften Gedankenflügeln einer so milden und darum unangreifbaren, souveränen Nonchalance. Die meisten, die auf der Bundesstraße I und der Autobahn von Salzburg nach Wien eilen, lassen dieses Land links liegen.
Sie tun gut daran. Die Wachau hat Eilende nicht gern.

König der Weine, Wein der Könige

Südlich Wien, wo die letzten Alpenberge wie Wälle vor den weiten, unübersehbaren Ebenen des Ostens stehen, speit eine vulkanische Bruchlinie eine ganze Batterie schwefelhaltiger Thermen aus. Von den südlichen Vororten Wiens reicht diese »Thermenlinie« über Gumpoldskirchen, Baden bei Wien, Bad Vöslau bis zum Semmering bei Gloggnitz, und allein das Dutzend Badener Quellen wirft dabei täglich sechs Millionen Liter aus. Auf diesem mit Ton-Schotter bedeckten Heizkissen des kalkalpinen Trias-Dolomits wächst nach zuverlässigen Aussagen einiger römischer Feldherren, des Hunnenkönigs Attila, einiger Könige von Ungarn und Böhmen, einiger Träger der alten und der neuen deutschen Kaiserkrone, Elisabeths II. von England sowie der Gumpoldskirchner Winzergenossenschaft der beste Wein Österreichs. Vor 1971 vermochten wir das von hier aus nicht zu beurteilen; denn die Gumpoldskirchner, die wir in gelegentlichen Anflügen orientalischer Völlerei viel zu teuer bezahlten, waren oft genug brave, billige, wenn auch zuweilen köstlich schmekkende Weine aus Ungarn und Jugoslawien, die auf der Durchreise nur anders etikettiert wurden. Etikettenpapier ist geduldig und die Zunge der törichten Weinschlotzer auch. Gumpoldskirchner Winzer waren bei einem Besuch in Mainz jedenfalls baß erstaunt, welche Gumpoldskirchner Rieslinge man ihnen dort vorsetzte, und es war gut, daß sie ihren deutschen Gastgebern ein paar echte Flaschen von dem berühmtesten Rieden am Anninger auf den Tisch stellen konnten, um ihre Rieslingkultur zu rehabilitieren und für ihre unvergleichlichen Spätrot-Rotgipfler aufrichtige Elogen zu holen. Und das mit Recht!

Gleich hinter dem sanft ansteigenden reizvollen Ort, unmittelbar hinter dem Schloß des Deutschen Ordens und dem »Berghof« des Stiftes Melk, liegen vier Weingärten, von denen mindestens drei nicht nur in besonders guten Jahren Kreszenzen bringen, die man bedingungslos in die höchste Qualitätsstufe einweisen kann. Es sind die Rieden »Sonnberg«, »Spiegel«, »Wiege« und »Kramer«. Wer nun glaubt, die etwas eigensinnigen Winzer vom Wienerwald hätten sich die Namen dieser kostbaren Weinberge wie goldene Ketten um den Hals gehängt, der irrt. Die Lage »Sonnberg« erschien auf den Etiketten der Winzergenossenschaft, der Weinbauschule und des Winzers Hasenöhrl, aber schon das Stift Melk brachte unbegreiflicherweise köstliche Beerenauslesen des Riedes »Spiegel« ohne Lagebezeichnung unter illustre Weinkenner. Dem Schloßweingut des Deutschen Ordens wurde eine Spätrot-Rheinriesling-Beerenauslese international prämiiert, die den Phantasienamen »Schloßgold« trug, aber nicht die sehr viel bemerkenswertere Lagebezeichnung »Wiege«.

Langsam ist man gerade in den Edelweingebieten dazu übergegangen, die Riednamen, besonders der Spitzenlagen und der großen Lagen auf dem Etikett zu vermerken, die immer mit dem Namen der Gemeinde erscheinen müssen.

Ex occidente lux

Man spürt auch hier die Nähe der Steppe. Im Dunst der weiten Ebenen, in die die westliche Welt hier ausläuft, im ungewissen Licht dieser Fernen verwischen sich die Einzelheiten, löst sich jede Prägnanz auf, und die Begriffe verlieren, nicht nur in der Politik, ihre scharf umrissenen Inhalte.

Das beinahe dogmatische Klassement der französischen Weine lockert sich schon im deutschen Bereich, behält aber die kontrollierte Orts-, Lage-, Jahrgangs- und Sortenbezeichnung bei oft noch weiterer Differenzierung. Auch Versteigerungen finden noch statt, die über einen längeren Zeitraum hinweg, von den Unterschieden der einzelnen Jahrgänge abgesehen, eine verläßliche Qualifikation erlauben.

Aber nach Osten zu verlor sich mehr und mehr die scharfe Prägnanz der Begriffe und die Verbindlichkeit des Etiketts. Oft blieben nur noch Orts- und Sorten-Bezeichnungen übrig, manchmal erschien noch der Jahrgang, aber die Angabe der Lage, also des Weinbergnamens war (und ist) schon vom Steppenwind verweht.

Männer wie Altmann und Rabenseifner, die Leiter der Weinbauschulen in Krems und Gumpoldskirchen waren da mit einigen Weingutsbesitzern von der Kultur des leider zu früh verstorbenen Fritz Salomon-Undhof »das Salz der Erde«. Sie waren wie Vorposten der westlichen Weinkultur, Eckpfeiler in der Brandung des nivellierten Geschmacks, der Wahllosigkeiten und Praktiken des Massenkonsums.

Mit der neuen Weingesetzgebung der 70er und 80er Jahre wurde ein sinnvolles System in der Klassifizierung vor allem der Qualitätsweine mit den nächsthöheren Stufen der Kabinett- und Prädikats-Weine geschaffen.

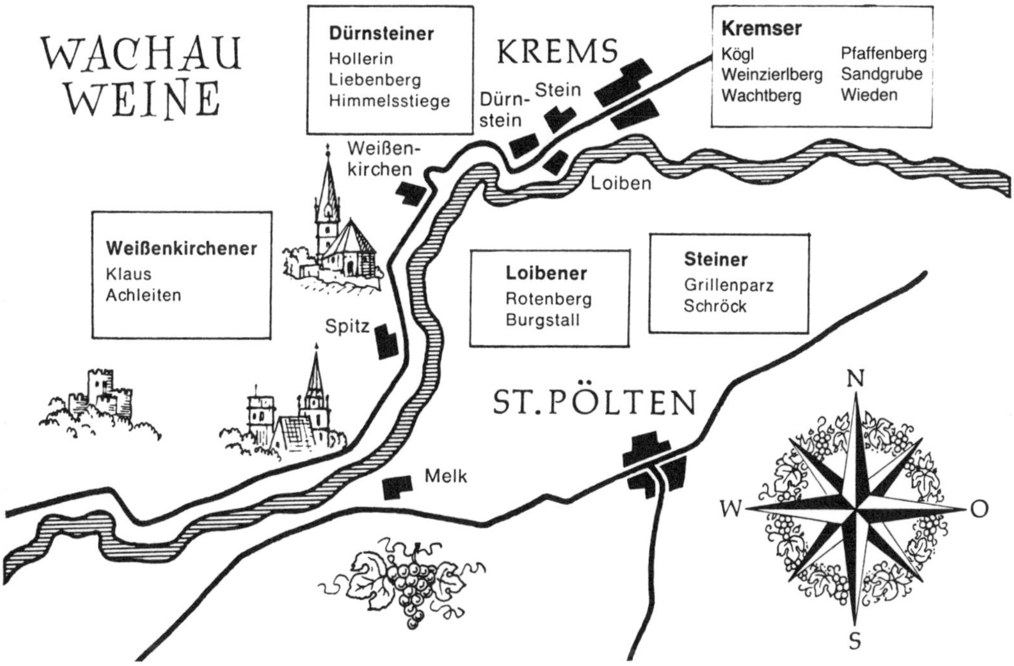
WACHAU
WEINE
Dürnsteiner
Hollerin
Liebenberg
Himmelsstiege
KREMS
Stein
Dürn-
stein
Kremser
Kögl
Weinzierlberg
Wachtberg
Pfaffenberg
Sandgrube
Wieden
Weißen-
kirchen
Loiben
Weißenkirchener
Klaus
Achleiten
Loibener
Rotenberg
Burgstall
Steiner
Grillenparz
Schröck
Spitz
ST. PÖLTEN
N
Melk
W
O
S

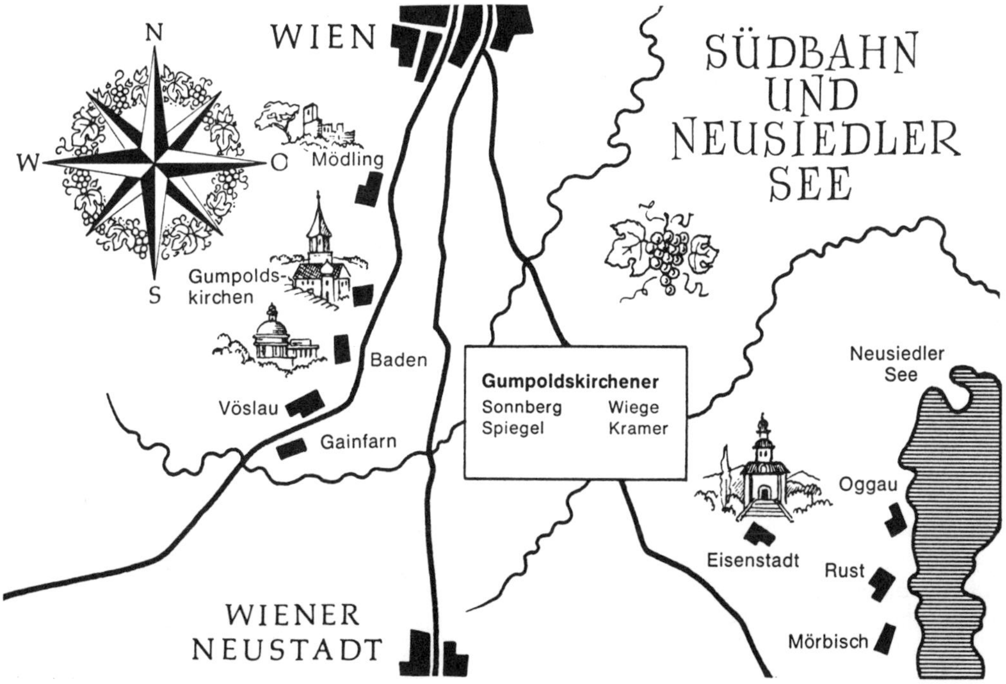
N
WIEN
SÜDBAHN
UND
NEUSIEDLER
SEE
W
O
Mödling
S
Gumpolds-
kirchen
Baden
Gumpoldskirchener
Sonnberg
Spiegel
Wiege
Kramer
Neusiedler
See
Vöslau
Gainfarn
Oggau
Eisenstadt
Rust
WIENER
NEUSTADT
Mörbisch

Die ebenfalls festgeschriebene Rangordnung der geographischen Herkunft mit immer enger werdenden Bereichen von unten nach oben [z. B. Thermenregion – Gumpoldskirchen-Großlage – Gumpoldskirchen (nur Gemeindegebiet) – und Gumpoldskirchen-Einzellage (Ried) als Spitze der Pyramide] gibt auf dem Etikett eindeutig Auskunft darüber, wo der Wein geerntet wurde.

Die Spitzen der Gumpoldskirchner Riesling-Kultur sind – auch im Weltrang – ganz große Weine, fast alles Novemberlesen, die in ihrem Bukett und ihrer Fülle denen der Pfälzer Mittelhaardt ähneln oder den großen Rheinhessen aus Oppenheim und Nierstein.

Die große Rebe der Thermenregion aber ist der »Zierfandler«, auch »Spätrot« genannt, ein feiner leichter, harmonischer Wein, den die Gumpoldskirchner nicht nur wohl zu kultivieren, sondern auch mit dem dort prächtig gedeihenden »Rotgipfler« – einem extraktreichen, duftigen, spät ausbauenden Wein – zu verschneiden verstehen. Wann aber läßt man endlich diese Edlen aus den Herrgottsweingärten vom Anninger richtig ausbauen? Wann endlich lagert man diese »Bouteillen«-Qualitäten der besten Jahrgänge ohne Rücksicht auf die Marktlage als Glanzstücke eines wirklich weinwerbenden Exports, statt sie als Heurige zu versaufen?

Die Heurigenseligkeit

Alle Weinländer sind schön, und die Sprache seiner Weine wirbt für jeden dieser goldenen Hänge, aber der hinreißende Liebreiz der österreichischen Weine ist noch viel zu wenig Kennern in der Welt bekannt. Er gleicht dem Licht, das man gedankenlos unter dem Scheffel läßt, unter den es die Gleichmut der Heurigenseligkeit nach dem Ersten Weltkrieg gestellt hat. Vieles für uns Unverständliche lag natürlich an der andersgearteten Struktur der Weinwirtschaft und an der daraus resultierenden österreichischen Einstellung dem Wein gegenüber. Jahrzehntelang wurden hoffnungsvolle Ansätze zu einer staatlichen Weinkontrolle mit entsprechend klaren gesetzlichen Grundlagen von gewissen Teilen des Weinhandels verhindert, was sich in den 80er Jahren grundlegend verändert hat. Dafür gab es ein Buschenschankgesetz, das es dem Winzer gestattet, 14 Tage lang, mit jeweils vierwöchigen Unterbrechungen, von ihm selbst gezogene Weine auszuschenken und gegebenenfalls ein »Zu-Essen« dazu zu verabreichen. Ein an langer Stange befestigter Kiefernzweig ist das Zeichen dafür, daß – wie die Wiener sagen – »der Herrgott die Hand rausstreckt«. »Wo ist heute ausg'steckt?« Das bewegt das Herz des Herrn Kommerzialrats ebenso wie das seines Assistenten; denn in den kleinen Hauerstuben verzaubert der »Heurige« die Welt. Meist ist es nur einer der vielen Veltiner, oft einer der milden Neuburger, denen man nachsagt, daß sie die gemütlichsten Wiener hitzig machen, manchmal einer der duftigen Ruländer, Müller-Thurgauer oder Zierfandler. In den roten Karaffen leuchten meist die billigen blauen Portugieser oder die so vergnüglich-verträglichen Blaufränkischen.

Österreich ist das klassische Land der offenen Weine. Keine Großstadt der Welt ist so von Weingärten umgeben wie Wien; selbst die Gebiete der Spitzenweine, denen eigentlich unser Thema gilt, sind in Rufweite. Krems ist nur 60 Kilometer, Gumpoldskirchen nur 20 Kilometer von Wien entfernt. Warum erst die Weine auf Flaschen füllen? »Schaffts die Fasserln nach Wien!« Und diese Zwei-Millionen-Stadt trinkt viel. Sie trinkt, weil sie »an Durscht« hat, und sie trinkt Wein gegen den Durst!

Der Heurige löst alle Probleme der Familie, des Geldes, der Liebe und ihres Gegenteils, der Politik. Er kennt weder Etikette noch Etiketten. Er bringt alle Herzen zum Klingen und hat nicht nur die Schrammeln erfunden, sondern auch die Eroica und vieles andere, was Brahms und Beethoven, Haydn, Schubert und Mozart in sich haben singen hören. Sonntags sieht man die Leute heute noch in die Buschenschenken ziehen mit vier der großen typisch österreichischen

Zweiliterflaschen im Rucksack, um sich draußen in Oberlaa einen Welschriesling vom Zederbauern zu holen oder einen Neuburger vom Köck in Schönabrunn. Vielleicht auch jenen Blaufränkischen vom Preis in Prellenkirchen (den, wo der Bastl meint, der vom Sandriester Johann sei besser). Jeder hat sein besonderes »G'schmackerl« daran, und er bleibt dabei.

»Außig Wasser, innen Wein . . .«

Zwischen Gumpoldskirchen und Pfaffstätten, das schon vor den Toren Badens liegt, ertrinkt das Auge in einem Meer von Reben. Die Szenerie ähnelt der der Pfalz, eher noch der Côte d'Or im nördlichen Burgund.
»Außig Wasser, innen Wein: laßt uns alle fröhlich sein!« ist seit fast 500 Jahren die Devise der alten Bäderstadt, die sich tapfer und mit dem Optimismus, wie ihn eben nur der Badener »Bockfuß« und der herrliche Rote vom »Römerberg« geben können, aus der Rückständigkeit einer viel zu langen militärischen Besetzung wieder herausgearbeitet hat. Allmählich sind wir schon im Rotweinwinkel der Thermenregion; denn Sooß, Bad Vöslau und sein Vorort Gaifarn bieten mit blauen Portugiesern verschnittene »Blaufränkische« an, die – auch unverschnitten – nicht nur auf der Zunge, sondern auch im Magen ein wahres Labsal sind. Lassen Sie sich irgendwo in Österreich einen Roten aus Vöslau kommen. Er hat nicht das Feuer des Rusters, aber er tapeziert Ihr Inneres aus mit Wärme und Wohlbehagen, vertreibt Kopf-, Magen- und Herzeleid und alle Gifte, die im Körper sind. Er ist einer der wenigen Rotweine, die nicht müde, sondern lebhaft machen und die Gedanken leicht werden lassen wie Federn und bunte Blüten.
Nächst der Proksch-Hütte über Baden geben die arkadischen Föhren eine Lichtung frei, und der Blick weitet sich über der Unendlichkeit der Ebenen, die sich am Horizont in der Pußta verlieren. Abends ist das alles zugedeckt vom samtenen Dunkel des versinkenden Sonntags, und nur die Lichtschnüre der vom Semmering oder aus dem Burgenland heimkehrenden Wiener Autos ziehen durch das Bild. Es sieht aus wie in Zeitlupe aufgenommene Leuchtspurmunition, oder friedlicher gesagt, wie ein unendlicher Zug von Glühwürmchen. Sie stören den Frieden nicht, denn sie ziehen weit in der Ferne lautlos dahin. Der »Blaufränkische« von der Vöslauer »Waldandacht« singt dazu in unserem Blut. Er macht auch den fernen Lichterreigen zu einer zarten Melodie, und ich glaube, daß Haydn oder Mozart, die hier oft gesessen haben, heute eine »Serenade der wandernden Lichter« komponiert haben würden, wenn nicht gar der sakrale Satz eines Oratoriums daraus geworden wäre mit dem großen Finale des »Heimgangs der erleuchteten Seelen«.
Einem großen Musiker und einem großen Wein ist nichts unmöglich.

Raritäten aus Rust

Da ist noch ein Kleinod unter den großen österreichischen Weinen, dem schon 1524 eine Königin das Recht verlieh, seine Fässer mit einem eingebrannten »R« zu bezeichnen, und von dem einst 500 Eimer zusammen mit 60 000 Goldgulden einen Kaiser von den Türken auslösten.
Es ist Rust am Neusiedler See, auf dessen Hügeln die Weine wachsen, die so viel vermochten. Rust, eine Sinfonie aus Renaissancefassaden, Barockerkern, Storchennestern auf allen Schornsteinen, Weinfässern in den Kellern und Liebespaaren im Schilf. Eigentlich eher eine Freistatt als eine Freistadt. Eine Freistatt vom Lärm, von der Unruhe, von der Hast, vom Verkehr, von den Menschenmassen, von unreiner Luft und schlechtem Wetter, eine Freistatt von allen Segnungen der technischen Welt. Eigentlich ein Nest, wie es dort die Störche haben, ein warmes und behagliches Nest (Mitteleuropas wärmster Ort), in dessen Rathauskeller der weise Spruch steht: »Mir ist recht wohl, wenn ich bin voll.«

Kein Wunder: Tiefgründiger Mutterboden, sonnseitige Hanglagen, nach Norden abgeschirmt, mit der Klimaanlage des Neusiedler Sees, die das pannonische Steppenklima »filtert« – das alles schafft einen Wein von überragendem Extraktgehalt und ausgeprägtem Sortencharakter, dessen Würze, dessen Feuer und dessen pointierte Harmonie ihn sofort als einen Edlen erkennen lassen, einen von Rust. Der Blaufränkische kann hier, wo man ihn leider oft viel zu jung trinkt, die Qualitäten des Blauen Burgunders erreichen. Er trägt dann dessen Samtgewand und übertrifft dessen Feuer, ohne jedoch das königliche Rubin seiner Farbe zu erreichen, was leider viele Winzer veranlaßt, ihn sofort zu keltern, um ihn als »Gleichgepreßten« in hellem Rotgold zu verkaufen.

Nicht so die Pöttelsdorfer, die ihren »Blaufränkischen« richtig ausfärben lassen und ihn heute noch stolz als »Bismarckwein« bezeichnen, da Bismarck tatsächlich jährlich beachtliche Bestände seines großen Rotweinkellers aus Pöttelsdorf bezog.

Mächtig ins Zeug mit dem Blaufränkischen legen sich qualitätsbewußte Winzer im Weinbaugebiet Mittelburgenland um Deutschkreutz und erzeugen dort bemerkenswerte Weine.

In den Ruster Weingärten und in den gleichwertigen Rieden von Oggau und Mörbisch, knapp vor der ungarischen Grenze, trifft man noch selten auf den alten »Furmint« und die ungarische Mädchentraube »Leanyka«, beides Küsse heißer Erde, beides Reben vergangener Zeiten, Weine, »um tausend Frauen zu besiegen«. Seit diese Weine in den Probierstuben des Fürsten Esterhazy in Eisenstadt ausgeschenkt wurden, hat man dort allen jähen Temperamentsausbrüchen vorgebeugt. Tische und Bänke sind so schwer gezimmert worden, daß man sie nicht zu heben vermag. Heute ist ein echter und wirklich hochwertiger Ruster Ausbruch aus der Furmint so selten wie die blaue Mauritius. Obwohl ich nicht als Fremdling in den Ruster Rathauskeller kam, sondern von Herolden des burgenländischen Weinbaus begleitet war, die mir überall rote Teppiche legten, zuckte der Stadtkellermeister von Rust die Achseln. – Die letzten Flaschen »Ruster Ausbruch« waren an Präsident Kennedy gegangen. Er hätte sie mit Chruschtschow zusammen trinken sollen.

Der Traum von Tokaj

Lange vor der Jahrhundertwende waren die langhalsigen kleinen Tokajer Bouteillen auf den Schaukästen der Apotheker Symbole der besten Eigenschaften des Weines überhaupt: für seine Nobilität, seine Kostbarkeit, seinen nektarischen Zerfluß auf der Zunge und für sein Ethos: seine heilende, stärkende Kraft.

Wer hatte schon eine Ahnung davon, daß Ludwig XIV. den Tokajer »le roi des vins et le vin des rois« getauft hatte, und daß er ihn fast regelmäßig mit den großen weißen Sauvignons zum Nachtisch und auf dem Nachttisch servieren ließ? Auch Katharina die Große, die in allen Lüsten einer flatterhaften Welt Geübte, hielt diesen süßen, rassigen Ungarn heimlich in ihrem kaiserlichen Boudoir, und sie ließ – das ist verbürgt – in guten Jahren den Transport der kostbaren Gönczer Fässer nach Petersburg durch ein Sonderkommando ihrer Garde begleiten. Tokajer – das war immer ein Verschnitt aus Nobilität und Demimonde, aus Lebenslust und Lasterhaftigkeit, aus Schwermut und Leichtsinn, aus Orient und Occident, aus Rauschgift und Heiltrank.

Nach dem Wein zu urteilen, hätte Tokaj ein zauberhaftes Weindorf sein müssen, noch schöner als Riquewihr, noch romantischer als Dürnstein, noch fröhlicher als Rüdesheim oder Bernkastel.

War es nicht die einzige ungarische Stadt, die außer Budapest weithin in der Welt noch bekannt war? Wo lag es überhaupt? Niemand wußte es. Irgendwo an der Theiß. Oben im glühenden Nordosten. An den Hegyalja-Bergen. Am Rande der vor Hitze flimmernden Pußta. Stimmt alles. Aber auf der schönen bunten Straßenkarte, die man an der Grenze vom ungarischen Automobil-Club überreicht bekommt, ist es nicht zu finden.

Der einzige ungarische Ort außer Budapest, den die Welt kennt und aussprechen kann, fehlt! Welchen Edelstein will man da verbergen? Welch uraltes Weinidyll will man da vor neugierigen Touristenblicken bewahren?

Tokaj – sind das nicht breite, wohlgepflegte Dorfstraßen, über die Gänseherden und fröhliche Trinker ziehen? Buschenschenken wie aus Lehárs Operetten mit Innenhöfen, in denen Zigeuner spielen und ein langstieliger Pusztа-Brunnen quietscht, schattige Rundbogen-Arkaden, weißgetüncht mit gelbem Kukuruz und grünem Paprika an den Wänden, ein Gúlyas-Kessel über offenem Feuer und blankgescheuerte Tische mit Sets voll farbenprächtiger ungarischer Bauernstickerei? Auf dem Tisch Gläser und Tokajer Wein und Wein und Wein.

Erinnern Sie sich noch an den Teufel in Auerbachs Keller?

Euch soll sogleich Tokajer fließen . . .
Ein tiefer Blick in die Natur.
Hier ist ein Wunder, glaubet nur!
Nun zieht die Pfropfen und genießet . . .

Zum Anregen des Appetits ein trockener Szamorodner, zum Paprikás csirke von ganz jungem Huhn ein edler Tokaj-Furmint, zum Nachtisch ein süßer Szamorodner und dann das Wunder aller Wunder: der Aszu! Ein fünfbuttiger Tokaj-Aszu von 1947!

O Csárda, Csárda, längst verfallne Stätte,
als ob mein Geist dich neu geschaffen hätte,
seh ich dich mit den Gästen neu erstanden,
die einst an deinem Herde Labung fanden.

Sándor Petöfi hat mir das aus dem Herzen gedichtet.

Zerronnener Reichtum

Der Traum von Tokaj war ausgeträumt, als wir durch das Dorf fuhren, das in bleierner Stille in der Sonne lag. Vor der Halascsárda, dem einzigen Wirtshaus des weltberühmten Dorfes, parkten zwei ungarische, ein französischer und ein deutscher Wagen. Über die nüchterne Terrasse strich der pannonische Wind, hielt das Pörkölt warm und machte aus dem köstlich frischen Lindenblättrigen schnell einen lauen Tee. Drü-

ben, hinter einem alten Schuppen, quälte sich der Bodrog über die letzten Meter seines Lebens in den breiten Schoß der Theiß. Alles war so maßlos traurig, müde, freudlos und banal.
Millionen um Millionen von Kronen, Pengö und Forint haben im Laufe von zwei Jahrhunderten die Rebhügel hinter dem Dorfe eingebracht. Ist alles in die Taschen der Rákóczis geflossen? Ist nichts in diesem landschaftlich so schön gelegenen, tragisch armseligen Dorf hängengeblieben?
Nicht nur den Wein, auch die Erde auf der er wuchs, hat man jahrhundertelang als Heilerde teuer verkauft, nachdem sie von deutschen (Daniel Fischer in »De terra medicinali Tokajensi), englischen (Cato Craffthome in »London Philosophical Transactions«) und österreichischen Ärzten wie I. G. Siegesbeck mit Erfolg als hochwirksam bei Ruhr, Darmerkrankungen und Geschwülsten beschrieben und verschrieben worden war. Mißachtet klebt dieser Dreck jetzt an den Katzenköpfen des mittelalterlichen Pflasters, über das einst schon so leise wie unser BMW die sarazenischen Frauenschänder schlichen.
Nichts hat sich in Gold verwandelt, nichts auf der Straße, nichts hinter den Torbögen der Häuser. Das Gold von Tokaj ist denen durch die Finger geronnen, die es gepflanzt, gehackt, gespritzt, gelesen, gebrochen, gemaischt, gekeltert aber nicht getrunken haben. Das Gold hat anderen die Beutel gefüllt. Den Rákóczis, den Esterhazys, den Fukiern in Warschau und Krakau, den Fuggern in Augsburg und zuletzt der Monimpex in Budafok. Keine Spur des durch Generationen hindurch vererbten Wohlstandes burgundischer und rheinischer Winzerfamilien, kein Hauch jenes pittoresken, idyllischen Gassen-Charmes von Bacharach, Riquewihr oder Rust. Ein ganz trauriges Tagelöhnerdorf ist dieses Tokaj, wie irgendeins auf den melancholischen Höhen des Douro oder aus dem Hinterlande von Jerez de la Frontera, schmuckloser als das ärmste rheinhessische oder toskanische.
Dabei – das muß gerechterweise gesagt werden – ist unter allen Potentaten, die sich am Tokajer berauscht und bereichert haben, der letzte ungarische Staat noch der einzige gewesen, der etwas vom Goldstrom zurückgeleitet hat an den Ursprung: Eine neue Brücke spannt sich vor dem Dorfe in weitem Bogen über die Theiß, ein neuer architektonisch schön plazierter und ausgebauter Gemeindekeller und Ausschank nach burgundischem Muster präsentiert sich den Gästen, und in der einzigen unter den nicht mehr benutzten drei Kirchen des Dorfes hat man ein sehr interessantes Wein-Museum eingerichtet, ohne allerdings zu bedenken, daß kein Fremder des Magyarischen mächtig ist, mit dem all diese Schätze erklärt werden.
Aber der Anfang ist damit gemacht, ein Dorf von Weltruf über den Horizont des interessierten Tourismus zu heben. Die Straßen dahin wurden schon neu geschottert. Sie könnten einmal zu einem der schönsten Weindörfer Europas führen mit freundlichen, blumenreichen Plätzen, frisch verputzten Häusern und einer nigelnagelneuen Csárda, so einer richtigen ungarischen Bilderbuch-Csárda mit Ziehbrunnen, Gulaschkessel, weißen Arkaden, Kukuruz- und Paprikaschnüren, Folklore und Zigeunermusik.

Die edle Hegyalja-Region

Ich bin mit Lászlo Terelmes durch die grüne Stelle des Tokajer Berg-Friedhofs nach oben gestiegen, durch dichtes Buschwerk und eine uralte mit Draht gesicherte Gartentür auf die Rebhügel gelangt, wo der Lindenblättrige wächst, der etwa drei Zehntel der besten Tokajer ausmacht, aber jene drei Zehntel, von denen man weiß, daß sie die Männer um den Verstand und die Frauen um die Tugend bringen.
Wir sind an verstreuten Gräbern vorbei mitten in dieses grün-goldene Leben hinaufgestiegen und sehen nun von hier erst, wie schön dieses Tokaj liegt, wie schön sich ein ländlich-niedriges Terrassenhotel an den Hang schmiegen könnte, wo

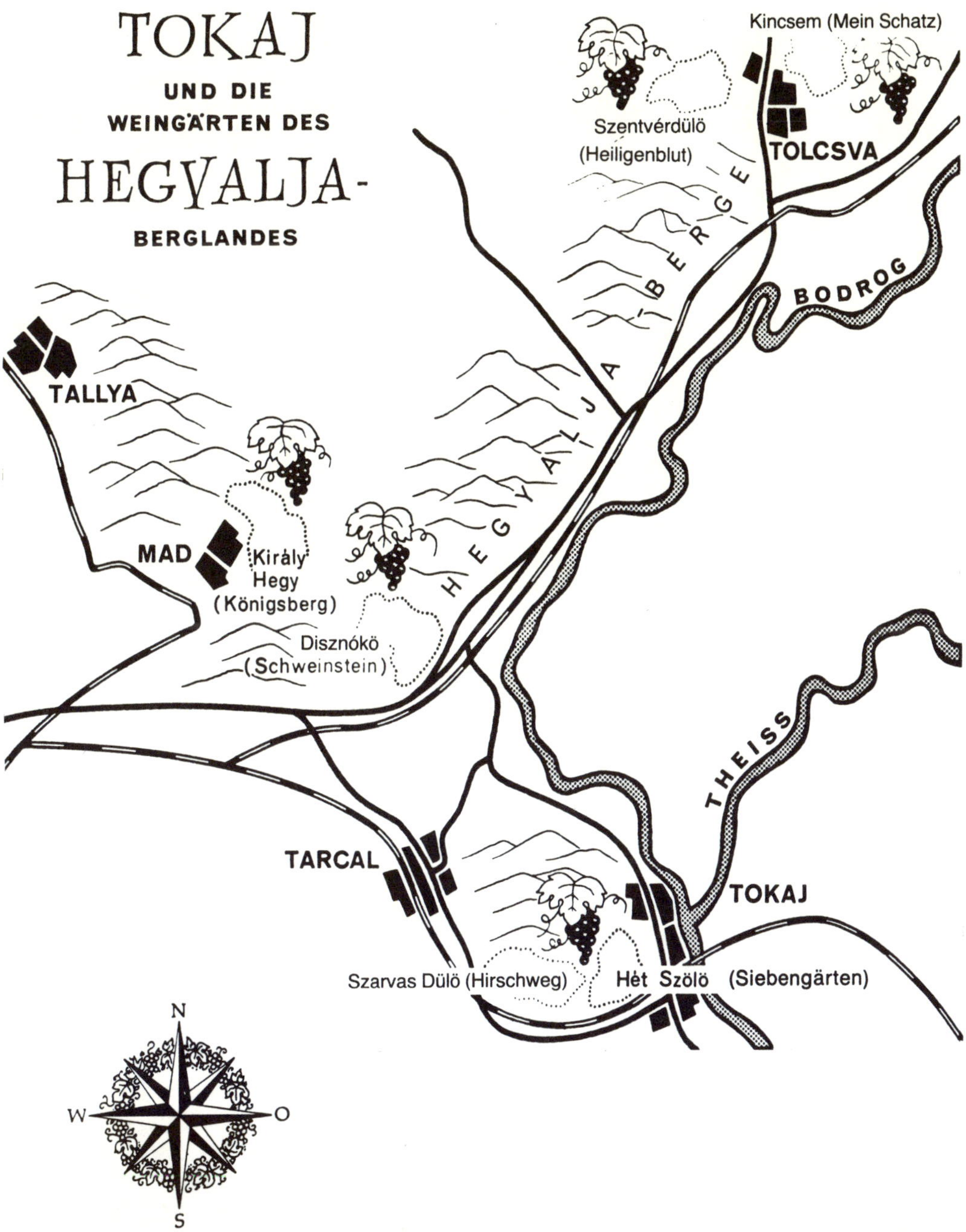
TOKAJ
UND DIE
WEINGÄRTEN DES
HEGYALJA-
BERGLANDES
Kincsem (Mein Schatz)
Szentvérdülö
(Heiligenblut)
TOLCSVA
HEGYALJA BERGE
BODROG
TALLYA
MAD
Király
Hegy
(Königsberg)
Disznókö
(Schweinstein)
THEISS
TARCAL
TOKAJ
Szarvas Dülö (Hirschweg)
Hét Szölö (Siebengärten)
N
W
O
S

die Gäste ihren Rausch in fast arkadischem Frieden auszuschlafen vermöchten.
Aber Lászlo neben mir zeigt zum Horizont hinüber. Nach Süden in die Weiten der Pußta, wo das flirrende pannonische Licht die Grenzen zwischen Himmel und Erde verwischt, wo alle Konturen des Horizonts sich auflösen und wo auch unsere Träume von Tokaj zerfließen.
Die berühmten Tokajer Weine wachsen aber nicht am 350 Meter hohen Tokajer Berg allein, einem mit kalkreichem Löß bedeckten vulkanischen Trachyt-Kegel, einem ungarischen »Kaiserstuhl« sozusagen. Sie gedeihen in besseren Qualitäten noch an den Südhängen der fächerförmig sich einige Kilometer weiter nördlich davon entfaltenden Hegyalja-Berge, im Gebiet von 28 Gemeinden dieser Gegend, die administrativ genauso unantastbar abgegrenzt wurde wie die Portwein-Region am mittleren Douro.
Kenner wissen, daß die kostbarsten Weingärten der Region bei den Dörfern Tolcsvá, Mád, Tállya und Tarcal liegen und daß sie so schöne Namen tragen wie »Heiligenblut«, »Mein Schatz«, »Sieben Gärten«, »Hirschweg« und »Königsberg«. Aber was soll uns das scheren? Diese Poesie erscheint nie auf dem Etikett, das immer nur das magische Wort »Tokaji« nennt und dazu die Rebart »Furmint«, »Harslevelü« (Lindenblättriger) oder die Bereitungsart des immer aus diesen beiden Reben zusammen mit etwas Muskateller gemischten Tokajers, die einfachen »Tokaji-Forditás« und »Tokaji-Mázlás« der »Tokaji-Ordinari«, die alle nur im Lande verkauft und getrunken werden und noch nicht einmal in den Budapester Hotels erscheinen.
Nur die berühmten »Tokaji-Szamorodni« und »Tokaji-Aszus« (Ausbruch), die Stars der ganzen Hegyalja-Familie, gehen über die Grenze.

In Tokaj gehen die Uhren anders

Béla Lengyel, der Leiter des Staatl. Weinbauinstituts in Tarcal, hatte hemdärmelig unter seinen Ampelologen, Geologen und Biologen gesessen, hatte sich abwechselnd den Mund mit dem köstlichen 63er Lindenblättrigen und dem königlichen 63er Furmint ausgespült und trotzdem wie ein Wasserfall geredet. Er hat ein Leben lang auf diesem Tarcaler Stuhl verbracht, der ein Mittelding zwischen Lehrstuhl und Mischpult ist. Er mixte den Tokajer für die Gelage Béla Kuhns, für den Tisch Admiral Horthys, für die Tafeln Roosevelts, Hitlers, Stalins und Kadars. Fast 40 Jahre lang hat sein Tokajer die Freuden begossen und die Sorgen weggespült. »Man muß mit ihm leben«, sagt er, »um ihn zu verstehen.« »Wer wird diesen wunderbaren 63er trinken?« fährt er fort, »in zehn, besser in 20, vielleicht in 50, in 100 Jahren?« Denn der Tokajer kann älter werden als der Sherry, älter als jeder Wein auf dieser Erde. Zoltán Halász erzählte dazu, daß die Warschauer Firma Fukier in ihren weiträumigen Kellern ein Weinmuseum eingerichtet hatte, das vor dem Zweiten Weltkrieg allein vom Jahrgang 1606 328 Flaschen aufbewahrte, von den vielen tausend Flaschen der Jahrgänge 1668, 1682, 1737, 1783 und 1811 ganz zu schweigen! Die alte polnische Weinhandlung lagerte die Tokajer Flaschenweine auf Grund jahrhundertelanger Erfahrungen nicht liegend, sondern stehend und ersetzte alle sechs Jahre (es genügt alle 20 Jahre, d. Verf.) die Korken durch neue. Die Auserwählten, denen diese uralten Tokajer kredenzt wurden, stellten eine überraschende Sublimierung der Duftstoffe fest: Die alten Weine hatten die typische Tokajer-Blume, die immer an frischgebackenes Brot erinnert, verloren und präsentierten ein Bukett von Erdbeeren, Veilchen und in manchen Jahrgängen einen an Kakao erinnernden Geruch.
Béla Lengyel tapeziert immer wieder die Mundhöhle mit dem 63er Furmint, dessen herrliche Harmonie die Klasse der Aszus ahnen läßt, die unten in den kleinen Gönczer Fässern reifen. »Es wird ein Wein zur Feier des Jahres 2000 sein«, sagt Béla nachdenklich, »man soll mir eine Flasche davon ins Grab mitgeben.«
In Tokaj gehen die Uhren anders.

Wein der fernen Himmel

Wie herrlich duften die Wälder der Serra do Marão! Die überreifen Brombeeren glühen in der Sonne, die Erika wirkt Teppiche von königlicher Pracht, wilder Jasmin betäubt die Sinne, und die Dächer der Koniferen versprühen Würze und Licht. Es ist der Ruch, mit dem der Westwind durch die Täler des Douro streicht und über die tausend Weinberge, die dort auf gemauerten Treppen grünen und, von unten gesehen, geradewegs in den Himmel zu führen scheinen. Es ist der paradiesische Ruch, der im Bukett eines alten guten Portweins das ewige Leben gefunden hat.

Wie glühen die Berge auf den Höhen von Castedo im Abendschein! Tief unten wühlt sich der sommerlich träge Douro sein nächtliches Bett, aber oben leuchten die Höhen des Rio Torto und des kleinen Tales von Roncão, wo die teuersten Weinberge des ganzen Portweingebietes stehen, in flammender Brunst. Magister Sampeiro aus Vila Real war es, der uns dieses rubinrote Wunder zeigte. Wir fanden es wieder, als uns Antonio Veiga, sein Amtsbruder aus Castedo, einen Port von 1904 aus der Quinta de Fragateiro bei Pinhão in die Gläser füllte. Es war ein edler, fast heller »Light Tawny«, wie die Engländer sagen, ein Port in der letzten Stufe der Faßreife, aber auf seinem Goldgrund tanzte ein Rubin beim Schwenken des Glases und strahlte, als ginge von ihm die ganze Glut dieses edlen Weines aus, in dem das Feuer der sinkenden Sonne sich leuchtend bewahrte.

Wie weit schweifen die Träume am Cabo da Roca! Es ist die Nasenspitze Europas, unseres Kontinents westlichster Punkt, wo »jener Geist des Glaubens und des Abenteuers lebt, der Portugals Karavellen in neue Welten führte«, wie das künstlerische Diplom mit amtlichem Siegel besagt, das jeder erhält, dessen Fuß dort auf den steilen Klippen über dem Atlantik stand. Wie weit fliegen die Gedanken am Cabo da Roca, wie schnell verlieren sie sich in den Ungewißheiten der fernen Himmel, die seither die Portugiesen so reizten. Aber der Zauber dieses Ortes, in dem man den Fuß auf sehr festem Boden hat und doch über dem Ozean schwebt wie ein Vogel, läßt die Pläne der Männer groß und weiträumig werden und gräbt ein schmerzliches Fernweh in die Herzen der Frauen.

Etwas ist auch im Portwein von dem Schlag der weiten Herzen, von dem Geist der großen Räume; denn er ist immer die milde Droge der Männer gewesen, die die Meere befuhren, der erfahrenen Kapitäne, der friedlichen und unfriedlichen Weltumsegler, der Kolonisatoren, und nicht nur Admiral Nelson allein zeichnete mit einem ins Portweinglas getauchten Finger historisch gewordene Pläne auf den Tisch.

Pro Kopf trinken neben den Belgiern und Luxemburgern die Dänen, die Franzosen, die Holländer und die Engländer den meisten Port, fast alles Seefahrer, alles unternehmende Völker, die immer in ihrer Geschichte vom Fernweh gezeichnet waren. Heute nehmen Frankreich und Belgien/Luxemburg über drei Fünftel des jährlichen portugiesischen Port-Exports ab, Holland, Deutschland, Italien und Dänemark zusammen etwas mehr als das vierte Fünftel. Vom letzten Fünftel beansprucht England, das die drittgrößte Portmenge und die meisten teuren Portweine einführt, über die Hälfte. Portugal selbst verbraucht seit Jahren immer etwa 13 % der gesamten Erzeugung, denn der Port ist ein viel zu sicherer Devisenbringer. Die Portugiesen haben ja die rote, burgunderhafte Fülle der Dão- und Colares-Weine und die herbe Fruchtigkeit der Vinhos Verdes aus Minho, dem frischen Norden Portugals, auf ihren Tischen.

Bonjour, tristesse!

Im lieblichen Amarante – ehemals eine Judenzuflucht wie Beilstein an der Mosel – waren wir in die alte Portweinstraße nach Mesão Frio abgebogen, waren die 1000 Meter hohen Marão-Berge hinaufgeklettert, wo im Winter Portugals Skiläufer weite baumlose Hänge und manchmal auch etwas Schnee finden, und wollten nicht glauben, daß mit dem Abstieg ins Douro-Tal nicht nur die verheißenden grünen Striche der Autokarte, sondern auch alle touristische Freude ein Ende finden würden. Die Straßen bleiben gut, aber sie ziehen leer und glanzlos durch ein armseliges Land. Schwarz und grau steigen nun leere Schieferhänge zum gnadenlos blauen Himmel, dessen Farbe sich nur selten in der trägen Brühe spiegelt, die Douro heißt. Da und dort tragen die oft kühn gemauerten Terrassen der Weinberge ein freundliches Grün, stehen ein paar Olivenbäume in silbrigem Glanz und versprühen im Frühjahr einige Pfirsich- und Aprikosenbäume rosiges Licht.

Nur selten, wie bei Pinhão oder im ertragreichen Tal des Rio Torto, erblickt das Auge zusammenhängende Rebflächen wie in den deutschen Schiefergebirgen der Mosel und des Rheines, aber ohne deren heitere farbige Dörfer und ohne die grünenden dichten Wälder auf ihren Bergkronen. Verglichen mit den Rebgärten Ungarns, Österreichs, der Pfalz, des Elsaß, Burgunds und des heiteren Beaujolais ist Douro eine Schmollstube des Bacchus, das freudloseste Weinland Europas.

Wir standen am finsteren Cachão da Valeira, auf den Höhen der einsamen Serra do Roboredo; aber auch in den freundlicheren Hängen von Tua und Pinhão, den berühmten Zentren des Portwein-Umschlags, verlor die Landschaft nicht ihr melancholisches Gesicht. Es gibt dort keine Weindörfer wie Bernkastel, Bacharach, Rüdesheim, Riquewihr, Dürnstein, Tokaj und Nuit-St-Georges, höchstens ein paar melancholische Häuser, die wie müde Hühner in der Sonne faul um einen Bahnhof liegen. Manchmal grüßt eine Quinta mit sauberen hellen Wänden und rotem Dach von der Höhe, denn auch die Weingüter sind hier aus den jämmerlichen Talgründen auf die Berge geflohen, wo immer ein leises Lüftchen mit den langen Blättern der wenigen Eukalyptusbäume spielt und den würzigen Duft einiger Pinien wie Parfüm zerstäubt. Von hier oben sieht man wenigstens das schüchterne Grün der Rebzeilen und die Tupfen der jungen Olivenbäume aus dem Grau des kambrischen Schiefers aufsteigen, und sogar die kahle Öde der granitenen Felsschründe verliert ihren Schrecken. Aber es bleibt noch immer ein merkwürdiges Weinland, dieses Douro-Gebiet! Eine Landschaft in Moll, traurig wie die Fados, die die Studenten in Coimbra singen, wenn ihre Mädchen spüren, daß sie Mutter werden. Voller Melancholie, wie die Gesänge der Tagelöhner, die dort mit nackten Füßen den Most herausstampfen.

Wo sind die romantischen Burgen des Rheins und der Donau, die seligen Weinschlösser Burgunds und die lieblichen, verrückten kleinen Châteaux des Bordelais? Da und dort ein Dorf auf der Höhe, sauber, aber von erschütternder Armseligkeit, und in den Quintas im Spätsommer oft nicht genug Wasser, um den Durst zu stillen. Nur Schweiß dringt in den Boden, der Schweiß jahrhundertelangen Fleißes zäher Portugiesen düngt den edlen Wein, der hier verwundert jedes Jahr aufs neue das gnadenlose Licht dieser Welt erblickt und mit seinen zarten Blättern alles scheu aufhebt wie ein Bettler das Brot. Er spürt, daß die Menschen ihn nur im Tagelohn pflegen, daß sie nicht mit ihm, durch ihn, für ihn leben wie an der Donau, am Rhein, an der Rhône, der Mosel und der Garonne. Und darum reift er auch nicht in den Kellern des Tales, in dem er wächst; darum flieht er sofort der Sonne nach, die ihn reifte, nach Westen, nach Porto, in die kühle Geborgenheit der Schwalbennester von Vila Nova de Gaia. Einst schwamm er auf den alten phönizischen Barken dorthin, und er schwimmt von da weiter nach England und Skandinavien, nach Antwerpen und Bremen, zu Männern, die die Meere befahren, Männern mit dem weiten hellen Blick und den großzügigen Gedanken. Immer sucht und findet er Männer, in denen das Fernweh bohrt. Ihnen bringt er die Kühnheit des Magalhães und den Wagemut des Vasco da Gama. Ihnen holt er auch über fremden Meeren die Sterne herunter in die Kajütenträume. So wurde er der Wein der

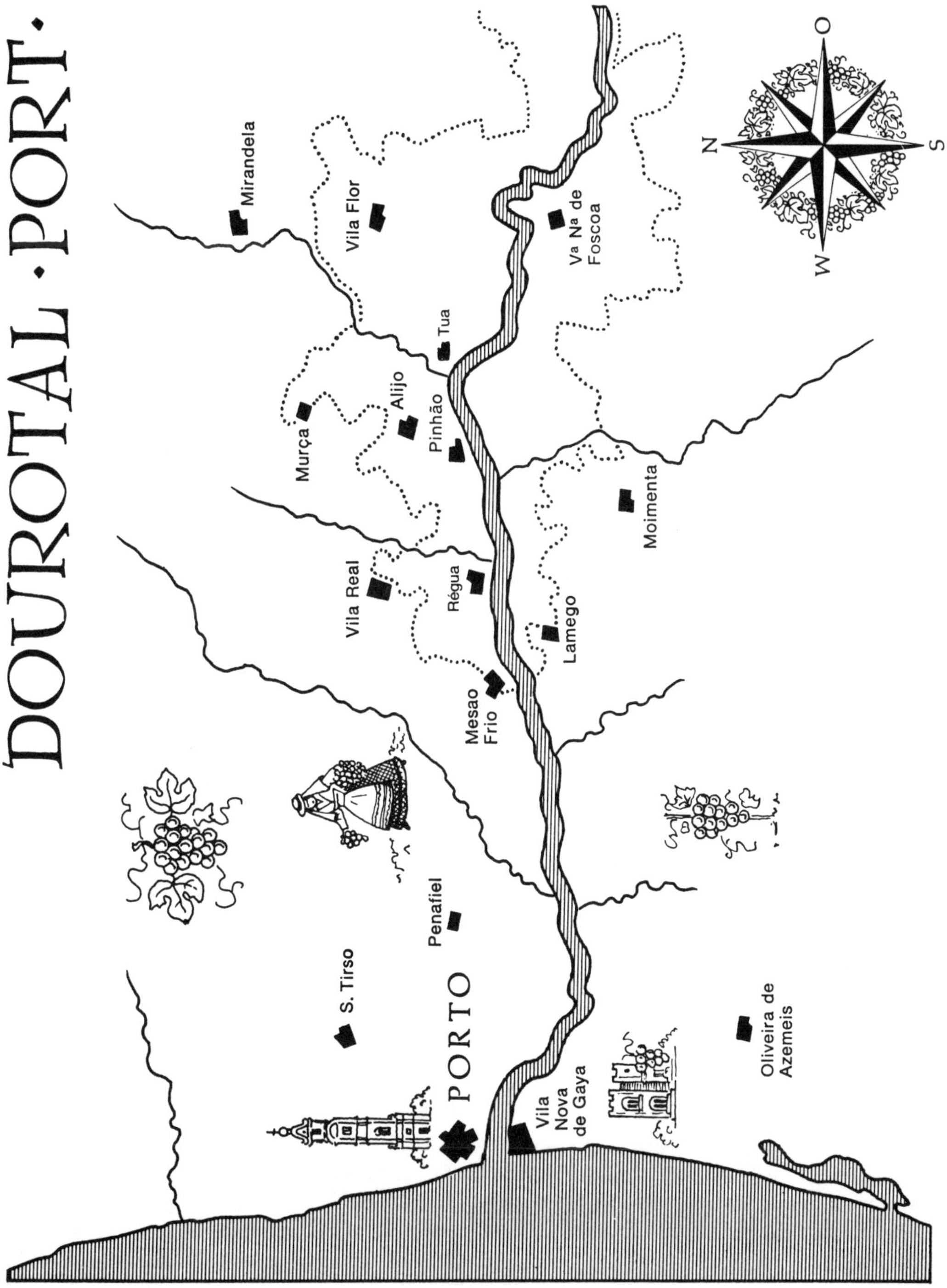
DOUROTAL · PORT ·
Mirandela
Vila Flor
Vª Nª de Foscoa
Tua
Alijo
Murça
Pinhão
Moimenta
Vila Real
Régua
Lamego
Mesao Frio
Penafiel
S. Tirso
PORTO
Vila Nova de Gaya
Oliveira de Azemeis
N
S
O
W

fernen Himmel, der Wein aus den grauen, traurigen, weltfernen Tälern des Douro, der Portwein seines Zeichens.

Im Garten der Pousada do Barão de Forrester musizieren die Grillen und Zikaden, flackert das Windlicht im sanften Wehen des Sommerabends, und viele Gläser Portwein stehen auf dem Tisch. Unsere portugiesischen Freunde, der geistliche Magister Sampeiro und der Kammerpräsident von Alijó, wollen sich immer wieder in politische Seitengassen verkrümeln, aber wir halten sie herzhaft auf der Gesprächsstraße des Portweins. Sie kennen die Sorgen der Portweinbauern, der großen und kleinen Quintas (Weingüter), die Qualitäten der Weinberge und die guten Jahrgänge der echten »Vintages«. Die staatliche Aufsicht ist so streng, daß ein Kneipwirt, der gleichzeitig einen Weinberg hat, einen eigenen Portwein wohl herstellen, aber nicht ausschenken darf. Nur die »Pousadas« haben da eine Sondergenehmigung. Es sind wohlgepflegte und stilvoll eingerichtete staatliche Gasthäuser, in denen es zumeist an nichts fehlt außer an Zimmern. Aber so stark war in jenen Tagen der Ansturm in das Herz des berühmtesten Portweingebietes der Douro-Region nicht, als daß Senhora Rufino mit ihrem Faktotum Laura nicht allen Gästen eine gute Herbergsmutter hätte sein können.

So rückte sie heraus mit einer Flasche »Don Carlos«, einem Tawny der Quinta do Sibio in Roncão aus dem Jahre 1868, was etwa einer Marcobrunner oder Schloß Johannisberger Trokkenbeerenauslese von 1945 oder einem Château Lafite aus Bordeaux von 1929, also zu heidnischen Zeiten etwa einem Menschenopfer entsprach. Die Flasche trug nur ein handschriftliches Etikett, aber das gewichtige portugiesische Staatssiegel in Schwarz, und Laura nahm die Bouteille zitternd aus der Vitrine. In ihren Augen, mit denen sie ratsuchend vom Kammerpräsidenten zu dem geistlichen Herrn hinüberwechselte, flackerte das Bewußtsein einer Tempelschändung.

Ich befreite sie aus ihrer Seelen-Sauna durch einen entschlossenen Zugriff und kaufte die Flasche.

»Portwein«, sagte der alte Antonio da Silva, »Portwein ist das ganze Menschengeschlecht auf Flaschen gezogen. Portwein-Charaktere gibt es soviel wie Menschenwesen, Portweinfarben gibt es soviel wie Menschenrassen, und ein guter Port wird auch so alt wie ein Mensch.«

Kostbares Gut

Zur Zeit der Ernte, wenn die Sonne die öden Schluchten und Weinterrassen des Douro und seiner Nebenflüsse ausgeglüht hat, verpflichten die »Rogadores« dieser Firmen zu ihren wenigen Stammkräften ganze Bataillone portugiesischer und spanischer Saisonarbeiter und -arbeiterinnen, die das an sich öde und einsame Douro-Gebiet mit lärmender Arbeits- und Lebenslust erfüllen. Mit Gitarre und Ziehharmonika steigen sie singend in die mit Trauben gefüllten Steintröge und zerstampfen mit nackten Füßen das kostbare Rebgut.

Inzwischen hat auch hier moderne Technik Einzug gehalten, trotzdem leisten sich renommierte Portwein-Firmen die aufwendige »Fußarbeit« noch für hochwertiges Rebgut ihrer besten Ports.

Im Februar und März rollen die typischen schlanken Portwein-Fässer per Eisenbahn oder auf Lastwagen nach Porto. Früher schwammen sie auf den eigenartigen flachen »Rabelos«, Flußbarken, denen die zahlreichen Untiefen und Stromschnellen des Douro-Flusses nichts anhaben konnten. Jetzt ist der Fluß gestaut, und die Rabelos dienen als Touristen-Attraktion.

In Vila Nova de Gaia sind die Zauberkünstler am Werk, die Weine aus verschiedenen Lagen und Jahrgängen mischen und verschneiden zu einem ganz bestimmten Portwein-Typ, dessen Charakter die Firma möglichst unverwechselbar bewahren will.

Aber der Gourmet fragt mit Recht: Was ist ein Tawny, ein Ruby, ein Vintage? Was ist über-

Château Clos de Vougeot in Burgund.

haupt Portwein? Ein Gattungsname? Ein Name für den portugiesischen Wein überhaupt?
Portwein ist, um es nüchtern zu sagen, ein alkoholreicher Wein, der, wie der Champagner als Cuvée (Mischung aus Grundweinen verschiedener Rebsorten, Lagen und zumeist auch Jahrgängen) ausschließlich im Douro-Gebiet geerntet und gekeltert wird. Seinen Namen trägt er nach Porto, der zweitgrößten Stadt Portugals, in deren südlichem Vorort Vila Nova de Gaia er entwickelt und eingelagert wird. Was ihn unterscheidet und welche Portwein-Arten es gibt, steht im hinteren Teil des Buches.
Es gibt keinen Wein in der Welt, dessen Herstellung bis zum Export strenger überwacht und besiegelt wird als der Portwein. Das ist ein großes Wort, aber es trifft zu.
Es war der Marquis de Pombal, dessen Standbild heute noch über Lissabons Prachtstraße, der Avenida da Liberdade, steht, der die armen und schwer arbeitenden Douro-Winzer 1756 – ein Jahr nach dem furchtbaren Lissabonner Erdbeben – aus den gewinnsüchtigen Händen der portugiesischen und englischen Weinhändler befreite und die »Allgemeine Gesellschaft des Weinbaus des hohen Douro« gründete. Dem Verfall dieser Gesellschaft nach Ausbruch der Französischen Revolution folgte ihre Wiedererrichtung 1838 und ihre Liquidierung 1865. Nach langem Hin und Her errichtete Präsident Salazar 1932 ein staatlich beaufsichtigtes Syndikat aller Portwein erzeugenden und mit Portwein handelnden Firmen; das »Haus des Douro« in Régua und das »Instituto do Vinho do Porto« in Porto.
Dieses Institut, eine einzigartige Einrichtung, hat als Hoheitsträger die Aufgabe Gütekriterien von der Lage über die Rebe über sämtliche Verfahren, die Most und Wein durchlaufen, festzulegen und ständig zu überwachen. Dazu unterstehen ihm das »Gremio dos Exportadores do Vinho do Porto«, in dem alle Portweinexporteure Mitglied sein müssen, ebenso wie die Casa do Douro, in der alle Winzer vertreten sein müssen. Das Institut in Porto setzt alljährlich die Mostmengen fest, die zu Portwein verarbeitet werden dürfen, die Casa do Douro teilt diese Mengen auf die einzelnen Winzer auf. Fortlaufend werden die entstehenden Weine überwacht. Die Portwein-Niederlagen aller Firmen, die in Vila Nova de Gaia wie Schwalbennester an der Felswand kleben, werden ständig unter strenger Kontrolle gehalten, alle Weine werden probiert, analysiert, genehmigt oder auch nicht. Das Instituto do Vinho do Porto ist allgegenwärtig bis der original abgefüllte Wein in der Flasche die begehrte Banderole des IVP erhält.

Weißer und roter Port

Es gibt keinen Portwein, der aus einem anderen Bezirk als den Douro-Tälern kommen oder gar auf einem anderen Weg als über die Rampen einer der zahlreichen Exportfirmen von Porto das Land verlassen könnte. Wie beim Champagner tragen die Portweinflaschen den Namen der Firma, die in ihrer Cuvée und in jahrelanger Lagerung den Portwein kultiviert hat.
Der rote Wein – übrigens der beste und teuerste – wird nach langjähriger Lagerung im Faß heller, der weiße Wein dunkler.
So kann es vorkommen, daß man einen alten, edlen Light-Tawny mit einem in Ehren gebräunten White Port verwechselt – aber nur wenn man ihn von weitem betrachtet. Bukett und Geschmack sind so unterschiedlich, daß sie auch der Nichtkenner sofort auseinanderhalten kann.
Damit sind wir gleich mitten in der Probierstube der faßgereiften Portwein-Sorten, die sich erst einmal in weiße (White Port) und rote (Ruby und Tawny) unterteilen. Weiße wie rote können – streng nach der portugiesischen Unterscheidung – sehr trocken, trocken, halbtrocken, halbsüß, süß und sehr süß sein. Eigentlich sind aber die White Ports die sehr trockenen und trockenen Weine, die man als köstlichen und erfrischenden Aperitif auf Eis nimmt, während die roten das Feld der halbtrockenen, halbsüßen und süßen beherrschen und als Dessertweine oder zu ein-

Der Hermitage-Hang über der Rhône bei Tain.

samen Meditationen, zur Aufrichtung gebrochener Herzen und zum männlich kühnen Pläneschmieden serviert werden.

In Jahren ganz hervorragender Güte der im Douro erzeugten Weine werden diese rein für sich, streng getrennt von anderen Jahrgängen gehalten. Das sind dann die Vintages, die Jahrgangsweine, die nach zwei- bis dreijährigem Faßlager auf Flaschen gefüllt, dort reifen. Die berühmten und teuren Vintage Ports, die sich in der Flasche viel langsamer als im Faß entwickeln und sehr alt werden können, sind halbsüße bis süße, volle, körperreiche, dunkle Weine, eindrucksvoll in Frucht und Duft.

Die Art der Portweinbereitung, die der des Champagners so ähnelt, seiner Cuvée und Dosage, seinem Vertrieb durch lizenzierte Firmen unter dem Firmennamen, lassen den Weinberg weniger bedeutsam erscheinen. Doch soll unseren Lesern trotzdem nicht verschwiegen werden, wo sich die teuersten und besten Port-Weinberge befinden.

Wein aus vielen Rebsorten

Es sind dies das kleine Tal von Roncão bei Pinhão am mittleren Douro und die steilen Terrassenweinberge des Rio Torto, eines südlichen Nebenflusses des Douro. Überhaupt ist das ganze Gebiet um den kleinen Ort Pinhão bis hinauf nach Cheires das kostbarste Rebgebiet des Portweins, wo nicht etwa nur eine oder einige, sondern viele Rebsorten kultiviert werden, die fast ausnahmslos auf reblaussichere amerikanische Stöcke aufgepfropft wurden (die Quinta do Noval besitzt noch einige Nacional-Reben aus der Zeit vor der Reblaus). Es gibt etwa ein Dutzend empfohlene rote und halb so viele empfohlene weiße Rebsorten, daneben noch eine große Menge erlaubter Sorten, und diese große Mannigfaltigkeit ist eines der Hauptmerkmale des Weinbaues in der Douro-Gegend, herrschen doch sonst in den meisten Weingegenden nur zwei bis drei oder wenig mehr Rebsorten vor. Diese große Sortenzahl ist typisch für den Portwein-Anbau. Aber die Namen der Reben, unter denen sich einige als besonders geeignet für den kambrischen Douro-Schiefer erwiesen, interessieren den Verbraucher nicht wie hierzulande. Sie gehen ein in die geheimen Rezepte der Zauberer von Vila Nova de Gaia, wo diese sie in der dunklen Kühle der Portwein-Keller bewahren, wie einen Schwur, der das Licht scheut.

Sie sind keine Persönlichkeiten wie der Riesling am Rhein und der Pinot im Burgund. Alle die Donzelinhos, Mouriscos, Tourigas, Bastardos, Rabigatos sind nur Kinder, namenlose Kinder, die sich still und ein wenig weltvergessen an der Hand nehmen und einen Reigen tanzen, der »Vinho do Porto« heißt.

An unserem Tisch im Garten der Pousada von Alijo ist es still geworden. Das Windlicht ist fast heruntergebrannt, und selbst die irren Nachtschmetterlinge haben mit Kamikaze-Flügen aufgehört. Nur von Castedo herüber tönt noch die Musik, zu der dort unter den Augen des Hochehrwürdigen Herrn Antonio Veiga die Burschen und Mädchen auf dem Katzenkopfpflaster des Dorfplatzes tanzen. Es ist ein lustiger Mambo, und der Dorfschmied hat seinen alten Lautsprecher zu voller Stärke aufgedreht. Aber ich bin sicher, daß kein helles Gekicher dazwischendringt, kein Jauchzer lauter Fröhlichkeit; denn die Portugiesen werfen ihre Gefühle nicht auf den Markt wie die Levantiner und Sizilianer. Mit gemessenem Ernst und beinahe gleichgültig setzen sie ihre Tanzschritte auf das mittelalterliche Pflaster von Castedo, und kein Tropfen einheimischen Portweins entzündet ihre heimlichen Feuer. Der steht in Batterien von kleinen Bouteillen auf dem Tisch der Fremden, liegt im Keller des Herrn Pfarrers und in den Glasvitrinen der Pousada.

Er ist auch für sie der Wein der fernen Himmel.

Jerez (Sherry)

Vom Wein, der ewig lebt

»Sieh Neapel und stirb«, eine solche Zumutung konnte nur aus dem Munde eines Italieners kommen, der es gewöhnt ist, nicht nur seine Wäsche, sondern auch seine Gefühle auf die Straße zu hängen. Wie anders der Andalusier, der nicht nur in seinem Hause, sondern auch in seinem Herzen einen Patio pflegt, dessen Tür zur Straße er nur selten öffnet. Denken wir zum Beispiel an den jungen Sevillaner, der sich vor Gericht hartnäckig weigerte, seinen Geburtsort zu nennen. Als es dem Richter schließlich doch gelungen war, ihm »Sevilla« zu entlocken, und er verwundert fragte, warum der junge Mann damit so hartnäckig hinter dem Berge gehalten hätte, sagte dieser Caballero: »Ich gebe nicht gerne an!«
So sind diese Sevillaner. Sie verlangen nicht den Tod dessen, der ihre Stadt sah, sondern sie denken nur: »Wer Sevilla nicht sah, hat das Wunder nicht gesehen.«
Quien no ha visto Sevilla, no ha visto maravilla. Ein Kastilier soll dieses Lob zuerst ausgesprochen haben (sagen die Leute aus Sevilla).

Andalusische Mixturen

Ich kann die junge Dame nicht vergessen, die unter den Orangenbäumen im maurischen Garten Sevillas ihren hellblauen Blick zur zweitgrößten Kirche der Christenheit erhob und kopfschüttelnd den Stilmischmasch der Kathedrale beklagte.
Wie arm ist doch eine so stilreine Seele!
Alle Wunder Andalusiens sind Geheimnisse der Mischung: aus Abend- und Morgenland, aus gotischen und greco-romanischen, aus arabischen Künsten und solchen der Renaissance, aus Inquisition und Toleranz, aus zauberhaften Gärten und verschwiegenen Gassen (durch die einst Miguel de Manara huschte, den die Welt Don Juan nannte), aus Liebe und dem Bewußtsein der Todesnähe, aus traurigen Weinbergen (sie sind noch trauriger als die im Douro-Tal) und heiteren Bodegas, aus den Schätzen der Cortéz und Pizarro, die für Spanien die Welt eroberten, und der Grabesstille am Cap Trafalgar.
Die riesigen gotischen Säulen der Kathedrale von Sevilla, neben denen der Mensch zum Wurm wird, tragen das Gewölbe, das alle Geheimnisse der Geschichte im mystischen Halbdunkel morgenländischer Monasterien verbirgt und behütet.
Im Patio de las Doncellas des Alcázar von Sevilla, wo der große Kalif Abdar-Rahman, der mehr Frauen hatte als Ibn Saud, seine Favoritinnen tanzen ließ, übte Peter I. die schöne andalusische Sitte, den Leib sündiger Weiber mit Honig zu beschmieren, um damit bereitgehaltene Bienenschwärme zu füttern. In Rufweite davon träumte Karl V. im Garten der Kalifen seinen Liebestraum mit der jungen Isabella von Portugal und ließ sogar von einheimischen, maurischen und deutschen Künstlern einen Flügel der Burg neu errichten, um dort nicht nur seine eigene, sondern auch die Hochzeit der morgen- und abendländischen Künste zu feiern.
Warum sollten in diesem Lande gottgewollter Verschmelzungen nicht auch die Weine Hochzeit feiern, der gewaltige, füllige Don Pedro Ximénez zum Beispiel mit der feinen, zartgliedrigen Dame Palomino? Der jüngere Wein aus den Criaderas mit dem älteren aus den Soleras? Warum eigentlich nicht?
Im Los Cisnes-Hotel von Jerez de la Frontera erschienen jeden Abend gegen 9 Uhr die Twens von Jerez. Sie füllten die Bar mit ihrer Freude, ihren Sorgen, ihren Plänen, sie plauderten in der Halle und flirteten im Garten unter dem Duft der Datura und der Bougainvilleas.
Die jungen Mädchen unter ihnen sind wie ein Blütenstrauß. Ranke Berberinnen sind darunter, weiche, fast maurische Gesichter, Köpfe in strahlender Blondheit, triumphierende Vandalinnen, dunkle Blumen aus Andalusien mit Augen, die wie schwarze Diamanten blitzen, alle sehr gut gekleidet, wohlerzogen und von einer unerschöpflichen Gesprächigkeit. Nachdem die aufregenden Tagesläufe von Jerez ausgetauscht

wurden, wird es um 10.30 Uhr plötzlich still. Da und dort halten noch ein paar junge Männer ihren Amontillado in der Hand, die Mädchen sind verschwunden. Wie auf einen Wink.
I'm sorry. Aber sie kommen wieder. Morgen. Übermorgen. Alle Tage.
Dazwischen träumen sie von ihrer eigenen Hochzeit in dem großen Brautgemach, das Andalusien heißt.

Die Hochzeit der Weine

So nennt ein Slogan die unentwegten Bemühungen der Kellermeister in den Sherry-Bodegas, durch geschickte Verschnitte alter und junger, herber und süßer Weine immer wieder Farbe und Charakter eine der vielen Sherry-Typen zu treffen.
Überall wo Engländer dominierenden Einfluß auf die Weinbereitung nahmen, verflog der Reiz guter und schlechter Jahrgänge, verwischte sich die Differenz zwischen kostbaren, edlen Lagen und solchen geringerer Qualität, verschnitt man den Wein kreuz und quer, ohne Rücksicht auf Lage und Jahr. So entstanden überall Mischweine mit dem Charakter von Typenweinen: in Bordeaux, im Portweingebiet des Dourotals und im Sherry-Gebiet zwischen Jerez und Sanlúcar. Hier entstanden Weinmischungen nach einer vorgeschriebenen Skala von Geschmacksnuancen, deren Farbe nicht als ein Geschenk des Himmels genommen, sondern auf Grund einer identifizierenden Farbskala genau hergestellt und kontrolliert wurde. Die Tatsache etwa, daß Sherry im 500-Liter-Exportfaß aus amerikanischer heller Südstaaten-Eiche auf einer einwöchigen Seereise von Andalusien nach London etwas nachzudunkeln pflegt, hat jahrzehntelang die Korrespondenzbücher zwischen spanischen Lieferanten und englischen Importeuren gefüllt.
Wie der Engländer einen bestimmten Tabak und einen bestimmten Whisky bevorzugt, so verlangte er auch von seinem Wein immer dieselbe Geschmacksnuance. Im Bordelais verhinderte allein die hartnäckig verteidigte Weinkultur der großen Weingüter jene Standardisierung und Nivellierung, die die Engländer als Großabnehmer in Porto und Jerez durchzusetzen vermochten.
Mit dieser rein merkantilen Einstellung zum Wein verloren auch die Weinlandschaften in Andalusien und am Douro Farbe, Glanz und Poesie. Dort gibt es keine malerischen Weindörfer wie in Burgund, an Rhein und Mosel, im Elsaß und in der Wachau. Einsam liegen die Weinhöfe von Jerez, weit verstreut auf den Rebenhügeln, melancholische Sammelplätze von Tagelöhnern, oder armselige Behausungen kleiner Weinbauern, die mit den großen Firmen wackelige Lieferverträge haben.
1990 gab es in Jerez 40, in Sanlúcar 15, in Puerto de Santa Maria 9 Sherry-Exportfirmen. Manche von ihnen haben wenig oder keine Weinberge und kaufen die Trauben für ihr Produktionsprogramm von den Bauern; viele von ihnen haben eigene Weinberge; einige große wie Domecq, González-Byass, Sandeman und Garvey haben den größten Weinbergbesitz der Region.
Die Sherry-Häuser lieferten 1990 fast 60 % ihres Gesamtexportes nach Holland und Großbritannien. Vom Rest ging die knappe Hälfte nach Deutschland. Das ist weit mehr, als die übrigen europäischen Länder für sich beanspruchten, unter denen Belgien/Luxemburg und die skandinavischen Länder die Hauptabnehmer sind.
Sie verdienen ihr Geld in der Bodega, hohen, oft dreischiffigen Hallen, in denen die Weine in langen drei- bis vierfach übereinanderliegenden Faßreihen ihrer Entwicklung entgegenreifen. Hunderte solche Bodegas stehen in Jerez, in Sanlúcar und in Puerto de Santa Maria.
In diesen hohen »überirdischen« Wein-»Kellern« lagern nach unseren Begriffen dem Raum entsprechend nur geringe Mengen Wein. Es ist wichtig, daß oben immer die frische Meeresluft von der nahen Küste durch die Fensteröffnungen ziehen kann, wenn man sie nicht gerade vor

JEREZ
·SHERRY·
Rio Guadalquivir
Trebujena
Espera
SANLUCAR
Rota
JEREZ (de la Frontera)
Puerto d.
St. Maria
Rio Guadalete
CADIZ
San Fernando
Medina
Chiclana
N
W
O
S

der Sonne geschlossen hält. Ohne diesen genügenden Luftraum über den Fässern kann sich die Pilzblüte auf der Oberfläche des Weines (die Fässer sind nur zur Hälfte oder zu zwei Dritteln gefüllt) nicht entwickeln. Gerade dieser Kahmhefeflor, der sich auf der Oberfläche bildet, ist für Typ und Geschmack des Sherrys von ausschlaggebender Bedeutung und wird sorgsam vor Verletzungen bewahrt.

Die Lagerfässer fassen zwischen 500 und 600 Liter. Sie liegen in Dreier- oder Viererreihen (manchmal auch mehr) übereinander im sogenannten Solera-System, wobei eine Solera immer Weine des annähernd gleichen Charakters umfaßt. Die untere Reihe sind die eigentlichen Solera-Fässer, von denen das System seinen Namen hat. Sie enthalten ausnahmslos reifen und in Flaschen abfüllbaren Sherry. Die darüberliegenden Reihen bilden die Criadera. Wenn die Añada, der Jahrgangswein, in die oberste Reihe der Criadera gefüllt ist, hat er schon eine dreijährige Entwicklung hinter sich gebracht. Von Jahr zu Jahr wird nun mehrmals Wein von einer Faßreihe in die darunterliegende Reihe gefüllt bis zur unteren Reihe der Solera-Fässer, denen nur drei- bis viermal jährlich jeweils etwa 30 bis 40 Liter entnommen werden. Die fehlende Menge wird also von Faßreihe zu Faßreihe vorsichtig unter die schützende Pilzschicht aufgefüllt, die aus dem jeweils neueren Wein so neue Nahrung erhält. Jahrgangsweine gibt es also beim Sherry nicht. Das ständige Verschneiden jüngerer mit älteren Weinen dient nicht zuletzt dem Erhalt gleichbleibender Qualität. Eine Jahrgangsangabe bei einem Sherry bedeutet nur, daß die Solera in jenem Jahr angelegt wurde und manche Solera bedeutender Sherry-Häuser ist mehr als 100 Jahre alt.

Sherry-Weine – so und so

Der Sherry-Wein, zu mindestens 90 % aus dem Most der Palomino-Rebe gewonnen, kann sich von selbst zu einem der beiden Sherry-Typen entwickeln: Er kann ein »Fino«, er kann aber auch – vom gleichen Jahrgang und von der gleichen Rebe – zu einem »Oloroso« werden. Nach manchmal erst drei Jahren weiß der Capataz, wie man hier den Kellermeister nennt, wenn er, nach regelmäßigen Klassifizierungen wieder die Venencia, den langen Fischbeinstab mit dem schmalen, silbernen Schöpfgefäß in das Faß gleiten läßt, um eine Probe zu entnehmen, ob der Wein einer Jahresernte, der Añada, zu einem Fino oder zu einem Oloroso wird.

Die Finos sind trockene, herbere, leichtere Weine von heller Farbe. Sie entwickeln sich unter der schützenden Flordecke, die sie so charakteristisch macht.

Die Olorosos erscheinen schon in ihrer Jugend schwerer. Es sind alterungsfähige Weine, deren Neigung zur Florbildung nur gering ist und die man oxydativ, also ohne Flor in der Solera reifen läßt. Olorosos sind von einer dunkleren Farbe und von erheblich höherem Alkoholgehalt. Sie haben mehr Körper, mehr Extraktstoffe und einen würzigen Geschmack. Es sind die klassischen Sherrys. Und obwohl man heute Finos mehr liebt als früher, haben die Olorosos ihre Freunde behalten.

Jeder dieser beiden Haupttypen des Sherrys hat wieder drei Nebentypen, deren Eigenheiten wir im Wein-Gotha herausgestellt haben.

Jede Firma hat aber in ihrem Programm auch Sherry-Süßweine: die Cream-Sherrys. Die besten von ihnen sind Mischungen aus altem Oloroso und echten Süßweinen aus den Reben Pedro Ximénez und/oder Moscatel. Oft werden die Namen der Reben auch auf dem Etikett angegeben, bei Pedro Ximénez als P. X.

P. X. Cream Sherry ist von dunkler, braunroter Farbe von öliger Struktur. Das kommt vom Wein der Pedro Ximénez, deren Trauben vor der Kelterung zwei bis drei Wochen auf Strohmatten der Sonne ausgesetzt werden. Nachts werden sie abgedeckt, um sie vor Tau zu schützen. Die Beeren schrumpfen rosinenartig und ihr an sich schon hoher Zuckergehalt steigt noch an, was

den Wein der Pedro Ximénez zähflüssig und dunkel wie Sirup werden läßt.
Ein ganzes Programm von Genüssen, das da in den großen Bodegas geduldig und zielsicher in Zusammenarbeit mit dem kleinen Laboratorium vorbereitet wird, das typischerweise neben dem Kontor jeder Sherry-Firma liegt. In diesen kleinen Labors tobt oft genug der Kampf um Nuancen der Farbskala mit englischen Importeuren. Dort wird im kleinen die Mischung erprobt, die dann im großen geliefert werden wird; denn die sechs bis vierundzwanzig Typen Weine, die jede Sherry-Firma anbietet, müssen im Geschmack Jahrzehnte hindurch gleichbleibend sein. Von jeder Sherry-Sendung wird im Sample-Room eine Flasche vier Jahre lang aufbewahrt. Jedes Jahr hat sein eigenes Etikett, auf dem Angaben über das Lieferungsdatum, den Namen des Kunden, Bestimmungsort, den Namen des Dampfers, dem der Transport anvertraut wurde, die festgestellten Alkoholprozente und die Farbe aufgezeichnet sind. Es ist typisch für den englischen Abnehmer, daß sich die meisten Reklamationen auf die Farbe beziehen.
Immer herrscht Leben in den großen Bodegas. Immer ist Besuch da, Besuch aus allen Ländern Europas. Man trinkt alle Sherry-Sorten und lobt in allen Sprachen. Ein Sherry ist immer darunter, der solches Lob verdient. Man sitzt behaglich in einer Ecke der Bodega und trinkt sich durch das ganze Programm. Der Capataz, der Kellermeister, schwenkt die Venencia elegant wie einen Fiedelbogen und läßt von weither den goldenen Weinstrahl in dem engen kleinen Glase verschwinden. Ein Zauberer in roter Weste, ein Torero der Bodega. Auf den Fässern stehen die Autogramme bekannter Persönlichkeiten von Film, Bühne, vom Sport, aus der Politik und den Stierkampfarenen. Die Schriftzug wurde mit weißem Lack nachgezogen und für einige Jahre unsterblich gemacht. Auch die königliche Familie hat ihre Fässer. Man rührte sie so lange nicht an, bis Don Juan den Thron der Väter bestiegen hatte.
Die Touristen rissen den Mund auf, voll des Staunens und der Bewunderung vor solcher Haltung.
In den Fässern war tatsächlich noch Sherry enthalten.
Don Romero schwor es bei der Heiligen Jungfrau von Guadalete.

Die Könige der weiße Erde

Sie sind alle Royalisten. Nicht nur für ihr eigenes Königreich, auch für das, dessen Statthalter einst General Franco war. In ihren nüchternen Kontoren hing König Alfons neben dem Caudillo, und in ihren Häusern hängen Velasquez, Goyas und Murillos. Sie haben Traumvillen, teils in Jerez, meist aber unter den Palmen und Blütenwundern sevillanischer Gärten, sie haben Ressorts auf den Canarias und Bahamas. Sie jagen Wildschweine in der Coto Donana und züchten Pferde und Kampfstiere für die Arenen in ihren Haciendas. Ihre Frauen sind fruchtbar wie die weiße Erde. Der 1878 geborene Pedro Nolasco González-Gordon, zweiter Marqués de Torre Soto de Briviesca und Chef des damals größten Sherry-Hauses Gonzáles-Byass in Jerez, war eines unter 13 Geschwistern und hatte selbst wieder 13 Kinder: 9 Söhne und 4 Töchter.
Die großen Sherry-Familien sind untereinander verwandt und verschwägert. So war die Großmutter des Don José Ignacio Domecq, Chef des größten Hauses im Lande, eine geborene González, deren Enkeltochter Domecq sich mit einem Williams-Sohn des bedeutenden Sherry-Hauses Williams and Humbert verband. Ein Beispiel unter vielen. Die großen Familien bleiben in ihrem gesellschaftlichen Reservat.
Die persönliche Aktivität des deutschen und burgundischen Weinadels bei der Arbeit auf ihren Weingütern läßt sich mit der dem persönlichen Einsatz entgegengebrachten Reserve dieser andalusischen Granden nicht vergleichen. Mit Ausnahmen natürlich. Dafür sorgt schon die permanente englische Injektion.

Wer von Sevilla kommend nach Jerez einfährt, hat vergebens nach Weinbergen ausgeschaut. Sie verbergen sich in einem unwegsamen Gebiet nördlich der damals mit Schlaglöchern übersäten »Straße« von Jerez nach Sanlúcar. Niemand hatte Interesse an ihrer Reparatur; denn die Leute von Jerez halten die von Sanlúcar, die den herrlichen Manzanilla-Sherry herstellen, für Wegelagerer, vor denen sie jeden Fremden warnen; und die Leute aus Sanlúcar sagen jedem, der es hören will, daß in Jerez mehr Gangster sitzen, als es in ganz Spanien zusammen gibt. Ein kleines Bähnlein mit einer Lokomotive aus dem Jahre 1892 puffte sich mühsam durch diese Einsamkeit der weißen Erde.

Dort liegen die kostbaren Weinberge des Carrascal, des Macharnudo, Añina, Balbaina und der Schatz von Sanlúcar, der Miraflores. Flache Hügel mit sanften Wölbungen, überzogen mit schnurgeraden grünen Zeilen auf weißem Grund: Palominos, Palominos, Palominos; Pedro Ximénez' Hecke dazwischen in satterem Grün. Auf der Kuppe trägt jeder der grünweißen Hügel ein kleines Weingut in leuchtendem Weiß. So weit das Auge reicht, dasselbe Bild: eine Weinlandschaft in härenem Gewande und voller Melancholie. Eine Weinsteppe. Aber Domecqs tüchtige Werbung sagt den Engländern: »The most marvellous and aristocratic vineyards in the world.«

Es stimmt weder das eine noch das andere. Es sind keineswegs die teuersten, bestimmt aber die reizlosesten und die am wenigsten sehenswerten Weinberge der Welt. Es sind nichts als gut gepflegte Weinfelder in einer baumlosen Kultursteppe auf Kalk. Domecqs Weinschloß El Majuelo im Macharnudo-Distrikt ist nichts anderes als die einzige Schwalbe, die noch keinen Sommer macht.

Mindestens ebenso viele Rebstöcke wie auf dem wertvollen weißen Kreideboden, dem Albariza, stehen auf dem sandigen Lehmboden, dem Barro, an der Küste entlang zwischen den Mündungen des Guadalquivir und des Guadalete. Ihre Ernten sind reichlich, aber ihre Moste sind von geringerem Wert. Hier gleicht die Landschaft oft genug der ungarischen Pußta mit ihren flachen, schilfbedachten, weiß gekalkten Häusern, ihren Viehherden und Ziehbrunnen, über denen die US-Düsenmaschinen des riesigen amerikanischen Luft- und Flottenstützpunktes Rota die sanfte Luft zerrissen.

Aber zweimal im Jahre jauchzt auch Jerez auf. In der Woche nach Ostern und zur Vendimia, dem großen Weinfest im September. Dann füllt sich der riesige Festplatz unter den hohen Palmen und Eukalyptusbäumen an der Avenida, die nach Sevilla führt, mit der Farbenpracht Andalusiens. Die Caballeros mit Huelva-Hüten führen ihre Damen in den mit kostbaren Volants übersäten andalusischen Trachten zum Festplatz, Militärkapellen konzertieren, Zigeuner tanzen, stehlen und schauen in die Zukunft, kostbare Pferde wechseln ihren Besitzer, und die gastfreundlichen Zelte der Sherry-Firmen verschwinden unter einem Himmel von Lampions. Jeden Tag findet ein Stierkampf statt, und am Abend sieht man am Lagerfeuer den bacchantischen Flamencos der Zigeunerinnen zu. Überall wird getanzt, geflirtet und gelacht. Die Bars sind überfüllt. Sherry und andalusischer Witz gehen leicht über die Lippen.

Das ist der Augenblick, wo auch die Könige der weißen Erde unter ihr Volk treten. Alle Familien haben ihre eigenen komfortablen Zelte und empfangen ihre Freunde und – Feinde.

Auch die aus Sanlúcar de Barrameda.

Die große Freude ist über die Menschen gekommen, die dazu verurteilt sind, in den eintönigsten Weinfeldern der Welt zu arbeiten.

Es ist wie ein erlösender Aufschrei, der aus den Tiefen der Galeere kommt.

Champagner-Arie

Das, was wir immer in Frankreich so anziehend fanden, an den Gärten, den Landhäusern und Herbergen, jene charmante Verwahrlosung, jene Nachlässigkeit in der Pflege der Requisiten zugunsten des Lebens selbst und seiner hier geheiligten Güter: eines guten Essens, eines guten Weines und eines guten Wortes, das, was uns immer wieder zu der Einsicht brachte, daß die Deutschen die Dinge so oft höher bewerten als die Menschen, alles das auch, was als Spinnweben an alten Weinflaschen, als Schimmel am Käse, als Rost am Gartentor und als Kitsch an alten Blümchentapeten hängt, das alles findet man *nicht* in dieser Herberge zwischen Reims und Epernay. Es ist ein gepflegtes weiß getünchtes Landschloß, das Meisterwerk eines Architekten, es blitzt aus allen Fensterscheiben, Türklinken und Besteckkörben, und unser Wirt könnte ein leibhaftiger Bourbone sein.

In der Loge von Royal Champagne

Das Haus heißt »Royal Champagne«, führt einen Sous-Lieutenant der Chasseurs im Offiziersrock von 1788 im Wirtshausschild, war früher eine alte Postrelaisstation und schien voll illustrer Geschichten zu sein. Bei näherem Zusehen hatten aber weder die Pompadour mit ihrem italienischen Kapellmeister noch Goethe nach der Kanonade von Valmy hier geschlafen. Nur Louis Nicolas, der Marschall Davoust, Herzog von Auerstaedt und Fürst von Eckmühl haben als junge Leutnants kurz vor Ausbruch der Französischen Revolution mit einigen ihrer Jäger hier einen Potée Champenoise (in der Brühe geschmorte zarte Hühnchen nach Winzerart) gegessen und den neuartigen Schaumwein Dom Pérignons aus dem benachbarten Hautvillers dazu getrunken. Die Geschichte hat wirklich nicht mehr als ein paar Roßäpfel hier hinterlassen; denn die Schlösser und Villen der Champagner-Aristokratie von Reims und Epernay lagen zu nahe, um die Großen der Welt in diesem Gasthof mehr als die Pferde wechseln zu lassen. Schade um dieses schönstgelegene Hotel der Champagne, auf dessen Terrasse ich nun die Geheimnisse des Champagners zu enträtseln suche, der der chiffrierteste, der gepflegteste, aber auch der geschändetste aller Weine ist. Ich bin in Reims durch die Kreidegruben der alten Römer gegangen, eine 20 Kilometer lange Unterwelt domartiger Katakomben, die die Witwe Pommery als ideale Weinlager von stets gleichbleibender Temperatur entdeckte, ich habe mit Kellermeistern über die Geheimnisse der Cuvées und der Liqueurs d'Expédition gesprochen, ich habe am Tisch von Champagner-Fürsten gesessen und die besten Bruts miteinander vergleichen können, ich probierte die Lieblingsmarke Eisenhowers und die der englischen Königin, ich war in Avize, Ay und Verzenay, in Le Mesnil, Oger und Cramant, wo die kostbarsten Champagnertrauben reifen, die grands crus, die auf den Auktionen in der Hors Classe rangieren, während die der zweiten Kategorie, die premiers crus, zu denen solche bekannten Lagen wie Hauvillers, Rilly-La-Montagne und Vertus gehören, nur 90–98 Prozent der Preise erzielen. Aber wer kennt diese Weinberge schon, wer gebraucht ihre Namen? Die Kellereien, die ihre Trauben kaufen, wenn sie ihnen nicht schon gehören. Sonst niemand. In der Champagner-Offerte zählt der Weinberg nichts, die Kellerei alles. (Eine der berühmten Ausnahmen ist z. B. Cramant!) Die Kellerei mischt die Weine der verschiedenen Lagen nach ureigenen Rezepten, sie bestimmt die Dosage, jenen Schuß mit Kandis gesüßten alten Weines, dessen Menge den Champagner in die Kategorien brut, trocken oder halbtrocken einordnet. Natürlich ist auch Jahrgangs-Champagner darunter, wie ihn französische und manche deutsche Kellereien auflegen und zu angehobenen Preisen absetzen. Aber sonst wird Schaumwein wie Seife verkauft. Der Name der Firma entscheidet im ersten Gang der Wahl, das Parfüm im zweiten. Hinter die Geheimnisse der französischen Champagner und der deutschen Sekte zu kommen, hieß für mich, erst einmal an die Quellen zu marschieren; denn der Champagner würde hier entspringen, wäre er ein Fluß.

In meinem Fenster spiegelt sich der alte Turm der Abtei von Hautvillers, in deren alten Gewölben der perlende Champagner vom Bruder Kellermeister, dem Mönch Dom Pérignon, seinerzeit zuerst kultiviert wurde. Das Dörfchen liegt faul ausgestreckt auf sonniger Höhe hoch über der ebenso müde schleichenden Marne, und zu seinen Füßen breitet sich eine großartige Mulde von Weinbergen bis weit über Champillon hinaus, fast hinüber bis Epernay. Mein Balkon im Royal Champagne ist wie eine Loge in dieser Schampus-Revue! Drüben leuchtet die helle Fassade des Château de Boursault aus dem dunklen Grün der Marnewälder, der Abendsegen der Witwe Clicquot und ihrer deutschen Buchhalter Kessler aus Heilbronn und Wehrle aus Hattenheim, der sich später Werlé nannte.

Da drüben hinter dem hellen Geglitzer des Orangerie-Bassins empfing Jean Remy Moët, der Erzvater des weltbekannten Hauses Moët et Chandon, 1814 den großen Korsen selbst, um mit den edelsten Kreszenzen, vor allem mit dem 1811er Jahrgangs-Champagner, die Schrecken von Elba zu verscheuchen, und wenn man sich ein Stückchen über die Brüstung beugt, könnte man wohl den beschwörend erhobenen Zeigefinger Papst Urbans II. erkennen, dessen riesiges Standbild drohend über dem Marnetale steht. Dieser Heilige Vater trank den Wein seiner Heimat noch rot und nicht schäumend. Der Champagner war damals nichts anderes als ein etwas säuerlicher Burgunder, und Papst Urban scheint mit unmißverständlicher Geste seinen Landsleuten heute noch Vorwürfe darüber zu machen.

Die Dom-Pérignon-Saga

Das ist lange her, daß Dom Pérignon drüben in der Benediktiner-Abtei Hautvillers Kellermeister war. Der Mönch Dom Pérignon lebte – auf das Jahr genau – mit Ludwig XIV. von 1638 bis 1715, hat aber keineswegs als erster die Bläschen in den Wein gezaubert, wie die Postkartengeschichten sagen, sondern ganz andere Verdienste.

Dieser Kellermeister war ein Weinkenner von hohen Graden und ein genialer Mixer dazu. Er mischte die Weine verschiedener Lagen und Jahrgänge; denn die klösterlichen Weinberge brachten nur das, was wir heute bestenfalls und bei guter Laune als zweitklassig bezeichnen würden. So war er der erste, der mit Cuvées (Mischungen) arbeitete, die weithin berühmt waren und schon damals, auch ohne Bläschen, hoch bezahlt wurden. Er mischte die weißen Könige von Avize und Cramant mit den braven Bürgern von Hautvillers und Champillon, die aus der Pinot noir- mit solchen aus der berühmten weißen Burgunder-Rebe Chardonnay, er dosierte vorsichtig Weine mit hohen Säuregraden, die in der Champagne häufig sind, in edle Weine kostbarer Jahrgänge und zeigte den Champagner-Weinbauern, was sie aus ihren Weinen machen könnten, wenn nur der richtige Meister der Harmonien die richtigen Kompositionen herausbrachte. Der später blinde Mönch komponierte mit Zunge und Nase Kreszenzen, die den Sonnenkönig zu lauten Lobpreisungen hinrissen und Dom Pérignon und den Namen seiner Abtei berühmter machten, als es heute eine der großen Champagner-Marken ist.

Als der Leibarzt Ludwigs XIV., Fagon, diesem anriet, die Weine von Hautvillers zu lassen und lieber die von Beaune zu trinken, ging es abwärts mit der Gesundheit des Königs. Zwei Jahre später war er tot.

Dom Pérignons Experimente mit den Weinmischungen der Champagne, denen er dann und wann Zucker zusetzte, führten zu Kohlensäurebildung und jagten den ölgetränkten Hanfpropfen in die Luft, was einerseits die »Entdeckung« des Schaumweines mit sich brachte, den man aber erst hundert Jahre später einigermaßen kultiviert zu bereiten wußte, und andererseits den

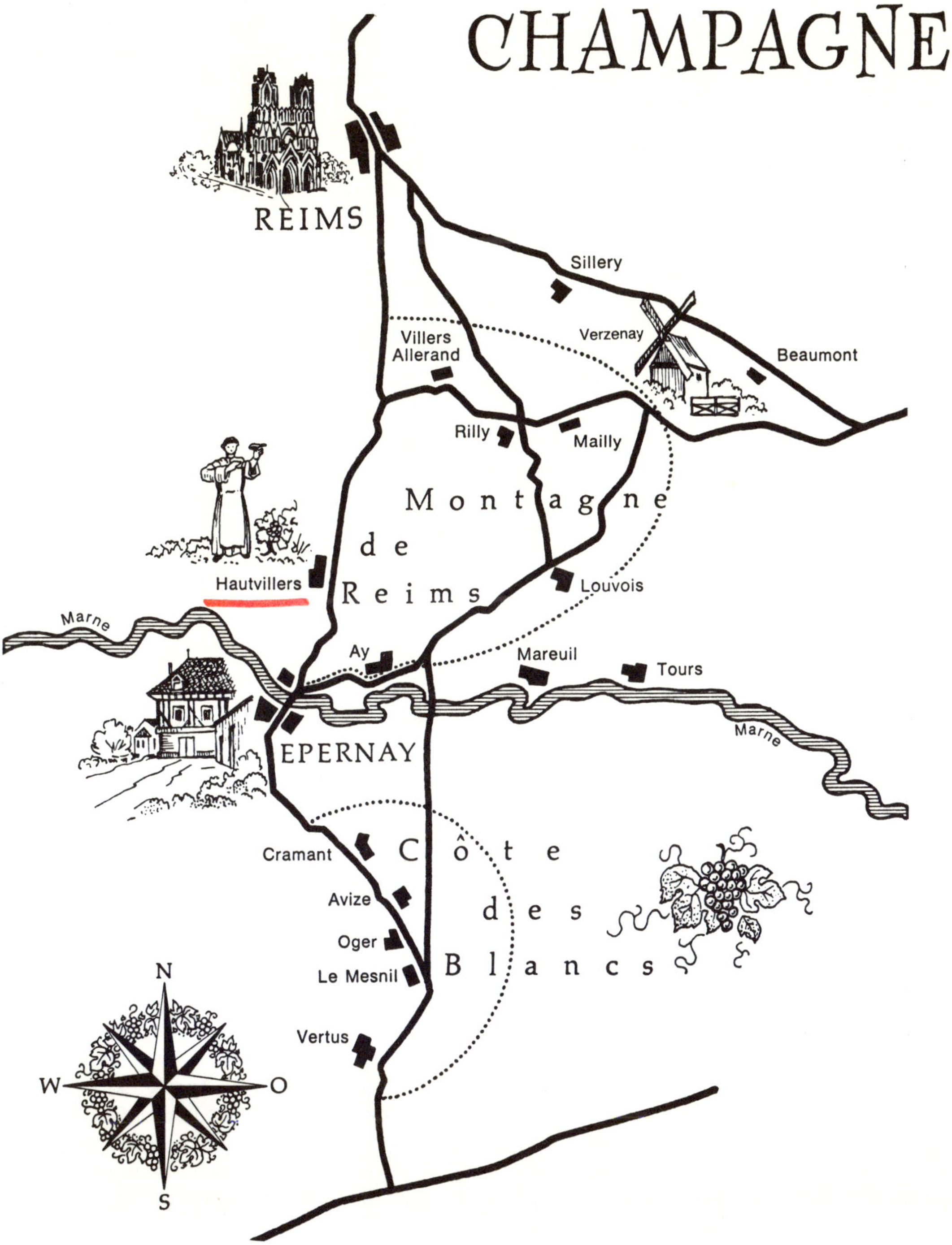
CHAMPAGNE
REIMS
Sillery
Villers
Allerand
Verzenay
Beaumont
Rilly
Mailly
Montagne
de
Reims
Hautvillers
Louvois
Marne
Ay
Mareuil
Tours
EPERNAY
Marne
Cramant
Côte
des
Blancs
Avize
Oger
Le Mesnil
Vertus
N
W
O
S

nimmermüden Laboranten Dom Pérignon bewog, mit dem spanischen Korken Versuche zu machen, von dem ihm spanische Benediktinerbrüder Wunderdinge zu berichten wußten. So kam es, daß man Dom Pérignon schließlich ein Denkmal setzte und ihm mehr in die Mönchssandalen schob, als er darin hatte.

Der reiche Weinhändler Jean-Remy Moët aus Epernay hat schließlich, als die Revolution die Klostergüter enteignete, die Abtei Hautvillers und ihre Weingärten mit einem finanziellen Handstreich erobert, und seither verwaltet die eifersüchtige Firma Moët et Chandon das Erbe Dom Pérignons, dessen Denkmal in ihrem Hofe steht.

Heute prangt der Name des begabten Mönches auf einem der kostbarsten Champagner der Welt, der als einziger auf den großen Staatsbanketts im Elysée gereicht wurde, die zu Ehren der Königin von England und des Präsidenten der Vereinigten Staaten gegeben wurden. Man trank damals einen 53er Elsässer Riesling, einen Bordeaux (Château Haut-Brion 1945), einen Burgunder (Chambertin 1945) und als Champagner den »Dom Pérignon« von Moët et Chandon von 1949.

So endete Dom Pérignon, einer der meist applaudierten »Schaumschläger«, an denen die Geschichte des Weines so reich ist, in Bronze und Papier, auf einem Denkmal und einem Champagner-Etikett. Beides findet man ganz nahe beieinander in Epernay, in der Avenue de Champagne Numero 20.

Toast auf zwei Witwen

Erst hundert Jahre nach seinen Lebzeiten ist jedoch aus dem Champagner das geworden, was uns heute beim Sektfrühstück oder bei besonders feierlichen Anlässen erfreut. Erst mußte ein Mann namens François kommen, der die riesigen Verluste eindämmte, die dadurch entstanden, daß ein gutes Drittel der Flaschen früher kurzerhand explodierte. Wer wußte schon, daß im Innern der Sektflasche, die man oft so leichtsinnig ohne Serviertüchlein in die Hand nimmt, ein Druck herrscht, der mehr als doppelt so hoch ist wie der in einem Autoreifen? Viereinhalb bis fünf bar Kohlensäure drücken dabei ins Freie und lassen den Wein wild aufschäumen. François gab der Champagner-Herstellung den wissenschaftlichen Ernst und die immer gleichbleibende Methode, den genauen Zuckergehalt des Weines zu messen, nach dem die Zuckermenge der Dosage für die zweite Gärung in der Flasche bestimmt wird. Solange man das im wahrsten Sinne des Wortes »frei nach Schnauze« machen mußte, kam bei zuviel Zucker die Flasche schließlich zum Platzen, und bei zuwenig Zucker blieb der Champagner eine melancholische Brühe.

Dazu kam das von Prof. Chaptal eingeführte Verfahren der Mostzuckerung (Chaptalisation), das viele »saure« Jahrgänge rettete und dem Champagner immer das richtige Quantum Alkohol und Kohlensäure garantierte.

Dank der stärkeren Flaschen, der gesicherten Kork-Verschlüsse und François' exakten Methoden wurde der Champagner-Handel, der früher eine halsbrecherische Passion einiger reicher Weinhändler wie Lanson, Moët und der Witwe Clicquot gewesen war, schnell zu einem sicheren und lukrativen Geschäft, dessen Erträgnisse man heute an den Palästen der Champagner-Aristokratie abschätzen kann.

Aber was der Champagner zuerst war und in seiner Weltgeltung schließlich endgültig wurde, scheint mir heute mit allen Honneurs vor den Verdiensten der Familien Ruinart, Moët, Lanson, Perrier und Heidsieck das Werk zweier Witwen, zweier sehr unternehmender, fleißiger und intelligenter Frauen des 19. Jahrhunderts zu sein, die viel besser in unsere Zeit gepaßt hätten mit ihrem raffinierten Management, ihren wirklich schöpferischen Ideen, ihren verblüffenden Marktanalysen und modernen Verkaufsmethoden: die Veuve Clicquot und die Veuve Pommery.

Das für damalige Zeiten einzigartige Beispiel der Nicole-Barbe Clicquot-Ponsardin, der jungen Veuve Clicquot, mag auch die Pommery beflügelt haben, denn wie die Clicquot kurz entschlossen ihrem Schwiegervater, dem vom Tod seines Sohnes völlig gebrochenen Mr. Clicquot-Muiron, das Geschäft aus der Hand nahm, zahlte die Pommery den Compagnon ihres verstorbenen Mannes, Greno, aus und machte sich zur Alleinherrscherin. Wie die Clicquot ihre Tochter Clémentine in den alten Adel Frankreichs einheiraten ließ und ihr den Grafen Louis de Chevigné als Gatten aussuchte, so wurde sie von der Pommery übertroffen, die ihre Tochter dem Prince de Polignac zur Frau gab, deren Nachfahren de Polignac die Firma noch heute repräsentieren.

Es wäre unklug, von diesen zielbewußten, klugen und energischen Frauen anzunehmen, daß sie nur Geld gemacht und Schlösser gekauft hätten. Veuve Clicquot ist mit der flackernden, tropfenden Kerze des Nachts allein durch ihre Keller gegangen und hat manche bittere Träne über die »verfluchte Remuage« vergossen, die manche Lieferung verzögerte oder gar nur zum Teil möglich machte. Während der Flaschengärung hat der in diesem Zeitpunkt schon moussierende Champagner Weinsteinsäure und andere Sinkstoffe mineralischen Ursprungs abgesetzt. Dieses Sediment herauszubringen, war früher ein Problem. Nicole-Barbe Clicquots deutscher Kellermeister Müller hatte die Idee, in große Tische passende Löcher bohren zu lassen, in die sie die Flaschen mit dem Kopf nach unten hängen konnte: »sur pointe«, wie es heute noch in der Champagne heißt. Im ungewissen Licht ihrer Kerze sah sie, wie sich der Satz löste und, wenn man die Flasche leicht und schnell rüttelte, am Glas entlangrutschte. Um Platz zu sparen, wurden die von allen Kellermeistern damals belächelten durchlöcherten Tische bald in der Pultschräge angebracht, die sie heute überall da haben, wo Schaumwein noch in der alten Weise kultiviert wird. Mme. Veuve Clicquot und ihr Kellermeister hatten das Rüttelpult erfunden, das mancherorts inzwischen von mechanischen Rüttelpaletten abgelöst wurde. Heute läßt man den so am Korken angekommenen Hefe-Bodensatz durch eine sinnreiche Vorrichtung oben am Hals einfrieren und kann ihn auf diese Weise beim Degorgieren, dem Entkorken, zuverlässig mit entfernen.

Ehe die Flasche aber nach dieser »Reinigung« nun ein zweites Mal und damit endgültig verschlossen wird, hat nach dem Degorgeur der Doseur das Wort. Er ist der jeder Firma besonders eng verbundene Medizinmann, der den Zauber der Differenzierung der verschiedenen Süßegrade des Sektes beherrscht. Jede Kellerei hat in ihren Kellern eine beachtliche Zahl an kleineren Fässern mit sogenannten Dosageweinen liegen, Stillweine von reifem Alter und beachtlicher Qualität. Die Dosage ist ein streng gehütetes Fabrikationsgeheimnis der verschiedenen Firmen, von denen einige den Dosagewein mit Rohrzucker, andere dagegen mit Kandis süßen, wozu einige Champagner-Firmen noch Cognac zusetzen, weil der Cognac das Vergären des Zuckers verhindert.

Das Quantum der Dosage, das heute maschinell exakt zugefüllt wird, charakterisiert die verschiedensten Geschmacksrichtungen des Champagners und des Sekts: Extra Brut, Brut, Extra Sec, Sec, Demi Sec und Doux.

Hier haben wir vor Veuve Pommery eine Verbeugung zu machen. Sie war es, die dem Champagner die große »Reichweite« gab. Bis in die 70er Jahre des 19. Jahrhunderts wurde Champagner meist nur zum Dessert serviert; denn man trank ihn damals nur süß oder halbtrocken, nach »russischem Geschmack«, der, wie der Engländer Saintsbury sagte, nur für Wilde und Kinder genießbar war.

Veuve Pommery wollte aber, daß man ihren Champagner zu *allen* Gängen reichen und für *jeden* Geschmack bereiten sollte. So kultivierte sie die Geschmacksrichtung »Brut« als Tischwein und den »Nature Brut« aus erlesenen Jahrgängen und Weinbergen als Spitzenchampagner überhaupt. Der Erfolg war durchschlagend und wird immer mit ihrem Namen verbunden bleiben.

Noch attraktiver war ihre Idee, die alten römischen Kreideabbaugruben unter den Hügeln vor Reims, hohe domartige Höhlen von 20 bis 50 m Höhe, als Lagerstätten und Kellereien zu erwerben, sie nivellieren zu lassen und untereinander durch Galerien zu verbinden. Heute gehen jährlich Tausende von Touristen 116 Stufen bis zu 30 m Tiefe hinunter und verlieren sich bald in dem 18 km langen unterirdischen Labyrinth – wo Millionen Flaschen der besten Sorten 4 bis 5 Jahre lang liegen müssen, um zur Vollreife ihrer höchsten Qualität zu kommen. Hier herrscht Sommer und Winter eine immer gleichbleibende Temperatur von etwa 10 Grad Celsius, die der Entwicklung und Lagerung des Champagners am zuträglichsten ist.

Heute stehen auf diesem Hügel am Südostausgang von Reims die wohl eindrucks-, aber nicht gerade geschmackvollen rotweißen Gebäude der Pommery-Kellereien, der größten der Champagne, wohl der Welt überhaupt. Sie stehen da wie Trutzburgen, die man in Übergröße aus Walt-Disney-Land hierhergesetzt hat, eine etwas skurrile Erinnerung an Veuve Pommery, die von sich sagen konnte: »Le vin, c'est moi!«

Veuve Clicquot und Veuve Pommery, zwei Frauen von einsamem Format wahrhaft königlicher Kaufleute, mit schillernden Schicksalen, aber ohne pikante Histörchen, Hohepriesterinnen des Bacchus. Sie lebten in einer genußfrohen Zeit rauschender Geselligkeit, die heute unvorstellbar geworden ist, und waren doch Frauen, unternehmend, kühn, zäh, selbständig, wie aus dem Stoff unserer eigenen Zeit gebildet, zwei moderne Unternehmerinnen, die durch ein Regie-Versehen des Schicksals hundert Jahre zu früh auftraten. Bis 1977 führte Mme. Elisabeth Bollinger, davor Camille Olry-Roederer und Odette Pol Roger die große Tradition der legendären Champagner-Witwen fort.

Die hadernden Brüder

Mitten in den Weinbergen der Champagne stehen Grenz- und Felssteine, die stets den Namen der Kellerei tragen, der jenes Stück Weinberg gehört.

Und dabei machen wir die merkwürdige Entdeckung, daß immer wieder deutsche Namen unter ihnen sind. Bei näherem Zusehen wird die Überraschung vollkommen. Im Register des »Syndicat du Commerce des vins de Champagne« ist wohl jeder fünfte Name ein deutscher: Delbeck, Heidsieck, Krug, Mumm, Piper, Kunkelmann, Roederer und Taittinger in Reims, Bollinger, Deutz und Geldermann in Ay. Das ist heute so, und vor hundert Jahren waren es noch ein paar mehr. Denn – man hat es schon wieder vergessen – die Deutschen haben zu allen Zeiten kräftig mitgemischt an den Cuvées der Champagne!

Schon 1807, als die Bande zwischen Württemberg und Frankreich enger waren als heute in der EG, kam Georg Christian Kessler zu der jungen 30jährigen Witwe Clicquot, wurde zuerst ihr Buchhalter, später Teilhaber und Geschäftsführer, und blieb 16 Jahre dort, ehe er in Esslingen 1826 Deutschlands älteste Sektkellerei gründete, von deren »moussierenden Weinen« es schon 1829 hieß, daß »deren Wohlgeschmack so gut ist, daß wenn Herr Kessler fernerhin sich bemühet, solche Schaumweine aus den edlen väterländischen Trauben zu bereiten, man der Auslandserzeugnisse wird füglich entrathen können«.

Dann lief das Gesetz der Serie. Zwischen 1836 und 1846 entstanden die nahmhaftesten deutschen Sektkellereien der älteren Linie, die teils Weine in der Champagne einkauften, teils aus der deutschen Riesling-Rebe einen herrlichen spritzigen Schaumwein entwickelten, mit der Folge, daß Deutschland in der Mitte des 19. Jahrhunderts mit einer Erzeugung von genau 1,8 Millionen Flaschen Schaumwein jährlich hinter Frankreich an der Spitze der Schaumweinerzeuger der Welt stand.

Um diese Zeit war man auf jene vielen kleinen Listen und Tricks in der richtigen Auswahl der Flaschen und Korken, in der rechten Art sicherer Verschlüsse, in der Abstimmung der Cuvées und Dosagen gekommen. Damals war man bei der Erkenntnis angelangt, daß jede Flasche Sekt im Laufe vieler Jahre 160mal in die Hand genommen werden muß, um beim 161. Male den rechten Genuß zu verbürgen. Franzosen und Deutsche haben fast den gleichen Anteil daran und tauschten ihre Erfahrungen bereitwillig aus. Jener hessische Postmeisterssohn, der Wehrle hieß und Nicole-Barbe Clicquots erster und treuester Mitarbeiter wurde, ehe er sich in Werlé umtaufen ließ und es zum Bürgermeister von Reims brachte, war nicht der einzige in dieser deutsch-französischen Teamarbeit. Deutsche Winzersöhne kamen in die Champagne, und nicht wenige blieben dort, weil sie außer den Geheimnissen des Champagners auch die der Liebe entdeckt hatten. Sie heirateten ein oder sie machten sich selbständig; Franzosen kamen an den Rhein und taten desgleichen. Es war ein ständiges Changieren und Pulsieren von Menschen, Gütern und Ideen in jenem zweiten Drittel des vorigen Jahrhunderts, eine Art Goldgräberstimmung unter den seriösen und weniger seriösen Etikettenklebern, die in Champagner reisten zwischen London und der Krim.

Die Franzosen sahen mit Schrecken, daß der deutsche Kuckuck in ihrem eigenen und im Nachbarnest immer größer wurde, immer mehr produzierte und exportierte, immer bessere Cuvées erstklassiger trockener Schaumweine anbot und den englischen Markt fast völlig beherrschte.

Das war zuviel!

Im deutsch-französischen Handelsvertrag von 1865 setzte man den Passus durch, daß die Verwendung französischer Bezeichnungen und Marken auf den Etiketten deutscher Schaumweine grundsätzlich verboten war. Das sollte ein K.o.-Sieg für den Champagner werden, aber es wurde ein Punktsieg für den deutschen Sekt.

1867 wurde ein deutscher Schaumwein auf der Pariser Weltausstellung mit dem Großen Preis prämiiert, 1870 verbrauchte man in Großbritannien mehr Sparkling Hock (Rheingau-Sekt) und Sparkling Moselle (Mosel-Sekt) als alle anderen Schaumweine, die der Weltmarkt anbot, zusammengenommen, und die Exporterfolge nach Amerika und Australien ließen nicht auf sich warten. Nur den deutschen Snobs galt es als unstandesgemäß, einheimische Weine zu trinken. Der Kampf der beiden »feindlichen« Brüder ging weiter. 1903 kam es zu einem förmlichen Champagner-Krieg, der den Quai d'Orsay und die Wilhelmstraße beschäftigte. Die Gemüter beruhigten sich, nicht aber die deutsche Ministerialbürokratie und die deutschen Parlamente, die ihren eigenen Sektkellereien eine Fußangel nach der anderen legten und noch 1908 den Schaumwein als »frivoles Luxuswesen« bezeichneten. – Heute ist das alles vergessen.

1990 verkauften die Champagner-Häuser etwas mehr als 239 Millionen Flaschen. 147,5 Millionen blieben in Frankreich, 64,6 Millionen Flaschen innerhalb Europas. Großbritannien importierte mit 21,3 Millionen Flaschen die größte Anzahl, gefolgt von Deutschland (14,25 Millionen), Italien (9,6 Millionen) und der kleinen Schweiz (8,6 Millionen). Belgien teilte sich den Rest mit den übrigen europäischen Ländern. Die außereuropäischen Exportmärkte führen die USA mit 11,6 Millionen Flaschen weit an der Spitze an. Der deutsche Sekt-Export ist dagegen gänzlich unbedeutend geworden. In alle Länder der EG zusammen wurden ebenso viele Flaschen exportiert wie die Anzahl der Champagnerflaschen, die die Schweiz einführte.

Wir haben unsere Marktanteile vor angelsächsischen Kaminfeuern nicht wieder zurückerobern können. Dort ruft man noch mit dem Brander aus Goethes Faust: »Ich will Champagner Wein, und recht moussierend soll er sein!« Und im Kübel wälzt sich in wohliger Kühle eine Flasche Piper-Heidsieck. Ein deutscher Name, aber eine französische Firma.

Doch Namen sind Schall und Rauch. Sie perlen eine Weile lang hurtig wie der Champagner im Glas und verglühen dann langsam wie ein Buchenscheit im Kamin . . . Das nächste Kapitel beweist es.

»Sekt« war nicht immer »Sekt«

Es ist in den zwanziger Jahren des vorigen Jahrhunderts gewesen, als der Schauspieler Ludwig Devrient, der nur Champagner trank, mit E. T. A. Hoffmann in Berlins prominenter Weinstube von Lutter und Wegener die »Elixiere des Teufels« mischte und eines Abends nach einer Shakespeare-Aufführung, noch ganz der Falstaff, den Kellner anschrie: »Gib mir Sekt, Schurke! – Ist keine Tugend mehr auf Erden?« Der Kellner hätte ihm, nach dem damaligen Sprachgebrauch, spanischen Wein (vino seco) bringen müssen – auch Shakespeare hatte mit seinem »cup of sack« nichts anderes gemeint –, aber er wußte ja, daß Devrient ihm die Flasche Sherry an den Kopf geworfen hätte, wenn er ihm nicht seinen Veuve Clicquot gebracht hätte, den er meist nicht mit Geld, sondern mit Deklamationen bezahlte. Von Berlin aus wurde das Wort »Sekt« für Schaumwein schnell populär, während es bis dahin nur für spanischen Wein gebraucht worden war. Vino seco im Spanischen war – ebenso wie vin sec im Französischen – nichts anderes als ein trockener herber Jerez ohne alle süßenden Zusätze. Unsere Biedermeier-Ahnen tranken Jerez-Sekt, Madeira-Sekt, Kanarien-Sekt und Palm-Sekt.

Das war nun sehr bald vorbei, und als 1865 die Franzosen darauf bestanden, daß man eben nur den in der französischen Provinz Champagne hergestellten Schaumweinen das Champagner-Etikett umhängen dürfe, trat der deutsche Sekt schnell seinen internationalen Siegeszug an, der damals im eigenen Lande durch die Champagner-Seligkeit der deutschen Junker genauso zurückgebremst wurde, wie durch die schlimmen Exportfolgen zweier Weltkriege.

Die Cuvées vom Kreideboden der Champagne sind noch immer die begehrtesten und renommiertesten in der Welt. Aber die Zahl der feinsinnigen Genießer steigt wieder, die die rassige Frische und das fruchtige Bukett hochklassiger deutscher Riesling-Sekte vorziehen – nicht nur, weil sie auch dem Magen zuträglich sind. Champagner mit Sekt zu vergleichen ist allerdings müßig. Der Preisunterschied zwischen beiden beginnt schon bei der Gewinnung der Champagner-Grundweine, die nur aus bestimmten Rebsorten aus dem gesetzlich genau umrissenen Anbaugebiet der Champagne stammen dürfen, das innerhalb seiner Grenzen noch qualitativ untergliedert und kontrolliert ist. Champagner wird zudem nur in der zeit- und kostenaufwendigen Méthode champenoise hergestellt. Die Masse der Sekte der meisten großen deutschen Häuser stammt aus Grundweinen nicht näher bezeichneter europäischer Provenienz und entsteht im Großraum-Gärungsverfahren (Charmat-Methode), dem wir die Schwemme billiger Sekte verdanken. Ein Kompromiß zwischen der »handwerklichen« und der »industriellen« Methode ist das Transvasier-Verfahren (alle Verfahren s. hinterer Teil, »Sie müssen wissen«). Natürlich ist industriell gefertigter Sekt nicht a priori minderwertig, so wenig wie jeder nach der Champagner-Methode ausgebaute Sekt erstklassig ist, aber die Finesse und das feine Aroma eines Spitzensektes scheinen sich oft in den großvolumigen Behältern zu verlieren, was bei der Rebsorten-Fülle der mancherorts verwendeten Grundweine auch nicht verwundert.

Erfreulicherweise nehmen Nachfrage und Angebot guter Sekte aus Deutschland wieder zu: Rebsorten-Sekte, solche bestimmter Lagen oder Bereiche (Sekt bestimmter Anbaugebiete), die auch im klassischen Verfahren der traditionellen Flaschengärung (Méthode champenoise) erzeugt werden, das von etlichen kleineren und mittelgroßen Sektfirmen auch in der Vergangenheit nicht vernachlässigt wurde.

Das kostbarste Weingut des Rheingaus:
Schloß Johannisberg.
Kaiser Franz I. von Österreich schenkte
das Schloß mit der romanischen Abteikirche
1816 seinem Kanzler Fürst Clemens von Metternich.

Schloß Vollrads über Winkel im Rheingau, einst eine mittelalterliche Wasserburg, von der noch der Turm erhalten ist.

Blick durchs Vollradser Tor.

Talleyrand hat den Champagner einen »Zivilisationsträger« genannt, und Ludwig Tieck, der Romantiker, sagte von ihm, daß er in der Lage sei, »in unserem Innern alle glänzenden Kräfte, die uns mitgegeben sind, aus Betäubung und Schlummer aufzuwecken«.

Die blauen und die weißen Berge

Südlich der Straße Reims – Châlons erhebt sich sehr sanft und kaum spürbar ein Hügelzug aus den Wiesen am Aisne-Marne-Kanal, die »Montagne de Reims«. Dieser Name ist viel zu dekorativ für eine reizlose flache Höhe von 150 Metern und die langweiligen, fast abweisenden Wälder, die sie krönen. Während die Landschaft im Burgundischen und an der Etsch heiter und lieblich lächelt, in den romantischen Tälern der Wachau, des Rheins und der Mosel in uralte Träume versponnen scheint, zeigt sie in der Champagne ein gleichgültiges Gesicht.
Wenn die Weine so schmecken würden, wie die Landschaften aussehen, in denen sie wachsen, würde man mit dem Champagner und dem Haut Médoc nicht die Kehlen, sondern die Gläser spülen.
In diesem Bogen gibt es nur Weine der allerersten und ersten Kategorie, alle mit den samtblauen Trauben der berühmten Burgunderrebe Pinot noirien, die sorgsamst gelesen und sofort gekeltert werden, damit der Farbstoff den Most nicht wie bei unseren Weißherbsten rosé färben kann. Auf einer sanften Bastion steht inmitten der teuersten Weinberge der Gegend die Windmühle von Verzenay, eingegittert wie ein Museumsstück, weil sie 1814 und 1918 als Artilleriebeobachtungsstand von einiger Bedeutung war. Die Franzosen, das konservativste Volk auf dem Kontinent, die drei Viertel ihres Lebens in der Vergangenheit zubringen, bewahren auch die kleinsten Souvenirs. Heute sind die farbigen Feldsteine wichtiger, die zwischen den Weinstöcken stehen und stolz die Namen der großen Champagnerfirmen tragen, deren Gebiet sie umgrenzen. Wer in den Dörfern Mailly oder Verzenay seine Weingärten hat, ist legitimiert für beste Cuvées. Der dort seit hundert Jahren peinlich kultivierte tertiäre Geröllboden mit reinem Kreideuntergrund gibt, wenn die Wurzeln der Rebe gut »in der Kreide stehen«, dem Champagner den unverkennbaren Geschmack und ist Gold wert. In ihren Südhängen bei Louvois und Ambonnay, wo sich ebenfalls Weinberge der »Hors Classe« befinden, wird die Landschaft etwas abwechslungsreicher und lieblicher und präsentiert schließlich wie mit einer sanften Geste das interessante Städtchen Ay, wo die berühmte Rebe »Le Gros Plant Doré d'Ay«, die nichts anderes ist als die edle Chardonnay, für das Herzstück der teuersten Cuvées der Champagne sorgt.
Damit aber sind wir schon in der unmittelbaren Nachbarschaft von Epernay, an den grünen Rebenhängen von Hautvillers und Champillon, wo trotz der klimatisch noch besseren Lage nur Weine der zweiten Kategorie wachsen.
Der Marne entlang nach Westen, bis dahin, wo Papst Urbans mächtiges Monument die Landschaft meilenweit beherrscht, sinkt die Qualität der Reben bis zur dritten Kategorie ab.
Da ist die Côte des Blancs schon kostbarer, die sich genau südlich Epernay hinzieht und an der Straße nach Troyes ihre riesigen Weinberge der aufgehenden Sonne darbietet. Es ist die auch in Burgund berühmte Dame Chardonnay, die dort wächst und den Champagnern aus Epernay vor allem jene elegante Frische verleiht. Das in der flirrenden Sommerluft wie eine Fata Morgana über den Weingärten schwebende Cramant und das behaglich in die Rebenhänge eingebettete Avize haben Weingärten der allerersten Klasse, und auch ihre Nachbardörfer Oger und Le Mesnil gehören noch der ersten Qualitätsstufe an.
Die Berge von Reims, das Tal der Marne und die »weißen Hänge« sind die großen drei Provenienzen der Champagne. Die Montagne de Reims liefert die Spitzenweine aus blauen, die Côte de

Blancs aus weißen Trauben, das Marne-Tal Weine der ersten bis dritten Kategorie.
Aber – wir fragten es schon – wer kennt diese Weinberge überhaupt, wer gebraucht ihre Namen, die noch nie mit Andacht ausgesprochen wurden? Die Champagnerkellereien, die ihre Trauben kaufen, wenn sie ihnen nicht schon gehören. Sonst niemand. Es sind namenlose Edle oder edle Namenlose, diese kostbaren Climats von Verzenay, Beaumont, Sillery und Mailly, von Ay und Louvois, von Avize und Cramant, deren kostbarer Boden noch dazu sehr unterschiedlich verteilt erscheint.
Von den etwa 25 000 Hektar Rebfläche verfügen die Champagner-Häuser über ein Achtel, der Rest verteilt sich auf über 16 000 Winzer mit oft nur kleinen Flächen.
Die Masse der kleinen und mittelgroßen Winzer sind nur die Zulieferer der Kellereien der Grandes Marques in Reims, Epernay, Châlons und Ay, die jährlich Millionenwerte in ihren weiträumigen Katakomben verschwinden lassen und in Schlössern wohnen, die nicht im Monde liegen.

Der bescheidene Konfuzius und die lächelnden Engel

Royal Champagne . . . Mein Windlicht flakkert . . . Ich muß an die Witwe Clicquot denken, die nachts durch ihre Keller ging . . .
Es ist ein warmes, fast zärtliches Lüftchen, das von Champillon heraufweht wie eine Schmeichelei des Herrgotts, der die Weingärten anders wertet als die Menschen. Vor mir steht ein »Brut« der alten Firma Lanson. Ihr Haus ist über zweihundert Jahre alt. Damals beendete der große Friedrich den Siebenjährigen Krieg, und der alte Lanson begründete, wenn man von dem Textilhändler Ruinart, der gleichzeitig Champagner herstellte, absehen will, das erste Champagner-Geschäft Frankreichs. Friedrichs Bemühungen waren vergebens, aber Lansons Brut perlt in meinem Glase. Der Wirt, der wie ein Bourbone aussieht, stellt mir einen Hummer-Toast dazu hin.
Konfuzius sagte einmal, daß grober Reis als Speise, Wasser als Trank und der eigene Arm als Polster zum irdischen Glück völlig ausreichten. Ich erhebe mein Glas auf diesen Glücklichen. Und auf alle Witwen der Champagne.
Nimmt es in einem solchen Lande wunder, daß die Engel an den Portalen des alten Krönungsdomes von Reims das Lächeln lernten? Sie haben zuviel gehört und gesehen, was nur ein Glas Champagner in einem Menschenherzen zum Blühen bringen kann. Sie lächeln nicht nur über den kopflosen heiligen Nikasius, der zwischen ihnen steht, sondern über so viele Torheiten der Menschen zu ihren Füßen. Denn es ist nicht nötig, von den Vandalen geköpft zu werden, um kopflos zu sein.
Manchmal genügen auch ein paar Glas Champagner. Und darüber lächeln die Engel von Reims seit 500 Jahren.

EUROPAS
WEIN-GOTHA

Zu diesem Handbuch

I. Der Wein-Gotha präsentiert und klassifiziert nicht Weine, sonderen Weinberge (soweit dies in den behandelten Ländern möglich ist).

II. Der Wein-Gotha umfaßt die kostbarsten Weingärten Europas, soweit sie

a) vor allem edle Rebsorten tragen (siehe Grundsatz IV),

b) nach ihrer Topographie, dem geologischen Befund und ihrem Kleinklima als höchst qualifiziert gelten können.

Die Bedingung a) zwingt uns, Lagen, die vorwiegend »Reben für mittlere und kleine Weißweine« (Vogt) wie Silvaner, Müller-Thurgau und andere Riesling-Silvaner-Kreuzungen sowie den Gutedel (Chasselas, Fendant) tragen, mit gewissen Ausnahmen, z. B. in der Schweiz, in Württemberg und in Franken weitgehend unberücksichtigt zu lassen.

Auch diejenigen Lagen des In- und Auslands, die vorwiegend oder vollständig mit »Reben für einfache Rotweine« (Vogt) bepflanzt wurden, wie der Portugieser in der Pfalz, in Rheinhessen und Württemberg, der Limberger in Württemberg, der im Burgenland Blaufränkischer heißt, die Gamay, die die köstlichen Konsumweine des Beaujolais bringt, und sogar der Trollinger, der die in guten Jahren hervorragenden Rotweine Württembergs beschert, all die in ihren Heimatländern oft sehr populären Lagen mußten aus dem Wein-Gotha größtenteils herausbleiben.

Die Bedingung b) schließt Lagen aus, die im Volksmund zwar sehr bekannt, oft auch zu Recht beliebt sind, deren Name aber wertmindernd oft weit mehr Rebgelände bezeichnet als die ursprünglich vorzügliche Lage deckt. Sie schließt ferner Lagen aus, deren Qualifikation im Zusammenklang von Bodenbonität, Sonneneinstrahlung, Windverhältnissen und anderen klimatischen Faktoren den hohen Ansprüchen an den Standard europäischer Spitzenlagen nicht genügt. Wir können hier nicht Lagen erfassen, die seit Jahrzehnten nur Konsumweine und Tischweine mittlerer Qualität hervorgebracht haben oder deren Ruf nur von regionaler Bedeutung ist, auch wenn sie gelegentlich mit prämiierten Weinen aufwarten.

Die Bedingung b) schließt jedoch nicht aus, daß zu einem späteren Zeitpunkt noch einige portugiesische, rumänische und osteuropäische Lagen in den Wein-Gotha miteinbezogen werden, soweit sorgfältige fachliche Ermittlungen an Ort und Stelle das zulassen.

III. Der Wein-Gotha bewertet die großen Lagen einer hochqualifizierten Region als verläßliche und beständige Güte-Bürgschaft.

Die »Lage« ist ein erdgebundener, leicht wertbarer Faktor. Die Art, Stärke und Dauer der jeder Lage eigentümlichen Sonneneinstrahlung, die von der Neigungsrichtung, dem Neigungswinkel, der Höhe der Lage und ihren Windverhältnissen abhängig ist, bestimmt in hohem Maße deren Wert. Dieses Kleinklima jedes Weingartens, betrachtet im Rahmen der klimatischen Verhältnisse der gesamten Region, ist ebenso gravierend wie die Art ihres Bodens, der man die Wahl der geeigneten Rebsorte überall angepaßt hat. Erziehungsart der Reben, Schnitt und Unterstützungsmethode sind ebenfalls weitgehend durch die Eigenart der Lage bestimmt.

Dazu kommt die Erfahrung, daß Weingärten in gesegneter Lage, früher immer in klösterlichem oder fürstlichem Besitz, sich meist auch heute in den Händen von Weingütern befinden, deren Erfahrung in der Kellerwirtschaft und deren wirtschaftliches Polster immer dafür bürgen, daß aus großen Lagen auch große Kreszenzen angeboten werden. Darum ist eine gute Lage, die den Wein auch in weniger guten Jahren ausreifen läßt und ihm die Mitgift einer schönen Harmonie zwischen Öchslegraden und Säurepromille sichert, auch immer die beste und verläßlichste

Voraussetzung für einen edlen Wein. Trotz der imponierenden Fortschritte moderner Kellereiwirtschaft, die zunehmend auch aus weniger qualifizierten Lagen gute und sehr gute Weine bringt, bleibt eine gute Lage immer die treue Mutter der großen und größten Weine.

IV. Der Wein-Gotha berücksichtigt nur Lagen, die seit Jahrzehnten hochwertiges Rebgut tragen.

Der Saft der Rebe zieht zwar nicht seine Eigenart, aber doch viele reizvolle Spielarten und Versionen seines Charakters aus dem Mutterboden der Lage, aber die »Erbmasse« bestimmt die Rebe. Alle Ampelographen sind sich darüber einig, daß es edle, gute und recht ordinäre Reben gibt. Wir haben uns dabei auf die Klassifizierung Prof. Dr. Ernst Vogts, des inzwischen verstorbenen langjährigen Direktors des Staatlichen Weinbau-Instituts Freiburg i. Br., gestützt, die übrigens den Wertungen anderer international bekannter Wein-Wissenschaftler voll entspricht.
Die in jedem der großen europäischen Weinbaugebiete zum Anbau kommenden wichtigsten Rebsorten wurden dort zur Orientierung unserer Leser gesondert aufgeführt. Vor allem in Italien ist die Vielzahl der Sorten außergewöhnlich, die wir dem Leser zur Kenntnis bringen, um ihm den Zugang zu den beschriebenen Weinen besser zu ermöglichen.

V. Die Jahrgangsbewertung im Wein-Gotha

Der »Jahrgang« ist der Segen Gottes zur Ehe der Rebe mit dem Boden. Wir haben uns zwar an Ort und Stelle bemüht, zuverlässige Angaben über die Qualitätsausfälle der einzelnen Jahrgänge zu erhalten. Andererseits bitten wir unsere Leser, sich nicht sklavisch daran zu halten, denn es kann sich hier immer nur um Durchschnittswerte handeln. Schon in einem kleinen Bereich können die lokalen Witterungsverhältnisse sehr unterschiedlich auftreten. Auch der Reifezeitpunkt der einzelnen Sorten ist verschieden.

VI. Der Wein-Gotha soll ein übersichtliches, leicht und schnell zu gebrauchendes Handbuch sein.

Er bringt von fast jeder europäischen Spitzenweinregion, die den unter IIa und b fixierten Voraussetzungen entspricht:

1. eine Aufstellung der Regionen bzw. Bereiche jedes Anbaugebietes, unter denen die Edelweinregionen im **Fettdruck** hervorgehoben wurden;
2. eine allgemeine Einführung in deren Charakteristik;
3. eine Aufstellung und kurze Darstellung des in jedem Gebiet zum Anbau kommenden Rebgutes;
4. eine geographisch geordnete Reihenfolge der »Spitzenlagen« jeder Region, wobei alle Lagen höchster Güteklasse im **Fettdruck** erscheinen, und eine ebenso geordnete Reihenfolge der »großen Lagen«.
5. wurde im Rahmen der Selektion des »Wein-Gotha« eine Differenzierung neu geschaffen, die jene Rotwein- und Weißwein-Lagen heraushebt, deren Weine zu den erlesensten Kreszenzen der Welt gehören und die nach jahrzehntelanger Erfahrung die wahrhaft berufenen Repräsentanten europäischer Weine sind und bleiben werden. Sie wurden im Text deutlich sichtbar mit dem Nobel-Zeichen kenntlich gemacht.

   Die Auszeichnung bezieht sich allerdings nur auf Weine der Rebsorten Riesling, Weißburgunder, Chardonnay, Grauburgunder, Traminer, Sauvignon, Sémillon, Furmint, Blauburgunder, Cabernet Sauvignon, Nebbiolo, Merlot und noch einiger anderer französischer und einiger italienischer Sorten.

6. bringt der Wein-Gotha zu den meisten Weinbaugebieten eine Rubrik »**Sie müssen wissen**«. Auch die großen Weine werden in den verschiedenen Anbaugebieten verschiedener Länder auf verschiedene Weise angeboten. Wir haben uns deshalb in dieser Rubrik bemüht, unsere Leser über die Eigenarten der Etikettierung, der Qualitätsdifferenzierung und anderer Besonderheiten jeder Region aufzuklären.
   Die Rubrik »Sie müssen wissen« enthält oft auch allgemeingültige Hinweise und Feststellungen, von denen man annehmen kann, daß sie unsere Leser interessieren.
   Auswahl und Einordnung der Lagen erfolgt in jedem Falle unabhängig von irgendwie gearteten Einflußnahmen der Besitzer. Sie wurden vom Verfasser in Zusammenarbeit mit regionalen Experten der Verbände, der Weinbau-Lehr- und Versuchs-Anstalten, staatlicher Institutionen und einiger profilierter Weinkommissionäre ermittelt.

Ein Wein-Gotha wird nie ganz fertig und vollständig sein. Der Verfasser ist deshalb gern bereit, zuverlässige ergänzende Angaben in Zukunft zu berücksichtigen. Darüber hinaus kann uns jeder Vorschlag, jede sachliche Berichtigung oder Ergänzung im Interesse einer zuverlässigen Information über die wirklich kostbarsten Weingärten und damit über die Spitzenweine Europas nur willkommen sein. Wir danken allen Freunden des Wein-Gotha schon im voraus für ihre wertvolle Mitarbeit. Was die Anzahl der Weingüter betrifft, mußten wir uns schon aus Platzgründen auf die Auswahl der wichtigsten renommierten Erzeuger beschränken, womit keinerlei Abwertung gleichguter Produzenten von uns beabsichtigt wurde. Bei den im Umbruch befindlichen osteuropäischen Ländern, deren Weine seither hauptsächlich von Staatlichen Kellereien vertrieben wurden, wird es noch eine Weile dauern, bis private Produzenten wieder Fuß gefaßt haben.

In diesem Sinne möge der Wein-Gotha seinem Besitzer zu einem unentbehrlichen Handbuch werden, das ihm Auswahl und Ordnung seines Weinkellers dann erleichtert, wenn er hohe und höchste Qualitätsansprüche zu stellen gewohnt ist.

Frankreich

Regionen

Links der Gironde/Garonne:

- Médoc (gute bis einfache Rotweine)
- **Haut Médoc** (sehr gute bis mittlere Rotweine)
- **Graves** (sehr gute bis mittlere Rotweine, gute bis einfache Weißweine)
- Cérons (gute bis einfache Weißweine)
- **Sauternes und Barsac** (sehr gute bis mittlere Weißweine)

Rechts der Gironde/Dordogne:

- Côtes de Blaye (mittlere bis einfache Rot- und Weißweine)
- Côtes de Bourg (gute bis einfache Rotweine, einfache Weißweine)
- Fronsac und Canon-Fronsac (gute bis einfache Rotweine)
- Lalande de Pomerol mit Néac (gute bis einfache Rotweine)
- **Pomerol** (sehr gute bis mittlere Rotweine)
- **St-Emilion** (sehr gute bis mittlere Rotweine)

Zwischen Garonne und Dordogne:

- Montagne-, Lussac-, Parsac-, Puisseguin- und St-Georges- St-Emilion (gute bis einfache Rotweine)
- Côtes de Castillon (gute bis mittlere Rotweine)
- Graves de Vayres (einfache Rotweine, einfache Weißweine)
- Entre-deux-Mers (mittlere bis einfache Weißweine)
- Premières Côtes de Bordeaux
  (mittlere bis einfache Rot- und gute bis einfache Weißweine)
- Loupiac (gute bis mittlere Weißweine)
- Sainte-Croix-du-Mont (gute bis mittlere Weißweine)
- Saint-Macaire (gute bis einfache Weißweine)
- Sainte-Foy-Bordeaux (einfache Rot- und Weißweine)

Das Bordelais ist das größte zusammenhängende Qualitätsweinbaugebiet Europas, wahrscheinlich der Erde.
Von den vielen Regionen, die es einbezieht, berücksichtigen wir im Wein-Gotha nur die fünf, die amtlich höchstklassifizierte Lagen aufweisen und Weine von Weltruf erzeugen. Sie sind oben herausgestellt.

Bordeaux

ROTWEINE

Reben

Cabernet Sauvignon. Sie ist die herausragende Rebsorte im Médoc und den Graves. Die Sorte ist krankheitsresistent und spätreifend. Ihren kleinen dunklen, dickschaligen Beeren kommen daher die warmen Kieselböden zum Ausreifen sehr entgegen, was auf kälteren schweren Böden oft nicht gelingt. Die Traube ist mittelgroß, dichtbeerig und oft geschultert. Der dunkle Wein der Cabernet-Sauvignon ist sehr tanninhaltig und entwickelt sich langsam, dann aber zu großer Tiefe und Finesse.
Inzwischen ist sie eine der auf der Erde meistverbreiteten Rebsorten. Außerhalb Europas steht sie in den Weingärten Kaliforniens, Südafrikas, Chiles, Argentiniens und Australiens.

Cabernet Franc, die man auch Gros Cabernet oder Gros Bouchet (Saint-Emilion) nennt, ist eine Spielart der großen kosmopolitischen Schwester-Sorte. Ihre Trauben sind größer und ihre kleinen Beeren dünnhäutiger und saftreich. Ihre Weine sind weniger farbintensiv, nicht so gerbstoffreich, aber sehr fruchtbetont im Aroma.

Merlot. Sie hat ihren Namen von den Vögeln, die ihre dünnschaligen Beeren offenbar besonders mögen, den jungen Amseln. Die Sorte ist etwas schwierig im Anbau. Frühtreibend ist sie frostanfällig, ihre Widerstandsfähigkeit gegen Traubenfäule und Peronospora ist gering. Da sie früh reift, bringt sie andererseits hohe Mostgewichte. Ihre Weine sind körperreich, vollmundig und mild, bei großer Geschmacksfülle. Sie wird im Médoc und in den Graves, besonders aber in Saint-Emilion und Pomerol für die großen Bordeaux-Weine angebaut.

Petit Verdot ist eine sehr empfindliche und schwierige Rebsorte, die spät reift und darum warme Lagen und leichte Böden braucht. Sie wird deshalb nur noch in geringem Ausmaß, vor allem im Médoc, angebaut, obwohl der Wein gute Qualitäten hat. Er ist alkohol- und tanninreich, mit guten Aromastoffen, und ein wenig davon ist in den meisten Spitzenweinen des Médoc enthalten.

Malbec, die im übrigen Frankreich auch als Côt bekannt ist, hat sehr an Bedeutung eingebüßt, da sie in der Blüte stark zum Verrieseln neigt. Die ertragreiche

Sorte reift früh und bringt dunkelfarbige, weiche Weine, die zum Ausgleich der gerbstoffbetonten Sorten benutzt wurden. Auch heute noch stehen in vielen Bordeaux-Weinbergen einige alte Malbec-Stöcke.

Bordeaux-Weine bestehen immer aus einer Mischung von zwei bis vier Rebsorten, die teilweise zusammen vergoren oder, wie in den meisten großen Weingütern, getrennt vinifiziert und erst als Jungweine nach der Rezeptur des Hauses gemischt werden (assemblage).

Sehr gute Jahrgänge:
1947, 1949, 1952, 1955, 1959, 1966, 1970, 1975, 1978, 1979, 1982, 1986, 1988, 1989, 1990
Gute Jahrgänge:
1976, 1980, 1981, 1983, 1985

Die Spitzenlagen im Haut Médoc

(1ers crus classés)

Die verschiedenen Stufen des Tertiärs und Diluviums haben ihren wertvollsten Weinbergboden im Haut Médoc und in den Graves hinterlassen. Es sind quarzhaltige Kieselböden auf Ton- oder Sanduntergrund, die sehr reich an Eisenoxyd sind. Die Weine, die auf diesem Boden wachsen, sind körperreich, gehaltvoll und mit einem außerordentlichen Bukett gesegnet, während die Provenienzen aus dem Palus, die Talweine, mehr Farbe als Finesse entwickeln. In der Sauternes ist der Boden noch teilweise kieselig und entweder quarz- oder tonkalkhaltig, Böden, auf denen sich die gelobten Eigenschaften des Sauternes reich entwickeln können.
Die hier von Norden nach Süden angeordneten Spitzenlagen des Haut Médoc liegen sämtlich am Ostrand der Halbinsel Médoc auf den sanften Hügeln, zu denen das Westufer der Gironde ansteigt, zwischen 25 und 50 km nördlich von Bordeaux, teils links, teils rechts der Departements-Straße Nr. 2. Der nördlichste ist der Weinberg des

Château Lafite Rothschild, 95 ha Pauillac

Baron James de Rothschild hat erst 1868 die Domäne für 4,5 Millionen Franken von einer Familie Vanderberghe gekauft. Sie umfaßt heute 120 Hektar Land, von denen 90 Hektar mit edlen Reben bepflanzt, im Ertrag stehen, zwei Drittel davon um die Gebäude von Château Lafite. 70 % sind Cabernet Sauvignon, 13 % Cabernet franc, 15 % Merlot und 2 % Petit Verdot, die auf leichtem, etwas tonhaltigem, kieselreichem Boden wachsen. Seit 1977 führt hier Baron Eric de Rothschild die Geschäfte. Der legendäre Kellermeister Georges Revelle, der sein ganzes Leben auf Lafite verbracht hat und dem man es gern abnahm, daß er seine weltberühmten Caves fast mehr liebte als seine Familie, verwaltete schon eine einzigartige Sammlung von Flaschenweinen, unter denen sich noch Bouteillen aus dem Jahre 1797 befinden. 1966 hat sein Sohn Robert seine Nachfolge angetreten.
Die Domäne von Château Lafite arbeitet mit ungeheurer Perfektion und Sorgfalt, und ihre Weine überleben fast durchweg die Männer, die sie für ihren Weinkeller erwerben. Es sind exquisite, sehr blumige, elegante Weine, von großer Milde bei hoher Geschmackskonzentration.
Château Lafite Rothschild führt das Zweitetikett »Moulin des Carruades«. Das nahegelegene Château Duhart-Milon-Rothschild gehört seit 1962 ebenfalls dem französischen Zweig der berühmten Rothschild-Familie.

Sehr gute Jahrgänge:
1961, 1964, 1970, 1976, 1978, 1979, 1982, 1985, 1986, 1988, 1989, 1990
Gute Jahrgänge:
1959, 1967, 1975, 1980, 1981, 1983, 1984

Château Mouton-Rothschild, 72 ha Pauillac

Jeder weiß, daß der Mouton-Rothschild immer schon zur unbestrittenen Weltklasse des Haut-Médoc zählte, zu deren Premiers Crus Classés er 1973 endlich auch amtlich erhoben wurde. Seit 1853 gehört der Besitz dem englischen Zweig der Familie Rothschild, seit 1922 repräsentiert durch den 1988 verstorbenen Baron Philippe de Rothschild, dessen Tochter Philippine seine Nachfolgerin ist. 1933 kaufte Baron Philippe die alte Nachbardomäne Mouton d'Armailhacq, die bis zur Französischen Revolution zu Château Mouton gehört hatte. In den fünfziger Jahren gab er ihr den Namen Château »Mouton Baron Philippe«, 1977, nach dem Tod seiner Frau, wurde der in »Mouton Baronne Philippe« geändert. Seit 1970 gehört auch Château Clerc-Milon zum Besitz.

Seit dem Jahrgang 1945 ließ der Baron die Etiketten des Mouton-Rothschild jährlich von einem anderen berühmten Künstler entwerfen, darunter Männer wie Jean Cocteau, Georges Braque, Salvador Dali, Masson, Marc Chagall, Kandinsky, Mirò, Pablo Picasso oder Andy Warhol. Die Etiketten waren gewöhnlich mit einer Ernteerklärung und dem Namenszug Philippe de Rothschild versehen. Den Jahrgang 1953 widmete er seinem Urgroßvater Baron Nathaniel, der die Domäne hundert Jahre zuvor gekauft hatte, seinem Großvater Baron James und Baron Henri, seinem Vater, der dem 1922 21jährigen Philippe die Führung des Weingutes anvertraut hatte.
Es ist nicht zu fassen, welche Fülle nobler Eigenschaften, welcher Körper, welche Kraft, welch distinguiertes Bukett einen Mouton-Rothschild auszeichnen. Und es ist eine Sünde, einen solchen Wein zu trinken, ehe er nicht wenigstens 20 Jahre Flaschenreife hinter sich hat.
Seine Langlebigkeit verdankt er dem hohen Cabernet-Sauvignon-Anteil (85 %). Maître de Chai Raoul Blondin verwendet dazu noch etwa 7% Cabernet Franc und 8% Merlot.

Sehr gute Jahrgänge:
1953, 1959, 1961, 1966, 1971, 1975, 1982, 1986, 1989
Gute Jahrgänge:
1962, 1967, 1970, 1978, 1979, 1980, 1981, 1983, 1985, 1988, 1990

Château Latour, 48 ha — Pauillac

Dieser hochedle Weinberg wechselte verschiedentlich die Besitzer, bis er Ende des 17. Jahrhunderts dem Marquis Alexandre de Ségur zufiel, der bald darauf noch Lafite kaufte und dessen Sohn auch noch Mouton und Calon erwarb. Die Familie de Ségur, deren Nachkommen heute noch Teile von Latour besitzen, gründete, um ihn vor der drohenden Zerstückelung zu bewahren, eine »Société civile de Vignoble de Château Latour«. Die Kapitalmehrheit der Domäne, die schon vor 150 Jahren auf 1,5 Millionen Goldfranken veranschlagt worden war, befindet sich jetzt in britischen Händen.
Wunderbar gelegen, um einen typischen runden Wachtturm herum, der sein Wahrzeichen geworden ist, wächst hier der Wein auf großen Kieseln auf tonigem Untergrund zu einem der kostbarsten Rotweine der Welt heran, dessen Ausgeglichenheit jedes Jahr aufs neue seine Würde bestimmt.
Aus 80% Cabernet Sauvignon, 15% Cabernet Franc und 5% Merlot und Petit Verdot erscheint der Latour in guten Jahren in fast unvergänglicher Kraft und Fülle. Das zu erwarten, sind wenigstens zwanzig und mehr Jahre Geduld nötig, wenn man ihn nicht verderben will. Les Forts de Latour ist der zweite Wein von Château Latour, der schon nach etwa fünf Jahren trinkreif ist.

Sehr gute Jahrgänge:
1959, 1966, 1970, 1975, 1978, 1981, 1982, 1986, 1988, 1989, 1990
Gute Jahrgänge:
1961, 1964, 1967, 1971, 1976, 1979, 1983, 1985

Château Margaux, 74 ha — Margaux

Etwa auf der Hälfte der Strecke zwischen Bordeaux und Pauillac folgt dann, immer weiter in südlicher Richtung, scheu verborgen in einem wundervollen alten Park, das klassizistische Gedicht des Marquis Douat de la Colonilla, der die alte gotische, stark befestigte Schloßburg des englischen Königs Eduard III. kurzerhand schleifen und 1805 diesen griechischen Säulentraum errichten ließ, der nach manchem Besitzerwechsel seit 1977 der Familie André Mentzelopoulos gehört.
Von den 250 Hektar Domänenbesitz sind 74 bestgepflegte Weinberge, die auch Konrad Adenauer auf seinen Frankreichreisen gern besuchte. Maître de Chai ist Jean Grangerou, dessen Großvater schon das ganze Vertrauen des Vorbesitzers M. Pierre Ginestet gehörte.
Der Margaux wird aus 75% Cabernet Sauvignon, 20% Merlot und 5% Cabernet Franc und Petit Verdot bereitet, die auf den magersten Kieselschichten des Médoc stehen. Hieraus ziehen sie großen Körper- und Bukettreichtum, Rasse und Eleganz, die der Margaux in guten Jahren in vollendeter Harmonie zeigt.
Wie bei den anderen Premiers Crus classés ist der Zweitwein von Château Margaux, der Pavillon Rouge du Château Margaux, der meist aus jüngeren Rebstökken stammt, sehr viel früher trinkreif und natürlich auch nicht so langlebig.

Sehr gute Jahrgänge:
1953, 1961, 1970, 1978, 1979, 1982, 1983, 1985, 1986, 1988, 1989, 1990
Gute Jahrgänge:
1959, 1966, 1981, 1984, 1987

Die grossen Lagen im Haut Médoc

(2èmes Crus Classés komplett)

Die Weine von Margaux, mit hinreißender Finesse, gelten als die vornehmsten Bordeaux-Weine. Die von Saint-Julien sind rassig und voll, wenn auch nicht so wuchtig wie die von Pauillac, wo sich die herausragenden Eigenschaften großer Bordeaux potenzieren. Weiter nördlich, in Saint-Estèphe wird der Merlot-Anteil gewöhnlich höher gehalten, die Weine erscheinen saft- und kraftvoll und außerordentlich langlebig. Sie alle gehören zu den Spitzengewächsen des Haut Médoc. In der Reihenfolge der amtlichen Klassifikation haben wir die qualitativ höherwertigen Weingüter hervorgehoben, die höchstwertigen mit einem Stern versehen.

Château Rausan-Ségla	Margaux
Château Rauzan-Gassies	Margaux
Château Léoville-Las-Cases*	Saint-Julien
Château Léoville-Poyferré	Saint-Julien
Château Léoville-Barton	Saint-Julien
Château Durfort-Vivens	Margaux
Château Lascombes	Margaux
Château Gruaud-Larose	Saint-Julien
Château Brane-Cantenac	Cantenac-Margaux
Château Pichon-Longueville	Pauillac
Château Pichon-Lalande*	Pauillac
Château Ducru-Beaucaillou*	Saint-Julien
Château Cos d'Estournelle*	Saint-Estèphe
Château Montrose	Saint-Estèphe

Noch einige sehr gute Lagen im Haut Médoc

(3èmes bis 5èmes Crus)

Um unsere Leser mit der vollständigen offiziellen Klassifikation der Médoc-Lagen von 1855 bekannt zu machen, bringen wir sie in der amtlichen Reihenfolge, die zwar noch gültig, aber nicht in jedem Fall mehr zutreffend ist. Besonders in den unteren Klassen müßten einige Châteaux abgestuft werden, andere, sehr gute Crus Classés nach oben rücken. Wir haben auch hier die besonders guten und sehr guten Weingüter gekennzeichnet.

3èmes Crus Classés

Château Giscours	Labarde-Margaux
Château Kirwan	Cantenac-Margaux
Château d'Issan	Cantenac-Margaux
Château Lagrange	Saint-Julien
Château Langoa-Barton	Saint-Julien
Château Malescot-St-Exupéry	Margaux
Château Cantenac-Brown	Cantenac-Margaux
Château Palmer*	Cantenac-Margaux
Château La Lagune	Ludon
Château Desmirail	Margaux
Château Calon-Ségur	Saint-Estèphe
Château Ferrière	Margaux
Château Marquis d'Alesme Becker	Margaux
Château Boyd-Cantenac	Cantenac-Margaux

4èmes Crus Classés

Château St-Pierre	Saint-Julien
Château Branaire-Ducru	Saint-Julien
Château Talbot	Saint-Julien
Château Duhart-Milon-Rothschild*	Pauillac
Château Pouget	Cantenac-Margaux
Château La Tour-Carnet	Saint-Laurent
Château Lafon-Rochet	Saint-Estèphe
Château Beychevelle	Saint-Julien
Château Prieuré-Lichine	Cantenac-Margaux
Château Marquis-de-Terme	Margaux

5èmes Crus Classés

Château Pontet-Canet	Pauillac
Château Batailley	Pauillac
Château Grand-Puy-Lacoste	Pauillac
Château Grand-Puy-Ducasse	Pauillac
Château Haut-Batailley	Pauillac
Château Lynch-Bages	Pauillac
Château Lynch-Moussas	Pauillac
Château Dauzac	Labarde-Margaux

Château Mouton-Baronne-Philippe	Pauillac
Château du Tertre	Arsac-Margaux
Château Haut-Bages-Libéral	Pauillac
Château Pédesclaux	Pauillac
Château Belgrave	Saint-Laurent
Château de Camensac	Saint-Laurent
Château Cos-Labory	Saint-Estèphe
Château Clerc-Milon-Rothschild	Pauillac
Château Croizet-Bages	Pauillac
Château Cantemerle*	Macau

Die offizielle Klassifizierung der Médoc-Weine erfolgte 1855 zum ersten und zum letzten Mal. Sie wurde 1973 nur in einem Fall revidiert, als man endlich Château Mouton-Rothschild in die Premiers Crus einstufte, als das es längst galt.
Langjährige Bestrebungen sollten endlich verwirklicht werden, die Klassifizierung der 2.–5. Crus Classés, der Crus Grand Bourgeois Exceptionnels, der Crus Bourgeois Supérieurs (Cru Grand Bourgeois) und der Crus Bourgeois neu und offiziell zu ordnen. Eine Klassifizierung in den unteren Klassen erfolgte erstmals 1932 durch das Syndicat des Crus Bourgeois; sie wurde mehrmals erneuert. Allerdings ist die Mitgliedschaft in dieser Vereinigung freiwillig und den Syndicats-Entscheidungen, jeweils im »Palmarès Syndical« veröffentlicht, blieb das offizielle Plazet des französischen Gesetzgebers bislang verweigert. Grund genug für einige hervorragende, nicht klassifizierte Weingüter, dem Syndicat nicht beizutreten und eine offizielle Neuordnung aller Crus abzuwarten, die die Möglichkeit bietet in die Crus Classés aufzusteigen.
Zu ihnen gehören:

Château Gloria*	Saint-Julien
Château Siran*	Labarde-Margaux
Château de Pez*	Saint-Estèphe
Château Maucaillou*	Moulis
Château d'Angludet	Cantenac-Margaux
Château la Couronne	Pauillac
Château Lanessan*	Cussac
Château La Tour de Mons*	Soussans
Château Labégorce-Zédé	Soussans
Château Labégorce	Margaux
Château Fonbadet	Pauillac

Bemerkenswerte Cru Bourgeois

Aus der Vielzahl der Châteaux im Médoc und Haut-Médoc haben wir eine kleine Anzahl guter Weingüter ausgewählt, deren Weine besonderes Ansehen genießen. Die Kennzeichnung E erklären wir unter »Sie müssen wissen«.

Château	
Agassac E	Ludon
Andron-Blanquet E	Saint-Estèphe
Beaumont	Cussac
Beausite E	Saint-Estèphe
Bel-Orme-Tronquoy de Lalande	St-Seurin de Cadourne
Brillette	Moulis
Capbern-Gasqueton E	Saint-Estèphe
Caronne-Ste-Gemme E*	Saint-Laurent
Chasse-Spleen E*	Moulis
Cissac E	Cissac
Citran E	Avensan
Clarke	Listrac
La Closerie Grand Poujeaux	Moulis
Colombier-Monpelou	Pauillac
Coufran	St-Seurin-de-Cadourne
Le Crock E	Saint-Estèphe
Dutruch-Grand-Poujeaux E	Moulis
Fourcas-Dupré E	Listrac
Fourcas-Hosten E	Listrac
Gressier-Grand-Poujeaux	Moulis
Greysac	Bégadan
La Gurgue	Margaux
Haut-Marbuzet E	Saint-Estèphe
de Lamarque	Lamarque
Marbuzet E	Saint-Estèphe
Martinens	Margaux
Meyney E	Saint-Estèphe
Monbrison	Margaux
Moulin-à-Vent	Moulis
Les Ormes-de-Pez	Saint-Estèphe
Les Ormes-Sorbet	Couquèques
Paveil-de-Luze	Soussans
Phélan-Ségur E	Saint-Estèphe
Potensac	Potensac
Poujeaux E*	Moulis
Saint-Bonnet	Saint-Christoly
Sociando-Mallet	St-Seurin-de-Cadourne
La Tour-de-By	Bégadan
Tronquoy-Lalande	Saint-Estèphe
Verdignan	St-Seurin-de-Cadourne

Die Spitzenlagen von Graves

(1ᵉʳ cru classé)

Graves – das ist die Landschaft südlich Bordeaux, am westlichen Ufer der Garonne. Hier wachsen nicht nur Weißweine, wie vielfach vermutet wird, sondern es gibt heute mehr Rotweine, einige von hervorragendem Ruf, die im nördlichen Bereich angesiedelt sind. Den Namen hat die Landschaft von dem mit mehr oder weniger starken Kieselschichten durchzogenen Schwemmland-Boden. Unter den vielen Châteaux der Region haben bestenfalls 14 vor den Experten die Gnade gefunden, mit den klassifizierten Weinen des Haut Médoc verglichen zu werden. Mit großem Abstand werden sie angeführt von einer einzigen Lage, die schon 1855 den Großen des Haut Médoc zugeordnet wurde.
Die roten Graves-Weine sind nicht so wuchtig, so intensiv körperreich wie die des Médoc, zeigen aber oft schöne Komplexität, Frucht und Würze im Bukett und feine Duftigkeit.

Château Haut-Brion, 50 ha — Pessac

Hier ist nicht der Platz, der aufregenden Geschichte von Haut-Brion nachzugehen, die, wie die der großen Schlösser des Haut Médoc, im Mittelalter beginnt. Aber es ist immerhin bemerkenswert, daß einer seiner Besitzer als Bürgermeister von Bordeaux, der Girondist Joseph de Fumel, unter der Guillotine starb, ehe sich der schlaue Talleyrand 1801 das Schloß unter den Nagel riß. Aber er war viel zu sprunghaft, um dauernde Freude an dem Besitz zu haben, und verkaufte es schon drei Jahre später an einen Pariser Bankier. 1935 kaufte der amerikanische Financier Clarence Dillon das Anwesen als vorerst letzter in der illustren Liste seiner Besitzer. Nach dessen Sohn Douglas, US-Finanzminister der Regierung Kennedy, wird es jetzt von der Tochter Douglas Dillons, Mme. la Duchesse de Mouchy geleitet. Die Domäne führt der anerkannte Bordelaiser Weinfachmann Jean-Bernard Delmas in Nachfolge seines Vaters so hervorragend, daß der Haut-Brion, der in den 20er Jahren arg heruntergewirtschaftet worden war, längst wieder seinen Weltruf zurückgewonnen hat, den er im vorigen Jahrhundert besaß, als er der Familie Larrieux gehörte, die das Weingut zu hohen Klassifizierungs-Ehren führte.
Der Wein gewinnt seine edle Eigenart aus etwa 55 Prozent Cabernet Sauvignon, 15 Prozent Cabernet Franc und 30 Prozent Merlot-Reben, die dicht vor den Toren Bordeaux' an der Straße nach der Austern-Stadt Arcachon wachsen. Haut-Brion ist berühmt für seine vollendete Harmonie von Kraft und Eleganz, ein Wein der alt werden muß. Seit 1983 gehören die nahegelegenen Domänen Château La Mission Haut Brion, Château La Tour Haut Brion und Château Laville Haut Brion demselben Eigner, der Domaines Clarence Dillon S.A.

Sehr gute Jahrgänge:
1961, 1962, 1964, 1966, 1968, 1970, 1975, 1978, 1979, 1982, 1985, 1986, 1988, 1989
Gute Jahrgänge:
1959, 1967, 1969, 1971, 1974, 1977, 1978, 1980, 1981, 1983, 1984, 1987

Die grossen Lagen von Graves

(Crus Classés)

Château Bouscaut	Cadaujac
Château Carbonnieux	Léognan
Domaine de Chevalier*	Léognan
Château Fieuzal	Léognan
Château Haut-Bailly	Léognan
Château La Mission Haut Brion*	Talence
Château La Tour Haut Brion	Talence
Château La Tour-Martillac	Martillac
Château Malartic-Lagravière	Léognan
Château Olivier	Léognan
Château Pape Clément	Pessac
Château Smith Haut Lafitte	Martillac

Die Klassifizierung der Graves-Weingüter von 1959, zu dem natürlich auch der Grand Cru Haut-Brion gehört, wurde ohne Rangordnung durchgeführt. Klassifiziert wurden sowohl Rot- als auch Weißweine, so daß einige Châteaux auch bei den Weißweinen erscheinen. Die besten Crus Classés haben wir herausgestellt, manche zusätzlich noch mit einem Stern versehen.

Nachstehend noch eine kleine Auswahl nicht klassifizierter Weingüter, die gute rote Graves erzeugen:

Château La Louvière	Léognan
Château Larrivet-Haut-Brion	Léognan
Château de France	Léognan
Château La Garde	Martillac
Château Ferrande	Castres
Château Rahoul	Portets

Die Spitzenlagen von Saint-Emilion

(Premiers Grands Crus Classés A)

Die kleine Region von Saint-Emilion umfaßt geologisch ein Hügelland, dessen Hanglagen sich Côtes nennen und das verschieden große Plateaus aufweist. Sein Boden, Kalkgestein mit Tonkalk-Auflagerungen und Kieseleinsprengungen, trägt die berühmten Weinberge der Châteaux Ausone, Belair, Magdelaine und anderer großer Weingüter. Etwas abgesetzt davon liegt nordwestlich ein ebenes Sandgebiet mit Kiesplateaus, auf dem die Châteaux Cheval-Blanc und Figeac liegen, wobei der Boden von Cheval Blanc auch eisenhaltigen Ton enthält. Diese Weine zeichnen sich durch besondere Vollblütigkeit aus und ähneln eher denen von Pomerol. Die klassischen St-Emilions sind vollmundige Weine mit großer Nachhaltigkeit und schönem Bukett, die im Alter subtile Eleganz zeigen. St-Emilion wurde 1954 zum ersten Mal klassifiziert, mit Revisionen im seither etwa 15jährigen Abstand, zuletzt 1985. Die Einstufung erfolgt in Premiers Grands Crus Classés A (zwei Weingüter), Premiers Grands Crus Classés B (9 Weingüter), die etwa den 2. und 3. Crus Classés des Médoc entsprechen, ihnen folgen die Grand Crus Classés (z. Zt. 63 Weingüter) und die Grands Crus. Letztere erfordern eine jährliche Bewerbung und entsprechen den Crus Bourgeois des Médoc.

Zwei Weingärten verdienen hier besonders hervorgehoben zu werden, weil sie seit vielen Jahrzehnten die Spitzenweine von Saint-Emilion hervorbringen.

Château Ausone, 7 ha

Ein außergewöhnlicher Wein voll nobler Harmonie mit viel Finesse in Aroma und Geschmack, der sehr alt werden kann und mindestens zehn Jahre Entwicklung braucht. Er trägt jetzt noch den Namen jenes römischen Poeten und Weltmanns Ausonius, und seine blumigen Weine wurden in der Literatur oft als »Die Weine des Dichters« bezeichnet.

Steile Kalksteinfelsen, an die sich das wunderbar gelegene Château lehnt, halten die rauhen Nordwinde ab und die so geschützten Süd- und Südostlagen, die zu je fünfzig Prozent mit Merlot und Cabernet Franc auf lehmdurchsetztem Kalkgestein bepflanzt sind, bringen Qualitäten, die zu den allerbesten Frankreichs und Europas gehören. Ausone ist im Besitz der Erben Vauthier und von Mme. Dubois-Challon, die die Domäne nach dem Tod ihres Mannes, aus dessen Familie der Besitz stammt, weiterführt. Ihr gehören noch viele Besitzungen in Saint-Emilion, unter denen das benachbarte Château Belair besonders hervorragt. Seit 1975 kümmert sich Pascal Delbeck als Régisseur um die Domäne, und sie verdient ihren alten, guten Ruf.

Sehr gute Jahrgänge:
1976, 1978, 1979, 1981, 1982, 1988, 1989, 1990
Gute Jahrgänge:
1975, 1977, 1980, 1983, 1985, 1986

Château Cheval Blanc, 36 ha

An der Grenze des Saint-Emilion-Bezirks liegt die zweite Spitzenlage der Region. Man könnte sie schon fast zu den Pomerols rechnen, aber durch die sehr eigenartige Vielfalt des Bodens, einmal eisenhaltiger Lehm, dann sandige Erde auf Ton, Kiesel auf Ton mit eingesprengtem stark mineralhaltigem Gestein, hat dieser Wein einen ganz besonderen Charakter gewonnen. Aus einer alten Auberge hervorgegangen, wurden deren Meierhöfe später alle abgerissen und der Boden dem Weinbau überstellt.

Die Erben Fourcaud-Laussac, deren Vorfahren das Gut 1870 erwarben und Jacques Hebrard, Mitbesitzer und Direktor der Domäne, verwenden eine beharrliche Sorgfalt auf die Kultur dieses erlesenen Weines, der von wirklichen Kennern mit geschlossenen Augen unter hundert anderen Saint-Emilion-Weinen herausgefunden wird. 66% Cabernet Franc, 33% Merlot und ein wenig Malbec sind die Trauben dieses überaus vollblütigen, eleganten Weines, dessen reich nuancierte Bukettstoffe gar nicht zu beschreiben sind.

Sehr gute Jahrgänge:
1964, 1966, 1970, 1971, 1975, 1978, 1981, 1982, 1983, 1985
Gute Jahrgänge:
1972, 1973, 1974, 1976, 1979, 1980, 1986, 1988

Die grossen Lagen von Saint-Emilion

(Premiers Grands Crus Classés B)

Außer Château Figeac, das nahe Pomerol, gleich südlich von Château Cheval Blanc liegt, sind die übrigen Premiers Crus-Weingüter unmittelbar westlich, südlich und östlich der altehrwürdigen mittelalterlichen Stadt Saint-Emilion angesiedelt. Wir stellen, wie bei den anderen Listen der Bordeaux-Weingüter, die besten und überragenden Güter heraus.

Château Beauséjour (Duffau-Lagarosse)
Château Belair
Château Canon
Château Figeac*
Clos Fourtet
Château La Gaffelière
Château Magdelaine*
Château Pavie
Château Trotte Vieille

Das gute Weingut Château Beau Séjour (Bécot) wurde bei der letzten Revision 1985 herabgestuft in die Grand Crus Classés, jedoch nicht der Qualität wegen, sondern weil Michel Bécot angrenzende Weinberge erworben hatte, die etwas geringer eingestuft sind.

Noch einige sehr gute Lagen von Saint-Emilion

(Grands Crus Classés [Auswahl])

Château L'Angélus
Château L'Arrosé
Château Balestard-La Tonnelle
Château Beau Séjour-Bécot
Château Cadet-Piola
Château Canon
Château Canon-la-Gaffelière
Château La Clotte
Château Corbin-Michotte
Couvent-des-Jacobins
Château Croque-Michotte
Château Le Curé Bon-La Madeleine
Château La Dominique
Château La Fleur
Château Fonplégade
Château Fonroque
Château Grand-Corbin-Despagne
Château Guadet-St-Julien
Clos des Jacobins
Château Larmande
Château Larcis-Ducasse
Château Mauvezin
Château Moulin du Cadet
Château Soutard
Château Tertre-Daugay
Château La Tour Figeac
Château La Tour du Pin Figeac (Moueix)
Château Troplong-Mondot

Die Spitzenlage von Pomerol

(1er Grand Cru, nicht offiziell)

Etwas distanziert und durch einen leichten Hügelschwung sanft angehoben liegt im Osten der Gemeinde Pomerol, die aus einer Anzahl kleiner Weiler und einer Vielzahl von Weingütern besteht, das äußerlich anspruchslose, aber blitzsaubere

Château Pétrus, 12 ha

weltberühmt geworden durch die hochedlen Weine dieser Lage. Sie sind so vollendet in Kraft und Fülle, in Bukett- und Geschmacksreichtum, daß sie nur als grandios bezeichnet werden können. Der Boden dieses kostbaren Weingartens hat auf sandig-tonigem Untergrund eine Lehmschicht und enthält Eisen sowie andere wertvolle mineralische Substanzen. Er ist zu 95% mit Merlot und zu 5% mit Cabernet franc bepflanzt, und alles, vom Boden bis zum Wein, wird auf Pétrus mit ungeheurer Präzision und Sorgfalt gepflegt und behandelt.
Als einmal die Wirtschaftsgebäude des Weingutes renoviert worden waren, nahm der französische Milliardär Marcel Dassault an, die Erben von Mme. Edmond Loubat würden den Weinberg verkaufen, und bot ihnen die kokette Summe von 5 Millionen

Nouveaux-Francs für die damals 7 ha dieses großen Gewächses. Umsonst, die Erben Loubat lehnten ab. Ein Kompliment für diesen noblen Wein von hinreißender Eigenart aus der empfindlichen Merlot.
Die Hälfte des Besitzes gehört Jean-Pierre Moueix, dem auch die Châteaux La Fleur-Pétrus, Trotanoy und andere Pomerol-Güter gehören und dessen agiler Sohn Christian Moueix nicht nur Château Pétrus und die familieneigenen Weingüter hervorragend führt, sondern als Direktor der Ets Jean-Pierre Moueix renommierte Weingüter anderer Besitzer wie Lafleur, Latour à Pomerol u. a. erfolgreich betreut.

Sehr gute Jahrgänge:
1970, 1971, 1975, 1976, 1979, 1982, 1985, 1988, 1989, 1990
Gute Jahrgänge:
1973, 1978, 1981, 1983, 1986

Die grossen Lagen von Pomerol
(Grands Crus [nicht offiziell], Auswahl)

Die Pomerol-Lagen, die nie offiziell klassifiziert wurden und deren Besitzer daran auch nicht interessiert sind, bringen seit einigen Jahrzehnten Weine höchster Klasse hervor. Der Boden dieses kleinen, vorzüglichen Rotwein-Anbaugebietes ist vielfältig: Im Westen herrscht Sand vor, im Südosten ist der Grund ziemlich kieselhaltig, dazwischen, auf dem leicht erhöhten Plateau gibt es mehr und weniger starke Lehmschichten auf sandig-tonigem Untergrund, der teilweise stark eisenhaltig ist. Hier wachsen die besten Pomerol-Weine, deren wichtigste Rebsorte die empfindliche Merlot ist, fast immer mit Anteilen von Cabernet Franc. Einige Güter benützen noch geringe Malbec-Anteile, sehr wenige etwas Cabernet Sauvignon.
Guter Pomerol ist ein Wein, der geschmeidige Fülle zeigt bei reichen Geschmacks- und Bukettstoffen. Er ist früher trinkreif (8–10 Jahre), einige Spitzenweine brauchen etwas länger. Die gehaltvollen, extraktreichen Weine zeichnen sich durch hervorragende Alterungsfähigkeit aus, obwohl sie ihre besten Eigenschaften etwas früher erreichen können als die Médoc-Weine.

Château Beauregard
Vieux Château Certan*
Château Certan-de-May
Château La Conseillante*
Château L'Eglise-Clinet
Clos L'Eglise
Château l'Evangile
Château La Fleur-Pétrus*
Château Le Gay
Château Lafleur
Château Lafleur-Gazin
Château Latour à Pomerol
Château Petit-Village
Château Trotanoy*

Noch einige sehr gute Pomerols
(Auswahl)

Château Certan-Giraud
Château Clinet
Château La Croix
Château La Croix-de-Gay
Château L'Enclos
Château Feytit-Clinet
Château Gazin
Château La Grave Trigant-de-Boisset
Château Lagrange
Château Nenin
Clos René
Château Rouget
Château de Sales

WEISSWEINE

Reben

Sémillon. Eine sehr alte Weißwein-Rebe, die schon in den ältesten Dokumenten der Gironde erwähnt wird. Ihr Name entwickelte sich aus Saint-Emilion, wo sie jetzt nicht mehr angebaut wird. Die mittelgroße, dichtbeerige Traube hat mittelgroße, dickhäutige Beeren, die anfällig sind gegen Edelfäule (Botrytis cinerea), wobei der Pilz die Beerenhaut perforiert, das Wasser verdunstet, und Zuckergehalt und Aromastoffe werden konzentriert. So erhält der Wein seine Charakteristik in Bukett und Geschmack. Dieser Vorgang wird allerdings nur unter besonderen mikroklimatischen Voraussetzungen erreicht, auf ausgeglichen warmen

Lagen, wo die Trauben gut reifen, nahe einem Flußlauf, der häufigen herbstlichen Morgennebel bringt (Sauternes, Riesling im Rheingau).
Der Wein der Sémillon ist körperreich und entwickelt seine besten Eigenschaften langsam in der Flasche. Dann zeigt er ein vollendetes Bukett, Fülle und Aroma im Geschmack.

Sauvignon blanc (Muskat-Silvaner). Die in etlichen europäischen Anbaugebieten verbreitete Sorte ist die zweite Hauptrebe der Sauternes-Weine. In den trockenen Graves-Weinen ist ihr Anteil höher, und manchmal spielt sie dort die Hauptrolle. Die wenig ertragreiche Sorte braucht unbedingt warme Lagen, um zur Vollreife zu kommen. Sonst ist ihr Wein grasig und nicht sehr harmonisch.
Die Traube der Sauvignon ist klein und dicht, ihre in der Reife braunpunktierten Beeren sind dickschalig und etwas anfällig gegen Edelfäule.
Guter Säuregehalt und ein ganz typisches Frucht-Aroma zeichnen die Sauvignon aus. Ein sehr guter, trockener, sortenreiner Sauvignon-Wein ist Pavillon Blanc von Château Margaux im Médoc.

Muscadelle. Eine kleine Menge der in zahllosen Spielarten auftretenden Muskateller-Traube ist in den meisten Sauternes-Weinen und in einigen Graves-Weinen enthalten. Die bukettreiche Sorte bringt vollmundige, milde Weine mit würzigem, oft auch sehr elegantem Muskat-Aroma.

Sehr gute Jahrgänge:
1945, 1947, 1949, 1953, 1955, 1959, 1970, 1975, 1976, 1980, 1986, 1988, 1989
Gute Jahrgänge:
1967, 1971, 1978, 1979, 1981, 1983, 1985

Im Süden der langgestreckten Graves-Region präsentiert sich am westlichen Ufer der Garonne, als südlichste Weinlandschaft der Bordeaux-Weine überhaupt, eine liebliche, von Wäldern durchsetzte Hügellandschaft, die seit Jahrhunderten die kostbarsten Weißweine Frankreichs erzeugt. Im Süden dieser kleinen Region liegt weltvergessen das Dörfchen Sauternes, das ihr den Namen gab. Unter den Legionen hochwertiger Sémillon- und Sauvignon-Reben liegt ein diluvialer Boden mit verbreiteten Kalkzonen, der weithin mit glimmerhaltigem Sand und Quarzkiesel-Schichten bedeckt ist.

Der edle Sauternes ist ein Wein aus beiden Rebsorten mit oft noch einem kleinen Schuß Muscadelle, wobei die Sémillon immer den höchsten Anteil hat. Nur wirtschaftlich potente Weingüter können es sich leisten, erstklassigen Sauternes zu machen. Allein die Lese ist schon ungeheuer kostenaufwendig, wenn in einem Zeitraum von sechs Wochen in bis zu zehn Erntedurchgängen Beere für Beere im vom Botrytis-Befall gerade richtigen Reifestadium gelesen werden muß. Zudem müssen die Trauben trocken sein, beim geringsten Regen wird der Lesedurchgang abgebrochen. Dazu kommt der geringe Hektarertrag, man rechnet bei erstklassigem Sauternes pro Rebstock mit einem Glas Wein.
Die Köstlichkeit dieses Weines in seiner subtilen Geschmacksnuancierung, in Reichtum und Tiefe sind ohne diesen immensen Aufwand leider nicht zu erreichen. Der Mangel an natürlichem Zuckergehalt kann durch Zugabe entsprechend hoher Zuckermengen zum Most (Chaptalisieren) nicht wettgemacht werden. Solch ein Wein erscheint dann nur süß, ohne die hinreißenden Aromastoffe des wahren Sauternes.

Die Spitzenlage von Sauternes

(Premier Grand Cru Classé)

An der Spitze dieser gesegneten Region steht ein Name, der in allen Zungen der Menschheit mit Ehrfurcht ausgesprochen wird:

Château d'Yquem, 80 ha

Ein wenig abseits von der Autoroute des Deux Mers liegt dieses Schloß nördlich von dem Dorf Sauternes, umgeben von riesigen, auffällig gepflegten Weinfeldern, ein herrlicher, ein wahrhaft fürstlicher Besitz. Er kam 1785 von der Familie de Sauvage d'Yquem durch Heirat an das fürstliche Geschlecht der Lur-Saluces, die seit mehr als zwei Jahrhunderten dort 173 Hektar Land, davon 100 Hektar mit edelsten Reben, kultivieren. Heute führt Comte Alexandre de Lur-Saluces diesen Betrieb, der in den französischen Weinbau-Organisationen höchstes Ansehen genießt und durch sorgfältigste Rebkultur und Kellereiwirtschaft den weltweit großen Ruf dieses Weines auf alter Höhe hält.
Die Keller von Château d'Yquem sind berühmt für die Akkuratesse ihrer Einrichtung und auch für die fast

Entlang der Rheinfront: ein Teil der kostbaren Lagen von Nierstein.

kultische Sorgfalt, mit der der Wein behandelt wird. Alles Material, das zur Weinbereitung gebraucht wird, ist aus Holz, der Most gärt in neuen Eichenfässern und wird mindestens drei Jahre im Faß ausgebaut. Die wenigen unerläßlichen Geräte aus Metall sind sehr sorgfältig emailliert, selbst der kleinste Nagel an den Keltern. Nichts wird hier dem Zufall überlassen, alles ist peinliches Werk, um die Perfektion der Flasche zu sichern, die leicht eine Hundertjährige werden kann, ebenso schön wie in ihrer zarten Jugend, aber um vieles feiner, eleganter und begehrenswerter.

Château d'Yquem stand auf allen großen Tafeln der Welt. Im Gästebuch des Hauses stehen zuhauf die Namen großer Staatsmänner, Wissenschaftler und Künstler, die an diesem schönen Fleck Erde als Gäste der Familie de Lur-Saluces die berühmtesten Jahrgänge genossen haben.

Von klarer Ambrafarbe zu Beginn, erhält der Wein im Alter eine interessante Altgoldfärbung mit bräunlichen Reflexen. Zudem verliert sich die bemerkenswerte Süße, die ihm von Geburt zu eigen ist, zum Teil und gibt überwältigendem Duft und köstlichem Geschmack Raum; Feuer, Finesse und Glanz, wie man das sonst nirgendwo antrifft.

Der Château d'Yquem ist eine Assemblage aus 80% Sémillon und 20% Sauvignon. Einem Yquem sollte man fünfzehn bis zwanzig Jahre gönnen, bevor man ihn öffnet. Ein großer Jahrgang kann getrost doppelt so alt und älter werden.

»Y« (Ygrec) ist ein körperreicher, milder, trockener Wein von Yquem.

Sehr gute Jahrgänge:
1945, 1949, 1955, 1959, 1961, 1967, 1970, 1975, 1976, 1983, 1986, 1988, 1989

Gute Jahrgänge:
1971, 1978, 1979, 1980, 1981, 1982, 1984

Die grossen Lagen von Sauternes und Barsac

(Premiers Crus Classés)

1855 wurden die Sauternes-Weine als einzige Weißweine klassifiziert. Wie bei den Médoc-Weinen ist die Klassifikation bis heute festgeschrieben, obwohl sie nur zum Teil den heutigen Gegebenheiten entspricht. Das trifft vor allem bei den 2èmes Crus zu, deren Auswahl wir noch ein paar erstklassige und einige der guten, nicht klassifizierten Weingüter folgen lassen.

Die Appellation Sauternes gilt, außer für die namengebende Gemeinde, für die Orte Fargues, Bommes, Preignac und Barsac. Barsac hat das Recht, seinen Wein Barsac oder Sauternes zu nennen, neuerdings auch Sauternes-Barsac.

Die edlen Sauternes sind, wie die Trockenbeerenauslesen vom Rhein, die hochwertigsten naturreinen Produkte der Weinkultur. Es sind Weine voller Reichtum, Kraft und Tiefe in Geschmack und Duft, die oft kopiert, deren Qualität aber nie erreicht wurde. Die Barsacs erscheinen etwas leichter. Erstklassig sind sie, elegant und rassig. Bedenkt man den hohen finanziellen Einsatz für die langwierige und aufwendige Lese bei erhöhten Witterungsrisiken im Herbst, den geringen Ertrag und die Anschaffungskosten immer neuer Fässer für diesen Wein, der sehr viel Gerbsäure braucht, dazu den langen Ausbau in Fässern von wenigstens drei Jahren, so kann man den Sauternes, vom Yquem einmal abgesehen, wahrlich nicht teuer nennen.

Château La Tour-Blanche	Bommes
Château Lafaurie-Peyraguey*	Bommes
Clos Haut-Peyraguey	Bommes
Château Rayne-Vigneau	Bommes
Château Suduiraut*	Preignac
Château Coutet	Barsac
Château Climens*	Barsac
Château Guiraud	Sauternes
Château Rieussec	Fargues
Château Sigalas-Rabaud	Bommes

Noch einige sehr gute Lagen

(2èmes Crus Classés, Auswahl und einige nicht klassifizierte Châteaux)

Château d'Arche	Sauternes
Château Filhot	Sauternes
Château Lamothe-Guignard	Sauternes
Château de Malle	Preignac
Château Romer-du-Hayot	Fargues
Château Broustet	Barsac
Château Caillou	Barsac
Château Doisy-Daëne	Barsac
Château Doisy-Dubroca	Barsac
Château Doisy-Védrines	Barsac

Der berühmte Mosel-Weinberg »Wehlener Sonnenuhr«.

Château Nairac	Barsac
Château Raymond-Lafon	Sauternes
Château Bastor-Lamontagne	Preignac
Château Gilette	Preignac
Château Haut-Bommes	Bommes
Château de Fargues	Fargues
Château Pernaud	Barsac
Château de Rolland	Barsac

Die grossen Lagen von Graves

(Crus Classés)

In der Region Graves wurden in den offiziellen Klassifizierungen von 1953 und 1959 auch die Spitzenlagen nominiert, die Weißwein erzeugen. Weißweine von ganz eigenem Reiz, von trockenem, dabei fruchtigem Charakter und einer oft erstaunlichen Harmonie. Sie sind früher, nach drei bis sechs Jahren trinkreif, den besten kann man durchaus zehn Jahre Zeit geben. Auch die weißen Graves sind Weine der Sémillon und Sauvignon.

Wenige Weingüter lassen die Sémillon leicht überwiegen, die meisten verwenden einen höheren Sauvignon-Anteil, selten sind sortenreine Sauvignon-Weine (z. B. Malartic-Lagravière). Die zuletzt genannten drei Weingüter wurden nur für Rotweine klassifiziert, produzieren allerdings auch geringe Mengen Weißwein.

Château Bouscaut	Cadaujac
Château Carbonnieux	Léognan
Domaine de Chevalier*	Léognan
Château Couhins-Lurton	Villenave d'Ornon
Château Haut-Brion	Pessac
Château Laville-Haut-Brion*	Talence
Château Malartic-Lagravière	Léognan
Château Olivier	Léognan
Château La Tour-Martillac	Martillac
Château de Fieuzal	Léognan
Château Pape Clément	Pessac
Château Smith Haut Lafitte	Martillac

Noch einige gute Lagen

(Auswahl, von Norden nach Süden)

Die trockenen weißen Graves-Weine qualitätsbewußter Weingüter haben das schlechte Image, das dem weißen Graves jahrzehntelang anhing, verschwinden lassen. Zwar ist die Anbaufläche für Weißweine zugunsten der roten Graves arg geschrumpft, aber moderne Anbau- und Bereitungsverfahren haben in der ganzen Region, auch im wenig beachteten Süden, zu bemerkenswerten Ergebnissen geführt.

Château Picque-Caillou	Pessac
Château La Louvière	Léognan
Château du Cruzeau	St-Médard-d'Eyrans
Château Ferrande	Castres
Château Cabannieux	Portets
Domaine la Grave	Portets
Château Rahoul	Portets
Château de Chantegrive	Podensac
Château d'Archambeau	Illats
Château Magence	St-Pierre-de-Mons
Château de Saint-Pierre	St-Pierre-de-Mons
Château Toumilon	St-Pierre-de-Mons

Sie müssen wissen

Die Appellation d'Origine Contrôlée (AOC oder AC)

Die amtlich kontrollierte Herkunftsbezeichnung, der eine ganze Reihe strikter Gesetzesvorschriften zugrunde liegt, hat im Haut-Médoc sechs kommunale Appellationen geschaffen. Vier davon beheimaten die meisten Crus Classés: die Gemeinden Saint-Julien, Pauillac, Saint-Estèphe und Margaux. Zu letzterer zählen auch die Nachbargemeinden Soussans, Cantenac, Labarde und Teile von Arsac; bei den drei anderen beschränkt sich die Appellation nur auf die jeweilige Gemeinde. Die Orte Moulis und Listrac, die ebenfalls ihre eigenen Gemeinde-Appellationen führen, haben keine Crus Classés, aber ganz vorzügliche Crus Bourgeois.

Haut-Médoc ist die AC für die übrigen, außerhalb der genannten Gemeinden liegenden Crus Classés und Crus Bourgeois der genannten Region.

Médoc heißt die AC für den nördlichen Anbaubereich, das Bas-Médoc.

Die Graves haben eine regionale AC, allerdings dürfen die Spitzengemeinden Pessac und Léognan ihren Ortsnamen der AC Graves anfügen. Unter die AC Graves fallen auch Weißweine, was es weder im Médoc noch bei den Weinen der AC Saint-Emilion oder der AC Pomerol gibt.
Im Norden von Saint-Emilion liegen vier Gemeinden, die ihrem Ortsnamen (Montagne, Saint-Georges, Lussac und Puisseguin) die Bezeichnung Saint-Emilion anhängen dürfen. Die AC St-Emilion dürfen diese Gemeinden nicht führen.
Die AC Sauternes gilt ausschließlich für Weißweine, das benachbarte Barsac führt seine eigene Appellation, darf aber auch die von Sauternes verwenden.
Bordeaux Supérieur und Graves Supérieur (nur für die weißen Graves) ist die nächstniedere Stufe für die Weine mit kontrollierter Herkunft, unter denen dann nur noch die AC Bordeaux rangiert.

Die verschiedenen Klassifizierungs-Stufen

Médoc

- Premier Cru Classé
- Deuxième Cru Classé
- Troisième Cru Classé
- Quatrième Cru Classé
- Cinquième Cru Classé
  Auf dem Etikett werden gewöhnlich nur die Premiers Crus Classés genannt, die nachfolgenden Ränge erscheinen dort als Cru Classé oder Grand Cru Classé, was keinen Unterschied macht.
- Cru Bourgeois
  Diese Bezeichnung auf einem Médoc-Etikett ist etwas irreführend, wie wir gleich erläutern, aber die EG-Bestimmungen lassen, wenigstens vorläufig, keine andere Bezeichnung zu.

Schon mit der alten Klassifizierung wurde einigen guten, aber nicht klassifizierten Weingütern das Prädikat »Exceptionnel« zugestanden.
1966 und 1978 klassifizierte das Syndicat des Crus Bourgeois die Weingüter der dem Verband freiwillig beigetretenen Mitglieder in drei Ränge:

- Cru Bourgeois
  Das Weingut muß mindestens 7 ha besitzen, der Wein muß im Weingut selbst bereitet sein, und er muß den dem Rang entsprechenden Qualitätsansprüchen des Verbandes entsprechen.
- Cru Grand Bourgeois (oder Bourgeois Supérieur)
  Der Wein muß die schon genannten Bedingungen erfüllen, und er muß im Faß ausgebaut sein.
- Cru Grand Bourgeois Exceptionnel
  Zu den vorgenannten Bedingungen kommt, daß das Château im Bereich der Crus Classés, also in der besten Zone liegen muß und den Wein selbst abfüllt.

Die 1978 als Crus Exceptionnels eingestuften Weingüter haben wir im Wein-Gotha mit einem E gekennzeichnet. Manche der alten Crus Exceptionnels sind dem Verband nicht beigetreten, um sich bei einer möglichen Neuklassifizierung den Weg zu den Crus Classés offenzuhalten.
Ein nach den EG-Bestimmungen auf dem Médoc-Etikett als Cru Bourgeois gekennzeichneter Wein kann also sowohl ein Exceptionnel, ein Grand Bourgeois oder eben ein Bourgeois sein.

Saint-Emilion

unterscheidet Premiers Grands Crus Classés und Grands Crus Classés.

Graves

hat einen Premier Grand Cru Classé und Crus Classés, ebenfalls ohne Rangfolge.

Sauternes

hat einen Premier Grand Cru Classé, Premiers und Deuxièmes Crus.

Château und andere Begriffe

- Château – ist ein geschützter Begriff und bezeichnet das Weingut und die zur Domäne gehörende Anbaufläche.
- Cru – Gewächs, im übertragenen Sinn hier auch Lage bzw. Weingut.
- Mis en bouteilles au Château (Erzeugerabfüllung)
- Mis en bouteilles à la propriété (Erzeugerabfüllung)
- Mis en bouteilles au Domaine (Erzeugerabfüllung)
- Propriétaire – der Besitzer
- Maître de Chai – der Kellermeister
- Régisseur – der Verwalter oder Leiter einer Domäne

- Négociant – ein Händler, der auch jungen Wein aufkauft, in eigener Kellerei ausbaut und abfüllt.
- Vin de garde – ein bei Spitzenweinen gebräuchlicher Ausdruck für lagerfähige, langsam reifende Weine.
- Grand Vin – der Begriff wird meistens für den ersten Wein eines Gutes gewählt, zur Unterscheidung vom Zweitwein, der oft ein Wein aus jüngeren Rebanlagen ist.

Lafite – Lafitte – Latour – La Tour

Der berühmte Château Latour (in einem Wort geschrieben) aus Pauillac hat mehrere Namensvettern im Bordelais und wird auch verwechselt mit Châteaux, die La Tour mit einem Zunamen verbinden.
Château Lafite-Rothschild trägt diese Bezeichnung auf dem Etikett. Ein Lafite oder Lafitte mit oder ohne Zunamen hat mit dem berühmten Lafite-Rothschild nichts gemein. Obwohl beide kostbaren Gewächse schon der Preis vor Verwechslungen schützt, achte man immer auf die Appellation d'Origine Contrôlée und den korrekten Namen auf dem Etikett.

In welcher Temperatur trinkt man Bordeaux-Weine

Feine rote Bordeaux serviert man am besten mit 16° bis 18° C, die weißen Graves-Weine mit 9° bis 10° C, die üppigen Sauternes werden am kühlsten serviert, mit 8° bis 10° C, manche lieben sie sogar etwas kühler.

Einige bekannte Bordeaux-Handelshäuser

La Baronnie (ehemals La Bergerie), Pauillac; Borie-Manoux, Bordeaux; Cordier, Bordeaux; Dourthe, Bordeaux; Louis Eschenauer, Bordeaux; Nathaniel Johnston, Bordeaux; E. S. Kressmann, Bordeaux; A. de Luze & Fils, Bordeaux; Mähler-Besse, Bordeaux; Mestrezat S. A., Bordeaux; J. P. Moueix & Cie., Bordeaux; Schröder & Schyler, Bordeaux; Sichel & Co., Bordeaux.

Burgund

Die Regionen

Von Norden nach Süden:

- **Chablis** (sehr gute bis mittlere Weißweine)
- **Côte d'Or** mit
  Côte de Nuits (beste rote Burgunder überhaupt)
  Côte de Beaune (sehr gute und gute Rotweine, beste weiße Burgunder)
- Chalonnais (gute und mittlere Rotweine, gute und mittlere Weißweine)
- Maconnais (mittlere Rotweine aus der Gamay-Rebe, gute bis mittlere Weißweine)
- **Beaujolais** (gute und mittlere Rotweine aus der Gamay-Rebe)

Es ist bekannt, daß die edelsten Burgunder zwischen Dijon und Chagny wachsen. Genauer gesagt beginnt das Gebiet der teuersten Burgunder in dem Dorf Gevrey-Chambertin, einige Kilometer südlich von Dijon. Die Weinberge liegen sämtlich an den Hängen der Côte d'Or, und wir bringen sie sowohl in der Klasse der Spitzenlagen (Grands Crus) als auch im Bereich der sehr guten Lagen (Premiers Crus) in unserem Wein-Gotha in der Reihenfolge von Norden nach Süden.

Südlich von Nuits-Saint-Georges in der Côte de Beaune, also etwa nördlich und südlich von Beaune, gibt es kaum mehr Weingärten der ganz großen Qualitäten, aber dafür wachsen dort neben einigen sehr guten Lagen die bekanntesten und meistgekauften Burgunder Frankreichs (Beaune, Pommard und Volnay).

Die Côte de Beaune beherbergt in ihrem südlichsten Teil die höchstqualifizierten Weißweinlagen in den Dörfern Meursault, Puligny-Montrachet und Chassagne-Montrachet, im Norden den Corton-Charlemagne.

Südlich von Chagny schließt sich die Region von Mercurey, das Chalonnais an, weiter südlich das Mâconnais und das Beaujolais. Im südlichen Mâconnais, beim malerischen Solutré-Felsen ist die Heimat des geschätzten feinen weißen Pouilly-Fuissé (Domaine Château Fuissé u. a.), das einen Aufenthalt lohnt. Im Beaujolais steht der Wein auf Urgestein, und man pflanzt auch nicht mehr die edlen Pinot-Rebstöcke, sondern die etwas robustere Gamay-Rebe an. Der aus ihr gekelterte Wein ist sicher einer der köstlichsten und mundigsten roten Tischweine Frankreichs, aber er ist bestimmt kein edler Wein. Wir haben ihn deswegen auch nicht in den burgundischen Wein-Gotha aufgenommen.

Aber auch hier gibt es wieder Unterschiede, und niemand wird bestreiten, daß die besten Beaujolais im nördlichen Teil dieses Anbaugebietes wachsen, gleich anschließend an das des Pouilly-Fuissé. Es sind die Weinberge der Dörfer Saint-Amour, Juliénas, Chénas, Fleurie, Chiroubles, Morgon und Brouilly. Der kostbarste unter ihnen ist zweifellos der berühmteste Beaujolais, den es überhaupt gibt, der Moulin-à-Vent (vom Château Moulin-à-Vent!), der westlich der Route National 6 hinter dem Dorf Romanèche-Thorins wächst.

Der Boden, in Burgund sehr verschiedenartig, besteht im Spitzenweingebiet der Côte d'Or aus Verwitterungsböden unterschiedlich harten Kalkgesteins, mit mehr oder weniger breiten Mergelstreifen durchzogen und gut wasserführenden Schwemmland-Ablagerungen in den unteren Bereichen. Die besten Weine wachsen im unteren Mittel und im Auslauf der Hänge.

ROTWEINE

Reben

Pinot noir (Blauer Spätburgunder, Clevner). Die Pinot noir ist das Oberhaupt der illustren großen Familie Pinot, der schon die bedeutenden Ampelographen Viala und Vermorel 20 direkte Abkömmlinge zugestehen. Im Burgund, wo sie auch ihre höchsten Qualitäten bringt, geht ihr Anbau bis ins 4. Jahrhundert zurück. Die Traube ist klein bis mittelgroß, walzenförmig und dichtbeerig. Die Beeren sind blauschwarz und durch beharrliche Klon-Selektion heute sehr viel dünnhäutiger als ehedem. Fruchtfleisch und Saft der Pinot noir sind hell, allein die Beerenhaut bringt dem Wein die Farbe.

Gamay. Die Gamay, die nicht zu den edlen Sorten zählt, wächst in ihrer berühmtesten Erscheinungsform im nördlichen Beaujolais auf verwittertem Urgesteinsboden, und sie bringt dort aus ihrer Varietät Gamay noir à jus blanc auch ihre besten Weine hervor. Ihren Namen scheint sie vom gleichnamigen Ort bei Sain-Aubin zu haben. Ihr Wein erscheint ungeheuer lebendig und fruchtig mit intensivem köstlichem Bukett und steigert sich in der Spitzenkreszenz, dem

Moulin-à-Vent, wo die Rebe aus dem manganhaltigen Granitboden Körper und Fülle, Rasse und Geschmeidigkeit zieht und die Fähigkeit gut zu altern.

Sehr gute Jahrgänge:
1959, 1961, 1969, 1971, 1976, 1978, 1983, 1985, 1987, 1988, 1989, 1990

Gute Jahrgänge:
1962, 1964, 1966, 1970, 1979, 1980, 1986

Die Spitzenlagen

(Grands Crus)

Chambertin-Clos de Bèze, 15 ha

Mit 15 Hektar hat dieser berühmte Weinberg 2 Hektar mehr als sein Nachbar, der königliche Chambertin. Das Clos de Bèze wurde schon in der Zeit der Merowinger von den Mönchen des damals gleichnamigen Klosters angelegt und ist heute mit den kostbaren Pinot noir-Reben auf reblaussicheren kalifornischen Rebstöcken zusammen mit dem

Chambertin, 13 ha

einer der kostbarsten Weinberge der Côte d'Or und mit dem Clos de Bèze der einzige, der den berühmten Namen »Chambertin« tragen darf. Er ist nicht zu übersehen, wenn man auf der »Route des grands crus« zwischen den Dörfern Gevrey-Chambertin und Morey-St.-Denis langsam dahinfährt. »Ici commence le Chambertin« steht auf den großen Schildern, die auf das kostbare lange Handtuch hindeuten, auf dem der Lieblingswein Napoleons wuchs, mit dem er alle seine Siege feierte und den er in Waterloo nicht zur Hand hatte. Nur diese beiden Lagen sind echte Chambertins.

Im siebten Jahrhundert vermachte der Duc Amalgaire der Abtei de Bèze einen Weinberg im Burgund, der von da an Clos de Bèze genannt wurde.

Die Qualität der von den frommen Männern produzierten Weine veranlaßte wenig später einen Winzer namens Bertin oder Bertuin, es ihnen auf seinem benachbarten Land nachzutun unter Verwendung derselben Pflanzen und Methoden wie die Mönche. Daraus wurde le Champ de Bertin (das Feld von Bertin), dann le Champ Bertin und endlich le Chambertin. Der Chambertin ist ein vollsaftiger Burgunder von prächtiger Robe und einem großen Reichtum an Körper und Bukett. Leider gehört der Weinberg zu vielen Besitzern.

Zwischen den Platanen der Straße und dem Scheitelpunkt des Hügels stehen die sorgfältig aufgereihten Rebstöcke auf Kalkboden, der mit rotem, eisenhaltigem Mergel angereichert ist. Besitz in einer oder in beiden Spitzenlagen haben u. a. die Domänen Damoy, Rebourseau, Armand Rousseau, Drouhin-Laroze, Louis Trapet, P. Gelin, alle in Gevrey-Chambertin, die Domänen Jacques Prieur in Meursault, L. Remy in Morey St-Denis, Clair-Daü in Marsannay und die beiden angesehenen Handelshäuser Louis Latour und Joseph Drouhin in Beaune.

Neben den beiden Têtes de Cuvée hat die Gemeinde Gevrey-Chambertin noch sechs andere Spitzenlagen, die das Recht haben, sich den Namen »Chambertin« anhängen zu dürfen. Unter dem Namen dieser hochqualifizierten Weinberge nennen wir jeweils einige Erzeuger.

Charmes-Chambertin (oder **Mazoyères-Chambertin),** 31,6 ha

(A. Rousseau, Rebourseau, G. Tortochot, J. Roty, alle in Gevrey-Chambertin; J. Taupenot und Dujac in Morey St-Denis).

Latricière-Chambertin, 6,9 ha

(L. Trapet, Drouhin-Laroze, beide in Gevrey; Ponsot und L. Remy in Morey St-Denis und Joseph Faiveley in Nuits-St-Georges).

Mazis-Chambertin, 12,5 ha (auch Mazy- oder Mazys-Chambertin)
(die Domänen Armand Rousseau, Rebourseau und Tortochot in Gevrey).

Griotte-Chambertin, 5,5 ha

(J. Drouhin in Beaune und Domäne Ponsot in Morey).

Chapelle-Chambertin, 5,5 ha

(Clair-Daü in Marsannay, Drouhin-Laroze und Trapet in Gevrey).

Ruchottes-Chambertin, 3,3 ha

(Domaines Armand Rousseau in Gevrey und G. Roumier in Chambolle Musigny).

Unter den Weinbergen der dann südlich folgenden Gemeinde Morey-St-Denis ist der

Clos de Tart, 7,5 ha

mit seinen uralten Gebäuden und Kellern einer der ältesten Burgunds. Seine Weine haben in glücklichen Jahren ein hinreißendes Bukett von Brombeeren, Trüffeln und Veilchen, und man sagt, sie würden so alt wie ein Mensch. Besitzer dieses Weinbergs ist das große Haus J. Mommessin in Mâcon.
Nördlich des Dorfes liegt der

Bonnes Mares, 15,5 ha

Ganz im Süden des Gemeindelandes wird dieser ausgezeichnete Grand Cru mit der Nachbargemeinde Chambolle-Musigny geteilt. Knapp zwei Hektar gehören zu Morey-Saint-Denis, der Rest, das weitaus größte Stück zur Gemeinde Chambolle-Musigny. Erzeuger sind u. a. Comte de Vogüé und G. Roumier in Chambolle, die Domaine des Varoilles in Gevrey, die Domänen Dujac in Morey, Clair-Daü in Marsannay und Georges Clerget in Vougeot.
Am Ostrand des Clos de Tart führt der Weg auf das Dorf Chambolle-Musigny zu. Wenn man das Dorf rechts liegen läßt, nähert man sich bald den Mauern des berühmten Clos de Vougeot, hinter deren Rückseite sanft die kostbaren Hänge des Weinbergs

Musigny, 11 ha

ansteigen. Jeder kennt diesen Namen von dem »village« Chambolle-Musigny her, der überall in der Welt gerne getrunken wird, obwohl in seinen Bouteillen, die jährlich in die Welt gehen, sich nicht ein Tropfen des königlichen »Musigny« befindet, auf dessen Etiketten nur dieses eine Wort stehen darf. Der Name Chambolle kommt von einem kleinen Bächlein, das durch dieses Land fließt. Dieses Rinnsal nimmt nach Gewitterregen reißende Formen an, daher die alte Bezeichnung campus Ebulliens oder Champ bouillant (kochendes Feld) und – entartet: Chambolle.
Der Musigny ist eines der ältesten Gewächse Burgunds, Dokumente weisen ihn schon im 11. Jahrhundert nach.
Viele französische Experten sagen von dieser Lage, sie bringe »les plus bouquetés, les plus fins et les plus délicats vins de la Côte de Nuits« (sagen wir gleich Burgunds) hervor. Dieser König in der samtenen roten Robe mit seinem oft hinreißenden Cassis-Bukett ist die Pointe so mancher noblen Weinprobe gewesen.
Die ziemlich steile Lage ist durch einen kleinen Weg in zwei Teile geteilt, früher als Grand Musigny und Petit Musigny bezeichnet.
Den größten Teil des Musigny füllt das Weingut des Comte Georges de Vogüé in Chambolle-Musigny ab, doch auch die Domänen Georges Roumier in Chambolle, Prieur in Meursault und die erstklassigen Handelshäuser Leroy in Auxey-Duresses, Faiveley in Nuits-St-Georges und Joseph Drouhin in Beaune partizipieren an diesem Weinberg und pflegen seinen Nektar gut.
Jenseits der Mauer liegen die Rebstöcke des

Clos de Vougeot, 50 ha

in die sich heute knapp 80 Besitzer teilen, von denen die Mehrzahl an der Route Nationale zwischen Vougeot und Vosne-Romanée je eine kleine Fläche besitzen, wo das Rebland nicht so hochwertig ist wie oben rund um das Schloß. Nur aus Prestigegründen hatten die kleineren Clos-de-Vougeot-Teilhaber an der Route Nationale die Clos-Mauer mit geschmückten Toren durchbrochen, an denen stolz das Besitzerschild prangte. In Wirklichkeit konnten sie ihre Ernte von ein paar Butten durch einen Türspalt tragen, aber Reputation ist besonders in Frankreich ein mächtiger Wirtschaftsfaktor, und Propriétaire eines solch berühmten Weinberges ist nicht ein jeder.
Aus Gründen der Lage des Clos und seiner Zerstückelung ist die Qualität seiner Weine sehr verschieden. Wenn auch weniger ausgeprägt, war sie das eigentlich immer. Schon die Zisterzienser-Mönche machten in jedem Jahr drei Cuvées: das Cuvée der Päpste, das Cuvée der Könige und das Cuvée der Mönche. Das erste stammte aus dem höchstgelegenen Teil des Clos, das zweite, nur wenig geringer in der Qualität, aus dem mittleren Teil und das dritte schließlich aus der gesamten Ernte des unteren Teils. Aber wie überall spielt auch hier nicht nur die Lage die ausschlaggebende Rolle, sondern der Mensch, der die Reben

pflegt und den Wein bereitet. Am Rande des Clos gibt es eine Parzelle von etwa 2 ha, die mit Chardonnay-Reben bepflanzt ist und dem Haus L'Héritier Guyot in Dijon gehört. Von hier kommt der Clos de Vougeot blanc, ein premier cru, der sich recht vollmundig zeigt. An dem vielgeteilten Climat haben u. a. Besitz: die Domänen Charles Noëllat, René Engel, Jean Gros, Jean Grivot, alle in Vosne-Romanée; Henri Rebourseau, Drouhin-Laroze, beide in Gevrey-Chambertin; Jacques Prieur in Meursault, G. Roumier in Chambolle-Musigny, und die Handelshäuser Leroy, Faiveley und J. Drouhin.
Gehalt und Körper seiner besten Weine haben den Weltruf des Clos de Vougeot begründet.
Die Gemeinde Flagey-Echézeaux, die als einzige östlich der Hauptstraße Dijon-Beaune liegt, hat durchweg keine klassifizierten Lagen, mit zwei allerdings ganz großen Ausnahmen, die von der Administration in die Lagen der Gemeinde Vosne-Romanée eingereiht werden. Unmittelbar hinter der oberen Mauer des Clos de Vougeot liegen

Les Grands Echézeaux, 9 ha

Wenn früher ein Oberst sein Regiment vor dem Vougeot das Gewehr präsentieren ließ, so ziehen heute alle Experten Burgunds vor dem »Grands Echézeaux« den Hut. Oberhalb des Clos de Vougeot gelegen, wird sein superber Wein, der in seltener Harmonie alle guten Eigenschaften der anderen Großen der Côte d'Or vereinigen kann, von manchen Kennern bedenkenlos an die Spitze der Côte d'Or-Granden gestellt. Auch der

Echézeaux, 30 ha,

liegt mitten im Herzen der kostbarsten Wachstümer zwischen Vougeot und Vosne. Was davon in guten Jahren geerntet wird, ist schnell in den Kellern der Kenner verschwunden. Mitbesitzer beider Echézeaux-Lagen sind u. a. die Domaine de la Romanée-Conti, die Domaines Engel, Mongeard-Mugneret, Henri Lamarche, Jacqueline Jayer, Robert Sirugue und A. Ropiteau, alle in Vosne.
Weiter südwärts nähern wir uns nun dem Dörfchen Vosne-Romanée und damit nach der heutigen Wertung dem Gebiet der edelsten Burgunder überhaupt. Etwas oberhalb des kleinen Dörfchens liegt der Weingarten

Richebourg, 8 ha

Die fünf Hektar des Richebourg waren im Besitz der Zisterzienser-Abtei und der Pères Oratoriens von Dijon bis zur Revolution 1789. Aber es war in Vosne-Romanée seit langem üblich, auch den Wein der 3 ha großen Lage Les Verroilles, die an den Richebourg grenzt, unter der AOC Richebourg zu verkaufen.
Durch Dekret des Landwirtschaftsministeriums wurde diese Praxis legalisiert und die 3 ha von Les Verroilles offiziell zu den 5 ha des ursprünglichen Richebourg geschlagen. Der Richebourg ist ein Wein von großer Eleganz und außergewöhnlich seidig. Mit etwas mehr Körper ist er von großer Nachhaltigkeit mit herrlichem Bukett, ein Burgunder, den Frauen trinken sollten, wenn Liebesleid sie überfällt.
In seinen Besitz teilen sich u. a. die Domaine de la Romanée-Conti, Ch. Noëllat, Jean Gros in Vosne und Charles Viénot aus Prémeaux.
Kenner streiten sich unentwegt darüber, ob dem Richebourg oder seinem noch berühmteren südlichen Nachbarn, dem kleinen, hochedlen Weinberg

Romanée Conti, 1,8 ha,

die Palme gebührt. Er ist heute bestimmt der teuerste, und namhafte Experten behaupten, daß er auch der beste sei. Wie sein Name verrät, wurde er von den Römern angelegt, kam über die Mönche des Klosters St. Vivant, die Geld für ihre Kreuzzüge brauchten, an die Familie de Croonembourg. Der Weinberg trug damals nicht den Namen Romanée, sondern hieß »Cloux de Vosne«. Dadurch, daß der Prince de Conti ihn der Madame de Pompadour wegschnappte, erhielt er seinen neuen, heute noch gültigen Namen.
Nach der Revolution als Staatsbesitz billig verkauft, kam er 1869 in den Besitz von Mr. Duvant-Blochet, einem Vorfahren von M. de Villaine. Es ist einige Jahre her, daß finanzielle Schwierigkeiten die Familie de Villaine zwangen, die berühmten Weinberge Romanée-Conti, La Tâche, die Hälfte der Lage Richebourg und einen Teil der beiden Echézeaux an den Weinkaufmann und sehr gediegenen Weinfachmann Leroy aus Auxey-Duresses zu verkaufen.
Die so entstandene Société civile du Domaine de la Romanée-Conti, an der auch heute die Familien de Villaine und Leroy beteiligt sind, ist der Besitzer dieses

wertvollsten burgundischen Weinbergs, der nur 1,8 ha groß ist.
Der Kalkstein-Walkmergel-Boden mit einem dünnen Humusschleier ist all diesen Weinbergen von Vosne-Romanée derselbe.
Der Wein aus dieser hochklassigen Domäne ist ebenso erlesen wie selten und teuer. Dabei ist es durchaus möglich, daß in manchen Jahren der Richebourg und auch der La Tâche vollmundiger und würziger über die Zunge gehen.

La Tâche, 6 ha,

ein ebenso kleiner, aber berühmter Weinberg. Wirklich nur ein »Fleckchen«, aber es gibt viele passionierte Tâchisten, die zwar keine Bilder malen, aber feste Lieferungsverträge mit Monsieur de Villaine haben. In diese königliche Gruppe gehört auch die Lage

La Romanée, 84 a,

wo mit La Tâche sozusagen das südlichste Vorwerk der Edlen der burgundischen Côte d'Or erreicht ist. Das Kreuz für Pierre Argot de Vosne, der in den Wirren der Französischen Revolution hier sein Leben verlor, wird so zum südlichsten Markstein der Aristokratie der Burgunder Weine. Der umfriedete La Romanée, der sich im Alleinbesitz des Abtes Just Ligier-Belair befindet, bringt einen fülligen, körperreichen Wein mit etwas weniger Finesse und wird von dem erstklassigen Handelshaus Bouchard Père et Fils, Domaines du Château de Beaune abgefüllt.

Romanée-Saint-Vivant, 9,5 ha

Genau westlich an das Dorf angrenzend, liegt bergwärts der große Weinberg Romanée-Saint-Vivant. Er ist von den drei Romanées der räumlich größte, doch ist sein Kleinklima nicht so günstig wie das seiner berühmteren und auch ein wenig edleren Brüder.
Erzeuger sind u. a. die Domaine de la Romanée-Conti, die den Anteil von Marey-Monge gepachtet hat, Charles Noëllat in Vosne, Moillard-Grivot in Nuits-Saint-Georges, das Haus Louis Latour in Beaune und Michel Voarick in Aloxe-Corton.
Südlich von Nuits-Saint-Georges, gerade vor der Gemeindegrenze von Premeaux liegt

Les Saint-Georges, 7,5 ha (1er cru)

der 1000jährige Weingarten, dessen Namen sich das fleißige Städtchen Nuits 1892 angehängt hat. In der Pflege der Kellerei des Hospice de Nuits-Saint-Georges haben die Weine dieser Spitzenlage des berühmten Städtchens viel Körper, und ihre köstliche Blume, vor allem älterer Jahrgänge, erinnert an die adligen Nachbarn einige Kilometer weiter nördlich. Dieser Weinberg wird von der offiziellen Administration nur unter die Premiers Crus gerechnet, weil die Weine von Nuits weniger Festigkeit als die Großen der Côte de Nuits haben sollen. Dr. Lavalle spricht den Weinen von Nuits-Saint-Georges allerdings im Durchschnitt mehr Körper und Farbe als denen von Chambolle-Musigny zu. Die Domäne Henri Gouges in Nuits hat hier unter vielen anderen Besitz. Erzeuger sehr guter Saint-Georges-Weine ist das Haus Faiveley in Nuits-Saint-Georges.
Mit diesem südlichsten Vorposten verabschiedet sich die Elite der Côte-d'Or-Lagen, aber viele Freunde des charaktervollen Corton würden uns sehr böse sein, wenn wir gerade diese berühmteste und sicher beste Lage der Côte de Beaune hier nicht erwähnen würden:

Corton, 11 ha

Er liegt auf der Gemarkung des Dorfes Aloxe-Corton, das vor genau hundert Jahren sich mit dem Namen dieses Weinbergs schmückte. Der reiche, kräftige und tanninhaltige Edle wurde schon immer von den französischen Königen und den Herzögen von Burgund bevorzugt. Wer den echten Corton trinken will, achte auch hier wieder darauf, daß der Name nicht mit dem Dorfnamen Aloxe verbunden ist. Corton darf mit anderen Lagen wie Clos du Roi, Renardes, Bressandes, Perrières u. a. auf dem Etikett stehen. Château Corton Grancey ist kein Wein einer Lage sondern ein Handelsname, den das Haus Louis Latour mit gesetzlicher Genehmigung für Weine aus seinem Grands Crus-Besitz des Corton benützt. Auch die Häuser Bouchard Père et Fils und Louis Jadot haben dort Besitz. Gute Erzeuger sind u. a. die Domänen Baron Thénard in Givry, Prince Florent de Mérode in Ladoix-Serrigny, Charles Viennot in Prémeaux, Chandon de Briailles in Savigny, Louis Chapuis in Aloxe und die des Bürgermeisters der Gemeinde – Daniel Sénard.
Der Aloxe-Corton ist jedoch genau so ein »Village« wie der Chambolle-Musigny oder der Vosne-Romanée.

Die grossen Lagen

(Grands Crus und Premiers Crus)

An diese Spitzenlagen Burgunds, die Grands Crus der einzelnen berühmten Orte, schließen sich unmittelbar die großen Lagen an, die meist Weine von sehr guter, mindestens guter Qualität bringen und die durchaus eine Zierde jedes Weinkellers bilden und, aus guten Jahren, wohlversorgt in Ruhe altern können.
Um einerseits alle von der französischen Administration als Premiers Crus eingestuften Lagen zu veröffentlichen, andererseits aber unseren Lesern eine Auswahl aus der Vielzahl dieses Angebots zu ermöglichen, haben wir die renommiertesten unter den großen Lagen jeweils an der Spitze der Aufzählung untereinander angeordnet. Die Grands Crus sind besonders hervorgehoben.

Im Raum Fixin
Le Clos du Chapitre, 5 ha
La Perrière, 6,5 ha
Les Hervelets, Les Meix-Bas, Aux Cheusots (Clos Napoléon), Les Arvelets
(Erzeuger u. a. Bruno Clair, Pierre Gelin, Philippe Joliet)

Im Raum Gevrey-Chambertin
Le Clos Saint-Jacques, 7 ha
Les Varoilles, 6 ha
Aux Combottes, 5 ha
Bel-Air, Les Cazetiers, Combe-aux-Moines, Estournelles, Lavaux, Poissenot, Champeaux, Les Goulots, Issarts, Les Corbeaux, Les Gémeaux, Cherbaudes, La Perrière, Clos Prieur, Le Fonteny, Champonnets, Au Closeau, Craipillot, Petite Chapelle, Ergots, Clos du Chapitre.
(Erzeuger u. a. Armand Rousseau, Domaine des Varoilles, Pierre Damoy, L. Trapet, Philippe Leclerc, Dujac, Drouhin-Laroze, Clair-Daü, Drouhin, Faiveley, Bouchard Père et Fils Louis Jadot)

Im Raum Morey-Saint-Denis

Clos Saint-Denis, 6,5 ha (Grand Cru)
ein Weinberg bester Klasse. Seine Weine voller Saft und einer Blume, die nach Erdbeeren und Veilchen duftet, sind von ebenso geprägter Eigenart wie die des nördlich benachbarten

Clos de la Roche, 15 ha (Grand Cru)
des größten Spitzenweinbergs der Gemeinde Morey-Saint-Denis.

Clos des Lambrays, 6 ha (Grand Cru)
Les Ruchots, Les Sorbés, Le Clos-Sorbés, Les Millandes, Le Clos des Ormes, Meix-Rentiers, Monts-Luisants, Les Bouchots, Clos Bussière, Aux Charmes, Les Charrières, Côte Rôtie, Calouères, Maison-Brûlée, Chabiots, Les Mauchamps, Les Froichots, Les Fremières, Les Genevrières, Les Chaffots, Les Chénevery, La Riotte, Le Clos Baulet, Les Gruenchers, Les Faconnières.
(Erzeuger: A. Rousseau, G. Roumier, Dujac, G. Lignier, Ponsot, Bernard Serveau, Domaine des Lambrays)

Im Raum Chambolle-Musigny
Les Amoureuses, 5,2 ha
Les Charmes, 5,8 ha
Les Cras, Les Borniques, Les Baudes, Les Plantes, Les Hauts Doix, Les Chatelots, Les Gruenchers, Les Groseilles, Les Fuées, Les Lavrottes, Derrière-la-Grange, Les Noirots, Les Sentiers, Les Fousselottes, Aux Beaux-Bruns, Les Combottes, Aux Combottes
(Erzeuger: Comte de Vogüé, G. Roumier, Hudelot-Noëllat, B. Serveau, Clair-Daü u. a.)

Im Raum Vougeot
Les Petits-Vougeots, Les Cras, Le Clos-Blanc, Clos de la Perrière.
(Erzeuger: s. Clos de Vougeot)

Im Raum Vosne-Romanée
Aux Malconsorts, 6 ha
Les Beaux-Monts, 2,5 ha
Les Suchots, 13 ha
La Grande-Rue, Les Gaudichots, Aux Brûlées, Les Chaumes, Les Reignots, Le Clos-des-Réas, Les Petits-Monts.
(Erzeuger: René Engel, Jean Grivot, Jean Gros, Hudelot-Noëllat, D. Bissey, Moillard, R. Arnoux, Louis Latour, Henry Lamarche)

Im Raum Nuits-Saint-Georges
Les Vaucrains, 6 ha
Les Cailles, 4 ha
Les Porets, 7 ha
Les Pruliers, 7 ha
Les Hauts Pruliers, Aux Murgers, La Richemone, Les Chabœufs, La Perrière, La Roncière, Les Procès, Rue-

de-Chaux, Aux Boudots, Aux Chaignots, Aux Thorey, Aux Vignes-Rondes, Aux Bousselots, Les Poulettes, Les Vallerots, Aux Champs-Perdrix, Perrière-Noblet, Aux Damodes, Les Argillats, En la Chaîne-Carteau, Aux Argillats, Aux Crots, Aux Cras.
Auf dem Gebiet von Prémeaux: Clos des Forêts, Clos de la Maréchale, Clos Arlots, Clos des Argillières, Clos des Grands-Vignes, Clos des Corvées, Les Didiers, Aux Perdrix, Les Corvées-Paget, Le Clos Saint-Marc.

(Einige der vielen Erzeuger: Faiveley, Henri Gouges, Grivot, Jayer, Chevillon, Machard de Gramont, Rion, Boisset, Remoriquet, Gouachon, Hospice de Nuits)

Im Raum Aloxe-Corton
Grand Cru-Lagen, die im ganzen oder in Teilen das Recht auf die Appellation Corton haben:
Clos du Roi, 11 ha
Les Renardes, 15 ha
Les Bressandes, 17 ha
Les Perrières, 9,5 ha
Les Chaumes
Les Languettes
Les Pougets
La Vigne-au-Saint
Les Maréchaudes
Les Grèves
Les Meix
Les Voierosses
Les Combes
Les Meix Lallemand
Les Fiètres
En Pauland
Premier Cru-Lagen:
Les Valozières, Les Chaillots, Les Meix, Les Fournières, Les Maréchaudes, En Pauland, Les Vercots, Les Guérets.
Auf dem Gebiet von Ladoix-Serrigny: La Maréchaude, La Toppe-au-Vert, La Coutière, Les Grandes-Lolières, Les Petites-Lolières, Basses-Mourettes.
(Erzeuger u. a. Bouchard Père et Fils, Louis Latour, Louis Jadot, Bonneau du Matray, Belland, Guyon, Chevalier, Chandon de Briailles, Chapuis, Sénard, Prince Florent de Mérode)

Im Raum Pernand-Vergelesses
Ile des Vergelesses, 9 ha
Les Basses-Vergelesses, Creux de la Net, Les Fichots, En Caradeux.
(Erzeuger u. a. die Domänen Chanson, Chapuis, de la Guyonnière, Rapet Père et Fils, Chandon de Briailles, Baron Thénard, Dubreuil-Fontaine)

Im Raum Savigny-lès-Beaune
Aux Vergelesses, 17 ha
La Bataillère
Les Marconnets, 9 ha
Les Jarrons
La Dominode
Basses-Vergelesses, Les Lavières, Aux Gravains, Les Peuillets, Aux Guettes, Les Talmettes, Les Charnières, Aux Fourneaux, Aux Serpentières, Les Narbantons, Les Hauts-Marconnets, Les Hauts-Jarrons, Redrescuts, Aux Clous, Les Rouvrettes, Aux Grands-Liards, Aux Petits-Liards, Petits-Godeaux. Von der knappen Hälfte dieser Lagen dürfen nur Teile zur Bereitung von Premier Cru-Weinen verwendet werden, das trifft vereinzelt auch bei anderen Orten zu.
(Erzeuger u. a. die Domänen Simon Bize, Parent, Tollot-Beaut, Girard-Vollot, Pavelot)

Im Raum Beaune
Les Marconnets, 9 ha
Les Fèves, 4,4 ha
Les Bressandes, 22 ha
Les Grèves (incl. Vigne de l'Enfant Jésus), 32 ha
Les Teurons, 21,5 ha
Aux Cras, 5 ha
Champs-Pimont, 18 ha
Le Clos des Mouches, Clos-du-Roi, Aux Coucherias, En l'Orme, En Genêt, Les Perrières, A l'Ecu, Les Cent-Vignes, Les Toussaints, Sur les Grèves, Le Clos de la Mousse, Les Chouacheux, Les Boucherottes, Les Vignes Franches mit dem darin gelegenen Clos-des-Ursules, Les Aigrots, Pertuisots, Tiélandry (auch Clos Landry), Les Sizies , Les Avaux, Les Reversées, Le Bas des Teurons, Les Seurey, La Mignotte, Montée-Rouge, Les Montrevenots, Les Blanches-Fleurs, Les Epenottes.
(Erzeuger u. v. a. Bouchard Père et Fils, Louis Jadot, Louis Latour, Drouhin, Besancenot-Mathouillet, Jacques Germain, Machard de Gramont, A. Morot, Moillard, Parent, Ampeau, Lycée Agricole et Viticole Beaune, M. Lafarge.)

Die Weine des Hospice de Beaune
Das berühmte »Gasthaus Gottes«, das Hospice de Beaune, hat unter den Burgunder-Kennern der Welt einen besonderen Ruf. Es wurde am 4. August 1443

vom Kanzler der Herzöge von Burgund, dem berühmten Nicolas Rolin, der Öffentlichkeit übergeben und ist heute einer der vielen kunsthistorischen Solitäre Burgunds. Fromme Weingutbesitzer, aber auch so mancher Weinhändler, der manchmal mit seinem Gewissen in Konflikt gelegen hatte und sich nun angesichts des Todes ein Plätzchen im Himmel sichern wollte, vermachten dem Hospiz in ihrer Sterbestunde einen Weinberg. So kam der bemerkenswerte Besitz an köstlichen Climats zusammen, der heute die Weine des Hospice de Beaune berühmt gemacht hat. Eine ausgezeichnete Kellereiwirtschaft und die sehr attraktive Versteigerung der Weine am 3. November-Sonntag jeden Jahres taten ein übriges.
Die Erträge aus den Weinversteigerungen gehen ausschließlich, soweit sie nicht durch den Unterhalt der Weinberge und durch die Kellereiwirtschaft verbraucht werden, in die Krankenpflege des Hospizes. Die Weine des Hospice de Beaune sind weltbekannt geworden, und ihrem internationalen Ruf entspricht auch ihre Qualität, die nur leicht unter den Spitzengewächsen der gesegneten Côte d'Or zwischen Gevrey-Chambertin und dem Dorfe Vosne-Romanée liegt.
Bemerkenswert ist, daß die Weine des Hospice de Beaune außer den Ortsnamen noch den Namen des Stifters tragen. Häufig bestehen die Cuvées aus mehreren Lagen-Weinen eines Ortes. Wir haben hier in einer nicht vollständigen Liste die Weine des Hospices de Beaune zusammengestellt, die immer wieder hohe Versteigerungspreise brachten:

Corton Charlemagne WW	**François de Salins**
Corton	**Charlotte Dumay**
Corton	**Docteur Peste**
Savigny-les-Beaune	Fouquerend
Beaune	Clos de Avaux
Beaune	Hugues et Louis Bétault
Beaune	Brunet
Beaune	**Dames Hospitalières**
Beaune	Maurice Drouhin
Beaune	**Nicolas Rolin**
Beaune	Rousseau-Deslandes
Beaune	**Guignone de Salins**
Pommard	**Dames de la Charité**
Pommard	Billardet
Volnay-Santenots	**Jehan de Massol**
Volnay-Santenots	Gauvain
Volnay	**Blondeau**
Volnay	**Géneral Muteau**
Auxey-Duresses	**Boillot**
Meursault WW	**de Bahèzre de Lanlay**
Meursault WW	**Albert Grivault**
Meursault WW	**Baudot**
Meursault WW	**Philippe le Bon**
Meursault WW	**Jehan Humblot**
Meursault WW	**Goureau**
Mazis-Chambertin	Madeleine Collignon

Letztgenannter ist der einzige Wein von der Côte de Nuits, aus den über 50 ha Rebgärten, die dem Hospice de Beaune bisher überlassen wurden.

Im Raum Pommard
Als einst die Reformierten vom katholischen Klerus aus Beaune vertrieben wurden, siedelten sie sich in Pommard an. Ihre Weine, die sie dort zogen, wurden schon aus Gründen der Solidarität im 17., 18. und 19. Jahrhundert von vielen europäischen Fürstlichkeiten, die sich der Reform angeschlossen hatten, unter den Burgundern bevorzugt. Der große Name Pommard hat aber nicht nur deshalb seinen guten Klang behalten bis auf den heutigen Tag. Er hat nicht den Glanz, nicht ganz die illustren Bukettstoffe der großen Côte-d'Or-Weine, aber wenn man ihn einige Jahre ausreifen läßt, wird er ein körperreicher und gehaltvoller Wein, auf den viele Kenner und Freunde schwören, weil er »die Zunge umarmt« und man ihn richtig kauen kann.
Seine besten Weinberge sind
Les Rugiens-Bas, 6 ha
Les Rugiens-Hauts, 7,5 ha
Les Grands Epenots, 10 ha
Les Petits-Epenots, 20 ha
Les Arvelets, 8,5 ha
Clos de la Commaraine, 4 ha
Clos Blanc, 4,2 ha
Les Charmots, Les Boucherottes, Les Argillières, Les Pézerolles, Les Sausilles, Les Croix-Noires, Les Chaponnières, Les Fremiers, Les Bertins, Les Jarollières, Les Poutures, Le Clos Micot, La Refène, Clos du Verger, Derrière Saint Jean, La Platière, Les Chanlins-Bas, Les Combes-Dessus, La Chanière.
Der berühmte Weinberg Les Epenots liegt an der kleinen Straße, die von Pommard nach Beaune führt.
(Gute Erzeuger von Pommard-Weinen sind u. a. die Domänen Comte Armand, de Courcel, Michel Gaunoux, Pothier-Rieusset, Machard de Gramont, de Montille, Parent, Château de Pommard, Leroy und Latour)

Im Raum Volnay
Das kleine Dorf Volnay südlich Pommard schwört aber seit zwei Jahrhunderten darauf, daß seine Weine die von Pommard übertreffen. Sie haben nicht die massive Gestalt und männliche Schwere, meist auch nicht das tiefe Rubinrot der nördlichen Nachbarn. Ihre Farbe ist heller leuchtend, und in reiferen Jahren sind diese eleganten südlichsten Burgunder oft mit einem prachtvollen Bukett gesegnet, das immer wieder seine Freunde findet. Sie sind leicht, geschmeidig und machen das Herz fröhlich.
Achten Sie aber darauf, daß Sie auch hier nicht nur einen Volnay trinken (darin unterscheiden sich der Beaune, der Pommard und der Volnay von den großen Burgundern des Nordens), sondern daß auf dem Etikett der Weinberg oder 1er cru verzeichnet ist.
Die fünf besten Lagen liegen im Süden des Dorfes:
Les Caillerets, 3 ha
Les Caillerets-Dessus, 14,5 ha
Les Champans, 11 ha
Clos Chevret, 6 ha
Clos des Chênes, Clos des Ducs, Les Brouillards, Les Mitans, Les Angles, Les Pointes d'Angles, Les Fremiets, En l'Ormeau, La Barre oder Clos de la Barre, Bousse d'Or, Taille Pied, En Verseuil, Carelle-sous-la-Chapelle, Ronceret, Carelle-Dessous, Robardelle, Les Lurets, Les Aussy, Les Pitures-Dessus, Chanlin, Village-de-Volnay.
Rotweine der Premier-Cru-Lagen Les Santenots, Les Santenots-du-Milieu, Les Caillerets, Les Petures, Les Cras, die zum angrenzenden Gemeindegebiet von Meursault gehören, führen die Appellation Meursault *und* Volnay und werden fast nur unter der AC Volnay verkauft.
(Erzeuger u. a. Domaine de la Pousse d'Or, die Domänen Michel Lafarge, de Montille, B. und L. Glantenay, J. Clerget, Marquis d'Angerville, des Comtes Lafon, Robert Ampeau & Fils, Bouchard Père et Fils)

Im Raum Monthélie
Sur Lavelle, Les Vignes-Rondes, Le Meix-Bataille, Riottes, La Taupine, Le Clos-Gauthey, Le Château-Gaillard, Les Champs-Fulliot, Le Cas Rougeot, Duresse.
(Erzeuger u. a. Domaines Château de Monthélie [Robert de Suremain], René Thévenin-Monthélie, Ropiteau-Mignon, Michel und Louis Deschamps)

Im Raum Auxey-Duresses
Les Duresses, Les Bas-des-Duresses, Reugne (La Chapelle), La Chapelle, Les Grands-Champs, Clos-du-Val (Climat-du-Val), Les Ecusseaux, Les Bretterins.
(Erzeuger u. a. Leroy, Roland Thévenin [Domaine Clos du Moulin], Duc de Magenta [Domaine de l'Abbaye de Morgeot], Robert Ampeau, Bernard Roy)

Im Raum Saint-Aubin
La Chatenière, Les Frionnes, Les Murgers-des-Dents-de-Chien, Remilly, Les Castets, Le Village, Sur-le-Sentier-du-Clou, Sur Gamay, Les Combes, Champlot.
(Erzeuger: Raoul Clerget, Jean Lamy et Fils)

Im Raum Chassagne Montrachet
Es sind die in diesem, vor allem wegen seiner erlesenen weißen Burgunder (die kostbarsten, die es gibt) bekannten Gebiet besten Rotweinlagen:
Clos-Saint-Jean, 14 ha
Morgeot, 4 ha
Abbaye-de-Morgeot, 11 ha
La Boudriotte, 18 ha
La Maltroie, Les Chevenottes, Les Champs-Gain, Grandes Ruchottes, La Romanée, Les Brussonnes, Les Vergers, Les Macherelles, En Cailleret.
(Erzeuger u. a. die Domänen Duc de Magenta, Bachelet-Ramonet, Ramonet-Prudhon, Albert Morey, Marcel Picard)

Im Raum Santenay
Von Santenay sagt man, daß man nicht wisse, was besser sei, das Wasser oder der Wein dieses idyllischen Dorfes. Wir meinen, daß der Wein die Kur mit dem heilkräftigen Wasser nur unterstützen kann. Es sind Weinberge, die als südlichste des Burgundergebietes mit den edlen Pinot-noir-Reben bepflanzt sind, und die Weine von Santenay, denen man nachsagt, daß sie ein Parfum von Walderdbeeren hätten, sind zugleich auch ein krönender Abschluß der Genüsse Burgunds.

Les Gravières, 5 ha
Clos de Tavannes, 5,5 ha
La Comme, 22 ha
Beauregard, Le Passetemps, Beaurepaire, La Maladière.
Aber auch die anderen Weine von Santenay enttäuschen nie. Man sagt mit Recht: »In Santenay stirbt die Côte d'Or einen schönen Tod.«

(Erzeuger u. a. Domaine de la Pousse d'Or, Lequin-Roussot, Mestre Père et Fils, Bernard Morey, Domaine de l'Abbaye de Santenay)

Sie müssen wissen

Die Dorfnamen. Um die Mitte des vorigen Jahrhunderts erwarben sich einige Orte an der Côte d'Or von der Regierung die Berechtigung, jeweils den Namen ihres teuersten Weinbergs an ihren Ortsnamen anhängen zu können. Es waren dies etwa die Dörfer: Gevrey, Chambolle, Flagey, Vosne, Nuits und Aloxe. Sie hießen von da an Gevrey-Chambertin, denn der Chambertin war eben der kostbarste Weinberg der Gemeinde Gevrey. Bei Vosne-Romanée wurde der Name Romanée zur Zierde des Dorfes, denn als Weinberg war er nur noch von der Lage Romanée-Conti erreichbar. Das kleine Städtchen Nuits hängte sich den Namen seiner Spitzenlage Saint-Georges an, und es wurde daraus Nuits-Saint-Georges. So entstanden auch Chambolle-Musigny, Flagy-Echézeaux und Aloxe-Corton.

Die Spitzenlagen haben nur den Namen des Weinbergs im Etikett, als »Chambertin« oder »Musigny« oder »Echézeaux« oder »Romanée«, »Romanée-Conti«, »Richebourg« u. a. Es sind die Grands Crus (Têtes de Cuvée), jedes mit eigener Appellation.

Die großen Lagen sind stets unter oder hinter dem Ortsnamen zu finden, also etwa
Chambolle-Musigny
Les Amoureuses

Vosne Romanée 1er Cru
Les Malconsorts

Pommard Rugiens

Steht nur die Bezeichnung »Premier Cru« oder »1er Cru« bei dem Ortsnamen, also etwa »Aloxe-Corton 1er Cru« kann der Wein aus dem Traubengut mehrerer großer Lagen der Gemeinde kommen.
Die Bezeichnung »Appellation Contrôlée« ist vorgeschrieben. Sie kann jedoch variiert werden, z. B. »Appellation Pommard Rugiens Contrôlée«, also in der Wiederholung des Orts- und Lagenamens oder unter Verzicht des Lagenamens als »Appellation Pommard 1er Cru Contrôlée«.

Die übrigen Weine. Die nächste, die dritte Stufe, sind Weine der Appellations Communales, also solche, die den Ortsnamen tragen dürfen, auch »Villages« genannt, wie sie speziell nach Deutschland stark ausgeführt werden (z. B. Gevrey-Chambertin, Chambolle-Musigny, Vosne-Romanée, Nuits-Saint-Georges, Pommard oder Volnay). Es sind mit der Bezeichnung »Appellation Contrôlée« schon ob ihrer Herkunft gute Burgunder. Auch sie können unter bestimmten Voraussetzungen den Namen einer Lage tragen, die nicht als Premier Cru klassifiziert ist, dessen Schriftgrad dann allerdings nur die halbe Größe des Ortsnamens erreichen darf, der zudem zwischen »Appellation« und »Contrôlée« gestellt sein muß.
Darunter kommen die Weine der einzelnen Anbaudistrikte, die der Appellations régionales, also Côte de Nuits-Villages oder Côte de Beaune-Villages (nicht zu verwechseln mit dem »Village«, dem Wein mit Gemeinde-Appellation), die aus dem genau bestimmten Anbaugebiet verschiedener Gemeinden stammen.
Die untere Klasse sind die der Appellation générique, die Gebietsweine wie »Bourgogne«, »Bourgogne Aligoté«.

Appellation Contrôlée – AC oder AOC (Appellation d'Origine Contrôlée). Die AC-Vergabe und -Kontrolle geschehen durch das Institut National des Apellations d'Origine aufgrund von über hundert Jahre alten Klassifizierungen. Dazu sind gesetzlich festgelegte Voraussetzungen zu erfüllen wie Herkunftsort, Rebsorten, Anbau- und Rebbehandlung im Weinberg, Hektar-Höchstertrag, Mindestalkoholgehalt, Weinbereitungs-Methode und Ausbau des Weines.
Früher konnte der Winzer die in den einzelnen Klassen festgesetzten Höchsterträge beliebig überschreiten und die Mengenüberschüsse aus seinen besten Lagen jeweils in die nächstunteren Klassen »deklassieren«: von einem Grand Cru zum Premier Cru, von dort zum »Village« usw.
Ein maßgebendes Kriterium für qualitativ hochwertigen Wein ist jedoch die Beschränkung der Ertragsmenge, die der Gesetzgeber bei den Grands Crus auf 35 bis 37 hl (bei den Weißweinen auf 40 hl) pro Hektar limitiert hat, was er – je nach Witterung – jährlich nach oben oder unten korrigieren kann.

Seit 1974 muß der Winzer nun jeweils zum Zeitpunkt der Déclaration de récolte seinen gesamten Ertrag selbst klassifizieren und deklarieren.
Hat er z. B. im Grand Cru »Grands Echézeaux« den festgesetzten Hektar-Höchstertrag von 35 hl überschritten, kann er

1. 35 hl Grands Echézeaux deklarieren und den Überschuß destillieren lassen. Oder
2. einen PLC-Antrag (Plafond limite de classement) stellen auf Erhöhung um 20 %, also 42 hl Grands Echézeaux. In diesem Fall wird der Wein einer obligatorischen Geschmacksprüfung durch eine Kommission unterzogen. Bei negativem Urteil muß der gesamte Wein destilliert werden.
3. Er kann den gesamten Wein gleich selbst deklassieren und als »Vosne-Romanée« deklarieren. Unter dieser Appellation Communale kann er 40 hl verkaufen, die dort zugelassene Hektar-Höchstmenge. Hat er mehr, wird der Überschuß destilliert.
4. Stellt er für diese Appellation einen Antrag auf Erhöhung um 20 %, muß erst wieder geprüft und – bei negativem Ergebnis – alles destilliert werden.

Haltbarkeit. Die Lebensdauer der Burgunder ist nicht leicht anzugeben, da sie sehr wesentlich von der Konstitution des Weines abhängt. Die meisten edlen Burgunder entwickeln im schulpflichtigen Alter zwischen 6 und 14 Jahren ihre besten Eigenschaften, können aber unter guten Voraussetzungen leicht 20 Jahre und mehr alt werden. Im hohen Alter verfärben sie sich etwas ins Bräunliche, aber Bouquet und Geist behalten sie noch lange, auch wenn der Körper schon dahingeht. Genau wie der Bordeaux-Wein verträgt auch der Burgunder eine gleichbleibende Keller-Temperatur zwischen 11 und 14° C. Unter 10° C sollte die Temperatur nicht fallen und nicht über 14° ansteigen, denn dann kommt er schon bald in den Temperaturbereich (16–18°), den guter Burgunder haben sollte, wenn man ihn (vorsichtig) entkorkt und trinkt. Das besagt, daß alter roter Burgunder erst vor dem Genuß geöffnet werden soll und nicht, wie bei manchen alten Rotweinen üblich, schon ein paar Stunden vorher.

Bourgogne Passe-tout-Grains ist ein Rot- oder Roséwein aus mindestens ⅓ Pinot-noir-Trauben und ⅔ Gamay.

WEISSWEINE

Reben

Chardonnay (fälschlich: Pinot Chardonnay). Sie ist eine echte, sehr edle Burgunder-Rebe, die im 14. Jahrhundert unter dem Namen »Louissant« bekannt war. Offensichtlich hat sie ihren Namen nach dem Dorf Chardonnay, was nichts anderes heißt als »Ort voller Disteln«. Es liegt im Mâconnais. Die Chardonnay ist nicht nur im Burgund, sondern auch in der Champagne sehr verbreitet und beliebt. Der unvermischte Wein der Chardonnay-Rebe ist viele Jahrhunderte hindurch wegen seiner harntreibenden Qualitäten bekannt gewesen.
Die Chardonnay liebt Kalkböden, auf denen sie ihre besten Qualitäten zeigt und stellt hohe Ansprüche an die Lage. Da sie relativ früh austreibt, sind Frühjahrsfröste in nördlich gelegenen Anbaugebieten (Chablis) eine ständige Gefahr. Alle großen weißen Burgunder-Weine sind aus der Chardonnay gewonnen. Zwar ist sie heute in fast jedem Weinbaugebiet der Welt vertreten, aber ihre erlesensten Weine kommen aus dem kleinen Burgund.

Pinot blanc ist die Weiße Dame aus der Pinot-Familie und wurde jahrhundertelang nicht von der Chardonnay unterschieden. Tatsächlich erscheinen ihre Weine weniger vielfältig in den Geschmacksnuancen, sie sind neutraler, weniger duftig. Heute hat die Sorte im Burgund kaum noch Bedeutung.

Pinot gris, im Burgund als Pinot Beurot bekannt, wird noch vereinzelt in den Hautes Côtes de Beaune und den Hautes Côtes de Nuits angebaut und sortenrein gekeltert (z. B. Domaine Thevenot-Le Brun & Fils in Marey-les-Fussey u. a.).

Aligoté ist keine edle Rebe. Die frühreife Sorte ist im Burgund recht häufig. Der jung zu trinkende Wein erscheint in sonnenarmen Jahren sehr säurereich. Sonst ist er frisch und köstlich mit Cassis zum »Kir« vermischt.

Sehr gute Jahrgänge:
1961, 1962, 1966, 1967, 1971, 1976, 1978, 1986, 1988, 1990
Gute Jahrgänge:
1959, 1964, 1969, 1972, 1975, 1979, 1981, 1982, 1983, 1985, 1989

Die Spitzenlagen

(Grands Crus)

Südlich der Côte de Nuits, schon zur Côte de Beaune gehörig, liegt der berühmte Weinberg »Charlemagne«, dessen köstliche Weißweine als

Corton-Charlemagne

bekannt sind. Einst im Besitz Karls des Großen, der ihn 775 n. Chr. der Abtei von Saulieu schenkte, gehört die kostbare Lage heute zu Aloxe Corton und zu Pernand-Vergelesses. Die Reben des Charlemagne stehen oben am Hügel unter dem Wäldchen von Corton. Die Weine aus den kreisförmig unmittelbar anschließenden Lagen Les Pougets, Les Languettes und Le Corton können ebenfalls als Corton-Charlemagne verkauft werden.

Es ist ein kostbarer weißer Burgunder, der Kraft und Eleganz mit außergewöhnlicher Geschmacksfülle vereinigt, der seinen Höhepunkt langsam erreicht, wie ein Rotwein, und der bei den Versteigerungen im Hospice de Beaune durchweg Rekorderträge erzielt. Besitzer und erstklassige Erzeuger sind Louis Latour, die Domänen Bonneau de Matray und Rapet Père et Fils, beide in Pernand-Vergelesses, Louis Jadot u. a.

Südlich von Beaune, noch ehe die reizende kleine Stadt Chagny erreicht wird, liegen die beiden Dörfer Puligny und Chassagne, etwas zurückgesetzt westlich der Route Nationale. Beide teilen sich in den Besitz eines langgestreckten Weinbergs, dem man nachsagt, daß er den besten Weißwein Frankreichs hervorbringe:

Le Montrachet, 7,9 ha

Dieser mit der edlen Rebe Chardonnay bepflanzte Weinberg überschreitet beiderseits die Grenze der Dörfer Puligny und Chassagne, die stolz verkünden, daß der Montrachet »Le plus grand vin blanc du monde« ist. Sauternes ist ja weit, und der Rheingau ist auch weit. Also darf man sich diesen rustikalen Scherz erlauben.

Darüber jedoch, daß er der König der weißen Burgunder ist und daß er überhaupt der beste trockene Wein ist, der aus der hervorragenden Chardonnay-Beere gekeltert werden kann, bestehen keine Zweifel. In seiner »klassischen« Form erscheint er sehr harmonisch in Körper und Finesse, reich strukturiert in Duft und Geschmack, der erst nach zehn Jahren seine volle Entfaltung erfährt. Ein glanzvoller Wein, dessen Lage u. a. folgenden Erzeugern gehört: Marquis de Laguiche (die Weine werden von Joseph Drouhin in Beaune bereitet und verkauft), die Domaine du Baron Thénard (Weine über Remoissenet Père et Fils in Beaune), die Domaine der Çomtes Lafon, Bouchard Père et Fils (Domaines du Château de Beaune), Jacques Prieur in Meursault.

Bâtard-Montrachet, 11,8 ha
Chevalier-Montrachet, 7 ha

von denen Chevalier allein zu Puligny, Bâtard wie Montrachet in den Bereich der beiden Gemeinden gehört und hochdotierte weiße Burgunder bringen, deren rassige Fülle die Gourmets zu schätzen wissen. Besitz haben im Bâtard u. a. die Domänen Leflaive, Henri Clerc et Fils, beide in Puligny; Albert Morey, Ramonet-Prudhon und Delagrange-Bachelet in Chassagne und Joseph Drouhin in Beaune.

Im Chevalier sind berühmte Erzeuger Louis Latour und Louis Jadot in Beaune, Bouchard Père et Fils in Beaune, Leflaive in Puligny und Jacques Prieur in Meursault.

Noch zwei Grands Crus gehören zu Puligny und Chassagne:

Bienvenues-Bâtard-Montrachet, 3,6 ha
Criots-Bâtard-Montrachet, 1,5 ha

Bienvenues schneidet im Nordosten ein Stück aus dem Bâtard, der früher im Besitz der Herren von Puligny war. Die hatten dieses Stück der Lage in Halbpacht vergeben, wofür die Pächter einen Teil ihrer Ernte als Zins abgeben mußten. So waren sie die Bienvenues, und die Lage hatte ihren Namen.

Die kleine Lage Criots ist das Endstück im Süden des Bâtard. Von diesem nur durch einen schmalen Weg getrennt, ist es der südlichste Grand Cru der Côte d'Or.

Erzeuger Bienvenues-Bâtard sind u. a. Leflaive, Sauzet-Boudot, Carillon et Fils und Henri Clerc et Fils, alle in Puligny und Ramonet-Prudhon in Meursault. Erzeuger Criots-Bâtard: die Domäne Delagrange-Bachelet in Chassagne.

Die Nahe-Spitzenlage Schloßböckelheimer Kupfergrube links unterhalb der Staatsdomäne (Bildmitte).

Das berühmte
»Forster Kirchenstück«.

Schöne Tore
zieren die Weingüter
der Mittelhaardt.

Die grossen Lagen

(Grands Crus und Premier Crus)

Wir beginnen, wie gewohnt, im Norden, wo in der Nähe der Stadt Auxerre rings um das kleine Städtchen Chablis ein eigenes burgundisches Weinbaugebiet entstanden ist. Die Weine von Chablis haben Weltruf, nur ist bei weitem nicht alles Chablis, was unter diesem Namen verkauft wird.

Chablis Grand Cru

Die edelsten, wenn auch nicht immer die typischsten Chablis stammen aus sieben Lagen an den Südwesthängen der breiten Hügel unmittelbar nördlich und nordöstlich des Städtchens Chablis über dem kleinen Flüßchen Serein, Kleinklima und geologische Befunde (Kimmeridge) sind hier äußerst günstig. Jede dieser Lagen bringt Weine von spezieller Eigenart. Von Norden nach Süden gesehen, sind es die Lagen

Bougros, 12,6 ha
Les Preuses, 11,4 ha
Vaudésir, 14,7 ha
Grenouilles, 9,3 ha
Valmur, 13,1 ha
Les Clos, 26 ha
Blanchots, 12,7 ha

Der als Grand Cru etikettierte Wein »Moutonne« stammt von einer über zwei Hektar großen Fläche aus den beiden benachbarten Grand Cru-Lagen Vaudésir und Preuses.
Ein guter Chablis ist ein sehr trockener Wein von fast mineralischem Gefüge, den seine Frische auszeichnet, mit zunehmend reichem Geschmacksvolumen bei den Grands Crus, und ungewöhnlicher Finesse noch nach zehn Jahren.
Chablis Grand-Cru-Weine müssen einen Alkoholgehalt von mindestens 11 Prozent haben, die Premiers Crus 10,5 Prozent.

Weine, die die offizielle Bezeichnung »Premier Cru« tragen dürfen, stammen aus den nachfolgend genannten Lagen, wobei die jeweils erstgenannte Lagebezeichnung eines eigenständigen Premier Cru die in Klammern nachstehenden Climats ersetzen kann:

Monts de Milieu
Montée de Tonnerre (Chapelot, Pied-d'Aloup, Côte de Bréchain)
Fourchaume (Vaupulent, Côte de Fontenay, Vaulorent, l'Homme-Mort)
Vaillons (Châtains, Séché, Beugnons, Les Lys, Melinots, Roncières, Les Epinottes)
Côte de Léchet
Montmains (Forêts, Butteaux)
Beauroy (Troesmes, Côte de Savant)
Vaucoupain
Vosgros (Vaugiraut)
Les Fourneaux (Morein, Côte des Prés-Girots)
Vauligneau
Vaudevey (Vaux Ragons)
Côte de Vaubarousse
Berdiot
Chaume de Talvat
Les Landes et Verjuts
Les Beauregards (Côte de Cuissy)

Ein Besitzer in der Lage Vaupulent kann seinen Wein also Chablis Premier Cru Vaupulent nennen oder Chablis Premier Cru Fourchaume oder nur einfach Chablis Premier Cru.
In jüngster Zeit wurden elf Lagen zu Premiers Crus offiziell neu klassifiziert auf einer Fläche von rund 112 ha. Beim Montée de Tonnerre ist es die Côte de Bréchain, beim Beauroy die Côte de Savant und die neun zuletzt genannten Lagen. Ob das dem Qualitätsnamen »Chablis« nicht eher schadet?

Gute Chablis-Erzeuger in Chablis sind: William Fèvre – Domaine de la Maladière, Paul Droin & Fils, Francois Ravenau, Robert Vocoret, René Dauvissat, Jean Durup – Domaine de l'Eglantière in Maligny, Louis Michel & Fils, Philippe Testut, Alain Geoffroy in Beines, Joseph Drouhin in Beaune, Simonnet-Febvre, Long-Depaquit, Soc. Civile de la Moutonne, Bouchard Père et Fils u. a.

Weine der AC Chablis ohne Lagenamen sind in ihrer besten Erscheinungsform saubere, frische, im Bukett fruchtige, oft fein duftende Weine mit der Rasse des typischen Chablis-Charakters.
Ein schlechter Chablis ist neutral und – banal.

Im Raum Meursault (Côte de Beaune)

Da, wo mit der Gemarkung Volnay, südlich von Beaune, das Gebiet der edlen roten Burgunder endet, beginnt bei dem ausgedehnten kleinen Städtchen Meursault das Gebiet des weißen Burgunders der Côte d'Or, der sich nach den beiden Dörfern Puligny und

Chassagne hin zu den einsamen Qualitätshöhen des Montrachet erhebt. Zwischen diesen Weinbergen, mit denen wir unsere Leser vorn schon bekannt gemacht haben, und dem Städtchen Meursault liegen die Weinberge der Premiers Crus
Les Perrières, 17,5 ha
Les Charmes-Dessus, 15,5 ha
Les Charmes-Dessous, 12,5 ha
Les Genevrières-Dessus, 7,7 ha
Les Genevrières-Dessous, 5,2 ha
Le Porusot-Dessus, 1,8 ha
Le Porusot, 1,6 ha
La Goutte d'Or, Les Bouchères, Les Santenots-Blancs, Les Santenots-du-Milieu, Les Caillerets, Les Petures, Les Cras. Dazu gehören noch die Lagen von Blagny: La Jennelotte, La Pièce-sous-le-Bois, Sous-le-Dos-D'Ane.
Die fünf erstgenannten und besten liegen nahe der Grenze zur Gemarkung Puligny-Montrachet. Die Weine von Meursault erscheinen einmal elegant, voller Finesse, andere gehaltvoll und nachhaltig mit herrlich duftigem Bukett mit zartem Nußaroma. Es sind weiche, milde Burgunder, die bei dem Vorteil guter Haltbarkeit viele Freunde gewonnen haben, die sie für die besten weißen Burgunder überhaupt halten, was natürlich ein wenig subjektiv gemeint ist.
(Gute Erzeuger sind u. a. die Domänen Comtes Lafon, Ropiteau-Mignon, Jacques Prieur, R. Ampeau & Fils, Michelot-Buisson, J. und P. Matrot, Coche-Dury, R. Manuel, Pierre Morey, Jean Germain und Château de Meursault, alle am Ort.)

Im Raum Puligny-Montrachet
Ergänzend zu den Spitzenlagen der beiden Dörfer Puligny und Chassagne bringen wir hier noch die Premiers Crus dieser großen weißen Burgunder:
Les Caillerets, 5,4 ha
Les Combettes, 6,7 ha
Les Pucelles, Les Folatières, Clavoillons, Le Champ-Canet, Les Chalumeaux, Les Referts, Sous-le-Puits, La Garenne, Hameau-de-Blagny.
(Erzeuger: Leflaive, Sauzet, Carillon, H. Clerc et Fils, Ampeau, Duc de Magenta, Louis Jadot u. a.)

Im Raum Chassagne-Montrachet
Les Grands-Ruchottes, 0,6 ha
Les Ruchottes, 1,7 ha
Morgeot, Abbaye de Morgeot, La Boudriotte, La Maltroie, Clos-Saint-Jean, Les Chevenottes, Les Champs-Gain, La Romanée, Les Brussonnes, Les Vergers, Les Macherelles, Caillerets
(Erzeuger u. a.: Jean Noël Gagnard, Blain-Gagnard, Bachelet-Ramonet, Delagrange-Bachelet, Albert Morey, Ramonet-Prudhon)

Sie müssen wissen

Appellation Contrôlée. Bei den weißen Burgundern der Côte d'Or gelten dieselben Bestimmungen wie bei den Rotweinen. Der Hektar-Höchstertrag (rendement de base) ist hier bei den Grands Crus auf 40 hl/ha angesetzt, bei denen des Chablis auf 45 hl/ha.
Zu bemerken ist allerdings, daß sowohl bei den Rot- als auch bei den Weißweinen in den Grand-Cru-Lagen die erlaubte Höchstmenge ohnehin selten erreicht wird, was oft klimatisch bedingt ist, aber auch für die Qualität der Winzer spricht.

Haltbarkeit. Auch hier kann man nur allgemeine Richtlinien geben, wie die des Comités National des Vins de France: Montrachet und weißer Corton: 8 bis 20 Jahre. Meursault: 5 bis 20 Jahre, Puligny und Chassagne: 5 bis 15 Jahre, Chablis: 3 bis 15 Jahre. Lage, Jahrgang und die Konstitution des Weines sind allerdings Fakten, die sich jeder Regel widersetzen können. Gerade beim Weißwein kommt noch die Geschmacksvorliebe des Verbrauchers hinzu. Wichtig ist es, die großen burgundischen Weißweine nicht zu kühl zu servieren. Sie entfalten sich am besten bei 12–14° C.

Das Etikett sagt aus:
- Cru – Wachstum, Gewächs
- Grand Cru – Spitzengewächs mit eigener Appellation Contrôlée
- Premier Cru – zweite Stufe der Burgunder-Bewertung
- Climat – Einzellage
- Clos – ummauerter Weinberg, heute nicht mehr immer zutreffend
- Commune – Gemeinde
- Domaine – Weingut
- Propriétaire – Eigentümer einer Lage
- Propriétaire-Récoltant – Weingutsbesitzer und Erzeuger

- Mis en bouteilles – Flaschenabfüllung
  par le propriétaire oder à la propriété – Erzeugerabfüllung
  au Domaine – Weingutabfüllung
- Mis dans nos caves – Kellereiabfüllung, wobei nicht die des Erzeugers gemeint sein müssen.
- Viticulteur oder Vigneron – Weinbauer, Winzer
- Négociant – Handelsfirma
- Négociant-Eleveur – Handelsfirma, die aus aufgekauften Trauben Weine selbst ausbaut, abfüllt und verkauft
- Récolte – Ernte, Jahrgang

Côtes du Rhône

Die Regionen

Von Norden nach Süden:

- **Côte Rôtie** (sehr gute bis gute Rotweine)
- **Condrieu** (sehr gute bis mittlere Weißweine)
- **Château Grillet** (sehr gute Weißweine)
- Saint-Joseph (mittlere bis einfache Rotweine)
- **Hermitage** (gute bis mittlere Rotweine, gute bis mittlere Weißweine)
- Crozes-Hermitage (mittlere bis einfache Rotweine, mittlere Weißweine)
- Saint-Péray (mittlere bis einfache Weißweine)
- Coteaux du Tricastin (mittlere Rotweine)
- Châteauneuf-du-Pape (gute bis einfache Rotweine, mittlere Weißweine)
- Tavel (neben Anjou beste Rosés Frankreichs)

Von der erheblichen Produktion an Rot- und Weißweinen der Côtes du Rhône aus den verschiedenartigsten Rebsorten können wir im Wein-Gotha nur die wirklich erlesenen Qualitäten der Regionen Côte Rôtie, Condrieu und Hermitage berücksichtigen, da sie ohne Zweifel nicht nur die besten Rot- und Weißweine des Rhônetals liefern, deren Qualitäten die der ungleich bekannteren Châteauneuf-du-Papes größtenteils übertreffen und die in ihren Weißwein-Spitzen fast ebenbürtig an die großen weißen Burgunder heranreichen können.

Reben

Syrah (RW). Die Syrah ist eine uralte Rebe, die auf geeignetem Boden sehr fruchtbar sein kann, gleichzeitig aber auf den steinigen Hängen der Côte Rôtie- und der Hermitage-Weinberge einen sehr edlen Saft, wenn auch in geringen Mengen, abgeben kann. Die Rebe ist gegen Frost und manche Krankheiten sehr widerstandsfähig. Ihre reichen Trauben tragen ovale blaue Beeren, die im Zustand der Reife gern einschrumpfen. Ihre Weine sind wegen des hohen Tanningehaltes zuerst herb und hart, gewinnen aber mit zunehmendem Alter (sie sollten langsam und sehr lange, wenigstens zehn Jahre altern) an Feinheit und Delikatesse und offenbaren ein hinreißendes Bukett, das an den Duft von Himbeeren erinnert.
In Südafrika und Australien heißt sie Shiraz, was zugleich auf ihre vorderasiatische Abstammung hindeutet.
In Frankreich ist sie im Midi, in der Provence und im gesamten Rhône-Gebiet vertreten. Der westlich von Valence beheimatete Cornas ist ein eher rustikaler Syrah-Wein. Ihr Saft ist auch im weltbekannten Châteauneuf-du-Pape enthalten (neben dem von zwölf anderen roten und weißen Sorten) und hilft, dessen Qualität anzuheben (z. B. Château de Beaucastel, Château Fortia u. a.).

Viognier (WW). Diese ebenso alte wie edle Rebe hat, obwohl sie einen hervorragenden aromatischen geistvollen trockenen Weißwein liefert, mit herrlichem Aprikosenton im Abgang, bei den Winzern an Beliebtheit eingebüßt, da sie nur geringe Erträge bringt. Ihre besten Weine kommen aus der Region von Condrieu. In der nördlich benachbarten Côte Rôtie wird ihr Saft dem der Syrah in geringen Mengen (5 bis 20 % höchstens und selten) beigegeben, auch zur Milderung deren recht kräftiger Säure, eine Tatsache, die den Rotweinen der Côte Rôtie wahrscheinlich ihre Überlegenheit über alle anderen Rotweine der Côtes du Rhône verleiht.
Sortenrein gekeltert erreichen gute Condrieu-Weine ihren Höhepunkt mit etwa fünf Jahren, Spitzenweine, die sehr konzentriert mit intensivem, verführerischem Bukett erscheinen, können dazu zehn Jahre brauchen.

Marsanne (WW). Vermutlich kommt die Rebe aus Marsanne bei Montélimar. Seit undenklichen Zeiten wird sie auf den Hügeln von Tain-l'Hermitage nördlich von Valence im Rhônetal kultiviert, obwohl sie zu den weniger edlen Sorten gehört. Man verschneidet sie dort zum begehrten, körperreichen »Hermitage«. Mitte des 19. Jahrhunderts kam sie rhôneaufwärts ins schweizerische Wallis, wo man ihren meist sortenreinen Wein auch »Ermitage« nannte.

Roussanne (WW). Die sparsam tragende Roussanne, die man auf den Hügeln von Hermitage kultiviert, ist die edlere der beiden weißen Hermitage-Reben. Sowohl Marsanne- als auch Roussanne-Säfte werden in kleinen Mengen denen der roten Syrah zum roten Hermitage beigegeben.
Dem weißen Hermitage gibt sie, in Mischung mit der Marsanne, Feinheit und Delikatesse.

Côte Rôtie und Condrieu

30 km südlich Lyon erheben sich auf dem rechten Ufer der Rhône, der kleinen Stadt Vienne schräg gegenüber, zwei kleine Höhenzüge. Der nördliche trägt den Namen Côte brune; der südliche den Namen Côte blonde. Diese Namen kommen nicht etwa davon, daß einer der ersten Herren von Ampuis, von dessen beiden Töchtern die eine blond, die andere braun war, diese Berge ihnen zum Hochzeitsgeschenk machte, sondern davon, daß auf diesen Urgesteinslagen aus quarzhaltigem Glimmerschiefer auf dem einen Berg ein brauner ton- und eisenoxydhaltiger Verwitterungsboden liegt und auf dem anderen ein sehr viel hellerer kiesel- und kalkhaltiger Boden. Der dunklere Boden der Côte brune ist der bessere. Es sind allesamt Terrassen-Weinberge mit oft nur wenigen Zeilen Rebstöcken.

Der Kenner weiß, daß die roten Weine der Côte Rôtie einen uralten Ruf haben. Sie gehören ohne Zweifel zu den roten Spitzenweinen Frankreichs. Zusammen mit ihren südlichen Nachbarn, den roten Hermitages, lassen sie sich von keinem des gesamten Rhônetals von der Quelle bis zur Mündung übertreffen. Die geringe Ausdehnung ihres Anbaugebietes macht sie zu Weinen, die meist nur von wirklichen Weinkennern getrunken werden.

Condrieu ist ein reines Weißweingebiet und hat mit dem Spitzenwein Château Grillet, eine eigene Appellation, die kleinste Appellation contrôlée ganz Frankreichs.

Die grossen Lagen

Von Norden nach Süden:

- **Pavillon Rouge – Côte Rôtie,** 2 ha
- **La Turque – Côte Rôtie,** 1 ha
- **La Pommière – Côte Rôtie,** 1 ha
- Le Clos – Côte Rôtie
- La Grosse Roche

Die besten Reblagen der Côte Rôtie liegen hier 100 m über der Talstraße. Ihre Pflege macht auf den steilen, zum Teil ein Jahrtausend alten Terrassen sehr viel Arbeit, was die vorzüglichen Weine, die hier unter einem ausgezeichneten Kleinklima wachsen, nicht gerade verbilligt. Der Côte Rôtie stammt aus zwei Rebsorten, der roten (tiefblauen) Syrah und der uralten noblen Weißweinrebe Viognier, die dem Wein der Syrah den edlen Schliff gibt.

Die Spitzenweine der Côte Rôtie, die schon vor dem 1. Weltkrieg mit vier Goldfranken pro Flasche bezahlt wurden, sind tannin- und alkoholreich, benötigen jahrelange Faßreife und erscheinen in der Jugend hart und abweisend. Sie altern langsam, erreichen ihren Höhepunkt nicht vor dem 10. Jahr (oft später) und erscheinen dann reich und voll, fast samtig mit ungeheuer feinem, nuancenreichem, fruchtigem Bukett. Aus guten Jahrgängen können sie mühelos zwanzig Jahre im Keller liegen, ohne die geringsten Einbußen zu erleiden.

Die Weine der Côte Rôtie werden meistens nicht unter dem Lagenamen verkauft, stammen sie doch oft aus verschiedenen Lagen der Côte brune und der Côte blonde.

Im Besitz bester Lagen sind die nachfolgend genannten Erzeuger: M. Chapoutier und Paul Jaboulet Ainé, beide in Tain-l'Hermitage, J. Vidal-Fleurie/E. Guigal in Ampuis, E. Champet, R. Jasmin in Ampuis, G. Barge, A. Dervieux-Thaize in Verenay-Ampuis und Delas Frères in Tournon-sur-Rhône u. a.

Château Grillet, 2,7 ha.

Das Château Grillet liegt auf halber Höhe bei Vérin lieblich und sehr dekorativ unter den schmalen Terrassen des kleinen aber weltberühmten Weinbergs, der seinen Namen trägt. Schon Jullien und Pascal erwähnten und lobten ihn. Auch hier liegt auf Urgestein (Gneis und Glimmerschiefer) eine dünne Verwitterungsdecke, die auf dem Süd-Südosthang die Wärme festhält und den Säften der Viognier jenen großen Körper und samtenen Glanz verleiht. Der Weinberg, übrigens der kleinste mit eigener Appellation Contrôlée und mit nur einem Eigentümer, hat eine reine Südlage. Heiße, trockene Sommer des Rhônetals und lange Herbste lassen die Trauben überreif werden. Erst Ende Oktober erntet man die Viognier-Trauben, ihr Saft bleibt etwa zwei Jahre im Faß und wird dann auf Flaschen gefüllt.

Der Château Grillet gehörte Jahrhunderte hindurch zu den Spitzenweißweinen Frankreichs und wird auch heute teuer bezahlt. Seit 1830 befindet sich die exklusive Domäne im Besitz der Familie Neyret-Gachet.

Der nur aus der Viognier stammende Wein ist außerordentlich körperreich, sehr weich und trotzdem ausgesprochen trocken, mit einem hinreißenden Wildblumen-Bukett und langem, würzigem Abgang.

Gute Viognier-Weine der Appellation Condrieu erzeugen auch die Domänen Georges Vernay in Condrieu, Pierre Dumazet in Limony sowie das Château du Rozay von Paul Multier.

l'Hermitage

Diese Weinberge liegen halbwegs zwischen Lyon und Avignon gegenüber der alten Stadt Tournon, wo drei große Hängebrücken über die Rhône führen. Tain ist ein kleines Städtchen, das den Zunamen »l'Hermitage« seiner seit 1225 n. Chr. bekannten Weinberge mit Stolz führt.

1902, als der französische Präsident zum Russischen Hof reiste, servierte man dem Gast des Zaren Wein aus l'Hermitage. Monsieur Loubet bemerkte es und sagte zu Nikolaus II.: »Welch zarte Aufmerksamkeit, mir einen Wein meines Landes zu kredenzen. Seien Sie gewiß, daß ich dies sehr zu schätzen weiß.«

»Seit mehreren Jahrhunderten«, erwiderte der Zar, »wird dieser Wein besonders hoch geachtet.«

»Seit Jahrhunderten?«

»Ja, seit zweieinhalb Jahrhunderten kauft der Russische Hof die Weine von Hermitage und rühmt immer wieder ihre Feinheit, ihr Bukett.«

Den Namen erhielt der Weinberg von dem Kreuzritter Henri Gaspard de Stérimberg, der dort den Rest seines Lebens als Eremit verbracht haben soll.

Die grossen Lagen

(Rotweine)

Les Bessards
Tiefdunkel, vom Granitboden.

Le Méal
Auf dem oberen Teil des Weinberges.
Feiner und blumiger Wein.

Les Murets
L'Ermite
Les Rocoules
Chante-Alouette
La Chapelle, Beaumes. La Varogne, Les Greffieux, La Maison-Blanche, La Pierelle, La Croix, L'Homme, Les Diognières. Alle diese Weinberge gehören zur Appellation Contrôlée »Hermitage«.

Die roten Hermitage-Weine gelten als die männlichsten Weine Frankreichs (Johnson). Sie werden aus der Syrah-Rebe gekeltert, wie die der Côte Rôtie, nur werden ihnen kleine Mengen Säfte der weißen Sorten Marsanne und Roussanne beigegeben. Auch hier wachsen die Reben meist auf Urgesteins-Verwitterungsböden.

In der Jugend zeigen sich auch die Hermitages abweisend. In traditioneller Weise langsam und lange gealtert, zeigt der Hermitage erlesene Qualität, die ihn jahrhundertelang auf die gleiche Stufe stellte, wie nobelste Bordeaux- und Burgunder-Kreszenzen: großen Körper, herrliche Frucht und wunderbaren Duft. Zehn, fünfzehn und mehr Jahre aus guten Jahrgängen muß man ihm dazu schon Zeit lassen.

Die weißen Hermitage-Weine

werden aus Marsanne- und den edleren Roussanne-Trauben gekeltert. Ihre besten Lagen sind Les Murets und Chante-Alouette. Am besten gedeihen sie auf Kiesel- und Kalkböden.

Auch die Weißweine erscheinen in der Jugend hart, präsentieren sich aber im Alter von zehn Jahren, wenn sie aus gutem Hause stammen, beachtlich körperreich, mild und trocken mit delikaten Bukettstoffen. Besonders gut altert der Wein bei einem höheren Anteil von Roussanne.

Wie beim Côte Rôtie erscheinen beim roten wie beim weißen Hermitage nicht immer die Lagenamen auf den Etiketten. Erstklassige Erzeuger roter und weißer Gewächse sind u. a. Paul Jaboulet Ainé, M. Chapoutier, Marc Sorrel – alle in Tain-l'Hermitage – sowie die Weingüter Jean Louis Chave in Mauves und L. L. Grippat in Tournon-sur-Rhône.

Jahrgänge *(nördliche Rhône mit Hermitage)*

Sehr gute Jahrgänge:
1971, 1976, 1978, 1983, 1985, 1988, 1990
Gute Jahrgänge:
1979, 1980, 1982, 1984, 1987, 1989
Bei den Weißweinen waren die Jahrgänge 1980, 1981, 1983, 1985, 1987 und 1988 ausgezeichnet.

Im Anjou, was den Wein anbetrifft, der Perle des Loire-Tals, etwas südwestlich der Stadt Angers, die außerhalb der großen touristischen Linien liegt, breiten sich auf dem Südufer der Loire die Coteaux du Layon aus, auf den Hängen entlang dem Nebenflüßchen Layon, wo man die hochwertigen, meist edelfaulen Beeren der Chenin blanc zu einem der ganz delikaten französischen Weißweine macht. Sie sind geschmeidig süß mit guter Ausgewogenheit zwischen Frucht und Säure und verhaltenem Feuersteingeschmack, elegant und langlebig.

Coteaux du Layon

Reben

Chenin blanc (Pineau de la Loire). Die Chenin blanc, eine alte, edle »eingeborene« Rebsorte des Landes bringt sehr intensive trockene Weine und gehaltvolle Beerenauslesen von großer Feinheit. Der Wein dieser Traube ist in der Jugend hart und braucht ein wenigstens zehnjähriges Flaschenlager bis er seine hervorragenden Qualitäten und sein reiches Bouquet voll entwickelt hat. Die in Südafrika angebaute »Steen« ist nichts anderes als die Chenin blanc.

Sauvignon blanc, die Hauptrebsorte der weißen Bordeaux-Weine bringt am Oberlauf der Loire nordöstlich von Bourges als Pouilly-Fumé und Sancerre sortenreine, gute, trockene weiße Loire-Weine. Die Reben des Pouilly-Fumé stehen nördlich von Pouilly-sur-Loire auf kalkhaltigem Boden mit Ton-Ablagerungen, sie sind etwas alkoholreicher und langlebiger als die ihrer Nachbarn. Die Blanc Fumé de Pouilly, wie man die Rebe dort auch nennt, bringt in guten Jahren geschmeidigen Körper, schöne Würze und den geschätzten Feuerstein-Goût (z. B. Château de Tracy, Château du Nozet).
Westlich von Sancerre gedeihen die Sauvignons am besten auf den Lagen von Blué und Chavignol. Die Weine erscheinen dort etwas frischer und fruchtiger und sind schon nach 2–3 Jahren reif. Pouilly-Fumé und Sancerre sind ausgezeichnete Begleiter zu Meeresfrüchten und ... dem bekannt pikanten crottin de Chavignol (was Ziegenkäse, nicht Pferdemist ist).

Melon ist die Sorte der frischen, trockenen, fruchtig-weichen Muscadets, die in ihrer besten Form als Muscadets de Sève et Maine mit eigener Appellation auf dem Markt sind. Das Anbaugebiet liegt südöstlich von Nantes. Die frühreife Sorte hat wenig Säure. Weil der Wein, wie Champagner, bis zur Abfüllung auf Flaschen auf der Hefe bleibt, gewinnt er noch an Körper und Frucht und erhält so die frische Spritzigkeit. Dies wird jedoch nur von qualitätsbewußten Weingütern durchgeführt wie z. B. der Domaine du Grand Mouton von Louis Métaireau in Saint-Fiacre. »Muscadet sur lie« auf dem Etikett bietet dafür nicht unbedingt überall Gewähr.
Muscadet ist ein jung zu trinkender Wein, älter als drei Jahre sollte er nicht sein.

Cabernet franc (RW). Entlang der Loire bringt die Sorte (s. Bordeaux) ihre besten Ergebnisse im Saumur-Champigny, östlich davon sind es die Rotweine von Chinon und Bourgueil.

Sehr gute Jahrgänge:
1971, 1973, 1976, 1978, 1983, 1985, 1988, 1989, 1990
Gute Jahrgänge:
1979, 1981, 1982, 1984

Die Spitzenlagen

Quarts-de-Chaume, 48 ha

Südwestlich vom Weinhandelszentrum Rochefort-sur-Loire, beim Dörfchen Chaume wachsen auf vier langgestreckten, flachen Hügeln in sehr eisenhaltiger Erde die Chenin blanc-Reben der AC Quarts de Chaume, unbestreitbar eine der beiden Spitzenlagen der Coteaux du Layon. Die Trauben haben hier hervorragende Reifebedingungen, und durch ein besonders günstiges Mikroklima wird der Befall durch Edelfäule gefördert. Die Ernte der von der Edelfäule befallenen Beeren erfolgt in verschiedenen Lese-Durchgängen – ein aufwendiges Verfahren, weshalb dieser Wein auch nicht billig sein kann, wie eben alle Beerenauslesen.
Der Quarts de Chaume ist ein köstlicher Wein, der sich nach zehn bis zwanzig Jahren in Vollendung zeigt: von eleganter Süße mit guter Ausgewogenheit von Frucht und Säure und einem Hauch von Bitterkeit. Beste

Erzeuger sind u. a. Château de Belle Rive von Jacques Lalanne, die Domaine des Baumard und Château de Suronde, alle in Rochefort.

Bonnezeaux, ca. 100 ha

Auf leicht geneigten Hängen, nördlich von Thouarcé und weiter südöstlich von der anderen Spitzenlage Quarts de Chaume, wachsen die Reben des zweiten Chenin-Spitzengewächses: des Bonnezeaux.
Gegen Nord- und Ostwinde geschützt, können die Trauben hier auf silurischem Boden an trockenen Südhängen voll ausreifen, und ihre Weine erscheinen durchaus gleichwertig, ebenso elegant mit herrlich fruchtig-blumigem Bukett und nuancierter Fülle bei hoher Alterungsfähigkeit. Trotz ihres großen Körpers zeigen sie auch dann noch ungeheure Frische mit einer immer pikanten Geschmacksnote.
Sehr gute Bonnezeaux erzeugen die Domänen Château de Fesles von J. Boivin, René Renou (beide in Thouarcé), oder die Domaine du Petit Val in Chavagnes. Qualitätsbewußte Erzeuger bereiten den Wein der AC Bonnezeaux nur aus guten Jahren. Weniger gute Jahrgänge stufen sie in die AC Coteau du Layon ab.

Die grossen Lagen

Die nachstehend aufgeführten Gemeinden haben das Recht, höher qualifizierte Weine als dies die Appellation Contrôlée Coteaux du Layon vorschreibt, als Coteaux du Layon Village mit dem Namen der Gemeinde auf dem Etikett, zu verkaufen. Es sind dies Beaulieu-sur-Layon, Rablais-sur-Layon, Rochefort-sur-Loire, Faye-d'Anjou, Saint-Aubin-de-Luigné und Saint-Lambert-du-Lattay. Der kleine Weiler Chaume hat hier noch einen Sonderstatus: seinen Weinen wird der niedrigste Hektarertrag nach den Spitzenlagen des Gebietes zugebilligt. Das spricht für Qualität.
Lagennamen spielen auf den Etiketten der Coteaux du Layon keine Rolle. Außer dem Clos de Sainte Catherine, das zu Rochefort und Jean Beaumard allein gehört, werden sie eigentlich nicht genannt.

(Gute Erzeuger der genannten Gemeindeweine sind u. a. Domaine de la Motte, Château de la Guymonière, die kleine Genossenschaft Les Vignobles de la Cour de Pierre, alle in Rochefort; Château de Plaisance in Chaume, Domaine de la Soucherie in Beaulieu-sur-Layon, die Domaine des Maurières in Saint-Lambert-du-Lattay.)

In Doué-la-Fontaine hat der Weinhändler und Winzer Joseph Touchais beträchtliche Bestände alter Coteaux-du-Layon-Weine in seinen Kellern.

Savennières

Am rechten Ufer der Loire, westlich von Angers, liegt das kleine Anbaugebiet der AC Savennières an vier aufeinanderfolgenden Hügeln. Auf Schiefer und Urgestein, durchsetzt mit Quarzadern, gedeihen hier hochwertige trockene Weine aus der Chenin blanc.
Einen erstklassigen Savennières sollte man niemals vor dem 10. Jahr öffnen. In der Jugend ist er außergewöhnlich abweisend und entwickelt sich nur sehr langsam. Dann allerdings zeigt er sich oft rassig und nervig, nuancenreich und frisch im Geschmack; manchen ist ein wunderbarer Honig-Ton zu eigen, andere haben das Bukett frischer Wildblumen oder tendieren zu Früchten und Gewürzen. Alle aber sind sehr langlebig, wenn sie aus einem guten Jahrgang stammen.

Die beiden Grands Crus-Lagen mit eigener Appellation Contrôlé sind

Savennières – Coulée de Serrant (6 ha) und
Savennières – La Roche aux Moines (7 ha),

deren Weine besonders intensiv die beschriebenen Feinheiten zeigen.
Die Lage Coulée de Serrant gehört Mme. A. Joly im Château de la Roche-aux-Moines allein, sie hat auch Anteile an der Spitzenlage Roche-aux-Moines, an der auch die Domaine de la Bizolière partizipiert.
Erstklassige Savennières erzeugen u. a. die Domaine des Baumard in Rochefort-sur-Loire, Château de Chamboureau, Château d'Epiré, Domaine du Closel, alle in Saint-Georges-sur-Loire.

Baden

Bereiche

- Badisches Frankenland, 650 ha (mittlere bis einfache Weißweine)
- Badische Bergstraße/Kraichgau, 2200 ha (mittlere bis einfache Weißweine)
- **Ortenau,** 2200 ha (sehr gute bis gute Weißweine, gute bis mittlere Rotweine)
- Breisgau, 1700 ha (gute bis einfache Weißweine, mittlere Rotweine)
- **Kaiserstuhl-Tuniberg,** 5000 ha (sehr gute bis mittlere Weißweine, gute Rotweine)
- Markgräflerland, 2800 ha (mittlere bis einfache Weißweine)
- Bodensee, 350 ha (mittlere bis einfache Weißweine)

Baden ist auf seinem herrlichen Landschaftsteppich ein von Rebgärten geradezu durchwirktes Land. Vom Tauber- und Main-Tal, Neckar- und Jagst-Tal und den Hängen an der gesegneten Bergstraße im Norden bis zu den Weinbergen am Bodensee-Ufer, die bei Meersburg einen eigenen Zauber haben und den bekannten »Markgräflern« im äußersten deutschen Südwesten, sind fast überall, etwas zurückgesetzt vom Lauf des Rheines, Weinberge versteckt. Vor allem an den verschwiegenen Pfaden des nördlichen Teiles der »Badischen Weinstraße« zwischen Baden-Baden und Offenburg, die sich wie ein Schleichweg des Bacchus über die westlichen Ausläufer des Schwarzwaldes windet.
Mit 15 000 ha Rebfläche ist Baden das drittgrößte Weinbaugebiet nach Rheinhessen und der Rheinpfalz.
Es hat zwei Wein-Landschaften, die aus der Fülle der kostbaren badischen Weingärten noch herausragen und mit dem vielseitigen Sortiment ihrer Spezialitäten, ihren Spitzenweinen von auffallend hochwertigem Durchschnitt gelegentlich alles in den Schatten stellen, was an deutschen Weinen auf dem Markt erscheint: der Kaiserstuhl und die Ortenau.
Niemand wird ernsthaft bezweifeln wollen, daß Baden sich an Qualität und Vielfalt seiner Weine von irgendeiner deutschen Region übertreffen läßt, dank zielbewußtem Aufbau einer modernen Kellerwirtschaft, sorgfältiger und wissenschaftlich fundierter Rebkultur und dem begeisterten Qualitätsstreben vieler seiner Winzer.

Die großartigen Rieslinge der Ortenau, die Kaiserstühler weißen, grauen und blauen Burgunder, die unvergleichlichen Weißherbste und Traminer, etwa aus Ihringen und Durbach, die einzigen deutschen Sauvignons aus Durbach, die renommierten Ruländer aus Bickensohl, Achkarren und Bischoffingen, das alles sind Kleinodien des deutschen Weinbaues aus gesegneten Rebgärten, die selbst dann noch gute Weine bringen, wenn man im übrigen Deutschland von einem schlechten Jahr spricht.

Reben

Weißweine

Riesling (Weißer Riesling, in der Ortenau: Klingelberger). Mitteleuropas edelste Weißweinrebe bringt in mittleren Jahren einen anregenden rassigen Tischwein, in guten Jahren einen sehr harmonischen, immer eleganten, blumigen Wein in feiner Übereinstimmung zwischen zarter Restsüße und fruchtiger Säure hervor. In großen Jahren und von guten Lagen ist er einer der weißen Spitzenweine der Welt, edel und kostbar sind seine Beeren- und Trockenbeeren-Auslesen.

Ruländer (Grauer Burgunder, Pinot gris, Tokay d'Alsace, Tokayer in der Nordost-Schweiz, obwohl die Sorte mit der Tokajer-Rebe Furmint nichts gemein hat). Der Name kommt von dem Kaufmann Ruland aus Speyer (Rheinpfalz), der die Reben der Pinot gris aus Burgund an den Rhein brachte. Die Rebe, die hohe Ansprüche an Lage und Boden stellt und dort hohe Mostgewichte bringt, gehört zu den besten mitteleuropäischen Sorten und erscheint besonders ausdrucksvoll am Kaiserstuhl. Ruländer sind vollmundige, extraktreiche Weine mit mildem bis mittlerem Säuregehalt und feinduftigem Sortenbukett.
Unter der Bezeichnung Grauburgunder kommen in Baden schlanke, frische, rassige Weine in den Handel, die aus selektiver Ernte nur gesunden, noch nicht vollreifen Traubenguts stammen, das noch viel Frucht und gute Säure besitzt. Es sind – von guter Herkunft – Weine von bemerkenswerter Qualität.

Weißer Burgunder (Pinot blanc). Die an Lage und Boden nicht minder anspruchsvolle Sorte bringt rassige, zuweilen elegante, trockene, geschmacksneutrale Weine mit lebendiger Säure.

Traminer (Roter Traminer, Gewürztraminer). Es ist eine der edelsten Sorten des mittleren Europa, die warme, geschützte Lagen verlangt, die gute Reife und hohe Mostgewichte der nur mäßig ertragreichen Rebe versprechen – Voraussetzungen für hochwertige Traminer-Weine. Ein ausgeprägt feines Bukett mit der Fülle der Aromastoffe macht diesen milden, meist extraktreichen Wein zu einem Genuß ganz eigener Art. Besonders charakteristisch zeigt er sich in seiner Spielart Gewürztraminer. Erstaunlich, daß man den Traminer in der Ortenau »Clevner« nennt.

Müller-Thurgau. Riesling x Silvaner hieß diese 1882 von dem Schweizer Rebenzüchter Dr. Hermann Müller aus Thurgau in Geisenheim gekreuzte Neuzüchtung bis 1974 auch in Deutschland. Da bekannte Ampelographen diese Abstammung jedoch in Zweifel ziehen, wird sie jetzt bei uns mit dem Namen ihres Züchters bezeichnet. Auch darf nach unserem Recht eine Sorte nicht mehr nach ihren Kreuzungseltern benannt werden. Müller-Thurgau stellt geringe Ansprüche an die Lage, ist fruchtbar und reift früh. Sie bringt ansprechende, oft liebliche Weine mit feinem Muskat-Bukett und zarter Säure, angenehme, selten enttäuschende, jung zu trinkende Tropfen. Vielerorts hat die Sorte den Silvaner-Anbau und im Süden den Gutedel zurückgedrängt.

Muskateller (Gelber Muskateller, Weiße Muskattraube). Der wärmeliebende Gelbe Muskateller, der in den Mittelmeerländern in zahlreichen Spielarten heimisch ist, findet höchstens in Baden, im Bereich Kaiserstuhl/Tuniberg ein paar ihm genehme Flecken auf den dortigen Spitzenlagen. Die sehr fäulnisanfälligen Beeren reifen hierzulande nur in sehr guten Jahren zu einem duftigen, edlen Wein mit dem geschmacksbestimmenden, aber nicht aufdringlichen Muskatton.

Muskat-Ottonel. Die ertragsunsichere Sorte braucht warme, gute Lagen und wird in Deutschland nur in klimatisch bevorzugten Gegenden wie in Baden in geringem Ausmaß angebaut. Der Wein ist mild und zeigt ein schönes Muskatbouquet. Elsässischer Muscat ist entweder ein sortenreiner Muskat-Ottonel oder er wird zu zwei Drittel aus deren Säften mit einem Drittel Muskateller bereitet.

Gutedel (Chasselas). Die in der Westschweiz als Keltertraube stark verbreitete Rebe gehört nicht zu den edlen Sorten. Sie wurde 1780 von Markgraf Karl Friedrich von Baden vom Genfer See nach Baden gebracht. Ihr milder, süffiger Wein wurde dort zum beliebten »Markgräfler«.

Freisamer. Eine Kreuzung aus Silvaner x Ruländer, von Prof. Dr. Karl Müller 1916 ursprünglich zur Verbesserung des seinerzeit ertragsunsicheren Ruländers gedacht, wurde von dessen Nachfolger im Staatlichen Weinbauinstitut in Freiburg/Breisgau, Dr. J. Zimmermann, weiterentwickelt. Der Wein ist kräftig und extraktreich. Sein ohnehin begrenzter Anbau stagniert.

Nobling. Die aus Silvaner x Gutedel gekreuzte Sorte wurde 1939 im Staatl. Weinbauinstitut Freiburg von Dr. J. Zimmermann gezüchtet. Ihr begrenzter Anbau beschränkt sich auf das Markgräflerland. Der Wein ist körperreich und zeigt mehr Säure und Bukett als der Gutedel.

Rotweine

Blauer Spätburgunder. Der Blauburgunder, Spätburgunder, Klevner oder Pinot noir, wie er überall genannt wird, wächst in verschiedenen Qualitäten, aber immer als Spitzenrotwein jedes Anbaulandes. Die edle Rebsorte ist anspruchsvoll an Lage und Boden, reift eher spät und bringt einen vollmundigen, samtigen Wein von großem Körper mit feinem Bittermandel-Aroma. Ein angenehmer Gerbstoff-Ton zeichnet die klassischen französischen Burgunder der Côte d'Or aus. Erfreulich ist, daß auch hierzulande jetzt tanninbetonteren Burgundern der Vorzug gegeben wird, deren Spitzenkreszenzen sehr alterungsfähig sind.
Der beliebte badische Spätburgunder – Weißherbst ist ein hell gekelterter Rosé ab der Qualitätswein-Stufe.

Sehr gute Jahrgänge:
1953, 1959, 1964, 1969, 1971, 1976, 1983, 1990
Gute Jahrgänge:
1952, 1961, 1966, 1973, 1975, 1979, 1981, 1985, 1989

Die Spitzenlagen

Ortenau

Schloß Ortenberger Schloßberg, 10 ha
GL: Fürsteneck

Diese ausgedehnte Südlage in der Flanke von Schloß Ortenberg östlich des badischen Städtchens Offenburg hat auf Urgesteins-Verwitterungsboden gute Wachstumsbedingungen für Ruländer, Traminer und vor allem Rieslinge, die hier und in den benachbarten Durbacher Weinbergen von hervorragender Güte sind und besser »kommen« als die des Kaiserstuhls. Der Ortenaukreis unterhält auf Schloß Ortenberg ein renommiertes Weinbauversuchsgut.
In den Besitz des Ortenberger Schloßbergs teilen sich u. a. noch die Domäne des Freiherrn von Neveu in Durbach sowie die einheimische Winzergenossenschaft.

Schloß Staufenberger Schloßberg, 27 ha
GL: Fürsteneck

Eine romantische Südlage an den westlichen Schwarzwaldausläufern gegen Nord- und Ostwinde gleichermaßen geschützt. Direkt unterhalb der Bastionen des Schlosses Staufenberg hat das Rebgut des Markgrafen von Baden den größeren und zugleich höheren Anteil. Die Gräfl. Wolff-Metternich'sche Gutsverwaltung in Durbach liegt mit ihren Rebstöcken darunter, was nicht etwa als Qualitätshinweis gemeint ist. Sie verkauft die Weine dieses Stückes unter der Bezeichnung »Durbacher Schloßberg« (siehe unten). Auf Granitverwitterungsgestein und grusigem Grund finden hier lauter edle Rebsorten beste Wachstumsbedingungen, Traminer, Ruländer, Spätburgunder und Riesling. Der frühere Großherzog von Baden kaufte 1832 diese wundervolle Besitzung, auf der auch Philip, Herzog von Edinburgh, der Gatte der englischen Königin Elizabeth II., als Bruder der heutigen Markgräfin manchmal zu Besuch weilt.
Die Schloß Staufenberger Spätburgunder sind in guten Jahren den berühmten Aßmannshäusern in der Qualität mindestens ebenbürtig. Alle Weine kommen unter der Bezeichnung »Durbacher Schloß Staufenberg« auf den Markt.

Durbacher Schloßberg, 16 ha GL: Fürsteneck

An dieser, mit hervorragendem Kleinklima gesegneten, sehr geschützten Süd-Südostlage werden die Weine des Gräflich Wolff-Metternich'schen Weinguts gemessen, das heute an der Stelle von Schloß Grohl steht, einem 400jährigen Besitz der Freiherrn von Bulach, die aus Osthofen im Elsaß nach Baden herüberkamen. 1967 übernahm Paul Joseph, Graf Wolff-Metternich, den Besitz, der von Dipl.-Weinbauinspektor O. Schilli seit Jahren hervorragend geführt wird. Schilli bringt aus dem Schloßberg hochklassige Traminerweine auf den Markt, die nicht nur in den Bundesweinprämierungen immer hervorragend abschneiden und durch ihre Feinheit und ihr dezentes Parfum sich deutlich von dem Charakter der Kaiserstühler Traminer abheben. Die Rieslinge, die nicht nur hier, sondern auf vielen großen Weinbergen der Ortenau angebaut werden, sind sowieso die besten Baden-Württembergs.

Durbacher Plauelrain, 120 ha GL: Fürsteneck

Dieser steilsten Reblage Badens, die von allen Experten als hervorragend bezeichnet wird, wurde im Zuge der Lagenbereinigung u. a. die erstklassige Lage Schwarzloch zugeschlagen. Am Ortsrand von Durbach gelegen, trägt sie, neben Riesling, Spätburgunder und Müller-Thurgau, Ruländer und Traminer, die hier hervorragend ausreifen können. Der Weinberg, der früher in Bürgerlose aufgeteilt war, wird heute von der Winzergenossenschaft Durbach, der Gräfl. Wolff-Metternich'schen sowie der Freiherr von Neveu'schen Gutsverwaltung in Durbach und den Weingütern Andreas Laible, Heinrich Männle, Josef Schwab und Franz Schwörer, alle in Durbach, ausgewertet.

Kaiserstuhl

Ihringer Winklerberg, 110 ha GL: Vulkanfelsen

Der Ihringer Winklerberg gliedert sich in ein ganzes System von Weinbergen, dessen südlichster der Vordere Winklerberg ist, dem in einer Mulde der Blankenhornsberg sich anschließt, bis alle diese Terrassen im Ihringer Hinteren Winklerberg auslaufen. Der Ihringer Vordere Winklerberg, dessen auf mächtigen Bastionen ruhende Weinberge hauptsäch-

lich den sehr renommierten einheimischen Weingütern Dr. Heger, Rudolf Stigler und Gebr. Müller, Bes. Peter Bercher in Breisach, neben der Ihringer Winzergenossenschaft gehören, ist einer der klimatisch am meisten begünstigten Weinberge Deutschlands überhaupt. Die Sonne knallt hier mit subtropischer Wucht auf Basaltverwitterungsgestein. Rauhe Nord- und Ostwinde werden durch die Höhe des Gebirgsstocks selbst abgehalten, so daß sich die wertvollsten Lagen des Kaiserstuhls, die mit allen deutschen Spitzenlagen konkurrieren können, eines ausgezeichneten Kleinklimas erfreuen. Das gilt für den Winklerberg, für den Blankenhornsberg und für die Achkarrener Spitzenlagen gleichermaßen. Von unten nach oben wachsen auf diesem einzigartigen Weinberg Silvaner-Reben, Weißer Burgunder, Riesling, Ruländer neben Spätburgunder und die beiden Traminer neben dem Muskateller. Der Anblick dieses Weinbergs in der Herbstsonne während der Lese bietet ein bacchantisches Bild. Man kann sich denken, daß in diesem Klima die meisten Weine nur Spätlesen sein können. Der Weinberg, der erst 1822 angelegt wurde, hat heute einen Ruf, der vor allem nach dem ungeheuren Aufschwung der Kellereitechnik in Baden auch international fest begründet ist. Seine Weine sind fast durchweg körperreich, fruchtig mit viel Feuer, die Ruländer (Pinot gris) von großer Qualität.
Durch die Lagenbereinigung 1971/72 wurde der Winklerberg im Umfang nur verdoppelt, indem man den Vorderen Winklerberg und den besten angrenzenden Teil des Fohrenbergs dazunahm.

Blankenhornsberg (Doktorgarten), 29 ha
GL: Vulkanfelsen

Der Blankenhornsberg, von dem nur die Hälfte, und zwar die geschützten SSW-Lagen mit Rebgut bepflanzt sind, war bis 1918 ein Teil des Winklerbergs, der seit 1842 der aus dem Markgräflerland stammenden Familie Blankenhorn gehörte. 1919 kaufte die Landwirtschaftskammer Freiburg die Domäne, jetzt gehört sie dem Land Baden-Württemberg. Im amtlichen Verzeichnis des Staatsanzeigers von Baden-Württemberg wurde diese Lage unter dem Namen »Doktorgarten« ausgewiesen.
Das Rebgut befindet sich in fester Pflege des Staatlichen Weinbauinstituts Freiburg, das am Blankenhornsberg sein Versuchs- und Lehrgut hat.

Der Basaltverwitterungsboden mit Lößschleiern bringt qualitativ hervorragende Weine meist edler Rebsorten hervor: Spätburgunder, Rieslinge, Traminer, Ruländer, Weißburgunder, Silvaner, Kerner und Müller-Thurgau.

Achkarrer Schloßberg, 130 ha GL: Vulkanfelsen

Diese reine Südlage mit Waldschutz auf dem Kopf hat Basaltverwitterungsboden, im oberen Teil auch Lößlehm, der dem hervorragenden Achkarrener Wein den feurigen und wuchtigen Charakter gibt. Auf diesem Berg wird mehr Ruländer angebaut als alle anderen Weinsorten. Der Rest verteilt sich auf Spätburgunder, Riesling, Traminer, Weißburgunder, Muskateller, Müller-Thurgau und Silvaner, die von der Winzergenossenschaft Achkarren gepflegt werden. Auch das renommierte Weingut Dr. Heger in Ihringen hat dort Besitz. In Achkarren hat man bei der Lagenneuordnung gleich den anderen, früher 3,2 ha umfassenden Büchsenberg, eine gut geschützte SSW-Lage mit ähnlicher Charakteristik wie der Achkarrer Schloßberg mit dem neuen Schloßberg-Areal vereinigt und elf andere Lagen dazugeschlagen. Angesichts der geologischen und topographischen Situation hat der ganz erstklassige Achkarrer Schloßberg dadurch kaum an Gesamtqualität eingebüßt.

Die grossen Lagen

(Von Norden nach Süden)

Ortenau

Fremersberger Feigenwäldchen, 5 ha
GL: Schloß Rodeck
Das Klostergut Fremersberg der Domäne Nägelsförst in Varnhalt bringt auf seinen kleinklimatisch bevorzugten Südhängen gute Riesling- und Traminer-Weine.

Schloß Neuweierer Mauerberg, 35 ha
GL: Schloß Rodeck
Unmittelbar hinter den idyllisch gemütlichen Trinkstuben des Schlosses Neuweier erhebt sich dieser Weinberg, auf dessen Urgesteinsverwitterungsboden mit Lettezonen unten, weithin renommierte Rieslinge, die berühmten Neuweierer Mauerweine, wachsen,

die oft (aber nicht immer!) in Bocksbeutelflaschen gefüllt werden. (Weingut Schloß Neuweier und Winzergen. Neuweier-Bühlertal.)

Waldulmer Pfarrberg, 70 ha GL: Schloß Rodeck
Er war ganz zweifellos einer der wertvollsten Burgunderweinberge Deutschlands, der sich hier hinter der aus dem Dorf markant aufragenden Pfarrkirche erhebt. Er gehört nach wie vor dem Pfarramt Waldulm, das seine einzelnen Parzellen der sehr leistungsfähigen Winzergenossenschaft Waldulm verpachtet hat. Die Spätburgunder dieser großen Lagen sind oft genug preisgekrönt worden.
Das war bis 1971 der Fall, als diese Lage mit 2 Hektaren im Kataster verzeichnet stand. Danach hat man, wie auch am Kaiserstuhl, »tabula rasa« gemacht und den Großteil der Waldulmer Lagen zum Pfarrberg geschlagen, der heute mit 70 ha wie ein aufgeblähter Riese dasteht. Trotzdem schafft es die vorzüglich ausgestattete Winzergenossenschaft Waldulm, den Freunden des alten Pfarrbergs immer wieder ausgezeichnete Burgunder unter diesem Namen anzubieten.

Durbacher Schloß Grohl, 4,5 ha GL: Fürsteneck
setzt sich zusammen aus den alten erstklassigen Lagen Durbacher Herrenberg und Annaberg. Auf Schloß Grohl, im Alleinbesitz des Gräfl. Wolff Metternich'schen Weinguts, pflegt Weinbauinspektor O. Schilli auf zwei Terrassen die einzigen Sauvignon-blanc-Reben in Deutschland, von Freiherr Zorn von Bulach einst aus dem Sauternes nach hier gebracht. Die Sauvignon, die Vollreife braucht, bringt in Spät- und Auslesen extraktreiche Weine von würzigem Sortencharakter, die sich durch genügend lange Flaschenreife zu großen Weinen entwickeln können. Daneben trägt die Lage Riesling, Grauburgunder, Weißen Burgunder und die Scheurebe.

Durbacher Steinberg, 3 ha GL: Fürsteneck
Es ist ein dem Staatlichen Weinbau-Institut Freiburg i. Brsg. gehörender Weingarten, dessen gute und sehr gute Traminer viele Freunde haben. Auf Granitverwitterungsboden pflegt das Versuchsrebgut Steinberg hier vor allem noch Spätburgunder und Riesling und kleinere Teile mit den übrigen Rebsorten des badischen Sortiments.

Kaiserstuhl

Bickensohler Steinfelsen, 106 ha GL: Vulkanfelsen
In diesem schmucken, wegen seiner höchstwertigen Ruländer berühmten Weindorf hat man, ohne die geringsten Skrupel, die weniger günstigen Weinberge, als es der alte Steinfelsen mit seinen 2,6 ha war, auf die Ranghöhe des Spitzenweinbergs angehoben (siehe Waldulm!). Es läßt sich darüber streiten, ob es für die Vermarktung nicht günstiger gewesen wäre, den Steinfelsen durch Nachbarlagen auf über 5 ha zu bringen und alle anderen Bickensohler etwa unter »Herrenstück« zu verkaufen. Mit dem Steinfelsen hätte man, genau wie in Bischoffingen mit dem Enselberg und in Oberrotweil mit dem Eichberg, die doppelten Preise erzielen können. Ein so gesegnetes Weinbaugebiet hätte alle Ursache gehabt, mit den Namen seiner schon recht bekannten Spitzenweinberge behutsamer umzugehen und ihre Exklusivität sorgfältiger zu bewahren. Großen Anteil auf dem Steinfelsen haben Grauburgunder, dann Spätburgunder, Weißburgunder, Riesling, Silvaner, Gewürztraminer und Muskateller. (Winzergen. Bickensohl und Weingüter Bercher in Burkheim und Karl H. Johner in Bischoffingen).

Bischoffinger Enselberg, 165 ha GL: Vulkanfelsen
Der Enselberg in seiner ursprünglichen Größe von 4 ha ist einer der ältesten Weinberge des Kaiserstuhls. Seine Traminer waren wegen ihrer Eleganz und Würze berühmt und gesucht. Heute umfaßt er ⅓ der Gesamtrebflächen der Gemarkung. Die Winzergenossenschaft bewirtschaftet 140 ha des Enselberges, davon 3 ha der steilen Urlage, mit Grauburgunder, Spätburgunder, Weißburgunder, Silvaner, Gewürztraminer, Müller-Thurgau und etwas Muskateller. Das für hervorragende Qualitäten bekannte Weingut Albert Abril erzielt auf dem Löß- und Basaltverwitterungsboden seines Urlagenteils erstklassige Grauburgunder und Gewürztraminer, die es auch in geringeren Jahren mit jedem Traminer aus dem Elsaß aufnehmen. Abril pflegt hier noch Riesling und Silvaner, auf anderen Teilen Weißburgunder, Spätburgunder und Müller-Thurgau.

Oberrotweiler Eichberg, 85 ha GL: Vulkanfelsen
Auf dieser reinen Südlage, geschützt durch den Badenberg, baut das Weingut von Gleichenstein

neben Spätburgunder und Grauburgunder auch Riesling, Weißburgunder, Traminer und Muskateller an.
Der Kaiserstühler Winzerverein Oberrotweil pflegt dort, außer den genannten Sorten, noch Silvaner und Müller-Thurgau. Auch das einheimische Weingut B. und W. Salwey sowie die Weingüter Rudolf Stigler in Ihringen und Franz Keller, Wirt des berühmten »Schwarzen Adler« in Oberbergen, haben auf dem Eichberg Besitz.

Bereiche

- Südliche Weinstraße 12200 ha (gute bis einfache Weißweine, mittlere bis einfache Rotweine)
- **Mittelhaardt** – Deutsche Weinstraße, 10300 ha (sehr gute bis einfache Weißweine, mittlere bis einfache Rotweine)

Als Bacchus, einer alten römischen Legende zufolge, auf die würdigsten Gebiete des Imperiums Reben regnen ließ, müssen ihm über der Pfalz die Füllhörner entglitten und es muß – wie in Aquitanien, dem heutigen Bordelais und der Charente – zu einem Wolkenbruch gekommen sein. Seit jener Zeit ist dieses Land, soweit es nicht von zauberhaften Wäldern bedeckt war, in einem Meer von Reben verschwunden. Selbst in unseren Tagen machen Statistiker, die auf kurze Zeit ihre Nüchternheit bewahren konnten, glaubhaft, daß der Pfälzer Boden über 150 Millionen Rebstöcke trägt. Mit dem benachbarten Rheinhessen zusammen erbringt die Pfalz fast die Hälfte des gesamten im Anbau befindlichen deutschen Reblandes und schwemmte in einigen Jahren die in den übrigen deutschen Weinbaugebieten aufkommenden Ertragszahlen mit einer wahren Sturzflut hinweg. Eine Fülle, die, wie jede natürliche Fruchtbarkeit, einen Trend zur Maßlosigkeit hat, was im Land der Riesenfässer und der angeborenen Freude des Pfälzers am Superlativ weniger empfunden wird als anderswo. Vom Heidelberger Riesenfaß des Kurfürsten von der Pfalz bis zu dem in modernen Riesentanks aufgefangenen Pfälzer Mostsegen in unserer Zeit ist es zwar fast ein Zeitraum von 300 Jahren, aber nur ein kurzer Weg. Beide sind Wahrzeichen der Überfülle, die damals und heute alle Maße sprengte und zu restriktiven Maßnahmen führen sollte: strengere Beschränkung der Erträge und der weiteren Ausdehnung auf minder geeignete Flächen. Das Geheimnis der vollmundigen, stoffreichen, aromatischen Pfälzer Weine liegt in ihrer größeren Reife auch in minderen Jahren. Sie wachsen – ganz ähnlich übrigens wie die Weltklasse-Burgunder der Côte d'Or –, durch die sanfte Hanglinie der Haardt geschützt, auf Muschelkalk und Letteböden, in der Oberhaardt von fruchtbarem Löß überlagert, in der edleren Mittelhaardt aber mit diluvialem Sand und kiesigem Geröll bestreut, denen zwischen Deidesheim und Forst vulkanisches Gestein mit Basalt und Glimmerschiefer eingesprengt ist. Dieser Boden läßt die Feuchtigkeit durch und bewahrt das Feuer der Sonne, die schon mit ihren ersten Morgenstrahlen jene gesegneten Hänge wohlig erwärmt, die aus dem breiten Rheintal mit dem sanften Schwung eines Handrückens ansteigen.
In der Mittagssonne kochen die Trauben über dem glitzernden Grund, und am Abend hält die Haardt die kühlenden Winde fern. Hier hat man mittlere Jahrestemperaturen von 10,5 bis 11 Grad Celsius im langjährigen Durchschnitt gemessen und fast 1800 Sonnenstunden pro Jahr, die auf die verschiedensten Rebsorten fallen, denn fast alles, was auf deutschen Weinlagen wächst, wächst auch in der Pfalz.
Bei der deutschen Lagen-Neuordnung haben sich die Pfälzer allerdings einen »Schwabenstreich« erlaubt, als sie die Unterhaardt unter dem Namen Deutsche Weinstraße ohne Bedenken mit dem kostbaren Spitzenweingebiet der Mittelhaardt in einen Bereich zusammentaten. Das war eine unverkennbare »Sünde wider den Geist«. Für die Beschaffenheit der Qualitätsweine mit Prädikat ist das kaum von Belang, aber es bleibt trotzdem eine sehr willkürliche, die natürliche Überlegenheit des Mittelhaardt-Zentrums ignorierende Tatsache.

Reben

Weißweine

Riesling. Im Gebiet der Mittelhaardt ist der Riesling auf den rheinpfälzischen Spitzenlagen am häufigsten anzutreffen.

Traminer/Gewürztraminer. Das Wort Traminer läßt vermuten, daß die Rebe aus Südtirol stammt, was jedoch von vielen Ampelographen bezweifelt wird. Dafür nannten die Tiroler diesen edlen Weinstock früher »Fränkische Traube« und die Steiermärker »Nürnberger«. Traminer werden heute hauptsächlich im Elsaß, in Südbaden, mit größtem Erfolg am Kaiserstuhl und in der Pfalz angebaut. Auch die österreichischen großen Weinlandschaften, wie etwa die Steiermark und die Nachbarn Slowenien und Kroatien ziehen ihn gern. Er braucht warmes Klima, reift spät und seine hellroten Trauben sollten nur im Zustand der letzten Reife gelesen werden. Seine Weine haben, wie allgemein bekannt, ein sehr charakteristisches und ausgeprägtes Bukett, das die alten Rheingauer veranlaßte, die Traminer als aufdringliche »Parvenüs« zu bezeichnen. Diese boshafte Bemerkung, die Reichsrat von Buhl einst festhielt, ist völlig unangebracht. In allen seinen Charakteristiken, in allen typischen Kriterien kann es der Traminer mit jeder edlen Rebe aufnehmen.

Ruländer (Grauer Burgunder). Der Geheime Rat v. Bassermann-Jordan in Deidesheim fixierte die Pinot gris-Rebe 1711 erstmalig in Deutschland in Speyer durch den Kaufmann Johann S. Ruland. Im Elsaß und in Teilen der deutschsprachigen Schweiz nennt man sie Tokay und Tokayer, was irreführend ist, da der Tokajer aus der Furmint-Rebe gewonnen wird. Im schweizerischen Wallis wird sie Malvoisie genannt, wie man den Frühen Roten Malvasier in Frankreich und Italien bezeichnet.
Die Ruländer-Rebe braucht tiefgründigen, reichen und warmen Boden. Deshalb ist es kein Wunder, daß die besten Ruländer auf vulkanischem Gestein gedeihen wie am Kaiserstuhl und auf dem Basalt-Einbruch der Mittelhaardt. Der Wein ist groß im Körper, feurig und mit einer delikaten, sich kaum verflüchtigenden Blume gesegnet. Seine Farbe ist von einem tiefen, manchmal rötlichen, kupferartigen Goldton, aber seine Haltbarkeit bleibt infolgt meist niedriger Säurepromille sehr von Lage und Jahr abhängig.

In der Rheinpfalz werden neben anderen traditionellen weißen Rebsorten wie **Silvaner, Weißburgunder** oder dem allgegenwärtigen **Müller-Thurgau** eine Vielzahl Neuzüchtungen angebaut, die wir hier nur erwähnen und an anderen Stellen in diesem Buch beschreiben: **Kerner, Scheurebe, Huxelrebe, Faber, Ehrenfelser, Ortega.**
Nicht alle werden so erfolgreich sein wie der Kerner und die Scheurebe, manche haben Anbauflächen schon wieder eingebüßt, andere werden größere Ausdehnung wohl nie erfahren. In der Obhut qualitätsbewußter Winzer bereichern sie jedoch das Angebot und bringen recht bemerkenswerte Weine auch aus weniger hervorragenden Lagen.

Aus der Bundesforschungsanstalt für Rebenzüchtung Geilweilerhof, nahe dem pfälzischen Siebeldingen stammen die Neuzüchtungen:

Bacchus, eine Kreuzung aus (Silvaner × Riesling) × Müller-Thurgau. Die Sorte ist nicht sehr anspruchsvoll an den Standort, ist fast so ertragreich wie der Müller-Thurgau, erreicht höhere Mostgewichte als dieser und etwas geringe Säure. Gut ausgereift bringt sie gefällige, fruchtige Weine. Ihre Ausbreitung erklärt sich jedoch eher aus wirtschaftlichen Gründen.

Optima ist eine Geschwistersorte des Bacchus. Trotz der gleichen Eltern unterscheidet sie sich ziemlich von ihm. Muß man den Ertrag des fruchtbaren Bacchus beschränken, um qualitativ gute Weine zu erhalten, bringt die Optima nur geringe Erträge. Die Sorte reift früh, bringt hohe Mostgewichte bei nur mittelmäßiger Säure und erreicht so oft Weine im höheren Prädikatsbereich.

Morio-Muskat. Züchter der Kreuzung Silvaner × Weißer Burgunder war Landwirtschaftsrat Peter Morio. Die fruchtbare Rebe muß mindestens 80 Grad Öchsle erreichen und braucht schon darum bessere Lagen, um das ausgeprägte Muskatbukett harmonisch erscheinen zu lassen, das sonst leicht aufdringlich wirkt. Wird häufig zum Verschnitt mit Silvaner oder Müller-Thurgau verwendet. Zum Muskateller besteht keine Verwandtschaft.

Rotweine

Blauer Spätburgunder

Heroldrebe

Blauer Portugieser. Die reichtragende, frühreifende und anspruchslose Rebe gehört gewiß nicht zu den edlen Sorten, bringt aber jung zu trinkende, frische Schoppenweine, die in der Rheinpfalz und in Rheinhessen recht beliebt sind.

Sehr gute Jahrgänge:
1953, 1959, 1964, 1970, 1971, 1976, 1983, 1985, 1989, 1990
Gute Jahrgänge:
1961, 1963, 1966, 1967, 1969, 1973, 1975, 1979, 1981, 1986, 1987, 1988

Ein renommierter Franke: der »Escherndorfer Lump« unter der Vogelsburg.

Der Achkarrer Schloßberg ist eine der Spitzenlagen am Kaiserstuhl. Der Name kommt von der alten Burg Höhingen, die dort einmal stand.

Eine Spitzenlage der Ortenau ist der Schloß Ortenberger Schloßberg, auf dem einst die habsburgischen Landvögte in dem in englischer Gotik erbauten Schloß residierten.

Die Spitzenlagen

Die allerersten, vorwiegend mit Riesling bepflanzten Spitzenlagen der Mittelhaardt, deren Ruf weit über die Grenzen Deutschlands hinausgeht, beginnen, von Süden nach Norden, mit der

Ruppertsberger Hoheburg, 20 ha GL: Hofstück

einem Weinberg mit der höchsten Bodenbonität, dessen Erträge in manchen Jahren den berühmteren Gewächsen aus Deidesheim und Forst den Rang abzulaufen vermögen. Die Weingüter Geheimer Rat Dr. von Bassermann-Jordan, Reichsrat von Buhl, Georg Siben Erben, alle in Deidesheim, Dr. Bürklin-Wolf in Wachenheim, der einheimische Winzerverein, Acham Magin in Forst und das Ruppertsberger Weingut Motzenbächer, im Besitz von Menger-Krug, die, kreativ und qualitätsengagiert auch »Deutschlands erstes Sektgut« betreiben, teilen sich diese hervorragende Lage.
Zur Ruppertsberger Hoheburg ist durch die Lagenneuordnung auch der erstklassige Weinberg des alten Mandelgartens gekommen. Seine Weine waren wegen ihres ausgezeichneten Fruchtgeschmacks unter die Premiers Crus der Pfalz einzuordnen. In der Lagen-Bonität lag er zweifellos über dem noch bekannteren Ruppertsberger Reiterpfad. Außer der Ruppertsberger Winzergenossenschaft haben die Weingüter Dr. von Bassermann-Jordan, Reichsrat von Buhl, das Weingut Mehling in Deidesheim, Dr. Bürklin-Wolf in Wachenheim u. a. Anteile am früheren Mandelgarten.

Deidesheimer Leinhöhle, 20 ha GL: Mariengarten

Der leichte Boden, der optimale Sonnenwinkel und ihre gegen kalte Winde vollgeschützte Lage geben den Rieslingen der Leinhöhle auch in schwächeren Jahren den überlegenen Charme des großen Pfälzers. Einer der ganz Großen der Mittelhaardt.
Den Besitz dieser erstklassigen Lage sicherten sich u. a. die Weingüter Geh. Rat Dr. von Bassermann-Jordan, Reichsrat von Buhl, Jul. Ferd. Kimich, Josef Biffar, Dr. Deinhard, Dr. Kern, Georg Siben Erben, alle in Deidesheim, sowie der Winzerverein und die einheimische Winzergenossenschaft.

Deidesheimer Grainhübel, 12 ha GL: Mariengarten

Nicht nur nach dem Einheitswert beim Finanzamt, sondern auch nach der Bonität seines Bodens gilt der Grainhübel heute als Spitzenreiter, mit dem sich nur die beiden Forster Lagen Kirchenstück und Jesuitengarten messen können. In das Prachtstück teilen sich u. a. Geheimrat Dr. von Bassermann-Jordan, Reichsrat von Buhl, die Weingüter Jul. Ferd. Kimich, Josef Biffar, Georg Siben Erben, Dr. Deinhard, Dr. Kern, Herbert Giessen Erben und die Winzergenossenschaft, alle in Deidesheim.

Deidesheimer Hohenmorgen, 2 ha GL: Mariengarten

Er liegt etwas höher als der Grainhübel und kann kaum geringer bewertet werden.
Seine Besitzer sind u. a. Geheimrat Dr. von Bassermann-Jordan, Deidesheim, und Dr. Bürklin-Wolf, Wachenheim.

Forster Kirchenstück, 4 ha GL: Mariengarten

Diese oberhalb des Forster Kirchleins gelegene Lage gehört ebenso zu den »Großen Vier der Pfalz« wie die besten Deidesheimer Lagen. Sie ist fast durchweg im Besitz großer und in der Kellereiwirtschaft erfahrener Weingüter, so daß man mit ihr nicht das geringste Risiko eingeht.
Die wichtigsten »Kirchenstück«-Weingüter sind: Dr. von Bassermann-Jordan, von Buhl, Wilhelm Spindler/Wilhelmshof in Forst, der einheimische Winzerverein, Weingut Dr. Deinhard in Deidesheim und Dr. Bürklin-Wolf in Wachenheim.

Forster Jesuitengarten, 6 ha GL: Mariengarten

Er gehört mit dem »Kirchenstück« zu den Premiers Grands Crus der Pfalz. Bismarck sagte zwar: »Im allgemeinen ziehe ich den Forster dem Deidesheimer vor«, aber das Deidesheimer Weingut des Reichsrat von Buhl schickte ihm nur die feinsten Auslesen vom »Kirchenstück« und dem »Jesuitengarten«, so daß der Weinkenner Fürst Bismarck keine rechte Vergleichsmöglichkeit mit den Deidesheimer Spitzen hatte.
Die Lage befindet sich laut Katasteramt im alleinigen Besitz des Geheimrat Dr. von Bassermann-Jordan'schen Weingutes. Es ist ein Stück von etwa drei Morgen Fläche. Mit der Zeit erwarben einige benachbarte

Winzer mit erheblich kleineren angrenzenden Weingärten das Gewohnheitsrecht, auch ihren Wein als »Forster Jesuitengarten« zu bezeichnen. In die Erträge dieser erstklassigen Lage teilen sich heute außer dem Weingut Reichsrat von Buhl die Deidesheimer Weingüter Dr. von Bassermann-Jordan und Dr. Deinhard, die Forster Weingüter Wilhelm Spindler/Wilhelmshof, Mossbacherhof, der Forster Winzerverein und Dr. Bürklin-Wolf in Wachenheim.

Forster Freundstück, 4,2 ha GL: Mariengarten

gehört zusammen mit Forster Elster (10 ha) und Forster Pechstein (21 ha) zu den bevorzugten Lagen von Forst. »Freundstück«-Besitzer sind Bassermann-Jordan, Reichsrat von Buhl und der Mossbacherhof von Werner Klein in Forst.
Ein Engel mit kleinen Fehlern ist auch das weithin berühmte

Wachenheimer Goldbächel, 4,3 ha GL: Mariengarten

Direkt am Ortsausgang von Wachenheim an der Straße nach Forst liegt dieser kostbare Weinberg sehr geschützt in leicht ansteigender Südlage. Er bringt, wenn das Jahr nicht allzu trocken ist, große Weine hervor, die den Deidesheimer und Forster Provenienzen ebenbürtig sind. Unter den dreizehn Wachenheimer Weinbergen ist zwar das »Gerümpel« der bekannteste, dieser aber ist die beste Lage, die sich im Besitz mehrerer Güter befindet, unter denen das einheimische Weingut Dr. Bürklin-Wolf zu Recht das renommierteste ist.

Die grossen Lagen

Hinter diesen »Oberen Zehn«, sozusagen auf Luke stehend und in guten Jahren die Qualitäten der ganz Großen manchmal sogar übertreffend, gehören in den Wein-Gotha der Pfalz auch die großen Gewächse der Mittelhaardt. Nachstehend stellen wir sie vor, wieder auf dem Weg von Neustadt nach Dürkheim, also von Süden nach Norden:

Königsbacher Idig, 20 ha GL: Meerspinne
Hier in Königsbach beginnt, strenggenommen, schon der Qualitätsweinbau der Mittelhaardt auf einem Wechselspiel zwischen leichten und schweren Böden. In großen Jahren bringt der Idig sehr gehaltvollen und temperamentvollen Wein. Besitzer sind u. a. das Weingut Reichsrat von Buhl in Deidesheim, das Staatsweingut der Landes-Lehr- und Forschungsanstalt für Weinbau in Neustadt und die Winzergenossenschaft Königsbach-Neustadt.

Ruppertsberger Nußbien, 78 ha GL: Hofstück
Die meisten Experten schätzten ihn noch höher ein als den Idig, während andere ihn der Hoheburg gleichstellen. Leider ist dieser hochwertige Weinberg allzu großzügig erweitert worden, was die Lage weniger homogen macht als sie früher war. Weingüter sind u. a. Bassermann-Jordan, Georg Siben Erben, Josef Biffar, Jul. Ferd. Kimich, Dr. Deinhard, Giessen Erben, alle in Deidesheim; der Ruppertsberger Winzerverein Hoheburg hat hier ebenso Besitz wie Dr. Bürklin-Wolf in Wachenheim.

Deidesheimer Herrgottsacker, 120 ha GL: Mariengarten
In ihrem ursprünglichen Umfang von 15 ha ist dies eine erstklassige Lage, die leider durch einen kühlenden Bachlauf, der nachts zuviel Öchslegrade raubt, etwas beeinträchtigt wird. Die beim »Nußbien« genannten Deidesheimer Weingüter, Dr. Bürklin-Wolf sowie die Weingüter von Buhl, Josef Biffar, Dr. Kern und die Deinhard'sche Gutsverwaltung (nicht identisch mit dem Weingut Dr. Deinhard), der einheimische Winzerverein, alle in Deidesheim, wie auch die Güter Acham-Magin und Spindler-Wilhelmshof, beide in Forst, pflegen u. a. diesen »Herrgottsacker«.

Deidesheimer Kieselberg, 20 ha GL: Mariengarten
Auch ein in mittleren Jahrgängen und besonders dann hervorragender Weingarten, mit dem manche auch den auf einem Plateau gelegenen

Deidesheimer Kalkofen, 5 ha, und die
Deidesheimer Mäushöhle, 20 ha, beide GL: Mariengarten
gleichstellen. Auch diese Weinberge empfangen den besonderen Charakter ihres Rebensaftes auf dem Basalt- und Glimmerschiefer-Gestein, das hier die Rebstöcke wärmt. Fast alle oben genannten Weingüter und der Winzerverein teilen sich in diese drei restlichen großen Deidesheimer Lagen.

Forster Ungeheuer, 38,4 ha GL: Mariengarten
Der Wein dieser weltweit bekannten Pfälzer Lage wurde durch den Fürsten Bismarck populär, als er sagte, daß ihm dieser Tropfen »ungeheuer schmecke«. Tatsächlich trägt die Lage einen alten Familiennamen. Dort gibt es jetzt gelegentlich Spätfrostbefall, seit unterhalb des Weinbergs der Abfluß des kühlen Nachtwindes von der Haardt herunter durch Siedlungen verbaut worden ist. So kann eine Verschlechterung des Kleinklimas durch menschliche Eingriffe auftreten. Fast alle bekannten Weingüter der Mittelhaardt partizipieren am Besitz.
Diese Lage ist im Wein-Gotha hauptsächlich ihrer Tradition wegen erwähnt worden. Inzwischen wurde sie durch zehn weitere Lagen nicht gerade aufgewertet. Immerhin kann man bei dieser Gelegenheit feststellen, daß die Mittelhaardt mit ihren weltbekannten Spitzenlagen anläßlich der Lagenneuordnung sorgfältig umgegangen ist. Man hat es vermieden, den vor allem am Kaiserstuhl zutage getretenen Trend zur Nivellierung mitzumachen.

Wachenheimer Gerümpel, 13 ha GL: Mariengarten
dessen Name vom Familiennamen »Grymbel« kommen soll und das als Grenzweinberg gegen Forst zu, wo das Gelände leicht nach Wachenheim hin abfällt, keine Südneigung hat. Die hervorragende bis gute Kellerwirtschaft der Gerümpel-Besitzer macht aber vieles wieder gut (Weingüter: Dr. Bürklin-Wolf, Karl Schaefer in Bad Dürkheim, E. Zimmermann in Wachenheim u. a.).

Wachenheimer Rechbächel, 3,1 ha GL: Mariengarten
Das Rechbächel erreicht zwar nicht ganz die Vorzüge seines erstklassigen Nachbarn Goldbächel, gehört aber zur unumstrittenen Spitzengruppe unter den 13 Wachenheimer Lagen. Vor allem, wenn das Jahr nicht zu trocken ausfällt, sind die Wachenheimer Bächel-Weine ganz ausgezeichnet. Die Lage gehört im Alleinbesitz dem erstklassigen Weingut Dr. Bürklin-Wolf. Die benachbarte kleine Lage Belz von 1 ha wird vom Weingut J. L. Wolf Erben bewirtschaftet.

Dürkheimer Michelsberg, 8 ha GL: Hochmeß
Hier wächst der Wein auf dem heißen Kieselboden einer Gletschermoräne. Auch Ungsteiner Weine können so heißen.
In den Besitz teilen sich die Weingüter Dr. von Bassermann-Jordan in Deidesheim, Fitz-Ritter und Karl Schaefer in Bad Dürkheim und andere. Erstklassige Ungsteiner Weine kommen aus dem Bad Dürkheimer Weingut Pfeffingen, im Besitz der Familien Fuhrmann-Eymael.

Es ist fast immer Riesling, dem auch die großen Lagen der Mittelhaardt vorbehalten bleiben. Niemals sollte man Riesling-Weine jung trinken, brauchen sie doch drei bis fünf Jahre, um sich zu entwickeln, die besten können Jahrzehnte lagern.

Grosse Lagen

Nördlich und südlich der Mittelhaardt

Dirmsteiner Jesuitenhofgarten, 10 ha
GL: Schwarzerde
Auf mächtigen äolischen Lößböden und tertiären sehr warmen und trockenen Böden hervorragende Rieslinge, die besonders in der umfriedeten und von einer hohen Mauer umgebenen Lage des Jesuitenhofgartens oft bewunderte Hochgewächse erbrachten. In diesem, dem Jesuitenhofgut des Schloßgutes Janson gehörigen Rebstück; das einst von den Laienbrüdern des Jesuitenklosters betreut wurde, gab es Auslesen, die denen der Mittelhaardt absolut ebenbürtig, aber von besonderem Charakter waren.

Bockenheimer Schloßberg, 50 ha GL: Grafenstück

Bockenheimer Klosterschaffnerei, 7 ha
GL: Grafenstück
Das Schloßgut Janson, Bockenheim, bringt vor allem in der sehr bevorzugten Lage Klosterschaffnerei hervorragende Weine, die zu den Spitzen der Pfalz gehören. Diese Bockenheimer Lagen sind fast alle sanfte Südhänge des hier auslaufenden Haardt-Gebirges, meist Kalkstein-Letteböden, die nicht selten die Technik der Weinkultur erschweren, aber kräftige und vollmundige Weine hervorbringen.

Zeller Schwarzer Herrgott, 11 ha
GL: Schnepfenflug vom Zellertal
Nordöstlich des Unterhaardter Weingebietes liegt hier im Zellertal diese Lage auf Porphyrverwitterungsboden. Seinen Namen hat dieser Südhang nach einem

uralten Kreuz, das eine schwarze Christusfigur trug. Die dort erzeugten Weine (Rieslinge und Traminer vor allem) sind im Charakter von den übrigen Pfalz-Weinen verhältnismäßig leicht zu unterscheiden. Ihre Spät- und Auslesen guter Jahre zählen zu den köstlichsten Spezialitäten der gesamten Region.
Im übrigen gilt Zell urkundlich als der älteste Weinort der Pfalz; denn er wird bereit 708 n. Chr. als solcher erwähnt.

Birkweiler Kastanienbusch, 85 ha GL: Königsgarten
Das bodenbildende Gestein dieses erst 20 ha großen Weinbergs besteht aus Rotliegendem, das nur an wenigen Stellen des pfälzischen Weinbaus angetroffen wird. Klimatisch ist der Kastanienbusch sehr günstig gelegen. Als reiner Südhang mit erheblicher Steigung ist er von Nordwinden geschützt. Im Westen halten der Hohenberg und im Osten der Taschberg scharfe Winde ab. Als Hauptrebsorte wird auf dem Teil der alten Kartierung Riesling kultiviert, auch etwas Gewürztraminer, Weißburgunder, Grauburgunder und Muskateller. Besondere Spitzenweine erzeugt das einheimische Weingut Dr. H. und K. H. Werheim in dieser Lage. Weingüter im Besitz der Lage sind u. a. Fritz Siener in Birkweiler und Ökonomierat Rebholz in Siebeldingen.

Edesheimer Schloß, 5 ha GL: Ordensgut
Die Lage befindet sich im Alleinbesitz von Dr. Bossung, Edesheim. Der sogenannte Schloßgarten liegt mitten im Dorf Edesheim beim Schloß. Durch die Häuser werden ungünstige kleinklimatische Klimaeinflüsse abgehalten. Auf Lehmboden wird hauptsächlich Gewürztraminer angebaut.

Maikammerer Immengarten, 45 ha GL: Mandelhöhe
Eine fast ebene Lage, deren Boden aus sandigem Lehm besteht, was wiederum bedingt, daß dort kräftige Weine wachsen.

Ausgezeichnete Gewächse werden in guten Jahren auch von den beiden Lagen

Diedesfelder Ölgässel, 55 ha und
Diedesfelder Johanniskirchel, 93 ha
beide GL: Rebstöckel
heute allerdings mit Vorbehalt angeboten. Vor der Lagenneuordnung war das Ölgässel ein 3 ha großer, das Johanniskirchel ein 2 ha großer Weingarten, in deren auf leichtem humosem Sandboden immer schon gute Rieslinge wuchsen (Weingut Ökonomierat Kurt Isler in Neustadt-Diedesfeld).

Bemerkenswerte und gelobte Spezialitäten von Muskateller und Rieslaner bringt das Weingut Müller-Catoir in Neustadt-Haardt, das in den von uns genannten Lagen zwar keinen Besitz, in Hans-Günter Schwarz aber einen erstklassigen Kellermeister hat.

Rheinhessen

BEREICHE

- **Bingen,** 8200 ha
  (gute bis einfache Weißweine, mittlere bis einfache Rotweine)
- **Nierstein,** 10100 ha
  (sehr gute bis mittlere Weißweine)
- Wonnegau, 6500 ha
  (mittlere bis einfache Weißweine)

Der Weinbau in Rheinhessen ist so alt wie die Geschichte des Weinbaues überhaupt. Und das rheinhessische Rhein-Knie hat heute fast 25000 ha mit Reben bebauten Landes. Das sind knapp 30 Prozent der landwirtschaftlichen Nutzungsfläche.
Rheinhessen ist das Stammland der berühmten Liebfrauenmilch, deren Namen man auf den Weinkarten der ganzen Welt findet, obwohl sie meistens nicht mehr ist als ein oft billiger, lieblicher Typenwein, der nicht einmal rheinhessischen Ursprungs sein muß und leider heute noch, selbst in unseren Nachbarländern, zu oft als Prototyp deutschen Weines angesehen wird.
Aber Rheinhessen hat auch Qualitätslagen, deren Auslesen und Beerenauslesen, und nicht nur die, zu den Spitzenweinen Europas gehören. Sie liegen allesamt an der berühmten Rheinfront zwischen Oppenheim und Bodenheim und leiten dann mit einigen sehr guten, aber völlig andersartigen Lagen von Bingen in das Nahegebiet über. Im Charakter liegen die Naheweine zwischen den Rheingau- und Mosel-Weinen, während die rheinhessischen Weine von Dienheim, Oppenheim und Bodenheim mehr an die reife, fruchtige Art der Pfälzer erinnern. Zwischen Oppenheim und Bodenheim schiebt sich das tertiäre Rotliegende, das so gut die Wärme speichern kann und den Weinen von Nierstein, Nackenheim und Schwabsburg den einzigartigen Charakter verleiht.
Die Lagenbereinigung der siebziger Jahre hat an der berühmten Rheinfront die allzu starke Parzellenaufsplitterung größtenteils überwunden und vor allem im Niersteiner Rehbach und den sich nach Süden fortpflanzenden Hängen übersichtlichere Verhältnisse geschaffen, zumal der geologische und kleinklimatische Befund sich hier ähnlicher ist als in anderen deutschen Weinbaubereichen. Welche Marktvorteile man sich allerdings von der völligen Aufhebung der weltbekannten Spitzenlage »Oppenheimer Reisekahr« und der Umwandlung der ebenso berühmten, 13 ha großen Lage »Niersteiner Auflangen« in eine Großlage von 158,7 ha versprach, wird das Geheimnis der Niersteiner bleiben. Dem »Niersteiner Auflangen« darf man also nicht mit den ganz exklusiven Ansprüchen der Vergangenheit begegnen.

REBEN

Weißweine

Riesling. Das Rotliegende von Nierstein und Nackenheim und die vulkanischen Porphyrböden bei Bingen, Bad Kreuznach und im mittleren Nahetal teilen dem Riesling ganz eigenartige Nuancen mit, die wir sonst von den Rieslingen der übrigen deutschen Weinbaugebiete nicht kennen. Es sind ausdrucksvolle Weine mit sehr reizvollem Bodenton.

Ruländer

Silvaner (Grüner Silvaner). Bis in die 60er Jahre war es die in Deutschland meistangebaute Rebe, was sicher auch zu ihrem Rückgang führte, denn auf tiefgründigen, warmen Lagen bringt die Sorte ihre besten Qualitäten: milde, feinfruchtige Weine mit zartem Bukett und mäßiger Säure.

Müller-Thurgau

Kerner

Bacchus und **Ortega**

sowie die Neuzüchtungen der Landesanstalt für Rebenzüchtung in Alzey:

Scheurebe. Auch wenn die Sorte schon als Scheuriesling bezeichnet wurde, ist die Scheurebe (Sämling 88) keine Mutante des Rieslings, sondern eine 1916 von Georg Scheu, dem ersten Leiter obengenannter Anstalt gezüchtete Silvaner × Riesling-Kreuzung. Die Scheurebe ist eine spät reifende Sorte, bevorzugt gute Lagen und späte Lese, die das frostharte Laub noch begünstigt. Ihr Anbau in Deutschland nimmt langsam aber stetig zu. Am meisten ist sie in Rheinhessen, der Rheinpfalz und an der Nahe verbreitet. Reife Weine der Scheurebe sind körperreich duftig, mit feinem Bukett, das an schwarze Johannisbeeren erinnert, und rassiger, rieslingartiger Säure. Auslesen der Sorte gehören zu den Spitzenweinen.

Huxelrebe. Eine Kreuzung des Weißen Gutedel × Courtillier musqué (Tafeltraube) des Rebenzüchters Georg Scheu aus dem Jahr 1927. Sie trägt den Namen des Winzers, der sie bekannt machte: Fritz Huxel. Unter günstigen Bedingungen präsentiert ihr Wein sich reif, rassig, mit feinen Bukettstoffen. Die Sorte scheint jedoch hohe Anforderungen an das Können des Winzers zu stellen.

Faber. Kreuzung Weißer Burgunder × Müller Thurgau von Georg Scheu. Gedeiht noch in mittleren Lagen und bringt Weine mit frischem Fruchtgeschmack und etwas stärkerer Säure, allerdings auch höherem Mostgewicht als Müller-Thurgau.

Nirgendwo nehmen Neuzüchtungen so viel Anbaufläche ein wie im rheinhessischen Hinterland. Die Spitzenlagen an der Rheinfront und die erstklassigen Binger Lagen sind vorwiegend mit klassischen Sorten bestanden, allen voran der Riesling. Spätburgunder hält seinen Stammplatz um Ingelheim.

Rotweine

Spätburgunder. Klassisches Spätburgunder-Gebiet sind in Rheinhessen die Ingelheimer Lagen, wo auf Muschelkalk ausgezeichnete Burgunder wachsen, die trocken ausgebaut, samtig und nachhaltig in bester Art erscheinen können.

Frühburgunder

Portugieser

Sehr gute Jahrgänge:
1953, 1959, 1964, 1971, 1975, 1983, 1989, 1990
Gute Jahrgänge:
1966, 1973, 1976, 1979, 1985, 1986, 1987, 1988

Die Spitzenlagen

(von Südosten nach Nordwesten)

Oppenheimer Sackträger, 22 ha GL: Güldenmorgen

Nicht nur die berühmteste, sondern auch die von allen Experten anerkannte beste Lage Oppenheims. Sie schmiegt sich im Südwesten unmittelbar an den Ort an, liegt dadurch sehr geschützt und hat ein außergewöhnlich günstiges Kleinklima. Mit Kreuz und Herrenberg und dem so berühmten ehemaligen »Reisekahr« hat sie den höchsten Einheitswert aller Oppenheimer Lagen, die zwar nicht so hoch dotiert sind wie die Niersteiner, aber in den Versteigerungen oft gleichauf liegen. Die Lage hat ihren Namen von dem Quartier der Lastenträger, die das mittelalterliche Oppenheim dort an seiner schwächsten Stelle zu verteidigen hatten.
Es sind ton- und kalkreiche schwere Tertiärböden mit Löß, die in trockenen Jahren volle saftige, reife, körperreiche Weine bringen. An diesem berühmten Weinberg partizipieren die Staatsdomäne mit der Landes-Lehr- und Versuchsanstalt in Oppenheim und die einheimischen Weingüter Sittmann, Dr. Dahlem Erben und Dr. Becker (Ludwigshöhe). Auch die Niersteiner Güter Louis Guntrum, Reinhold Senfter und Geschwister Schuch haben ein Stück Rebland hier. Oppenheims berühmtester Weinberg ist fast ausschließlich mit Riesling bebaut. Das Sackträger-Treppchen liegt etwas unterhalb des Weinbergs Sackträger.
Oppenheimer Reisekahr, die andere traditionelle Spitzenlage von Oppenheim, die schräg oberhalb des Sackträgers lag und dieselben Bodenverhältnisse hat, wurde kurzerhand mit dem Sackträger vereinigt. In guten Jahren bringen die Oppenheimer »Grands crus« große Frucht und gute Säure in ihre Riesling-Weine.

Niersteiner Ölberg, 60 ha GL: Auflangen

Der Ölberg ist eine reine Südlage und umfaßt heute auch die kostbare Lage Auflangen der alten Kartierung. Damit zählt er zu den wertvollsten Lagen des Ortes. Geologisch gehört der sich unmittelbar an den nordwestlichen Ortsrand anschließende Weinberg, der Steigungen bis zu 50 % aufweist, zum Rotliegenden, einem lilaroten, tonig-sandigen Verwitterungsschiefer der Perm-Zeit, kalkarm und kalireich, mit ähnlich wärmespeichernder Kraft wie der Phyllitschiefer des Rheingaus. Hier gedeihen oft ganz große Spitzengewächse, die in manchen Jahren zu den besten Weinen Niersteins zählen.
Die wichtigsten Besitzer sind die Staatl. Weinbaudomäne, die Weingüter Frh. Heyl zu Herrnsheim, Louis Guntrum, St. Antony, Balbach Erben, Reinhold Senfter, Kurfürstenhof, Heinrich Braun, Gräfl. Wolf-Metternich'sche Domäne, Gustav Adolf Schmitt, Franz Karl Schmitt u. a.

Niersteiner Glöck, 2,2 ha GL: Auflangen

Diese hervorragende Lage unterhalb der Kilianskirche wurde bereits im Jahre 742 von Karlmann, dem Sohn Karl Martells, dem Bistum Würzburg zum Geschenk gemacht. Darum trug auch die über dem Weinberg liegende Kirche den Namen des heiligen Kilian, des Schutzpatrons von Würzburg. Mitte des 18. Jahrhunderts wurde die ganze Lage, ähnlich dem Steinberg im Rheingau, mit einer Umfassungsmauer versehen und kam 100 Jahre später in den Besitz der Domäne. Starke Lößschleier auf Rotliegendem bringen in hervorragendem Kleinklima wundervoll würzige, fruchtige und dabei elegante Weine hervor. Vor allem in trockenen Jahren wachsen dort in diesen wasserhaltigen Böden Weine, die bei einem vollen Bukett eine pikante Säure bewahren und sehr alt werden können. Infolge der außerordentlich geschützten Lage blüht der Weinstock hier früher als etwa in der hervorragenden Lage Ölberg und hat infolgedessen mehr Zeit zur Reife.
Die restlichen Weinberge der Großlage Niersteiner Auflangen sind vor allem Orbel, Heiligenbaum und der Kranzberg, während Schloß Schwabsburg von geringerer Bedeutung bleibt, aber jetzt in diese vornehme Familie aufgestiegen ist.

Niersteiner Heiligenbaum, 16,4 ha GL: Auflangen

Im Westen Niersteins, gegen den Ortsteil Schwabsburg hin, liegt der Heiligenbaum als Teil des rotliegenden Bergrückens, der hier jedoch sanfter ansteigt. Der Boden ist tiefgründiger und hält das Wasser besser, so daß stets fruchtige Weine wachsen, ohne immer große Mostgewichte zu erreichen. Hier stehen neben Riesling und Silvaner auch Traminer, Weißburgunder und Neuzüchtungen wie Kerner und Scheurebe. Die Niersteiner Weingüter Frh. Heyl zu Herrnsheim, Louis Guntrum, dessen Parzelle von einer ganz alten Mauer umgeben ist, Geschwister Schuch, Heinrich Braun und H. A. Strub teilen sich wesentliche Flächen dieser Lage.

Niersteiner Orbel, 18,8 ha GL: Auflangen

ist eine reine Südlage, wärmer, steiler und kleinklimatisch besser als der Heiligenbaum. Typisch für die rheinhessische Verkaufspsychologie ist, daß man früher die Orbel-Weine lieber unter dem Namen des benachbarten Heiligenbaums verkaufte, obwohl das von der Lage her eher ein Nachteil war. Die Vorliebe für sakrale Bezeichnungen und deren Marktwert zeigte sich auch hier. Heute ist dies nicht mehr gestattet.
Frh. Heyl zu Herrnsheim teilt sich mit den Weingütern Geschw. Schuch, Reinhold Senfter, St. Antony, Louis Guntrum, Heinrich Braun, Kurfürstenhof und Franz Karl Schmitt in das größte Stück dieser ausgezeichneten Riesling-Lage.

Niersteiner Kranzberg, 16 ha GL: Auflangen

Die Lage umfaßt den ganzen Kirchhügel, der Nierstein im Norden vorgelagert ist, mit Ausnahme der Südflanke, die die berühmte Lage »Glöck« darstellt. Geologisch ist der Kranzberg mit Lößboden auf Kalkuntergrund ein Kuckucksei in der sonst nur rotliegenden Großlage Auflangen.
Seine Weine bringen in die Niersteiner Palette eine eigene Nuance. Sie sind pikanter, moselhafter als alle anderen Niersteiner Kreszenzen. Sie haben mehr Rasse, meist mehr Säure und sind von duftiger Eleganz. Sie präsentieren sich früher ausgewogen und harmonisch als ihre Nachbarn vom Rotliegenden, dabei ist ihre Haltbarkeit unbestreitbar. Die Staatsdomäne, die Weingüter Frh. Heyl zu Herrnsheim, Franz Karl Schmitt, der Hermannshof und das Gustav Adolf Schmitt'sche Weingut, alle in Nierstein, haben die größten Stücke.

Niersteiner Hipping, 31 ha GL: Rehbach

Einer der bekanntesten Niersteiner Weinberge, der früher im Kernstück 6 ha groß war, zu dem auch so bekannte erstklassige Lagen wie Kehr, Fläschenhahl und Fuchsloch geschlagen wurden. Dem sonst rein rotliegenden Hipping wurde leider bei der Lagenneuordnung ein Stück der Hochfläche in gelbem Lehm-Lettenboden untergeschoben. Die Weingüter Frh. Heyl zu Herrnsheim, R. Senfter, Gustav Adolf Schmitt, St. Antony, Hermannshof und H. A. Strub sind die bekanntesten Hipping-Besitzer.

Niersteiner Brudersberg, 1,4 ha GL: Rehbach

Dieser wundervoll gelegene Weinberg hat fast reine Südlage und ein ausgezeichnetes Kleinklima. Als Südflanke einer weit zum Rhein sich vorschiebenden Geländenase dürfte der Brudersberg, nach klimatographischen Messungen, der günstigst gelegene Weinberg des ganzen Niersteiner Gebietes sein. Er ist im Alleinbesitz des Freiherr Heyl zu Herrnsheim'schen Weingutes in Nierstein.

Niersteiner Pettental, 32 ha GL: Rehbach

Das heutige Pettental umfaßt die berühmte Lage Rehbach und das Pettental der alten Kartierung. Eine strenge Abgrenzung hat dafür gesorgt, daß diese Lage, zusammen mit dem Ölberg, mit zu den kostbarsten Weinbergen Niersteins zählt. Im Pettental liegen die Flächen mit dem höchsten Einheitswert in Rheinhessen. Als halbe Südlage (SO) mit bis zu 75 %igen Steillagen, kommen diesen unmittelbar über dem Rhein gelegenen Weinbergen die Vorteile des Temperaturausgleichs vom Wasser zugute. Die Felder beim Übergang von der Ebene zum Hang gelten als besonders begünstigt, zumal dort die Feuchtigkeit lange erhalten bleibt. Die Böden des Rotliegenden haben in diesem Abschnitt besonders kiesigen Charakter, sind gut durchlüftet, verkrusten weniger leicht und erwärmen sich gut. Die Bodenerwärmung sorgt für frühen Austrieb, der Rhein schützt vor Spätfrösten, so daß in der Regel hier die besten Weine Niersteins wachsen – mit Ausnahme sehr trockener Jahre.
Besitzer im Pettental sind u. a. die Staatsdomäne, die Weingüter Frh. Heyl zu Herrnsheim, Geschw. Schuch, Reinhold Senfter, Gustav Adolf Schmitt, Balbach Erben, Louis Guntrum, Franz Karl Schmitt, Heinrich Braun und der Hermannshof.

Nackenheimer Rothenberg, 20 ha GL: Spiegelberg

Der Rothenberg ist nichts anderes als die Fortsetzung der weitläufigen Pettental-Lage mit denselben Bodenverhältnissen. Die roten, sandigen Schiefertone des Rotliegenden geben, verwittert, einen nährstoffreichen und kalireichen Boden ab, in denen ein kräftiger, extraktreicher Wein gedeiht, dem es niemals an einer feinen Blume fehlt. In trockenen Jahren läßt er zu wünschen übrig, da die Vegetation ins Stocken kommt und der Wein nicht genug Säure hat. Die Silvaner-Rebe bringt hier feine und vollmundige Weine hervor, die natürlich nicht die Haltbarkeit und das zauberhafte Spiel der Riesling-Hochgewächse haben.
Der Rothenberg gilt weithin als der »fröhliche Weinberg« des in Nackenheim geborenen Dichters Carl Zuckmayer, dessen Vater dort Besitzer einer Metallkapselfabrik war.
Als einer der berühmtesten Weingärten Rheinhessens hat er viele Besitzer, von denen wir nur zwei nennen wollen: die Staatsdomäne und das berühmteste Weingut Nackenheims: Gunderloch-Usinger.

Die grossen Lagen

Dienheimer Tafelstein, 80 ha GL: Güldenmorgen
Nur einen Katzensprung südlich Oppenheim gelegen, ist Dienheim mit einer Anzahl guter Weinberglagen gesegnet. An ihrer Spitze verdient der Tafelstein besondere Beachtung, dessen Kleinklima und Bodenbonität wenig Wünsche offenlassen. Er gehört, außer der Staatsdomäne in Oppenheim, die auch dort ein Stück Rebland besitzt, u. a. den Oppenheimer Weingütern Carl Sittmann, Dr. Dahlem Erben, Friedrich Baumann, dem Weingut Dr. Becker in Ludwigshöhe, den Niersteiner Gütern Senfter, Guntrum, Braun und Stallmann-Hiestand in Uelversheim.

Oppenheimer Kreuz, 5 ha GL: Güldenmorgen
Heute ein Teilgebiet der gleichnamigen, aber 70 ha großen Lage von Dienheim. Grenzt im Westen und Norden an den Sackträger, befindet sich also in sehr edler Gesellschaft und hat selbst große Qualitäten. Unter den Besitzern sind die Weingüter Dr. Dahlem Erben, Dr. Becker, Friedrich Baumann, Reinhold Senfter und die Staatsdomäne.

Oppenheimer Zuckerberg, 3 ha GL: Güldenmorgen
Dieser kleine Weinberg wird nicht nur von der Staatsdomäne in Oppenheim und dem dortigen Weingut Sittmann bewirtschaftet, ein Teil gehört auch der Stadt Oppenheim als kommunaler Besitz. Er liegt unmittelbar unter dem

Oppenheimer Schloßberg, 6 ha
der nach der Ruine Landskron benannt wurde.

Nackenheimer Engelsberg, 60 ha GL: Spiegelberg
Der Engelsberg war vor der Lagenneuordnung mit 4,5 ha eine so hochbewertete Lage wie der Nackenheimer Rothenberg und brachte auf den steilen Engelsberg-Terrassen in den meisten Jahren die elegantesten Weine Nackenheims hervor. Weingut: Gunderloch-Usinger.

Bodenheimer Hoch, 74 ha GL: St. Alban
Infolge der wasserhaltigen Kraft der schweren Böden wachsen gerade hier in sehr trockenen und heißen Jahren Weine von hervorragender Qualität: vollreife, fruchtige und dabei sehr bukettreiche Rieslinge. Die Weingüter Oberstleutnant Liebrecht, Linus Haub und J. B. Riffel – Joh. Jamin haben Flächen dieser zweifellos besten Lage.

Bodenheimer Reichsritterstift, 2,2 ha GL: St. Alban
Bis 1971, als er seinen Namen an die Großlage abtreten mußte, hieß dieser Weinberg »St. Alban«. Der heilige Albanus, mit missionarischen Aufgaben betraut, soll hier in der Nähe von einem der durchziehenden Vandalen erschlagen worden sein. 805 wurde ihm ein Kloster geweiht, dessen Mönche den heutigen Weinberg gerodet haben. Das Kloster wurde 1490 in ein Reichsritterstift umgewandelt. 1900 ging der ummauerte Weinberg, eine reine Südlage, in den Besitz der Staatlichen Weinbaudomäne Mainz-Bodenheim über. Das Reichsritterstift ist dem »Hoch« absolut gleichwertig.

Bodenheimer Westrum, 39 ha GL: St. Alban
Der dritte im Bunde der großen Bodenheimer Lagen ist dieser Weingarten, südlich des Hoch gelegen, der vornehmlich den Weingütern Oberstl. Liebrecht, Linus Haub und Riffel-Jamin in Bodenheim gehört.

Bodenheimer Silberberg, 22 ha GL: St. Alban
Dieser hervorragende Weinberg sollte bei der Aufzählung der besten Bodenheimer Lagen nicht vergessen werden. Deutet doch sein Name schon auf die Silberlinge, die sein Besitz zu bringen vermag. In den teilen sich u. a. die Oberstl. Liebrecht'sche Weingutsverwaltung und Linus Haub.

Ein erstklassiges rheinhessisches Weingut im Bereich Nierstein wollen wir unseren Lesern nicht vorenthalten, auch wenn es in den von uns genannten Lagen keinen Besitz hat. Es ist der Rappenhof von Dr. Reinhard Muth in Alsheim, wenige Kilometer südlich von Oppenheim.

Zum Weinbaugebiet Rheinhessen gehören auch einige hervorragende Lagen von Bingen, obwohl sie Weine hervorbringen, deren Charakter mehr den Weinen des benachbarten Nahetals und denen mancher Rheingaulagen ähnelt. Der Rhein hat sich hier tief in das devonische Gebirge eingegraben und Bingen vom Rheingau getrennt. Der Phyllit-Schiefer, der vielen Rheingaulagen zum Weltruf verhalf, gibt wertvolles Material zur Überschieferung der Weinberge ab.

Binger Scharlachberg, 35,3 ha GL: St. Rochus-Kapelle
Über dem Phyllit-Schiefer liegt hier Quarzit, ein sehr nährstoffarmer, zäher Boden, dessen Gehalt an Eisenoxyd beim Verwittern den Boden rot färbt – ein Vorgang, der dem Scharlachberg offenbar seinen Namen gegeben hat. Nachdem die Humusversorgung des Scharlachbergs gelöst ist, mangelt es den Rieslingen dort nicht mehr an Frucht und Eleganz. Besitzer wie das Weingut Villa Sachsen in Bingen, dem ein großer Teil dieser Lage gehört, sorgen dafür, daß auf die Scharlachberg-Weine immer Verlaß ist, zu denen auch Ruländer und Gewürztraminer gehören.

Binger Schloßberg-Schwätzerchen, 110 ha
GL: St. Rochus-Kapelle
entstand aus einer Zusammenlegung des Binger Schwätzerchen, des der Stadt Bingen gehörenden Schloßbergs, und des bekannten Hanges des Binger Eisel. Im letztgenannten haben die Villa Sachsen und das Weingut Espenschied-Heuß, dem auch Teile des Scharlachbergs und des alten Schwätzerchens gehört, schon seit langer Zeit Besitz. Auch das P. A. Ohler'sche Weingut ist im Scharlachberg und Schloßberg-Schwätzerchen vertreten.

Sie müssen wissen

Liebfraumilch, Liebfrauenmilch
In Rheinhessen stoßen wir auf den berühmtesten deutschen Wein, der sich – das darf man ohne Übertreibung sagen – die Welt erobert hat, ohne daß er aus einer berühmten Lage käme. Auf den Banketten der Belle-Epoque war er oft der teuerste deutsche Wein und trat sogar mit Auslesen und Beerenauslesen auf. Heute findet man ihn auf den Weinkarten von Waikiki, Hongkong, Melbourne, Kapstadt, Rio und San Francisco, und er hat Ungeheures für die Propaganda des deutschen Weines im Ausland getan. Carl Zuck-

mayer hat beobachtet, daß er oft im Ausland verfälscht wird und daß man ganz andersartige Weine mit ebenso im Ausland hergestellten Liebfrauenmilch-Etiketten versieht.
Die Liebfrauenmilch ist ein ähnliches Phänomen wie der Volkswagen. Sie leitet ihren Namen von den ummauerten Rebgärten ab, die rings um das Wormser Liebfrauenstift liegen und hauptsächlich den Weingütern Langenbach und Valckenberg gehören. Die »Liebfraumilch« oder die »Liebfrauenmilch« (beides ist dasselbe) hat allerdings mit diesen Rebgärten nichts zu tun.
Die Liebfrauenmilch von heute ist ein Typenwein, dessen Charakter im Weingesetz genau festgelegt wurde. Ihr Herkunftsraum wurde nicht auf Rheinhessen beschränkt, sondern auch auf andere deutsche Anbaugebiete ausgeweitet. Nebenbei sei erwähnt, daß sich Rheinhessen angestrengt bemüht hat, den Typenwein Liebfrauenmilch auf das Ursprungsland zurückzuführen, was aber über das Ministerium leider nicht verwirklicht wurde. Der Gedanke des Weinbauverbandes Rheinhessen war es, durch die Einengung des Herkunftsraumes und die damit verbundene strengere Überprüfung der Weine mit der Bezeichnung Liebfrauenmilch eine Aufwertung dieses Begriffes auf dem Markt durchzusetzen. Diese Aufwertung ist durch den weitgespannten Herkunftsraum nicht gelungen.

Aus dem historischen Kernstück der Liebfraumilch-Weine, den Weingärten um die Liebfrauenstiftskirche, wurde nach 1909, als Liebfraumilch ein Typenwein geworden war, die Weinbezeichnung Wormser Liebfrauenstiftswein eingeführt. Heute führen die Weine dieser Lage die Bezeichnung **Wormser Liebfrauenstift Kirchenstück** und werden von den Wormser Häusern P. J. Valckenberg und Langenbach in den Handel gebracht.

Niersteiner Domtal
ist fast so weltbekannt wie »Liebfrauenmilch«, war früher ein Gattungslage-Name wie etwa »Binger Rosengarten«, »Oppenheimer Krötenbrunnen« u. a. Das führte trotz oder wegen des renommierten Namens im Laufe der Jahre zu allerhand Unstimmigkeiten und Ärgernissen. So kam es, daß Niersteiner Winzer, denen der gut eingeführte Gattungsname Niersteiner Domtal mehr und mehr zu entgleiten drohte, am 22. 12. 1959 beim Deutschen Patentamt in München unter Nr. 732285 die Bezeichnung

Niersteiner Gutes Domtal
eintragen ließen. Nur Niersteiner Weinbergbesitzer und Gewerbetreibende, die auf Grund ihres Besitzes, ihrer Kellerbücher und Geschäftsbücher jederzeit den zuständigen Kontrollorganen die ordnungsgemäße Herkunft des Weines aus Niersteiner Weinbergbesitz nachweisen konnten, durften danach »Niersteiner Gutes Domtal« in den Verkehr bringen. Gutes Domtal war patentamtlich auf Antrag der Gemeinde Nierstein geschützt.
Auf Grund der Neuordnung der Bezeichnungsvorschriften – insbesondere in bezug auf die Neufestsetzung von Lagen, Großlagen und Bereichen – wurde von Nierstein die Bereitschaft erklärt, die registergerichtlich eingetragene Bezeichnung Gutes Domtal für die neue Großlage hinzugeben.
Die Großlage Gutes Domtal umfaßt nun neben nur einer Nierstein-Schwabsburger Einzellage die Rebflächen weiterer vierzehn benachbarten Gemeinden. Dies sind die Gemarkungen Nieder-Olm, Sörgenloch, Zornheim, Mommenheim, Selzen, Hahnheim, Köngernheim, Undenheim, Friesenheim, Weinolsheim, Dalheim, Dexheim, Lörzweiler und Nackenheim mit der Lage »Schmittskapellchen«.
Die gesamte Rebfläche der 31 Einzellagen, die wahrscheinlich nur unter der renommierten Großlagenbezeichnung »Gutes Domtal« vermarktet werden, umfaßt 1330 ha. Damit ist die heutige Bezeichnung »Gutes Domtal« etwa an die Stelle des alten »Niersteiner Domtals« getreten, denn Nierstein selbst ist in dieser Großlage nur mit der Lage Pfaffenkappe vertreten. Wer heute nur gefällige Niersteiner Weine trinken will, die nicht zu den exklusiven Gebieten der Großlagen **Auflangen** und **Rehbach** gehören, sondern etwa das, was man früher unter »Niersteiner Gutes Domtal« verstand, dem empfehlen wir die Weine von der Großlage **Spiegelberg,** die bis auf die zwei besten Nackenheimer Lagen Rothenberg und Engelsberg sämtlich aus Niersteiner Reblagen besteht.

Ingelheimer Rotwein
Man sagt ihm nach, daß ihn Karl der Große aus Burgund in seiner Kaiserpfalz zu Ingelheim eingeführt und das Anlegen von Burgunder-Rebgärten dort per-

sönlich überwacht habe. Die hochwertigsten Ingelheimer Rotweine sind auch heute Spätburgunder und seine Abkömmlinge Müllerrebe (Pinot Meunier, Schwarzriesling) und Blauer Frühburgunder. Die beiden letztgenannten nehmen jedoch nur kleine Flächen ein. Die Weingüter Sonnenberg / J. Neus und Rodensteiner Hof / J. Wasem & Söhne, beide in Ingelheim, haben u. a. Besitz auf den Ingelheimer Rotweinlagen und bringen bemerkenswerte Qualitäten auf den Markt. Die am häufigsten angebaute Sorte im rheinhessischen Rotweingebiet ist, trotz stetigem Rückgang, der Blaue Portugieser.

Rheingau

Bereich

Johannisberg, 2900 ha
(sehr gute, gute bis einfache Weißweine, gute Rotweine)

Rheingauer Rieslinge gehören seit über einem Jahrhundert zu den weißen Spitzenweinen der Welt, von denen einer immer auf allen Weinkarten ganz unten steht, die Flasche zu hohen zwei- oder auch dreistelligen Preisen. Dazu gehören nicht nur die weltberühmten Schloß Johannisberger Goldlack-Weine, die Auslesen vom Rüdesheimer Berg, die besten Marcobrunner, die edelsten Steinberger des Klosters Eberbach und der von intimen Kennern besonders geschätzte Rauenthaler Berg, der schon vor über hundert Jahren mit seinem Jahrgang 1861 als der beste Weißwein der Welt galt und in London, Paris und Wien Erste Preise der Weltausstellungen erhielt.

Der Grund für die besonders und beständig hohen Qualitäten der Rheingauer Spitzenweine liegt

- im Boden selbst, dessen Beschaffenheit mosaikartig wechselt und den einzelnen Rheingauer Lagen trotz vieler Gemeinsamkeiten im Charakter der Weine ihre »persönliche« Note gibt. Phyllit-Schiefer, Quarzit-Schotter, Muschelkalk-Mergel, schwarze Letten- und Lehmböden mit Löß-Schleiern wechseln in bunter Folge,
- in den zahlreichen auf den Höhenzügen durch die Wisperwälder vor rauhen Nordwinden geschützten Südlagen,
- in der Nähe des Rheinstroms, der wärmeausgleichend wirkt und die für die Edelfäule so wichtigen Herbstnebel festhält,
- in dem großen Vorbild der Weinkultur, das heute die aristokratischen Weingüter geben, wie es früher die Mönche von Johannisberg und Eberbach getan haben,
- in dem fanatischen Qualitätsanspruch auch des kleinsten Rheingauer Winzers,
- in den immer wieder verwerteten Ergebnissen modernster wissenschaftlicher Forschung in einer der bedeutendsten Weinakademien der Welt in Geisenheim und – last not least –
- in dem geheimnisvollen Rebenknaben Riesling, der hier »im hohen Norden« seine fürstlichen Gewächse hervorbrachte, die unvergleichlich sind in der schier unerschöpflichen Varianz, ihrer illustren Blume und ihres zauberhaften Säurespiels.

Selbst die bejahrten Beerenauslesen des Rheingaues vermögen ihre lukullische Süße noch mit jenem herbfrischen Abgang zu mildern, der wie eine jüngferliche Liebkosung auf der Zunge verweilt und der nur der Riesling seinen Patriarchen zu bewahren vermag.
Im Jahre 1990 betrug die Rebfläche auf diesen gesegneten Südhängen des Taunusgebirges, zu denen man auch die Lagen von Aßmannshausen und Lorch noch zu zählen hat, 2900 Hektar. Die jüngste Neuordnung des Weinbaukatasters ging unter entsprechenden Vorschlägen der Winzer fast reibungslos vor sich. Dadurch, daß es einer verständigen Zusammenarbeit gelang, den Lagen-Egoismus zu neutralisieren, kam im Rheingau geradezu das Modell einer vernünftigen Handhabung der gesetzlich geforderten Lagenneuordnung zustande, wie es anderen deutschen Spitzenweingebieten zum Vorbild hätte gereichen können.

Reben

Riesling (Weißer Riesling; Rheinriesling, Rheingauer, Hochheimer, Johannisberger, Klingelberger, Gräfenberger, Kleinriesler, Gewürztraube, Pfefferl; Frankreich: auch Gentil Aromatique; Schweiz: auch Petit Rhin; Italien: Riesling renano; Slowenien, Kroatien: Renski Rizling, Rizling rajnski bijeli).
Die Riesling-Rebe stammt vom Rhein. Sie wurde jahrhundertelang verkannt und im Mischsatz angebaut. Ihre besonderen und ganz eigenartigen Qualitäten kamen erst vor etwa 350 Jahren zur Geltung, als man allmählich erkannte, daß diese eher kleinen, dichtbeerigen Trauben ihre schönsten Eigenschaften fast nur an der nördlichen Grenze des Weinbaugebietes entwickelten. Der Riesling reift spät und stellt höchste Ansprüche an die Lage. Je nach Lage und Bodenart vermag er eine faszinierende Mannigfaltigkeit an Geschmacks- und Geruchsnuancen zu entwickeln. Riesling-Weine, auch durchschnittlicher Lagen und Jahre, erreichen ihren Höhepunkt nicht vor dem dritten bis sechsten Jahr. Die besten können zwei bis drei Jahrzehnte und länger lagern, wenn gute Kellerbedingungen vorliegen.

Der Rheingau ist klassisches Riesling-Land. Nur relativ kleine Flächen bleiben da für andere weiße Sorten wie

Grauburgunder
Weißburgunder
Traminer
Silvaner
Kerner oder

Ehrenfelser, eine Riesling × Silvaner-Kreuzung der Forschungsanstalt für Weinbau in Geisenheim. Die Rebe wird als Sorte für Riesling-Grenzlagen angegeben, braucht also eher gute Lagen. Ihr Ertrag ist leicht höher als der des Rieslings wie auch das Mostgewicht, die Säure liegt leicht darunter. Der fruchtige, rieslingartige Wein erscheint früher reif, erreicht häufig Spät- und Auslesen, jedoch selten die nachhaltige Rasse und Eleganz der hochwertigen Rieslinge.

Blauer Spätburgunder (Pinot noir, Blauburgunder, Clevner, im Rheingau auch Klebrot).
Diese edle Rotweinrebe wurde von den Zisterziensern aus Burgund zuerst nach Kloster Eberbach auf den Steinberg verbracht, später wurde sie auf den Aßmannshäuser Höllenberg umgesiedelt, wo die Staatsweingüter ihren repräsentativen Burgunder erzeugen. Die Spätburgunder vom Aßmannshäuser Höllenberg, wo sie auf Phyllit-Schiefer wachsen, erscheinen zarter und feinfruchtig mit spezifischem Duft, und sollten nicht mit den klassischen französischen Burgundern verglichen werden. Es sind Weine, die langsam reifen.

Sehr gute Jahrgänge:
1953, 1959, 1964, 1971, 1976, 1988, 1990
Gute Jahrgänge:
1962, 1964, 1966, 1975, 1983, 1985, 1986, 1989

Die Spitzenlagen

Die ganz große Klasse unter den Weinberglagen des Rheingaus beginnt im Osten mit dem berühmten Rauenthaler Berg. Dort liegen dicht nebeneinander der

Rauenthaler Baiken, 15 ha GL: Steinmächer

eine Südlage auf Gneis und Erosionserde mit Taunusquarzit, Lößschleiern und wasserhaltigem Grund. In seinen Besitz teilen sich die Staatsweingüter, das Langwerth von Simmern'sche Rentamt, beide in Eltville, die Domäne Schönborn in Hattenheim und das Weingut Sturm in Rauenthal. Schon vor 100 Jahren galt der Rauenthaler Baiken als der beste Weißwein der Welt und sammelte Goldmedaillen auf den Weltausstellungen von London, Paris und Wien.
Durch die Neuordnung des Weinkatasters wurden über 10 ha der erstklassigen Rauenthaler Lagen Heuberg, Wieshell und Steinhaufen verständigerweise dem berühmteren Baiken zugeschlagen. Mit einigen kleinen anderen Lagen ist so der neue Rauenthaler Baiken etwas mehr nach SW gerutscht.
Etwas oberhalb grenzt der

Rauenthaler Gehrn, 18 ha GL: Steinmächer

an. Beides sind je nach Jahrgang wuchtige und fruchtige Weine mit einem feinen Säurespiel und einer meist wundervollen Blume, die die Kenner entzückt. Die Besitzverhältnisse sind ähnliche wie im Baiken.
Neben dem Rauenthaler Gehrn, der seinen Namen von »Ger« (Speerspitze) hat und ein keilförmiges Ackerstück war, das durch die Lagenneuordnung eher eine Wendung nach Südosten gemacht hat, liegt etwas unterhalb der

Rauenthaler Wülfen, 14 ha GL: Steinmächer

auf den alle dem berühmtesten Rauenthaler gegebenen Prädikate genauso zutreffen. Nicht nur in diesen Weinbergen am Rauenthaler Berg, sondern auch im benachbarten Kiedrich, ja überall im Rheingau, in den mittleren und höheren Lagen wie auch am Aßmannshäuser Höllenberg, am Geisenheimer Rothenberg, am Johannisberg usw. ist es der Phyllit-Schiefer (phyllon = Blatt), ein seidiger, dünnwandiger Flächenschiefer, manchmal grüngrau, manchmal violett, mit Quarz, Serizit, Chlorit, der nicht nur als Dachschiefer beliebt ist, sondern auch als Weinbergsboden. Er hält den Reben die Füße warm und gibt dem Wein eine ganz eigentümliche, unnachahmliche, fruchtige, stoffige und im Ausgleich zwischen reifem Körper und Säure harmonische Art. Die Staatsweingüter besitzen 4 ha dieses Weinbergs, der noch der Domäne Schloß Schönborn, Schloß Reinhartshausen in Erbach, den Weingütern August Eser in Oestrich, J. B. Becker in Niederwalluf u. v. a. gehört.

Kiedricher Gräfenberg, 11 ha GL: Heiligenstock

dessen Weingärten zwar nicht ganz die Preise des Rauenthaler Berges erzielen, aber trotzdem von Kennern zu den Großen des Rheingaues gezählt werden. Der Südwesthang, in der Nachbarschaft der Burgruine Scharfenstein, bringt zarte, feinfruchtige und geschliffene Weine hervor, die dort auf sandigem, tonigem Lehmboden und Quarzit-Schotter wachsen und die ihre Liebhaber finden. In seinen Besitz teilen sich die Staatsweingüter und die Kiedricher Weingüter Dr. R. Weil und Schloß Groenesteyn.
Südlich von Kiedrich, wo übrigens die graziöseste aller Wein-Madonnen steht, liegt Erbach, und noch ehe die Bahn, von Rüdesheim kommend, das Dorf und das Schloßhotel Reinhartshausen erreicht, durchschneidet sie einen der berühmtesten deutschen Weinberge, den

Erbacher Marcobrunn, 5,2 ha GL: Deutelsberg

Dieser Weinberg hat einen uralten Ruf und kommt schon vor 1200 in einem Lehensverzeichnis vor. 1104 ist da bereits ein Weinberg »markoburnen« erwähnt. Den Namen hat er jedoch nicht, wie viele meinen, vom heiligen Markus, sondern von einem Markbrunnen, einer Grenzquelle.
Der Jahrgang 1893 ist damals fast ganz an den Hof des Zaren Nikolaus II. gegangen. Er konnte davon nicht genug haben. Auch Dwight D. Eisenhower ist ehemals eigens nach Schloß Reinhartshausen gekommen, um sich mit 1959er Marcobrunn-Auslesen einzudecken. Es ist ein körperreicher, fruchtiger, würziger Wein mit großem Spiel und einer märchenhaften Blume, wenn er gut gerät. Dadurch, daß dieser klassische deutsche Weinberg ständig Wasser führt, bringt er auch in trockenen Jahren hervorragende Ernten. Eine 1,20 Meter tiefe Tonschicht, von Löß überlagert, sichert seine ständige Sättigung. Die Auslesen und Beerenauslesen haben genügend Säure und Körper, um nach Jahrzehnten alles in den Schatten zu stellen, was es an Weißwein auf der Welt gibt, wenn es nicht gerade in der Nachbarschaft gewachsen ist.
Der Weinberg gehört den Staatsweingütern, dem Weingut Prinz Friedrich von Preußen auf Schloß Reinhartshausen, dem idyllischen Weingut des Freiherrn Langwerth von Simmern, dem Domänenweingut Schloß Schönborn, dem Klosterhof Drais des Freiherrn zu Knyphausen in Eltville und den Weingütern Maximilianshof – Eberhard Ritter und Edler von Oetinger und Detlev Ritter und Edler von Oetinger, beide in Erbach.
Fast so hoch bewertet wird der

Hattenheimer Nußbrunnen, 10,3 ha GL: Deutelsberg

der seinen Namen nach früher an der Quelle stehenden Nußbäumen erhielt. Die Lage gehört größtenteils dem Frh. Langwerth von Simmern, der Rest dem Weingut der Stadt Eltville in Hattenheim (Georg-Müller-Stiftung), Schloß Reinhartshausen, der Domäne Schloß Schönborn, dem Pfarrgut Hattenheim und dem einheimischen Weingut Balthasar Ress. Es folgen

Hattenheimer Wisselbrunnen, 18 ha GL: Deutelsberg

der schon 1211 als »undervistelborne« erwähnt wurde, und

Hattenheimer Mannberg, 11,25 ha GL: Deutelsberg

Weinberge, die Kreszenzen von erlesener Güte hervorbringen, saftige, feinfruchtige und elegante Weine, die sich lange halten und mit ihrem feinen Spiel und sehr sehr langsamen Säureabbau den Kenner entzükken. Diese Weine wachsen auf stark sandigem Lehm und Löß und haben auch in trockenen Jahren die erforderliche Feuchtigkeit. Es sind vor allem tertiäre Cyrenenmergel, die hier sowie im benachbarten Erbach und dem höher gelegenen Hallgarten dem Wein seine besondere Art verleihen. Mit der Lage Hattenheimer Mannberg wurden die Freiherrn Langwerth von Simmern im Jahre 1464 belehnt, und so gehört diese Lage bis auf einen kleinen Teil, der im staatlichen Domänenbesitz ist, ausschließlich dem Freiherrn Langwerth von Simmern. Alle drei sind fast gleich hoch zu bewertende Weinberge, die auch immer hohe Preise bei den Auktionen erzielen. Anteile am Wisselbrunnen haben u. a. die Domänen Schloß Schönborn, Schloß Reinhartshausen, Freiherr zu Knyphausen, die einheimischen Weingüter Balthasar Ress und Hans Lang.

Die meisten intimen Kenner des Rheingaues schätzen auch den

Steinberger, 32,1 ha GL: Deutelsberg

von dessen Cabinet-Weinen sich Fürst Bismarck regelmäßig einen erheblichen Teil sicherte. In der ersten Weinversteigerung nach dem 2. Weltkriege wurden einige Flaschen »Steinberger Trockenbeeren-Auslese« aus dem gesegneten Weinjahr 1921 für »nur« 70,– DM die Flasche versteigert. Bei der Spitzenwein-Versteigerung 1985 wurde für eine Flasche 1893er Steinberger 22 000,– DM bezahlt, die bis dahin höchste Summe für einen deutschen Wein. Heute werden für Trockenbeeren-Auslesen nicht so alter Jahrgänge aus edlen Lagen des Rheingaues oft genug hohe drei- und vierstellige Summen erreicht.
Der Weinberg wurde 1766 von den Zisterzienser-Mönchen des Klosters Eberbach mit einer 2,5 Kilometer langen Mauer umgeben, obgleich nur das mittlere Drittel davon wirklich erstklassiger Rebboden ist. Die moderne und hochentwickelte Kellerwirtschaft der Staatsweingüter achtet darauf, daß die Steinberger-Auslesen, die unter diesem Namen verkauft werden, wirklich nur von dem besten Drittel des Weinbergs und auch da nur in befriedigenden Jahrgängen als solche etikettiert werden.
Zwischen Hattenheim und Winkel findet man zwar hervorragende und typische Rheingauer Weine, aber keine markant edlen Rebsäfte.

Schloß Johannisberger, 35 ha GL: Erntebringer

wächst auf dem Prunkhügel des Rheingaues zumeist auf reiner Südlage. Löß liegt dort auf Quarzit-Grund und bildet einen Boden mit hohem Basengehalt. Dort wachsen elegante, duftige und fruchtige Weine von unverkennbarer Eigenart und oft mädchenhafter Grazie. Zur Tradition des Fürstlich Metternich'schen Weinguts Schloß Johannisberg gehörte es, daß es alle Spätlesen, Auslesen, Beeren- und Trockenbeeren-Auslesen in einer Standard- und in einer gehobenen Qualität herausbrachte, die sich durch die verschiedenen Kapsel-Farben unterschieden. Die gehobenen Qualitäten jeder Leseklasse bezeichnete man als Cabinet-Weine«. Nachdem der Gesetzgeber den Ausdruck Kabinett für die unterste Stufe der »Qualitätsweine mit Prädikat« mit Beschlag belegte, zeigt sich das Angebot von Schloß Johannisberg, nach wie vor durch Kapsel-Farben unterschieden, wie folgt auf dem Markt:

Kabinett	=	Rotlack
Gehobene Qualität	–	Orangelack
Spätlese	=	Grünlack
Gehobene Qualität	–	Weißlack
Auslese	=	Rosalack
Gehobene Qualität	–	Himmelblaulack
Beerenauslese	=	Rosa-Goldlack
Gehobene Qualität	–	Blau-Goldlack
Trockenbeerenauslese	=	Goldlack

Der Johannisberg ist einer der repräsentativen Weinberge Deutschlands von unbestrittener Weltklasse. Der Berg trug bereits Reben im 9. Jahrhundert, wie eine Urkunde Ludwigs des Frommen aus Ingelheim beweist. Lange wechselte er die Besitzer, bis 1716 der Fürstabt von Fulda mit seinen Benediktinermönchen den Weinberg zu einer neuen Blüte brachte und die heute noch stehenden Schloßgebäude mit dem großen Keller (1721) errichtete, in deren Bereich ein Denkmal an die hübsche, leider auch andernorts kolportierte Sage von der Entdeckung der Spätlese erinnert. 1802 wurden die Mönche, denen der Rheingau die hochstehende Rieslingkultur zu verdanken hat, vertrieben. Über Napoleon kam das Stift Johannisberg schließlich an Kaiser Franz I. von Österreich, der es 1816 seinem Staatskanzler, dem Fürsten von Metternich-Winneburg, schenkte. Mit dieser Schenkung ist bis zum heutigen Tage die Auflage verbunden, den 10. Teil der Weinernte an das Österreichische Kaiserhaus bzw. dessen Rechtsnachfolger abzugeben(!).
Metternichs Urenkel, Fürst Paul Alfons von Metternich-Winneburg, brachte die Entwicklung des Weinguts nach einer völligen Renovierung der bombengeschädigten Gebäude nach dem Zweiten Weltkrieg auf seinen heutigen Höchststand.

Geisenheimer Rothenberg, 36 ha GL: Burgweg

Dieser Weinberg trägt seinen Namen seit Jahrhunderten von dem durch Eisen rotgefärbten Quarzit- und Tonschieferboden und gehört folgenden Weingütern: Schloß Schönborn in Hattenheim, Freiherr von Zwierlein und dem Erbslöh'schen Gut in Geisenheim, der Hessischen Lehr- und Forschungsanstalt in Geisenheim, der Gutsverwaltung Geh. Rat J. Wegeler Erben – Deinhard in Oestrich-Winkel u. a.

Von Geisenheim nach Rüdesheim ist nur ein kleiner Sprung. Hinter Rüdesheim, da, wo der Rhein seinen bekannten Knick nach Norden macht, räkelt sich unter dem Schutz des Niederwalds der Rüdesheimer Berg im Sonnenlicht. Auf ihm liegt gleich hinter dem Westausgang des kleinen, vielbesungenen Weinstädtchens – übrigens der Residenz des Rheingaues – der

Rüdesheimer Berg Rottland, 37 ha GL: Burgweg

Der kostbarste Teil dieses Weinberges, unten östlich am Hang der Straße, ist das Gebiet des alten Rüdesheimer Bronnen, der seinen Namen nach einem alten Brunnen trägt, der früher zum Ehrenfelser Zollhaus gehörte. Viele Fachleute hielten den alten Rüdesheimer Bronnen, der während der Lagenneuordnung im Rottland aufgegangen ist, für den kostbarsten Weinberg Rüdesheims überhaupt.
Rottland bedeutet dabei nicht etwa »verrottetes Land«, sondern »gerodetes Land«, zu dem übrigens auch das renommierte »Rüdesheimer Hinterhaus« geschlagen wurde.
Die Besitzer des neuen Rüdesheimer Berg-Teiles Rottland sind außer den Staatsweingütern die Weingüter Schloß Groenesteyn in Kiedrich, G. H. von Mumm in Geisenheim, J. Wegeler-Erben in Winkel, Schloß Schönborn, das Weingut Prinz von Hessen in Johannisberg, die Güter G. Breuer und Dr. H. Nägler in Rüdesheim, Balthasar Ress in Hattenheim, Friedrich Altenkirch in Lorch, Espenschied in Walluf u. a.

Rüdesheimer Berg Schloßberg, 29 ha GL: Burgweg

Zu diesem altbekannten Rüdesheimer Weinberg, auf dem Schloß Ehrenfels steht und der der Mäuseturm-Insel genau gegenüberliegt, wurde durch die jüngste Weinkatasterordnung die frühere Lage Rüdesheimer Burgweg geschlagen, dessen Name neuerdings die Großlage-Bezeichnung aller Rüdesheimer Lagen geworden ist. Besitzmäßig ist die Lage Berg Schloßberg, von der ein Viertel dem Staatsweingut und Teile der Gutsverwaltung Geh. Rat Wegeler Erben sowie Schloß Schönborn gehören, leider zu sehr aufgesplittert. Unter anderem partizipieren noch Schloß Groenesteyn – Kiedrich, die Mumm'sche Domäne in Geisenheim, die einheimischen Weingüter Georg Breuer und Dr. H. Nägler, Balthasar Ress in Hattenheim, die Aßmannshäuser Güter August Kesseler, »Krone« und Robert König u. v. a.

Diese wirklich edle Rüdesheimer Lage läßt da, wo Quarzitschutt auf sandigem, tonigem Lehm liegt, körperreiche, milde Weine mit feiner Blume und elegantem Spiel gedeihen. In mittleren Jahren findet der Kenner dort oft die besten Weine des Rheingaues überhaupt.
Fahren wir nun die Rheinuferstraße entlang nach Norden bis Aßmannshausen und biegen dort rechts ab, so erhebt sich hinter den verblaßten Giebeldächern der letzten Häuser als reine Südlage der

Aßmannshäuser Höllenberg, 55 ha GL: Steil

Er ist nach Ansicht einiger Experten Deutschlands teuerster Rotweinberg. Sein Name hat gar nichts Teuflisches an sich. Auch sind die dort herrschenden Temperaturen keineswegs höllisch. Die Bezeichnung leitet sich bei Weinbergnamen fast immer von »Helle, Helde, Halde« ab. Die Staatsweingüter, denen der Hauptteil des berühmten Berghanges gehört, kultivieren dort die edle Burgunder-Rebe Pinot noir auf Phyllit-Schiefer. Sie bringt den höchstbezahlten deutschen Spätburgunder hervor, aber keineswegs immer den absolut besten. Die Pinot-noir-Ernten in einigen Lagen des Ahrtals, am Kaiserstuhl, vor allem am Ihringer Winklerberg sowie in den besten Lagen von Bickensohl haben in manchen Jahren mehr Farbe und meist mehr Alkohol, können es zu einer hinreißenden Blume bringen, ohne indessen die Kernigkeit und die Frucht des Höllenbergs zu erreichen. Die ganze Art ist eine andere. Manche Experten des Rheingaues würden auf dem Aßmannshäuser Höllenberg lieber Riesling anbauen. Es ist natürlich klar, daß die Staatsweingüter in ihrem Bereich auch einen repräsentativen Rotwein brauchen, und da ist keiner der staatlichen Weingärten besser geeignet als der Höllenberg. Eine Anzahl Weingüter wie die Mumm'sche Domäne, Schloß Schönborn und die einheimischen Güter Robert König, August Kesseler, das Weingut »Krone«, Fritz Perabo u. v. a. bewirtschaften den Rest.

Die grossen Lagen

Wie in jedem Weinbaugebiet, so können auch hier die Einschnitte der Klassifizierung nun mehr oder weniger willkürlich sein. In Wirklichkeit sind die Grenzen fließend zwischen der Aristokratie und dem Patriziat der großen Rheingaulagen, und in sehr guten Jahren,

Der höchste Weinberg Europas auf über 1200 m bei Visperterminen im Wallis.

Schloß Aigle im Chablais (Waadt), einst Sitz der Berner Vögte.

Lese am kostbaren Dézaley-Weinberg bei Rivaz am Genfer See. Seit dem 12. Jahrhundert mit Reben bepflanzt, auf Anraten des damaligen Bischofs von Lausanne, einem Burgunder.

in denen der Wein richtig ausreifen konnte, können Voraussetzungen entstehen, die einen Kenner die etwas weniger hoch dotierten Lagen bevorzugen lassen. Die großen Lagen stehen sozusagen auf Luke hinter den Spitzenlagen, und wir haben Beispiele genug, daß erstklassige Rebkultur und Kellerwirtschaft auch einem zweitklassigen Weinberg edle Säfte entlocken können.
Zu den Premiers Crus des Rheingaues zählt ein Gebiet, das zwar politisch, nicht aber landschaftlich zu dem eigentlichen Rheingau gehört. Es ist die Weinbauregion um die Landeshauptstadt Wiesbaden und um die Stadt Hochheim am Main, deren edle Säfte durch Königin Victoria von England als »Hocks« Weltruf erlangt haben. Zuerst der

Wiesbadener Neroberg, 4,4 ha
Dieser Südhang in unmittelbarer Nähe der Stadt, mit einer leichten Neigung nach Südwest, hat ein äußerst günstiges Kleinklima. Er ist das, was die Franzosen einen »Clos« nennen, ein geschlossenes, von einer Mauer umgebenes Areal, das sich ausschließlich in Besitz der Landeshauptstadt Wiesbaden befindet.
Auf Serizitschiefer-Verwitterungsböden gedeiht hier ein Riesling von großer Ausdruckskraft, dessen Stöcke den größten Teil der Fläche bedecken, 15 Prozent sind mit Müller-Thurgau und Ehrenfelser bepflanzt.

Der »Hock« von dem berühmten Victoria-Berg, im Alleinbesitz des Weingutes H. Hupfeld Erben in Mittelheim (1917 von J. Neus aus Ingelheim, dem Großvater der jetzigen Besitzerin erworben), ist noch nicht einmal der beste Hochheimer. Höher in der geographischen Lage und auch höher in der Wertschätzung der Auktionsteilnehmer liegen die

Hochheimer Domdechaney, 10,5 ha GL: Daubhaus
ein Weingarten südwestlich von Hochheim, und das noch höher gelegene

Hochheimer Kirchenstück, 15 ha GL: Daubhaus
mit breiten, kräftigen Böden, die sich schwerer erwärmen, aber auch die Wärme länger halten. Sie halten aber auch das Wasser und bringen saftige Weine, die ihre Verwandtschaft mit der gesegneten Ecke des gegenüberliegenden Rheinhessens nicht verleugnen können. Die »Domdechaney« gehört außer den Staatsweingütern der Domäne Schloß Schönborn, dem Weingut der Stadt Frankfurt, dem Domdechant Werner'schen Weingut in Hochheim, der Geh. Rat Aschrott'schen Gutsverwaltung in Hochheim, dem einheimischen Gut von Jungenfeld und Balthasar Ress in Hattenheim.
Das »Kirchenstück« gehört den vorgenannten Besitzern der »Domdechaney«, dem Weingut Franz Künstler in Hochheim u. v. a.
Den Spitzenlagen des Rheingaues gegenüber fehlt es den Hochheimer stoffigen Weinen gelegentlich etwas an Eleganz und Nerv.
Immer weiter nach Westen gehend, kommt der

Wallufer Walkenberg, 29,5 ha GL: Steinmächer
der seinen Namen von einer alten Walkmühle erhielt, die früher dort stand, und auf dem das Weingut J. B. Becker in Niederwalluf in guten Jahren Qualitäten erzielt, die wiederholt höchste Auszeichnungen errangen. Auch dem Weingut Toni Jost in Bacharach gehört ein Teil des Walkenbergs und dem Wallufer Weingut Espenschied.
Immer weiter, von Osten nach Westen, gehören der

Eltviller Taubenberg, 80 ha GL: Steinmächer

Eltviller Sonnenberg, 68 ha GL: Steinmächer
zu den großen Lagen des östlichen Rheingaues. Im Volksmund hieß der Sonnenberg früher »Summerich«. In guten Jahren und bei guter Kellerwirtschaft sind es blumige Weine, die dort wachsen, deren Charakter dem des Kiedricher Gräfenbergs sehr ähnlich ist. Wir wissen genau, daß wir etwas großzügig verfahren, wenn wir diese Lagen unter die großen rechnen, aber die ausgezeichnete Rebkultur und Kellerwirtschaft des Frh. Langwerth von Simmern'schen Weingutes und des Weingutes J. B. Becker in Niederwalluf haben diese Lage beachtlich entwickelt. Auch die einheimischen Güter Freiherr zu Knyphausen, Ökonomierat J. Fischer Erben, C. Belz Erben, Richter-Boltendahl, die Staatsweingüter, B. Ress in Hattenheim, der von Oetinger'sche Maximilianshof, Robert Weil in Kiedrich und Prinz von Hessen in Johannisberg pflegen hier ihre Reben.
Etwa gleichen Rang hat auch der

Rauenthaler Rothenberg, 20 ha GL: Steinmächer
eine Steilhang-Südwestlage, die dem Freiherrn Langwerth von Simmern in Eltville sowie den Weingütern August Eser in Winkel, Diefenhardt in Martinsthal und Langehof in Rauenthal u. a. gehört. Der Rothenberg trägt seinen Namen nach dem vordevonischen, dort violett schimmernden Phyllitschiefer.

Kiedricher Wasseros, 36,5 ha GL: Heiligenstock
Dieser poetische Name wird sofort entzaubert, wenn wir hören, daß er »Wasserrossel« bedeutet, was nichts anderes ist als eine steinige Wasserrinne. Das Weingut Dr. R. Weil in Kiedrich hat den größten Anteil vor dem des Freiherrn von Ritter zu Groenesteyn (Kiedrich). Beide Güter mit einigen der übrigen Besitzer wie Freiherr zu Knyphausen in Eltville ziehen jedoch dort hervorragende Kreszenzen, die ihre speziellen Liebhaber haben.
Im gesegneten Gebiet von Erbach sind es die oberen Lagen, die Weingärten des

Erbacher Siegelsberg, 16 ha GL: Deutelsberg
Alle Lagen nördlich der Bahnlinie, die den berühmten Erbacher Marcobrunn durchschneidet, wurden zum Siegelsberg geschlagen. Besitzer sind hier u. a. die beiden Weingüter der Ritter und Edlen von Oetinger in Erbach, Frh. zu Knyphausen in Eltville und das Weingut Prinz Friedrich von Preußen/Schloß Reinhartshausen, das im Alleinbesitz der Erbacher Rheinhell auf der dem Schloß vorgelagerten Insel Mariannenau ist.

Erbacher Steinmorgen, 32 ha, und
Erbacher Hohenrain, 18 ha, beide GL: Deutelsberg
bedürfen hier der Erwähnung. Sie gehören den beiden Weingütern Ritter und Edle von Oetinger, Schloß Reinhartshausen, Freiherr zu Knyphausen, den Weingütern Jakob Jung und H. Tillmanns Erben in Erbach u. v. a.
Wir wollen die ständigen Qualitäts-Fehden zwischen Erbach und Hattenheim nicht schüren, aber der

Hattenheimer Engelsmannsberg, 20 ha
GL: Deutelsberg
der mit dem Hattenheimer Hinterhaus vereinigt wurde und die Erinnerung an den Edelknecht Engelmann bewahrt, der 1321 diesen Weinberg dem Kloster Eberbach schenkte, gehören genauso wie der gegenüberliegende

Hattenheimer Heiligenberg, 36 ha GL: Deutelsberg
zu den unbestreitbaren Glanzstücken des Rheingaues. Ihre Besitzer sind u. a. die Staatsweingüter, Schloß Reinhartshausen, Eberhard Ritter und Edler von Oetinger, Jacob Jung in Erbach, das Pfarrgut in Hattenheim, Balthasar Ress daselbst und August Eser in Oestrich-Winkel.

Hattenheimer Hassel, 30 ha GL: Deutelsberg
liegt direkt über den Spitzenlagen Nußbrunnen und Wisselbrunnen. Der Weinberg, der seinen Namen von Haselnußsträuchern herleitet, bringt meist hervorragende Weine. Er gehört der Georg Müller-Stiftung (Weingut der Stadt Eltville), den Weingütern Balthasar Ress und Hans Lang in Hattenheim, Eberhard Edler von Oetinger und Jacob Jung in Erbach, Schloß Reinhartshausen, Richter-Boltendahl in Eltville u. v. a.

Wenn wir nun von Hattenheim bergwärts fahren, um das Kloster Eberbach zu besuchen, liegt, kurz ehe wir das Kloster in seinem lieblichen Talgrund erreichen, auf der oberen besonnten Höhe der Steinberger (s. vorn).

Weinberge wie die beste Oestricher Lage Doosberg (Bes. u. a. Geh. Rat J. Wegeler-Erben, August Eser, beide Oestrich-Winkel und die Domäne Schloß Schönborn in Hattenheim), die sich durch die Lagenneuordnung auf 153 ha verdoppelt hat und die Hallgartener »Neujungfer«, die sich von 2,3 ha um das über Zwanzigfache aufgeplustert hat, haben sich damit selbst aus dem Wein-Gotha eliminiert. Die Bezeichnung »Jungfer«, die zu Ehren der Jungfrau Maria gewählt wurde, auf diese Massenversammlung zweifelhafter Jungfrauen anzuwenden, widerstrebt. Bis 1971 wuchs auf dem immerhin 2,3 ha großen Spitzenweinberg der Hallgartener mit einer Lößschicht über Cyrenenmergel in guten Jahren ein großer Wein, dessen kernige Säure und Haltbarkeit von vielen Kennern geschätzt wurde, was bei der so künstlich aufgeblasenen neuen Hallgartener Jungfer bestenfalls erhofft werden kann. (Anteile an dem alten Jungfer-Teil haben die Weingüter Fürst Löwenstein in Hallgarten, dessen Weinberge jetzt Schloß Vollrads bewirtschaftet und das einheimische Weingut K. F. Engelmann.)
Ähnlich großzügig wurde beim Winkeler Hasensprung verfahren, der ehemaligen Spitzenlage von Winkel, die nach der Neuordnung 100 ha setzt. (Besit-

zer des alten Teils u. a. die Baron von Brentano'sche Gutsverwaltung in Winkel. Geh. Rat Wegeler Erben und Jacob Hamm in Winkel.)

Schloß Vollrads, 47 ha GL: Honigberg
wenige Kilometer oberhalb von Winkel inmitten von Weinbergen malerisch gelegen, ist seit Anfang des 14. Jahrhunderts Stammsitz der Reichsfreiherren von Greiffenclau. Schloß Vollrads ist ein bekannter Name, unter dem verschiedene Lagen zusammengefaßt wurden. Die seinen Weinen eigene und berühmte Säure verbürgt in guten Jahren sehr elegante und harmonische Weine von ausgeprägter Art, bestechender Frische und großer Lagerfähigkeit.
Die Gutsverwaltung Graf Matuschka-Greiffenclau auf Schloß Vollrads verwendet, bei guter Kellerwirtschaft, nur die besten Teile ihrer Lagen für die Vollradser Prädikatsweine und kapselt die Weine seit 1971 nach folgendem System:
Kabinett
Blausilber – Blau – Blaugold
Spätlese
Rosasilber – Rosa – Rosagold

In diesen drei Stufen kennzeichnet der silberne Ring jeweils die trockenen Geschmacksrichtungen, die auf einer zusätzlichen Halsschleife als trocken oder halbtrocken ausgewiesen sind. Einfarbige Kapseln markieren hier die Geschmacksrichtung »lieblich«, der Goldring zeigt auf volle, körperreiche, süße Weine.

Auslese
Weiß – gehobene Qualität: Weiß mit Goldring
Beeren- und Trockenbeeren-Auslese
Goldkapsel mit Turmschleife

In gleicher Weise werden die Weine des Weingutes Fürst Löwenstein in Hallgarten gekapselt, dessen 15 ha Weinberge von Graf Matuschka-Greiffenclau gepachtet sind und deren Weine in der Vollrads'schen Domäne ausgebaut, gelagert und vertrieben werden.

Johannisberger Hölle, 27 ha GL: Erntebringer
deren Name sich von »Halde« ableitet, liegt nordwestlich des Dorfes unterhalb des Schlosses Hansenberg.

Johannisberger Klaus, 15,5 ha GL: Erntebringer Honigberg (f. Winkel)
Der »Klaus« wurde nach der »St. Georgsklause« bei Winkel benannt, die er umschließt, wo von 1285 bis 1452 ein später etwas in Verruf geratenes Nonnenkloster stand. Er grenzt unterhalb von Schloß Johannisberg an das Sträßchen nach Geisenheim.
Die genannten Johannisberger Weinberge gehören dem Weingut Prinz von Hessen (seither Landgräflich Hessisches Weingut), dem G. H. von Mumm'schen Gut, beide in Johannisberg, dem Geromont'schen Gut in Winkel, Schloß Schönborn in Hattenheim, den Weingütern Geh. Rat. J. Wegeler Erben, Fritz Allendorf und Hupfeld in Oestrich-Winkel, dem Johannishof/ H. H. Eser in Johannisberg und einer Anzahl anderer Eigner.

Geisenheimer Mäuerchen, 33 ha GL: Burgweg

Geisenheimer Kläuserweg, 57 ha GL: Erntebringer
Der Kläuserweg liegt über dem östlichen Ortsteil und grenzt an die Spitzenlage Rothenberg, das Mäuerchen liegt nordwestlich am oberen Ortsende von Geisenheim. Die Weinberge gehören teils der Lehr- und Forschungsanstalt für Weinbau Geisenheim den Weingütern Frh. von Zwierlein in Geisenheim, Schloß Schönborn, dem Weingut Prinz von Hessen, der von Mumm'schen Domäne, J. Wegeler-Deinhard, dem Erbslöh'schen Gut in Geisenheim, dem Johannishof, Balthasar Ress in Hattenheim u. v. a.

Rüdesheimer Berg Roseneck, 28,9 ha GL: Burgweg
Es ist die drittkleinste aller Rüdesheimer Lagen, die bis auf den »Rosengarten« im westlichen Ortsteil, sämtlich zwischen 20 und 50 ha liegen. Sie gehört vielen Besitzern, unter denen die Staatsweingüter, das von Mumm'sche Weingut, J. Wegeler-Erben-Deinhard, Schloß Groenesteyn in Kiedrich, das Weingut Prinz von Hessen und die Rüdesheimer Güter Georg Breuer und Dr. Heinrich Nägeler die bekanntesten sind. Berg Roseneck zieht sich über der Spitzenlage Berg Rottland bis zum Rüdesheimer Schloßberg.

Mit Lorch/Lorchhausen endet der Rheingau, dessen Kostbarkeiten jahrhundertelanger Weinkultur untrennbar mit dem Riesling verbunden sind. Er hat das Renommée dieses Anbaugebietes in alle Welt getragen.
Die Weine von Lorch bilden in ihrer Art einen Übergang von den Rheingauern zu den besten des Mittelrheins. (Weingüter Graf von Kanitz, Friedrich Altenkirch, Fritz Perabo, alle in Lorch.)

Sie müssen wissen

Riesling-Weine – Trinkreife und Lagerungsfähigkeit
Die Leser, die es noch nicht wissen, möchten wir noch einmal darauf hinweisen, wie wichtig es ist, Riesling-Weine in der Flasche sich entfalten zu lassen, wozu sie mindestens drei Jahre brauchen.
Frühreifende Rebsorten sind gewöhnlich arm, spätreifende reich an Säure. Der Riesling als eine spätreifende Sorte, baut während der Flaschenreife überschüssige Säure ab und findet so zu vollendeter Balance von Bukett und feinfruchtiger Eleganz im nuancenreichen Spiel, das die reifen Weine dieser Rebsorte besonders auszeichnet. Die Säure erscheint dann rassig, pikant oder elegant im Geschmackshintergrund, aber niemals ungebärdig, wie bei einem zu jungen Wein.

Die Lagerungsfähigkeit der Riesling-Weine hängt natürlich von Jahrgang, Lage und der Weinbehandlung im Weingut ab. Die natürlichen Komponenten sind Säure und Extraktgehalt. Spät- und Auslesen sind wegen des höheren Extraktgehalts gewöhnlich länger lagerungsfähig als Qualitäts- und Kabinettweine. Die Faustregel »je später ein Wein auf der Flasche reift, desto länger hält er sich«, ist hier durchaus nützlich. Rheingauer Riesling-Weine der Kabinett-Stufe dürfen nach Erlangen der Reife unbedingt 4 bis 6 Jahre lagern, Spätlesen bis 10 Jahre, Auslesen 15 Jahre und die teuren Beeren- und Trockenbeeren-Auslesen 25 bis 30 Jahre.
Unter besonders guten Voraussetzungen, wozu nicht nur ein sehr guter Jahrgang, sondern immer auch ein geeigneter Weinkeller gehören, können Weine vor allem der hohen Prädikatsstufen noch wesentlich länger liegen.

Mittelrhein

Bereiche

- Bacharach, 330 ha
  (gute bis mittlere Weißweine)
- Rheinburgengau, 400 ha
  (gute bis einfache Weißweine)

Der Mittelrhein, im Flußabschnitt zwischen Bingen und Koblenz, ist eines der romantischsten Kleinodien Deutschlands, mit dessen Landschaftsbild sich weithin, bis in die fernsten Winkel der Welt, der Begriff Deutschland verbindet: romantische Berge mit wildem Gebüsch und sorgsam kultivierten Weinstöcken bewachsen, von nacktem Fels unterbrochen und pointiert mit falschen und echten Burgen besetzt, die stolz und stumm in den Strom hinuntergrüßen. Im Talgrund selbst eine ganze Kette reizvoller, uralter Dörfer und Kleinstädte mit vielen Wehrtürmen und Fachwerkhäusern aus dem Mittelalter, deren Schönheit sich durch sachgemäße Renovierung und Restaurierung noch gesteigert hat. Wenn es diese pittoreske Weinlandschaft nicht geben würde, die deutsche Weinwerbung müßte sie errichten.
Wenn die trinkseligen Brüder singen »Am Rhein, da wachsen unsre Reben«, haben sie das hinreißende Bild des Mittelrheins vor Augen, aber für die Rieslinge, die dort wachsen, würden sie wahrscheinlich danken.
Die Qualität der Mittelrhein-Rieslinge lebt von den Seitentälern. Wie der Südhang des Schloß Fürstenberg-Weingartens bei Oberdiebach, zweigt eine ganze Reihe wertvoller Südlagen in Nebentälern vom Hauptstrombett ab. Südlagen, die rassig-fruchtige Mittelrhein-Rieslinge guter und bester Klasse bringen.

Reben

Riesling – die Hauptrebe der besten Lagen
Müller-Thurgau
Kerner
Silvaner
Spätburgunder

Sehr gute Jahrgänge:
1959, 1966, 1971, 1976, 1985, 1989, 1990
Gute Jahrgänge:
1969, 1970, 1975, 1979, 1981, 1983, 1986, 1988

Die grossen Lagen

I. Linkes Rheinufer

Schloß Fürstenberg, 5,2 ha GL: Schloß Stahleck
Der oberhalb Oberdiebach gelegene Weinberg, eine wohlgeschützte, reine Südlage im grauen Hunsrückschiefer, beginnt im Süden den kurzen Reigen der großen Lagen des Mittelrheins auf dem westlichen Ufer. Die Ruine Fürstenberg, nach der dieser Weinberg benannt wurde, ist genau wie der wertvollste, am Rhein gelegene Teil des Hanges im Besitz des Weingutes Schloß Fürstenberg in Bacharach. Der Fürstenberg bringt Riesling-Weine von bestechender Eigenart. Die etwas weiter landeinwärts gelegenen guten Südlagen von ca. 55 ha müssen den hervorragenden Klimaausgleich des Rheins entbehren und sind deshalb in ihrer Qualität etwas niedriger zu bewerten. Diese Weine werden unter dem Namen »Oberdiebacher Fürstenberg« verkauft.

Bacharacher Posten, 9 ha GL: Schloß Stahleck
Es ist jener Weinberg, der sich, wenn man von Süden kommt, hinter der pittoresken Silhouette des uralten Weinortes Bacharach als Süd-Südost-Lage bis an den Rhein heranschiebt. Mittelalterliche Tortürme und Mauern bilden die Grenze dieser guten Lage, die sich »landeinwärts« fortsetzt in der Wolfshöhle.
Besitzer: die Bacharacher Weingüter Fritz Bastian, Karl Heidrich, Carstensen-Bastian, WG Schloß Fürstenberg u. a.

Bacharacher Hahn, 8 ha GL: Schloß Stahleck
Diese hauptsächlich dem renommierten Weingut Toni Jost in Bacharach gehörige Süd- und Süd-Südost-Lage liegt im nördlich folgenden Seitental des Rheins. Der Riesling wächst hier, wie größtenteils linksufrig, auf hartem, schwerverwitterndem Hunsrückschiefer, der mit Grauwacken und Quarziten durchsetzt ist und insbesondere in den Steillagen die Feuchtigkeit nur schwer halten kann. Die Weine sind fruchtige, frische Rieslinge mit einem zuweilen sehr eindrucksvollen Sortenbukett.

Oberweseler Ölsberg, 21 ha

Oberweseler St. Martinsberg, 33 ha, beide
GL: Schloß Schönburg
Diese Weine wurden früher unter der Bezeichnung »Bernhell«, »in der Bernhelle« und »Rheinhell« ver-

kauft. Süd-Südostlage, die sich streckenweise bis zum Rheinufer vorbiegt. Beide Lagen werden u. a. von den einheimischen Weingütern Heinrich Wilhelm Weiler, Wilfried Hoffmann und Sebastian Vogt bewirtschaftet.
Die Weine von Oberwesel und Bacharach – ausnahmslos Rieslinge – tragen meist eine feine, zarte Blume, sind von fruchtiger Art und durch eine frische, markante, aber meist überraschend gut differenzierte Säure gekennzeichnet.

Werlauer Ameisenberg (St. Goar), 7 ha
GL: Burg Rheinfels
Diese gute Lage wird ausschließlich von kleinen Nebenerwerbswinzern bewirtschaftet, die am Mittelrhein häufiger anzutreffen sind als irgendwo anders. Die Weine werden von der Winzergenossenschaft Werlau ausgebaut und verkauft. Dabei darf man nicht übersehen, daß die Werlauer Winzergenossenschaft die meistprämiierte unter den Winzergenossenschaften des Mittelrheins ist. Die hervorgewölbte Sonnenbrust des Werlauer Ameisenbergs hat dabei kräftig mitgewirkt.

Bopparder Hamm Mandelstein, 11,2 ha

Bopparder Hamm Feuerlay, 16,6 ha

Bopparder Hamm Ohlenberg, 10,5 ha
alle GL: Gedeonseck
Hinter Boppard macht der Rhein einen scharfen Knick nach Osten. So entstand auf seinem linken Ufer eine große, direkt am Strom sich aufbauende Südlage mit idealem Neigungswinkel zur Sonne. Dazu ist dieser lange, von günstigem Kleinklima gesegnete Weinberg sowohl von Westen als auch von Osten gut geschützt.

Die Weine wachsen hier nicht mehr auf dem typischen Hunsrückschiefer, sondern auf schiefrigem Verwitterungsgestein, das dem des Moseltals ähnelt. Die Böden sind tiefgründiger und feiner als sonst an dem linken Ufer des Mittelrheins. Darum unterscheiden sich die Weine auch im Geschmack von den anderen Mittelrhein-Kreszenzen. Die Rieslinge aus der Lage »Mandelstein« wurden bei Weinproben sogar von Professionellen manchmal für Traminer gehalten. Das qualitätsbewußte Weingut August Perll in Boppard hat gute Anteile an diesen Lagen, in die sich noch ein Dutzend andere Eigner teilen wie das einheimische Weingut Walter Perll, die Spayer Güter Adolf Weingart, Heinrich Müller und Hermann Volk u. v. a.

II. a) Rechtes Rheinufer (Süd)

Kauber Backofen, 25,5 ha GL: Herrenberg
Hier handelt es sich um einen stark terrassierten Weinberg auf Schiefer-Verwitterungsboden, der schwer zu bearbeiten ist. Das Weingut Heinrich Weiler in Oberwesel und die Vereinigung Kauber Weingutsbesitzer bewirtschaften die besten Kauber Lagen, deren Weine meist im Lande von Einheimischen und Touristen getrunken werden.

Kauber Roßstein, 2 ha GL: Herrenberg
Eine dem felsigen Gelände sehr gut angepaßte Süd-Südwest-Lage, die unmittelbar über der rechtsrheinischen Bahn sehr geschützt liegt und von Experten als die beste Lage des Mittelrheins überhaupt bezeichnet wird, obwohl ich mich dieser Ansicht nicht aus vollem Herzen anschließen kann. Ihre Weine, kräftig, rassig und von feiner Art, zeichneten sich jahrelang durch einen zarten Rauchton aus. Grund: Der Weinberg lag unmittelbar über einem Tunneleingang der Bundesbahn. Nachdem auch diese Strecke jetzt voll elektrifiziert ist, wird auch der Roßstein ohne Rauchton seine Genießer finden. Da er vom Weingut Heinrich Weiler in Oberwesel bewirtschaftet wird, wurde er früher fälschlicherweise als »Oberweseler Roßstein« etikettiert.

St. Goarshausener Hessern, 3,5 ha GL: Loreleyfelsen
Die Spitzenlage dieses bekannten Weinortes wird u. a. vom einheimischen Weingut Willi Menges und vom Weingut Fritz Maus lobenswert bewirtschaftet.

Braubacher Mühlberg, 25,8 ha

Braubacher Marmorberg, 7,5 ha beide GL: Marksburg
Diese beiden Braubacher Spitzenlagen auf sogenanntem Koblenzquarzit, leichtem, oft nährstoffarmem Boden sind die nördlichsten der südlichen rechtsrheinischen Mittelrhein-Region zwischen Kaub und der Lahn-Mündung. Beide bringen elegante, fruchtige Weine hervor und sind meist im Besitz der Mitglieder des Braubacher Winzervereins und des alten einheimischen Weinguts Priesteroth. Auch viele selbstmarktende Winzer haben Anteil wie das einheimische Weingut Friedrich Karl Utermark.

II. b) Rechtes Rheinufer (Nord)

Ehrenbreitsteiner Kreuzberg (Koblenz), 14 ha
GL: Marksburg
ist neben dem eher originellen 0,2 ha »Schnorbach-Brückstück« beim Schloß der einzige Weinberg von Koblenz.
Das Weingut Klaus Wagner in Ehrenbreitstein ist bekannt für gute Weine dieser Lage.

Hammersteiner Schloßberg, 8 ha
GL: Burg Hammerstein
An den steilen Hängen der althistorischen ehemaligen Reichsfeste Hammerstein liegt diese Weinbergslage, die zu 98 Prozent Rieslingreben trägt. An diesem Bergkegel mit Südwest-Lage wachsen auf Böden, die zum unterdevonischen Schiefer der Siegener Stufe gehören, gehaltvolle, kernige Weine.
Das Weingut Friedrich Scheidgen hat hier u. a. Besitz.

Bad Hönninger Schloßberg, 9 ha
GL: Burg Hammerstein
Diese je zur Hälfte im Besitz der Gräfl. Westerholt'schen Gutsverwaltung und dem Stadtgut Bad Hönningen befindliche, ausgesprochene Südlage mit zum Teil stärker verlehmtem devonischem Verwitterungsboden, war bis vor 50 Jahren ausschließlich mit Burgunderreben bepflanzt. Auch heute reifen hier noch samtige, feurige Burgunderweine. Aber auch die jetzt hier überwiegend angebaute Sorte Riesling und der Müller-Thurgau sind von ansprechender Qualität.

Unkeler Berg, 6 ha GL: Burg Hammerstein
Die gesamte im Hauptflußtal liegende Weinberggemarkung ist unter der Lagenbezeichnung Unkeler Berg zusammengefaßt worden. Hier reifen auf unterdevonischen Schieferböden, die teilweise mit Basaltgeröll durchsetzt sind, an den Süd-Südwesthängen vornehmlich Rieslinge, aber auch Müller-Thurgau und glutvolle Spätburgunder.

Württemberg

BEREICHE

- **Remstal – Stuttgart,** 1520 ha
  (sehr gute bis einfache Weißweine, gute bis einfache Rotweine)
- **Württembergisch Unterland,** 7450 ha
  (sehr gute bis einfache Weißweine, sehr gute bis einfache Rotweine)
- Kocher – Jagst – Tauber, 380 ha
  (gute bis einfache Weißweine, mittlere bis einfache Rotweine)

Die Aufzählung der Bereiche macht es nur deutlicher, was man dem württembergischen Weinland gerne nachsagt: daß es – etwa im Gegensatz zu Südbaden – zerrissen und unübersichtlich sei.

Wenn man sich das Vergnügen macht, an der Südgrenze von Stuttgart auf einer Karte Sindelfingen und Plochingen miteinander zu verbinden und an den Enden dieser Geraden 50 km lange Senkrechte bis auf die Höhe der Nordgrenze von Heilbronn aufzurichten, so hat man auf diesem 30 × 50 km-Geviert beinahe alles zusammen, was im württembergischen Weinbau Rang und Namen hat. In diesem leckeren Rechteck liegen 90 Prozent aller renommierten Gemeinden und Lagen, deren Klasse den Rang des württembergischen Weinbaus seit alten Zeiten begründet hat.

Allein das schwäbische Prunkstück des Eilfinger Bergs setzt sich bei Maulbronn ein wenig westlich dieser Linie von der Masse der besten Weinberge Baden-Württembergs ab, und die beiden in unserem Wein-Gotha erstgenannten Weinberge, die fürstlichen Weikersheimer Lagen und das Gundelsheimer Himmelreich, sind, mehr oder weniger abseits, nördlich davon angesiedelt.

Die Autobahn vom Leonberger Dreieck zum Weinsberger Kreuz, etwas östlich Heilbronn, zieht wie eine bacchantische Diagonale durch dieses verhältnismäßig kleine Gebiet, in dem Schwabens beste Weine wachsen, von denen man sagt, daß sie nur deshalb so wenig bekannt sind, weil sie im Lande selber getrunken werden.

Die andere Diagonale bildet eine Linie vom Remstal zum Heuchelberg hinauf, von den Stetten-Strümpfelbacher Köstlichkeiten nach Brackenheim – Neipperg – Haberschlacht, alles Namen, die den schwäbischen Viertelesschlotzern, und nicht nur denen, das Wasser im Mund zusammenlaufen lassen. Zwischen den Weinhügeln des Remstals und den Südhängen des Heuchelbergs liegt ein Dutzend beinahe willkürlich verstreuter Weinberge, die man ohne Zögern zur deutschen Spitzenklasse rechnen darf.

Die Zahl aristokratischer Weingüter in Württemberg ist, wenn man von der Hofkammer des Hauses Württemberg absehen will, eher gering, wenn auch Weingüter wie die der Grafen Adelmann und von Neipperg Akzente setzen. Dafür hat sich die Legion schwäbischer Wengerter schon sehr früh und viel entschlossener als anderswo zu sinnvollen Weingärtner- und Winzergenossenschaften zusammengeschlossen, deren kellertechnische Entwicklung in den Nachkriegsjahren einen enormen Aufschwung genommen hat. Das ist nicht zuletzt auf die Mitwirkung der renommierten Weinsberger Lehr- und Versuchs-Anstalt für Weinbau und ihrer Leiter Klenk und Dr. Götz zurückzuführen.

Die vielgestaltige Bodenbeschaffenheit dieses Trias-Gebietes reizt zu interessanten Versuchen im ganzen Reichtum des Rebensortiments, das gerade von hier aus mit vielen hoffnungsvollen Neuzüchtungen bereichert wurde.

Es ist interessant, daß die Südtiroler Vernatsch-Rebe, die Kurtraube von Meran, hier als Trollinger zu hohem Qualitätsstandard gebracht wurde, obwohl sie von Haus aus eine Rotweinrebe für mittlere und kleinere Ansprüche gewesen ist.

Auch die Pinot Meunier, eine Verwandte des Spätburgunders, die hierzulande den unpassenden Namen »Schwarzriesling« trägt, ist genauso zu einer schwäbischen Spezialität geworden wie der süffige, in Österreich und Ungarn als Blaufränkisch bekannte Limberger oder Lemberger, wie er in Württemberg heißt.

Erstklassige Riesling-Weine wachsen nicht nur am Eilfinger Berg oder am Weikersheimer Schmecker, sondern auch in der Südostecke dieses von uns oben abgegrenzten Spitzenweingebietes: im Remstal und da vor allem in Stetten.

REBEN

Weißweine

Riesling ist die meistangebaute Weißweinrebe Württembergs, die hier vorzüglich auf Keuper-Lagen gedeiht.

Silvaner. Feinnervig und fruchtig, aber auch saftig und voll zeigen sich württembergische Silvaner, die auf Muschelkalkböden der Kocher-, Jagst- und Tauberhänge stehen oder den Keuper-Verwitterungsböden des Remstaler Kerngebietes.

Kerner ist die erfolgreichste Züchtung der Staatl. Lehr- und Versuchsanstalt für Weinbau in Weinsberg aus Trollinger × Riesling, also einer roten und einer weißen Rebsorte. Der Kerner hat in den letzten Jahrzehnten viel Anklang bei Winzern und Verbrauchern gefunden und ist in allen deutschen Anbaugebieten vertreten. Die Rebe bevorzugt mittlere bis gute Lagen. Gute Qualitäten verlangen reifes Lesegut, um bei etwas höherem Mostgewicht als das des Rieslings die Säure (8–12 Promille) rassig erscheinen zu lassen. Die Weine sind rieslingähnlich, fruchtig und rassig mit feinem Sortenbukett, besonders als Kabinett- und Spätlese-Weine.

Müller-Thurgau
Ruländer (Grauer Burgunder)
Traminer
Weißer Burgunder
Muskateller

Rotweine

Trollinger (in Südtirol Groß Vernatsch, Meraner Kurtraube).
Trollinger ist das Nationalgetränk der schwäbischen Vierteles-Schlotzer. Darum ist es nicht verwunderlich, daß die Sorte über 20 Prozent der Anbaufläche Württembergs einnimmt, die zur guten Hälfte mit Rotweinreben bestückt ist. Ertragreich, aber spät reifend, verlangt der Trollinger gute bis sehr gute frostfreie Lagen. Sein Mostgewicht ist eher niedrig bei deutlicher Säure. Trollinger sind ehrliche, herzhaft saftig-fruchtige, ziegelrote Weine, manchmal mit feinem Bittermandelton.

Muskat-Trollinger ist eine Spielart des Blauen Trollingers, die seit 1881 in den Rebgärten der Graf Adelmann'schen Domäne Burg Schaubeck im Bottwartal gepflegt wird. Die Weine sind rar, elegant und feinfruchtig.

Blauer Spätburgunder

Blauer Frühburgunder ist eine Mutation des Spätburgunders, reift früher als dieser, braucht sehr gute Lagen, bringt geringen Ertrag, aber hohe Mostgewichte bei harmonischer Säure. Die qualitativ hochwertigen Weine, die viel Finesse zeigen, sind eine Rarität mancher Rotweingebiete.
In Württemberg wird als **Clevner** eine Spielart des Frühburgunders bezeichnet.

Schwarzriesling (Müller-Rebe, Pinot meunier). Daß die Müller-Rebe zu dem Namen Riesling kam, ist eine der alemannischen Eigenwilligkeiten. Der Schwarzriesling hat mit dem Riesling nur eines gemeinsam, daß er die nördlichen Anbaugebiete nicht scheut, sondern gerade da seine besten Weine bringt. Die Rebe wurde schon vor mehr als 400 Jahren im »Vinetum« von Charles Estienne erwähnt, ist eine uralte Mutante der Pinot noir und hat ihren Namen von dem Mehlstaub, mit dem ihre hell behaarten Blätter und Triebspitzen bedeckt scheinen. In Frankreich gehört sie zur Champagner-Bereitung, in Deutschland ist sie vor allem in Württemberg verbreitet. Sie ist eine mittelfrühreifende Sorte und bevorzugt warme, leichte Böden. Wegen ertragsmindernder Veränderungen braucht sie ständige Selektionsarbeit. In Württemberg hat man sich, vor allem im Neckartal in und bei Lauffen, mit Unterstützung der Weinbauschule Weinsberg sehr um die Kultur des Schwarzrieslings bemüht. Der farbkräftige Wein ist körperreich, fruchtig, feinduftig und mild.

Samtrot ist eine Mutation des Schwarzrieslings, selektiv bearbeitet von August Herold an der Staatlichen Lehr- und Versuchsanstalt für Weinbau in Weinsberg. Offiziell gilt die Sorte als Spätburgunder-Klon, da sie als Rückmutation zum Spätburgunder betrachtet wird. Sie bringt höhere Mostgewichte als der Schwarzriesling bei harmonischer Säure, die letzterer nicht immer erreicht. Die Weine sind burgunderartig, rund und samtig mit ausdrucksvollen Spätlesen z. B. vom Weingut Graf Adelmann in Kleinbottwar.

Limberger, der in Württemberg auch Lemberger genannt wird, ist der in Österreich bekannte »Blaufränkisch«. Die Rebe verlangt gute, warme, windgeschützte Lagen und fruchtbare, tiefgründige, gut durchlüftete Böden. Ihre Trauben reifen sehr spät, so daß das Mostgewicht nur in guten Jahren das mittlere Niveau übersteigt, bei immer etwas höherem Säuregehalt. Der dunkle, bläulich-rote Wein zeigt Rasse bei viel Körper, sortentypischer Frucht und schönem Gerbstoffton. Leider wird er meist zu jung getrunken, ein paar Jahre Reifezeit bringen seine Art erst richtig zur Geltung.

Die folgenden roten Neuzüchtungen der Staatlichen Lehr- und Versuchsanstalt für Weinbau in Weinsberg stammen alle von deren ehemaligem Leiter für Rebenzucht, August Herold, der auch die erfolgreiche Weißweinsorte Kerner hervorbrachte.

Heroldrebe. Kreuzung Portugieser × Limberger. Die spätreifende Sorte braucht gute Lagen, ist ertragreich, doch sind ihre Weine qualitativ den traditionellen Rotweinsorten unterlegen.

Helfensteiner. Kreuzung aus Frühburgunder × Trollinger. Reift früh, ist aber anspruchsvoll an Lage und Boden und wenig ertragstreu. Der Wein entspricht nicht ihren Ansprüchen.

Dornfelder. Kreuzung aus Helfensteiner × Heroldrebe. Ihr Anbauwert ist angesichts der traditionellen Sorten umstritten. Soll gute Eigenschaften als Sektgrundwein besitzen. Unter besten Bedingungen und bei sorgfältiger Kellerwirtschaft, erscheint der Wein ansprechend.

Sehr gute Jahrgänge:
1959, 1964, 1971, 1976, 1981, 1989, 1990
Gute Jahrgänge:
1969, 1973, 1975, 1977, 1985, 1986, 1987, 1988

Die Spitzenlagen
(von Norden nach Süden)

Weikersheimer Schmecker, 8,7 ha GL: Tauberberg

Diese vorzügliche Lage erfährt ihre Abrundung durch die ausgezeichnete Bewirtschaftung der Fürstlich Hohenlohe-Langenburgschen Weingüter, die hier 80 Prozent der Lage bewirtschaften und auf Muschelkalkboden ausgezeichnete Resultate in Riesling und Traminer erzielen. Auch Ruländer, Silvaner, Kerner und Müller-Thurgau stehen auf diesem erstklassigen Weinberg.

Gundelsheimer Himmelreich, 10 ha GL: Staufenberg

Dieser attraktive Muschelkalkfelsen bildet die Kulisse für das mächtige Schloß Horneck, das hoch aufgereckt am Neckar liegt und einst in der Geschichte des Deutschritterordens eine Rolle spielte. Es ist einer von Württembergs allerbesten Weinbergen, wenn er auch manchmal von Trockenschäden heimgesucht wird.
Auf seinen Südparzellen bebaut die Staatliche Lehr- und Versuchsanstalt Weinsberg 8 ha hauptsächlich mit Spätburgunder, Trollinger, Limberger und Helfensteiner (eine Weinsberger Züchtung aus der Kreuzung Frühburgunder × Trollinger) sowie mit Traminer, Weißburgunder und Riesling.

Neipperger Schloßberg, 20,5 ha GL: Heuchelberg

Auf Keuperverwitterungsboden pflegt hier das Weingut des Grafen von Neipperg, Hauptverwaltung Schwaigern, einen Riesling, der in guten und besseren Jahren hervorragende Spitzenqualitäten bringt. Der größte Teil des Schloßbergs ist allerdings mit Rotwein-Reben bepflanzt: Spätburgunder, Schwarzriesling (Pinot Meunier), Limberger, Trollinger und Samtrot, aber auch etwas Muskateller für die vielen genüßlichen Viertelesschlotzer, die das Rentamt in Schwaigern heimsuchen.

Mundelsheimer Käsberg, 20 ha GL: Schalkstein

In der großen Neckarschleife von Mundelsheim bildet der Käsberg mit seinen zahlreichen Terrassen eine geschützte Südlage, in der auf Muschelkalkverwitterungsgestein die Württembergische Hofkammer Besitz hat. Dort befinden sich Spätburgunder, Limberger und Trollinger.

Abstatter Burg Wildeck, 17 ha GL: Schozachtal

Dieser große, im Keuper gelegene Süd-Südwest-Hang ist im Alleinbesitz der Staatlichen Wein-Lehr- und Versuchsanstalt Weinsberg, die dort fast ausschließlich edle Reben anbaut und mit Spätburgunder, Riesling, Traminer und Ruländer hervorragende Ergebnisse erzielt.
Auch Samtrot, Müller-Thurgau und Kerner werden auf Burg Wildeck gepflegt.

Kleinbottwarer Süßmund, 6 ha GL: Wunnenstein

Die frostfrei gelegene Süßmund-Lage, ein Teil des früheren »Oberen Berges« und der »Traminer-Klinge« mit der damaligen Lage »Süßmund« wird vom Brüssele'schen Weingut Burg Schaubeck in Kleinbottwar bewirtschaftet. Sie bringt auch noch in mittleren Jahren gute Rieslinge, Lemberger und Samtrot hervor. Am 9 ha großen Oberen Berg wachsen auf rotem Keuper als weitere Rotweine Trollinger, Muskat-Trollinger als Spezialität des Weingutes, Frühburgunder (Clevner), Spätburgunder und die weißen Sorten Muskateller und Kerner.
Das Gut des früheren württembergischen Generals von Brusselle ist seit 1914 im Besitz der Grafen von Adelmann und wurde von Raban Graf Adelmann durch steten Qualitätsanspruch zu höchstem Ansehen geführt. Sein Sohn Michael setzt diese Tradition jetzt fort. Die Weine kommen alle unter dem Namen »Brüssele« auf den Markt, mit Hinweis auf Lage und Rebsorte. Die Riesling-Hochgewächse und die besten Rotweine (ab Spätlese aufwärts) verkauft die Schloßkellerei als »Brüssele'r Spitze«. Sie kleidet schöne Frauen auch innerlich.

Eilfinger Berg, 8 ha

Eilfinger Berg Klosterstück, 5,35 ha GL: Stromberg

Diese uralten Weingärten beim idyllischen Kloster Maulbronn werden von den meisten Experten als der wertvollste Rebhügel des ganzen Landes eingestuft. Vor 800 Jahren durch die Zisterzienser angelegt, hat er seinen Ruf bis in unsere Tage bewahren können. Auf Keuperboden baut die Württembergische Hofkammer dort vornehmlich Riesling an, der in dieser von günstigstem Kleinklima gesegneten Südlage Ergebnisse bringt, deren Ruf weit über Württembergs Grenzen hinausgeht.

Cannstatter Zuckerle, 21 ha GL: Weinsteige

Diese Spitzenlage am Neckar zwischen Bad Cannstatt und Hofen, in einem kurzen Seitental sauber ausgemauert, wird von dem Musterweingut der Stadt Stuttgart hervorragend bewirtschaftet. Sie hat dort 1,5 ha Besitz, den sie zum größten Teil mit Riesling und Trollinger bepflanzt hat. Ein kleines Stück ist dem Muskat-Trollinger vorbehalten. Auch die kleine, gute Weingärtnergenossenschaft Bad Cannstatt baut dort Riesling und Trollinger an und erzielt damit sehr gute Erfolge. Der Muschelkalk-Weinberg bedarf in trockenen Jahren der künstlichen Bewässerung.
Bei der Lagenneuordnung wurde das Areal des Cannstatter Zuckerle zwar versechsfacht, aber es ist anzunehmen, daß die ausgezeichnete Kellerwirtschaft der größten Anteilseigner dieses populären Weinbergs hier manches ausgleicht.

Stuttgarter Mönchhalde, 8,96 ha GL: Weinsteige

Dieser hochdotierte Weinberg mitten in der Großstadt – ein Phänomen in ganz Europa – wird von fast allen Experten unter die württembergischen Spitzenlagen rangiert. Der Weinberg besteht aus drei voneinander getrennten Teilen, die zwischen der Birkenwaldstraße und der Robert-Mayer-Straße liegen. Gemessen an den phänomenalen Bodenpreisen der im Kessel eingeschlossenen Stuttgarter City müßte auf ihm eigentlich der teuerste Wein der Welt wachsen. So baut man auf schwerem Boden des Keupermergels dort größtenteils Rieslinge, Trollinger und Lemberger, aber auch schon einen angemessenen Teil Spätburgunder an, die die Stadt Stuttgart mit Stolz ihren internationalen Gästen präsentieren kann.

Stettener Brotwasser, 3 ha GL: Wartbühl

Jeder Schwabe ist stolz auf diesen berühmten Weingarten, dessen Hang sich hinter den Häusern des kleinen Dorfes Stetten (Remstal) zur Yburg hinaufreckt. Dieser idyllische Weingarten soll seinen Namen angeblich von einem Ritterfräulein erhalten haben, das die Gewohnheit hatte, täglich ihr Brot im Wein dieses Berges aufzuweichen. (Wahrscheinlich war es ein älteres Fräulein.) Die Lage bringt auf wasserhaltigem, lockerem Keuperboden in guten Jahren Riesling-Hochgewächse hervor, deren sehr große Qualität unbestritten ist. Sie befindet sich seit 1443 im Alleinbesitz des Württembergischen Hofkammer-Weingutes.

Die grossen Lagen

(von Norden nach Süden)

Weinsberger Schemelsberg, 16 ha GL: Staufenberg
Diese ausgezeichnete Weinsberger Spitzenlage, im Alleinbesitz der Staatlichen Lehr- und Versuchsanstalt in Weinsberg, wurde mit Burgweg, Steinweg, Wanne, Lindich und dem Galgenberg zusammengelegt, ohne damit eine Qualitätseinbuße zu bewirken. Beerenauslesen von Schemelsberg-Rieslingen gehören zu den besten Rieslingen, die je von der Lehr- und Versuchsanstalt erzielt wurden. Die Lage trägt auch Silvaner, Kerner, Müller-Thurgau Trollinger und Limberger.

Heilbronner Wartberg, 42 ha GL: Staufenberg
Der gewaltige Hang des Wartbergs, jetzt mit der Lage »Löwenherz«, ist das Prunkstück einer der größten Weinbaugemeinden Deutschlands. Auf den besten Parzellen des Wartberges gedeihen auf Keuper unter den Weißweinen größtenteils Rieslinge, unter den Rotweinen vor allem Trollinger, aber auch die Pinot-noir-Varianten Samtrot und Frühburgunder (Weingüter Drautz-Able und G. A. Heinrich, beide Heilbronn).

Schwaigerner Ruthe, 6,4 ha GL: Heuchelberg
Das Weingut des Grafen von Neipperg erntet in diesem Weingarten Weine von hervorragender Klasse. Die größten Flächen nehmen Limberger, Riesling und Trollinger ein. Zwei kleinere Stücke sind mit Traminer und Müller-Thurgau bestanden. Das gute Kleinklima der Ruthe bringt Traminer zu voller Reife. Obwohl die Menge infolge der Trockenschäden auf dem zu durchlässigen Keuperverwitterungsgrund zu wünschen übrig läßt.

Fleiner Eselsberg, 12 ha GL: Kirchenweinberg
Der Eselsberg, eine ausgezeichnete Süd- und Südwestlage, ist vorwiegend mit Riesling bestanden, von dem das Weingut Alfred Wolf in Flein ausgezeichnete Weine bringt.
Die Weingärtnergenossenschaft Flein-Thalheim – bewirtschaftet ebenfalls Teile des Eselsberges – und das einheimische Weingut Robert Bauer bringen hier bekannt gute Qualitäten.
Auch auf dem Altenberg ernten Fleiner Winzer hochprämierte Rieslinge und Traminer. Besitz hat hier u. a. das Weingut Amalienhof Gerhard Strecker in Heilbronn.

Brackenheimer Zweifelberg, 45 ha GL: Heuchelberg
Brackenheim, ein schwäbisches Schmuckkästchen in einem Nebental des Neckars und Geburtsort von Theodor Heuss, hat im Zweifelberg seine beste Lage. Bei der Neuordnung wurde das Areal des bisherigen Äußeren und Inneren Zweifelbergs durch etliche kleinere Lagen ergänzt. Die einheimische Weingärtnergenossenschaft pflegt hier Limberger und Trollinger, aber auch Schwarzriesling und Gewürztraminer mit eindrucksvollen Ergebnissen, besonders beim Limberger.

Stettener Pulvermächer, 25 ha GL: Wartbühl
Oberhalb und seitlich des berühmten Stettener Brotwassers gelegener Keuperhang mit renommierten Riesling-Qualitäten. (Weingut Karl Haidle, Stetten)

Uhlbacher Götzenberg, 38 ha GL: Weinsteige
Ein Keuperhang mit sehr gutem Kleinklima, auf dem die Weingärtnergenossenschaft Stuttgart-Uhlbach immer wieder ausgezeichnete Spätburgunder erntet. Der Götzenberg ist auch mit Trollinger-Reben bepflanzt, die dort hervorragende Qualitäten bringen. Besitzer u. a. Weingut Gerhard Aldinger in Fellbach.

Cannstatter Halde, 2,9 ha GL: Weinsteige
Auf Travertin-Kalkboden pflegt das Weingut der Stadt Stuttgart hier vor allem Riesling, Traminer und Kerner.

Franken

Bereiche

- Main-Viereck, 200 ha (gute bis einfache Weißweine, gute bis einfache Rotweine)
- **Main-Dreieck,** 3750 ha (sehr gute bis mittlere – charakteristische – Weißweine)
- **Steigerwald,** 1050 ha (sehr gute bis einfache Weißweine, gute bis einfache Rotweine)

Das nicht nur landschaftlich, sondern auch kulturgeschichtlich interessante Frankenland zeigt den Reiz seiner Vielgestaltigkeit auch im bunten Strauß seiner Weine, über die man seit der Zeit Karls des Großen Bescheid weiß, der nach einer alten Urkunde im Jahre 777 dem Stift Fulda das Kloster Hammelburg und die dazugehörigen Weinberge dedizierte. Im späteren Mittelalter, als der Weinbau ein Hobby der verschiedensten Mönchsorden war und man fromm und gottesfürchtig überall Wein anpflanzte, wo sich ein sanfter oder steiler Hang der Sonne darbot, soll Franken 40 000 ha Weinberge gehabt haben. Man darf also annehmen, daß die fränkischen Vorfahren sich meist im Zustand der Volltrunkenheit befunden haben müssen und ihre schönen und soliden Fachwerkhäuser in den wenigen Augenblicken gebaut haben, in denen sie nüchtern waren. Heute ist es wenig mehr als ein Zehntel dieser Fläche, das mit Reben in Ertrag steht. Es sind nicht die edelsten Weißweinreben, die sich dort halten (nur etwa 3 Prozent Riesling), wohl aber die süffigsten und leckersten, denen der vielgestaltige Trias-Boden jene jugendliche Frische und männliche Herbe und Fruchtigkeit mitgibt, die dem Silvaner und dem Müller-Thurgau, die zusammen zwei Drittel des fränkischen Anbaus ausmachen, so viele treue Freunde geschaffen und erhalten hat. Dazu gehören aber auch der rassige Kerner und die sicher erfolgsträchtigste Neuzüchtung der Bayerischen Rebenzucht-Anstalt in Veitshöchheim: der Rieslaner.

Die fränkische Silvaner-Spätlese eines guten Jahres ist etwas ganz anderes als ein Silvaner aus Rheinhessen. Er bleibt immer das, was die Eigenart der Bocksbeutelflasche schon andeutet: ein kerniges, erdhaftes Individuum, ein Wein, dessen Spät- und Auslesen man ohne Skrupel, auch wenn sie »nur« von der Silvaner-Rebe stammen, zu den deutschen Spitzenkreszenzen zu zählen hat. Um so bedauerlicher ist es, daß die vor allem wirtschaftlich reizvollen Müller-Thurgau auch in der fränkischen Anbaufläche mehr und mehr zugenommen haben.

Der typische Frankenwein wird immer der Silvaner bleiben, was den Reiz der Rieslinge von der Würzburger Leiste, dem Randersackerer Pfülben und dem Iphofener Julius-Echter-Berg nicht mindert.

Die Veitshöchheimer Rebenzucht der bis 1970 unter der Leitung Dr. Breiders stehenden Bayerischen Landesanstalt für Weinbau in Würzburg war besonders erfolgreich mit recht interessanten Neuzüchtungen. Zu ihnen gehören der in früheren Jahren als Mainriesling bekannte Rieslaner und die Perle. Die neuesten Sorten wurden auf Züchtungswegen gewonnen, die bisher in der Rebenzüchtung weniger bekannt waren, und zwar die unten näher bezeichnete Sorte Ortega durch sogenannte Triblo-Bastardierungen und die Sorten Mariensteiner und Albalonga aus sogenannten Rückkreuzungsgenerationen durch die Paarung einer Kreuzung mit einer Elternsorte. In der Praxis bringen diese Sorten bemerkenswerte Weine dann, wenn durch starken Rückschnitt der Ertrag gering gehalten wird.

Über die Hälfte der fränkischen Weine werden von etwa einem halben Dutzend Winzergenossenschaften ausgebaut und verkauft, da die meisten fränkischen Winzer, die sich übrigens Häcker nennen, nur kleine Anbauflächen bewirtschaften. Eine Anzahl großer und qualitätsbewußter Weingüter besitzen Anteile in den von uns genannten Lagen.

Reben

Weißweine

Riesling. Rassige, vollmundige und feinfruchtige Rieslinge bringen die fränkischen Spitzenweinberge des Maindreiecks hervor, wo die Reben auf Muschelkalk-Böden stehen.

Silvaner ist die typische Rebe Frankens, wo sie von Muschelkalk- und Keuper-Böden guter Lagen besonders delikate Weine bringt, ausdrucksvoll, harmonisch und reif in Körper und Säure mit feinen Bukett- und Aromastoffen.

Müller-Thurgau
Ruländer
Traminer
Kerner
Scheurebe

sowie die Neuzüchtungen der Bayerischen Landesanstalt für Weinbau in Würzburg aus deren Abteilung für Rebenzüchtung in Veitshöchheim:

Rieslaner, eine Kreuzung aus Silvaner × Riesling von 1921, sollte ursprünglich »Mainriesling« heißen. Die Lage-Ansprüche der Sorte sind ebenso hoch wie die an das Können des Winzers. Rieslaner bringt hohen Säuregehalt mit und braucht gute Mostgewichte. In guten Jahren bringt sie unter all diesen Voraussetzungen ausgezeichnete, lebendige, rieslingähnliche Weine mit schönem Fruchtton und bester Alterungsfähigkeit.

Ortega ist eine Züchtung von Dr. H. Breider, gekreuzt aus (Riesling × Riesling) und (Madeleine angevine × Gewürztraminer) (= Siegerrebe), benannt nach dem spanischen Philosophen Ortega y Gasset. Die frühreifen Beeren, die leicht hohe Mostgewichte erreichen, fallen oft Vögeln und Wespen zum Opfer. Die Säure ist mild. In den unteren Prädikatsstufen erscheint der Wein nach längerer Flaschenreife vollmundig, feinfruchtig mit zartem Pfirsichbukett.

Perle. Georg Scheu züchtete aus Gewürztraminer × Müller-Thurgau die Perle von Alzey, die Dr. H. Breider an der Würzburger Landesanstalt für Weinbau zur Perle selektierte. Die spättreibende Sorte erreicht nur mittlere Mostgewichte bei niedriger Säure und bringt leichte, milde Weine. Ihr Anbau ist rückläufig.

Albalonga. Die Weiße Lange ist eine Veitshöchheimer Züchtung aus Rieslaner (Silvaner × Riesling) × Silvaner. Ziemlich anspruchsvoll an Boden und Lage bringt die Sorte dort bei Vollreife gute Mostgewichte (90 Grad Oechsle bei 10 Promille Säure) und Weine, die fruchtig und lebendig erscheinen. Bisher nur geringer Anbau, da im unteren Mostgewichtsbereich nicht überzeugend.

Rotweine

Spätburgunder. Das traditionelle fränkische Rotweingebiet sind die Spessarthänge mit den Zentren Klingenberg, Bürgstadt und Kreuzwertheim, wo die Reben auf Buntsandstein gedeihen. Auf Gipskeuper wachsen geschätzte Spätburgunder in Casteller Lagen am Steigerwald.
(Weingüter: Weingut der Stadt Klingenberg, Fürstlich Löwenstein-Wertheim-Rosenberg'sche Domäne in Kreuzwertheim, Fürstlich Castell'sches Domänenamt in Castell, Staatl. Hofkeller in Würzburg, Juliusspital in Würzburg u. a.)

Frühburgunder
Schwarzriesling (Pinot meunier)

Sehr gute Jahrgänge
1959, 1964, 1971, 1976, 1990
Gute Jahrgänge:
1970, 1979, 1983, 1985, 1986, 1988

Die Spitzenlagen

(von Osten nach Westen)

Iphöfer Julius-Echter-Berg, 50 ha GL: Burgweg

Auf diesem nach dem berühmt gewordenen Würzburger Fürstbischof genannten Weingarten in Südlage wachsen Rieslinge auf tiefgründigem Keuperboden, der starke Gipseinlagerungen aufweist. Diese Böden überstehen auch die Trockenheit mancher Jahre vortrefflich und bringen einen Riesling, der alle guten Eigenschaften der Frankenweine mitbringt, den Körper der Pfalz und die Finessen der besten Mosel. Es war eigentlich nicht verwunderlich, daß es ein geschickter Agent des Juliusspitals Würzburg fertigbrachte, auf die Festtafel anläßlich der Krönung der englischen Königin Elizabeth II. eine Iphöfer Beeren-Auslese vom Julius-Echter-Berg zu lancieren, die, wie man hört, dort mit großem Genuß getrunken wurde und Nachbestellungen zur Folge hatte.
Im Zuge der Lagenneuordnung wurden die große Lage Kammer und der beste Teil der etwas geringeren ehemaligen Einzellage Burgweg zur Spitzenlage Julius-Echter-Berg geschlagen und mit ihm auf 50 ha gebracht. Burgweg ist jetzt die Großlagen-Bezeichnung. Vom Julius-Echter-Berg kennen wir wunderbare Silvaner-Weine und ausdrucksvolle Rieslaner. Neben dem Juliusspital besitzen die Iphofener Weingüter Hans Wirsching, Johann Ruck und Ernst Popp u. v. a. Anteile an diesem Weinberg.

Escherndorfer Lump, 65 ha GL: Kirchberg

Wie eine riesige Halskrause wölben sich an der Mainschleife bei Escherndorf die Rebhügel empor, gekrönt

von der historischen Vogelsburg, die zur Karolingerzeit ein Königshof, später eine Burg, dann ein Kloster der Karmeliter war und heute kaum mehr ist als ein schön gelegener Aussichtspunkt mit Restaurationsterrassen und einer Kapelle. Von der Vogelsburg führt schräg eine Weinstiege zu Tal, zu deren Linken die alte Escherndorfer Eulengrube und zu deren Rechten der berühmte und zweitteuerste fränkische Weinberg des alten Escherndorfer Lump lag. Sein Einheitswert betrug 1964 immerhin 16 000 DM pro ha. Muschelkalkverwitterungsböden mit sehr starker Durchsetzung von Letten-Keuper und Löß-Lehm-Einlagerungen ergeben tiefgründige Böden, die dem Riesling hier eine ganz besondere Geschmacksnuance mitgeben. Außer der erstklassigen Eulengrube wurde noch der etwas weniger qualifizierte Hengstberg und ein Teil der Lage Fürstenberg zum Escherndorfer Lump geschlagen. Der gewaltige Südhang, auf dem neben würzigen, fruchtigen Rieslingen auch sehr feine, arttypische Silvaner reifen, setzt sich also jenseits des Weinpfades von der Vogelsburg herunter in dem gleich hochwertigen Weingarten der früheren Eulengrube fort.
Schon Goethe hatte immer wieder »jene besagten Escherndorfer« nachverlangt und ließ sie sich nach Weimar, Karlsbad und Marienbad schicken. Erstklassige Escherndorfer Lump-Weine bringt das Juliusspital Würzburg, das im alten Teil Besitz hat und das Escherndorfer Weingut Egon und Hermann Schäfer.

Randersackerer Pfülben, 30 ha GL: Ewig Leben

Randersacker (heute schon fast ein südöstlicher Vorort Würzburgs) ist umgeben von wertvollen Weingärten; aber der Südhang des Pfülben ist hier mehr als ein Primus inter pares, er ist einwandfrei eine Perle unter den fränkischen Rebgärten. Sein Muschelkalkboden, vermischt mit Letten-Keuper, bringt, unterstützt durch ein günstiges Kleinklima, Weine von seltener Harmonie hervor. Körperreiche Rieslinge mit einem natürlichen Charme, den wir bei den größten Saar-Ruwer-Kreszenzen fanden, und einem oft hinreißenden Bukett von Pfirsichen und Moosröschen. Dem Pfülben eines guten Jahrgangs wird immer ein ganz besonderer Platz unter den deutschen Rieslingen gebühren. Leider ist die Lage zu stark parzelliert. Am Pfülben wird auch Silvaner angebaut, dessen Weine kräftig und nachhaltig erscheinen. Bei der Umgliederung des Weinbergkatasters wurde der Pfülben durch die Nachbarlage Altenberg auf insgesamt 30 ha gebracht. Die größten Anteile an diesem herrlichen Weinberg haben außer den Randersackerer Weingütern Paul Schmitt, Robert Schmitt und Josef Störrlein, das Staatsweingut (Staatl. Hofkeller Würzburg), das Bürgerspital zum Heiligen Geist in Würzburg und das Würzburger Juliusspital, das mit über 160 ha heute eines der größten deutschen Weingüter ist.

Würzburger Stein-Harfe, 7,8 ha

Würzburger Stein, 85 ha

Der Würzburger Stein gilt als größte zusammenhängende Lage Deutschlands. Da seine Teillagen Steinmantel, Jesuitenstein, Steinharfe, Löwenstein immer schon unter dem Würzburger Stein verkauft werden konnten, besteht dieser Superlativ zu Recht. (Als größter zusammenhängender geradlinig verlaufender und nach Süden gerichteter Weingarten Deutschlands erscheint jedoch jener gewaltige Rebberg an der Mittelmosel, in dessen Besitz sich alle Weingüter von Bernkastel Graach, Wehlen und Zeltingen teilen.) Als sehr wertvoller Teil der Lage Würzburger Stein mit 17 000 DM Einheitswert 1964 ist insbesondere der Jesuitenstein direkt unter der Steinburg zu erwähnen, in dessen Besitz sich die Bayerischen Staatsweingüter und das Würzburger Juliusspital teilen. Dieselben Qualitäten hat die Steinharfe im mittleren Teil innerhalb einer schräg zum Hang verlaufenden Mauer, im Alleinbesitz des Bürgerspitals Würzburg, das dort auch ausdrucksstarke Silvaner erntet. Der Löwenstein oberhalb des von Prinzregent Luitpold von Bayern gestifteten Löwenreliefs an der Straße Würzburg-Veitshöchheim leidet zu schnell unter Trockenheit.
Der gesamte Weingarten ist ein nach Süden gerichteter Muschelkalksteinhang. In einer so vorzüglichen Lage ist natürlich innerhalb des fränkischen Weinbaugebietes auch der Anbau des edlen Rieslings möglich geworden. Der Würzburger Stein schmückt sich jedoch noch mit einem anderen Superlativ: Er ist die erste Lage, deren edler Wein bereits zur Rokokozeit etikettiert wurde. Man darf sagen, daß die schöne Sitte, sich auf dem Etikett mit dem Lagenamen auszuweisen, von hier ihren Ausgang nahm. In musterhafter Pflege hochrenommierter Weingüter reifen hier körperreiche, nachhaltige Rieslinge und klassische

vollmundige Silvaner. Die Staatsweingüter pflegen auf dem Stein auch verschiedene Neuzüchtungen: Rieslaner, Mariensteiner und Albalonga.
Schon 1806 schrieb Goethe von Jena an seine Frau: »Sende mir noch einige Würzburger, denn kein anderer Wein will mir so schmecken, und ich bin verdrießlich, wenn mir mein gewohnter Lieblingstrank abgeht.«

Würzburger Innere Leiste, 13 ha

Die nach dem »Stein« kostbarste Würzburger Lage. Die Qualität ihrer leichteren, lieblicheren, duftigeren Rieslinge wird von vielen Kennern als beste, wenn auch nicht als typischste unter den Frankenweinen bezeichnet.
Auch die Leiste ist ein reiner, langgezogener Südhang mit Muschelkalkverwitterungsböden. Die ursprüngliche Innere Leiste und Felsenleiste liegt auf der Südflanke der Würzburger Schloßfestung Marienberg, stellt den wertvolleren Teil aller Leisten-Weingärten dar und befindet sich im Alleinbesitz der Staatsweingüter. Gleichwertig und gegen Westen zu, in der Qualität nur langsam abfallend, sind die Weingärten der ehemaligen Äußeren Leiste, die sich vorwiegend im Besitz des Würzburger Juliusspitals und des Bürgerspitals zum Heiligen Geist Würzburg befindet. Auch das Staatsweingut hat daran Anteile.
Der Namen Würzburger »Leiste« leitet sich ab von Leithe oder Lehne.

Der meistfotografierte, weil eindrucksvollste Weinberg Würzburgs ist jedoch der Würzburger Schloßberg, die als Osthang dem Main zugewandte Seite des Festungsberges. Dieser geringerwertige Ost-Südost-Hang gehört hauptsächlich dem Staatsweingut.

Die grossen Lagen

Es ist natürlich strittig, inwieweit man die den wenigen Spitzenlagen folgenden besten Weinberge Frankens mit den großen Lagen der Mittelhaardt, der Mittelmosel oder gar des Rheingaus auf eine Stufe stellen kann. Ihr hoher Qualitätsstandard im fränkischen Bereich ist unbestritten und ihre durch entsprechende Bodenbonität und günstiges Kleinklima begründete Gabe, typische Frankenweine von sehr guter Klasse hervorzubringen, bleibt ohne Zweifel. Zur Information unserer Leser hängen wir jedoch die Aufzählung der unmittelbar hinter den Spitzenlagen rangierenden großen Lagen der Bocksbeutelweine an mit der einschränkenden Bemerkung, daß dort nur zum Teil der Rieslinganbau gewagt wird, während hier auch in den großen Lagen die für Franken typische Silvanerrebe angetroffen wird.

Casteller Schloßberg, 7 ha GL: Herrenberg
Diese muldenartige Südlage könnte sehr wohl einen guten Riesling bringen. Das Fürstlich Castell'sche Domänenamt in Castell setzt jedoch seinen Ehrgeiz mit Erfolg in die Silvaner-Kultur. Hier wartet sie in guten Jahren mit köstlichen Auslesen, Beerenauslesen und Trockenbeerenauslesen auf, die bei Spitzenweinversteigerungen stets zu den höchstbezahlten Weinen gehören. Das Gut pflegt auch den empfindlichen Rieslaner, und man sagt, daß es nirgendwo hochwertigere Müller-Thurgau-Weine gibt als im Castell'schen Domänenamt, was auf die mineralstoffreichen Gipskeuperböden zurückgeführt wird.

Iphöfer Kalb, 55 ha GL: Burgweg
Auf dieser guten Iphöfer Lage wachsen auf tiefgründigem Keuperboden lagentypische Silvaner, eindrucksvolle Scheu-Rebe-Weine, Gewürztraminer und verschiedene Neuzüchtungen. Besitz haben hier u. a. das renommierte Weingut Hans Wirsching, Iphofen und die ebenfalls einheimischen Weingüter Johann Ruck und Ernst Popp.

Escherndorfer Fürstenberg, 50 ha GL: Kirchberg
Nachdem ein Teil des alten »Fürstenbergs« zum »Escherndorfer Lump« geschlagen wurde, wurde der verbliebene Rest des Fürstenbergs mit der gesamten Lage »Escherndorfer Berg« vereinigt. Die Lage ist vorwiegend mit Müller-Thurgau und Silvaner bepflanzt. Besitz hat hier auch das Weingut Egon und Hermann Schäfer in Escherndorf.

Frickenhäuser Kapellenberg, 30 ha keine GL
Hier wird im südlichen Zipfel des Maindreiecks auf tiefgründigem Kalkboden Riesling, Silvaner und Rieslaner angebaut. Die Rieslinge dieses Weinbergs erscheinen spritzig und »moselartig«.

Randersackerer Marsberg, 45 ha GL: Ewig Leben
Besitzer des gegenüber dem Pfülben gelegenen erstklassigen Weinbergs sind außer der Staatsdomäne die

Barolo-Weinberge in der Hügellandschaft des südlichen Piemont.

Das bekannte Chianti-Schloß Brolio des Barone Bettino Ricasoli (oben).

Die renommierte Brunello-Domäne »Il Greppo« der Familie Biondi-Santi bei Montalcino (Toskana).

renommierten Würzburger Weingüter Bürgerspital zum Heiligen Geist und Juliusspital, die dort u. a. ausgezeichnete Riesling-Spät- und Auslesen ernten. Besitz haben hier auch die Weingüter Paul Schmitt, Robert Schmitt und Josef Störrlein, alle in Randersacker.

Randersackerer Sonnenstuhl, 30 ha GL: Ewig Leben
Der rechtsmainisch, südlich vom Pfülben gelegene Weinberg gehört einer Reihe von kleineren Besitzern neben dem Staatsweingut und den drei beim Marsberg genannten Randersackerer Gütern.

Randersackerer Teufelskeller, 40 ha GL: Ewig Leben
Der nördlichste aller Randersackerer Weinberge liegt schon fast an der Süd-Stadtgrenze Würzburgs.
Frankens zweitgrößter Weinort hat, wie man sieht, nach der Kostbarkeit des Pfülben auf seinen Terrassen-Südhängen, die sich ähnlich wie in Escherndorf gruppieren, noch andere wertvolle Lagen. Eigenartige, typisch fränkische Rieslinge und blumige, süffige Silvaner werden hier vom einheimischen Weingut Paul Schmitt gepflegt, das an jedem der drei Weinberge Anteile hat. Am Teufelskeller sind auch die Staatsweingüter, das Bürgerspital Würzburg, das Juliusspital Würzburg und das Randersackerer Weingut Robert Schmitt beteiligt.

Würzburger Abtsleite, 35,7 ha keine GL
Die Würzburger Abtsleite wurde durch die Lage Gutental und die renommierte Lage Neuberg ergänzt, die die Verbindung zwischen Würzburg und den bedeutenden Weinbergen von Randersacker herstellt. Ihre Weine werden vom Bürgerspital zum Heiligen Geist in Würzburg, vom Julius-Spital, von der Staatlichen Rebenzüchtung Veitshöchheim und von den Staatsweingütern (Staatl. Hofkeller Würzburg) ausgebaut. Auch Robert Schmitt in Randersacker hat hier Besitz. Die genannten Güter bringen neben rassigen Rieslingen und vollmundigen Silvanern auch Traminer und Rieslaner-Auslesen von dieser Lage.

Homburger Kallmuth, 17 ha keine GL
Diese beiden Bergrücken gehörten Jahrhunderte hindurch der Augustiner-Probstei Truffenstein. Der Großteil ist Eigentum des Fürstlich-Löwenstein-Wertheim-Rosenberg'schen Weingutes in Kreuzwertheim, das dort vorwiegend Silvaner, aber auch Riesling und Traminer pflegt. Der Ruf der feurigen, oft nußartig schmeckenden Herrenweine dieser erstklassigen Lage ist Jahrhunderte alt.
Durch die Lagenneuordnung wurden dem Kallmuth leider völlig unangemessene Teile in Nord- und Nordwestexposition beigefügt, so daß er heute 30 ha umfaßt. Wir beschränken uns daher auf die Fürstlich Löwenstein'sche Domäne, die nur Rebflächen in der exquisiten alten Kallmuth-Lage besitzt.

Hörsteiner Abtsberg, 18 ha GL: Reuschberg
Diese nördlich von Aschaffenburg gelegenen, sehr guten Weingärten bringen eigentlich keine typischen Frankenweine mehr hervor. Auf Glimmerschiefer und Gneis wachsen hier Rieslinge, die eher an manche Lagen des Rheingaues erinnern, als an gewohnte fränkische Weine. Die Staatsweingüter (Staatl. Hofkeller Würzburg), die die Tradition der alten Benediktiner-Abtei Seligenstadt fortsetzen, bringen vom Abtsberg Rieslinge und Rieslaner mit delikatem Pfirsichbukett.

Sie müssen wissen

Fränkische Rotweine sind außerhalb Frankens wenig bekannt. Der Grund ist wohl, daß es davon einfach zu wenig gibt. Es sind fast ausschließlich Spät- und Frühburgunder, die besonders ausdrucksvolle Weine bringen. Die bekannteste Rotweinlage Frankens ist der

Klingenberger Schloßberg, dessen Rote schon im Mittelalter als besondere Spezialität besungen wurden. Hier wachsen auf Buntsandstein vor allem Spätburgunder. (Weingut der Stadt Klingenberg)

Bürgstadter Mainhölle. Buntsandstein-Lage, auf der sehr geschätzte Spät- und Frühburgunder gedeihen. (Julius-Spital Würzburg)

Casteller Reitsteig
Casteller Feuerbach
Zwei kleine Rotweinlagen des Fürstl. Castell'schen Domänenamts in Castell, wo auf Gipskeuper Burgundersorten stehen. Die Weine erscheinen gehaltvoll, brauchen aber längeren Ausbau.

Gute Frankenweine sollte man nicht zu jung trinken. Vier bis fünf Jahre brauchen sie, um richtig auszureifen.

Bocksbeutel. Auf manchen Weinkarten findet der Weinfreund Bocksbeutel noch mit »x« geschrieben (Boxbeutel). Dabei ist sehr zu bezweifeln, ob er seinen Trinkern das Temperament und die Schlagkraft eines Boxers verleiht. Der Bocksbeutel leitet seinen Namen dagegen eindeutig von dem Hodensack des Bockes ab. Seine plattgedrückte Kugelgestalt sehen wir schon in einem Relief des Würzburger Juliusspitals von 1576, doch war nicht Wein, sondern Medizin in jenem Gefäß.

In Watteaus Gemälde »Frühstück im Freien« wird aus einem Bocksbeutel Wein eingeschenkt, ganz einfach, weil Flaschen dieses Formats damals auch in Frankreich gebräuchlich waren. Er ist seit dem 18. Jahrhundert in Würzburg nachgewiesen und ist innerhalb des ganzen deutschen Weinbaugebiets heute nur den Frankenweinen und den nordbadischen Mauerweinen der Ortenau vorbehalten.

DEUTSCHLAND

Nahe

BEREICHE

- **Kreuznach,** 2900 ha (sehr gute bis einfache Weißweine)
- **Schloßböckelheim,** 1600 ha (sehr gute bis einfache Weißweine)

In Bingen, das noch zu Rheinhessen zählt, obwohl seine Spitzenweine im Charakter nichts mit den rheinhessischen Kreszenzen gemeinsam haben, beginnt das Weinbaugebiet der Nahe, zu dem auch die Seitentäler des Guldenbachs, des Gräfenbachs, der Alsenz und der Glan gehören. Die Reben der Nahe-Weine stehen auf geologisch vielfältigen Formationen: Devon-Quarzit und Schiefer im nördlichen Bereich, tertiären Löß- und Lehmablagerungen im Osten und um Bad Kreuznach, Rotliegendes im Süden und Westen, das besonders stark zwischen Bad Kreuznach und Schloß Böckelheim mit vulkanischen Porphyrzonen durchsetzt ist.
Der Weinbau an der Nahe ist zwar schon den alten Römern selbstverständlich gewesen, aber das Renommée vor allem der Nahe-Spitzenweine begann sich erst Ende der zwanziger Jahre unseres Jahrhunderts zu entwickeln.
Die edlen Rieslinge der großen Nahe-Lagen leiten in ihrem Charakter so deutlich vom Rheingau zu den Eigenarten der Mosel- und Saar-Weine über, daß wir sie nicht entbehren wollen.

REBEN

Riesling. Facettenreich, je nach Herkunft, präsentieren sich seine Weine auch aus den großen Nahe-Lagen, wo die Rebe auf mannigfaltig beschaffenen Böden wächst.

Silvaner
Müller-Thurgau
Kerner
Scheurebe

Sehr gute Jahrgänge:
1959, 1964, 1971, 1976, 1989
Gute Jahrgänge:
1969, 1975, 1979, 1981, 1983, 1985, 1988, 1990

DIE SPITZENLAGEN

Kreuznacher Kauzenberg in den Mauern, 4,8 ha
GL: Kronenberg

eine Südlage auf Porphyr und Rotliegendem, eingebettet am Hang der Kauzenburg, mit einem wertvollen Kleinklima gesegnet. Die Nahe, die unten an der alten Kreuznacher Brücke vorbeifließt, sorgt für vorteilhaften Klimaausgleich in dieser erstklassigen Riesling-Lage.

Kreuznacher Brückes, 19 ha GL: Kronenberg

eine ebenfalls sehr geschützte Südlage in der Nähe des Kreuznacher Güterbahnhofs. Kein Wunder, daß die Spätlesen des Kreuznacher Brückes an die besten Niersteiner Qualitäten erinnern. Auch die Brückes-Weine wachsen auf Rotsandstein mit Löß, brauchen allerdings in trockenen Jahren viel künstliche Bewässerung. Besitzer sind die Kreuznacher Weingüter: Reichsgraf von Plettenberg, Paul Anheuser, August E. Anheuser und Carl Finkenauer.

Münsterer Rotenfelser im Winkel, 3,3 ha

Münsterer Höll, 3,4 ha

Münsterer Steigerdell, 2,6 ha

Traisener Bastei, 2,5 ha alle GL: Burgweg

Der Rotenfels, naheaufwärts hinter Bad Münster am Stein, ist das größte Porphyrmassiv nördlich der Alpen. Eine eindrucksvolle rote Bastei mit Klippen und Türmen, auf deren Geröll die so mit einem unwahrscheinlichen Kleinklima gesegneten Weinberge liegen. Vom Trierer Wetteramt wurde hier ein Klimawert von 92 gemessen (bester Wert: 100, schlechtester: 40). Die Weinberge, die unmittelbar hinter Bahn und Straße am Naheufer liegen, braten hier wie in einem Ofen. Die Porphyr-Verwitterungsböden bringen prachtvolle, körperreiche, feurige Weine mit feinster Blume.
In allen drei Münsterer Lagen am Rotenfels hat das Weingut Rotenfels in Bad Münster Besitz, die Traisener Bastei wird vom erstklassigen Weingut Hans Crusius in Traisen und den Staatsdomänen Niederhausen-Schloßböckelheim bewirtschaftet.

Niederhäuser Hermannshöhle, 8,5 ha GL: Burgweg

Dieser sehr renommierte Weinberg liegt in der Nachbarschaft der Niederhausener Staatsdomäne und bettet seine Rieslinge in Carbonschiefer. Der Weinberg ist recht steil und bedarf intensiver Bewässerung. Seine Weine sind von zartem Bukett und kommen auch in mittleren Jahren meist zur Vollreife, ohne an ihrer Eleganz einzubüßen. Ihr Bukett erinnert zuweilen an den Duft schwarzer Johannisbeeren. Die Hermannshöhle gehört u. a. der Staatsdomäne, dem Weingut Jakob Schneider in Niederhausen, dem Weingut Ökonomierat August E. Anheuser in Bad Kreuznach, den Weingütern Hermann Dönnhoff in Oberhausen und Wilhelm Sitzius in Langenlonsheim.

Schloßböckelheimer Kupfergrube, 14 ha GL: Burgweg

Am Fenster seines Arbeitszimmers zeigte Weinbaudirektor Goedecke von der Staatsdomäne diesen, jetzt verdoppelten, vorbildlich gepflegten 50–62 % steilen Terrassenweinberg in seiner heutigen Gestalt. Weinbaudirektor Höpp hat ihn 1902, als er die Anlage dieses Weinberges plante, in einem Großfoto festhalten lassen, das nichts als Gestrüpp, kahle Flächen und dürres Buschwerk auf den Porphyr-Verwitterungsböden zeigt. Im Laufe der Zeit ist dieser junge, edle Weinberg ein Prototyp der Flurbereinigung geworden und seine 1911er haben bei den Gästen des kaiserlichen Hauptquartiers in Bad Kreuznach von 1914 bis 1918 großen Anklang gefunden. Die 1921er und 1929er vollendeten den Ruf einer Spitzenlage, in deren Weinen sich die Feinheit und die Eleganz der Mosel-Rieslinge mit der großartigen Harmonie und dem geschliffenen Riesling-Bukett gewisser Rheingaulagen vermählen. So wurde aus einer alten Kupfergrube bald eine junge Goldgrube.
Ihre Besitzer sind außer der Staatsdomäne Niederhausen-Schloßböckelheim die Weingüter Reichsgraf von Plettenberg, Bad Kreuznach, Schlink-Herf, daselbst und Hehner-Kiltz in Waldböckelheim.

Die grossen Lagen

(Von Norden nach Süden)

Münsterer Dautenpflänzer, 6 ha GL: Schloßkapelle
Zu Münster-Sarmsheim gehört dieser Weinberg der unteren Nahe, wo vor allem Rieslinge auf tiefgründigem Lößlehm mit hervorragendem Kleinklima wachsen, gepflegt von der Staatl. Weinbaudomäne Schloßböckelheim, dem einheimischen Weingut Kruger-Rumpf u. v. a.

Münsterer Pittersberg, 12 ha GL: Schloßkapelle
Der Spitzenweinberg der unteren Nahe auf Devonschiefer bringt duftige, elegante, fordernde Weine hervor, die mit dem besten Mosel in Konkurrenz treten können. Besitzer u. a.: Staatsdomäne Schloßböckelheim, Weingut Kruger-Rumpf.

Dorsheimer Burgberg, 6 ha GL: Schloßkapelle
Eine im Trollbachtal gelegene Südlage mit 55 Prozent Steigung. Durch ihre Muldenform fängt sie die Sonne auf Konglomeraten aus Taunusquarzit, was diesem nicht so bekannten Wein der Staatsdomäne den Charakter großer Rheingauer gib. Auch das Weingut Kruger-Rumpf in Münster-Sarmsheim hat hier u. a. Besitz.

Roxheimer Höllenpfad, 13,5 ha GL: Rosengarten
Ein ganz erstklassiger Weinberg, der eigentlich unter die Spitzenlagen des Gebietes zu zählen wäre. Sehr blumige Rieslinge. Weingüter: Reichsgraf von Plettenberg, Paul Anheuser, beide in Bad Kreuznach.

Roxheimer Mühlenberg, 10 ha GL: Rosengarten
Beide Roxheimer Lagen auf tiefgründigem Rotliegenden in einem Seitental, sind reine Südlagen, die Weine von begeisternder Frucht bringen und ihre Liebhaber entzücken. Riesling, aber auch Silvaner. Weingut Carl Finkenauer, Bad Kreuznach.

Winzenheimer Rosenheck, 14,4 ha GL: Kronenberg
Hier wachsen die Reben auf tiefgründigem schweren Lehmboden. Die Weine, die mit den Rheingauer Spitzenweinen zu vergleichen sind, sind nachhaltig und brauchen eine gewisse Lagerung bis zur vollen Entfaltung. In günstigen Jahren werden hier Trockenbeerenauslesen höchster Vollendung geerntet, die auch nach Jahrzehnten nichts von ihrer Güte verloren haben. Als

größerer Besitzer ist das Weingut Reichsgraf von Plettenberg zu nennen. Auch die Weingüter August E. Anheuser und Carl Finkenauer, alle in Bad Kreuznach, bewirtschaften einen Teil dieser Lage.

Der Mittelpunkt des Nahe-Weinbaus Bad Kreuznach mit seinen Radium-Heilquellen aus vulkanischem Untergrund hat außer seinen Spitzenlagen auch einige große Lagen:

Kreuznacher Narrenkappe, 30 ha GL: Kronenberg
Zweifellos Kreuznachs bekannteste Lage. Sie befindet sich unterhalb eines kleinen Wäldchens, das Hungriger Wolf heißt. Fruchtige, duftige Weine wachsen hier auf kiesigem Lehmboden. Weingüter: Paul Anheuser, Carl Finkenauer, August E. Anheuser und Reichsgraf von Plettenberg, alle Bad Kreuznach.

Kreuznacher Krötenpfuhl, 9,7 ha GL: Kronenberg
Teilweise Hanglage mit kieslig-sandigen Lehmen als Verwitterungsprodukt der Sandsteinschichten aus dem Rotliegenden. Die Weine haben mehr Körper, sind aber immer noch, wegen des stark mit Steinen durchsetzten Bodens, frisch und blumig. Hauptbesitzer sind die Weingüter Paul Anheuser, August E. Anheuser und Carl Finkenauer.

Kreuznacher Kahlenberg, 13,6 ha GL: Kronenberg
Ein Rebgarten, der oberhalb der Landes-Lehr- und Versuchsanstalt für Weinbau liegt und dessen Weine auf Verwitterungsböden des Rotliegenden wachsen. Besitzer sind die Weingüter Paul Anheuser, August E. Anheuser, Reichsgraf von Plettenberg u. a.

Ein wenig südlich von Bad Münster am Stein liegt der

Altenbamberger Kehrenberg, 16 ha GL: Burgweg
In diesem Weingarten wachsen die Reben auf Porphyrgestein. Kenner bezeichnen diesen Weinberg, der duftige Rieslinge bringt, als »Adelssitz des Weines«. Besitzer ist u. a. das Weingut Paul Anheuser in Bad Kreuznach.

Niederhäuser Rosenheck, 17 ha GL: Burgweg
ein erstklassiger Weingarten auf devonischem Schiefer, der den Rieslingen einen Bernkastler Charakter gibt. Größeren Anteil daran hat das Niederhausener Weingut Jakob Schneider.

Niederhäuser Hermannsberg, 5,9 ha GL:Burgweg
eine der besten Nahe-Lagen im Alleinbesitz der Staatsdomäne Niederhausen-Schloßböckelheim. Der Weinberg schließt sich unmittelbar an die Spitzenlage Hermannshöhle an.

Schloßböckelheimer Königsfels, 18 ha GL: Burgweg
eine herrliche Südlage dieser gesegneten kleinen Region der mittleren Nahe. Der Weinberg bringt feinfruchtige Rieslinge mit ausgeprägtem Bukett und gehört u. a. den Kreuznacher Weingütern Paul Anheuser, August E. Anheuser und dem Weingut Hehner-Kiltz in Waldböckelheim.

Schloß Wallhausen im Gräfenbachtal ist Sitz des erstklassigen Prinz zu Salm-Dalberg'schen Weingutes. Michael Prinz zu Salm-Salm ist nicht nur derzeit Präsident des Verbandes Deutscher Prädikats- und Qualitäts-Weingüter, sein besonderes Engagement gilt der Durchsetzung qualitativ hochwertiger Nahe-Weine bei den Konsumenten.

Mosel – Saar – Ruwer

Bereiche

- Zell/Mosel (Unter-Mosel), 2140 ha (gute bis einfache Weißweine)
- **Bernkastel** (Mittel-Mosel), 7800 ha (sehr gute bis einfache Weißweine)
- Ober-Mosel, 1120 ha (mittlere bis einfache Weißweine)
- **Saar-Ruwer,** 1700 ha (sehr gute bis einfache Weißweine)

In ihrem Weinbaugebiet sägt sich die Mosel 200 km lang zuerst durch schwere Muschelkalkhänge, dann durch den verwitterten Devon-Schiefer des Hunsrücks und schließlich durch groben Grauwackenschiefer am Unterlauf. Dabei hält sie zwischen Trier und Cochem kaum einmal 5 km lang die eingeschlagene Richtung bei: In unzähligen Kehren und Kurven taumelt sie wie trunken durch alle Wonnen und Wehen dieser bacchantischen Welt. Auf einem Hektar kann es hier größte Unterschiede des Sonneneinfalls, der Windablenkung, der Regenversorgung und der Bodenbeschaffenheit geben, wie sie drastischer nicht denkbar sind. Dabei wird heute allgemein anerkannt, daß außer einigen Spitzenlagen an Saar und Ruwer an dem 200 km langen Schlangenlauf der Mosel zwischen Perl und Koblenz nur an der Mittelmosel, strenggenommen in einer einzigen S-Kurve zwischen Brauneberg und Kinheim, die Weingärten der ganz großen Moselkreszenzen stehen. Etwas weiter gefaßt, schon um die südlich davon wachsenden Trittenheimer und Piesporter Köstlichkeiten nicht zu übersehen, beginnt das Reich der Moselträume im Süden mit der Thörnicher Ritsch und endet im Norden gleich hinter Zell im Merler Fettgarten.

Die Mosel-Rieslinge sind alle leicht, feingliedrig, flüchtig und rassig. Sie verändern die Welt nicht wie die Auslesen der großen Rieslinge der Ortenau oder des Rheingaues, aber sie machen sie auf eine eigenartige Weise transparent.

Jahrhundertelang hat man die unansehnliche, spät reifende Rieslingtraube wegen ihrer Säure verachtet. Heute weiß man, daß es gerade diese sehr eigentümliche wandlungsfähige Säure ist, deren Spiel dem voll ausgereiften Riesling zu jener edlen Blume und Würze verhilft, die ihn facettenhaft schillernd klar und eindeutig über alle Weißweine der Welt erheben können, und es ist typisch, daß er gerade auf den Schieferbergen des Nordens die höchsten Feinheiten der Aussage gewinnen konnte. Im Rheingau sagte er es mit Charme und Würde, an der Mosel mit Grazie und Witz.

Dabei sind Auslesen großer Jahrgänge gar keine typischen Moselweine mehr. Ein Grund mehr, daß die wirklichen Kenner hier die Weine der guten Lagen aus geringeren Jahrgängen und die Weine der geringeren Lagen aus guten Jahrgängen bevorzugen.

Die Saar- und Ruwer-Abkömmlinge sind zwar nahe Verwandte der Edlen von der Mittelmosel, aber sie haben doch in sonnenreichen Jahren einen eigenen Zauber. Ein Bukett, das nach Erde riecht, nach Wurzelwerk, nach Haselnüssen und dem rauchigen Duft eines nebeligen Herbsttages. Es sind allesamt Weine, die schon mengenmäßig so gering sind, daß sie am Markt kaum in Erscheinung treten, und wenn nicht die Sammelbezeichnung »Mosel-Saar-Ruwer« auf allen Etiketten zu lesen wäre, würde man sie wohl leicht übersehen.

Vor den Augen der Liebhaber frischer, fruchtig-herber und prickelnder Weine aber sind sie nicht sicher. In schlechten Jahren wandern sie allesamt in die Sektkellereien, deren Cuvée gerade von den Mosel-Saar-Ruwer-Weinen die prickelnde Frische erhält, die die Genießer an den trockenen Sekten unserer Zeit so schätzen.

Die im deutschen Weinhandel gebräuchliche Sammelbezeichnung »Mosel-Saar-Ruwer« läßt gar zu viele Riesling-Freunde im unklaren darüber, daß hier zwar »Blutsverwandte« zusammengefaßt wurden, die aber doch von deutlicher, nicht zu übersehender Eigenart sind.

Reben

Riesling, die Hauptrebe und die aller erstklassigen Lagen.

Müller-Thurgau

Kerner

Elbling (Weißer Elbling). Die uralte, einfache Rebsorte war ab dem Mittelalter in Deutschland weit verbreitet. Ohne Ansprüche an Lage und Boden reichtragend und frühreifend, diente sie vor allem zur Zehntabgabe an die Obrigkeit. Der Wein ist dünn und sehr säurereich. Nur an der Ober- und Untermosel ist ihr Anbau noch erlaubt, wo sie hauptsächlich zur Gewinnung von Sektgrundweinen kultiviert wird.

Sehr gute Jahrgänge:
1953, 1959, 1964, 1971, 1975, 1976, 1983, 1988, 1989, 1990
Gute Jahrgänge:
1964, 1969, 1973, 1979, 1981, 1982, 1985, 1986

Die Spitzenlagen der Mittelmosel

(von Süden nach Norden)

Brauneberger Juffer, 30 ha

Brauneberger Juffer-Sonnenuhr, 10 ha
GL: Kurfürstlay

Die »Jungfer vom süßen Berg« war schon den Römern bekannt, die diesen Devonschiefer-Block gegenüber dem heutigen Dörfchen Brauneberg »dulcis mons« nannten. Die Franzosen machten daraus Doucemont, die Moselaner verdeutschten das in Dusemont, was heute, nicht erst seit 1933, Brauneberg heißt: das liebliche, schlanke Straßendörfchen und, am anderen Ufer, der berühmte, oben unbewaldete lange Südhang, dessen untere Lagen schon vor 100 Jahren vom Kgl. Kataster-Inspektor, Steuerrat Klotten, in die höchste Wertstufe von 480 bis 720 Silbergroschen pro Morgen eingeteilt wurden.
Ein Mosel, dessen eigenartige Würze jeder Moselkenner mit geschlossenen Augen herausschmeckt, einer der wenigen ganz Großen der Mosel, die besonders in mittleren Jahren weit über das bei Moselweinen zulässige Alter hinauswachsen können. Die Weingüter Ferdinand Haag Erben – Willi Haag, Christian Karp-Schreiber, Licht-Kilburg und Fritz Haag – Dusemonder Hof, alle in Brauneberg, sowie das St.-Nikolaus-Hospital-Weingut und das der Wwe. Dr. H. Thanisch, beide in Bernkastel-Kues, sind bekannte Mitbesitzer dieses altberühmten Weinbergs.

Bernkasteler Doktor, 1,3 ha GL: Badstube

dessen von manchen Zungen erspürter Rauchgeschmack – ich habe ihn noch nicht entdeckt – von den Kaminen des reizenden Moselstädtchens herrühren soll, die gelegentlich liebevoll in ihn hineinpusten. Das fällt nicht schwer, denn die idyllischen Giebel des immer festlichen Bernkastel liegen dicht unter ihm und dem benachbarten »Graben«. Der Doktor wurde weltberühmt, weil ihn König Eduard VII. auf Anraten seines Leibarztes genauso als Medizin schluckte, wie sehr viel früher der Trierer Erzbischof und Kurfürst Boemund, dem diese Rezeptur zuerst verschrieben wurde.
Seither hat es viele Ärzte gegeben, die den Bernkasteler Doktor verordneten und ihre Patienten dabei überwachten, weil es in keinem Falle gut ist, so etwas Köstliches allein zu trinken. Heute ist der Bernkasteler Doktor mit dem höchsten Einheitswert aller Moselweinberge versehen. Seine Weine werden, obwohl ganz vorzüglich, gelegentlich überbewertet, weil Amerikaner die Preise hochtreiben und die deutschen Weinkommissionäre kontra bieten.
Auch hier hat hervorragende Kellereiwirtschaft aus einer zwar sehr guten, aber nicht allerbesten Lage einen hochedlen, wegen seiner ganz eigenen Blume und Fruchtigkeit überall geschätzten Spitzenwein gemacht. Besitzer der Bernkasteler Spitzenlage sind nur drei Weingüter: die Gutsverwaltung Deinhard, Dr. H. Thanisch Wwe. und J. Lauerburg, alle in Bernkastel. Beim »Graben« (12,8 ha), dem die alte Bernkasteler Einzellage »Badstube« zugeschlagen wurde, sind neben den obengenannten Gütern noch das St.-Nikolaus-Hospital, die Weingüter Studert-Prüm (Maximinhof) und Dr. Pauly-Bergweiler in Bernkastel beteiligt.

Graacher Josephshöfer, 5,8 ha GL: Münzlay

der früher Martinshof hieß und der Abtei St. Martin in Trier gehörte, deren Äbte aber diesen Wein nie ausschenkten, sondern ihn sogar vor den hohen Kirchenfürsten verbargen. Heute hat der Josephshof das Glück, einen einzigen Besitzer zu haben, das Trierer Weingut des Reichsgrafen von Kesselstatt, der ihn zu einer der Spitzen der Mittelmosel kultiviert hat.

Wehlener Sonnenuhr, 65 ha GL: Münzlay

Ein solches Meer kostbarer Rieslinge in einem einzigen gigantischen Hang sieht man in Deutschland nur ein einziges Mal: von der Terrasse des Bernkasteler Schloßbergs. Es sind dort mehrere Sonnenuhren in Legionen Rebstöcken versteckt, aber die Wehlener, die genau dem Dörfchen Wehlen gegenüberliegt, ist die berühmteste, und die Winzer, denen sie die Vesperzeit anzeigt, wenn nicht gerade eine dicke Wolke im Wege ist, sind die stolzesten an der Mosel. Wenn man von Wehlen über die Brücke an den Fluß des gewaltigen Hanges fährt und links abbiegt nach Zeltingen zu, rollt man zur Rechten an den kostbaren Rebgärten der »Wehlener Sonnenuhr« vorbei, die vor allem von den Weingütern Deinhard'sche Gutsverwaltung Bernkastel, Joh. Jos. Prüm, S. A. Prüm Erben S. A. Prüm, Peter Prüm, Studert-Prüm (Maximinhof), Dr. F. Weins-Prüm Erben (Selbach-Weins), alle in Wehlen, den Weingütern St. Johannishof Dr. Loosen und Dr. Pauly-Bergweiler, beide in Bernkastel, und dem Weingut Jos. Christoffel jr. in Ürzig gepflegt werden. Auch das Weingut Heribert Kerpen in Wehlen hat hier u. a. Besitz.

Auch dieser berühmte Weinberg ist bis zur Unkenntlichkeit zerschnitten gewesen. Es gab Parzellen, die nicht mehr als 100 qm hatten, während die größten nicht mehr als 1500 qm aufwiesen. Auf diese Weise war der Weinberg in über 1600 Parzellen zerfallen, deren Besitzer natürlich nicht alle ihren eigenen Wein herstellten.

Die unteren und mittleren Lagen dieser gewaltigen Rebflanke sind die wertvollsten deshalb, weil es oben doch schon eher kühler und kälter wird und auch in warmen Spätsommernächten immer ein Lüftchen weht, das die tagsüber kochenden Trauben leider abkühlt.

Nach Zeltingen zu schließen sich auf diesem Riesenhang drei andere Moselspitzen an. Es ist das edle Dreigestirn

Zeltinger Sonnenuhr, 40 ha

Zeltinger Himmelreich, 110 ha

Zeltinger Schloßberg, 60 ha alle GL: Münzlay

reine Südlagen, mit außerordentlich günstigem Kleinklima, die oft die lieblichsten und duftigsten aller Moselweine bringen. Die drei großen Zeltinger werden vor allem von solchen Moselfreunden bevorzugt, die nicht gerade in die Säure beißen wollen.

Alle drei sind Lagen, um die sich die Erzbischöfe von Köln und Trier über tausend Jahre lang stritten – bis zum Anfang des vorigen Jahrhunderts die Säkularisierung dem ganz und gar nicht geistlichen Streit dieser Weinkenner ein Ende bereitete.

Durch die Lagenneuordnung wurde die Rotlay aufgegeben und der berühmte Zeltinger Schloßberg um das Dreifache vergrößert. Angesichts der gleichen kleinklimatischen und geologischen Verhältnisse dieses riesigen Südhanges dürften sich diese Veränderungen auf die Weinqualität nicht auswirken. Bekannte Besitzer sind: die Weingüter Joh. Jos. Prüm, Wehlen; Frh. von Schorlemer – Domäne Zeltingen; Selbach-Oster und Leo Kappes in Zeltingen; die Stiftung Staatl. Friedrich-Wilhelm-Gymnasium, die Vereinigten Hospitien und Reichsgraf von Kesselstatt, alle drei in Trier.

Auf der anderen Seite zeigen hohe Buchstaben dem Weinfreund die eindrucksvolle Lage des

Ürziger Würzgarten, 56 ha GL: Schwarzlay

der seinen Namen von dem im Mittelalter so beliebten Würzgärtlein hat, in denen man die Kräuter anbaute, mit denen jene Weine versetzt wurden, die den Kranken Linderung und Heilung bringen sollten. Bei der Lagenneuordnung wurden dem Würzgarten die erstklassige Ürziger Kranklay und die gute Lage Sonnenuhr zugeschlagen, so daß Ürzig neben dem Würzgarten nur noch die kleine, 0,26 ha große Lage »Goldwingert« besitzt. Würzgarten-Besitzer sind u. a. die Weingüter Mönchhof – Robert Eymael, E. Christoffel-Berres (Besitz im alten Kranklay-Teil), Jos. Christoffel jr., C. H. Berres – Alfred Berres, Sanitätsrat Dr. Hermann, Benedict Loosen Erben, alle in Ürzig, und die Bernkasteler Güter Dr. Loosen St. Johannishof, Peter Nicolay, Hubert Selbach – Dr. Weins-Prüm Erben.

Die Mosel macht unterdes einen Bogen, läßt Rachtig rechts und Ürzig links liegen und spiegelt an hellen Tagen schräg unterhalb des Würzgartens in ihren Wassern den

Erdener Prälat, 2,2 ha GL: Schwarzlay

einen erheblich kleineren, aber sehr kostbaren Weinberg am oberen Bogen des berühmten S der Mittelmosel. Hier grünen edle Rieslinge auf Rotliegendem dicht oberhalb der Straße. Als Besitzer sind uns bekannt: die Weingüter St. Johannishof Dr. Loosen in Bernkastel-Kues, E. Christoffel-Berres – Geschw. Berres, Jos. Christoffel jr., beide in Ürzig, und Dr. F. Weins-Prüm Erben in Wehlen.

Der letzte Nachbar in der Hocharistokratie der Mosel-Weine ist das

Erdener Treppchen, 45 ha GL: Schwarzlay

Auch hier mußten, wie in Brauneberg und in Wehlen, die Winzer aus dem etwas abseitigen Dorfe Erden mit der Fähre über den Fluß, um in ihrem Weinberg zu arbeiten und zu ernten. Rechts neben dem gewaltigen, roten Sandsteinerker der Ürziger Urlay liegt dieser, neben dem »Bernkasteler Doktor« wohl populärste Edelweinberg der Mittelmosel, in den sich außer den beim »Prälat« genannten Weingütern noch viele Besitzer teilen, u. a. das Bischöfliche Priesterseminar (Bischöfliche Weingüter) in Trier, die Weingüter Mönchhof R. Eymael in Ürzig und Peter Nicolay in Bernkastel-Kues.

Die grossen Lagen der Mittelmosel

Es ist aber unmöglich, nur diese kleine Elite vorzustellen, da die besonderen geographischen und meteorologischen Bedingungen des Moseltals in trockenen Jahren auch auf 1b-Lagen 1a-Rebgut wachsen lassen und die gerade heute in schneller Vervollkommnung befindliche Kellerwirtschaft aus manchem Weinberg, der nach Boden und Lage »nur« ein Premier Cru ist, Kreszenzen bringt, die den oben versammelten Grands Crus durchaus ebenbürtig sind. Wir beginnen diesmal etwas weiter südlich, knapp unterhalb der Stelle, wo die Ruwer in die Mosel fließt, mit der

Thörnicher Ritsch, 30 ha GL: St. Michael
auch »Rütsch« genannt, wohl deshalb, weil dieser Terrassenweinberg so steil ist. Er ist das Juwel des Römerkrampens, und seine Weine leiten den Glanz des Eitelsbacher Karthäuserhofbergs mit der edlen Frucht, der eigenartigen Würze und dem pikanten Säurespiel, das viele Kenner so bezaubert, in das Moseltal über.
Aus der Klüsserather Bruderschaft und dem Trittenheimer Altärchen hat man im Zuge der Lagenneuordnung Riesenlagen von 250 und 245 ha gemacht. Eine solche grobe Auslegung des gesetzgeberischen Willens wird sicherlich nicht zum Nutzen dieser ehemals so renommierten Lagennamen ausschlagen.

Trittenheimer Apotheke, 55 ha GL: Michelsberg
Die Trittenheimer Apotheke ist um das Gelände des altbekannten Laurentiusberges vergrößert worden. Dadurch ist der Umfang um etwa 20 Prozent gewachsen. Mit 55 ha hat die Apotheke jetzt eine vernünftige Größe und erreicht nur ein Fünftel des populären »Trittenheimer Altärchens«, der unter seinen 245 ha auch noch einige besonders gute Hanglagen besitzt. Die Stiftung Friedr.-Wilh.-Gymnasium in Trier, das Bischöfliche Priesterseminar in der Verwaltung der Bischöflichen Weingüter in Trier, Reichsgraf von Kesselstatt in Trier, die Weingüter Milz-Laurentiushof in Trittenheim, Grans-Fassian in Leiwen und Alois Kirsten in Klüsserath haben hier Besitz.

Neumagener Laudamusberg, 38 ha GL: Michelsberg

Neumagener Engelgrube, 67 ha GL: Michelsberg

Dhroner Hofberg, 110 ha GL: Michelsberg
Mit diesen erstklassigen Lagen, die zu den ältesten Deutschlands überhaupt gehören und schon im ausgehenden Mittelalter von weltlichen und geistlichen Majestäten geschätzt wurden, ist man bei der Lagenneuordnung verständig zu Werke gegangen, obwohl der Dhroner Hofberg bis an die Grenze des Möglichen vergrößert wurde. Das Dhroner Weingut Otto Dünweg hat auf beiden Neumagener Lagen Besitz, im Laudamusberg pflegen der Laurentiushof in Trittenheim und das Trierer Weingut Reichsgraf von Kesselstatt ihre Reben, das auch Besitz im Dhroner Hofberg hat. Dort haben Anteile: das Bischöfliche Priesterseminar (Bischöfliche Weingüter) in Trier, das Weingut Stiftung Staatl. Friedrich-Wilhelm-Gymnasium in Trier, die Weingüter Matheus-Lehnert in Dhron und Grans-Fassian in Leiwen.

An der hinreißend eleganten Moselbrücke, vor dem alten römischen Hafen des Piso (Pisonis portus) über dem reizend gelegenen Piesport erhebt sich das

Piesporter Goldtröpfchen, 122 ha GL: Michelsberg
Ein Wein, der in großen Jahren schon kein echter Mosel-Riesling mehr ist und leicht mit einem Rheingauer verwechselt werden kann, in weniger gesegneten Jahren aber die Eleganz und die Finessen des typischen Mosels voll entfaltet. Da der Weinbergname im Zuge einer Flurbereinigung auch einigen benachbarten Lagen erlaubt wurde, wollten die Trierer Besitzer der Stammlage früher einmal die Bezeichnung »Urgoldtröpfchen« einführen. Damals schon hatte man eine ganze Anzahl Weinberge zusammengelegt und eine Lage über 100 ha geschaffen, die alle Lagen

oberhalb des Dorfes und die ganze untere Hälfte des Berges bis zur Grenze der Gemarkung Drohn umfaßt. Gleichzeitig wurde damals auch ein Schutzzeichen für geprüfte Qualitäten dieser Lage entwickelt.
Die Piesporter waren also sehr streng untereinander geworden, und das ist dem Ruf dieser ausgezeichneten Lage schon vor der Zeit der heutigen strengen Qualitätsweinprüfungen sicher gut bekommen. Besitzer sind u. a. Reichsgraf von Kesselstatt, die Vereinigten Hospitien und das Bischöfliche Konvikt, alle in Trier. Bekannt feine Goldtröpfchen kommen aus den Piesporter Weingütern Oskar Tobias und Johann Haart.

Kestener Paulinshofberger, 9 ha GL: Kurfürstlay
Dieser Weinberg gehört – im weiteren Verlauf der Mittelmosel von Süden nach Norden – als nächstes Glied in diese goldene Kette. Er bringt eine seinem Nachbarn, dem Brauneberger Juffer sehr ähnliche Kreszenz und wird heute auch von der Gutsverwaltung Wegeler-Deinhard in Bernkastel-Kues und dem Paulinshof in Kesten betreut.

Lieserer Niederberg-Helden, 24 ha GL: Beerenlay
Auch der andere Nachbar des berühmten Braunebergers gehört unbedingt in die Gruppe der großen Lagen. Er gehört außer dem Weingut Frh. von Schorlemer in Lieser und dem Weingut Dr. H. Thanisch Erben Müller Burggraef in Reil noch einer Anzahl anderen Winzern. Allein deren Zahl macht es schwer, daß sich hier alle Qualitäten gleichen.

Auf dem Rebenhang zwischen Bernkastel und Zeltingen folgen als erstklassige Lagen

Graacher Himmelreich, 87 ha

Graacher Domprobst, 28,5 ha

Graacher Abtsberg, 12,5 ha

Wehlener Nonnenberg, 50 ha alle GL: Münzlay
Besitzer u. a. die Weingüter Friedrich-Wilhelm-Gymnasium, Vereinigte Hospitien und Reichsgraf von Kesselstatt, alle in Trier; Anteile am Himmelreich und Domprobst haben die Graacher Weingüter Willi Schaefer und Kies-Kieren, die Güter Heribert Kerpen in Wehlen, Max. Ferd. Richter in Mülheim, Frh. von Schorlemer Gutsverwaltung Bernkastel, die Bernkasteler Weingüter Dr. Thanisch, Deinhard und Pauly-Bergweiler. Himmelreich-Anteilseigner sind auch der St. Johannishof Dr. Loosen, Fritz Haag in Brauneburg und last not least das Wehlener Weingut Joh. Jos. Prüm so wie fast alle Nachkommen des weitverzweigten Wehlener Weinbaugeschlechts Prüm in einem Dutzend Weingütern in Wehlen und Bernkastel Teile dieser Lagen besitzen. Diese SSW-Lagen sind kleinklimatisch und geologisch alle mit den gleichen günstigen Voraussetzungen gesegnet und leiten nach dem Mosel-Bogen von Ürzig und Erden über in einen der bedeutendsten Weinhandelsorte des Moseltals, der sich heute zu einem reizenden, einladenden Städtchen entwickelt hat: Traben-Trarbach. Seine Spitzenlage

Trabener Würzgarten, 57 ha GL: Schwarzlay
bringt heute einen Wein hervor, der den großen Lagen von Brauneberg und Erden nicht nachsteht.

Merler Königslay-Terrassen, 10 ha

Merler Fettgarten, 21 ha beide GL: Schwarze Katz
Mit diesen beiden Lagen von Zell-Merl, die ehrgeizige und erfolgreiche Winzer wie Michel Schneider Nachf. in Zell durch ebenso moderne wie sorgfältige Kellerwirtschaft auf das Niveau der großen Weine der Mittelmosel gehoben haben, endet das Edelweingebiet.

Die Spitzenlagen der Saar

Es sind drei große Lagen der Saar und vier große der Ruwer, die hier vor allem in guten Sonnenjahren Weine von zauberhafter Frische und herrlichem Bukett hervorbringen. Es ist der

Kanzemer Altenberg, 20 ha GL: Scharzberg

In diesem mit Quarz durchsetzten, härteren Schieferboden gedeiht ein Riesling, der durch gute Kellereiwirtschaft in guten Jahren zu einem deutschen Spitzenwein von unverkennbarer Eigenart werden kann. Die Vereinigten Hospitien Trier, das Bischöfliche Priesterseminar Trier, die Weingüter Kanzemer Berg – Maximilian von Othegraven in Kanzem und Edmund Reverchon in Konz-Filzen haben hier u. a. Besitz.
Im benachbarten, jenseits der Saar-Schleife liegenden Wiltingen fand man beim Anlegen neuer Weinberge

die Reste römischer Villen, die überall da entstanden waren, wo das wuchs, was die Römer schon damals einen guten Wein nannten.

Scharzhofberger, 27,3 ha keine GL

ein Hang östlich oberhalb des Scharzhofs, der etwa zwei Kilometer nahe Wiltingen auf Devonschiefer liegt. Seine rassigen, finessereich prikkelnden Rieslinge haben diesen Namen berühmt gemacht, aber auch das renommierte Weingut Egon Müller zu Scharzhof am Fuß der Lage, dessen Besitz zum einstigen Kernstück gehört und das in diese Weine sehr viel Sorgfalt einbringt. Anerkennung und Ruhm sind ihm dafür gewiß. Scharzhofberger-Besitzer sind auch die Vereinigten Hospitien und die Hohe Domkirche in Trier, das Weingut Reichsgraf von Kesselstatt, Trier, sowie die Weingüter von Hövel in Oberemmel/Saar und Bernd Van Volxem in Wiltingen. Die zweite große Wiltinger Lage ist die

Wiltinger Braune Kupp, 6 ha GL: Scharzberg

die sich steil hinter dem Saar-Knie aufreckt und seit Menschengedenken eine enge Verbindung mit der ehrwürdigen Augusta Trevirorum hat. Man sollte diese edle Lage Wiltingens nicht mit der Wiltinger Kupp verwechseln, genauso wie der Scharzhofberg als Weingarten nicht dasselbe ist wie der Scharzberg (heute Großlage).
Ihre bekanntesten Besitzer sind: die Vereinigten Hospitien in Trier und das Weingut Le Gallais in Kanzem/Saar, das vom Scharzhof Egon Müller bewirtschaftet wird und zum Teil auch in dessen Besitz ist.

Die Spitzenlagen der Ruwer

An der Ruwer, einem anderen Nebenflüßchen der Mosel, südöstlich von Trier, wächst der hochedle

Eitelsbacher Karthäuserhofberg, 18,5 ha GL: Römerlay

mit den Teillagen Kronenberg, Sang, Burgberg, Orthsberg und Stirn. Eine Lage, die etwa den Premiers Crus der Mittelmosel entspricht, aber durch hervorragende Pflege zu den Spitzenweinen ganz besonderen Charakters zu zählen ist. Dieser renommierte Weinberg ist im Alleinbesitz der Rautenstrauch'schen Weingutsverwaltung Karthäuserhof in Eitelsbach. Das Gut wird heute sehr engagiert von Christoph Tyrell geführt, dessen Großvater Hans-Wilhelm Rautenstrauch durch sorgsame Arbeit in Weinberg und Keller die Lage zu großem Ansehen brachte. Das Gut beherbergt auch eine Trakehner-Zucht.
Der andere große Ruwer ist der

Maximin-Grünhäuser Herrenberg, 17 ha GL: Römerlay

der sich ebenfalls im Alleinbesitz, nämlich des C. von Schubert'schen Weinguts in Grünhaus befindet, zu dem auch noch der Abtsberg und der tiefer liegende Brudersberg gehören. Nach drei Rode-Perioden hatte der erste Besitzer, die Trierer Abtei St. Maximin, schon vor 300 Jahren dort 100 000 Rebstöcke in Pflege.

Nach Meinung erster Experten dieses Gebietes gehören auch die beiden östlich der Ruwer liegenden Kaseler Weinberge

Kaseler Kehrnagel, 22 ha, und

Kaseler Hitzlay, 22 ha beide GL: Römerlay

in diese Kategorie, beides Weine, die in großen Jahren ein hochfeines Bukett mit der für die Ruwer-Weine typischen Frische verbinden und deren zarter Erdgeschmack etwas für eingeschworene Kenner ist. Besitz in beiden Lagen hat das Kesselstatt'sche Weingut in Trier, die Gutsverwaltung Deinhard in Bernkastel, das Weingut Erben von Beulwitz in Kasel; am Kehrnagel partizipieren auch das Bischöfliche Konvikt in Trier, das Weingut Herrenberg – Bert Simon (vormals »Patheiger«) in Serrig und das Dominikaner-Weingut Christoph von Nell in Kasel.

Die grossen Lagen an Saar und Ruwer

Nach der Bodenbonität, der Zahl ihrer begeisterten Verehrer, die in diesen Weinen in guten Jahren den Ausdruck hoher, wenn nicht höchster Riesling-Kultur sehen – was in den Spitzenlagen bestimmt zutrifft – gehören die folgenden Weinberge zu den exquisiten Lagen der Saar:

Ockfener Herrenberg, 7,5 ha und

Ockfener Bockstein, 55 ha beide GL: Scharzberg
An beiden Lagen hat das Weingut Dr. Fischer in Ockfen Besitz, am Bockstein die Staatl. Weinbaudomäne Trier, die Weingüter Geltz-Zilliken, Adolf Rheinart Erben und Dr. Heinz Wagner, alle in Saarburg, und Edmund Reverchon in Konz-Filzen.
Bockstein-Erträge werden gern von anspruchsvollen deutschen Sekt-Produzenten für Riesling-Lagensekte verwendet.
Dieselbe Geschmacksrichtung befriedigen die beiden Saar-Kreszenzen vom

Ayler Herrenberg, 6,8 ha GL: Scharzberg
im Alleinbesitz des Bischöflichen Konvikts in Trier und von der stark vergrößerten

Ayler Kupp, 81 ha GL: Scharzberg
beide attraktive Südlagen mit ausdrucksvollen, besonders lange haltbaren Rieslingen. An der Kupp haben neben dem Bischöflichen Konvikt das Bischöfliche Priesterseminar Trier und das Weingut Thiergarten Georg Fritz von Nell, Trier, Besitz.

Im Ruwertal ist es die eindrucksvolle Südlage des

Kaseler Herrenberg, 9 ha GL: Römerlay
in dessen Besitz sich die Reichsgraf von Kesselstatt'schen Weingüter in Trier, die Gutsverwaltung Deinhard in Bernkastel und das Weingut Herrenberg – Bert Simon in Serrig vor allem teilen.

Sie müssen wissen

Lagerungsfähigkeit der Mosel- und Saar/Ruwer-Rieslinge. Es gibt genug Mosel-Liebhaber, die sagen, man solle diese Weine zwischen dem vierten und sechsten Jahr trinken. Sie haben nicht unrecht. Jung haben sie ihren eigenen Reiz und eine köstliche Herbheit.
Aus guten Lagen, guter Kellerwirtschaft und guten Jahrgängen dürfen Kabinettweine durchaus 10 Jahre liegen, Spätlesen 15 und Auslesen bis 25 Jahre. Beeren- und Trockenbeeren-Auslesen können sehr alt werden.
Die etwas säurereicheren Saar-Ruwer-Rieslinge sollte man nicht viel länger lagern. Ein geeigneter Weinkeller ist natürlich immer Voraussetzung.

Gezuckerter Wein. So sagt man in der Fachsprache nicht. Dort heißt es »anreichern, verbessern«, eine Bezeichnung, die auch tatsächlich den Sachverhalt eher trifft. Vor allem in den nördlichen Weinbaugebieten, wie z. B. Mosel-Saar-Ruwer, die nicht die Klimavorteile des Kaiserstuhls oder der Mittelhaardt haben, reifen die Trauben in ungünstigen Jahren nicht aus. Der Zuckergehalt der Beeren ist infolgedessen so niedrig, daß man keine harmonischen Weine mit genügend Alkoholgehalt daraus gewinnen kann. Das Weingesetz sieht also, wenn solche Verhältnisse vorliegen, die Möglichkeit einer Anreicherung vor, und zwar durch Zusatz von Zucker zum unvergorenen Traubenmost. Die Anreicherung, die im Rahmen gesetzlich festgesetzter Bestimmungen für jedes Anbaugebiet geregelt ist, hat nichts mit der Süße eines fertigen Weines zu tun, sie kann für liebliche als auch für trockene Weine erfolgen und darf nur in den unteren Stufen der Güteklasse bis zum Qualitätswein bestimmter Anbaugebiete angewendet werden. Ab der Kabinett-Stufe, also bei Qualitätsweinen mit Prädikat ist die Anreicherung in Deutschland verboten. Diese Einschränkung kennt man in anderen Weinbauländern nicht.
Es ist also weit verfehlt anzunehmen, daß etwa nur in Deutschland Weine verbessert würden. Dasselbe ist auch in französischen Weinbaugebieten der Fall, wo der Zusatz von (wie bei uns) gesetzlich zubemessenen Mengen Zucker zum Most »chaptalisieren« heißt (vom napoleonischen Minister Chaptal, der diese Methode der Weinverbesserung einst empfahl). Der ganz natürliche Ersatz des in schlechten Jahren fehlenden Traubenzuckers (der sich bekanntlich durch die Gärung in Alkohol verwandelt) durch ebenso natürlichen Rohr- oder Rübenzucker ist beileibe kein Vergehen am Wein, sondern dient wirklich nur dazu, einen natürlichen Mangel mit natürlichen Mitteln auszugleichen. Die Trockenzuckerung ist nicht nur in Deutschland, sondern auch in allen Nachbarstaaten gesetzlich geregelt und genehmigt.

Ahr

BEREICH

- **Walporzheim,** 430 ha (gute bis einfache Rotweine, mittlere bis einfache Weißweine)

Das Ahrtal gehört zu den nördlichsten Weinbaugebieten der Welt, und es hat sich besonders durch seine Rebgärten im romantischen Mittellauf der Ahr, etwa zwischen Altenahr und Neuenahr, einen Namen gemacht.
Dort hat sich eine sehr spezielle Kultur der edlen Burgunderrebe (Pinot noir) entwickelt. Dabei darf man nicht vergessen, daß, im Gegensatz zu den französischen Gewächsen, die deutschen Burgunder insgesamt weniger alkoholreich, also leichter, lebendiger und frischer erscheinen. Qualitätsbewußte Weingüter verzichten auf die restsüßen Weine, die dem Ruf des kleinen Anbaugebietes in der Vergangenheit eher geschadet haben.
Auf mehr oder weniger feinerdereichen Terrassensteilhängen mit quarzitdurchsetzten Grauwackenschieferverwitterungsböden, deren Rebreihen oft nicht so lang sind wie dieses Wort, gedeihen hier, vor allem in Walporzheim, Dernau und Mayschoß, fruchtige, kräftig-würzige Spätburgunder guter Qualität. Neben den berühmten Walporzheimer Lagen Kräuterberg und Gärkammer ist es vor allem der dem Staatsweingut gehörige Marienthaler Weingarten, der immer den Beifall der Kenner findet.
In einem wildzerklüfteten Felslabyrinth, das in seinem dunklen Gestein die sommerliche Hitze oft wie im Backofen festhält, findet der edle Burgunder einen ganz eigenen Ausdruck.
Noch ehe man jedoch dieses Kerngebiet des Rotwein-Anbaues der Ahr erreicht, steht der Landskroner Berg als Vorposten zugleich vor dem berühmten Heilbad Neuenahr. Am Ortseingang Heppingen liegen dort die qualitativ besten Lagen dieses Vulkankegels, der in guten Jahren rassige und feurige Burgunder hervorbringt, die man gern als nördliche Vettern der badischen Kaiserstühler bezeichnet.
Das Ahrtal ist das bei weitem kleinste aller deutschen Weinbaugebiete, aber eine eigene Landes-Lehr- und Versuchsanstalt für Weinbau in Ahrweiler, die zugleich die Staatliche Weinbau-Domäne in Marienthal betreut, ist bemüht, die Weinbaukultur in diesem kleinen, exponierten Gebiet nach den neuesten Erkenntnissen der Forschung weiterzuentwickeln.

REBEN

Blauer Spätburgunder. Trocken ausgebaute Ahr-Burgunder, die kräftiger und gerbstoffbetonter sind als in früheren Jahren, werden von Kennern geschätzt. Sie sind schon aufgrund der ganz anderen Bodenstruktur, auf der sie wachsen, anders als die Burgunder der Côte d'Or.

Blauer Frühburgunder

Portugieser

Riesling

Sehr gute Jahrgänge:
1959, 1964, 1966, 1969, 1971, 1976, 1983, 1988, 1989, 1990
Gute Jahrgänge:
1970, 1975, 1979, 1980, 1981, 1985, 1987

DIE SPITZENLAGEN

Heimersheimer Landskrone, 22,5 ha GL: Klosterberg

Noch ehe das eigentliche Kerngebiet des Burgunder-Anbaus im Ahrtal betreten wurde, noch ehe man, vom Rheintal kommend, Bad Neuenahr erreicht, dort wo der berühmte Apollinaris-Brunnen entspringt, liegt einer der hochwertigsten Weinberge des Ahrtales: der Vulkankegel der Landskrone. In beträchtlicher Steillage auf Basaltverwitterungsböden, die neutral bis leicht alkalisch sind, und bei dem hier vorhandenen sehr guten Kleinklima gedeiht der Spätburgunder besonders rassig und feurig, wobei die etwa 10 ha großen Teile zwischen Steinbruch und Ortseingang Heppingen von Experten mit besonders hohen Qualitätsnoten bezeichnet werden. Besitz haben hier das einheimische Weingut Toni Nelles, die Weingüter J. J. Adeneuer und Brogsitter, beide in Ahrweiler u. v. a.

Walporzheimer Kräuterberg, 5,2 ha und

Walporzheimer Gärkammer, 0,7 ha
beide GL: Klosterberg

Diese Spitzenlagen des berühmten Walporzheimer Berges, der eine auch oft »Kreuterberg« genannt, liegen benachbart nördlich des Ortseingangs von Walporzheim an einem meist sonnenreichen Südhang auf mit Quarzit durchsetzten Grauwackenschieferverwitterungsböden. Das Walporzheimer Weingut Im Kräuterberg von Alois Grimminger ist im Besitz des eigentlichen Urlagen-Teils dieses Spitzenweinberges, aus dem er in sehr guten Jahren trocken ausgebaute Spätburgunder-Beerenauslesen hervorbringt. Auch die Staatliche Weinbaudomäne Kloster Marienthal besitzt einen Teil des Kräuterbergs, der noch von der einheimischen Winzergenossenschaft bewirtschaftet wird. Die hervorragende kleine Lage Gärkammer befindet sich im Alleinbesitz des alteingesessenen Weingutes J. J. Adeneuer in Ahrweiler.

Die grossen Lagen

Ahrweiler Rosenthal, 50,7 ha GL: Klosterberg
Die renommierte Kernlage ist jetzt durch Hinzunahme gleichwertiger Weinberge zu einer ausgedehnten Lage geworden, ohne daß das an der Qualität ihrer Weine bemerkbar geworden wäre. Die Burgunderreben wachsen dort auf feinerdereichen Terrassen-Steilhängen. Dieser außer der Landskrone östlichste der großen Ahrweinberge in Süd- und Südwest-Lage ist u. a. im Besitz der einheimischen Weingüter Brogsitter und Adeneuer, der Staatlichen Weinbaudomäne Kloster Marienthal und dem kleinen, renommierten Ahr-Weingut Meyer-Näkel in Dernau.
Ahraufwärts folgen dann in der Umgebung des alten Augustinerinnen-Klosters, in dem heute das Staatsweingut seinen Sitz hat, zwei Marienthaler Lagen:

Marienthaler Trotzenberg, 8 ha GL: Klosterberg
dessen harte Schieferfelsen der Ahr dort ein scharfes Knie abgetrotzt haben. Der Trotzenberg wird von manchen Experten als bester Weinberg des Ahrtals überhaupt bezeichnet, und man kann sich bei näherer Betrachtung dieses gesegneten Weingartens, der oben Mischwaldbestand und zu Füßen die Ahr hat, dem anschließen. Die kernigen und kräftigen Burgunder des Trotzenbergs benötigen zu ihrer Reife und harmonischen Abrundung ein längeres Lager. Weingut Meyer-Näckel, Dernau.

Marienthaler Klostergarten, 9,6 ha GL: Klosterberg
ein Süd-Südosthang auf Grauwackenschieferverwitterungsboden, im Umfang inzwischen verdoppelt und im Alleinbesitz der Staatlichen Weinbaudomäne Kloster Marienthal, die zu seinen Füßen liegt. Das Staatsweingut erntet hier elegante, feinfruchtige Burgunder.

Dernauer Hardtberg, 30 ha GL: Klosterberg
Dieser vor der Zeit des 1. Weltkriegs kultivierte Weingarten liegt am Nordrand des Dorfes in sehr geschützter, allerdings steiler Lage. Spätburgunder-Weine erscheinen hier vortrefflich und fruchtig. (Weingut Meyer-Näkel, Dernau, das den größten Teil seiner Weine trocken anbaut.)

Mayschosser Mönchberg, 43 ha GL: Klosterberg
Hier, wo das Ahrtal seine romantischsten Gefilde hat, breitet sich der 345 m hohe, oben mit Wald bestandene Mayschosser Mönchberg im Nordwesten des Dorfes an einem kleinen Nebentale aus. Es ist eine sehr geschützt liegende Südlage, die zwar durch ihre Trokkenheit meist kleine Erträge bringt, deren Qualität aber zu den besten des Ahrtals gehört. Im Probierkeller der einheimischen Winzergenossenschaft, die den größten Teil des Mönchbergs bewirtschaftet, können Besucher neben Spätburgundern auch die dort wachsenden Rieslinge probieren, die trotz einer gewissen Verwandtschaft aber keinen Vergleich mit guten Mosel-Gewächsen aushalten. Besitz hat hier auch das Mayschosser Weingut Deutzerhof/Cossmann-Hehle, das durchgegorene Burgunder anbietet.

Spätburgunder-Auslesen und Beerenauslesen sind eine Spezialität des kleinen Anbaugebietes Ahr.

Schweiz

Regionen

- **Wallis** (Valais) (sehr gute bis einfache Rotweine, gute bis einfache Weißweine)
- **Waadtland** (Vaud) (mittlere Rotweine, gute bis einfache Weißweine)
- Neuenburger und Bieler See (sehr gute bis einfache Rotweine, typische Weißweine)
- **Tessin** (sehr gute bis einfache Rotweine)
- Bündner Herrschaft und Rheintal (gute und typische Rotweine, mittlere bis einfache Weißweine)
- Nordschweiz (gute bis einfache Rotweine, mittlere bis einfache Weißweine)

Die Schweiz, ein Touristengebiet von Weltruf, ist als Weinland selbst bei ihren nächsten Nachbarn, den Österreichern, Italienern, Deutschen und erst recht bei den Franzosen nur wenig bekannt. Das mag einerseits daran liegen, daß diese Länder selbst genug Wein produzieren und die Schweiz vor allem als Importland für ihre eigenen Weine schätzen, möglicherweise auch daran, daß die Schweizer auf den ersten Blick nichts an Qualitäten anzubieten haben, was etwa die guten deutschen Weiß- und die führenden französischen Rotweine erreichen oder gar übertreffen könnte.

Dabei hat gerade die Schweiz im Dézaley bei Lausanne einen der attraktivsten europäischen Weinberge überhaupt, kultiviert im Wallis Rebsorten, mit deren Mannigfaltigkeit man heute noch eine Geschichte des europäischen Weinbaues seit der Römerzeit demonstrieren könnte und bringt gesetzlich scharf abgesicherte, naturreine Weine von einer Ehrlichkeit und Bekömmlichkeit auf den Tisch, die man manchem nachbarlichen Tropfen nur wünschen möchte.

In der Rotwein-Kultur hat sich die Schweiz der edlen Burgunderrebe verschrieben, aus der sie Weine in drei hochinteressanten, sehr voneinander verschiedenen Varianten keltert: die Pinots noirs aus dem Wallis, vom Neuenburger See und aus der Bündner Herrschaft. Auch gute klassische Merlot-Weine aus dem Tessin sind im Aufwind.

Dabei führt die Schweiz, im Verhältnis zu ihrer Größe, aus Frankreich mehr Burgunder- und Bordeaux-Weine ein als irgendein anderes Land der Welt.

Im sehr viel größeren Weißwein-Sektor ist man seit Jahrzehnten vorzugsweise bei der anspruchslosen Gutedelrebe hängen geblieben, weil sie sich der sehr merkantilen Einstellung der Eidgenossen besser anpaßt. Schweizer Weinkenner behaupten indessen gern, daß derjenige, der die minimalen Unterschiede des verschiedenen Bodengeschmacks einzelner Walliser und Waadtländer Chasselas-(Gutedel-)Weinberge kennt und seine Zunge daran »trainiert« hat, ein so feines Unterscheidungsvermögen erworben habe, daß es von den bukett- und charakterreicheren Edelsorten »erdrückt« werden würde.

Man fürchtet jedoch eher die Reifeausfälle hochwertiger Sorten wie Pinot blanc und Riesling und bleibt bei der einfachen und soliden Chasselas (Gutedel), die mit den halben Produktionskosten verkauft werden kann.

Die meist schwierige Topographie mit steil terrassierten Rebhängen und die hohen Boden- und Lohnkosten machen den Schweizer Wein ohnehin teuer.

Gern werden die Chasselas-Weine überall wegen ihrer Bekömmlichkeit getrunken, im Wallis als »Fendant« am Genfer See als »Dorin« und am Neuenburger und Bieler See mit dem berühmten (Kohlesäure-)»Stern« als »Neuenburger«, als »Twanner« und »Schafiser«. Den berühmten Stern zaubert übrigens auch die alte Maienfelder Schule auf den Blauburgunder, den man dort – im Unterschied zum klassischen Burgunder – gern frisch, fruchtig und jung trinken will.

Schweizer Weine sind fast immer durchgegoren und gehören zu den bekömmlichsten Tischweinen Europas.

Obwohl viele helvetische Weingärten, etwa die Hänge des Dézaley, von Yvorne und der Bündner Herrschaft, auf Grund ihrer geologischen Situation und ihres Mikroklimas zu den hochwertigsten Europas zählen, sind sie entweder nur mit einfachen Reben bepflanzt (Dézaley, Yvorne), oder die spezielle überlieferte Weinbereitung erschließt nicht alle Möglichkeiten edler Reben (Bündner Herrschaft).

Trotzdem wollen wir die vorne fixierte und notwendig gewordene Verfahrensordnung des »Wein-Gothas« nicht zum Dogma werden lassen. Den gottgesegneten Spitzenlagen der Schweiz (die das Etikett oft verschweigt), dem sorgfältigen Weinbau, der auf ihnen getrieben wird, und der soliden, verantwortungsbewußten Kellerwirtschaft, die wir fast überall antrafen, soll hier Gerechtigkeit widerfahren!

Reben und Spezialitäten

Pinot noir (Blauer Spätburgunder)

Gamay Die Rebsorte des Beaujolais wird in der Schweiz in den Kantonen Wallis, Waadt und Genf kultiviert und wird dort häufig mit Blauburgunder verschnitten. Reinsortig ist der Gamay ein fruchtiger, gefälliger Rotwein, in den besten Kreszenzen schon füllig und samtig, jedoch ohne die Haltbarkeit der großen Burgunder.

Merlot Die aus dem Bordelais eingeführte Rebsorte gedeiht ausgezeichnet auf den kalkarmen und warmen Lagen des Tessin und bringt dort markante, gehaltvolle Weine von kräftigem Körper und Bukett, die sehr bekömmlich sind und zu den schönsten der Schweiz gehören. 3–5 Jahre sollte ein guter Merlot del Ticino allerdings ausreifen können.

Syrah s. Frankreich – Côtes-du-Rhône

Riesling × Sylvaner (Müller-Thurgau)

Pinot gris (Grauburgunder, Ruländer)

Chasselas (Gutedel) Sie ist die vorherrschende Weißweinrebe der Westschweiz. Die auch als Tafeltraube beliebte Sorte bringt leichte, frische, fruchtige Weine mit zarten Bodennuancen bei neutralem Bukett.

Freisamer Die Kreuzung Silvaner × Ruländer wurde 1916 von Prof. Dr. Karl Müller durchgeführt, dem Gründer und Direktor des früheren Badischen Weinbauinstituts in Freiburg/Breisgau. Ursprünglich zur Verbesserung der Ertragsstabilität des Ruländers gedacht, wurde sie durch dessen erfolgreiche Klonenselektion überflüssig. In Deutschland findet man nur noch wenig Freisamer, in der Schweiz wurde sie in den 60er Jahren da und dort versuchsweise angepflanzt. Die fruchtbare Sorte bringt gute Mostgewichte und hohe Erträge auf guten Böden, was allerdings, ohne Ertragsreduzierung, auf Kosten der Qualität des extraktreichen Weines geht.

Besonders das Wallis ist eine wahre Fundgrube für Vinothekare, die seltene Weine sammeln. Dazu gehören, außer dem »Completer«, der in der Bündner Herrschaft wächst, und dem Räuschling (Kanton Zürich), alphabetisch geordnet, die meisten der folgenden Sorten:

Amigne (WW) Diese uralte Rebsorte ist wahrscheinlich die römische Vitis aminea oder deren Mutante Vitis aminea major, die besonders gut bei Vétroz gedeiht. Sie fordert sehr gute Lagen, ist nicht sehr ertragreich, eignet sich zur Spätlese und bringt einen alkoholreichen, zartsüßen Wein.

Arvine (WW) gehört ebenfalls zu den »Vieux plants« des weingesegneten Wallis und wird auf die Vitis helvola zurückgeführt. Auch sie ist eine Rarität, deren Wein mit fortschreitendem Alter immer harmonischer und kraftvoller wird. Er kann bis zu einem Vierteljahrhundert alt werden, duftet leicht harzig und sollte sehr kühl getrunken werden. Den Namen »Petite Arvine« trägt die Sorte zu Recht, denn ihre Traube ist kaum größer als eine Kinderfaust. Der

Completer (WW) ist eine sehr alte, seltene Sorte, die in der Bündner Herrschaft in Malans angebaut wird. Ihren Namen hat sie wohl von den Mönchen des Klosters Churwalden, die sich an ihrem Wein nach dem »Completorium«, dem Nachtgebet der Benediktiner, labten. Der Wein muß lange ausbauen, ehe er seine großen Eigenschaften entfaltet.

Ermitage (WW) ist ein kraftvoller, blumiger Wein aus der Rebsorte Marsanne blanche, die Mitte des 19. Jahrhunderts ins Wallis gebracht wurde aus dem klassischen französischen »Hermitage«-Anbaugebiet bei Tain (Côtes du Rhône), wo sie allerdings immer zusammen mit der Roussanne gekeltert wird.

Heida (Païen, WW), ursprünglich nur der Wein der Savagnin-Rebe, der auf sonnigen und kühlen Hochlagen des Vispertals und auf dem höchsten Weinberg Europas bei Visperterminen zu einer würzig frischen Spezialität heranreift. Savagnin blanc (Traminer) ist heute nicht mehr die einzige Sorte dieser Lage, deren Wein man »Heida« nennt.

Humagne (WW) ist eine rar gewordene, spätreifende Sorte, deren kräftiger, etwas herber Wein Jahrhunderte hindurch, wie der ungarische Tokajer, als Krankenwein verwendet wurde.

Johannisberg (WW) ist kein Abkömmling der berühmten Rieslinge von Schloß Johannisberg im Rheingau, sondern ein Silvaner. François Eugène Masson holte die Silvaner-Rebe für seinen Mont d'Or einst aus den Weingärten der Fürst von Metternich'schen Domäne. Walliser Winzer nennen die Sorte auch »Rhin«. Der

Krems und Stein am Rande der Wachau sind berühmt für ihre erstklassigen Hanglagen über der Donau.

Die bekannte Ried-»Wiege« dicht oberhalb des Deutschen Ordensschlosses von Gumpoldskirchen.

Das weltberühmte Tokaj an den Hegyalja-Bergen im Nordosten Ungarns.

Eine der kostbaren Tokajer-Lagen: der Königsberg bei Mád.

milde, süffige Wein gedeiht besonders gut auf dem Schuttkegel bei Chamoson und Leytron.

Landroter (Rouge du pays, Cornalin RW) Diese gelegentlich mit dem falschen Synonym »Humagne rouge« bezeichnete Sorte ist eine im Aostatal »Petit Rouge« genannte Spielart der Oriou-Rebe und mit der Weißweinrebe Humagne nicht verwandt. Auch der Landrote braucht Jahre zu seiner vollen Entwicklung.

Muscat (WW). Hinter dieser Rebe vermuten die Ampelographen die »Vitis apianae« der Römer. Die im gesamten Mittelmeerraum in vielerlei Spielarten verbreitete Sorte braucht sonnige, windige Lagen und wird im Wallis noch in geringer Anzahl, vor allem in der Gegend von Siders, kultiviert. In guten Jahren bringt sie hier einen rassigen, bukettreichen Wein, der allerdings nicht älter als zwei bis drei Jahre werden sollte. Die Muscat wird im Wallis auch mit Chasselas oder Silvaner zusammen vergoren.

Räuschling (WW) ist eine alte Sorte, die früher in der Schweiz, im Elsaß und in Baden weit verbreitet war. Heute wird sie in der Schweiz in angestammten Lagen, vor allem im Kanton Zürich, noch kultiviert, zumal die Eidgen. Forschungsanstalt für Weinbau in Wädenswil den Räuschling wieder erhaltungszüchterisch betreut. Die Rebe braucht, wegen ihrer Blüte-Empfindlichkeit und der Spätreife warme, gute Lagen. Ihr Wein erscheint kräftig, mit markanter Säure. Nachteil der Sorte ist der schwankende Ertrag, weshalb ihr Anbau wohl immer mehr zurückging.

Rèze (WW) ist heute eine ganz große Wein-Rarität. Die Sorte wurde schon 1313 im Wallis als »Regy« urkundlich erwähnt. Aus den Weinbergen um Sierre (Siders), wo sie hauptsächlich angebaut wurde, brachten die Bauern des legendären Eifischtals (Val d'Anniviers) den Wein in die Keller ihrer hochgelegenen Bergdörfer, wo er nahe der Gletscher des Zinaler Rothorns und der Dent-Blanche-Gruppe jahrelang reifte, um seine volle Ausdruckskraft zu erreichen und so zum Gletscherwein (Vin de Glacier) wurde. Heute gibt es nur noch sehr wenige mit Rèze bepflanzte Parzellen.

Fast alle diese Weine sind wirkliche Spezialitäten. Die Schweizer bezeichnen nämlich als Spezialitäten gern alle Weine, die nicht aus der Chasselas- oder Pinot-Rebe gekeltert werden. Was man sich nicht von großen schweizerischen Weinhandlungen beschaffen kann, sollte man bei einem romantischen alpinen Einkaufsbummel an Ort und Stelle einkaufen.

Nord- und Ostschweiz
Sehr gute Jahrgänge:
1983, 1985, 1986, 1990
Gute Jahrgänge:
1981, 1987, 1988, 1989

Tessin
Sehr gute Jahrgänge:
1983, 1985, 1988, 1989, 1990
Gute Jahrgänge:
1982, 1986, 1987

Suisse Romande
Sehr gute Jahrgänge:
1985, 1988, 1990
Gute Jahrgänge:
1981, 1983, 1984, 1986, 1989

Die grossen Lagen

Auf Wunsch unserer vielen Schweizer Freunde wurden die besten Lagen der Schweiz nach Kantonen geordnet. Wir beginnen im Westen im Waadtland und enden in der Bündner Herrschaft, dem nördlichen Teil Graubündens. Das bedeutet aber beileibe keine Qualitätsrangfolge, denn an der Überlegenheit der beiden Kantone Wallis und Tessin in den Wachstumsbedingungen für edle Weine in der Eidgenossenschaft ist nicht zu zweifeln.

Waadtland

Dézaley (Lavaux) WW

Der Dézaley liegt zwischen Vevey und Lausanne, genau unterhalb des an der Corniche gelegenen Dorfes Chexbres in Richtung Cully, ein großer Terrassen-Südhang, wo Gletschermoränengestein auf lockerer Molasse-d'Origine liegt. Der im ganzen leicht nach Südwesten geneigte Hang empfängt sein vorzügliches Kleinklima vor allem durch die unmittelbare Nähe des Genfer Sees, der ein wahrer Segen für die hohe Qualität der Dézaley-Weine ist, die leider nichts anderes sind als Gutedel, allerdings die besten Europas. Dieser kostbare Weinberg, früher in bischöflichem Besitz und erst seit der Säkularisierung unter Berner Herrschaft, gehört heute in seinem wertvollsten Teil dem Weingut der Stadt Lausanne. Die besten Lagen:

Dézaley, Clos des Abbayes WW
Er ist der beste, zugleich auch der teuerste und gesuchteste aller Weißweine des Waadtlandes. Der

Dézaley, Clos des Moines WW
steht ihm nicht nach. Er liegt ebenfalls in der Mitte des großen Dézaley-Berges, auf dem auch der zweimalige Bundespräsident Chaudet seine Reben pflegte. Clos des Moines ist mit im Besitz der Stadt Lausanne.

Dézaley, Guéniéttaz WW
gehört dem bekannten Weingut Obrist aus Vevey und M. Chappuis, dem Gemeindepräsidenten von Rivaz.

Dézaley, Embleyres WW
ist der am weitesten östlich gelegene wertvolle Teil des Dézaley-Berges, dessen Weine körperreicher und wärmer sind, aber auch mehr Alkohol haben als die zarten, blumigen und eleganteren Chasselas der übrigen Lagen.

Ganz hervorragende Dézaley-Weine erzeugen die Weingüter Gérard Pinget in Rivaz und J. und P. Testuz in Cully.

Aigle, Les Murailles (Chablais) WW
Auf alpinem Verwitterungsboden wachsen die berühmten Chasselas-Weine von Aigle, die zwar qualitativ keine Edelkreszenzen, aber in der Schweiz sehr beliebte, fruchtig-frische Weine sind.
Das Weingut Henry Badoux in Aigle erzeugt die weithin bekannten Chasselas-Weine der Murailles-Lage.

Aigle, Clos du Paradis WW
Während in Yvorne alle Lagen gut sind, hat das wesentlich größere Rebbaugebiet von Aigle auch Lagen, denen man ein solches Prädikat nicht zusprechen kann. Zu den vorzüglichen Weinbergen Aigles gehört dieser, der von dem großen Weingut Obrist SA. in Vevey kultiviert wird.

Aigle, Les Papillons WW
Von der Züricher Freigut-Kellerei Landolt + Co. bearbeitet.

Zu den Spitzenlagen des Waadtlandes gehören, qualitativ noch über den Lagen von Aigle stehend:

Yvorne Clos Ovaille WW
eine unmittelbar über dem Dorf gelegene reine Südlage, deren Anbau altfranzösischen Ursprungs ist. In den Besitz teilen sich die Fam. Deladeoy, Yvorne und die Hammel SA., Rolle.

Yvorne, Clos du Rocher WW
der darüber am Felsen eingebettet ist. Beide Weinberge haben mit kalkigen Bestandteilen durchsetzte Urgestein-Verwitterungsböden, die ihren würzigen, oft wuchtigen Weinen einen erdigen Geschmack geben (Pierre à feu). Die Yvornes sind die »Moselweine« des Vaudois.

Yvorne, Château Maison Blanche WW
Die Weine dieser ausgezeichneten Südlage, in deren Besitz sich die Familie Schenk und M. Moret teilen, werden von der Firma Schenk in Rolle gepflegt und verkauft.

Yvorne, Clos des Rennauds WW
Das Weingut Obrist aus Vevey bewirtschaftet nicht nur die Spitzenlage von Yvorne, Clos du Rocher, sondern auch den etwas flacher liegenden, aber immer noch ausgezeichneten Clos des Rennauds, dessen Kleinklima hervorragende Chasselas-Weine sichert.

Sehr gute Chablais-Weine erzeugt das kleine Weingut von Robert Isoz in Yvorne.

Neuenburg

Cortaillod RW
Der Pinot noir des am Neuenburger See gelegenen Weindorfes Cortaillod hat schon seit Jahrzehnten einen hervorragenden Ruf. Auf kiesigem Schwemmland wachsen hier Blauburgunder, die ohne Zweifel zu den besten der Schweiz gehören und einen Vergleich mit denen der Côte de Beaune aushalten, vor allem dann, wenn ihre Qualitätsjahrgänge noch drei Jahre Flaschenruhe haben. Die beste Lage von Cortaillod ist die Südlage unterhalb der Kirche. Einen hervorragenden Cortaillod liefert dort u. a. das Weingut A. Porret (Domaine des Cèdres).

Leider hat der gute Name des Cortaillod die Leute dort veranlaßt, den Anbau von Burgunderreben mehr und mehr auszudehnen und sogar wenig geeignete Nordosthänge mit ihnen zu bepflanzen.

La Béroche RW
Auch diese Weinberge, die zu mehreren Gemeinden um St. Aubin gehören, werden als gute Rotwein-Lagen eingestuft. (Caves de la Béroche in St. Aubin.)

Cressier RW u. WW
zwischen Neuenburger und Bieler See,

Auvernier RW u. WW
Es sind die beiden bestqualifizierten Weißwein-Lagen am Neuenburger See. Auvernier vielleicht noch etwas besser als Cressier, wo infolge der größeren Höhenlage der durch den See erwirkte Klimaausgleich fehlt. Auvernier bringt übrigens, wie auch Cormondrèche, hervorragende rote Burgunder auf den Markt, die sich in guten Jahren mit den besten Lagen von Cortaillod durchaus vergleichen lassen. Davon konnten wir uns in dem gut geführten Weingut von E. de Montmollin Fils S. A. in Auvernier überzeugen.
Die Weinberge von Cressier, die höchsten im Gebiet, oben von Wald bedeckt, auf breit hingelagerten Süd- und Südosthängen, sind sehr eindrucksvoll. (WG u. a. Hôpital de Pourtalès in Neuchâtel, André Ruedin [La Grillette] in Cressier, Domaine Ville de Neuchâtel, Domaine Coste, Auvernier.)
Im ganzen Neuenburger Gebiet nimmt der Weißwein knapp drei Viertel der Anbaufläche ein: fast nur Chasselas und ein verschwindend geringer Teil edler Rebsorten wie Pinot blanc, Pinot gris oder Chardonnay.

Bern

Twanner Chapf Twanner Hohle WW u. RW
Ganz eindeutig die beiden renommiertesten Lagen von Twann am Bielersee. WG: K. Engel in Twann, A. Hirt in Tüscherz, H. Angelrath, Twann.

Schafis
Ligerzer Kirchrebe WW u. RW
Die weißen Chasselas-Weine am Bieler See, der zum Kanton Bern gehört, werden heute fast alle in derselben Art wie am benachbarten Neuenburger See bereitet. Der Wein, der zumeist aus sehr kalkhaltigen Lagen stammt, wird nicht mehr auf der Hefe belassen, sondern nach der ersten Gärung wird das Hefegeläger entfernt und der Säureabbau ohne dieses eingeleitet. Ohne Umzug und ohne Vorfiltration wird er im Frühsommer abgezogen und behält so natürliche Kohlensäure aus dem Säureabbau zur Bildung des bliebten »Sterns«, der sich beim Einschenken der jungen, spritzigen Weine auf der Oberfläche im Glas zeigt.
In den letzten Jahren hat auch der Anbau von Blauburgunder am Bieler See eine gewisse Bedeutung erlangt.

Wallis

Mont d'Or, 20 ha WW u. RW
Dieser eindrucksvolle Weinberg, der unmittelbar westlich von Sion oberhalb der Straße nach Lausanne sich erhebt, wurde erst Mitte des 19. Jahrhunderts in mühseliger Arbeit von dem Sergent-Major Masson kultiviert, der schon damals eine Pumpstation errichtete, um diesen für den Weinbau hervorragend geeigneten, mit Kalk vermischten Schiefer-Verwitterungsboden zu bewässern.
Jährlich müssen fünf Millionen Liter Wasser, und zwar vor der Blüte, nach der Blüte und bei Beginn der Reife auf diesen vielgliedrigen Terrassen-Südhang gesprengt werden, um die großen Qualitäten zu gewährleisten, die heute hier wachsen. Die Hälfte ist mit Johannisberg (Silvaner) bepflanzt worden, 15% mit dem landesüblichen Fendant (Chasselas), Riesling, Malvoisie (Pinot gris) und Ermitage (Marsanne) stellen je 2% und der seltenen Arvine sind 3% der Rebfläche vorbehalten.
Auf dem restlichen Viertel werden Blauburgunder und Gamay kultiviert.
Seit 1980 führt Dominique Favre das Weingut als Nachfolger René Baatards, der, die seit 1921 in den Händen einer Aktiengesellschaft befindliche Domäne, 37 Jahre lang verwaltete.
Der Mont d'Or ist der einzige Weinberg des Wallis, der immer zugleich eine Lagebezeichnung auf den Etiketten seiner Weine trägt. Alle Waliser Weine tragen die

Angaben der Rebsorte, des Jahrgangs und der Kellerei auf dem Etikett. Bezeichnungen, die keine Lagennamen sind, stiften eher Verwirrung.

Leytron, Clos Grand Brûle, 11,3 ha WW u. RW
Dieser Weinberg, im Besitz des Kanton Wallis, gehört zur allerersten Wahl des unteren Wallis. Die Domäne gleichen Namens in Leytron kultiviert hier eine große Anzahl von Sorten: die weißen Reben Gutedel, Silvaner, Aligoté, Chenin blanc, Räuschling, Gewürztraminer, Freisamer, Riesling, Marsanne, Traminer, Chardonnay, Pinot gris, Humagne, Amigne und Arvine und die Rotweinsorten Pinot noir, Gamay, Syrah und den seltenen Landroten.

Leytron, Clos des Montibeux WW
Hier wachsen, kultiviert vom großen und leistungsfähigen Weingut Alphonse Orsat S. A. in Martigny, nur Fendants.

Vétroz, Clos de Balavaud, 12,4 ha RW
Der etwas zu große Weinberg zieht sich von der Kantonstraße bis weit in die Südhänge hinauf. Deshalb sind Boden- und Weinqualität etwas unterschiedlich. Trotzdem gehören die vorzüglichen Amignes, die Ermitages und die Dôles (Pinot noir und Gamay) zu den besten des ganzen Gebietes. Die Weingüter Les Fils Maye in Riddes und Germanier in Vétroz bewirtschaften diese zum Teil sehr gute Lage verantwortungsbewußt und vorbildlich und kultivieren hier außerdem Petite Arvine, Malvoisie, Fendant und Johannisberg.

Saillon RW
Dieser Weinberg unter einer feudalen Savoyer Burg bringt Rotweine von eigenartigem Reiz hervor. Interessanterweise wachsen dort die besten Gamays der Schweiz. Wenn die Traubenreife des Pinot noir nicht zu rasch erfolgt, werden die Walliser Burgunder sehr alkoholreich und manchmal auch brandig. Die Fruchtigkeit der Gamay bringt im Walliser Dôle alles wieder in ein harmonisches Verhältnis. In Saillon hat man beim Pinot noir Mostgewichte von 130 und beim Gamay von 115 Öchsle gemessen. (Erstklassig die Weine von Louis Rossier in Saillon.)

Clavoz WW
Ein Terrassensteilhang unmittelbar hinter dem Ortsausgang von Sion in Richtung Brig, wo die Rhône ganz dicht an die Hauptdurchgangsstraße herantritt. Der Weinberg, auf dem leider hauptsächlich Fendant gebaut wird, gehört mehreren Besitzern, unter denen die Domänen Robert Gilliard und Charles Bonvin fils, beide in Sion, die bekanntesten sind. Gilliard hat auf dem Clavoz noch Silvaner und Ermitage, Bonvin pflegt auf seinem Teil neben Chasselas noch Muscat-Reben. Gute Clavoz-Weine hat auch das Weingut Louis Vuignier in Grimisuat.

In östlicher Richtung folgt unmittelbar auf den Clavoz der

Uvriez WW
Der Weingarten des gleichnamigen kleinen Dorfes dicht vor St. Leonhard gehört zum Teil dem Hospital von Sion. Kennern gilt er als einer der qualitativ besten und zuverlässigsten Lagen des Wallis, auf dem das Weingut Varone-Sion Fendant anbaut.
Von gleich hohem Wert ist auch der darüberliegende Weinberg

Molignon WW
mit der kleinen Kapelle auf seiner Höhe. Diese Bezeichnungen dienen nur zur Orientierung. Sie sind auf dem Etikett meist nicht enthalten. Das Weingut Varone in Sion bringt allerdings einen Molignon-Fendant als Spitze dieser Rebsorte auf den Markt.
Auch Gilliard (Sion) hat auf dem Uvriez und dem Molignon Besitz.

Interessant ist das Gut Nouveau Sierre Caves de Riondaz in Sierre mit vielen Walliser Spezialitäten wie Amigne, Arvine, Humagne und dem seltenen Rèze. Gleichermaßen Brantignon in Visp, wo auch der recht seltene Heida gepflegt wird.

Sierre Salgesch RW
im oberen, schon wieder deutschsprachigen Wallis, sind die eindeutig wertvollsten Burgunderlagen des ganzen Weinbaugebietes. Wir nennen nur einige der renommiertesten Weingüter, die dort Besitz haben bzw. das dort wachsende Rebgut verarbeiten und wegen ihrer ausgezeichneten Burgunder-Weine und Dôles bekannt sind: J. S. A. Clavien, Roten-Mathier Caves du Paradis, L. Imesch hoirs, alle in Sierre, das renommierte Weingut Albert Mathier & Söhne AG in Salgesch, die beiden großen Weingüter Varone in Sion und Orsat in Martigny und natürlich Provins in Sion, deren beste Qualitäten immer goldgekapselt auf den Markt kommen.

Tessin

Roncobello, 7 ha
Die gute Lage in Morbio Inferiore im Mendrisiotto gehört der Weinkellerei von Cesare Valsangiacomo in Chiasso, Weinhändler und Großrat und seit vielen Jahren in Fachkreisen angesehener Merlot-Spezialist des Tessin. Die Reben stehen auf mittelleichten, schwach alkalischen Böden und bringen oft Weine von hoher Komplexität. »Roncobello«, der unter dem Lagenamen verkauft wird, ist ein bekannt guter Merlot.

Castello di Morcote, 5 ha
Der Rebberg über Morcote ist eine Süd-/Südostlage mit mittelschweren Böden im Besitz der Mailänder Familie Giannini und von Claudio Tamborini gepachtet. Er ist Inhaber des Weinhandelshauses Carlo Tamborini in Lamone und gehört zu den wenigen Händlern, die mit viel Interesse und Engagement für den einheimischen Merlot die Qualität auch aus Traubengut eigener Produktion hochhalten wollen. Der Name dieser guten Lage erscheint allerdings nicht auf dem Etikett.
Tamborini erzeugt mit seinem Spitzengewächs, dem SanZeno einen klassischen, alterungsfähigen Merlot von bester Struktur.

Aus einer Weinhändler-Familie stammt auch Eridano Luisoni in Capolago, der die Azienda Agricola

Vecchia Masseria am Ort gründete und einen Weinberg in Riva San Vitale anlegte mit Merlot und etwas Cabernet franc und Cabernet Sauvignon. (Beide Cabernets findet man neuerdings in jedem besseren Rebberg im Tessin, wenn auch in geringem Ausmaß.)
Eridano Luisonis Vecchia Masseria-Merlot ist ein feiner, in Tannin und Frucht harmonischer Wein.

Del Portico heißt der Merlot und das Weingut von Werner Stucky in Rivera, der Reben auf der Lage »Vigneta Casa Cima« pflegt, deren Namen er nur auf den Risverva-Flaschen nennt. Stuckys Merlot ist ein klassischer Bordeaux-Typ, ein körper- und tanninreicher Wein mit schöner Frucht und guter Alterungsfähigkeit.

Ronco di Persico
ist eine Südlage über dem Flüßchen Tresa, im Besitz von Daniel Huber in Monteggio, dessen Merlots unter diesem Lagenamen vollmundig, mit guter Tanninstruktur erscheinen.

Das Landgut der Schuhdynastie-Erben, die Tenuta Bally in Breganzano-Lugano, seit Mitte der achtziger Jahre unter Verwaltung von Hans Imhoof erzeugt mit dem
Cresperino und der Riserva Crespero, die mit einem Fünftel Cabernet Sauvignon verschnitten ist, gute Merlots klassischen Typs.

Im Tessin bemühen sich noch etliche Winzer um den klassischen, charaktervollen, bordeauxähnlichen Merlot, dessen Qualität der Substanz dieser Rebsorte entspricht. Sie alle wollen und werden damit dem allzu leichtgewichtigen und milden, schnell trinkreifen Tessiner Weintyp dieses Namens Paroli bieten. Zu ihnen gehört auch Angelo Delea in Losone mit seinem Carato oder Luigi Zanini (Vinattieri) in Ligornetto.

Die beiden großen Genossenschaften des Tessin, die
Cantina Sociale in Giubiasco und die
Cantina Sociale in Mendrisio sollten zumindest je einen kraftvollen, charakteristischen alterungsfähigen Merlot als Spitzenwein aus bestem Traubengut keltern. Die Genossenschaft in Mendrisio besitzt selbst eine gute Lage im »Montalbano«, und ein erstklassiger »Montalbano speciale« könnte den Namen dieser Lage wieder ins rechte Lot bringen.

Die Weinbauschule des Kantons ist das
Istituto agrario cantonale Mezzana, das selbst gute Reblagen besitzt.

Schaffhausen

Schaffhauser Munot, 72 a WW
In seiner Struktur einer der interessantesten und schönsten Weinberge der Schweiz, bepflanzt mit edlen Reben: Pinot noir und Pinot gris (Blauburgunder und Grauburgunder), der letztere auch in Schaffhausen sachlich falsch als »Tokayer« bezeichnet.

Thurgau

Weinfelden, Schloßgut Bachtobel, 5 ha RW u. WW
Das bekannte Schloßgut, seit 1784 im Besitz der Familie Kesselring, liegt an den Südwesthängen des Ottenbergs bei Weinfelden inmitten seiner Weinberge. Hans Kesselring und sein Kellermeister Wilhelm Huber pflegen hier vorwiegend Blauburgunder und etwas Riesling × Silvaner, deren Weine unter der Bezeichnung »Schloßgut Bachtobel« einen guten Ruf haben.

Zürich

Stäfa Sternenhalde, 7 ha RW u. WW
Das Prunkstück der Zürcher Seeufer ist ein Molasse-Südhang mit Moränenüberlagerung als kiesig-kalkigtonige Wachstumsgrundlage.
Die führende Eidgenössische Forschungsanstalt für Weinbau in Wädenswil, der die größten Anteile dieses kostbaren Weinbergs gehören, baut dort neben Blauburgunder und Riesling × Silvaner auch Grauburgunder, Gewürztraminer und den früher am Zürichsee weitverbreiteten Räuschling an.

Stäfner Lattenberg, 9 ha RW u. WW
Die ebenfalls gute Lage des Lattenbergs steht der der Sternenhalde kaum nach und gehört zu den besten der Nordschweiz. Größeren Anteil am Lattenberg hat die Fa. Zweifel in Zürich. Diese beiden Prunkstücke des Zürichsee-Ufers wurden endgültig vor der Möglichkeit einer späteren Überbauung gerettet.

Schipf Herrliberg RW
Die Lage Schipf am Nordufer des Zürichsees bei Herrliberg gilt als eine der hochgelobten Rebhänge des Zürichsees. Der gute Ruf ist aber auch auf die gute Kellerwirtschaft des Schipfgutes zurückzuführen.
Es ist der größte private Weinbaubetrieb am Zürichsee mit ausgeprägten Qualitätsansprüchen. Er bringt hervorragende Burgunder.

Graubünden

Maienfeld, Schloß Salenegg, 6 ha RW
Das Andreas von Gugelberg gehörende, sehr angesehene Weingut, das bis 1982 von Hanspeter Komminoth bewirtschaftet wurde, hat seine beste Lage (Carschluns) unmittelbar oberhalb des Schlosses. Dort sind Blauburgunder von 95 bis 100 Öchslegraden keine Seltenheit. Kellermeister Bernhard Wyler kümmert sich jetzt um die Salenegg'sche Domäne.

Maienfelder Pola, 4,5 ha RW
Dieser von Mauern umgebene altrenommierte, wertvolle Maienfelder Weinberg im Besitz der Familie Sprecher von Bernegg, ist auf 4 ha allein mit Blauburgunder bepflanzt. Kellermeister Jörg Clavadetscher ist bemüht, den guten Ruf der Polaweine, die viele alte Freunde haben, hochzuhalten. In der Lur-Lage pflegt das von Sprecher'sche Weingut noch 40 Ar Pinot gris.

Maienfelder Marschallgut, 1,5 ha RW
Der dem Züricher Hans Nußbaumer gehörende Weinberg wird heute von dem Weingut und der Großkellerei Cottinelli AG in Chur bewirtschaftet. Der Burgunder wird unter dem Namen »Maienfelder Marschallgut« verkauft.

Maienfelder Hohlen, 1 ha RW
Heute Eigentum der Witwe Rudolf von Salis. Die Besitzerin hat dieser ausgezeichneten Lage die Aufsicht eines namhaften Experten gesichert.

Das früher schon geschätzte, alteingesessene Weingut am Herrenring von Christian Komminoth mit der guten Lage Badrus ist jetzt im Besitz von Paul Komminoth-Elmer, der ausgezeichnete Blauburgunder und beliebte fruchtige Rosés aus der Pinot noir keltert.
Zu den qualitätsbewußten Maienfelder Winzern gehören ebenso Hans Peter Komminoth, der bis 1982 die Salenegg'sche Domäne betreute wie u. a. Markus Stäger, Martin Enderlin oder Fortunat Möhr.

Jeninser Guldistückli RW
Dieser renommierteste Weinberg unter den Jeninser Lagen, in denen der Wein immer etwas später reift, weil sie etwas höher liegen als Maienfeld und Malans, wird vom Weingut Christian Obrecht »Zur alten Sonne« in Jenins mit großer Sorgfalt bewirtschaftet. Mit Anteilen u. a. an den guten Lagen Selvi in Jenins

und Bovel in Malans besitzt das Weingut bestes Rebland und kultiviert auch dort Blauburgunder.
Gute Jeninser Weine erzeugen auch Georg Obrecht und Georg Schlegel, beide Jenins.

Malans, Completer-Halde, 3 ha RW u. WW
Das Weingut Adolf Boner erzielt auf diesem erlesenen, vom Föhn bestrichenen Südhang, genau wie die Landwirtschaftsschule Plantahof, die ebenfalls 1 ha dieser hervorragenden Lage bewirtschaftet, Blauburgunder, die immer wieder beachtliche Öchslegrade erreichen. Jakob Naef, Rebkommissär der Bündner Herrschaft, Maître de Chai des Plantahofs, kultiviert dort Grauburgunder (Tokayer genannt), den seltenen Completer und Riesling × Silvaner. Adolf Boner baut Tokayer und pflegt mit großer Liebe zur Rarität Completer, den er jahrelang im Faß behält und dem er ein noch längeres Flaschenlager gönnt. Auch das Weingut der alten Malanser Ochsenwirt-Familie Hans Donatsch hat einen Anteil an diesem gerühmten Malanser Weinberg, vertreten heute durch den sehr engagierten Thomas Donatsch, dessen klassisch ausgebaute Spätburgunder einen guten Ruf haben.

Malans, Markstaller, 1 ha RW
Die Lage befindet sich im Besitz der Landwirtschaftlichen Schule Plantahof, deren vorbildliche Rebarbeiten und Kellerwirtschaft von Jakob Naef geleitet werden. In föhnreichen, sonnigen und nebelarmen Spätherbsten ist die Überschreitung der 100-Grad-Marke bei den Markstaller Burgundern keine Seltenheit. Die Weine sind nicht so rassig und temperamentvoll frisch wie der Maienfelder Typ, sie überraschen jedoch trotz eines kurzen Faßlagers, das ein Jahr fast nie überschreitet, durch großen samtigen Körper, die Vollmundigkeit des typischen, echten Burgunders und ähneln sehr den erstklassigen Gewächsen von Cortaillod.

Malans, Rüfiser, 1 ha RW u. WW
Der Blauburgunder gedeiht in einer hervorragenden Südlage, in der Anton Boner-Liechti, Wirt der altgerühmten »Krone«, die sich seit 1730 in Familienbesitz befindet, ebenfalls großen Anteil hat. Boner-Liechti kultiviert auf der Schellenberg-Lage noch Grauburgunder und Completer.

Malanser Zeller
Malanser Seufzerhalde, 2 ha RW u. WW
Zwei Südlagen der föhngesegneten Bündner Herrschaft, die man ebensogut als Spitzenlagen bezeichnen könnte und in deren Anbau sich Adolf Boner und Alfred Mathis, beide Malans, teilen. Boner bringt einen immer gelobten Blauburgunder-Beerliwein und Mathis hat 18 Ar von seinem Anteil an der Seufzerhalde mit Grauburgunder bepflanzt, dessen Qualitäten nicht immer so ausgezeichnet sind wie die Burgunder-Rotweine dieser Lage.
Interessant sind die Weine von Peter Wegelin in Malans und die des Plantadisch-Gutes von Hans Jörg Lauber, der auch Freisamer erzeugt.

Fläscher Halde RW
Unter den schroffen, wärmestauenden Felsen des Fläscherbergs gegen Nordwinde geschützt, liegt dieser bevorzugte Weinberg, der selbst in schwachen Jahren noch gute Öchslegrade garantiert. Hans Davaz kultiviert auf dem Gräba-Teil 50 Ar Blauburgunder. Daniel Marugg in den Teillagen Junker und Karschlus auf tiefgründigem, kalkreichem Schiefer-Verwitterungsboden 1 ha derselben Sorte, die hier körperreiche, vollmundige Weine bringt und von beiden in sorgfältiger Kellerwirtschaft zu Beerliweinen ausgebaut werden. Hans Davaz bewirtschaftet südlich des Dorfes noch knapp 6 ha Rebland mit Blauburgunder und Riesling × Silvaner, Daniel Marugg pflegt dort 3 ha dieser beiden Sorten.
Gute Fläscher Weine erzeugen u. a. Christian Adank-Schmölzer, Thomas Marugg-Zanetti, Peter Hermann und Heinz Kunz.

Sie müssen wissen

Was ist Dôle? Der Dôle ist weithin als typisch Walliser Verschnitt des edlen Pinot noir mit dem einfachen Gamay (Beaujolais) bekannt. Er gehört nicht in die Klasse der Spitzenweine, wohl aber in die der gehobenen Tischweine. Die Walliser Staatsratsbeschlüsse vom 29. Juli 1959 und vom 7. Juli 1971 definieren ihn als »einen Wein der Rebsorte Pinot noir sehr guter Qualität oder eine Mischung von Pinot noir und Gamay sehr guter Qualität, der bis zu 10% Walliser Pinot gris zugesetzt werden darf«. Die gesamte Ernte muß durch das Kantonslaboratorium kontrolliert werden, das jährlich eine Minimalgradation festlegt, die

sich etwa zwischen 81 und 87 Öchslegraden bewegt. Weine, die die festgesetzte Grundgradation nicht erreichen, kommen unter der Bezeichnung »Goron« in den Handel. Aus der Goron-Ernte vinifizierter Süßdruck wird als »Rosé« verkauft. Dagegen ist »Dôle blanche« ein aus roten Trauben gekelterter heller Wein.
Walliser Sortenweine aus Pinot noir oder Gamay unterliegen den gleichen Qualitätsnormen wie der Dôle.

Die Beerliweine der Bündner Herrschaft. In der Beurteilung der Blauburgunder Rotweine der Bündner Herrschaft sei dem Außenstehenden Vorsicht geboten! Dort läßt man nicht nach klassischem Vorbild, dem man auch im Wallis und im Cortaillod-Auvernier sowie in Deutschland und Österreich nacheifert, die edlen Rebsäfte des Spätburgunders jahrelang voll ausreifen. Nach der Maischegärung wird der Wein sofort abgepreßt, um den Tanningehalt geringer zu halten, der biologische Säureabbau durch Beheizen des Kellers umgehend eingeleitet und schon nach einem, für Burgunder sehr kurzen, bis zu zehnmonatigen Faßlager wird der Wein auf Flaschen gefüllt. So bewahrt er in der Flasche noch Kohlensäure, um den magischen »Stern« vorzeigen zu können. Dieser Stern bildet sich nach leichtem Randschaum kurz nach dem Einschenken auf der Wein-Oberfläche und erfüllt das Herz der meisten Herrschäftler Weinfreunde mit Stolz.
Auf diese Weise erhalten die Maienfelder, Fläscher, Jeninser und Malanser Beerliweine bei typischem Sortenbukett ihre jugendliche Frische, ihre Spritzigkeit, ihr Temperament und – was man nicht vergessen sollte – ihre Bekömmlichkeit!
Der Burgunderfreund, der gewöhnt ist, daß dieser hochwertige Wein ein längeres Faß- und Flaschenlager hinter sich hat, voll ausgebaut ist und in sattem Rubin mit großem Körper das Glas füllt, um vollmundigsamtig über die Zunge zu gehen, und in reifen Jahren oft ein herrliches Veilchen-Bukett verströmt, ist durch eine solche Behandlung eines so edlen Rebsaftes oft irritiert. Er versteht noch, daß ein Neuenburger, die denselben Sternzauber pflegen, mit ihren einfachen, volkstümlichen Chasselas-Säften diese Prozedur machen, aber mit so noblen Rebsäften wie denjenigen der Pinot noir, meint er, solle man auch in der Kellerwirtschaft so verfahren, daß das Optimum an Entwicklungsfähigkeit erreicht wird.
Diese Meinung ist richtig, aber der Verkaufserfolg der jungen Maienfelder und Malanser Kreszenzen, die man nicht wie die klassischen Burgunder mit 18 Grad (Zimmertemperatur) zu servieren braucht, sondern kühler trinken kann, um ihre Erfrischung voll auszukosten, hat einiges für sich. Ihre Beliebtheit ist im Steigen begriffen. Auch die Freunde des alten, reifen, klassischen Burgunders sollten vor dieser Bündener Spezialität tolerant bleiben! Hier gilt es, eine ganz andere Geschmacksrichtung zu achten, die einen eigenartigen Burgundertyp präsentiert, auf dessen Reinheit und Bekömmlichkeit man sich immer und überall verlassen kann.
Es ist typisch für die Bündner Herrschaft, daß es hier sehr viele ausgezeichnete Weinbauern gibt, deren Weine nur deshalb nicht marktgängig und bekannt sind, weil sie sozusagen von einem festen Abnehmerstamm »abonniert« wurden.

Unter anderem Namen
Dorin heißt der Gutedel (Chasselas) im Waadtland (Vaud).
Fendant heißt der Gutedel im Wallis (Valais).
Perlan heißt der Gutedel im Kanton Genf.
Malvoisie heißt in der Westschweiz der Ruländer (Pinot gris, Grauburgunder), der in der Ostschweiz auch »Tokayer« genannt wird.
Savagnin nennt man in der Westschweiz den Traminer.
Johannisberg wird im Wallis der Silvaner genannt, aber auch »Rhin« oder »Gros Rhin«.
Salvagnin ist der »Dôle« des Waadtlandes.
Clevner ist eine alte Bezeichnung des Blauburgunders, die noch gelegentlich auftritt.
Humagne rouge ist ein falsches Synonym für den Walliser »Landroten« (Rouge du pays), der aus der im Aostatal »Petit rouge« genannten Spielart der Oriou-Rebe stammt und nicht mit der Weißweinrebe Humagne verwandt ist. Beide sind uralte autochthone Sorten.
Oeil de Perdrix (Rebhuhnauge) sind schnell abgepreßte Rosé-Weine aus Pinot-noir-Trauben.
Flétry ist eine Spätlese aus vollreifen und eingeschrumpften Beeren.
Nostrani (Unsrige) sind einfache Tessiner Rotweine aus dort seit alters kultivierten Europäer-Reben wie der autochthonen Bondola. Im Gegensatz dazu nennt man Weine aus unveredelten Amerikaner-Reben, also

Direktträgern wie Isabella, Seibel etc. »Americani«. Sie werden vorwiegend zur Herstellung von Traubensaft oder als Tafeltrauben kultiviert, da ihr Wein adstringierend und von unangenehmem Foxgeschmack ist.

Manchem Weinfreund wird es rätselhaft erscheinen, daß man auf diesen vorzüglichen Weinbergen, deren geologischer Habitus, deren Kleinklima und andere Vorbedingungen den Anbau hochwertiger Reben zuließen, nur den einfachen Gutedel (Chasselas) anbaut, der zwar dort gedeiht wie nirgendwo sonst in Mitteleuropa – aber was soll's? Es bleibt ein Chasselas! Dr. Mathey, der Chef der kantonalen Weinkontrolle, gab die Ausgiebigkeit, die Stabilität der Rebe und den von den konservativen Schweizer Weinfreunden bevorzugten typischen Bodengeschmack der einzelnen Lagen als Gründe für den Anbau an.

Nach den großen Waadtländer Lagen vom Dézaley und von Yvorne dürfen wir daran erinnern, daß es auch zwischen Lausanne und Genf gute Weinberge gibt, die fast sämtlich zwischen den kleinen Städten Rolle und Nyon liegen. Es sind die Côte-Weinberge der Dörfer (von Osten nach Westen) Féchy, Mont-sur-Rolle, Vinzel und Luins, deren Weißweine (Chasselas) und deren Rotweine (Salvagnin = Dóle) immer zu empfehlen sind.

Österreich

Regionen

Von Osten nach Westen:

- **Burgenland** (sehr gute bis mittlere und einfache Weißweine, gute bis mittlere Rotweine)
- **Steiermark** (sehr gute bis mittlere Weißweine, mittlere Rotweine)
- **Thermenregion** (sehr gute und gute Weißweine, gute bis einfache Rotweine)
- Wiener Umgebung (mittlere bis einfache Weißweine, einfache Rotweine)
- Klosterneuburg (gute bis einfache Weißweine, mittlere bis einfache Rotweine)
- Weinviertel (gute, mittlere und einfache Weißweine, einfache Rotweine)
- Langenlois (gute, mittlere und einfache Weißweine, mittlere und einfache Rotweine)
- **Wachau und Krems** (sehr gute, gute und mittlere Weißweine)

Reben

Riesling. Die Spitzenweine der Wachau und Krems, aber auch des Kamptals und Gumpoldskirchens sind fast durchweg Rieslinge, die zum Teil aus von der Mosel eingeführten Rebstöcken stammen und in Österreich als »Rheinriesling« bezeichnet werden.

Traminer und Gewürztraminer werden mit großem Erfolg in der Steiermark angebaut und bringen besonders am Klöcher Berg herausragende Qualitäten.

Weißburgunder. Der in zahlreichen Spielarten auftretende Pinot blanc ist ein edler Weißwein von distinguiertem Schliff. Da mehr, dort weniger stoffig, tritt seine Blume nur sehr dezent hervor und schmückt immer einen artigen, gefälligen, oft genug auch einen wirklich großen Wein. Sehr schöne Weißburgunder gibt es um die Stadt Klosterneuburg, in der Wachau, in der Steiermark und im Burgenland.

Morillon, die in der Steiermark noch angebaut wird, gilt als Spielart des Weißburgunders. Ob sie identisch mit der Chardonnay-Rebe Burgunds und der Champagne ist, darüber konnten sich die Ampelographen bis heute noch nicht einigen.

Zierfandler (Spätrot). Die anspruchsvolle Rebsorte, die gute und warme Lagen braucht, wird auch Spätrot genannt, weil ihre spätreifenden Beeren sich im Zustand der Vollreife rot färben. Sie ist außer um Gumpoldskirchen, wo sie ihre besten Qualitäten bringt, kaum mehr anzutreffen. Aus guten Lagen und Jahren ist ihr Wein einer der besten Mitteleuropas, er erscheint extraktreich, feinblumig und fruchtig im Geschmack, in höheren Prädikatsstufen mit zarter Restsüße, trocken ausgebaut mit ausgeprägt schöner Frucht. Letzteres erfordert allerdings vom Lesezeitpunkt bis zur Kellerwirtschaft höchste Sorgfalt.
Der Spätrot, verschnitten mit dem

Rotgipfler bildet als »Spätrot-Rotgipfler« den klassischen Gumpoldskirchner. Die Sorte, die ihren Namen von den roten Spitzen der Triebe hat, bringt reinsortig einen stoffigen, körperreichen Wein mit typischem Sortenbukett und fruchtiger Säure. Beide Gumpoldskirchner, oft Spätlesen, nicht selten Auslesen, zählen zum Besten aus Österreichs Weingärten.
Typische Gewächse Österreichs sind weiter:

Grüner Veltliner. Er ist der typisch österreichische Wein, vor allem in Niederösterreich verbreitet. Würzig, von angenehmer, manchmal auch stärkerer Säure kann er ein erfrischender, fruchtiger Tischwein sein. Auf Löß- und Urgesteinboden bringt er, wie in der Wachau und Krems, elegante Weine, die in ihrer Harmonie edlen Spitzengewächsen nicht nachstehen.

Neuburger. Dieses ampelographisch noch immer rätselhafte Findelkind soll angeblich um 1850 in Arnsberg in der Wachau als Rebholz von der Donau angeschwemmt worden sein. Im Ecklgrund angepflanzt gedieh es so gut wie die Trauben, und der Wein machte Schlagzeilen im Sonntagsblatt. Vom Hauer Langwieser aus Spitz auf den »Tausendeimerberg« geholt, gedieh die »Burgrebe« vorzüglich und hieß von nun an »Neuburger«. Ihre Weine erscheinen mild, aber voll und rund, alkoholreich und mit sympathischem Sortenbukett.

Bouvier (s. Südslawien). In Österreich ist sie vor allem im Burgenland anzutreffen und kann bei sorgfältiger Kellerwirtschaft füllig-fruchtige, harmonische Auslese- und Ausbruchweine bringen. Häufig sind ihre Weine jedoch mit zu hohem Restzucker ohne besonderen Charakter. Die Sorte reift relativ früh und bringt hohe Mostgewichte.

Muskat-Sylvaner. Diese Bezeichnung ist in Österreich für die Sauvignonrebe üblich. Weine aus der Sauvignon sind, auch in guten Jahren, von guter Qualität und Haltbarkeit, würzig und mit feinem Bukett nur dann, wenn sie aus besten Lagen stammen. Aber auch hier können sie in ärmeren Jahren dünn ausfallen.

Muskat-Ottonel steht vorwiegend im Burgenland, aber auch in Niederösterreich. Durch ausgeprägte Blüteempfindlichkeit ist die Sorte ertragsunsicher. Frühreifend braucht sie warme, windgeschützte Lagen und guten Boden. Es gibt elegante Muskat-Ottonel-Weine mit feinem Muskataroma. Erscheint es stark und aufdringlich, wird der Wein zum Verschnitt verwendet.

Furmint und **Leányka** (s. Ungarn). Beide Rebsorten waren früher im Burgenland sehr verbreitet. Leányka, deren Wein feinblumig und feurig ist, gibt es noch vereinzelt, aber die edle Tokajer-Rebe Furmint, aus der die klassischen »Ruster Ausbruch-Weine« gekeltert waren, ist wohl wegen ihres labilen Ertrags völlig verschwunden.

Nach dem Grünen Veltliner nehmen in Österreich **Müller-Thurgau** und **Welschriesling** die größte Anbaufläche ein. Feinfruchtig erscheint Müller-Thurgau in der Wachau und Krems, gute Prädikatsweine bringt die Sorte im Burgenland. Guter Welschriesling aus der Steiermark ist zartwürzig, frisch und fruchtig; im Burgenland, wo er die größte Fläche innerhalb Österreichs einnimmt, zeigt er seine besten Eigenschaften in den höheren Prädikatsstufen.

Rotweinsorten:

Blauburgunder. Der Blauburgunder, Spätburgunder Clevner oder Pinot noir, wie er überall genannt wird, wächst in verschiedenen Qualitäten, aber immer als roter Spitzenwein jedes Landes fast überall in Europa. Leider ist die Anbaufläche in Österreich nur unbedeutend, obwohl gepflegte Burgunderweine in den Oggauer und Ruster Lagen, im Rotweingebiet von Vöslau, aber auch in anderen Gebieten (wie die Burgunder aus der Glockengießer-Ried, der immer beispielhaften Salomon'schen Domäne in Kirchberg am Wagram), beachtliche Qualitäten erreichen können.

St. Laurent. Der Name dieser Rebe kommt vom St. Lorenztag, der ihre Reife einleiten sollte. Sie ist eine Verwandte des edlen Spätburgunders und bringt einen Wein von tiefroter schöner Farbe, voller Feuer, zartem Burgunder-Bukett und guter Haltbarkeit. Die besten österreichischen St.-Laurent-Weine keltert man in der Stiftskellerei von Klosterneuburg. Es sind Faß-Auslesen, die man unter der Bezeichnung »Ausstich« und in Bocksbeutelflaschen in den Handel bringt. Sie stammen aus dem stiftseigenen Weingut Tattendorf bei Vöslau.

Blaufränkisch. Dieser burgenländische Rotwein trägt in Württemberg den Namen »Limberger« oder »Lemberger« und in Ungarn gar die hochtrabende Bezeichnung »Großburgunder«. Er hat aber zur Burgunderrebe keinerlei verwandtschaftliche Beziehung. Seine dunklen Weine sind in ihrer besten Art fein-herb, würzig und von immer ermunternder Wirkung, was bei Rotweinen selten ist. Ausgewogener Gerbstoffgehalt und kernige Säure bringen dem Wein ein gutes Reifevermögen.

Portugieser. Dieser Wein führt seinen Namen zu Unrecht, denn diese Rebe ist in Portugal nie aufgetaucht. Es ist Deutschlands und Österreichs einfachster Konsumrotwein. Wegen seiner Farbkraft wird er meist als Verschnittwein gebraucht. In guten Jahren kann er sich, leicht und bekömmlich, zu guten Tischweinqualitäten emporentwickeln. In der Thermenregion bei Vöslau erreichen die Portugieser eine recht gute Qualität.

Blaue Zweigelt. Die Kreuzung von Blaufränkisch und St. Laurent trägt ihren Namen nach einem ehemaligen Professor der Bundeslehranstalt für Weinbau in Klosterneuburg. Die Sorte, die vorwiegend im Burgenland und in Niederösterreich kultiviert wird, ist ein Massenträger, ihr Wein gewöhnlich ohne Ausdruck und Bedeutung. Gute Zweigelt-Weine, die starke Ertragsreduzierung und sorgfältigen Ausbau erfordern, sind selten zu finden.

Zwar kein Spitzenwein, aber eine interessante Spezialität nur der Weststeiermark ist der

Blaue Wildbacher, dessen Wein »Schilcher« heißt. Um Deutschlandsberg wächst ein eher rubinroter Typ, bei Stainz gerät er heller und hat die Farbe von Zwiebelschalen. Er ist ein fruchtig-frischer, feinsäuerlicher Wein, der immer jung getrunken werden sollte. Qualitätsbewußt pflegen ihn u. a. das Weingut Fuchs-Maierhofer in Gundersdorf und Josef Lazarus in St. Stefan-Langegg ob Stainz.

Wachau und Krems
Sehr gute Jahrgänge:
1969, 1971, 1977, 1979, 1981, 1985, 1986, 1988, 1990
Gute Jahrgänge:
1970, 1973, 1978, 1983, 1989

Thermenregion
Sehr gute Jahrgänge:
1969, 1973, 1977, 1979, 1981, 1983, 1986
Gute Jahrgänge:
1971, 1976, 1982, 1985, 1988, 1989, 1990

Burgenland
Sehr gute Jahrgänge:
1969, 1971, 1973, 1979, 1981, 1983, 1985, 1986, 1989
Gute Jahrgänge:
1976, 1980, 1982, 1987, 1988, 1990

Steiermark
Sehr gute Jahrgänge:
1971, 1981, 1983, 1986, 1989, 1990
Gute Jahrgänge:
1969, 1973, 1977, 1979, 1982, 1985, 1988

Die Spitzenlagen

Von Westen nach Osten:

Wachau und Krems

Weißenkirchner Klaus, 4 ha

Josef Jamek, der in Joching eines der gepflegtesten und besten ländlichen Restaurants zwischen Wien und Salzburg betreibt, pflegt den Riesling des Klaus als seine große Liebe. Die steilen Urgesteinsterrassen, die öfter in der Wachau einen Lößschleier tragen, geben diesem herrlichen Rheinriesling, der in guten und sehr guten Jahren eine charmante Köstlichkeit ist, eine fruchtige Frische, die auch seine Spät- und Auslesen jahrelang bewahren. Besitz hat hier auch das einheimische Weingut Franz Prager.

Dürnsteiner Hollerin, 5 ha

Ein Riesling, der auf dem Bankett gereicht wurde, mit dem man den Abschluß des historischen österreichischen Staatsvertrages feierlich beging, stammte von diesem kostbaren Weingarten, der noch vor dem Dürnsteiner Liebenberg als Spitzenlage von Dürnstein bezeichnet wird. Im unteren Bereich des Kellerberges stehen die Hollerin-Reben auf Verwitterungsgestein mit Schwemmlössen.

Dürnsteiner Liebenberg, 8 ha

wird als einer der höchstqualifizierten Weinberge Österreichs bezeichnet. Zwar ist er keineswegs der populärste Dürnsteiner, aber zweifellos neben der »Hollerin« der hochwertigste. Der Weinberg ist inzwischen zu 50% mit Riesling bepflanzt worden, um die Gunst der Lage auszunutzen. Die andere Hälfte ist Grüner Veltliner. Weine dieser Lage, wie auch von der »Hollerin«, werden von der renommierten Winzergenossenschaft Freie Weingärtner Wachau in Dürnstein angeboten.

Unterloibener Rotenberg, 14 ha

In reiner Südlage reifen auf eisenhaltigem Urgestein erstklassige Rheinrieslinge vom Dinstl-Gut in Loiben, das der dortigen Winzergenossenschaft gehört.

Unterloibener Burgstall, 9 ha

Mit dem »Rotenberg« zusammen ist der »Burgstall« eine der hervorragendsten Lagen der Wachau. Beide sind teilweise mit Rheinriesling bepflanzt, etwas Grünem Veltliner und Neuburger.
Der Burgstall ist leider eine nicht ganz frostsichere Südostlage mit tiefgründigem Boden, bringt aber in trockenen Jahren oft die besten Weine der Wachau.

Kremser Ried Pfaffenberg, 24 ha
Steiner Pfaffenberg

Die Einzellage Pfaffenberg, nicht zu verwechseln mit der Weinbauflur »Kremser Pfaffenberg«, ist eine mit besonders günstigem Kleinklima über der Donau liegende und eine der besten Riesling-Riede der Wachau, wenn man Krems noch zur Wachau zählen will. Sie gehört seit 600 Jahren der Hlg.-Geist-Stiftung Passau, deren Anteile vom Weingut Undhof Fritz Salomon in

Stein bewirtschaftet werden. Auch die Metternich'schen Weingüter und das Unterloibener Weingut Emmerich Knoll haben auf dem Paffenberg Besitz.

Kremser Kögl, 22 ha

Der günstige Sonnenspeicher der Wachau am Kremser Kreuzberg mit einer Riesling-Rebe aus Bernkastel an der Mosel, ein hochedles Gewächs mit einem hinreißenden Rieslingbukett und stahligem Gusto. Österreichs Herrenwein. Als Beerenauslese in guten Jahren Weltklasse. Erich Salomon vom Weingut Undhof in Stein bei Krems kultiviert den Kögl-Wein so hervorragend, daß sein Ruf weit über die Grenzen Österreichs hinausgedrungen ist.

Kremser Weinzierlberg, 46 ha

Diese viel gelobte Ried liegt über der noch berühmteren Ried »Sandgrube« und bringt auf Lößboden mit die besten Grünen Veltliner der Wachau. Riesling nimmt 20% ein. Mit einem eigenartigen Duft und charakteristischer Zartheit ist er eine Delikatesse. In den Besitz des Weinbergs teilen sich die Weinbauschule, das Weingut der Stadt Krems und das Kremser Weingut Franz Aigner.

Gumpoldskirchen

Gumpoldskirchner Spiegel, 4,9 ha

Wenn Sie von der Hauptstraße, die Wien und Baden bei Wien verbindet, in Gumpoldskirchens alter Dorfstraße aufwärts fahren und an dem schönen Brunnen vor dem Rathaus vorbei weiter hangwärts streben, gebieten Ihnen die Mauern des Deutschordensschlosses Halt. Dort liegt rechts das Weingut des eindrucksvollen Stiftes Melk, dessen Chorherren sich schon 1180 diesen kostbaren Weinberg gesichert haben, der hier »Ried« genannt wird und nicht weit oberhalb am Hang seine Reben reifen läßt; zu je einem Drittel Rheinrieslinge, Rotgipfler und Weißburgunder. Auslesen und Beerenauslesen der Lage »Spiegel« (weil sie frühzeitig wegen ihres Wertes ausgespiegelt wurde), gehören zum Besten, was Österreich zu bieten hat.

Gumpoldskirchner Kramer, 6,3 ha

Dieser Weinberg ist der unmittelbare Nachbar des »Spiegel«. Auch er liegt oberhalb des Gutes Melkerhof des Stiftes Melk an einem nach Südosten geneigten Kalkmergelhang mit beneidenswertem Kleinklima und ist mit Zierfandler und Rotgipfler bestanden. Zu den vier Besitzern gehört die Marktgemeinde Gumpoldskirchen, deren Anteil die Weinbauschule Gumpoldskirchen gepachtet hat, und das Weingut Harald Zierer am Ort.

Gumpoldskirchner Wiege, 2,4 ha

Der spitze Turm des Deutschordensschlosses von Gumpoldskirchen wacht über diesen Weinberg, der ihm unmittelbar benachbart ist und sich oberhalb der Gebäude anschließt. Es sind wie bei allen Gumpoldskirchner Lagen schwere tonige Böden mit grobem Kalksteinschotter. Ihren Namen trägt die Lage wegen ihres nicht gleichmäßigen Gefälles. Der Weinberg gehört dem Schloßweingut des Deutschen Ordens und dem Weingut Thallern des Stiftes Heiligenkreuz in Guntramsdorf, das hervorragende Zierfandler-Auslesen und frische, fruchtige Rieslinge von dieser Lage anbietet.

Gumpoldskirchner Sonnberg, 3,2 ha

Dieser etwas höher gelegene Weinberg wird vom Gumpoldskirchner Winzer Hasenöhrl , von der Gumpoldskirchner Winzergenossenschaft und vom Weingut Manfred Biegler betreut, die dort Zierfandler und Rotgipfler kultivieren. Nach unseren Begriffen gibt es dort nur Spätlesen.

Steiermark

Klöcher Berg, 16,5 ha

Im äußersten Südosten der Steiermark auf Lavagestein. Alleinbesitz der alten steierischen Adelsfamilie der Grafen Stürgkh, Schloß Halbenrain.
Der Klöcher Berg, eine Südlage, die nach Südost leicht gedreht ist, gilt als einer der kostbarsten Traminerweinberge Europas. Das Gräflich Stürgkh'sche Wein-

gut hat ein Drittel des gesamten Rebgrundes mit dieser edlen Rebe bepflanzt. Ein Fünftel des Klöcher Bergs ist mit Rheinriesling bestanden, der hier einen sehr harmonischen, wundervoll blumigen Wein bringt. Das Weingut, das lange unter der Obhut des sehr erfahrenen Kellermeister Leo Hiti stand, wird heute von Cari Seyffertitz geführt und pflegt hier noch Weißburgunder, Sauvignon, etwas Müller-Thurgau und die rote Sorte St. Laurent. Der weiße Burgunder gehört, wie fast alle Sorten dieses Hauses, zu den jährlich höchstdekorierten Kreszenzen der Steiermark.
Der Tischwein am Klöcher Berg ist der Welschriesling, der in guten Jahren verblüffende Qualitäten hervorbringt.

Die grossen Lagen

Wachau und Krems

Tausendeimerberg, Spitz, 12 ha
Hier in Spitz, wo das große Edelweingebiet der Wachau überhaupt erst beginnt, reckt sich anstelle des Marktplatzes mitten im Städtchen die skurrile Weinpyramide des Tausendeimerbergs über die Häuserdächer. Rings von den Straßen des pittoresken Städtchens umgeben, hat man seit Menschengedenken auf diesem Berg Wein kultiviert. Nur darf man sich einen Eimer Wein nicht als 20-Liter-Gefäß vorstellen. Er faßt hierzulande 56 Liter und bringt auf einer Fläche von 12 ha an den Süd-, Südost- und Südwesthängen ca. 56 000 Liter. Auf kristallinem Gestein mit Gneisverwitterungsboden wächst Neuburger, aber auch ein renommierter Riesling. Alle Besitzer des »Tausendeimerbergs« gehören der wegen ihrer hohen Qualitätsansprüche gerühmten Winzergenossenschaft Freie Weingärtner Wachau in Dürnstein an. Auch das Weingut des Spitzer Bürgermeisters Franz Hirtzberger hat hier ein Stück Rebland.

Weißenkirchner Achleiten, 18 ha
Weißenkirchner Achleiten, den sich mehrere Besitzer teilen, gilt als eine erlesene Provenienz dieses Gebietes, vor allem an den Südhängen. Hervorragende Rieslinge und grüne Veltliner hat auch hier Josef Jamek aus Joching.

Dürnsteiner Himmelsstiege, 7 ha
Dieser Weinberg gehört auch noch unter die großen Lagen des bezaubernd romantischen Weinortes Dürnstein. Er ist fast vollständig mit Grünem Veltliner bepflanzt, die zu den besten der Region zählen und auch von der Genossenschaft Freie Weingärtner Wachau gepflegt werden.

Kremser Wachtberg, 44 ha
Große Teile dieses Weinbergs mit starken Lößflächen auf Urgestein gehören der Kremser Weinbauschule, dem Weingut Undhof in Stein und der Propstei Krems, die dort vor allem Grüne Veltliner, aber auch Riesling, Traminer und Müller-Thurgau kultivieren. Der Undhof pflegt auf dem Wachtberg mit dem sehr seltenen gelben Traminer noch eine Spezialität.

Kremser Undhof Wieden, 3,5 ha
Auf der Wieden, einer ebenen Lage mit leichtem, sandigem Boden und hervorragenden kleinklimatischen Bedingungen wächst ein Grüner Veltliner von einzigartiger Eleganz, den das Weingut Undhof, Alleinbesitzer dieses Weinbergs, fast nur als Kabinett-Wein herausbringt, um so die ausgeprägte Stilistik dieses Gewächses zu bewahren. Die Wieden ist zu einem Teil noch mit Weißem Burgunder bepflanzt.

Kremser Ried Sandgrube, 31 ha
Auch die Sandgrube, die wohl bekannteste unter den Kremser Rieden, mußte ihren Namen der Weinbauflur »Kremser Sandgrube« leihen und sollte nicht mit ihr verwechselt werden. Die Einzellage »Sandgrube« ist unzweifelhaft der Fundort der beliebtesten Grünen Veltliner der Wachau. Lößboden mit 20 Prozent Ca-Co_3-Gehalt geben den auch vom Weingut der Stadt Krems gepflegten Weinen das richtige »Boden-g'fährtle«, wie die Schwaben sagen.

Wien

Wiener Nußberg
Von vielen Weinkennern als der schönste Weingarten Österreichs bezeichnet. Es ist eine geschützte Südlage direkt am Strom, deren Kalkgestein mit tonigen Beimi-

schungen auf warmem Boden, wie es ihn eigentlich nur noch in Gumpoldskirchen und Rust/Oggau gibt, fast alle Rebsorten trägt, die die Österreicher entzükken: Grünen Veltliner, aber auch Traminer, Weißen Burgunder und Rheinrieslinge. Das Wiener Weingut Ing. Franz Mayer hat in den besten, zumeist ungenannten Rieden des Nußbergs, der jetzt eine Großlage ist, Besitz, aber die Kenner wissen ihren Nußberger auch so in den kleinen Weinwirtschaften von Wien zu finden.

Gumpoldskirchen

Zu den gesegneten Weinbergen der Alpen-Ostausläufer, in der unmittelbaren Nachbarschaft von Gumpoldskirchen, gehören noch, die Reihe der sehr edlen Reblagen »Wiege«, »Spiegel«, »Kramer« und »Sonnberg« fortsetzend, von NO nach SW der sehr populäre

Gumpoldskirchner Stocknarr'n, 33,1 ha
etwas oberhalb von Kramer und Sonnberger gelegen, ein SO-Hang, auf dem Spätrot und Rotgipfler, die typischen Reben des berühmten »Gumpoldskirchner« kultiviert werden. Ihm folgt als unmittelbarer Nachbar von Wiege und Spiegel der

Gumpoldskirchner Grimling, 8,4 ha
ebenfalls ein steiler SO-Hang, mit Spätrot und Rotgipfler bepflanzt. Am Grimling unmittelbar schließt sich die

Gumpoldskirchner Raßlerin, 7 ha
ein flacher Hang, wo ebenfalls Spätrot, Rotgipfler und etwas Riesling kultiviert werden. Die Weinbauschule Gumpoldskirchen unter ihrem Direktor Jakob Strobl, der hohe Qualitätsmaßstäbe anlegt, bewirtschaftet einen Teil dieser Lage. Auch die ausgezeichnete Winzergenossenschaft Gumpoldskirchen bringt von dieser und den vorhergenannten Lagen immer wieder hochprämiierte Weine auf den Markt. An die Raßlerin schließt sich der

Gumpoldskirchner Satzing, 11,2 ha
an, auf dem Ökonomierat Raubal seine Spätrot-Rotgipfler-Reben pflegt und wo das Weingut des Stiftes Melk Rheinriesling, Rotgipfler, Zierfandler und Weißburgunder kultiviert.

Diese kostbaren Weinberge gehören meist dem Stift Hlg. Kreuz, dem Deutschen Ritterorden, dem Stift Melk, aber auch Mitgliedern der Winzergenossenschaft Gumpoldskirchen. Das

Gumpoldskirchner Goldknöpfl, 6,8 ha
mit Zierfandler und Rotgipfler bestanden, schließt die Kette der kostbaren Riede der Gemeinde.

Rust – Neusiedler See – Hügelland

Ruster Greiner
Ruster Satz
Ruster Turner
Ruster Ried Vogelsang
Der Schutz des breit hingelagerten Leitha-Gebirges vor den rauhen Nordwinden, der Klimaausgleich durch die nahe Wasserfläche des Neusiedler Sees, die als Wärme- und Feuchtigkeitsspender wirkt, fruchtbarer Lößboden und die Tatsache, daß dies einer der wärmsten Punkte Mitteleuropas ist, das alles sind Voraussetzungen für die großen Ruster Spätlesen, Auslesen und Ausbruchweine. Müller-Thurgau, Ruländer, Traminer und Welschriesling, aber auch Muskat-Ottonel, Neuburger und Gelber Muskateller bringen hier vollblumige Weine, die ihre Vollkommenheit, gerade bei den hohen Prädikatsstufen, in der feinen Abstimmung von Restsüße und Säure zeigen. Wichtig ist es, die Einzellage Vogelsang mit der Bezeichnung »Ried« auf dem Etikett nicht zu verwechseln mit der Großlage Vogelsang, die alle Ruster Weinbauflächen umfaßt.

Ruster Baumgarten
Ruster Gemerk
Ruster Mitterkräften
Außer den oben genannten Weißweinsorten wird noch Blaufränkisch betreut, der hier würzig-fruchtig mit ausgeprägtem Sortencharakter gerät, aber meist zu jung getrunken wird. Auch St. Laurent gerät hier hervorragend. Blauburgunder nimmt nur noch wenig Platz ein. Empfehlenswerte Weingüter sind: Marienhof Fam. Just, Dr. Franz/Ladislaus Török, Peter Schandl, G. Feiler, A. Ratz, Robert Wenzel, Ratskelle-

rei der Freistadt, alle in Rust, Franz Schindler in Mörbisch und das Fürstl. Esterhazysche Weingut in Eisenstadt.

Oggauer Mariental
Oggauer Pratschkräfte
Die sehr guten Weine des benachbarten Oggau, international oft prämiiert und ebenso bekannt wie die von Rust, werden meist nicht unter diesen Lagennamen verkauft. Die einheimischen Weingüter Franz Mad und Mechthilde Wimmer bürgen genauso für Qualität wie das gemeindeeigene Weingut Oggau.

Ganz ausgezeichnete Burgenlandweine erzeugt das erstklassige Weingut Römerhof von Anton Kollwentz in Großhöflein bei Eisenstadt. Unter den jüngeren zählen Franz Schuster in Zagersdorf und – auf der östlichen Seeseite – Josef Umathum in Frauenkirchen zur Elite der burgenländischen Winzer.

Steiermark

Ganz im Nordosten der Steiermark liegen zwei in Österreich sehr bekannte und in Wien besonders geschätzte Lagen:

Hartberger Ring
Hartberger Löffelbach, 40 ha
Dort gedeihen auf Urgestein, meist Gneis- und Glimmerschiefer, an den Süd- und Südosthängen ganz besonders zarte und blumige Weine aus Weißburgunder, Müller-Thurgau (der hier große Entwicklungsmöglichkeiten hat), Rheinriesling und vor allem der unvermeidliche Welschriesling. Der Weinbau reicht hier bis auf 650 m Seehöhe und könnte bei einer sinnvollen Anwendung moderner Methoden der Kellerwirtschaft nicht nur gute, sondern ganz vorzügliche Qualitäten erbringen.

Dicht an der slowenischen Grenze, der Südsteierischen Weinstraße nach Westen folgend, liegen folgende Riede, die man als steierische Spitzenlagen bezeichnen kann:

Graßnitzberg, 8 ha
Ein Südwesthang auf mit Kalkverwitterungsboden überlagertem Urgestein (Glimmerschiefer). Dort baut man hauptsächlich Traminer, Rheinriesling und Muskat-Silvaner (Sauvignon) an, die in guten Jahren vorzügliche und duftende Qualitäten ergeben. Besitz hat hier das Weingut E. Tement in Zieregg.

Ottenberger Witscheinberg, 3 ha
Eine Südlage mit 70 % Steigung und sandigem Lehm, auf der neben Traminer und Sauvignon auch Muskateller angebaut wird.

Köbelberg, 4 ha
Vor der Abzweigung der Weinstraße nach Ratsch liegt dieser sanft geneigte Weingarten, wo auf sandigem Lehm vorzügliche Traminer wachsen.

Sulztal, 50 ha
ist ein hart an der slowenischen Grenze, südlich Ratsch gelegener Südhang, wo auf Sandmergel Traminer, Sauvignon, Welschriesling und die immer seltener werdende Morillon angebaut werden. Der Anbau dieser Rebe ist rückläufig, da die sehr fäulnisanfällig ist. Ein erheblicher Anteil der ausgedehnten Sulztallage gehört dem Weingut Franz Lackner in Steinbach, Besitzer ist auch das Weingut Regele in Ehrenhausen.

Nördlich davon, etwas südwestlich des Ortes Gamlitz, wo auch das gute Weingut Sattlerhof beheimatet ist, liegt der Hang der Ried

Steinbach, 30 ha,
wo bemerkenswerter weißer Burgunder und Ruländer wächst. Auch Traminer, Rheinriesling, Müller-Thurgau und Welschriesling werden dort gepflegt. Die Weinkellereigenossenschaft Ehrenhausen baut diese Weine und die einer Anzahl anderer sehr guter Riede aus. Besitzer ist auch hier das Weingut Franz Lackner, Steinbach.

Südlich der Weinstraße, die nach Leutschach führt, liegt, in der Nähe des Gasthofs Mahorko, der

Glanzer Berg, 227 ha
eine gewaltige Südlage, die sich muldenförmig mit SW- und SO-Flanken geschützt der Sonne darbietet. Auf dem Mergelgestein wachsen vorzügliche Muskateller und Sauvignon. Der Weingarten wird von den Weingütern Mahorko und Repolusk in Glanz betreut. Auch A. Germith und das Weingut Welle-Weiß haben dort Besitz.

Die weiten, sanften Hänge des Sherry-Gebietes bei Jerez de la Frontera.
Die weiße Albariza, der teuerste Boden, bietet den Reben wegen ihres sehr hohen, wasserspeichernden Kalkgehalts die besten Bedingungen.

Nachreife der Sherry-Trauben unter endlosen Folienbahnen.

Das mittlere Douro-Tal, wo bei Roncão und Pinhão, das auf unserem Bild tief unten am Fluß liegt, die besten und kostbarsten Port-Weinberge liegen.

Quinta über einem Terrassen-Weinberg bei Tua.

Im Herzen des österreichischen Teils des gesegneten Weinlandes der Windischen Büheln liegt bei Langegg der

Czamillonberg, 12 ha
ein in Steil- und Hanglage nach Süden orientierter Weinberg aus dem ehemaligen Besitz der Weingüter der polnischen Grafen Woracziczki. Auf mittelgründigen, kalkigen Lockersediment-Braunerden kultiviert das erstklassige Weingut Tscheppe in Pössnitz, seit 1969 Besitzer dieser Ried, Chardonnay, Sauvignon und Muskateller, deren trocken ausgebaute Weine hier ausdrucksvoll reintönig, blumig und elegant erscheinen. Auf der knappen Hälfte der Lage hat das qualitätsbewußte Gut noch Welschriesling, Pinot blanc und St. Laurent angebaut.

Nur einen Kilometer südöstlich des Ortes Leutschach liegt der

Schloßberg, 63 ha
wo das Weingut des Landes Steiermark Sauvignon und Muskateller unter sehr günstigen, mikroklimatischen Bedingungen anbaut. Daneben noch Weißburgunder, Traminer und Blauen Zweigelt.

An großen Lagen, die aber in ihrem Mikroklima und in ihrer geologischen Beschaffenheit nicht ganz an die Spitzenlagen heranreichen, finden wir unmittelbar westlich der Stadt Leibnitz den der Staatlichen Weinbauschule gehörenden

Silberberg, 45 ha
einen etwas zu steilen Südhang aus Urgestein und Schieferverwitterungsboden. Eine bildschöne Lage, die allerdings leicht frostempfindlich ist, auf der das Weinbauinstitut unter der Leitung seines Direktors Prof. Dipl.-Ing. Robert Eder die Rebsorten des Landes kultiviert.
Nördlich des Silberbergs liegt der

Hochkittenberg, 15 ha
ein Südhang in guter Lage, auf dem das Bischöfliche Weingut Seggauberg Rheinriesling, Traminer, Sauvignon und Welschriesling pflegt.

Sie müssen wissen

Gleichgepreßter ist der nach kurzer, kaum färbender Maischegärung schnell abgepreßte, süffige Roséwein der Blaufränkischen im Burgenland.

Herkunftsangaben

Die Ried, wie man in Österreich die Einzellage nennt, spielt nur in den Edelweingebieten eine Rolle. Zusammen mit der Riedbezeichnung muß der Name der Gemeinde auf dem Etikett genannt werden.

Weinbauflur ist eine nur in Teilen Österreichs durch Landesgesetz festgelegte Anbaufläche, die auch eine Gruppe von Einzellagen umfaßt, aber nicht unbedingt mit den Gemeindegrenzen übereinstimmen muß. Weinbaufluren tragen oft die Namen bekannter Riede wie »Kremser Sandgrube« oder »Kremser Pfaffenberg«. Weine dieser wertvollen Einzellagen werden daher als »Kremser Ried Sandgrube«, »Kremser Ried Pfaffenberg« oder »Steiner Pfaffenberg« verkauft.
Das gleiche gilt übrigens auch für die Großlagen, die in der Rangordnung unter den Weinen mit Ortsnamen rangieren. So heißt z. B. die Großlage der Freistadt Rust »Vogelsang« wie die erstklassige Ried dieses Ortes.

Gemeindenamen mit der Anfügung »Original«. Nach dem Weingesetz von 1976 hatte die Bezeichnung »Original« die Aufgabe, Weine aus Gemeindegebieten von solchen gleichnamiger Weinbaugebiete abzugrenzen (Rust, Gumpoldskirchen). Original Ruster oder Original Gumpoldskirchner Wein konnte nur aus Lagen innerhalb der Gemeindegrenze stammen, ohne diesen Zusatz konnte er auch aus dem sehr viel größeren Weinbaugebiet kommen.
Jetzt heißt das Weinbaugebiet Rust »Neusiedler See – Hügelland«, das, zu dem Gumpoldskirchen gehört, »Thermenregion«. Der Gemeindename allein bürgt also wieder für Original-Weine. Das ist deshalb wichtig, weil die besten Lagen der Gemeinden noch immer nicht selbstverständlich auf allen Etiketten genannt werden.

Qualitätsstufen
Das österreichische Weingesetz unterscheidet Tafelweine, Qualitätsweine (Mindestmostgewicht 15°

KMW), deren nächsthöhere Stufe »Kabinett« (mind. 17° KMW) und Qualitätsweine besonderer Reife- und Leseart mit Spätlese (mind. 19° KMW), Auslese (mind. 21° KMW), Beerenauslese (mind. 25° KMW), Ausbruch (mind. 27° KMW) und Trockenbeerenauslese (mind. 30° KMW). (KMW = Klosterneuburger Mostwaage: bei der Umrechnung in Öchsle-Grade entspricht 1° KMW annähernd genau 5° Öchsle.)

Italien

Regionen

- **Piemont** (beste Rotweine Italiens, gute bis mittlere Rot- und Weißweine)
- Ligurien (mittlere Weiß- und Rotweine)
- Lombardei (mittlere bis einfache Rot- und Weißweine)
- Venetien (wenig sehr gute und gute Rot- und Weißweine, sehr viel einfache Weine)
- Südtirol/Trentin (gute bis einfache Rotweine, gute bis mittlere Weißweine)
- **Friaul**/Julisches Venetien (sehr gute bis mittlere Weißweine, gute bis mittlere Rotweine)
- Emilia-Romagna (wenig gute, meist mittlere bis einfache Rot- und Weißweine)
- **Toskana** (sehr gute bis mittlere Rotweine, gute bis einfache Weißweine)
- Umbrien (einige gute Rot- und Weißweine, sonst mittlere bis einfache Qualität)
- Latium (wenig gute, sonst mittlere bis einfache Weißweine, wenig Rotweine)
- Marken (wenig gute, sonst mittlere bis einfache Weißweine, wenig Rotweine)
- Abruzzen/Molise (wenig gute, meist einfache bis mittlere Rot- und Weißweine)
- Kampanien (wenige gute Rot- und Weißweine, sonst mittlere, meist einfache Weine)
- Apulien (gute Roséweine, wenige gute, meist mittlere, eher einfache Rot- und Weißweine)
- Kalabrien (sehr gute Dessertweine, mittlere bis einfache Rot- und Weißweine)
- Basilikata (ein sehr guter Rotwein, sonst mittlere, meist einfache Weine)
- Sizilien (sehr guter Dessertwein, gute bis einfache Rot- und Weißweine)
- Sardinien (sehr guter Dessertwein, gute bis einfache Weiß- und Rotweine)

Italien, das ist Oinotria, das Land des Weines schlechthin. Alles, was Reben unterschiedlichster Art brauchen, das finden sie dort in einem breiten Spektrum und in reichem Maße.
Auf diesem weingesegneten Boden saßen die Italiener wie ihre Vorfahren an der immersprudelnden Quelle, aus der seit alters her eine Fülle einfacher, mittlerer und auch guter Weine aus den Säften hunderter verschiedener Rebsorten quoll. Uralten Traditionen verhaftet und verliebt in den ihnen eigenen Individualismus war der Blick getrübt für das enorme Potential, das in diesem natürlichen Reichtum steckt. Wer schätzt schon, was er in Hülle und Fülle besitzt? Wozu also über den Rand des immer gefüllten Glases schauen?
Kluge und kühle Köpfe mit Qualitätsansprüchen in den nördlichen und mittleren Regionen erkannten schließlich den fortschreitenden Wandel in der international bedeutenden Weinwelt und setzten ab den sechziger Jahren neue Maßstäbe. Sie nutzten die neuesten Erkenntnisse, Methoden und Techniken in Weinberg und Keller, experimentierten mit viel Kreativität und mit stetig wachsendem Erfolg. Eine Entwicklung, die auch im tiefsten Süden des Landes nicht unbeachtet bleibt, auch wenn die wirtschaftliche Potenz, die neue Wege erst ermöglicht, dort natürlich geringer ist. Italien erzeugt heute große Spitzengewächse, die allesamt Rotweine sind und eine steigende Anzahl erstklassig gemachter Rot- und Weißweine unterschiedlichster Provenienz.
Gewiß werden bei größerem Qualitätsbewußtsein und den dazu notwendigen Anforderungen etliche geringerwertige der unzähligen Rebsorten auf der Strecke bleiben, andererseits könnten viele wertvolle Sorten auch durch gezielte Klonenselektion ihre Renaissance erleben. Und moderne Anbaumethoden, Ertragsbeschränkung und geschickter Einsatz moderner Vinifikationstechnologie bringen bei manchen alten, einheimischen Sorten erstaunlich gute Ergebnisse.
Traditionsbewußtsein und die sinnliche Lebensfreude der Italiener werden gewiß dazu beitragen, daß ihnen und uns die üppige Vielfalt an charakteristischen Weinen dieses Landes auch in Zeiten allgemeiner Geschmacksnivellierung erhalten bleiben.

Reben

Rote Sorten:

Aglianico. Eine sehr alte Sorte, vermutlich griechischer Herkunft, in Kampanien und der Basilicata verbreitet. Sie ist spätreifend und bringt beste Qualitäten in höhergelegenen Anbaubereichen, wenn man ihre Menge begrenzt und sie einen guten Kellermeister hat. In der Jugend erscheint der extraktreiche, tanninbetonte Wein abweisend und erreicht kaum vor dem 6. Jahr Reife und Harmonie (s. Taurasi und Aglianico del Vulture).

Auch der rote Falerno, einst einer der großen Weine der Antike und dem Weißen gleichen Namens weit überlegen, ist ein Aglianico.

Aleatico. In Latium, Apulien und auf der Insel Elba werden daraus aromatische Dessertweine gewonnen wie der Aleatico di Gradoli aus der Provinz Viterbo oder der Aleatico di Puglia. Auf eisenhaltigem Boden gewachsen, gilt er als Heilmittel gegen Blutarmut. In Griechenland wächst die Rebe als Liatiko auf der Insel Kreta, woher sie vermutlich auch stammt.

Alicante (Cannonao). Die Sorte ist spanischer Herkunft, dort nennt man sie auch Garnacho. Als Grenache gehört sie zu den Rebsorten des Midi, sie ist im Châteauneuf-du-Pape enthalten und steht an den Rebhängen des kraftvollen süßen Banyuls. In Süditalien heißt sie Alicante, wie auch in Sizilien. Ihr wichtigstes Anbaugebiet ist jedoch Sardinien, wo sie unter dem Namen Cannonao erscheint. Der alkoholreiche Wein wird im Spektrum von trocken bis süß angeboten. Von entsprechender Herkunft kann er in der trockenen Version nach 4–6 Jahren beachtliche Qualität zeigen, als Anghelu Ruju ist er ein großer Dessertwein. Beste Cannonao-Weine: Sella & Mosca in Alghero.

Barbera. Piemonteser Sorte, die in fast allen Regionen Italiens zu finden ist, vorwiegend allerdings im Nordwesten des Landes. Es ist ein urwüchsiges, hemdsärmeliges Gewächs, das überall weiterkommt. Körperreich und säurebetont wird der Wein auch zum Verschnitt verwendet. Die besten Barberas aus ihren angestammten Anbauzonen um Alba und Asti, dank erstklassiger Erzeuger.

Bonarda. Gelegentlich fälschlich als Uva Rara bezeichnet, ist anscheinend verwandt mit der Croatina. Meist zum Verschnitt verwendet, bringt sie Frucht und harmonisierende Weichheit. Wegen des Wohlgeschmacks ihrer Trauben auch als Tafeltraube beliebt.

Brachetto. Rebsorte Piemonts, die dort frische, leicht schäumende, jung zu trinkende Weine bringt, aromatisch duftend und mit zarter Restsüße wie im Brachetto d'Acqui. Eine seltene nicht moussierende, trockene Version, die köstlich schmeckt, ist der Brachetto di Moirano von Scarpa (Nizza-Monferrato) fein und rar auch der Passito.

Brunello. Spielart der Sangiovese grosso (siehe dort). Der zarte Braunschimmer auf den Beeren gab ihr den Namen. Anbaugebiet Toskana.

Calabrese (Nero d'Avola). In Sizilien weitverbreitet, oft im Mischsatz mit Nerello Mascalese und/oder Perricone (= Pignatello) gekeltert. Sortenrein bringt der Calabrese granatrote, harmonische Weine mit vollem Körper.

Canaiolo nero. Anspruchsvolle Rebe im Chianti-Gebiet, im Anbau etwas schwierig. Im Verschnitt mit Sangiovese mildert sie deren Strenge, sublimiert jedoch deren Nuancenreichtum in feiner Art.

Cannonao (Cannonau) s. Alicante.

Cesanese. Ist eine Rebe Latiums in den Castelli Romani, die einen warmen, duftenden Wein bringt mit leicht bitterem Abgang, am besten in der trockenen Version. Die Sorte wird auch zum Verschnitt verwendet, z. B. im Torre Ercolana zu etwa einem Drittel oder im Colle Picchioni von Paola di Mauro in Frattocchie di Marino.

Ciliegiolo. Verschnittsorte Nord- und Mittelitaliens. Der Wein ist hellrot mit feinduftendem Kirscharoma.

Corvina Veronese. Wird auch Cruina genannt und nur in Venetien angebaut. Sie ist die Hauptsorte der Valpolicella- und Bardolino-Weine und bringt deren gute Struktur. Ihr Wein hat gute Farbe, etwas lebendige Säure, ist leicht tanninhaltig und zeigt deutlich saftige Frucht, ist jedoch wenig harmonisch. Rondinella und Molinara sind daher ihre Ergänzungssorten. Beide sind sehr viel weniger extraktreich, Molinara bringt nur mittleren Alkoholgehalt, aber sehr delikate Bukettstoffe; Rondinella zeigt mittleren Körper, wenig Tannin, aber weinige Frucht- und Duftstoffe.

Croatina. Vor allem in der Lombardei, der Emilia-Romagna und im Piemont verbreitet. Croatina wird meist im Mischsatz mit anderen Sorten wie Barbera verarbeitet. Ihr zuckerreicher Saft und ihre Fäulnisresistenz machen sie auch zu einer beliebten Tafeltraube. Vinifiziert tendiert sie zum Lieblichen, ist alkohol- und farbintensiv und eine wichtige Sorte der traditionellen Oltrepò-Rotweine.

Dolcetto. Die vor allem im Piemont angebaute Sorte ist frühreifend, reichtragend und bringt, entgegen ihrem Namen, trockene Weine von mittlerem Körper mit charakteristisch zartem Bitterton, der die blumigen Bukett- und Geschmacksstoffe durchzieht. Je nach Herkunft variieren Farbe, Intensität und Finesse. Nicht gerade säurereich, ist es ein eher jung zu trinkender Wein, von sehr guten Erzeugern präsentiert er sich vollendet auch erst nach fünf Jahren.

Freisa. Früher beliebter Wein der Turiner, besonders in der mit leichtem Frizzante versehenen Version mit zartsüßem Unterton. Durch den oft wenig ansprechenden Amabile-Typ verlor er an Beachtung. Spitzengüter wie Aldo Conterno und Clerico zeigen, was ein trocken ausgebauter Freisa an fruchtiger Süffigkeit zu bringen vermag.

Grignolino. Im Piemont beheimatete Sorte, im Anbau anspruchsvoll und in der Vinifizierung schwierig. Von hellem Kirschrot, trocken und leicht herb mit feinem Bitterton, mit zartem Rosen- oder Pfefferduft, ist der Wein ein delikater Begleiter zu den einheimischen Antipasti.

Lagrein. Autochthone Sorte Südtirols mit dem besten Standort um Bozen. Bringt jahrgangsabhängig körperreiche, vielschichtige Weine.

Lambrusco. Es gibt heute etwa neun Lambruschi, unter denen der Lambrusco di Sorbara sicher der wertvollste und am meisten angebaute ist. Lambrusco wächst in der Emilia-Romagna um Modena und schmeckt am besten als trockener, frischer Wein, immer ein bißchen säuerlich, meistens »frizzante« und in jedem Fall jung zu trinken. Ein guter Begleiter der üppigen Küche der Emilia. Man achte darauf, daß der Wein DOC-qualifiziert ist, besser noch, man kennt die Erzeuger, z. B. Moro, Bellei, Barbieri, Cavicchioli u. a.

Malvasia Nera. Der auch in verschiedenen Spielarten auftretende Rote Malvasier bringt in Südtirol einen milden, charakteristisch duftenden Wein, in Piemont den Malvasia di Casorzo d'Asti und den M. di Castelnuovo Don Bosco, beide aromatisch, mit Restsüße und mehr oder weniger moussierend.

Marzemino. Einheimische Trentiner Rebe. Ihr Wein ist trocken, zartbitter mit feinen Duftnoten. In der Provinz Brescia gehört die Marzemino-Traube, die man dort auch Berzemino nennt, zum Mischsatz der Riviera del Garda-Rotweine.

Montepulciano. In Mittelitalien verbreitete Sorte, bringt beste Ergebnisse in den kühleren Regionen der Abruzzen-Vorberge, wo sie, oft sortenrein ausgebaut, kraftvolle, tanninbetonte, im Alter geschmeidige, würzig duftende Weine bringt. Auch in den Marken werden gute Montepulciano-Weine erzeugt, oft im Mischsatz mit Sangiovese. (Nicht zu verwechseln mit dem Vino Nobile di Montepulciano!)

Nebbiolo (Spanna, Chiavennasca, Picutener). Eine der besten Rotweinreben überhaupt, deren Anbau sich auf Piemont, das Aostatal und die Lombardei beschränkt. Ihr Name kommt von »nebbia«, was Nebel bedeutet, der ihre grauvioletten Beeren oft genug einhüllt, weil sie spät reifen. Wie manche edle Rebe ist die Nebbiolo empfindlich und nicht gerade ertragreich. Anspruchsvoll an Boden und Lagen, verlangt sie höhergelegene windgeschützte, nicht zu trockene Südlagen. Sie neigt zum Verrieseln, ist anfällig gegen Botrytis und benötigt, da leicht mutierend, ständige Klonenselektion. Ihre Population sind die Unterarten Lampia, Michet, Rosé und del Bolla, deren zwei erstgenannte (besonders die erste) die wichtigsten sind.

Nebbiolo ist die Rebe des edlen Barolo, Italiens repräsentativen Spitzenweins, seines kleineren Bruders des Barbaresco und des Gattinara. Die Weine Carema, Ghemme, Sizzano, Donnaz u. a. und die bekannten Veltliner wie Valgella, Inferno, Grumello oder Sassella werden ganz oder größtenteils aus Nebbiolo-Trauben gekeltert. Die Rebe, die man im Piemont auch Spanna, im Aostatal Picutener und im Veltlin Chiavennasca nennt, bringt einen in der Jugend herben, tanninreichen und abweisenden Wein, wie die großen Bordeaux. Im Alter von zehn und mehr Jahren erscheint er, als Barolo, wahrhaft königlich, wuchtig und intensiv in der Vielfalt seiner Bukett- und Geschmacksstoffe, deren Finesse sich immer noch steigern kann. Der edelste und alterungsfähigste unter den Nebbiolo-Weinen ist ohne Frage der Barolo.

Negro Amaro ist eine Sorte Apuliens und bringt, wie der Name schon andeutet, dunkle, gerbstoffbetonte bittere Weine, die dort gern mit Säften der Malvasia nera verschnitten werden. Sie nimmt dem kraftvollen Südländer das Kantige und umgibt ihn mit den schönen Bukettstoffen der Malvasier.

Nerello Mascalese. Sizilianische Rebe, die an den Osthängen des Ätna harmonische, vollmundige Weine bringt und anderen Weinen der Insel im Mischsatz dient.

Nero d'Avola s. Calabrese.

Primitivo. Apulische Sorte, die ihren Namen von der frühen Reife ihrer Trauben hat. Der Primitivo di Manduria ist ein alkoholreicher, violettroter Wein, der seine besten Eigenschaften in der trockenen Version zeigt: Vollmundigkeit, ein sehr sortentypisches Bukett und einen zartsüßen Abgang, der sich mit den Jahren verliert. Der Manduria sollte nie jung getrunken werden, er entwickelt sich in der Flasche noch vier bis zehn Jahre.

Raboso. Eine Rebe Venetiens, im Piave-Tal zu Hause. Den markanten, gerbstoffbetonten Wein trinkt man am besten nach dem fünften Jahr, dann erst zeigen sich milde und würzige wie fruchtige Bukettstoffe.

Rossese. Zwischen Ventimiglia und Bordighera führt der Weg ins Nervia-Tal, wo der Rossese di Dolceacqua herkommt. Der Rossese, moderat in Säure und Tannin, intensiv blumig und mit fruchtigem Geschmack, voll und weich, entfaltet sich nach 3–5 Jahren. (Erz. Giobatta Cane, Dolceacqua und Enzo Guglielmi in Soldano)

Sangiovese (Brunello, Prugnolo, Sangioveto). Die Sangiovese, die in über einem Dutzend Spielarten existiert und die in ebenso vielen Regionen Italiens angebaut wird, hat ihr eigentliches Zentrum in der Toskana. Dort haben ihre Rebsäfte den größten Anteil an den klassischen Chianti-Mischungen und an denen anderer toskanischer Spitzenweine. Sortenrein gekeltert, bringt sie dort Weine in ihrer nobelsten Art: von kräftiger Struktur, tannin- und extraktreich, die Jahre brauchen, um sich zu mildern und ihr vielfältiges Bukett und ihre Grandeur zu offenbaren.

Teroldego. Autochthone Sorte des Trentin, die nur im Mündungsgebiet des Noce in die Etsch, dem Campo Rotaliano wächst, deren Wein von bemerkenswerter Charakteristik ist: robust, mit vollmundiger Frucht, leichtem Tanninton und reichhaltigem Bukett von Beeren und Wildblumen. Er braucht, je nach Jahrgang, 4–8 Jahre.

Terrano wird im Friaul auch als Refosco kultiviert und seit alters her im slowenischen Karst als Teran und Refošk. Im Friaul wird die Refosco dal Peduncolo rosso, eine Varietät mit rotem Stiel vorgezogen.

Vernatsch (Schiava, Trollinger). Die als Kur- und Keltertraube vielseitige Vernatsch (als Trollinger auch die Lieblingssorte der Württemberger, wo ihr Wein allerdings of kerniger erscheint) existiert in drei Spielarten: Großvernatsch, Kleinvernatsch und Grauvernatsch. Die in Südtirol große Flächen bedeckende Sorte bringt dort ihre schönsten Ergebnisse im Sankt Magdalener aus dem klassischen Bereich oberhalb von Bozen. (Heinrich Rottensteiner in Bozen ist ein erstklassiger Erzeuger.)

Die französischen Reben:
Cabernet Sauvignon
Cabernet franc
- in Italien ohne Unterscheidung häufig einfach Cabernet genannt

Merlot
Pinot noir u. a. sind bei den Reben Frankreichs beschrieben.

Cabernet Sauvignon wird sortenrein von einigen erstklassigen Weingütern gekeltert mit beeindruckend guten Ergebnissen. Beide Cabernets dienen auch dem Mischsatz, in der Toskana vor allem mit Sangiovese. Merlot ist im italienischen Anbau vielerorts zu finden, besonders aber im Nordosten des Landes. Pinot nero wird eher selten gepflegt, außer zur Herstellung von Sektgrundweinen.

Reben

Weiße Sorten:

Albana. Autochthone Romagnoler Rebe, die dort schon etliche Jahrhunderte angebaut wird, im Hügelland südlich der Via Emilia zwischen Bologna und Rimini. Bei manchen der sehr alten italienischen Weißweinsorten verliert der Wein in der trockenen Version einiges von seiner Charakteristik. Duft und fruchtige Fülle zeigen sich ausdrucksvoll erst bei Erhalt entsprechender Restsüße.

Ansonica heißt offiziell die auf Sizilien bekannte Inzolia-Rebe, die auch in der Toskana angebaut wird. Sie ist im Verschnitt der besten sizilianischen Weißweine enthalten, ist neben dem Grillo die zweite wertvolle Marsala-Sorte, die ihm die Bukettstoffe bringt, und zeigt sortenrein Eleganz und Delikatesse, wenn sich ein Könner ihrer annimmt, wie im Inzolia di Samperi.

Arneis. Alte, wiederentdeckte Piemonteser Sorte, nahe Alba kultiviert, wurde dort früher auch als Nebbiolo bianco bezeichnet. Die Sorte bringt wenig Säure, der Wein ist mild mit schönem Nuß- und Fruchtbukett.

Canaiolo bianco. Verschnittsorte, vor allem in der Toskana und Umbrien, wo man sie Drupeggio nennt. Ihr robuster Wein mit gutem Körper dient dem Trebbiano zur Unterstützung.

Catarratto. Sehr alte sizilianische Verschnittsorte in zwei Spielarten. Ist in einigen Weinen der Insel enthalten, auch im Marsala mit den wertvolleren Grillo- und Inzolia-Säften.

Cortese. Gute Piemonteser Rebsorte, die frische, elegante, trockene Weine bringt, am besten um Gavi.

Damaschino. Seltene alte sizilianische Sorte unbestimmter Herkunft. Sie wiederum profitiert von der modernen Bereitungstechnologie und bringt unbemerkte Duft- und Aromastoffe in den jetzt delikaten Wein.

Durella. Verschnittsorte Venetiens, nicht gerade alkoholreich, aber säurebetont. Wird gern mit Garganega verschnitten.

Erbaluce ist eine alte Piemonteser Rebsorte mit langen, zylindrischen Trauben, deren Beeren tiefgolden leuchten. Sie wird in begrenztem Umfang bei Ivrea und Caluso gepflegt. Trocken ist der Wein leicht und frisch. Ihre herausragenden Eigenschaften zeigt die Traube im Dessertwein Caluso Passito.

Fiano stammt aus antiker Zeit und wurde ehemals Apiano genannt. So glaubt man einerseits, daß es sich um die von Plinius beschriebene Vitis apiana handelt (was man auch dem Silvaner nachsagt), andererseits war die Sorte immer im Gebiet des alten Apia zu Hause, das jetzt Lapio heißt und in den Irpinischen Hügeln bei Avellino (Kampanien) liegt. Jedenfalls ist der Wein bemerkenswert gut.

Forastera. Weißweinsorte Ischias neben Biancolella. Beide Weine sind leicht und frisch.

Garganega. Hauptsorte der Veroneser Weißweine Soave und Gambellara, wird auch in anderen Teilen Venetiens angebaut. Die Sorte zeigt ihre besten Eigenschaften nur, wenn der Ertrag der Rebe stark eingeschränkt wird: das charakteristische Aroma und den typischen Duft der Garganega-Traube in einem trockenen, fruchtigen Wein wie dem von Leonildo Pieropan.

Grechetto ist eine in Umbrien heimische Spielart aus der altehrwürdigen Familie der Greci. Wegen ihrer natürlichen Ertragsschwäche gering geachtet, erlebt die wertvolle Sorte jetzt eine Renaissance in den umbrischen Spitzengütern. Sie ist im Cervaro della Sala von Antinori enthalten, mit höherem Anteil in den besten Orvietos und zeigt sich sortenrein mit delikatem Duft und charakteristischer Frucht im Il Marrano von Bigi und in einigen guten Vini di tavola bei Todi und Foligno.

Greco (Greco di Tufo)
Greco bianco (Greco di Gerace) sind wohl die beiden berühmtesten der Greci-Familie, die, griechischer Herkunft, immer wieder als Vitis aminea angesehen wurde (Columella u. a.).
Greco di Tufo, früher auch als Greco del Vesuvio bezeichnet, ist in Kampanien bei Avellino beheimatet, der Greco di Bianco in Kalabriens Südostspitze. Die aus der Bianco-Region bringt alkoholreichere und säureärmere Weine als die erstgenannte Spielart, deren trockener Wein ganz eigenständige Delikatesse zeigt, wie der sortenreine Vignadangelo von Mastroberardino, der sich drei bis vier Jahre entwickeln kann.
Der kalabrische Greco di Bianco bringt in seiner besten Form den hervorragenden gleichnamigen Dessertwein, der mit zunehmendem Alter immer trockener wird (fünf bis zehn Jahre) und mit herrlichem Orangenblütenduft besticht.

Grillo. Die Rebe wurde aus Apulien nach Sizilien gebracht und im westlichen Teil der Insel bei Trapani angesiedelt. Sie gilt als beste Marsala-Rebe, wurde aber, ihres geringen Ertrages wegen, vernachlässigt. Sie bringt alkoholreichen Wein, etwas gerbstoffbetont mit gutem Extraktgehalt und gibt gutem Marsala das Gefüge.

Inzolia s. Ansonica

Malvasia. Die aus Griechenland stammende, weithin berühmte und im Mittelmeerraum, besonders in Italien vom Norden bis in den Süden verbreitete Rebsorte erscheint dort in zahlreichen Varietäten, allein beim weißen Malvasier in sieben Spielarten, die sich auch in ihrem äußeren Habitus unterscheiden. Malvasia bianca lunga (auch del Chianti und di Toscana genannt) spielt die größte Rolle, gefolgt von Malvasia bianca di Candia. In den nördlichen Regionen ist es vor allem die Malvasia Istriana und auf den äolischen Inseln die renommierte Malvasia di Lipari. Die Weine der mehr oder weniger aromatischen Malvasia-Säfte erscheinen von zart und lebendig über kräftig und lieblich bis likörartig süß. Tatsächlich verträgt auch der trockene Malvasier gut einen hintergründigen Hauch Süße, der seine Lebensgeister erst zu wecken vermag. Sonst bleibt er gern ein wenig blaß im Ausdruck.

Moscato bianco. Die andere alte Rebe des mediterranen Raumes ist der Muskateller, der dort, gut ausgereift, ein viel feineres Muskatbukett zeigt als in den nördlichen Breiten. Ähnlich wie der Malvasier ist Moscato bianco in Italiens Weinbergen fast überall und in vielen Varianten zu finden. Im Norden besonders eindrucksvoll in den fruchtigen, moussierenden Moscato d'Asti-Weinen, die fein ausgewogene Säure zeigen können, im Süden, wo die Stillweine überwiegen, vor allem als Dessertweine.
Eine wirkliche Varietät ist der in Südtirol und im Trentin beheimatete Moscato giallo, der Goldmuskateller, eine andere Spielart der Moscato Fior d'Arancia mit Orangenblüten-Duft, den allerdings auch manche Greco-Dessertweine an sich haben. Ob es sich beim Zibibbo um eine Variante des Moscato bianco handelt oder ob diese Bezeichnung von den rosinenartig geschrumpften Moscato-Beeren kommt, aus denen der berühmte Moscato di Pantelleria bereitet wird, ist uns nicht bekannt.

Nasco. Uralte sardische Rebsorte, deren Herkunft unbekannt ist. Ihren Namen hat sie von der mundartlichen Bezeichnung Nascu, das von nuscu (Moschus) kommt, an dessen Duftstoff welke Trauben dieser Sorte anscheinend erinnern. Die wenig ertragreiche Rebe, die wirklich delikate Weine bringen kann, wird hoffentlich von einem potenten Weingut bald wiederentdeckt.

Nosiola. Offensichtlich eine autochthone Trentiner Sorte. Besonders im Sarca-Tal wurde sie zur Bereitung von Vino Santo benutzt, der auch heute noch in sehr feiner Art zu haben ist neben beachtlichen trockenen Nosiola-Weinen von guter Herkunft.

Nuragus. Alte sardische Rebe, die ebenso anspruchslos wie reichtragend ist. Ihr sehr heller Wein ist zumeist trocken und ganz und gar neutral.

Picolit. Woher diese Rebsorte kommt, ist nicht bekannt. Im Friaul wird sie schon sehr lange kultiviert, und Lodovico Ottelio schrieb 1761, »daß ihr Wein alle fürstlichen Tafeln Europas ziert«. In jenem Jahrhundert notierte man auch, daß der Name wohl von der kleinen Menge Trauben komme, die sie produziert. Tatsächlich trägt die Rebe sehr spärlich, weil sie stark verrieselt. Der Wein war und ist darum eine Rarität. Aus einem erstklassigen Weingut kann er eine wahre Delikatesse sein, immer ist er aber sehr teuer.

Pigato. Die ligurische Sorte hat ihren Namen von dem Dialektausdruck pigà oder pigau, der auf die rostartigen Flecken auf ihren reifen Beeren deutet. Ihr bester Standort sind die höheren Hügelregionen der ligurischen Küstenberge bei Albenga. Der Wein ist vollmundig und von kräftiger Struktur und gilt als der beste Weißwein Liguriens.

Prosecco. In Venetiens Nordosten heimische Sorte, die leichte, spritzige, sehr fruchtige, meist moussierende Weine bringt, zwischen Conegliano und Valdobbiadene. Die besten kommen aus dem Cartizze-Bereich (s. auch Schaumweine Italien).

Ribolla gialla ist eine bodenständige Rebe des Friaul, seit 1100 dort nachgewiesen und neuerdings wiederentdeckt. Strohgelb mit grünen Reflexen, nicht besonders körperreich, mit mittlerem Alkoholgehalt und lebendiger Säure, wird der Wein nur von wenigen Erzeugern in guter Form präsentiert wie z. B. Gravner in Oslavia oder Schiopetto in Capriva.

Riesling Italico ist keine italienische Rebe und nur die Bezeichnung für den Welschriesling (s. dort).

Tocai friulano. Mit der Tokajer-Rebe Furmint besteht keine Verwandtschaft, auch nicht mit dem Pinot gris, den man im Elsaß und in der Schweiz gelegentlich Tokayer nennt. Die Friauler lieben den Wein dieser Sorte, deren Herkunft ungeklärt ist; allerdings verstehen sie auch am besten mit ihr umzugehen (s. Weine Friaul).

Traminer/Gewürztraminer. Letzterer, Traminer Aromatico genannt, ist die edlere Spielart des Traminers, der seinen Namen vom Ort Tramin in Südtirol hat. Die Rebe bringt ihre besten Weine dort aus hochgelegenen Reblagen, wie auch im Trentin.

Trebbiano. Die in Italien weitverbreitete weiße Rebsorte tritt dort in einigen Spielarten mit etlichen

Varianten auf, am häufigsten als Trebbiano Toscano, wo sie wohl ihren Ursprung hat. Nach Frankreich kam sie, als sich der päpstliche Hof in Avignon niederließ und heißt dort Ugni blanc. Regional als St-Emilion-des-Charentes bezeichnet, ist sie seit Mitte des 18. Jahrhunderts eine der bedeutenden Cognac- und Armagnac-Reben, nicht zuletzt wegen ihrer hohen Ertragsleistung.
Sortenrein ist der Wein eher neutral und etwas säurereich, darum werden ihre Säfte auch in Italien vorwiegend im Mischsatz verwendet.

Verdicchio ist eine Rebe der Marken, wo sie schon sehr lange kultiviert wird. Berühmt wurde sie durch den frischen, manchmal rassigen Verdicchio dei Castelli di Jesi, der so gut zur Brodetto, der leckeren Fischsuppe in Ancona paßt. Manche Produzenten bei Jesi verstehen allerdings mehr gute Eigenschaften aus dieser Rebe herauszuholen. Das trifft auch auf die des kleinen Anbaugebiets von Mantelica zu.

Verduzzo Friulano ist die wertvolle der beide Verduzzo-Spielarten, deren andere, die Verduzzo Trevigiano in der Piave-Ebene heimisch ist. Im äußeren Habitus zeigt der Verduzzo Friulano nicht nur eine andere Blattform, sondern auch kürzere, kompaktere Trauben. Es ist die Sorte des hochwertigen Dessertweines Ramandolo und trockener, fruchtiger und blumiger Weine am besten aus den Colli Orientali del Friuli.
Der Verduzzo Trevigiano Venetiens ist trocken, säurereich und bestenfalls ein guter Durstlöscher.

Vermentino stammt vermutlich aus dem iberischen Raum und soll durch die Genueser nach Ligurien und über Korsika nach Sardinien gebracht worden sein, wo seine Weine gewöhnlich kräftiger und alkoholreicher erscheinen als die der ligurischen Küste, die leichter und geschmeidiger sind.

Vernaccia. Uralte Rebsorte, die in zwei Spielarten erscheint. Beide Varietäten können feine Weine von unverhohlener Eigenart bringen. In der Toskana ist es die Vernaccia di San Gimignano, deren gleichnamiger Wein leider etwas vernachlässigt wurde, in Sardinien die Vernaccia di Oristano in den Weinbergen des unteren Tirso-Tals. In beiden Regionen mit noch zu wenig erstklassigen Erzeugern.

Vespaiola ist eine Sorte Venetiens, die nördlich von Vicenza im Breganze-Bereich kultiviert wird. Ihr Wein ist duftend frisch, mit guter Säure. Das erstklassige Weingut Maculan in Breganze verwendet sie als Grundsorte im Mischsatz zu seinem wunderbaren Dessertwein Torcolato.

Die französischen Reben:

Chardonnay
Pinot bianco
Pinot grigio
Sauvignon u. a.
sind in den französischen und anderen Kapiteln beschrieben. Chardonnay verzeichnet die meisten Neuanpflanzungen vom Norden bis nach Süden. Das gilt auch für die Verbreitung des Pinot bianco. Der etwas aromatischere Pinot grigio wird zumeist im lebendigen, frischen Stil bereitet, selten in der bei uns früher so beliebten üppigeren Art. Sauvignon, obwohl schon lange im Nordwesten bekannt, wird vergleichsweise spärlich angebaut, neuerdings auch in der Toskana.

Rheinriesling (s. Deutschland) wird in Italien wenig und nur im Norden kultiviert, am sortentypischsten erscheint er aus höheren Lagen in Südtirol und im Trentin.

Barolo (Piemont)
Sehr guter Jahrgang:
1968, 1978, 1982, 1985, 1989, 1990
Guter Jahrgang: 1979, 1980, 1983, 1986

Chianti classico
Sehr guter Jahrgang:
1975, 1985, 1988, 1990
Guter Jahrgang: 1977, 1978, 1980, 1981, 1982, 1986, 1987
Diese Angaben treffen so auch auf den Brunello und den Vino Nobile di Montepulciano zu. In allen drei Bereichen war 1989 nicht befriedigend.

Friauler Hügelland
In den Collio und den Colli Orientali del Friuli sind die Jahrgänge 1985 bis 1990 im Durchschnitt mit gut zu bewerten.

ROTWEINE

DIE SPITZENLAGEN

PIEMONT

Barolo

Die Spitzenlage des ganzen Barologebietes ist unzweifelhaft der Südhang Cannubi nördlich des reizvoll gelegenen Dorfes Barolo, das dem Wein seinen Namen gab. Hervorragende Lagen des genau abgegrenzten Barolo-Gebietes sind weiter Boschis und Sarmazza (Barolo), Brunate, Monfalletto (La Morra), Rocche di Castiglione und Monprivato (Castiglione Falletto), Vigna Rionda (Serralunga d'Alba), Bussia und Santo Stefano (Monforte d'Alba).

Der Barolo, Italiens repräsentative Spitze aus der Nebbiolo-Traube, ist in seiner Jugend herb und abweisend wie die großen Bordeaux. Besonders tanninreich und von manchmal mächtigem Körper erscheint er aus den Lagen von Serralunga, Monforte und Castiglione Falletto, geschmeidiger, ausgewogen in Säure, Frucht und Tannin sind die aus Barolo- und La Morra-Lagen. Hier überwiegt Mergel mit hohem Kalium- und Magnesiumgehalt, im östlichen Teil erscheint der Boden lehmig, also eisenhaltiger. Der Wein reift zwei bis fünf Jahre, manche auch länger, in Fässern aus slowenischer Eiche, ehe er auf Flaschen gefüllt wird. Nach fünf Jahren darf er als Riserva verkauft werden. Im Alter von 10 bis 15 Jahren ist der Barolo eines guten Jahrgangs ein Wein von urwüchsiger Kraft und Fülle mit unübertroffenen Duftnuancen, der sich 20 bis 25 Jahre hält. Der teilweise auftretende goût de goudron (Teergeschmack) ist charakteristisch für manche körper- und tanninreiche Weine während der Alterung. Mit der Zeit geht seine Farbe vom Rubin allmählich ins Granat mit einem Schimmer von Orange über. Ein Teil seiner Substanz setzt sich an den Flaschenwänden ab und bildet das »Hemd« (camicia). Man sollte diesen Wein dekantieren, wenigstens aber zwei Stunden, bevor man ihn trinkt, öffnen.
Die bekanntesten Barolo-Weingüter sind zweifellos Fontanafredda in Serralunga und Marchesi di Barolo in Barolo. Zu den besten zählen die Weingüter Bartolo Mascarello, Giuseppe Rinaldi, Sandrone, Sebaste und Vajra in Barolo; Accomasso, Altare, Cogno/Marcarini, Abbazia dell'Annunziata (Ratti/Martinelli), Roberto Voerzio in La Morra; Mauro Mascarello in Monchiero; Vietti, Paolo Scavino, Brovia in Castiglione Falletto; Aldo Conterno, Giacomo Conterno, Rocche dei Manzoni (Valentino Migliorini), Domenico Clerico in Monforte d'Alba; Alfredo Prunotto, Pio Cesare und Ceretto in Alba und Bruno Giacosa in Neive.
Mit dem Erwerb des Gutes Marenca-Rivette bei Serralunga d'Alba im Jahr 1988 ist der Barbaresco-Spitzenproduzent Angelo Gaja auch zu den Barolo-Erzeugern gestoßen.

Barbaresco

Der Barbaresco ist der etwas kleinere Bruder des Barolo, auch er ein Wein aus der Nebbiolo. Sein Anbaugebiet mit etwas kalkhaltigerem Boden ist in der Fläche geringer und liegt im Nordosten von Alba. Es umfaßt die Bereiche der Dörfer Barbaresco, Neive und Treiso, aus deren besten Lagen einige der Spitzenweingüter regelmäßig Lagenweine erzeugen. Der vorzügliche Wein ähnelt dem Barolo, ist allerdings etwas leichter und früher trinkreif. In guten Jahren kann er sehr fein und elegant erscheinen, aber auch voller Kraft und Dichte mit ausgeprägtem Tannin, je nach Herkunft. Er bleibt 1–4 Jahre im Faß und kann sich seiner Charakteristik und dem Jahrgang entsprechend, bis zu seinem zehnten Jahr noch entwickeln.

Zu den besten Barbaresco-Gütern gehören die Weingüter Gaja, Ceretto, Marchesi di Gresy und die ausgezeichnete Coop. Produttori Barbaresco in Barbaresco; Bruno Giacosa, Glicine, Cigliuti und Castello di Neive in Neive; Alfredo Prunotto und Pio Cesare in Alba, Vietti in Castiglione Falletto u. a.

Barolo- und Barbaresco-Lagen,
aus denen die nachstehend genannten Produzenten Lagen-Weine erzeugen:

Vigna – Vigneto = Weinberg, Lage
Bricco – im Piemont= Weingut, Lage
Sorì = im Piemont= Lage)

Barolo

Arborina oder Vigna Arborina	Elio Altare, La Morra
Arionda oder Vigna Rionda	Bruno Giacosa, Neive
Briacca	Vietti, Castiglione Falletto

Bricco Colonello oder Vigna Colonello	Aldo Conterno, Monforte d'Alba
Bricco Rocche oder Rocche (di Castiglione)	Bruno Giacosa, Neive
	Ceretto, Alba
Brunate	Giuseppe Rinaldi, Barolo
	Cogno-Marcarini, La Morra
	Marchesi di Barolo, Barolo
	Ceretto, Alba
Bussia oder Bricco Bussia, Granbussia	Bruno Giacosa, Neive
	Aldo Conterno, Monforte d'Alba
	Prunotto, Alba
	Domenico Clerico, Monforte d'Alba
	Vietti, Castiglione Falletto
Cascina Falletto	Bruno Giacosa, Neive
Cascina Francia	Giacomo Conterno, Monforte d'Alba, dessen berühmter, nur in guten Jahren erzeugter »Monfortino« kein Lagen-Wein ist.
Cannubi oder Cannubio	Alfredo Prunotto, Alba
Cannubi – Boschis	Francesco Rinaldi, Alba
– Valletta	Luciano Sandrone, Barolo
– Boschetti	Marchesi di Barolo, Barolo
– Muscatel	Paolo Scavino, Castiglione Falletto
Castellero	Fratelli Barale, Barolo
	Brezza, Barolo
Conca	R. Ratti/M. Martinelli, La Morra
Enrico IV	Monfalletto, La Morra
Falletto (di Serralunga)	Bruno Giacosa, Neive
Ginestra	Alfredo Prunotto, Alba
	Domenico Clerico, Monforte d'Alba
	Conterno-Fantino, Monforte d'Alba
La Serra	Cogno/Marcarini, La Morra
	Roberto Voerzio, La Morra
Lazzarito	Fontanafredda, Serralunga
Marcenasco	Ratti/Martinelli, La Morra
Monfalletto	Cordero di Montezemolo, La Morra
Monprivato	Giuseppe Mascarello, Monchiero
Prapò	Ceretto, Alba
Rocche (di La Morra)	Accomasso, La Morra
	Vietti, Castiglione Falletto
	Rocche Costamagna, La Morra
Sarmassa oder Sarmazza	Brezza, Barolo
	Marchesi di Barolo, Barolo
Vigna Cicala	Aldo Conterno, Barolo
Villero	Bruno Giacosa, Neive
	Vietti, Castiglione Falletto
Zonchera	Ceretto, Alba

Barbaresco

Asili oder Bricco Asili	Ceretto, Alba
	Prod. del Barbaresco, Barbaresco
Camp Gros	Marchesi di Gresy, Barbaresco
Curà	Cantina del Glicine, Neive
Costa Russi	Angelo Gaja, Barbaresco
Faset	Ceretto, Alba
	Luigi Bianco, Barbaresco
Gaiun oder Gajun	Marchesi di Gresy, Barbaresco
Gallina	Bruno Giacosa, Neive
Marcorino	Glicine, Neive
Martinenga	Marchesi di Gresy, Barbaresco
Masseria di Neive	Vietti, Castiglione Falletto
Moccagatta	Prod. del Barbaresco, Barbaresco
Montefico	Prod. del Barbaresco
Montestefano	Alfredo Prunotto, Alba
	Prod. del Barbaresco
Ovello	Prod. del Barbaresco
Pora	Prod. del Barbaresco
	Musso, Barbaresco
Rabajà	Prunotto, Alba
	Barale, Barolo
	Glicine, Neive
	Prod. del Barbaresco, Barbaresco
Rio Sordo	Prod. del Barbaresco
	Musso, Barbaresco
Ronchi	Luigi Bianco, Barbaresco
San Lorenzo	Gaja, Barbaresco
Santo Stefano	Bruno Giacosa, Neive
	Castello di Neive, Neive
Serraboella	Cigliuti, Neive
Sorì d'Pajtin	Secondo-Pasquero, Neive
Sorì Tildin	Gaja, Barbaresco

Darmagi

heißt der Cabernet Sauvignon des berühmten Barbaresco-Spitzenweingutes von Angelo Gaja aus einer erstklassigen Lage, der schon mit viel Lob bedacht wurde.

Gattinara

Der Gattinara, ebenfalls ein Wein aus der Nebbiolo, reift an den Südhängen der Alpen-Ausläufer in einem sehr kleinen Anbaugebiet bei dem Städtchen gleichen Namens, wenige Kilometer südwestlich des Orta-

Sees. Bodenbedingt zeigt die Rebsorte hier vielfältige Nuancen in der Blumigkeit und Struktur des Weines, der durch Tiefe oder Finesse bestechen kann. Sortenrein, ohne den erlaubten Zusatz von 10% Bonarda, kann er alle Vorzüge der großen Weine aus der Nebbiolo-Rebe aufweisen und seinem einst großen Namen dank weniger engagierter erstklassiger Erzeuger durchaus gerecht werden. (Weingüter: Antoniolo, Le Colline und Giancarlo Travaglini, alle in Gattinara)

VENETIEN

Recioto della Valpolicella Amarone

ist ein trockener Rotwein, dessen nur bestes Traubengut etwa zwei Monate lang in gut durchlüfteten Räumen auf Strohmatten teilgetrocknet wird, bis die Beeren, rosinenartig geschrumpft, hochkonzentriert erscheinen. Aus den so behandelten Trauben (appassimento genannt) werden sowohl der Dessertwein Recioto als auch der Recioto Amarone bereitet. Die Rebsorten sind Corvina Veronese, Rondinella und Molinara, denen in geringer Menge vor allem lokale Sorten wie Rossignola, Negrara oder Sangiovese beigefügt werden können. Die Weinberge liegen im Valpolicella Classico-Gebiet der Gemeinden Negrar, Marano, Fumane, S. Ambrogio und San Pietro in Cariano. Der dunkelgranatrote, drei bis fünf Jahre im Faß gereifte Wein, der 10–12 Jahre Flaschenlager wohl verträgt, zeigt in seiner besten Art ein wunderbares Fruchtaroma, Dichte und Gehalt bei samtiger Milde.

Hervorragende Weingüter sind G. Quintarelli in Cerè di Negrar; die Tenuta Masi in Gargagnago di Sant'Ambrogio mit dem Cru Mazzano, die auch die Weine des Conte di Serègo Alighieri in Gargagnago erzeugt; La Ragose in Arbizzano di Negrar, Allegrini in Fumane und F.lli Tedeschi in Pedemonte.

TOSKANA

Chianti classico

Die scharf abgegrenzte Region des Chianti classico zwischen Florenz und Siena umfaßt, außer einigen kleinen Gebietsteilen angrenzender Gemeinden, die Dörfer Castellina in Chianti, Gaiole in Chianti, Radda in Chianti, Greve und S. Casciano in Val di Pesa. Die Reben wachsen hier auf Eozän- und Kreideschichten, die mit Kalkmergel und tonhaltigem Schiefer durchsetzt sind.

Traditionell ist der Chianti eine Mischung aus roten und weißen Rebsorten, deren günstigste Zusammensetzung Baron Bettino Ricasoli um 1835 folgendermaßen empfahl: 70% Sangiovese, 15% Canaiolo nero, 10% Malvasia bianca und Trebbiano und 5% andere einheimische rote Sorten wie Mammolo und Colorino. Wenig sinnvoll für die Qualität des Chianti war die vom Gesetzgeber auf bis zu 30% erweiterte Quote der weißen Sorten Malvasia und Trebbiano, die die DOCG-Gesetzgebung 1984 für den Chianti classico auf 2–5% einschränkte bei den derzeit gültigen Anteilen von 75–90% Sangiovese, 5–10% Canaiolo nero und bis zu 10% anderen roten Sorten, zu denen heute auch Bordeaux-Reben wie die Cabernets und Merlot gehören. Qualitätsbewußte Chianti-Weingüter hatten den Anteil der weißen Sorten schon vorher stark zurückgenommen und hielten den der Sangiovese hoch. Die Tendenz, die weißen Trauben ganz wegzulassen, ist längst unübersehbar, vor allem bei den Spitzenerzeugern. Bedeutsam ist dagegen die Rolle der Cabernet Sauvignon in einigen Gütern.

Chianti classici bleiben 2–4 Jahre im Eichenfaß und können nach drei Jahren als Riserva bezeichnet werden. Vor dem 5. Jahr sollte eine Riserva nicht geöffnet werden. Ein guter Jahrgang kann in der Flasche zehn und mehr Jahre alt werden, Spitzenweine bis zwanzig Jahre. Der erst rubinrote, trockene Wein mit zartbitterem Unterton ist elegant im Körper und hat ein ausgeprägtes Bukett. Mit den Jahren wird er rund und samtig und seine Farbe bekommt einen warmen Ambraton.

Schutzmarke der Chianti classico-Weine ist seit 1924 der schwarze Hahn auf Goldgrund, das alte Zeichen der historischen Chianti-Liga, aber nicht alle erstklassigen Produzenten gehören dem Consorzio an.

Das bekannteste Chianti-Weingut ist das eindrucksvolle Schloß Brolio des Barone Ricasoli, dessen Vorfahre Bettino Ricasoli die Formel des Mischungsverhältnisses der Chianti-Rebsorten erarbeitete. Bei den folgenden erstklassigen Produzenten haben wir den Namen des Weines, wenn er nicht mit dem des Weingutes (vorn) identisch ist, hinten in Klammer gesetzt: Marchesi Antinori, Florenz (Villa Antinori, Peppoli); Vignamaggio, Conti Sanminiatelli, Greve; Castello di Uzzano, Conti Castelbarco Albani Masetti, Greve; Riecine, Abbagnano-Dunkley, Gaiole; Savignola Paolina,

Carlo Fabbri, Greve; Tenuta di Coltibuono, Stucchi-Prinetti, Gaiole (Badia a Coltibuono); Castello di Volpaia, Giovanella Stianti Mascheroni, Radda; Fattoria di Felsina, Giuseppe Mazzocolin, Castelnuovo-Beradenga (Beradenga); Monsanto, Fabrizio Bianchi, Barberino Val d'Elsa (Il Poggio); Castello di Cacchiano, E. Ricasoli-Firidolfi, Gaiole; Isole e Olena, Paolo de Marchi, Barberino Val d'Elsa; Fattoria di Ama, Silvano Formigli, Gaiole (Castello di Ama, San Lorenzo); Basilica Cafaggio, Stefano Farkas, Panzano (Villa Cafaggio).
Außerhalb der klassischen Anbauzone gibt es weniger Chianti-Spitzenweine. Zu den Ausnahmen gehören die Weingüter der Marchesi de'Frescobaldi in Pontassieve/Florenz mit den Rufina-Chiantis Nipozzano und Montesodi, die Fattoria Selvapiana von Francesco Giuntini in Pontassieve (Rufina Riserva), die Fattoria La Querce von G. Marchi und G. Montorselli in Impruneta und Capezzana von Conte Contini Bonacossi in Carmignano.

Tignanello

Aus den besten Lagen ihres Weingutes bei San Casciano im klassischen Chianti-Gebiet keltern die Florentiner Marchesi Antinori seit 1971 diesen viel beachteten Wein aus Sangiovese und Canaiolo, letztere wurde ab 1975 durch Cabernet Sauvignon ersetzt. Der Tignanello, dessen zwei Rebsorten jetzt etwa im Verhältnis 4:1 verwendet werden, ist ein nachhaltiger, vollmundiger Wein mit sehr guten Alterungsqualitäten. Umgekehrt ist das Verhältnis dieser beiden Traubensorten im Solaia aus dem gleichen Haus.

Seit den 60er Jahren haben immer mehr toskanische Spitzenweingüter einen Weinberg mit Cabernet Sauvignon angelegt. Manche kultivieren noch Cabernet franc und Merlot, auch Pinot noir und vereinzelt Syrah sind zu finden. Dominierend unter den französischen Sorten ist jedoch die Cabernet Sauvignon, die meistens zum Verschnitt mit der einheimischen Sangiovese dient, deren Anteil dabei fast immer überwiegt.

Bei den nachfolgend aufgeführten Weinen handelt es sich um erfolgreiche Verschnitte von Sangiovese mit Cabernet. Die vier erstgenannten Weine dominiert die Cabernet in der Zusammensetzung, die anderen bestehen zum größeren Teil aus Säften der Sangiovese.

Mormoreto, Marchesi de'Frescobaldi, Pontassieve
Solaia, Marchesi Antinori, Florenz
Sammarco, Castello dei Rampolla, Panzano
Cabreo Il Borgo, Ruffino, Pontassieve

Balifico, Castello di Volpaia, Radda in Chianti
Bruno di Rocca, Vecchie Terre di Montefili, Greve (50 % Cabernet)
Querciolaia, Castello di Querceto, Greve
Concerto, Castello di Fonterutoli, Castellina in Chianti
Alte d'Altesi, Altesino, Montalcino
Grifi, Avignonesi, Montepulciano

Aus Cabernet Sauvignon, Cabernet franc und Merlot stammen

Ghiaie della Furba der Tenuta Capezzana in Carmignano
Ornellaia der Az. Agr. Ornellaia, dem Weingut des Marchese Lodovico Antinori bei Bolgheri
Il Cinghiale Castello di Querceto, Greve

Merlot-Weine sind

Massetto von Ornellaia, Bolgheri
Vigna l'Apparita vom Castello di Ama, Lecchi di Gaiole

Pinot Nero der

Vigna Il Chiuso von Castello di Ama in Lecchi.

Einen wahrlich großen Wein aus Cabernet Sauvignon, den

Sassicaia

hat Italien dank der Marotte des Piemontesers Mario Marchese Incisa della Rocchetta. Als der im 2. Weltkrieg Schwierigkeiten hatte, seine geliebten Bordeaux-Weine zu beschaffen, pflanzte er auf seinem Landgestüt bei Bolgheri Cabernet Sauvignon- und Cabernet franc-Reben aus dem Bordelais an. Der Wein wurde erst in den 70er Jahren der Öffentlichkeit bekannt und erreichte sogleich international hohes Ansehen.
Der vorwiegend aus Cabernet Sauvignon bereitete Sassicaia erscheint nach etwa zwei Jahren in Barriques und mindestens 5–6 Jahren Flaschenlager in leuchtendem Granat mit verführerischem Bukett, ein großer,

vollmundiger Wein mit bester Alterungsstruktur. Er wird im Weingut San Guido bei Bolgheri ausgebaut, das jetzt im Besitz von Niccolò Marchese Incisa ist.

Sortenreine Sangiovese-Weine, in der Jugend abweisend wegen des ausgeprägten Säure- und Gerbstoffgehaltes, zeigen mit zunehmendem Alter, je nach Lage und Bodenbeschaffenheit, nuancenreiche Bukettstoffe, Tiefe und Eleganz. Sie zählen zu den Spitzenweinen der genannten toskanischen Güter.

San Niccolò da Uzzano, Castello di Uzzano in Greve
La Corte, Castello di Querceto, Greve
Flaccianello della Pieve, Fontodi in Panzano
Solatio Basilica, Villa Cafaggio, Panzano
Cepparello, Isole e Olena in Barberino Val d'Elsa
Le Pergole Torte, Monte Vertine in Radda
Coltassala, Castello di Volpaia, Radda
La Gioia, Riecine in Gaiole
Capannelle Rosso, Capannelle in Gaiole
Sangioveto di Coltibuono, Badia a Coltibuono in Gaiole
Cetinaia, Castello di San Polo in Rosso, Gaiole
Grosso Senese, Il Palazzino in Monti di Chianti
Fontalloro, Felsina in Castelnuovo Beradenga
Elegia, Poliziano in Montepulciano
Boscarelli, Poderi Boscarelli, Cervignano di Montepulciano
Palazzo Altesi, Altesino in Montalcino

Il Sodaccio, Monte Vertine in Radda (Verschnitt mit Canaiolo)
I Sodi di San Niccolò, Castellare di Castellina in Castellina (mit Canaiolo und Malvasia nera).

Carmignano

Der Carmignano war schon immer ein edler Toskaner. Bis er 1932 in der Masse des Chianti Montalbano untertauchte, als man sein kleines Anbaugebiet, das sich über die Hügel von Carmignano und die des Nachbarortes Poggio a Caiano im Westen von Florenz erstreckt, dem weit größeren des Montalbano-Chianti zuschlug. Seit 1975 setzt dieser Wein seine 600jährige Geschichte mit eigener DOC fort und feiert Triumphe unter den Noblen der Toskana.
Seine Rebsorten sind die des Chianti. Das Traubengut stammt, innerhalb der offiziell festgesetzten Quoten aus Sangiovese, Canaiolo nero, Cabernet und möglicherweise kleinen Anteilen weißer Sorten wie Malvasia, Trebbiano und Canaiolo bianco. Auch eine geringere Menge lokaler roter Sorten ist gestattet. Es sind die Occhio di Pernice (eine Spielart der Aleatico), die Mammolo, ihrer Bukettstoffe wegen und die Colorino, die kaum mehr bringt als Farbe. Der Cabernet-Anteil wird von den meisten Spitzenweingütern voll genutzt.
Der Carmignano reift zwei bis vier Jahre in Eichenfässern und kann nach drei Jahren als Riserva verkauft werden. Der vollmundige, markante Wein hat etwa die Haltbarkeit eines guten Chianti classico. Conte Contini Bonacossi, der sich um die Neubelebung dieses Weines verdient gemacht hat, keltert in seinem Weingut Villa Capezzana, einem reizvollen Medici-Landsitz, ausgezeichnete Carmignano, den Villa di Capezzana und den Villa di Trefiano. Andere gute Weingüter in Carmignano sind: Fattoria Ambra von Romei Rigoli, Il Poggiolo von G. Cianchi-Baldazzi und Artimino in der interessanten Medici-Villa Ferdinanda.
Eine leichtere, früher trinkreife Version des Carmignano ist der Barco Reale aus denselben Weingütern.

Vino Nobile di Montepulciano

Auch er ist ein nobler Verwandter des Chianti und kann im wesentlichen aus dessen Rebsorten bereitet werden: Sangiovese (hier auch Prugnolo gentile genannt), Canaiolo nero, die weißen Reben Malvasia, Trebbiano und Grechetto, eine im benachbarten Umbrien heimische Sorte, die man hier auch Pulcinculo nennt und die rote Mammolo. Erstklassige Weingüter tendieren jedoch zu einem fast sortenreinen Sangiovese mit nur einem geringen Anteil Canaiolo ohne Beigabe der weißen Sorten, was inzwischen erlaubt ist.
Der Vino Nobile di Montepulciano reift 2–4 Jahre im Faß und zeigt seine besten Eigenschaften kaum vor dem 6.–8. Jahr. Eine Riserva eines guten Jahrgangs kann durchaus 12 bis 15 Jahre lagern.
Der markante Wein mit zartbitterem Grundton zeigt eleganten Körper und ein ausgeprägtes Bukett mit manchmal feinen Veilchenduft-Nuancen. Bekannt gute Weingüter sind die Poderi Boscarelli von P. de Ferrari-Corradi in Cervognano-Montepulciano; Poliziano von Federico Carletti; Alamanno Contucci; Trerose von L. Marchesi, alle in Montepulciano wie auch Avignonesi.

Brunello di Montalcino

Etwa 40 km südöstlich von Siena, wo Mitte des 16. Jahrhunderts Sieneser Bürger ihre Freiheit gegen die Medici verteidigten, wächst der Brunello di Montalcino, zuweilen einer der teuersten Tropfen Italiens, auf den Hügeln der gleichnamigen Stadt.
Es ist ein sortenreiner Wein aus einer Spielart der Sangiovese grosso, die man hier Brunello nennt und die Schöpfung des Ferruccio Biondi-Santi, dessen Enkel Franco Biondi-Santi heute das renommierte Weingut Il Greppo führt.
Dem gehaltvollen Brunello, der teilweise bis zu fünf Jahre im Eichenfaß reift, sagt man große Haltbarkeit nach. Er ist von lebhaftem Granatrot, gerbstoffreich in der Jugend, mit mächtigem Körper und großer Struktur zeigt er im Alter vollendete Harmonie, elegantes Bukett und nachhaltigen, feinen Abgang. Ein wahrhaft großer Wein kann der Brunello sein, dem acht bis zehn Jahre Zeit zur Entwicklung gegönnt sein sollten. Eine Riserva eines guten Jahrganges darf durchaus 20–30 Jahre in einem guten Keller liegen.
Für qualitativ hochwertige Weine bekannte Güter sind neben Il Greppo u. a. die Cantina del Colle al Matrichese des Conte Emilio Costanti, die Fattorie dei Barbi der Familie Colombini, Case Basse von Gianfranco Soldera, die Weingüter Lisini, Caparzo, und Il Poggione, alle um Montalcino.

Die grossen Lagen

PIEMONT

Carema
An der Grenze zum Aostatal wächst hier die edle Nebbiolo-Rebe (dort auch Picotener genannt) auf hochliegenden Terrassen-Weinbergen dieses winzigen Bergbereichs. Der sortenreine Wein erscheint hier besonders feinfruchtig und bukettreich, aber weniger körperreich und langlebig. Beste Erzeuger sind Luigi Ferrando in Ivrea und die kleine Coop. Prod. Nebbiolo di Carema am gleichnamigen Ort, deren beste Fässer als »Carema dei Carema« verkauft werden.

Barbera Bricco della Bigotta
Bricco dell'Uccellone
sind zwei ausgezeichnete, besonders delikate Barbera-Weine aus der im Nordwesten Italiens in großer Menge angebauten, etwas säurereichen Rebsorte. Beide Weine kommen aus dem Weingut Braida von Giacomo Bologna in Rocchetta Tanaro, dessen Liebe dem Barbera gehört, den er gekonnt in Barriques ausbaut. Seiner Initiative ist es zu verdanken, daß es wieder mehr hochwertige Barberaweine guter Erzeuger gibt.
Barberas bester Provenienz wachsen um Alba und Asti. Mit in guten Jahren ausgewogenem Körper zur Säure, treten die Weine sehr unterschiedlich auf. Körperreich sind sie, manchmal rund und füllig, manchmal fruchtig und elegant. Viele sind jung zu trinken, je nach Herkunft und Jahrgang können sie sich über zehn Jahre hinweg entwickeln. Viele der erstklassigen Barolo- und Barbaresco-Weingüter bieten auch sehr gute Barberas an in verschiedenen Stilrichtungen, wie z. B. Conca Tre Pile von Aldo Conterno, Vignarey von Gaja (beide Barbera d'Alba) oder Bergantino von Amilcare Gaudio in Vignale Monferrato und Vigna delle Noce von Trinchero in Agliano d'Asti, Barberas d'Asti wie die von Scarpa in Nizza-Monferrato und Il Crottino von Carnevale in Rocchetta Tanaro u. v. a. Interessant ist auch der Passum, eine Art Beerenauslese des Weingutes Castlèt (Maria Borio) in Costigliole d'Asti.

Qualitativ hochwertig sind die aus Barbera und Nebbiolo verschnittenen, nachstehend aufgeführten Weine, wobei in der ersten Gruppe die Barbera dominiert, in der zweiten Gruppe die Nebbiolo-Säfte.

Airone	M. Chiarlo (Duca d'Asti), Calamandrana
Fioretto	Vietti, Castiglione Falletto
Arte	Clerico, Monforte d'Alba
Barilot	M. Chiarlo, Calamandrana
Bricco Manzoni	Rocche dei Manzoni, Monforte d'Alba
Bricco Viole	Sebaste, Barolo
Monprà	Fantino Conterno, Monforte d'Alba
Vignaserra	Roberto Voerzio, La Morra

Die Weinberge der Slovenske Gorice von Ljutomer-Ormoz gehören zu den besten europäischen Weißwein-Lagen.

Hautvillers in der Champagne, wo Dom Pérignon lebte und wirkte.

Kostbare Chardonnay-Lagen bei Mesnil-sur-Oger, südwestlich von Epernay.

Villa Pattono ist ein Barbera/Freisa/Uvalino-Verschnitt der Abbazia dell'Annunziata (Ratti/Martinelli) in La Morra.

(Uvalino ist eine uns unbekannte Sorte, die in der fünfbändigen Ampelographie der italienischen Sorten auch nicht als Synonym verzeichnet ist.)

Dolcetto
Daß die frühreifende Dolcetto-Rebe, die nicht zu den edlen Sorten zählt, Weine der heutigen Güte hervorbringt, liegt allein an den erstklassigen Erzeugern von Barolo und Barbaresco. Der Dolcetto d'Alba (DOC) um Barolo, Barbaresco und Alba gilt als bester Dolcetto. Gute Weine erscheinen hier besonders voll, mit schönem Fruchtton und charakteristisch zartbitteren Nuancen. Da die Sorte etwas säurearm ist, wird der Wein gewöhnlich in den ersten drei Jahren getrunken. Je nach Jahrgang und Erzeuger kann er sich durchaus bis zum fünften Jahr steigern. Eindrucksvoll erscheinen Dolcetto-Lagenweine aus Barolo- und Barbaresco-Spitzengütern wie z. B. Giacosa, Giacomo Conterno, Aldo Conterno, Ratti/Martinelli, Vietti, Gaja, Brovia, R. Voerzio, G. Mascarello u. a.
Dolcetto di Dogliani (DOC) um Diano d'Alba hat in Quinto Chionetti in Dogliani einen sehr guten Erzeuger und der
Dolcetto di Ovada (DOC) au, findet seinen überzeugendsten Ausdruck im Le Olive von Giuseppe Ratto in Rocca Grimalda.

Brachetto di Moirano
Die seltene, im Piemont heimische Rebsorte Brachetto zeigt ihre besten Eigenschaften in der Passito-Version (s. Dessertweine). Ihr Wein erscheint feinfruchtig, intensiv duftend, gewöhnlich leicht moussierend und lieblich ausgebaut. Der Brachetto di Moirano dagegen ist ein trockener Stillwein, wunderbar duftend, mit schöner Frucht von Scarpa in Nizza Monferrato, der hoffentlich ein paar gute Nachahmer findet. Brachetto ist jung und kühl zu trinken.

LOMBARDEI

Maurizio Zanella
ist nicht nur der Name des roten Spitzenweines des Weingutes Ca'del Bosco in Erbusco, sondern auch der seines erfolgreichen und sehr bekannten Besitzers, der auch ausgezeichnete Schaumweine erzeugt. Der Maurizio Zanella ist ein erstklassiger Cabernet Sauvignon/Cabernet franc/Merlot-Verschnitt, der sich großen Ruf erworben hat. Er wächst an den Südhängen der Vorhügel der Brescianer Alpen im Franciacorta-Gebiet südlich des Iseo-Sees. Das Weingut Ca'del Bosco pflegt dort auch Pinot noir-Reben, deren Wein »Pinero« französischem Burgunder nahe kommt.

Tajardino
Auch er ein Bordeaux-Verschnitt aus Cabernet Sauvignon und Merlot aus dem Franciacorta-Bereich, der besonders für seine Schaumweine bekannt ist, zu deren guten Erzeugern auch das Tajardino-Weingut Cavalleri in Erbusco zählt.

Barbacarlo
Aus dem gleichnamigen Weingut von Lino Maga in Broni ist dagegen ein sehr italienischer Wein aus den Rebsorten Croatina, Uva Rara (Bonarda), Ughetta (Vespolina) und Barbera. Fruchtbetont, körperreich mit feinem Bittermandelton und recht langlebig gilt er als herausragender Wein im Hügelgebiet des Oltrepò Pavese, wo vorwiegend französische Rebsorten für die Spumante-Erzeugung gezogen werden.

SÜDTIROL/TRENTIN

Südtiroler (Grieser) Lagrein
Trentino Lagrein
Die Lagrein-Rebe, nachweislich eine autochthone Sorte Südtirols, entfaltet ihre schönsten Eigenschaften in den Lagen von Bozen-Gries. Sortenrein gekeltert, entwickelt sich ihr Wein in guten Jahren zu einem gehaltvollen, tieffarbenen, fruchtbetonten Wein mit leicht bitterem Abgang, der durchaus bis zu einem Jahrzehnt altern kann. Dies ist der Dunkel-Lagrein oder Lagrein Scuro, der sich übrigens vorzüglich für den Ausbau in barriques eignet.
Lagrein-Kretzer oder Rosato ist ein beliebter, fruchtiger, nach der Weißherbst-Methode schnell abgepreßter Rosé. Gute Weingüter sind u. a. die Klosterkellerei Muri-Gries, Giorgio Grai in Eppan, Anton Gojer, Glögglhof in Bozen und Conti Martini in Mezzocorona, wo die besten Lagrein des Trentin wachsen.

Südtiroler/Trentiner Cabernet
kann Cabernet Sauvignon, Cabernet franc oder beides sein, auch im Verschnitt mit Merlot. Von guter Qualität sind u. a. die Cabernets von Alois Lageder in Bozen (Löwengang-Linie); Giorgio Grai in Eppan; Graf Kuen-

burg, Schloß Sallegg in Kaltern, Schloß Schwanburg in Nals und die Cornell-Linie der Kellereigen. Schreckbichl in Girlan.
Gute Cabernets im Trentin kommen von Conti Bossi-Fedrigotti in Rovereto; Marchese Guerrieri Gonzaga, Tenuta Leonardo in Avio; dem Weingut des Istituto Agrario Provinciale in San Michele all'Adige und Baroni a Prato in Segonzano.

Cabernet/Merlot-Verschnitte sind

Pragiara	Weingut de Tarczal in Marano d'Isera (nur in guten Weinjahren)
San Leonardo	Tenuta San Leonardo (Guerrieri Gonzaga) in Avio
Castel San Michele	Istituto Agrario in San Michele all'Adige
Quatro Vicariati	von Càvit in Trento
Tre Cesure	von Longariva in Rovereto
Maso Lodron	von Letrari in Nogaredo

Sie alle brauchen durchschnittlich fünf bis sechs Jahre, um sich zu entwickeln. Früher reif, nach etwa vier Jahren, ist der

Foianeghe	von Marchese Bossi-Fedrigotti in Rovereto

aus denselben Rebsorten, allerdings überwiegt hier der Merlot-Anteil den der Cabernet.

Südtiroler/Trentiner Blauburgunder
An ihn darf man nicht dieselben Erwartungen wie an einen guten französischen Burgunder stellen, aber der Blauburgunder aus Mazzon der Kellerei J. Hofstätter in Tramin zeigt Erstaunliches. Beachtlich auch die Blauburgunder des jungen Franz Haas in Montan-Pinzon und des Trentiner Weingutes Foradori in Mezzolombardo.

Teroldego/Teroldego Rotaliano
Auf alluvialen Ablagerungen des Campo Rotaliano von Mezzocorona, Mezzolombardo und S. Michele all'Adige stehen die Reben des Teroldego, einer autochthonen Sorte des Trentin und der repräsentative Wein dieses Landstrichs. Der gut strukturierte, körperreiche Wein mit ausdrucksvollen Bukettstoffen, leichtem Tanninton und zartbitterem Abgang zeigt sich, je nach Jahrgang, am harmonischsten nach 4–8jährigem Flaschenlager und ist ein vorzüglicher Begleiter zu Wildgerichten.
Gute Erzeuger sind die Weingüter Foradori in Mezzolombardo, Conti Martini in Mezzocorona, Roberto Zeni in S. Michele all'Adige/Grumo, Endrizzi in S. Michele all'Adige und Barone de Cles in Mezzolombardo.

VENETIEN

Breganze Cabernet
ist in seiner besten Form der Cabernet Sauvignon »Fratta« des Weingutes Maculan in Breganze, ein Wein, der in der ersten Reihe der italienischen Cabernets steht. Die andere sehr gute Cabernet-Lage dieses stets qualitätsorientierten Weingutes ist Palazzotto.
Das sehr kleine Anbaugebiet Breganze in den Vorhügeln der Vicentiner Alpen wäre ohne die Weine der Geschwister Maculan gänzlich unbekannt geblieben. Breganze Rosso ist übrigens ein Merlot, besonders gut ein mehrjähriger Brentino von Maculan.

Valpolicella
wo sehr viel jung zu trinkender Wein auch wenig ansprechender Qualität erzeugt wird, bringt aus seinem Classico-Gebiet, das wir beim Recioto della Valpolicella Amarone beschrieben haben, feine Weine oft unter dem Namen ihrer Lage heraus, die nach dem traditionellen Ripasso-Verfahren bereitet werden. Dabei wird der jung vergorene Valpolicella einer zweiten Gärung unterzogen auf den Schalen und Hefegeläger des Recioto Amarone aus teilgetrockneten Trauben. Die Methode intensiviert die guten Eigenschaften des klassischen Valpolicella, sein traubiges Aroma, Körper und Tannin. Natürlich sind diese Weine früher trinkreif und auch nicht lagerfähig wie der vorn beschriebene, kraftvolle Recioto Amarone.
Ripasso-Weine (gewöhnlich aus dem Etikett nicht zu ersehen) sind z. B. der Classico Superiore aus Giuseppe Quintarellis Spitzenweingut, der Campo Fiorin von Masi, der Le Sassine vom Weingut Le Ragose, der Capitel San Rocco Rosso der Brüder Tedeschi, der Palazzo alla Torre von Allegrini, dem auch die gute Lage La Grola gehört, und der Catullo aus dem Hause Bertani in Verona.

Alzero
ist ein interessanter, intensiv fruchtiger Cabernet aus teilgetrockneten Trauben von Giuseppe Quintarelli in Cerè di Negrar.

Venegazzù della Casa
Im kleinen Anbaugebiet Montello e Colli Asolani, nordwestlich von Treviso, liegt Venegazzù mit dem berühmten Weingut des Conte Loredan Gasparini, das heute Giancarlo Palla gehört. Venegazzù della Casa ist ein bekannter, im klassischen Bordeaux-Verschnitt erzeugter, gehaltvoller Wein, der, entsprechend dem Jahrgang, 5–12 Jahre Entwicklung braucht und in der Riserva-Version mit schwarzem Etikett versehen ist.

Borgo di Peuma
Ein gelungener Verschnitt aus Merlot, Cabernet und Refosco aus dem aufstrebenden Weingut von Iginio Russolo in Pramaggiore. Erzeugt auch den Casali Bearzi Rosso aus Raboso, Malbec, etwas Cabernet Sauvignon, Schioppettino, Tazzelenghe und Pignolo, eine fast orientalisch anmutende Mischung, und das nicht nur ob der Herkunft der drei letztgenannten autochthonen Sorten der Colli Orientali del Friuli.

FRIAUL

Schioppetino,
Tazzelenghe,
Pignolo
sind drei alte, autochthone Rebsorten der Colli Orientali, dem Hügelgebiet entlang der slowenischen Grenze zwischen Tarcento und Buttrio, östlich von Udine gelegen. In Vergessenheit geraten und fast ausgestorben, wurden sie vor einigen Jahren neu entdeckt und beleben so die etwas eintönige Szene der französischen Sorten bei den Rotweinen.
Schioppettino, auch Ribolla nera genannt, bringt im Geschmack kräftige, nach Waldbeeren duftende, trokkene, volle Weine mit ausgeprägtem Abgang und einer Reifezeit von 4–6 Jahren.
Tazzelenghe, ein herber, gerbstoffreicher Wein entwickelt sich im Laufe von 4–8 Jahren zu kerniger Fülle mit weinigem Bukett, und Pignolo erscheint lebendig und nachhaltig fruchtig in Bukett und Geschmack und verlangt eine Reifezeit von 3–8 Jahren.
Gute Erzeuger sortenreiner Weine sind: Schiopettino-Ronchi di Cialla in Cialla di Prepotto und Vigne dal Leon in Premariacco. Letzterer erzeugt auch gelobten Tazzelenghe wie Girolamo Dorigo in Buttrio, der auch Pignolo ausbaut, der in feinster Art aus dem Gut Abbazia di Rosazzo in Manzano kommt.

Refosco
Synonym der Terrano-Rebe, im slowenischen Karst und in Istrien Teran genannt und auf beiden Seiten in mehreren Spielarten vorhanden, wird sortenrein ausgebaut und im Verein mit anderen Sorten zu eindrucksvollen Rotweinen verwendet. Refosco ist ein granatroter, violett reflektierender, trockener Wein. In der Jugend adstringierend, zeigt er mit den Jahren Harmonie und Fülle, einen leicht bitteren Abgang und intensiven, würzigen, sehr charakteristischen Traubenduft. Nach zwei- bis vierjähriger Faßlagerung verträgt er je nach Jahrgang 3–10 Jahre Lagerung. Erzeuger: Ronchi di Cialla in Cialla di Prepotto, Volpe Pasini in Togliano di Torreano oder Edi Kante in San Pelagio.

Cabernets
Die beiden Bordeaux-Reben Cabernet Sauvignon und Cabernet franc werden hier einzeln oder zusammen vinifiziert und bringen ihre besten Ergebnisse in den Colli Orientali und im südlich benachbarten Hügelstreifen der Collio (Collio Goriziano). Bukettbetont und lebendig, mit anhaltend würzigem Kräuterton erreichen sie ihre Bestform nach drei bis sieben Jahren. Intensität und Finesse und der hinreißende Cassis-Ton großer Cabernets werden hier sicher kaum erreicht werden. Gute Erzeuger sind: Volpe Pasini in Togliano di Torreano mit Zuc du Volpe-Cabernet; Ronco del Gnemiz in San Giovanni al Natisone mit dem Rosso del Gnemiz (ein Cabernet Sauvignon/Cabernet franc); Mario Schiopetto in Spessa di Capriva; Russiz Superiore in Capriva; Puiatti in Farra d'Isonzo; Francesco Gravner in Oslavia und Plozner in Barbeano im Grave del Friuli-Gebiet, westlich von Udine.

Merlot
Die Sorte ist ungeheuer beliebt im Nordosten Italiens. Zumeist sind die Weine leicht und hell und mild. Dunkle, volle, edle Merlots mit genügend Gerbstoff sind leider ziemlich selten. Empfehlenswert sind hier Borgo del Tiglio in Brazzano di Cormons; Russiz Superiore in Capriva.

Viele der in den Colli Orientali und Collio angebauten Rebsorten werden sortenrein, aber auch im Verschnitt ausgebaut. Nachstehend einige Verschnittweine mit den darin verwendeten Sorten:

Montsclapade Girolamo Dorigo, Buttrio
Cabernets/Merlot/Malbec

Ronco della Torre Torre Rosazza in Poggiobello
Cabernet/Merlot

Borgo Conventi Rosso Borgo Conventi in Farra d'Isonzo
Cabernet franc/Merlot

Rosso della Centa Borgo del Tiglio in Brazzano
Merlot/Cabernet

Vigne dal Leon Rosso Vigne dal Leon in Premariacco
Cabernet/Merlot/Lokalsorten

Le Marne Volpe Pasini in Togliano di Terreano
Cabernet/Merlot/Pinot nero/Refosco

Rivarossa Mario Schiopetto in Capriva
Merlot/Cabernet/Sauvignon/Pinot nero

Il Roncat Rosso Giovanni Dri in Nimis-Ramandolo
Refosco/Cabernet/Schioppettino

Ronco dei Roseti Abbazia di Rosazzo in Manzano
Cabernets/Merlot/Refosco/Tazzelenghe/Frankonia (= Blaufränkisch oder Limberger)

EMILIA-ROMAGNA

Vigna delle Lepri
Ein sehr guter Sangiovese mit Lagebezeichnung, trokken, vollmundig und finessereich als Riserva, der 7–10 Jahre liegen kann. Das Weingut Paradiso von Mario Pezzi liegt in den Romagnolo-Hügeln in Bertinoro südlich Forli und erzeugt aus der Barbarossa-Traube, einer offenbar seltenen Sorte, deren Identität noch nicht geklärt ist, einen bukettreichen Rotwein, dessen samtene Fülle sich nach fünf bis zehn Jahren erst offenbart.

Ronco dei Ciliegi
Ronco delle Ginestre
Ronco Casone
Drei nach ihren Lagen benannte Sangiovese, die es an Eleganz und Komplexität durchaus mit ihren Nachbarn aus der Toscana aufnehmen können. Gian Matteo Baldi vom Weingut Castelluccio in Modigliano (westlich von Forli) baut sie in Barriques aus.

TOSKANA

Predicato di Biturica
Predicato di Cardisco
Erstgenannter ist ein Verschnitt aus mindestens 30% Cabernet und Sangiovese (z. B. ein Cabreo – Podere il Borgo von Ruffino in Pontassieve), Predicato di Cardisco muß aus Sangiovese und bis zu 10% anderen roten Sorten stammen, ausgenommen Cabernet und Merlot.
Erzeuger von Predicato-Weinen sind Mitglieder einer Vereinigung, die vorgegebene An- und Ausbau-Bedingungen toskanischer Weine nicht traditioneller Art erfüllen und diese Weine von einer Kommission zur Vergabe des Prädikats prüfen lassen. Das System umfaßt zwei Stufen: Predicato und Alto Predicato, die höchste Stufe.
Neben den beiden roten gibt es zwei weiße Predicato-Versionen (s. Weißweine).

Pomino Rosso
Aus dem Bereich des Chianti Rufina von den Rebsorten Sangiovese, Canaiolo, Cabernet und Merlot stammt der nach drei bis sechs Jahren sehr geschmeidige, eher milde Pomino. (Erz. Marchesi de'Frescobaldi, Florenz).

Rosso di Montalcino
ist die jüngere Version des Brunello di Montalcino mit wesentlich kürzerer Ausbauzeit, bis 1983 als Rosso dei Vigneti di Brunello bekannt. Ein fruchtbetonter, eher süffiger, in Körper und Bukett wohlausgewogener Wein ohne den hohen Anspruch des noblen Brunello. Erzeuger: Il Poggione, Caparzo, Lisini, Case Basse u. a.

Grattamacco Rosso
Südöstlich von Livorno und nur wenige Autominuten südlich des berühmten Sassicaia-Weinguts bereitet Piermario Meletti Cavallari diesen gelungenen, feinen, fruchtigen Wein aus Sangiovese, Cabernet und Malvasia Nera in seiner Podere di Grattamacco bei Castagneto Carducci.

UMBRIEN

Torgiano – Rubesco Riserva Monticchio

Das Torgiano-Gebiet (DOC) im Süden von Perugia verdankt seinen guten Ruf seinem Schöpfer Dr. Giorgio Lungarotti. Sein Torgiano, auch Rubesco genannt, stammt aus Sangiovese (bis 70%), Canaiolo (bis 30%) und der erlaubten Zugabe von höchstens 10% Trebbiano und maximal 10% Ciliegiolo (eine rote Verschnittsorte, deren Wein robust und alkoholreich, aber etwas säurearm ist) und Montepulciano.

Der Rubesco Riserva aus der Lage Monticchio ist das Flaggschiff des renommierten Weingutes in Torgiano, ein Wein, der sehr lange in Holz ausgebaut wird und zu seiner vollen Entwicklung 7–10 Jahre, manchmal auch mehr, braucht. Er kann so hochkonzentriert, mit großer Fülle an Bukett- und Geschmacksstoffen erscheinen.

San Giorgio ist ein körperreicher Sangiovese/Cabernet Sauvignon-Verschnitt aus demselben Haus, der eine Reifezeit von wenigstens einem Jahrzehnt braucht. Castel Grifone ein gut gemachter Rosé aus Torgiano-Sorten. Cabernet Sauvignon di Miralduolo ist ein sortenreiner Wein dieses angesehenen umbrischen Erzeugers.

Gran Merlot di Spello

Ein guter, sortenreiner Merlot, der fast ein Jahr im barrique lagert und noch etwa 14 Monate in der Flasche, bevor er das Weingut verläßt. Tiefe Intensität, gute Frucht und Vollmundigkeit zeichnen ihn aus. Erzeuger: Ruggiero Venero in Spello.

Sagrantino di Montefalco

Im Südosten von Perugia liegt die Montefalco-Zone, wo auf sandigem Mergel und Schiefer die alte, dort heimische Sagrantino-Rebe wächst, deren Säfte schon dem Heiligen Franz von Assisi vertraut waren. Die schwarzblauen Beeren bringen einen tiefroten, körperreichen Wein mit schönem Beerenduft und herbbitterem Unterton. Es ist eine der interessanten Spezialitäten, an denen Italien so reich ist. Besonders der Passito dieser Rebsorte ist bemerkenswert, aromatisch und kräftig. Durch den Bitterton erscheint die verhaltene Süße fast trocken. Ein Wein von echter Eigenart, besonders aus dem Weingut der F. lli Adanti in Bevagna, das beide Versionen erzeugt, die vier bis sechs Jahre Entwicklung wohl vertragen.

LATIUM

Fiorano Rosso

aus Cabernet Sauvignon und Merlot, den Alberico Boncompagni Ludovisi, Principe di Venosa in seinem kleinen Weingut im Süden Roms nahe der Via Appia im Typ eines Pomerol produziert. Der rote Fiorano, der weit über ein Jahrzehnt an Klasse gewinnt, zeigt intensive Bukett- und Geschmacksnuancen, Eleganz und Rasse, ist aber rar.

Colle Picchioni – Vigna del Vassallo

Colle Picchioni ist das Weingut von Paola di Mauro bei Frattócchie di Marino in den Castelli Romani. Ihr ausgezeichneter Lagenwein Vigna del Vassallo wird aus dem Verschnitt von Merlot und Cesanese mit wenig Sangiovese und Montepulciano bereitet. Nach 4–6 Jahren Entwicklung erscheint der in der Jugend etwas robuste Wein mild und ausgewogen mit feinem Bukett.

Torre Ercolano

von Bruno Colacicchi in Anagni ist eine Creation seines Großvaters, des Musikers Luigi Colacicchi, der schon in den zwanziger Jahren Cabernet und Merlot in seinen Weinberg pflanzte und die mit der einheimischen Cesanese verschnitt. Der Torre Ercolano ist ein wegen der kleinen Anbaufläche und der konsequent niedrig gehaltenen Ertragsmenge seltener, aber oft hervorragender, intensiver Wein, gehaltvoll an Geschmack- und Duftstoffen, der sich, je nach Jahrgang, 5–12 Jahre entwickeln kann.

MARKEN

Rosso Cònero

ist ein beeindruckend guter trockener Wein aus dem Monte Cònero-Gebiet um Ancona aus der Montepulciano-Traube (der bis 15% Sangiovese beigegeben werden darf). Farbe und Bukett sind gleichermaßen intensiv, der Geschmack ist voll und fruchtig mit deutlichem Tanninton. Vier bis sechs Jahre Reife brauchen diese Weine. Sehr gut ist der Cònero Riserva des Weingutes von Alessandro Moroder in Montacuto, der Grosso Agontano von Garofoli in Loreto, aber auch der nicht ganz typische, da weichere Varano rosso von Serenelli in Ancona.

Tenuta di Pongelli
Montepulciano, Sangiovese und Cabernet sind die Sorten dieses Weines, der, in slawonischer Eiche ausgebaut, Finesse zeigt und aus dem Jesi-Weingut der F.lli Bucci in Ostra Vetere kommt.

ABRUZZEN

Montepulciano d'Abruzzo
Die in Mittelitalien verbreitet angebaute rote Rebsorte Montepulciano bringt in den kühleren Zonen der Küstenberge im Hinterland von Pescara ihre besten Ergebnisse. Von den wenigen sehr guten Erzeugern wird sie meist sortenrein verwendet, obwohl 15% Sangiovese-Säfte zugelassen sind. In der Jugend mehr oder weniger tanninbetont, bedingt durch die unterschiedliche Bodenbeschaffenheit, kann sich ein guter Wein dieses Namens nach sechs bis acht oder mehr Jahren kraftvoll und geschmeidig zugleich zeigen mit fast orientalisch würzigen Duftnoten, wie sie die sehr lang ausgebauten Weine aus dem Weingut von Edoardo Valentini in Loreto Aprutino vor Penne entfalten. Bemerkenswert auch das Weingut Ciccio Zaccagnini in Bolognano und sein Montepulciano Castello di Salle, sehenswert dazu das des fast legendären Traditionalisten Emidio Pepe in Torano Nuovo bei Ancarano.

MOLISE

Ramitello
stammt aus einem noch jungen modernen Weingut, entstanden auf den Besitzungen der Marchesi Norante in Campomarino und stets qualitätsbewußt betrieben von dem dynamischen Luigi di Majo-Norante. Den roten Ramitello dominiert die Montepulciano, nach vier bis sechs Jahren zeigt er sich geschmeidig mit gutem Stil.

KAMPANIEN

Taurasi
»Campania felix«, klassisches Weinland der Römer, keltert aus den Säften der Aglianico mit maximal 30% erlaubten Piedirosso und/oder Barbera einen bemerkenswerten, trockenen Rotwein, der mindestens drei Jahre ausbauen muß und vier Jahre zum Riserva braucht.
Der in der Jugend abweisende und herbe Taurasi, der in den höheren kühlen Bereichen der Irpinischen Hügel im Nordosten von Avellino wächst, benötigt jedoch wenigstens 6–8 Jahre zu seiner Entwicklung, einen guten Jahrgang kann man zehn bis zwanzig Jahre liegen lassen. Jung ist er von tiefroter Färbung, im Alter zeigt er einen warmen Orangeton, ein ausgeprägtes Fruchtbukett, an Weichseln erinnernd, zartwürzige Duftnoten, Kraft und samtige Fülle. Weingüter: Mastroberardino in Atripalda mit Taurasi-Lagenwein aus dem Gut Radici, ein sortenreiner Aglianico, und Giovanni Struzziero in Venticano.

APULIEN

Castel del Monte – Riserva Il Falcone
ist ein langsam ausbauender, trockener, kraftvoller und geschmeidiger Rotwein mit anhaltendem Duft, der 8–10 Jahre zu seiner Entfaltung benötigen kann und zu den schönsten Rotweinen des Südens gezählt wird. Das Weingut Rivera der Familie De Corato in Andria keltert ihn aus Montepulciano und Uva di Troia (auch Bombino nero und Sangiovese sind zu Castel del Monte-Weinen zugelassen), die in den kühleren Zonen nahe Kaiser Friedrichs II. imposantem achteckigem Schloßbau stehen.

Patriglione Brindisi Riserva
ist ein Spitzengewächs Salentos aus Negroamaro-Trauben, verschnitten mit etwas Malvasia nera, die den etwas bitteren Tanninton der erstgenannten mildern und dem Wein ihr schönes Bukett geben. Mit zunehmendem Alter von 6–10 Jahren zeigt sich der Patriglione samtig und elegant mit feinem, zartbitterem Abgang. Dieser Wein ist ein Produkt des ausgezeichneten Weingutes von Cosimo Taurino in Guanano, der in Weinberg und Keller sorgfältig und modern arbeitet, z. B. mit konsequenter Ernte-reduktion.
Aus demselben Haus und den gleichen Sorten stammt auch der respektable Notarpanaro.

Rosa del Golfo
ist ein in Italien sehr geschätzter Rosé aus dem gleichnamigen Gut von Giuseppe Calò in Alezio, der zu den feinsten seiner Art gehören soll. Tatsächlich sind die

trockenen Rosé-Weine der Halbinsel Salento besonders köstlich. Sie werden im Lacrima-Verfahren gekeltert, d. h., der Saft läuft ohne Pressung über einen längeren Zeitraum aus dem Traubengut, was natürlich die Ausbeute verringert. Negroamaro und Malvasia nera sind auch hier die Sorten des Verschnitts zum Rosato, der intensiv und delikat ist wie sonst kaum ein Roséwein.

Portulano
Sehr ansprechend ist der leichte, mit gutem Körper ausgestattete Rotwein aus derselben Gegend und demselben Weingut wie der Rosa del Golfo aus dem bewährten Mischsatz der Region: Negroamaro und Malvasia nera. Nach etwa einem halben Jahrzehnt zeigt er sich am feinsten mit schönem Bukett.

BASILICATA

Aglianico del Vulture
Nur in den höheren, kühleren Regionen wie an den Hängen des erloschenen Vulkans Monte Vulture bringt die spätreifende Aglianico-Rebe so ausdrucksvolle Weine, die im Alter von zehn und mehr Jahren beeindruckende Tiefe bei erstaunlicher Finesse zeigen.
Gekonnte und innovative Anbau- und Kellerwirtschaft wie die der Brüder Donato und Lucio d'Angelo in Rionero ist dazu unerläßlich, faßt aber erst langsam Fuß. Canneto, aus demselben Haus, ist ein in barriques ausgebauter Aglianico-Wein.

SIZILIEN

Regaleali Rosso del Conte
Calabrese (= Nero d'Avola) und Perricone sind die Rebsorten des Rosso del Conte, der als Siziliens bester Rotwein gilt. Er stammt aus hochliegenden Bereichen im Inselinneren vom angesehenen Weingut Regaleali des Conte Tasca d'Almerita in Vallelunga di Pratameno südöstlich von Palermo. Er wird aus spätgelesenen Trauben gekeltert, zeigt Fülle, Frucht und Eleganz und kann, von einem guten Jahrgang, durchaus zehn Jahre reifen.

Duca Enrico
ist ein sortenreiner Calabrese-Wein (Nero d'Avola), der in Barriques ausgebaut wird und sich vollmundig, weich, sehr harmonisch und blumig zeigt. Der Wein ist eine erfolgreiche Neuerscheinung aus der bekannten sizilianischen Domäne Duca di Salaparuta in Casteldaccia, deren Corvo-Weine sehr beliebt sind.

SARDINIEN

Cannonao
Die schon seit zwei Jahrhunderten auf der Insel heimische Cannonao ist die spanische Garnacho-Rebe, auch als Alicante und in Frankreich als Grenache bekannt. Sie wird auf dem amerikanischen Kontinent ebenso gepflegt wie in Australien, und immer ist ihr Wein alkoholreich.
Traditionell ist der charakteristische sardische Cannonao, dessen beste Anbauzone im Süden von Nuoro liegt, ein sehr alkoholreicher Wein mit mehr oder weniger deutlicher Restsüße, vollmundig, fruchtig und üppig im Geschmack, der vier bis sechs Jahre Reife braucht und vorzüglich zum würzigen Essen der Insel unter sardischem Himmel schmeckt. Mit DOC-Angabe muß er mindestens 13,5% Alkoholgehalt haben, gewöhnlich ist er aber höher. Darum verzichten manche Erzeuger bei weniger starken Weinen, die übrigens auch trocken ausgebaut werden, auf die DOC. Beste Erzeuger sind Sella & Mosca in Alghero, richtungweisend für den gesamten sardischen Weinbau (der Tanca Farrà aus diesem Hause ist ein Cannonao/Cabernet Sauvignon-Verschnitt); die Cantina Sociale di Dorgali; die C.S. di Oliena mit dem Nepente di Oliena; das Weingut Perda Rubia in Tortoli u. a.

WEISSWEINE

DIE GROSSEN LAGEN

Den großen roten Spitzenweinen Italiens stehen vergleichbare Weißweine nicht gegenüber, besonders nicht über ganze Bereiche wie im Piemont oder in der Toskana. Das heißt aber nicht, daß Italien nicht auch vorzügliche weiße Gewächse hat, wie die des Friauler Hügellandes etwa, in dem eine verhältnismäßig große Anzahl erstklassiger Erzeuger ansässig ist. In anderen Anbaugebieten ist die Qualität der Weine noch nicht überall so homogen, so daß hier manchmal wenige oder nur ein einziges Spitzengut für den Namen eines Weines stehen, der allerdings in den Händen guter Erzeuger, auch hervorragende Ergebnisse bringen kann.

AOSTATAL

Vin du Conseil
ist ein feiner Wein aus Petite Arvine, einer autochthonen Rebe dieser Region, die auch im parallel gelegenen schweizerischen Wallis zu finden ist. Trocken, vollmundig, mit bestechend schönem Bukett ist er eine Rarität aus der Kellerei des Institut Agricole Regional in Aosta, das sich um die interessanten Weine aus seltenen einheimischen und die französischer Sorten in dieser kleinen Gebirgsregion verdient gemacht hat. Die Weinbauschule bringt eine Anzahl bester und typischer Aostatal-Weine heraus aus Petit Rouge, Gamay, Pinot noir (Rotweine) oder Grenache und Malvoisie, wie man hier den Pinot gris so wie im nahen Wallis nennt.

Chambave Moscato flétry
Eine in Italien hochgeschätzte Muskateller-Version (sonst passito genannt) aus dem mittleren Höhenbereich des Aostatales. Aus teilgetrockneten Beeren, goldfarben und wunderbar aromatisch, wird der Wein mit den Jahren (10 und mehr) trockener und noch erlesener. Ezio Voyat hat einen guten Namen für diesen Chambave. Sein frischer trockener Moscato ist beerenduftend und ganz jung zu trinken.

PIEMONT

Gavi – Cortese di Gavi
Die prunkvoll goldenen langen Trauben der Cortese entwickeln ihre besten Eigenschaften im Hügelland nördlich von Gavi (im Süden von Novi Ligure) auf dem kalkhaltigen Lehm der Hanglagen. Der strohgelbe, zartgrün reflektierende, harmonisch fruchtige und frische Wein mit delikatem Geschmack und Sortenbukett ist ein köstlicher Begleiter zu den Fischgerichten der ligurischen Küste. Auch gute Jahrgänge sollten nach drei Jahren allerdings getrunken sein. Zu den besten Erzeugern gehören La Scolca und Nicola Bergaglio, beide in Rovereto di Gavi; La Giustiniana mit dem Montessora und Centurionetta in Gavi; Michele Chiarlo in Calamandrana; San Pietro in Gavi mit etwas untypischem Cortese, u. a.

Arneis dei Roeri
Bei Alba in den Roeri-Hügeln auf der Nordseite des Tanaro wächst die Arneis, eine alte autochthone Sorte, deren Wein kräftig und mild ist, ein schönes Bukett herbstlicher Früchte zeigt, finessereich im Abgang und, bei guter Herkunft, von eleganter Art sein kann. Gute Erzeuger sind u. a. Ceretto in Alba, Bruno Giacosa und Castello di Neive, beide in Neive, Vietti in Castiglione Falletto und das Weingut Cornarea (Rapetti) in Canale.

Chardonnay piemontese
Die Sorte befindet sich im Piemont derzeit im Versuchsstadium. Wenige Güter erzeugen Chardonnay, dabei sollte es auch bleiben. Zugeständnisse an die Geschmackseinfalt gibt es schon zu viele. Ein sehr gut gemachter Chardonnay ist
Piodilei von Pio Cesare, rund und schön ausgeprägt in Duft und Geschmack.
Gaia und Rey ist sehr ausgewogen und der teuerste seiner Art, von Angelo Gaja.

LIGURIEN

Pigato
Die in Ligurien heimische Sorte, die wenig Säure bringt und daher rechtzeitige Ernte verlangt, gedeiht besser in höheren Hügelregionen als in der Ebene. Ihr Wein zeigt schönen Körper, ist trocken, mild und samtig mit feinem Pfirsich- und Rosenduft und ist mit ein bis zwei Jahren am besten. Erstklassigen Pigato erzeugen das Weingut Fèipu von B. und P Parodi in Bastia d'Albenga, Riccardo Bruna in Ranzo u. a.

Vermentino
wird in Ligurien viel angebaut und bringt dort meistens eher neutrale Weine. Dabei kann der ligurische Vermentino geschmeidig und intensiv sein, mit schönem Traubenduft, der jung und frisch am besten zu Meeresfrüchten schmeckt. Gute Erzeuger sind Ettore Vio in Vendone, Francesco Ferro (La Colombiera) in Castelnuovo Magra, die Podere Boiga in Perti di Finale Ligure und das Weingut Colle dei Bardellini in Sant 'Agata di Imperia.

LOMBARDEI

Lugana
aus Trebbiano-Trauben kommt aus einem kleinen Bereich am Südufer des Gardasees zwischen Peschiera und Desenzano. Delikat und anmutig ist dieser trokkene Wein, zartgelb, fein in Frucht und Blume, nach zwei, höchstens drei Jahren intensiver. Gute Erzeuger sind Pietro Dal Zero (Cà dei Frati) in Sirmione, Franco Visconti in Desenzano und Zenato (Santa Cristina) in Peschiera.

SÜDTIROL/TRENTIN

Die Weißweine Südtirols und des Trentins mit Rebsorten-Angabe stammen zumeist von klassischen europäischen Reben. Sie erscheinen in der Mehrzahl mit der Ursprungsbezeichnung Südtiroler/Alto Adige. Als Terlaner/Terlano kommen sie aus einem alteingeführten Weißweingebiet, dessen klassische Zone die alten Weinbaugemeinden Terlan, Nals und Andrian sind. Die Ursprungsangabe Eisacktaler/Valle Isarco (mit dem gelegentlich genannten Unterbereich Brixen/Bressanone) reicht von Barbian im Eisacktal, südlich von Klausen über den Brixener Kessel hinaus bis Neustift. Die südliche Provinz Trient führt die DOC Trentino auch für Sortenweine.
Das kühle Klima der Region läßt fruchtig frische Weißweine entstehen mit gutem Säuregehalt. Die nachstehend genannten Produzenten bürgen für qualitativ gute Weine der genannten Sorten. Es ist nur eine Auswahl, denn auch hier wie anderswo wächst das Qualitätsbewußtsein ständig.

Pinot bianco
bringt in beiden Provinzen gute Sortenweine, die Duft, Rasse und Lebendigkeit über einige Jahre bewahren. Etwas vollmundiger ist gewöhnlich der Pinot bianco aus Trentiner Lagen. Gute Erzeuger sind u. a. Alois Lageder in Bozen mit dem Pinot bianco Haberlehof; J. Hofstätter in Tramin; Schloß Turmhof – H. Tiefenbrunner in Kurtatsch; Giorgio Grai, Eppan/Bozen; Graf Kuenburg in Kaltern; der »Greifenstein« der Winzergen. Schreckbichl in Girlan; die Kellereigen. Terlan und der Pinot bianco Cru Sorti von Roberto Zeni in San Michele all'Adige.

Pinot grigio
Frisch und geschmeidig, mit guter Struktur erscheinen manche Grauburgunder, als Ruländer gelegentlich im konventionellen Stil. Bei dieser Sorte ist hier besonders auf gute Erzeuger zu achten, z. B. Giorgio Grai, Eppan/Bozen; Lageder in Bozen; Hofstätter in Tramin; Tiefenbrunner in Kurtatsch; Wilhelm Walch in Tramin; das Weingut des Istituto Agrario Provinciale in S. Michele all'Adige und Longariva in Rovereto mit dem konventionellen, üppig duftenden Ruländer Vigneto Graminè.

Chardonnay
werden frisch, fruchtig und lebendig bereitet, aber auch vielschichtig und hochwertig, ausgereift einem weißen Burgunder nicht unähnlich. Erz. u. a. Lageder mit dem Ch. Erlerhof und dem Barrique-Chardonnay Löwengang; J. Tiefenbrunner; Franz Haas in Montan; Wilhelm Walch, Tramin; Schloß Schwanburg, Nals; Hofstätter; Hans Rottensteiner in Bozen; Pojer e Sandri in Faedo mit gutem Chardonnay und dem im barrique gereiften Faye; Remo Calovi in Faedo; Roberto Zeni in S. Michele mit Cru Zaraosti, das Istituto Agrario in San Michele mit dem Donà; Bolognani in Lavis, Longariva in Rovereto und die Fratelli Lunelli (Ferrari) in Trento mit dem Ch. Villa Margon.

Sauvignon
ist nur in beschränktem Ausmaß anzutreffen. Der beste Sauvignon stammt von Alois Lageder in Bozen mit der Bezeichnung Lehenhof. Fruchtig würzig, dem Sauvignon von der Loire entsprechend mit dem bekannten Feuersteingoût, ist der Sauvignon aus dem Terlaner Classico-Bereich der Kellereigenossenschaft Terlan.

Rheinriesling
hat seine besten Standorte in Südtirol im südlichen Bereich beidseits der Etsch, um Magreid, Mazzon und Buchholz. Er erscheint hier fruchtig und rassig, allerdings ohne die Vielfalt an Geschmacks- und Geruchsnuancen seiner nördlichen Heimat. Erz. u. a. Lageder und Grai in Bozen, Hofstätter in Tramin, Tiefenbrunner in Kurtatsch.

Müller-Thurgau
hat einen interessanten Vertreter im »Feldmarschall« vom Weingut Turmhof/Tiefenbrunner in Kurtatsch, das ihn in einer Fennberger Reblage in 1000 m Höhe zieht. Ein überaus rassiger Wein, der allerdings mehr

Zeit zur Entwicklung braucht als Müller-Thurgau sonst. Feine, delikate Weine dieser Sorte wachsen im Eisacktal, wie die der Stiftskellerei des Chorherrenstifts Neustift und die der Eisacktaler Kellereigenossenschaft in Klausen zeigen. Im Trentin kommen die feinsten Müller-Thurgau-Weine von Pojer e Sandri in Faedo, von Remo Calovi in Faedo mit dem Vigna dei Siori, von Roberto Zeni in Grumo di San Michele mit dem Cru La Croce.

Silvaner
gedeiht am besten im Eisacktal, gut gemacht von der Kellereigenossenschaft Eisacktal in Klausen und in klassischem Stil von der Stiftskellerei Neustift.

Gewürztraminer
Der in Tramin beheimatete Traminer und seine edlere Variante, der Gewürztraminer ist in jungen Jahren hellgelb, mit grünlichen Reflexen, frisch, fruchtig und manchmal nervig. Mit zunehmender Reife zeigt der Wein einen Goldton, Bukett und Geschmack entwikkeln fruchtig delikate Würze und nachhaltige Fülle. Graf Kuenburg auf Schloß Sallegg in Kaltern macht einen guten Gewürztraminer, Hofstätter in Tramin mit Villa Barthenau, Elzenbaum in Tramin und die Winzergen. Schreckbichl in Girlan in ihrer Cornell-Serie, aber auch Wilhelm Walch in Tramin und das Trentiner Gut Maso Foradori in Mazzon.
Zartere, eher jung zu trinkende Gewürztraminer mit feiner Säure gedeihen im nördlicher gelegenen Eisacktal, gut gepflegt vom Chorherrenstift Neustift und der Eisacktaler Kellereigenossenschaft in Klausen.

Goldmuskateller
aus der Gelben Muskateller-Rebe zeigt das typische Muskateller-Aroma und wird gewöhnlich lieblich bis süß bereitet. Ganz jung schmeckt diese Art am besten. Ein ausgezeichneter trockener Goldmuskateller kommt aus dem Weingut Schloß Turmhof von J. Tiefenbrunner in Kurtatsch-Entiklar, dessen intensives, aber unaufdringliches Bukett nach etwa dreijähriger Lagerung besonders nuancenreich erscheint.

Eine Seltenheit im Südtiroler Weingarten ist die Kerner-Rebe, die in der Rebenzuchtanstalt der Weinbauschule Weinsberg in Württemberg aus Trollinger × Rheinriesling gekreuzte, erfolgreiche Neuzüchtung. In Mazzon steht sie in einer Lage des Weingutes J. Hofstätter (Tramin), das daraus den De Vite keltert. Rheinriesling × Trollinger (in Südtirol Vernatsch/Schiava) ist eine Kreuzung, deren Ergebnis als rote Rotbergher in der Molini-Lage von Pojer e Sandri in Faedo wächst.

Nosiola
ist eine alte Trentiner Sorte, aus der traditionell Vin Santo bereitet wird. Trocken ausgebaut ist der Wein weich, aber sehr fruchtig im Geschmack mit feinem, sortentypischem Duft. Etwa zwei bis vier Jahre kann man ihn lagern. Besten Nosiola macht Giuseppe Fanti in Pressano di Lavis mit den Crus Vignari und Falti, Pojer e Sandri in Faedo, Bolognano in Lavis, Pravis in Lasino.

VENETIEN

Soave classico
Nur 20 km östlich Veronas, wo die letzten Ausläufer der Alpen in die Po-Ebene übergehen, liegen die Weingärten der klassischen Anbauzone von Soave und Monteforte d'Alpone. Es sind die Berglagen über diesen beiden Orten, auf denen einer der bekanntesten Weißweine Italiens wächst. Der sehr beliebte Wein wird allerdings in großen Mengen auch in weiten ebenen Zonen in nicht immer empfehlenswerter Qualität erzeugt.
Soave wird vorwiegend aus Garganega-Trauben mit einer kleinen Menge Trebbiano gekeltert. Es ist ein strohgelber, oft mit grünlichem Schimmer auftretender, trockener, sehr harmonischer Wein, mit dem feinen Duft der Garganega-Traube, fruchtig und mit angenehmer Säure ausgestattet und einem feinen Mandelton im Abgang, den man gewöhnlich jung trinken soll, einige Spitzenweine jedoch nicht vor dem zweiten Jahr.
Einige Weingüter haben sich immer schon um qualitativ hochwertige Soave-Weine bemüht, allen voran Leonildo Pieropan in Soave, der nicht nur feinen Classico erzeugt, sondern erstklassige Lagenweine Vigneto La Rocca und Vigneto Calvarino. Roberto Anselmi in Monteforte bringt beste Lagenweine aus dem Classico-Gebiet mit Capitel Foscarino und Capitel Croce. Graziano Pra in Monteforte bringt guten Monte Grande, und Masi in Gargagnano glänzt mit dem Classico Col Baraca. Guter, traditioneller Soave classico stammt aus der Viticola Suavia in Fitta. Die beiden großen Häuser Bertani und Bolla in Verona bringen sauberen Classico und ebensolche Lagenweine hervor.

Die Spitzengüter betreiben strenge Ertragsbeschränkung und beherrschen den sorgsamen Umgang mit Trauben und Wein im Keller. Wann endlich setzen sie sich auch im Preis deutlich von den Erzeugern massenhafter und minderwertiger Soave-Weine ab?
Der Recioto di Soave stammt aus teilgetrockneten Trauben, auch nur der Garganega. Der Trocknungsprozeß geht über mehrere Monate, und auch die Gärung des Mostes verläuft sehr langsam, bis zu acht Wochen. Je nach Botrytis-Befall erscheint der Wein unterschiedlich, besonders fein mit Botrytiston und trotz deutlicher Restsüße herb, aber sehr geschmeidig mit ausgewogener Säure. Pieropan macht hinreißenden Recioto, auch Anselmi mit dem Recioto dei Capitelli.

Capitel San Rocco
Der Weißwein dieses Namens ist ein Garganega-Wein mit etwas Durella gemischt, fein, trocken, blumig, mit nachhaltigem Abgang. Aus dem angesehenen Weingut Fratelli Tedeschi in Pedemonte.
Ähnlich im Verschnitt, mit noch etwas Trebbiano wird ein anderer feiner, fruchtiger Veronese bereitet, der gute Säure zeigt: der

Masianco
aus dem Weingut Masi in Gargagnano. Die Durella (auch Durello) ist eine autochthone Sorte der Region, deren Weine nicht gerade alkoholreich, aber säurebetont und etwas tanninhaltig sind und zum Verschnitt geeignet sind.

Breganze
In dem kleinen Anbaugebiet im Norden von Vicenza werden auch weiße Rebsorten gepflegt. Für sortenreine Weine Pinot bianco, Pinot grigio und Vespaiola, deren goldfarbene, zuckerreiche Beeren, wie der Name sagt, für Wespen besonders begehrenswert sind. Ihr Wein ist trocken, angenehm duftend voll, frisch und fruchtig, mit guter Säure, der zwei bis drei Jahre liegen kann.
Der Breganze Bianco ist ein Tocai friulano (85–100 %), der mögliche Rest ist den obengenannten Rebsorten vorbehalten. Strohfarben, mit hellem Goldschimmer, trocken, mit charakteristisch blumigem Duft und frischem, runden Geschmack, verträgt er eine kurze Alterung von zwei Jahren. Besonders empfehlenswert sind der Breganze di Breganze des Weingutes Maculan in Breganze und dessen Prato di Canzio, der mit Pinot bianco verschnitten und im barrique ausgebaut wurde. Wie gut dieses Weingut mit dem barrique umzugehen weiß, zeigt dieser Wein einmal mehr. Der Holzton ist hier nur eine feine Nuance mehr in Duft und Geschmack, ohne diese zu beeinträchtigen.

FRIAUL

Der Weingarten Friaul, das ist vor allem das Hügelland der Colli Orientali in der Provinz Udine und das des Collio in der Provinz Gorizia, beide an der Grenze zu Slowenien, wobei die Übergänge zur östlichen Pianura, also dem Grave-Gebiet und zu den dem Collio nahen Teilen der Isonzo-Zone fließend sind. Das uralte Agrar- und Weinland wurde in seiner bewegten Geschichte von vielen Kulturen heimgesucht und bereichert, oftmals besetzt und geteilt, zuletzt 1947, als große östliche Teile an Jugoslawien gingen. An einem solchen Kreuzweg ist es nicht verwunderlich, daß dort schon vor zwei Jahrhunderten Burgunder- und Bordeaux-Reben neben solchen aus den angrenzenden Ländern und etlichen autochthonen Sorten kultiviert wurden.
Die Reputation der Friauler Weine basiert auf den Weißweinen des Collio und der Colli Orientali aus Weingütern, die Innovationen gekonnt einsetzen und für die Ertragsbeschränkung schon längst selbstverständlich ist.

Pinot bianco
bringt im Friauler Hügelland ausgezeichnete Weine, geschmeidig, fruchtig, mit reichem, typischem Sortenbukett, guter Säure und anregendem, lebendigem Geschmack. Mancher besonders ausdrucksstarke, extraktreiche Pinot bianco enthält etwas Chardonnay. Hier wie auch anderswo wurde die Chardonnay bis vor einigen Jahren als Weißburgunder betrachtet, in den neueren Anlagen stehen die beiden Sorten inzwischen getrennt. (Weingüter Collio: Russiz Superiore, Capriva; Puiatti, Farra d'Isonzo; Schiopetto, Capriva; Borgo Conventi, Farra d'Isonzo; Jermann, Villanova di Farra; Gradnik, Cormons; Princic, Pradis di Cormons; Ca'Ronesca, Dolegna del Collio; Villa Russiz, Capriva; – Weingüter in den Colli Orientali: Abbazia di Rosazzo, Manzano; Volpe Pasini, Togliano di Torreano mit dem P. Zuc di Volpe; Vigne dal Leon, Rocca Bernarda/Premariacco mit dem Tullio Zamò Pinot bianco.)

Chardonnay
wird hier zunehmend angebaut, sieht man einmal von den schon vorhandenen, früher als Pinot bianco angesehenen Rebstöcken ab. Manche Weine zeigen kräftige Fülle und Nachhaltigkeit mit schönem, reifen Fruchtbukett, andere sind zarter, duftiger, mit der typischen feinen Blume. (Weingüter Collio: Francesco Gravner, Oslavia; Silvio Jermann, Villanova di Farra; Vittorio Puiatti, Farra d'Isonzo; Borgo Conventi, Farra d'Isonzo; Stelio Gallo, Mariano del Friuli; Pier Paolo Pecorari, San Lorenzo Isontino. – Weingüter Colli Orientali: Abbazia di Rosazzo, Manzano; Ronco del Gnemiz, San Giovanni al Natisone; Volpe Pasini, Togliano; Girolan Dorgio, Buttrio; Torre Rosazza, Poggiobello di Manzano und im Grave-Gebiet natürlich das Weingut Plozner in Barbeano.)

Pinot grigio
Trocken, blumig, fruchtig, mehr oder weniger körperreich erscheint der Wein des Grauburgunders, der derzeit en vogue und viel angebaut, das nicht überall zeigt. Gute, eher frische Grauburgunder machen u. a. die Weingüter (Collio): Puiatti, Russiz Superiore, Jermann, Schiopetto, Gravner, Gradnik, Stelio Gallo; in den Colli Orientali, wo er oft gehaltvoller ist: Abbazia di Rosazzo, Volpe Pasini, Ronco del Gnemiz, Livio Felluga in Brazzano di Cormons, Ronchi di Fornaz in Fornalis di Cividale und Plozner in Barbeano (Grave).
Pinot grigio ramato ist nicht mehr oft zu finden. Statt in lichtem Goldgelb erscheint der Wein im alten Ramato-Stil in hellem Kupferton als Folge des Angärens der Maische der teilweise rötlichen Pinot grigio-Beeren, ein Verfahren, das früher auch sonst bei der Weißweinbereitung vielfach angewendet wurde. Der Ramato-Grauburgunder ist trocken, aber etwas körperreicher und intensiver in Geruch und Geschmack.

Sauvignon
Die edle Sauternes-Rebe ist im Friauler Hügelland nicht so sehr verbreitet, aber manche Güter bringen gute trockene, eigenständige, würzige Sauvignons heraus, geschmeidig und nachhaltig im Abgang, markant duftend. (Collio-Güter: Gravner; Ca'Ronesca; Borgo Conventi; Puiatti; Stelio Gallo; Schiopetto; Jermann; Russiz Superiore; – Colli Orientali-Güter: Abbazia di Rosazzo; Torre Rosazza; Livio Felluga; Volpe Pasini; – im Carso: Eddi Kante in San Pelagio.)

Tocai friulano
Diese Tocai ist weder mit der Tokajer-Rebe Furmint verwandt noch mit dem Pinot gris, den man in der Schweiz und im Elsaß auch Tokayer nennt. Die Tocai friulano, deren Herkunft bisher nicht geklärt ist, wird hauptsächlich im Nordosten Italiens angebaut und ist das liebste Gewächs der Friauler. Früher wurde sie vor allem zum Verschnitt mit anderen Sorten verwendet, aber dank moderner Weinbereitungs-Methoden kann die Sorte bei restriktiver Erntemenge und in den Händen eines guten Kellermeisters heute delikate Weine bringen, besonders in Jahren, die ihr ausreichende Säure bescheren.
Strohfarben mit zitronengelben Reflexen zeigt der trockene Tocai dann ausgewogene Kraft und Fruchtigkeit im geschmeidigen Körper, den sortentypischen Mandelton im manchmal sehr blumigen Bukett und nachhaltigen Abgang. (Beste Tocai-Erzeuger sind u. a. im Collio: Mario Schiopetto; Borgo del Tiglio, Brazzano di Cormons; Russiz Superiore; Silvio Jermann; Livio Felluga; Gradnik; Doro Princic, Pradis; Stelio Gallo; – Colli Orientali: Volpe Pasini; Vigne dal Leon; Abbazia di Rosazzo.)

Verduzzo
Der Verduzzo aus den Colli Orientali ist eine Spezialität dieser Landschaft aus der besseren Spielart der beiden Verduzzi (s. Rebsorten). Als trockener Wein ist er goldgrün reflektierend, blumig, fruchtig und jung zu trinken. In der zart lieblichen Version, aus leicht angetrockneten Beeren, überzeugt er besonders mit intensiver Frucht und Fülle, Nuancenreichtum in Duft und Geschmack, dessen verhaltene Süße durchzogen wird von feiner, frischer Säure.

Ramandolo hieß lieblicher Verduzzu aus den Lagen des gleichnamigen Ortes bei Nimis, südöstlich von Tarcento schon sehr lange. Nachdem die Bezeichnung freigegeben wurde, ist allein der Ramandolo classico der echte Ramandolo. Das Weingut von Giovanni Dri in Ramandolo ist der weithin angesehenste Erzeuger dieses Weines.
Ronchi di Cialla in Prepotto war das erste Weingut, das für den lieblichen Verduzzo barriques einsetzte, was der Süße einen herben Ton verleiht. Ebenso verfährt Marco Felluga in seinem Gut Russiz Superiore bei Capriva mit gerühmten Ergebnissen.

Picolit
ist eine alte autochthone Rebsorte des Friaul. Ihr Wein ist Spezialität und Rarität zugleich, nicht zuletzt weil die Sorte sehr stark verrieselt. In klarem Goldton zeigt der Wein sich in seiner besten Form harmonisch, verhalten süß, von feiner, eleganter Art mit hinreißendem Akazienblüten-Bukett im reifen Alter, das, je nach Jahrgang und Herkunft, über zehn Jahren liegen kann. Es ist ein immer alkoholreicher Wein für besinnliche Stunden, paßt aber auch zu pikanten Käsesorten. Ein Château d'Yquem ist es nicht, wie manche meinen.
Da er rar und teuer ist, achte man besonders auf ein gutes Weingut: Leonardo Specogna in Rocca Bernarda; Giovanni Dri, Ramandolo; Abbazia di Rosazzo, Manzano; Ronchi di Cialla, Prepotto-Cialla; Ronco del Gnemiz, San Giovanni al Natisone.

Zwei erstklassige Verschnitte von Verduzzo und Picolit sind
Ronco del Abbazia der Abbazia di Rosazzo in Manzano und
Il Roncat Bianco von Giovanni Dri in Ramandolo.

Die klassischen europäischen Rebsorten werden im Friaul nicht nur zu sortenreinen Weinen, sondern auch im Verschnitt verwendet, oft zusammen mit den Säften einheimischer Reben. Daraus entstehen immer wieder außergewöhnlich ausdrucksvolle Weißweine, die zu den besten Italiens gehören.

Vintage Tunina
Pinot bianco, Chardonnay, Sauvignon, Picolit
Jermann, Villanova di Farra

Ronco del Accacie
Tocai, Pinot bianco, Ribolla, Malvasia
Abbazia di Rosazzo, Manzano

Blanc des Rosis
Tocai, Pinot bianco, Sauvignon, Malvasia
Mario Schiopetto, Capriva

Le Roverelle
Tocai, Pinot bianco, Sauvignon
Volpe Pasini, Togliano di Torreano

Terre Alte
Tocai, Pinot bianco, Sauvignon
Livio Felluga, Brazzano

Vedute di Pradis
Tocai, Pinot bianco, Ribolla
Doro Princic, Pradis di Cormons

Ronc di Juri
Ribolla, Sauvignon, Tocai, Chardonnay
Girolamo Dorigo, Buttrio

Sehr eigenwillig in der Zusammenstellung ist der

Vinograd Breg
Malvasia, Ribolla, Pagadebit, Prosecco (Glera)
Francesco Gravner, Oslavia

Klassische weiße Reben im Verschnitt sind:

Ronco di Corte
Sauvignon, Pinot bianco
Abbazia di Rossazzo

Puiatti bianco
Chardonnay, Pinot bianco, Pinot nero (weiß vinifiziert), hochklassiger Jahrgangsverschnitt!
Vittorio Puiatti, Farra d'Isonzo

Nuvizial
dieselben Rebsorten wie der Puiatti bianco, aber nur eines Jahrganges
Puiatti

EMILIA ROMAGNA

Ronco del Re
ist ein üppiger, dabei sehr feiner, langlebiger Sauvignon aus einem einzigen Weinberg des Romagnoler Spitzengutes Castelluccio von Gian Matteo Baldi in Modigliana. Der in Limousin-Eiche bis zu einem Jahr reifende Wein ist auch wegen der geringen Anbaufläche sehr rar.

Albana di Romagna
Albana ist eine alte Romagnoler Weinrebe, deren Wein dort immer geschätzt wurde. Allerdings gibt es ihn in großen Mengen, und die empfehlenswert guten Qualitäten sind, daran gemessen, relativ selten. Es ist daher völlig unverständlich, daß die Gesetzgebung ausgerechnet dem Albana die DOCG zuerkannt hat, die sonst nur an große italienische Rotweine vergeben wurde. Gut gemacht ist der Wein sanft und duftig, fruchtig und geschmeidig, mit schönem Nußton und, wenn trocken, jung und kühl zu trinken. Die liebliche, oft bessere Version ist fein, leicht und traubenfruchtig und kann drei bis fünf Jahre alt werden. Vorbildliche Weingüter sind Paradiso von Mario Pezzi in Bertinoro mit dem Lagenwein Vigna del Olivio. Dieses Weingut kümmert sich auch um die Verbesserung der Pagade-

bito-Weine aus einer selten gewordenen Romagnoler Sorte, deren kurioser Name »Schuldenzahler« von ihrem immer reichen Ertrag herrührt. Guten Albana erzeugen noch Tre Monti von Sergio Navacchia nahe Imola, die Fattoria Zerbina von Vincenzo Geminiani in Marzeno-Faenza, der auch den berühmten Albana Passita Scaccomatta erzeugt, und Stefano Ferrucci im Südwesten von Castelbolognese mit ebenfalls sehr feinem Passita. Ferrucci wiederum bemüht sich um die Neubelebung der alten Romagnoler Sorte Bianchino, die eigentlich Montù heißt.

Colli Bolognesi – Monte San Pietro
– Castelli Medioevali

Im Hügelgebiet südwestlich von Bologna werden etliche internationale Reben für sortenreine Weine angebaut, darunter die weißen Sauvignon, Riesling italico (Welschriesling), Malvasier, Pinot gris, Pinot blanc und Chardonnay. Besonders Sauvignon bringt hier Weine mit dem Charakter eines Loire-Sauvignon ähnlich dem Quincy. Das sehr gute und beispielhafte Weingut Terre Rosse der Familie Vallania in Zola Predosa erzeugt hier guten Sauvignon, feinen Riesling italico, Malvasier, Pinot gris und guten, sehr sortentypischen Chardonnay. Auch die Tenuta Bissera von Bruno Negroni bringt empfehlenswerte Sortenweine aus ihrem Besitz in Monte San Pietro.

Colli Piacentini

Wie in den Colli Bolognesi sind es auch hier nur ganz wenige vorbildliche Weingüter, die diese Anbauzonen überhaupt erwähnenswert machen und die in ihrem steten Bemühen um Qualität Vorbild sind in einer Region, in der durchaus gute Weine wachsen.
In den Colli Piacentini im Süden von Piacenza ist es das Weingut La Stoppa von Raffaele Pantaleoni in Ancarano di Rivergaro, das sehr guten Chardonnay Armelio und guten Sauvignon Ragola erzeugt. Oder Luigi Mossi in Ziano Piacentino mit delikatem Malvasier.

TOSKANA

Vernaccia di San Gimignano

Im Hügelgebiet um das weithin sichtbare mittelalterliche Städtchen San Gimignano reifen die goldgelben Trauben der Vernaccia schon seit dem 13. Jahrhundert. Als Michelangelo, der diesen Wein schätzte, über ihn schrieb, »er küßt, schleckt, sticht, beißt und schmeißt«, war er gewiß noch von uneingeschränkter Eigenart, kräftig, füllig, charakteristisch duftend, tiefgolden, vielleicht auch maderisiert – eine echte Weinpersönlichkeit eben, von der man auch heute sagt, daß ihr Charakter sich modernen Vinifications-Methoden widersetzt, also nicht dabei untergeht. Grund genug, diese feine alte Sorte zu pflegen und nicht internationalen Sorten zu opfern.
Der Vernaccia ist ein kräftiger Wein mit schönem Blütenduft, der sich mit zunehmendem Alter intensiviert, trocken ohne herb zu sein, im Geschmack reich und nuanciert mit feinem Feuersteingoût, elegant und nachhaltig.
Überzeugend ist der Vernaccia Terre di Tufo von Teruzzi & Puthod (Weingut Ponte a Rondolino), der in barriques ausgebaut ist. Der von Pietrafitta ist kräftig und intensiv, von traditioneller Art. Gute Erzeuger sind auch die Weingüter Il Casale von Riccardo Falchini, Montenidoli von Elisabetta Fagiuoli, Pietraserena mit dem Lagenwein Vigna del Sole u. a.

Trebbiano und Malvasia sind die meistangebauten einheimischen Weißweintrauben der Toskana, und fast jedes Weingut erzeugt daraus einen Weißwein in oft fruchtig, frischer Art als Tafelweine unter der Bezeichnung Bianco mit dem Gutsnamen. Gelegentlich werden den einheimischen Trauben auch solche klassischer Sorten beigefügt wie z. B. Chardonnay, die weißen Pinots oder Sauvignon.
Einige große Weingüter der Toskana erzeugen sortenreine Weine aus den französischen Sorten oder Verschnitte, wovon wir eine Auswahl aufzeigen.

Chardonnay-Weine

Canonico, Castellare in Castellina
Ariella, Castello di Gabiano in Mercatale Val di Pesa
Vigna al Poggio, Fatt. di Ama in Lecchi di Gaiole
Ripa delle Mimose, Castello Vicchiomaggio, Greve
Chardonnay, Capannelle, Gaiole
Chardonnay, Isole e Olena, Barberino Val d'Elsa
Granaio, Melini, Poggibonsi
Piano delle Cappella, Terrabianca, Radda
I Sistri, Felsina-Berardenga, Castelnuovo-Berardenga
Libaio, Ruffino, Pontassieve
Cabreo Vigneto la Pietra, Ruffino, Pontassieve (Predicato)
Chardonnay, Tenuta di Capezzana, Carmignano

Chardonnay, Villa Cilnia, Pieve al Bagnoro (AR)

Le Grance, Tenuta di Caparzo, Torrenieri di Montalcino
Fontanelle, Banfi, Sant'Angelo di Montalcino

Il Marzocco, Avignonesi, Montepulciano
Salterio, Trerose, Valiano di Montepulciano

Chardonnay/Malvasia nera (weiß gekeltert)
Campo del Sasso, Villa Cilnia, Pieve al Bagnoro

Chardonnay/Pinot bianco/Pinot grigio
Il Benefizio di Pomino, Marchesi de'Frescobaldi, Florenz

Chardonnay/Sauvignon/Traminer
Trebianco, Castello dei Rampolla, Panzano

Pinot bianco/Pinot grigio
Bâtard Pinot, Querciabella in Ruffoli di Greve
Borro Lastricato, Selvapiana, Pontassieve

Pinot grigio
Vigna Bellaria, Fattoria di Ama, Lecchi
San Angelo, Villa Banfi, Montalcino

Trebbiano/Pinot bianco
Le Crète, Tenuta Caparzo, Montalcino

Pinot bianco/Sauvignon/Traminer
Meriggio, Fontodi in Panzano

Traminer
Vino della Signora, Poggio al Sole in Sambuca Val di Pesa

Sauvignon
Vergena, Marchesi de'Frescobaldi, Florenz
Colline di Ama Sauvignon, Fattoria di Ama, Lecchi di Gaiole
Blanc Spartito, Castellare di Castellina, Castellina
Fumaio, Villa Banfi, Montalcino
Il Vignola, Avignonesi, Montepulciano

Sauvignon/Sémillon
Poggio alle Gazze, Ornellaia in Bolgheri
Torniello, Castello di Volpaia, Radda

Malvasia (trocken)
Malvasia, Avignonesi, Montepulciano
Torricella, Castello di Brolio (Ricasoli), Gaiole (wird nur in besten Jahren aus teilgetrockneten Beeren erzeugt und ist deshalb selten)

Malvasia/Trebbiano/Chardonnay
Sassolato, Sehr feiner Amabile von Villa Cilnia in Pieve al Bagnoro, auch aus teilgetrockneten Beeren bereitet.

Predicato del Muschio
Predicato del Selvante
Predicato del Muschio ist ein Chardonnay und/oder Pinot bianco (zu mind. 80%), wie z. B. der weiße Cabreo von Ruffino in Pontassieve.
Predicato del Selvante ein Sauvignon blanc wie etwa der Vergena von Frescobaldi. Näheres über die Predicato-Weine s. Rotweine der Toskana.

Pomino bianco
Das Pomino-Gebiet gehörte ursprünglich zum Chianti-Rufina-Bereich. Es ist ein kleines, hochgelegenes Anbaugebiet mit der Tenuta di Pomino inmitten und ist eines der Weingüter der Marchesi de'Frescobaldi in Florenz. Chardonnay, Pinot bianco und Trebbiano sind zum weißen Pomino zugelassen. Der beste stammt aus der Lage Il Benefizio des obengenannten Weingutes.

Montecarlo
Im Hügelbereich zwischen Lucca und Montecatini Terme wurden um Montecarlo schon um die letzte Jahrhundertwende französische Rebsorten angebaut, die den Säften der Trebbiano ihre Eigenarten mitgeben. Es sind dies außer der Vermentino die Sémillon, die Pinots bianco und grigio, Sauvignon und Roussanne. Das Flaggschiff unter den Weingütern dieser Anbauzone ist die Fattoria del Buonamico, deren Cercatoia-Weine (es gibt auch einen geschätzten Roten) sehr beliebt sind.

UMBRIEN

Orvieto
Der Orvieto, über Jahrhunderte Zierde der päpstlichen Tafel, ist einer der ältesten und berühmtesten italienischen Weißweine. Er erscheint am besten aus dem klassischen Anbaugebiet der orvietischen Hügel und Teilen kleiner Nachbargemeinden beidseitig des Tiber und des Páglia mit sehr kalkreichem Boden. Seine Rebsorten sind Trebbiano (eine der zahlreichen Spielarten, die hier und auf Elba Procanico genannt wird), Malvasia toscana, Verdello (Verdicchio bianco), Grechetto und Drupeggio (= Canaiolo bianco).

Ursprünglich war der Orvieto als Wein von besonderem Ruf immer abboccato, mit mehr oder weniger verhaltener Restsüße ausgestattet, aber mit sehr viel Eigenart und Delikatesse. Dem in gewaltigen Fässern sehr langsam und lange gegorenen Wein wurde Passito aus teilgetrockneten Trauben bis zum erwünschten Süßegrad beigegeben. So neigte er zur Oxydation und reiste überhaupt nicht gern. Viele der heutigen, trockenen Orvieto-Weine schmecken so wie sie aussehen: sauber und fade. Allerdings bemühen sich einige Spitzengüter endlich wieder um das Ansehen des einst großen Weines, dessen Name für Qualität zu entsprechend hohem Preis stehen sollte.
Vollmundig und geschmeidig sind die Abboccato-Versionen Vallesanta von Barberani in Baschi und Orzalume von Bigi in Orvieto.
Etwas Besonderes ist der erstklassige Orvieto Pourriture noble von Decugnano dei Barbi in Corbara di Orvieto, ein edler Wein mit Botrytiston.
Amabile, also süßer als der Abboccato ist der Pulicchio von Luigi Barberani, dessen Lagenwein Castagnolo ein trockener, feiner Orvieto classico ist. So auch der Campogrande aus Antinoris Weingut Castello della Sala in Ficulle-Sala, der Torricella von Bigi und der Palazzone von Dubini-Locatelli in Orvieto.

Castello della Sala
Unter diesem Etikett erzeugen die Marchesi Antinori aus Florenz im gleichnamigen Weingut in Ficulle-Sala bei Orvieto nicht nur Orvieto, sondern auch den in der Jugend etwas strengen
Cervaro della Salla, einen Chardonnay/Grechetto-Verschnitt, in Limousin-Eiche gereift und wohlstrukturiert mit individuell feinem Duft. Zwei bis drei Jahre Flaschenlager braucht er zur Entwicklung seiner ganz eigenen Persönlichkeit.
Borro Fumè ist ein Sauvignon mit etwas Procanico und **Muffato della Sala** eine Auslese der von Edelfäule (Pourriture noble – Botrytis) befallenen Beeren verschiedener Rebsorten wie Sauvignon, Grechetto, Traminer, Riesling und Sémillon.

Torgiano
Torgiano als Anbauzone, das ist immer identisch mit dem traditionsreichen Weingut Lungarotti, ob es sich nun um Rot- oder Weißweine handelt. Dessen bester Weißwein ist der Torre di Giano Riserva – Vigna Il Pino, benannt nach dem Janusturm, dem Wahrzeichen von Torgiano. Der Lagenwein Il Pino ist ein Mischsatz aus Grechetto, der ihm Duft und samtene Geschmeidigkeit gibt, Trebbiano und Malvasia. Erst nach drei bis fünf Jahren zeigt er, was in ihm steckt an Finesse und Klasse. Chardonnay Riserva I Palazzi ist ein Wein mit sehr guter Sortencharakteristik und der Solleone aus Grechetto und Trebbiano ein trockener sherry-ähnlicher Aperitif mit hohem Alkoholgehalt und interessanten Bukettstoffen.

Grechetto Il Marrano
Delikat duftender sortenreiner Grechetto, fein, geschmeidig und fruchtig, mit feinem Holzton, da in barriques ausgebaut. Ein Wein, der zeigt, was diese Traube bringen kann, wenn man mit ihr umzugehen weiß. Erz. Bigi in Orvieto.

LATIUM

Frascati
ist seit Jahrhunderten traditionell der Wein der Römer, der einem dort auch heute auf Schritt und Tritt begegnet. Obschon der berühmteste Wein Latiums, ist er in seiner allgegenwärtigen Form trocken und weich und ziemlich ausdruckslos und gehört eigentlich nicht in dieses Buch.
Ursprünglich war der Frascati ein Malvasier; aus dem Saft rosinenartig geschrumpfter Beeren bereitet, war er lieblich bis süß als Cannelino gefragt. Heute sind zwar auch zwei Spielarten des Malvasier vorgesehen und eine kleine Menge der feinen Greco, aber eben auch ein größerer Anteil der reichtragenden Trebbiano, der in den meisten Fällen offenbar überstrapaziert wird. Besonders zwei Weingüter zeigen, wie verblüffend gut ein Frascati auch sein kann aus im Ertrag reduziertem Malvasia-Lesegut: fruchtig und weinig im Bukett, harmonisch im Körper, konzentriert und nachhaltig im Geschmack.
Weingüter: Villa Simone di Costantini in Monteporzio Catone mit dem Frascati Superiore Vigneto Filonardi; Colli di Catone von Antonio Pulcini in Monteporzio Catone mit dem Vigneto Colle Gaio. Beide Weine sind rar, aber es lohnt sich, bei einem Besuch in Rom nach ihnen Ausschau zu halten.

MARKEN

Verdicchio.
Die wohl schon im Altertum als Keltertraube geschätzte Verdicchio findet an den westlich von Jesi gelegenen Hügeln, zu beiden Seiten des Esino, gute Bedingungen auf mineralreichem Kalk-Lehm-Gemisch.
Der Verdicchio dei Castelli di Jesi, der oft frisch und gefällig, manchmal auch fast rassig erscheint, kann in seiner feinsten Form ein Wein mit ausgeprägtem Charakter sein, mit gutem Körper, nachhaltig in Bukett und Geschmack und intensivem Akazien- und Mandelduft. Typisch ist sein Bitterton im Abgang. Erstklassigen Castello di Jesi-Verdicchio erzeugen Giorgio Brunori aus der Lage San Nicolò in Jesi; Ampelio Bucci in Ostra Vetere mit dem Villa Bucci; Fratelli Zaccagnini in Staffolo mit dem Salmàgina; Garofoli in Loreto mit Macrina und dem Riserva Serra Fiorese.

Weiter südlich, in den Apenninvorbergen, versteckt sich die kleine Region des Verdicchio di Matélica. Die Rebe wächst dort in höhergelegenen Bereichen, der Wein braucht längere Reife (3–4 Jahre), zeigt sich aber danach in vollendeter Tiefe mit viel Ausdruckskraft. Sein bester Vertreter kommt aus dem Weingut der Brüder Bisci in Ceretto d'Esi.

ABRUZZEN

Trebbiano d'Abruzzo
kann man gemeinhin nicht zu den wirklich guten Weinen zählen. Nicht so der Trebbiano von Edoardo Valentini in Loreto Aprutino. Der zeigt ein zartes Säurespiel, ist vollmundig und fruchtig und verführerisch duftend, wie auch sein Montepulciano, und behält diese Vorzüge auch ein halbes Jahrzehnt. Valentini ist nicht nur ein Könner, man spürt auch die Liebe zu seinem Wein.

KAMPANIEN

Fiano d'Avellino
Ein bemerkenswert guter Wein aus der Fiano-Traube, die seit alters her um Avellino heimisch ist und von Plinius als Vitis apiana beschrieben worden sein soll, was übrigens auch der Silvaner für sich in Anspruch nimmt.
Ihre Weinberge liegen hoch in den Irpinischen Hügeln mit der besten Zone um Lapio an der Grenze zum Gebiet des berühmten roten Taurasi. Fiano ist ein trockener, geschmeidig eleganter Wein, apart im Geschmack mit schönem Fruchtaroma und Nuancen gerösteter Nüsse. Nach dem zweiten Jahr zu trinken, kann er aus guten Jahrgängen noch bis zum fünften Jahr an Intensität gewinnen. Bester Fiano d'Avellino ist Vignadora von Mastroberardino in Atripalda.

Greco di Tufo
ist der Nachbar des Fiano in den Irpina-Bergen um Tufo. Die Rebe Greco mit ihren zahlreichen Spielarten stammt aus Griechenland und bringt Weine unterschiedlichster Geschmacksrichtungen von süß bis trocken. Der Greco di Tufo ist ein trockener, delikater Wein von ganz eigener Charakteristik, mit dichtem Bukett nach Früchten und Mandeln, lebhaft aber geschmeidig im Geschmack und zartem Bittergout im Abgang. Drei bis fünf Jahre kann er sich entwickeln, besonders der herausragende Vignadangelo von Mastroberardino in Atripalda.

APULIEN

Chardonnay
Pinot bianco
Sauvignon
Erstaunlich frische, duftige und fruchtige Weine, harmonisch und mit feinem Rebsorten-Charakter, bringen die französischen Sorten aus dem nicht gerade gemäßigten Klima Apuliens und dank neuer Methoden und Techniken. Um die internationalen Sorten bemühen sich besonders einige der Güter, die schon den apulischen Rotweinen neue Glanzlichter aufgesetzt haben, u. a. Attilio Simonini in Foggia, Rivera in Andria, Torrebianco (im Besitz von Gancia) in Minervino Murge; Cosimo Taurino in Guagnano und Leone de Castris. Chardonnay wird am häufigsten erzeugt, Sauvignon nur von wenigen Gütern.
Torrebiancos Preludio N° 1 ist ein Chardonnay mit etwas Sauvignon verschnitten, Preludio N° 2 ein Sauvignon mit etwas Pinot bianco.

BASILICATA

Lucanello
Aus dem Vulture-Gebiet und den Rebsorten Malvasia und Pinot bianco. Ein trockener, vollmundiger Wein mit delikaten Bukettstoffen. (F.lli d'Angelo in Rionero in Vulture.)

SIZILIEN

Regaleali Nozze d'Oro
Ein sehr guter Sauvignon/Inzolia-Verschnitt mit dominierendem Sauvignon-Anteil ist dieser Wein, eine Kreation des Weingutes anläßlich der goldenen Hochzeit von Conte Giuseppe und Contessa Franca Tasca d'Almerita. Sehr harmonisch und fein ist er der herausragende Weißwein des bekannten Weingutes Regaleali in Sclafani Bagni.
Regaleali Bianco, vorwiegend aus Inzolia-Trauben mit Sauvignon und Catarratto bereitet, ist ein feinduftender, harmonischer, frischer fruchtiger Wein, der, mit guter Säure ausgestattet, eher ein Wein der nördlichen Anbauzone sein könnte.

Donnafugata
Aus dem Weingut gleichen Namens bei Contessa Entellina im Hochtal des Belice (Westsizilien) kommen vor allem gute Weißweine wie der grünlich schimmernde fruchtig-blumige und lebendig-frische Damaskino aus der seltenen Damaschino-Rebe. Vigna di Gabri ist ein delikater Wein auf Inzolia-Basis.

Inzolia di Samperi
Faßgereift ist der blumig frische und fruchtige Inzolia-Wein, der samtig süß über die Zunge geht, aber mit sehr viel Grazie. Marco de Bartoli in seinem Weingut Vecchio Samperi in Marsala weiß mit den alten Sorten umzugehen, was in allen seinen Weinen, die erstklassig und charakteristisch sind, zum Ausdruck kommt. Das zeigt er auch in der Behandlung der Damaschino-Säfte.

Malvasia delle Lipari
ist heute die Domäne des Schweizers Carlo Hauner in Lingua auf Salina, als Winzer ebenso erfolgreich wie ehedem als Architekt. Hauners Malvasia ist in jeder Form beispielgebend, intensiv und voller Finesse zugleich, mit dem wunderbaren Duft warmer, reifer Früchte. Eine Delikatesse in jeder Form: der Malvasia naturale oder die Passita-Version.

SARDINIEN

Vernaccia di Oristano Riserva
Im unteren Tirsotal, um Stagno di Cabras und weiter nördlich in den Weinbergen von Baratili San Pietro, San Vero Milis und Zerfaliu wächst diese Vernaccia zu einer hochklassigen, sherryähnlichen Weißweinspezialität Sardiniens. Hellamberfarben, trocken, körperreich hat der Wein ein delikates Bukett mit feinem Mandelblütenduft und sehr eigenwillige, subtile, leicht bittere Geschmackstoffe. Sein Alkoholgehalt beträgt mindestens 15 Prozent.
Er wird in ganz spezieller Art bereitet, reift z. B. im Spitzengut von Attilio Contini fünf Jahre in Eichen- oder Kastanienfässern, wobei sich, ähnlich dem Sherry, in den nicht vollständig gefüllten Fässern ein Hefeflor bildet. Einen Spitzenwein hat Contini mit der Riserva 1971 gemacht, die fast anderthalb Jahrzehnte in Kastanienfässern und danach noch etliche Jahre in Flaschen reifte. Das Weingut Contini in Cabras macht zweifellos den besten Vernaccia. Sehr gut ist auch der von Josto Puddu in San Vero Milis, besonders die Riserva.

Nasco di Cagliari
Die sehr alte, feine sardische Nasco-Rebe, die nur geringen Ertrag bringt, wird leider nur noch wenig angebaut, hätte es aber verdient, daß wenigstens ein Spitzengut sich ihrer annimmt, denn ihr Wein kann von großer Delikatesse sein. Ein langanhaltender Blütenduft ziert diesen im Alter bernsteinfarbenen Wein, der im Geschmack reife Frucht zeigt, Milde und – wenn gut gemacht – in vollendeter Harmonie eine Spur zarter Süße in dem charakteristischen Bitterton. Wie alle typischen sardischen Weine ist er alkoholreich (14–14,5 %), bei zwei- bis dreijähriger Faßlagerung bekommt er einen Sherryton.

Torbato di Alghero Vigna Terre Bianche
ist ein feiner fruchtiger, trockener Weißwein, rund und ausgereift, mit guter Säure. Seine Rebsorte, die Torbato ist spanischer Herkunft, wie viele Sorten Sardiniens. Wegen ihrer Empfindlichkeit und Ertragsschwäche wird sie nur wenig angebaut. Erzeuger: Sella & Mosca in Alghero.

Semidano
ist eine andere, sehr seltene sardische Rebe, die in begrenztem Umfang wieder zu finden ist. Der Wein soll samtig und mild sein, noch eine Spezialität dieser

Insel. Wir haben ihn noch nicht getrunken, aber aus dem angesehenen Weingut von Josto Puddu in San Vero Milis ist er gewiß probierenswert.

Malvasia della Planargia
wächst in den Reblagen der Planargia-Berge südöstlich von Bosa an der Westküste Sardiniens. Dort sind die besten Lagen des DOC-Weines Malvasia di Bosa, der vielgerühmter Dessertwein der Insel ist. Der Malvasia della Planargia ist ohne DOC, da er kürzer im Faß ausbaut, als es für den di Bosa vorgeschrieben ist, ähnelt dessen trockener Version, erscheint aber weniger voll als dieser, dafür eleganter, mit schönem, nachhaltigem Duft. Ein feiner Aperitifwein, besonders von Emilio e Gilberto Arru in Magomadas und Gian Vittorio Naìtana, daselbst.

Dessert- und Aperitif-Weine

Recioto oder Passito, Vin Santo und andere Süßweine Italiens

Recioto, eine Bezeichnung, die nur in Venetien, in den Gebieten Valpolicella, Soave und Gambellara benützt werden darf, wie auch Passito und Vin Santo sind Weine aus teilgetrockneten Trauben.
Dazu wird gesundes Traubengut selektiv geerntet und liegend auf Strohmatten in Holzgestellen oder hängend in trockenen, luftigen Räumen (im Süden auch in direkter Sonne) teilgetrocknet. Ein Vorgang, Appassimento genannt, der sich bis in den Januar hinzieht, wobei trockene, möglichst luftige Witterung die günstigsten Bedingungen schafft. In dieser Trocknungsphase schrumpfen die Beeren durch Verdunstung ziemlich stark ein, und es entsteht hochkonzentrierte Süße im verbleibenden Saft.
Die Gärung zuckerreicher Weine geschieht langsam und dauert lange, da sie durch den hohen Zuckergehalt stark beeinträchtigt ist. Entweder endet sie von selbst bei Verbleib einer unvergorenen Restzuckermenge oder der Kellermeister stoppt die Gärung, um die von ihm erwünschte natürliche Restsüße im Wein zu erhalten. So entsteht, grob umrissen, Recioto oder Passito.
Ein durchgegorener Recioto ist der Recioto Amarone, der mit intensivem Bukett und nachhaltigem Geschmack einer der ganz großen trockenen italienischen Rotweine sein kann (s. Spitzenweine Venetien).

Etwas anders wird beim Vin Santo verfahren, dem Heiligen Wein, der ursprünglich kirchlichen Zeremonien diente und im Trentin, vorwiegend aber in der Toskana erzeugt wird. In kleine Fässer (etwa 50 l) gefüllt, wird dem Traubenmost die sogenannte Madre (Mutter) zugegeben, der Bodensatz, also das Hefegeläger bereits abgezogener Vin Santo-Gärfässer. Die kleinen Caratellis, wie man die Fäßchen nennt, werden, fest verschlossen, auf dem (natürlich nicht isolierten) Dachboden über drei Jahre den saisonalen Temperaturschwankungen ausgesetzt. Erstklassige Erzeuger lassen den Wein noch weitere drei Jahre, also insgesamt sechs Jahre im Faß reifen, andere lagern ihn etliche Zeiten in versiegelten Korbflaschen, bevor er endgültig abgefüllt wird.
Da der Schwund von Wein im Faß durch Verdunstung um so größer ist, je kleiner das Faß ist und bei trockener und warmer Lagerung noch zunimmt, bleibt von der ursprünglichen Menge nach derart langer Faßlagerung noch nicht einmal die Hälfte übrig. Gelegentlich entsteht ein Jahrgangsverschnitt, was nicht unerheblich zur Verfeinerung des Weines beitragen kann.
Erstklassiger Vino Santo, von guter Herkunft, ist intensiv, nuancenreich und gehaltvoll (16–17°), zeigt deliziöse Üppigkeit und gehört zu den besten Dessertweinen Italiens.
Ausleseweine von am Stock hängenden überreifen, edelfaulen, also von Botrytis cinerea befallenen Beeren wie in Deutschland oder Sauternes (Frankreich), werden in Italien kaum erzeugt. Die vom Botrytispilz durch Perforation geschädigte Beerenhaut verdunstet wie beim Trocknungsvorgang Wasser und konzentriert so den Traubensaft. Da der Pilz zudem zu seiner Ernährung mehr Säure als Zucker verbraucht, verschiebt sich das Zucker/Säure-Verhältnis zugunsten des Zuckergehaltes.

Der Katalog guter italienischer roter und weißer Süß- und Dessertweine ist groß. Wir beschränken uns daher auf eine Auswahl bekannter Weine und ihrer besten Erzeuger, ohne auch dabei Anspruch auf Vollständigkeit zu erheben.

Rotweine

Brachetto d'Acqui (Piemont)
Feinfruchtiger, moussierender Wein mit Restsüße und duftendem Rosenbukett aus der Brachetto-Rebe um Acqui Terme. Kühl und jung zu trinken. Auch als Brachetto Passito. Erz. u. a. Giacomo Bologna in Rocchetta Tanaro, Giorgio Carnevale in Cerro Tanaro, Giancarlo Scaglione in Loazzolo und Ivaldi in Strevi.

Rosenmuskateller (Südtirol)
stammt aus der gleichnamigen, aus Dalmatien eingeführten Rebsorte. Nuancenreich, süß, mit dem Duft alter Rosensorten zeigt sich der feinste Rosenmuskateller, der eine Trockenbeerenauslese aus dem Weingut Schloß Sallegg von Graf Kuenburg in Kaltern ist. Leider ist er sehr rar.

Recioto Classico della Valpolicella (Venetien)
dessen Bereitungs-Verfahren wir in der Einleitung beschrieben haben, stammt aus den Traubensorten des Valpolicella (s. Spitzenweine Venetien). Der Wein zeigt ein reiches Bukett, verführerischen Kirschenduft, angenehme Süße mit feinbitterem Unterton im Abgang. Ein mit zunehmendem Alter geschmeidiger und eleganter Wein. Die besten Erzeuger sind Tedeschi in Pedemonte mit dem Cru Monte Fontana, Allegrini in Fumane, Alighieri in Gargagnano di Valpolicella mit dem Casal dei Ronchi, Aleardo Ferrari in Gargagnago, Quintarelli in Cerè di Negrar, Masi in Gargagnago u. a.

Sagrantino di Montefalco Passito (Umbrien)
Die Sagrantino-Rebe, von der manche glauben, die Sarazenen hätten sie in die Provinz Peruggia gebracht, wo sie noch heute bei Montefalco und Bevagna wächst, ist im Ertrag schwach und labil. Hinzu kommt, daß ihre zylindrischen Trauben wie auch die blauschwarzen Beeren klein sind. Ihr Wein allerdings kann ganz vorzüglich sein, besonders in der für ihn charakteristischen Passito-Version, in der er nachhaltig, warm und mit feinen Duft- und Aromastoffen unterlegte Süße zeigt mit einem bitteren Unterton im Abgang. Adanti in Bevagna macht feinen Sagrantino in beiden Versionen. Der Passito von Paolo Bea in Montefalco ist es wert, gerühmt zu werden. Mit 4–5 Jahren sind sie am besten.

Aleatico (Toskana – Insel Elba, Latium, Apulien)
Im Duft intensiv, im Geschmack geschmeidig und süß können die Weine der uralten Aleatico sein, die, wenig ergiebig, selten zu finden ist. In der Toskana beabsichtigt Marchese Antinori sich ihrer wieder anzunehmen; einen guten Namen hat der Aleatico di Lacona von Tirloni so wie früher der von Porteferraio, den schon Napoleon zu schätzen wußte.
Vielleicht kommt auch der von den vulkanischen Erden um den Bolsena-See, der Aleatico di Gradoli wieder zu qualitativ höheren Ehren.

Anghelu Ruju (Sardinien)
ist der Name einer Nuraghe bei Alghero, einer der kegelförmigen Wach- oder Fluchttürme aus der Jungstein- oder Bronzezeit, an denen Sardinien so reich ist. Ein eher vergänglicher Schatz dieser Insel ist der Dessertwein dieses Namens aus dem Hause Sella und Mosca in Alghero. Ein granatroter Wein aus der Cannonao-Traube, kraftvoll (18°), warm und aromatisch mit intensivem Beerenbukett. Er wird aus teilgetrockneten Trauben bereitet und reift mindestens fünf Jahre in Eichenfässern. Ebenso lang kann er noch in der Flasche liegen.

Weißweine

Chambave Muscat flétry (Aostatal)
ist ein Passito aus der Moscato bianco-Traube mit feinem Traubenaroma, der jahrzehntelang haltbar, im Alter noch delikater und immer trockener wird. Besonders gesucht aus dem Weingut Ezio Voyat in Chambave.

Malvoisie de Nus Passito (Aostatal)
aus dem Weingarten der Kirche von Nus, den der Pfarrer Don Augusto Pramotton bereitet, stammt aus Pinot gris-Trauben, die hier wie im benachbarten Wallis Malvoisie genannt werden. Er soll ebenso rar wie begehrt und sehr alterungsfähig sein.

Moscato d'Asti
Moscato di Strevi (Piemont)
In seiner besten Form ist dieser Moscato ein leichter (5–6°), delikater, erfrischender, fein moussierender, intensiv duftender Wein, den man jung trinkt und dessen Süße im Geschmack frisch und traubig sein

soll. Feine Moscati dieser Art machen u. a. Giacomo Bologna in Rocchetta Tanaro, Ivaldi in Strevi-Valle Bagnario, Giuseppe Rivetti/La Spinetta in Castagnole Lanze, Bera/Cascina Palazzo in Neviglie, Dogliotti/Caudrina und Saracco, beide in Castiglione Tinella und I Vignaioli di Santo Stefano in Santo Stefano-Belbo.
Erstklassigen Moscato Passito aus dem kleinen, aber sehr angesehenen Strevi-Gebiet erzeugt Domenico Ivaldi in Strevi mit seinem intensiven und sehr alterungsfähigen Casarito; ein Wein von großem Ruf.

Forteto della Luja (Piemont)
Südlich von Canelli wird in dem hochgelegenen Ort Loazzolo ein Moscato aus von Edelfäule befallenen Trauben in alter, traditioneller Art bereitet. Der Önologe Giancarlo Scaglione läßt den Wein über ein Jahr in kleinen Fässern gären, der so intensives, nuancenreiches Aroma mit einem wunderbaren Botrytiston vereint. (Erz. Forteto della Luja in Loazzolo.)

Caluso Passito
Erbaluce Passito (Piemont)
Feiner Dessertwein, der sich durch intensive Blume, vollen, harmonischen Körper, geschmeidige Süße und delikaten Nußgeschmack auszeichnet. Er wird aus Erbaluce-Trauben gewonnen, deren Möglichkeiten bei trockenem Ausbau nicht so ausgeprägt zur Geltung kommen. Guten Erbaluce Passito machen Luigi Ferrando in Carema, Gnavi in Caluso. Der von Vittorio Boratto wird gelobt, ist uns aber nicht bekannt.

Vin Santo (Trentin)
Im Westen von Trento, am schönen Toblino-See, werden die Trauben für den Trentiner Vin Santo geerntet, der traditionell seit langer Zeit aus Nosiola bereitet wird. Gute Erzeuger sind u. a. Giovanni Poli in Santa Massenza, F. lli Pisoni in Pergolese Sarche, F. lli Rigotti in Padergnone. Sehr alterungsfähig, wird der Wein mit den Jahren immer feiner.

Sciacchetrà (Ligurien)
Der Dessertwein aus den schwer zugänglichen romantischen Weingärten der Cinque Terre wurde schon von Plinius, Petrarca und Boccaccio gerühmt. Von diesem großen Ruf ist allerdings nicht viel geblieben und es ist zu vermuten, daß seine Rebsorten nicht die von heute waren: Bosco, Albarola und Vermentino. Daß daraus allerdings auch heute ein guter Sciacchetrà entstehen kann, zeigt Francesco Giusti in Monterosso. Er ist jedoch so selten, daß man nicht einmal sicher sein kann, ihn am Ort zu bekommen.

Soave Recioto (Venetien)
wird aus Garganega-Trauben bereitet, der klassischen Soave-Sorte und gewöhnlich einem kleinen Anteil Trebbiano di Soave-Säften. Wirklich feiner Recioto wird nur von wenigen Weingütern erzeugt, so von Leonildo Pieropan in Soave und von Roberto Anselmi in Monteforte d'Alpone mit seinem Recioto dei Capelli.
Im benachbarten Valpolicella classico-Gebiet werden entsprechende Weine aus den gleichen Sorten gemacht wie der Vin de la Fabriseria der F. lli Tedeschi in Pedemonte und der Recioto Bianco di Campociesa von Masi in Gargagnago. Sie alle sind exquisite Dessertweine, reich in Duft und Bukett mit feiner manchmal würziger, manchmal honigartiger Süße.

Acininobili
Torcolato
Dindarello (Venetien)
sind eine ganze Auswahl bester Dessertweine, alle aus dem Spitzengut Maculan in Breganze. Acininobili stammt aus von Edelfäule befallenen Beeren der Vespaiola-Traube, die gute Säure bringt, was ihm Gleichgewicht und nuancenreiche Finesse verleiht. 1985 zum erstenmal gemacht, wird er wohl erst ein Jahrzehnt später seine wahre Größe zeigen.
Der Torcolato, aus teilgetrockneten und edelfaulen Trauben der Vespaiola, Tocai und anderer Sorten hat seinen großen Ruf längst gefestigt. Fausto Maculan ist offenbar ein Meister in der Bereitung solcher Weine, die in ihrer Üppigkeit immer sehr viel Struktur zeigen. Ein Barrique-Spezialist ist er ohnehin.
Dindarello ist ein Moscato Fior d'Arancia-Wein aus dieser eher seltenen Spielart, in deren Aroma ein feiner Orangenton spielt.

Verduzzo di Ramandolo und Picolit (Friaul)
kann man durchaus zu dieser Kategorie Weine zählen, wir haben sie trotzdem bei den Weißweinen Friauls beschrieben.

Il Roncat Bianco
von Giovanni Dri in Ramandolo und
Ronco dell'Abbazia (Friaul)
der Abbazia di Rosazzo in Manzano sind zwei sehr elegante Dessertweine aus Verduzzo-Trauben mit einer kleinen Menge Picolit. Beide werden im Barrique

ausgebaut, wobei die Süße gebrochen wird und nuancierter erscheint.

Albana Passita (Emilia-Romagna)
ist der Scaccomatto der Fattoria Zerbina in Marenzo-Faenza, der sehr gerühmt wird. Bekannt ist, daß die Weine der Albana ihre besten Eigenschaften in Verbindung mit etwas Süße ausgeprägter zeigen. Tradition hat Albana Passita im Weingut von Stefano Ferrucci in Castelbolognese.

Vin Santo (Toskana)
Ein Wein mit langer Tradition, hauptsächlich in der Toskana zu finden. Dort wird er vor allem aus Trebbiano- und Malvasia-Trauben bereitet, manchmal sind auch solche roter Sorten beigefügt, selten ist er ein reiner Rotwein. Süß, lieblich oder fast trocken ist er, gut gemacht, ein vorzüglicher Dessert- oder Aperitifwein, der sich, gehaltvoll, intensiv und reich nuanciert, klar und ambrafarben im Glase zeigt. Das Verfahren seiner Bereitung in alter Manier ist, wie in der Einleitung beschrieben, aufwendig und teuer, bei nur geringer Ausbeute. Andererseits ist das Angebot relativ groß. Darum ist es ratsam, sich an die toskanischen Spitzengüter zu halten, unter denen viele Vino Santo-Erzeuger sind (s. Toskana-Rot- und Weißweine). Besonders begehrt ist der Wein von Avignonesi in Montepulciano, Isole e Olena in Barberino Val d'Elsa, Monte Vertine in Radda, Selvapiana in Rufina, Fattoria di Ama in Ama di Gaiole u. a.

Muffato della Sala (Umbrien)
aus Antinoris umbrischem Weingut Castello della Sala in Ficulle. Er ist ein im Barrique ausgebauter edelsüßer Wein aus botrytisbefallenen Trauben. Deren Zusammensetzung ist nicht gerade herkömmlich: Sauvignon, Gewürztraminer, Riesling, Grechetto und Sémillon. Der Wein ist noch in der Versuchsphase, man hat die Verschnittsorten schon einmal geändert und wird sie vielleicht in Zukunft noch etwas reduzieren. Zumindest wissen wir, daß Neues aus dem Hause Antinori am Ende meist Vorzügliches verspricht.

Greco di Bianco (Kalabrien)
Um die Küstenstadt Bianco am Ionischen Meer, tief unten im Südosten Kalabriens, stehen die Reben dieses exzellenten Dessertweines, der schon als Greco di Gerace einen guten Ruf hatte. Der Wein aus teilgetrockneten Greco-Trauben ist stark und vollmundig, aber seine geschmeidige Süße erscheint fast verhalten. Dezent aber ungemein finessereich sind sein fruchtiges Bukett und sein Orangenblüten-Duft. Mit zunehmendem Alter wird er trockener, mit fünf bis acht Jahren ist er am delikatesten. Der feinste Greco ist der von Umberto Ceratti in Caraffa di Bianco.

Mantonico (Kalabrien)
wird, wie der Greco, um Bianco erzeugt aus teilgetrockneten Mantonico bianco-Trauben. (Mantonico nero ist die Gaglioppo-Rebe.) Der eher trockene Wein erscheint tief bernsteinfarben, ziemlich tanninhaltig mit ganz eigenartigen Geschmack- und Bukettstoffen. Fünf bis zehn Jahre Flaschenlager sind angemessen. (Erzeuger: Umberto Ceratti in Caraffa di Bianco, Ferdinando Messino in Bianco.)

Valeo (Kalabrien)
Giovan Battista Odoardi ist zwar Arzt, aber seinem angesehenen Weingut widmet er ebensoviel Aufmerksamkeit wie der Medizin. Es liegt wenig landeinwärts von der Tyrrhenischen Küste bei Nocera Tirinese. Der Valeo wird aus zwei der zahlreichen Varianten der Moscato bianco gekeltert, von denen die eine die Zibibbo ist, die dem Wein einen einzigartigen Duft verleiht. Im Geschmack zeigt sich die vollreife Traube, aber alles an diesem Wein ist von eleganter Art.

Moscato di Pantelleria Passito (Sizilien)
An den schwarzgrauen Hängen der Vulkaninsel, auf halbem Weg zwischen Sizilien und Tunesien halten nur Palmen dem Wind stand. Die spärlichen Bäume sind eingesperrt in Schutzmäuerchen, die mit ihnen wachsen, und die Reben im Süden der Insel ducken sich tief unter dem unerbittlich blauen Himmel. Die Arbeit ist ungemein schwer, aber der Moscato, der dort wächst, ist einfach superb. Er wird in verschiedenen Versionen bereitet, der beste ist jedoch wohl der Moscato passito naturalmente dolce aus teilgetrockneten Zibibbo-Trauben. Der extraktreiche und angenehm süße Wein (etwa 14% Alkohol und 11% Restzucker) verströmt ein wunderbares Traubenbukett, langanhaltend und nuancenreich, in dem ein Hauch Salzluft spürbar ist. Der beste und feinste Wein dieser Art ist der Bukkuram von Marco De Bartoli in Samperi (Marsala). Auf der Insel selbst ist der von Salvatore Murana in Khamma-Pantelleria zu empfehlen.

Malvasia delle Lipari Passita (Sizilien)
in seiner besten Form ist immer identisch mit dem Namen Carlo Hauner, wie schon bei den sizilianischen Weißweinen erwähnt.

Marsala (Sizilien)
Marsala ist ein aus dem Arabischen abgeleitetes Wort und bedeutet »Hafen Gottes«. Es waren die Engländer, die des ewigen kaufmännischen Kampfes mit den Sherryproduzenten müde, einen Konkurrenten für den spanischen Jerez suchten und ihn dort zu finden glaubten. Marsala ist ein aufgespriteter Wein, ein Verfahren, das Sir John Woodhouse 1773 dort einführte, um den Wein für England transportfähig zu machen. Bald gab es eine ganze Anzahl Marsala-Produzenten in der Stadt und mit ihnen eine Vielzahl an Geschmacksrichtungen in allen Süßegraden und zusätzlich mit Aromen versehene Weine. Die Engländer liebten es so und verwendeten ihn auch allenthalben in der Küche. So verkam er, wie der Madeira seinerzeit, zu einem Kochwein.
Zur Süßung des Weines wurden verschiedene Verfahren angewendet: das Hinzufügen von gekochtem, karamelisiertem Most (mosto cotto) ist die billigste und schlechteste Methode; oder die Beigabe von konzentriertem Traubensaft (concentrato). In beiden Fällen lassen sich fehlerhafte Weine gut übertünchen. Das einzige, allerdings teure, akzeptable Verfahren für einen guten Marsala ist das sifone, nämlich die Zugabe von Weinbrand in unvergorenen Traubenmost. Ein Teil des Mostes wird durch das Aufspriten stumm gemacht, d. h. es tritt keine Gärung ein. Mit dem stumm gemachten Most, Mistela genannt und auch bei Madeira-Weinen angewandt, wird der Marsala später nachgesüßt.
Die traditionelle Rebsorte des Marsala ist die Grillo, die dem Wein Struktur bringt. Die andere, wertvolle Verschnittsorte ist Inzolia (Ansonica). Beide sind nicht ertragreich. Die dritte Marsala-Sorte Catarratto hat außer dem hohen Ertrag, den sie bringt, keine Vorzüge. Hier beginnt schon das Unverständnis für die DOC-Gesetzgebung, die Cataratto und Grillo, zusammen oder einzeln, zu 85–100% vorgibt und die noch weitere Zugeständnisse beinhaltet (z. B. die Zugabe von cotto), die der Qualität dieses Weines, der ganz vorzüglich sein kann, mehr schaden als nützen.

Marsala wird in mehreren Stufen ansteigender Qualität angeboten: als Marsala Fine (den man gleich vergessen kann), Superiore auch als Riserva, Vergine oder Soleras und Vergine Stravecchio oder Riserva.
Die Vergine-Weine sind immer trocken. Sie dürfen auch kein Sifone enthalten. Es können Verschnitte unterschiedlich lange im Faß gelagerter Weine sein oder sie werden im Solera-Verfahren (s. Sherry) bereitet. Die Firma Rallo war einer der besten Vertreter dieser Art. Der Zusatz Stravecchio oder Riserva deutet auf alten, sehr lange gelagerten Vergine.
Superiore kann trocken (unter 40 g/l Restzucker) oder süß sein. Die DOC-Vorgabe bestimmt für Semisecco (halbtrocken) einen Restzuckergehalt von 40–100 g/l, darüber hinaus ist der Wein dolce, also süß.
Welches Gütepotential im Marsala steckt, zeigen die großartigen Weine von Marco De Bartoli aus dessen Weingut Vecchio Samperi. Mit großem Einsatz und mit noch mehr Können arbeitet er für die Reputation dieses Weines, der ihm von Kind an vertraut ist. Kurios ist, daß manche seiner Weine den Namen Marsala nicht einmal führen dürfen, da sie nicht den recht zweifelhaften DOC-Bestimmungen entsprechen.
De Bartolis Rebsorten sind Grillo und Inzolia. Sein superber Vecchio Samperi ist ein Soleras Riserva, also ein im Solera-System bereiteter Marsala, den er aus 10, 20 oder 30 Jahre alten Soleras abfüllt. Der Marsala Superiore Vigna La Miccia ist trocken (5% Restzucker) und fein aromatisch, der trockene Joséphine doré kommt aus jüngeren Jahrgängen der Vecchio Samperi-Solera – ein delikater Aperitifwein.
Qualitativ hochwertiger Marsala, wenn auch unter anderem Namen, kommt heute immer aus dem Hause De Bartoli.

Sie müssen wissen

Veltliner trinkt die Schweiz allein

Zwischen den Bündner und Bergamasker Bergriesen liegt das alpine Weintal Valtellina der Adda. Das Veltlin, einst zu Graubünden gehörig, wurde von Napoleon den Eidgenossen weggenommen und über die Cisalpinische Republik später zu Italien geschlagen. Seither holen es sich die Bündner in Fässern und

Flaschen zurück. Ein Teil der Weinberge blieb ohnehin in Schweizer Hand.
Auf den steilen, sonnenreichen Südhängen über dem rechten Ufer der Adda, die in Ost-West-Richtung der Nordspitze des Comer Sees zueilt, sind die besten und renommiertesten Lagen dieses Gebietes, von O. nach W: Valgella (zwischen Tresenda bis kurz vor Chiuro), Inferno (zwischen Tresivio und Poggiridenti), Grumello (um das gleichnamige Castello der Gemeinde Montagna i. V. bis vor die Tore Sondrios) und Sassella (im Westen Sondrios bis kurz vor Andevenno). Zwei hervorragende Teillagen von Sassella und Inferno heißen beide Paradiso und gehören den Weingütern Triacca in Bianzone und der Enologica Valtellinese in Sondrio (Inferno). Veltliner dieser Lagen sind Superiore-Weine und die machen kaum mehr als ein Drittel aller Veltliner Rebsäfte aus. Sie werden aus 95–100% Nebbiolo (die man hier Chiavennasca nennt) gekeltert, für die möglichen 5% anderer Sorten sind die lokalen Reben Pignola, Rossola und Brugnola (= Fortana) vorgegeben, aber auch Merlot und Pinot noir. Nach vierjährigem Faßlager können die Superiore als Riserva verkauft werden. Der Veltliner ist leichter, nicht so wuchtig wie die Piemonteser Weine und früher ausgereift. Er zeigt schöne Frucht und gutes Tannin, das sich mit den Jahren mildert. Nach 6–8 Jahren gewöhnlich in Bestform, ist er ein rundum erfreulicher Rotwein.
»Sforzato« oder »Sfurzat« wird aus teilgetrockneten Trauben bereitet, ein körperreicher, trockener Wein mit 14,5% Alkoholgehalt, der länger reift und zehn und mehr Jahre alterungsfähig ist.
Gute Weingüter sind die Enologia Valtellinese in Sondrio (ihre Antica Rhaetia Riserva ist eine Cuvée aus besten Sassella-, Inferno- und Grumello-Weinen. Empfehlenswert ist auch der Paradiso Riserva aus diesem Hause), die Fondazione Fojanini in Sondrio mit dem Sassella La Castellina, Nino Negri in Chiuro mit dem Le Botti d'Oro Riserva und Fratelli Triacca in Bianzone in aufsteigender Tendenz. Gespannt sein darf man in den nächsten Jahren auf die Weine aus dem Haus der Conti Sertoli Salis in Tirano, die 1989 die Erzeugung wieder aufgenommen haben.

DOC und DOCG

DOC = Denominazione di origine controllata ist die Ursprungsbezeichnung für Qualitätsweine bestimmter Anbaugebiete. Sie müssen den Bedingungen entsprechen, die für jeden einzelnen Wein vorgeschrieben sind: Anbaugebiet, Name des Weines, Rebsorten, Ertrag und Erzeugungsart.
DOCG = Denominazione di origine controllata e garantita ist die Ursprungsbezeichnung höherer Güteklasse für Qualitätsweine bestimmter Anbaugebiete. Ein besonderes staatliches Siegel beglaubigt Gütegarantie und Herkunftskontrolle und wurde erstmals Ende 1980 an die Rotweine Barolo, Barbaresco, Brunello di Montalcino und Vino Nobile di Montepulciano vergeben, 1984 an die gesamte Chianti-Zone, was schon zweifelhaft war. Was sich das DOC-Komitee allerdings bei der Vergabe der DOCG an den Weißwein Albana di Romagna gedacht hat, wird wohl sein Geheimnis bleiben.
Der DOC, die in Anlehnung an das französische AOC-System im Jahre 1963 geschaffen wurde, unterstehen derzeit etwa 14% der gesamten italienischen Weinernte. Trotz aller Unzulänglichkeiten ist es den Urhebern des Gesetzwerks zu verdanken, daß die ungeheure Weinvielfalt dieses Landes transparenter wurde und einen spürbaren Schritt zur Qualitätsverbesserung getan hat. Da die Gesetzgebung jedoch auf der Tradition eines Weintyps für ein bestimmtes Gebiet basiert und diese festschreibt, steht sie dem Fortschritt und damit weiterer Qualitätsanhebung eigentlich mehr auf den Füßen, als daß sie ihn in Gang bringt.
So ist es nicht verwunderlich, daß eine steigende Anzahl italienischer Spitzenweingüter, auch der DOC- und DOCG-Gebiete, erstklassige und international anerkannte Weine als einfache Vini da tavola etikettiert auf den Markt bringen, wenn sie nicht alle Vorgaben der DOC erfüllen.*) Dabei kann ein solcher Wein durchaus dem Typ seines Gebietes entsprechen, trotz z. B. geänderter Sortenanteile oder deren unterschiedlicher Zusammensetzung im Mischsatz.
Vini da Tavola, also Tafelweine sind über vier Fünftel aller italienischen Weine. Nach den EG-Güteklassen sind es Weine einfacher Herkunft. In Italien können es auch Spitzenweine sein.

* Die im Wein-Gotha behandelten italienischen Weine wurden weder als DOC- noch als DOCG-Weine oder als Tafelweine gekennzeichnet, da es, wenn auch z. T. erzeugerabhängig, nur Weine guter und bester Qualität sind.

Superiore, Vecchio, Riserva, Riserva speciale, Stravecchio

sind unter staatlicher Kontrolle stehende Altersprädikate, die die Lagerzeit von Qualitätsweinen nach Anbaugebiet, Rebsorte usw. und wie bei Superiore, auch nach dem Alkoholgehalt festlegen. Stravecchio (sehr alt) ist nur bei sehr wenigen Weinen zugelassen, z. B. beim Marsala.

Classico

darf sich ein Qualitätswein dann nennen, wenn er aus der genau umgrenzten Zone seines Anbaugebietes stammt, die mit dem ursprünglichen Herkunftsbezirk weitgehend identisch ist.

Italienische Weinbegriffe

Vite	– Rebe
Vitigno	– Rebsorte
Uva	– Traube
Vigna	– Weinberg
Vigneto	
Viticoltore Vignaiolo	– Winzer, Weinbauer (= Erzeugerabfüllung)
Azienda Agricola Azienda Agraria	– Weingut (Erzeugerabfüllung)
Cascina Fattoria Tenuta Podere	– Weingut weinrechtlich für Erzeugerabfüllung
Produttore	– Erzeuger
Cantina	– Kellerei
Cantina sociale Cantina cooperativa	– Genossenschaftskellerei
Casa vinicola	– Weinhaus, verarbeitet fremde Trauben
Imbottigliato all'origine	– Originalabfüllung
Imbottigliato dal produttore	– Abfüllung im Weingut
Annata	– Jahrgang
Vendemmia	– Ernte, auch Jahrgang
Uvaggio	– Mischsatz mehrerer Verschnittsorten
Taglio	– Verschnitt
invecchiato	– gelagert
Bianco	– Weiß
Rosso	– Rot
Rosato	– Rosé
Cerasuolo	– Kirschrot, heller Rotwein oder Rosé
Chiaretto	– Rosé, gebräuchlich in Venetien
Ambrato	– Bernsteinfarben (Dessertweine)
Secco	– Trocken
Asciutto	– Trocken
Semisecco	– Halbtrocken (b. Schaumwein
Pastoso	– Mild, fast trocken
Abboccato	– Leicht lieblich
Amabile	– Lieblich
Dolce	– Süß
Liquoroso	– Likörartig, kann, muß aber nicht aufgespritet sein
Passito	– Meist süßer Wein aus teilgetrockneten Trauben
Acidulo	– säurehaltig
Aciditá	– Säure
Amaro	– Bitter
Amarognolo	– zarter Bittermandelton im Abgang
Spumante	– Schäumend
Frizzante	– Perlend, leicht moussierend

Sherry (Jerez)

Regionen

- **Jerez de la Frontera**
  (nördlich, westlich und südwestlich der Stadt):
  Anbauzonen: Carrascal, Macharnudo, Añina, Balbaina Alta, Los Tercios.
  Finos, Olorosos, Dulces
  (Pedro Ximénez und Moscatel)
- **Sanlúcar de Barrameda**
  (östlich und südlich der Stadt):
  Anbauzonen: Miraflores, Torrebreba.
  Ein spezieller Fino: der Manzanilla;
  Moscatel, Pedro Ximénez
- **Puerto de Santa Maria**
  (nördlich, östlich und westlich der Stadt):
  Anbauzonen: Balbaina Baja, Los Tercios.
  Alle Süßweine, aber auch Finos und Pedro Ximénez

Reben

Palomino. Sie ist die Sherry-Rebe par excellence, die über 90 % des Sherry-Anbaugebietes um Jerez de la Frontera einnimmt. Die ertragreiche Sorte ist wenig krankheitsanfällig, und die Weine ihrer großen Trauben mit den mittelgroßen, lockerhängenden Beeren erscheinen fast neutral, mit wenig Säure. Sie erhalten ihre Finesse erst durch den Ausbau im Solera-System. Palomino wird in Australien, Argentinien, Kalifornien und Südafrika angebaut, wo man sie French Grape nennt. Als Listan taucht sie im südlichen Südwesten Frankreichs auf.

Pedro Ximénez. Es ist die berühmte Rebe Andalusiens, um die sich die Legende rankt, eine Mutante des Rieslings zu sein, die der Deutsche Peter Simon im 16. Jahrhundert dorthin gebracht haben soll. Ihr Wein ist extrakt- und alkoholreich und sehr fruchtig. Neben der Palomino ist sie die wichtigste Rebsorte des Sherry. Die großen, mehrgliedrigen Trauben werden vor der Kelterung auf kreisrunden Espartograsmatten einige Stunden, für PX-Sherrys zwei bis drei Wochen der Sonne ausgesetzt. Leider ist die Sorte nicht gerade ertragreich und sehr krankheitsanfällig.
Dem Sherry-Gebiet benachbart ist Pedro Ximénez, die Rebsorte der ungespriteten Montilla y Moriles-Weine, dem Sherry ähnliche Apéritifs. Auch der Málaga ist ein im Solera-System bereiteter Dessertwein aus Pedro Ximénez und Muskateller.

Moscatel. Der bukettreiche Wein der uns schon bekannten Muskateller-Rebe wird reinsortig als Dessertwein bereitet, meist aber zum Verschnitt benutzt, besonders zu Cream-Sherrys.

Die Sherry-Typen

Es gibt zwei Grundtypen des Sherrys:

I. Finos

Herb-trocken, von ausgeprägtem Charakteristikum und heller Farbtönung sind die leichteren Sherry-Weine. Bei den Finos unterscheidet man drei Typen:

1. Fino

Der Fino im eigentlichen Sinne ist der trockene, hellgelbe bis topasfarbene Jerez-Sherry aus den besten kalkreichen Bezirken Macharnudo und Carrascal. Er ist leicht und rassig, mit zartem Mandelbouquet und delikat feinem Florgeschmack.
Alkoholgehalt: ca. 15–17 %
Farbe: pale (helles Goldgelb)

2. Manzanilla

Er ist oft der feinste unter den feinen Finos, aber auch der empfindlichste. Er kommt von den Weinbergen und aus den Bodegas von Sanlúcar. Seinen unverkennbar leicht salzigen Beigeschmack und den ausgeprägteren Florgeschmack, der überaus delikat ist, erhält er von dem speziell kräftigen Hefeflor, der durch die nahen, salzhaltigen Atlantikwinde hier besonders üppig gedeiht. Der zartbittere, sehr trokkene Manzanilla ist der ganze Stolz von Sanlúcar, wo man seine leichtere Variante Manzanilla Fina nennt.
Manzanilla pasada ist ein alter, reifer Manzanilla, der einem sehr trockenen, leichten Amontillado nahekommt.
Alkoholgehalt: 14–17 %
Farbe: very pale (blaßgelb)

3. Amontillado

Seinen Namen hat er von dem Ort Montilla in der Provinz Córdoba, aber er ähnelt dem dortigen Wein

nur in der Farbe. Gute, trockene, lange faßgelagerte Amontillados (vier- bis fünfjährige Finos, die nach Verlust der Florbildung noch sieben und mehr Jahre in einer Amontillado-Solera lagern), erscheinen als volle körperreiche Finos, intensiv und harmonisch in all deren besten Eigenschaften mit oft hinreißendem Haselnuß-Ton.
Alkoholgehalt: 16,5–18 %
Farbe: light golden (goldgelb bis bernsteinfarben)

Medium Sherry ist ein, nur für den Exportmarkt, mit Pedro Ximénes-Weinen leicht gesüßter Amontillado.

II. Olorosos

Der Oloroso-Typ ist der traditionell klassische Sherry-Typ, der diesen spanischen Wein in der Welt ehemals berühmt gemacht hat. Er reift oxydativ, also ohne die schützende Flor-Schicht heran.

1. Oloroso (i.e.S.)

Der Solera-Oloroso ist ein würziger, trockener, körper- und alkoholreicher Wein. Er verleitet dazu, die Zunge eine zarte Süße empfinden zu lassen, die aber nicht vorhanden ist. Oft hat er einen ausgeprägten Eichenton.
Alkoholgehalt: 18–20 %
Farbe: golden (topas bis altgold)

2. Palo Cortado

Es bedeutet soviel wie »durchschnittener Stock«, ein Kellermeister-Terminus, der einen bestimmten Entwicklungsstand des Oloroso bezeichnet. Es ist ein seltener, trockener Wein mit dem Aroma und Duft des Amontillado bei sonst allen guten Eigenarten des Oloroso.
Alkoholgehalt: 18–20 %
Farbe: dark golden oder light brown (dunkles Goldbraun)

3. Raya

Er ist ein weniger guter Oloroso, der hauptsächlich für billige Verschnitte verwendet wird.

Cream-Sherry und Süßweine

1. Cream-Sherry

ist ein Verschnitt gut abgelagerter Olorosos, im besten Fall mit Solera-Weinen der Pedro Ximénez- und/oder Moscatel-Trauben. Ein guter Cream ist mild von delikater Süße, der durch längeres Flaschenlager noch gehaltvoller werden kann.
Alkoholgehalt: 18–20 %
Farbe: warmes Rotbraun

Pale Cream ist eine neuere Variante: ein gesüßter Fino, der von Croft eingeführt wurde und nur auf den Auslandsmärkten Erfolg hat.

Amoroso ist eine alte, nur noch selten angewandte Bezeichnung und meint einen zartsüßen, geschmeidigen Oloroso, verschnitten mit Pedro Ximénez.

2. Süßweine (Pedro Ximénez, Moscatel und Mistela)

Pedro Ximénez- und Moscatel-Trauben werden im Jerez-Gebiet schon lange kultiviert und ihre Weine, auch im Solera-System ausgebaut, zum Verschnitt verwendet. Unverschnitten tragen die Weine den Namen ihrer Rebsorte, die auch meistens auf dem Etikett der Flasche erscheint, beim Pedro Ximénez zuweilen unter der Abkürzung P.X. Jeder ist von ausgeprägter Eigenart, die auch beim Verschnitt mit anderen Weinen nicht verlorengeht. Alter Pedro Ximénez ist eine teure Spezialität: schwarzbraun, fast sirupartig, süß und körperreich mit dem Aroma getrockneter Pflaumen und Rosinen, was bei der Art der Herstellung nicht verwundert. Werden doch seine Beeren nach der Ernte bis zu drei Wochen auf Strohmatten der Sonne ausgesetzt, bis sie rosinenartig geschrumpft sind.

Weniger aufwendig verfährt man beim Muskateller, der, ebenso nach kurzer Gärung gestoppt, einen hellen Wein mit dem typischen würzigen Muskateller-Bouquet bringt.
Mistela ist ein eher neutraler, in der Solera ausgebauter Süßwein aus Palomino-Trauben. Läßt man die Beeren der Palomino, wie die der Pedro Ximénez, vor der Pressung rosinenartig in der Sonne schrumpfen, heißt der daraus gewonnene Wein Palomino Soleada.

Sherry-Produzenten

Von den 64 exportierenden Sherry-Produzenten in Jerez de la Frontera, Sanlúcar de Barrameda und Puerto de Santa Maria haben wir uns auf 14 auch qualitativ bedeutende Häuser und deren beste Sherrys beschränkt.

BARBADILLO (Antonio Barbadillo S.A., Sanlúcar de Barrameda)

Manzanilla pasada »Principe« (sehr alt)
Manzanilla pasada »Solear« (ca. 20 Jahre alt)
Fina Sanlúcar (Manzanilla)
Fino de Balbaina
Oloroso Seco

AGUSTÍN BLÁZQUEZ (Hijos de Agustín Blázquez S.A., Jerez)

»Carta Oro« (sehr alter Amontillado)
»Capuchino« (Palo Cortado)
»Carta Plata« (Amontillado)
»Carta Blanca« (Fino)
»Carta Azul« (alter Pedro Ximénez)

DÍEZ-MERITO (Díez-Merito S.A., Jerez)

»Don Zoilo«-Sherrys: Fino, Amontillado und Cream
»Victoria Regina« (Oloroso)
»Fino Imperial« (alter Amontillado)
»Pemartin Solera 1914« Pedro Ximénez

DOMECQ (Pedro Domecq S.A., Jerez)

»Amontillado 51, 1.ª«
»Sibarita« (Palo Cortado)
»Venerable« (Pedro Ximénez)
(sehr alte Weine)

»La Ina« (trockener Fino)
»Primero« (Amontillado)
»Rio Viejo« (trockener Oloroso)
»Celebration Cream« (Pedro Ximénez)

GARVEY (Garvey S.A., Jerez)

Special Reserve – Dry Oloroso, Palo Cortado, Dry Amontillado, Pedro Ximénez und Amoroso

»Ochavico« (trockener Oloroso)
»Tio Guillermo« (trockener Amontillado)
»San Patricio« (Fino)

GONZÁLEZ BYASS (González Byass S.A., Jerez)

»Amontillado del Duque« (trocken)
»Apóstoles« (Oloroso, verhalten süß)
»Noe« (Pedro Ximénez)
(sehr alte, rare Solera-Sherrys)
»Tio Pepe« (sehr trockener Fino)
»Alfonso« (trockener Oloroso)
»Matusalem« (süßer alter Oloroso)

LUSTAU (Emilio Lustau S.A., Jerez)

Almacenista-Sherrys
– Amontillado de Jerez
– Oloroso Viejo de Jerez
– Manzanilla pasada de Sanlúcar

»Dry Lustau«
– Oloroso
– Palo Cortado

MARQUÉS DEL REAL TESORO (Hnos. Marqués del Real Tesoro S.A., Jerez)

»Tradicional«
– Oloroso Special Reserve
– Amontillado Special Reserve
– Pedro Ximénez Special Reserve
(alte, rare Weine)

»La Capitana« (Manzanilla)

OSBORNE (Osborne y Cía. S.A., Puerto de Santa Maria)

Oloroso »Bailen« (trocken)
»Coquinero dry« (trockener Amontillado)
Fino »Quinta«

LA RIVA (La Riva S.A., Jerez – jetzt bei Domecq)

»Tres Palmas« Fino
Oloroso Reserva (sehr alt)
»Guadalupe« Amontillado

SANDEMAN (Sandeman Coprimar S.A., Jerez)

»Royal Ambrosante« (Palo Cortado)
»Imperial Corregidor« (sehr alter Oloroso)
»Character« (Oloroso, medium dry)
»Don Fino«

VALDESPINO (A.R. Valdespino S.A., Jerez)

»Coliseo« (alter Amontillado)
»Cardenal« (Palo Cortado)
»Very old Oloroso«
»Tio Diego« (Amontillado)
»Inocente« (Fino)

WILLIAMS & HUMBERT (Williams & Humbert Ltd., Jerez)

»Dos Cortados« (Oloroso/Palo Cortado)
»Dry Sack« (medium Amontillado)
»Pando« (Fino)

WISDOM & WARTER (Wisdom & Warter Ltd., Jerez)

(W. & W. verkauft in Deutschland unter dem Bodega-Namen R.C. Ivison die in Klammer aufgeführten entsprechenden Qualitäten).
Reservas – Fino, Amontillado, Oloroso und Cream (sehr alte, rare Weine)

»Very rare Solera«
– alter Amontillado (IVISON Matusalen dry)
»Tizón
– alter Amontillado (IVISON Solera Est. 1840)
»Royal Palace«
– Amontillado (IVISON Amontillado Fino)
»Olivar«
– Fino (IVISON Fino Superior)
»Wisdom's Choice«
– Cream (IVISON V.O.X. Cream)

Sie müssen wissen

Almacenista-Sherry ist ein besonders seltener, besonders exquisiter Sherry, worauf das Wort, das nichts anderes bedeutet als »Lagerhalter« gewiß nicht hinweist. Teilweise sind dies Leute, die Sherry über Generationen im Nebenerwerb ausbauen, aber auch Winzer, die Rebland in den besten Lagen besitzen und seit Generationen Soleras ihrer bestimmten Lage pflegen. Sie dürfen dies nur in beschränktem Umfang tun und ihre Weine auch nicht selbst vermarkten, sondern verkaufen sie an die großen Sherry-Häuser auch zur Aufbesserung deren eigener Weine. Almacenistas besitzen sehr alte, kostbare Sherrys.
Emilio Lustau vertreibt solche Schätze aus Privatbeständen.

Die Vielfalt der Sherry-Sorten, die sich nicht auf die von uns vorn beschriebenen klassischen Sherry-Typen beschränkt, entsteht durch Verschneiden und Mischen von Weinen aus verschiedenen Soleras. Die einzelnen Sherry-Häuser hüten die Rezepte ihrer ganz eigenen Geschmacksnuancen natürlich wie Staatsgeheimnisse. Die besten, die trockenen klassischen Solera-Sherrys werden leider nur selten exportiert. In jedem Fall sind wirklich gute Sherrys niemals billige Sherrys, die oft genug in zeitsparenden Verfahren hergestellt werden und nur geringe Mengen der aufwendigen Solera-Sherrys enthalten.

Jahrgangs-Sherrys gibt es nicht. Eine Flasche mit Jahrgangszahl (z. B. 1847 von González Byass) sagt nichts anderes aus, als daß die Solera im Jahr 1847 angelegt wurde. Sicher sind noch Spuren dieses alten Weines in der Flasche enthalten.

Die Lagerung. Finos und Manzanillas sind empfindliche Weine und vertragen keine Lagerung. Man sollte sie nach Möglichkeit kaufen und trinken. Auch das Sherry-Umschlagtempo des Weinhändlers ist hier wichtig zu wissen. Einmal geöffnet, sollten Flaschen dieser Sherrys auch vollständig getrunken werden. Ihre hinreißende Finesse ist schnell verloren, wenn man die halbleere Flasche nach ein paar Tagen hervorholt. Halbe Flaschen, wie in Spanien, kämen auch hier dem Verbraucher sehr entgegen.
Amontillados, besonders Olorosos, lassen sich in einem geeigneten Weinkeller schon ein bis zwei Jahre lagern, aber wirkliche Sherry-Kenner beachten die Regel: Sherrys mögen keine Flaschen! Eine Ausnahme machen manche süße Cream-Sherrys, die durch ein längeres Flaschen-Lager noch besser werden können. Grundsätzlich sollte Sherry gekauft werden, wenn er gebraucht wird, da ja dieselbe Sorte in derselben Geschmacksrichtung immer wieder neu lieferbar ist.

In welchem Glas, mit welcher Temperatur und wozu serviert man Sherry?
Das klassische Sherryglas ist die Copita, ein schlankes Tulpenglas, das man zu einem guten Drittel füllt, damit das Bouquet des Weines sich voll entfalten kann. Zur Not kann man auch ein kleines, bauchiges Weinglas nehmen.
Finos, Manzanillas, trockene Amontillados trinkt man am besten gekühlt mit 9–12 Grad, auch trockener Oloroso schmeckt leicht gekühlt sehr gut. Die süßeren

Sherry-Weine kann man höher temperiert servieren. Finos, Manzanillas und trockener Amontillado sind hervorragende Apéritifs, die beiden erstgenannten passen zu allen Fischgerichten und Meeresfrüchten. Zu Fleischgerichten und Käse paßt ein trockener Oloroso vorzüglich und wie der Amontillado ist er ein anregender Begleiter eines guten Gesprächs. Cream-Sherry sollte dem Dessert vorbehalten bleiben, was nicht heißt, daß dazu nicht auch ein anderer Sherry-Typ paßt.

Spanien

Rioja und andere bedeutende Weine

Die meisten spanischen Weine sind Sorten-Verschnitte wie die großen Bordeaux oder Chianti. Rote Riojas, wie auch andere spanische Rotweine, enthalten teilweise auch kleine Anteile weißer Sorten. Sortenreine Weine tragen gewöhnlich den Namen der Rebsorte auf dem Etikett.

Reben

Rote Sorten:

Tempranillo ist eine der vielen spanischen Rebsorten, die bei uns völlig unbekannt sind. Mit ihren langen dunklen Trauben und den tief eingeschnittenen Blättern ist sie die Grundsorte des roten Rioja in den Spitzenweingebieten Rioja Alta und Alavesa. Tempranillo bevorzugt höhere, kühlere Lagen, benötigt viel Pflege, ist nicht sehr krankheitsresistent und reift früh. Ihre Weine zeigen Fruchtigkeit, guten Extrakt und ausgeglichene Säure, die in höheren Lagen etwas ausgeprägter erscheint. In der Mancha im Valdepeñas heißt sie Cencibel, in Katalonien Ull de Llebre, in der Ribero del Duero nahe Valladolid nennt man sie Tinto Fino oder Tinto Aragonés.

Garnacha tinta. Auch sie ist eine spanische Sorte, die dort, aber auch in Frankreich verbreitet wächst, wo sie zu den Rebsorten des Midi gehört als Grenache noir. Im Südwesten Frankreichs nennt man sie auch Alicante, wie in Italien, wo sie außer in den Marken noch in Sizilien angebaut wird. Im Rioja-Gebiet wird die robuste Sorte vorwiegend in der Rioja Baja kultiviert. Ihre kompakten Trauben bringen immer alkoholreiche Weine, die wegen ihres geringen Farbstoffgehalts ziegelrot erscheinen.

Graciano wird wegen ihrer geringen Fruchtbarkeit und dem hohen Aufwand an Pflege, den sie verlangt, nur noch in geringem Ausmaß angebaut. Dabei bringt sie gute, frische Weine mit ausgeprägt schönen Aromastoffen (Rioja).

Cariñena. Die Sorte stammt aus dem gleichnamigen Anbaugebiet südwestlich von Saragossa. Heute findet man sie dort kaum mehr, dagegen in den katalanischen Weinbaugebieten Tarragona und Penedès. Als Mazuelo erscheint sie im Rioja. Im französischen Süden, wo sie ungeheuer verbreitet ist, heißt sie Carignan, in Italien Carignano oder Uva di Spagna, wird dort jedoch nur selten angebaut.
Die Sorte ist ein Massenträger, ihre langen, kompakten Trauben bringen farbintensive, gerbstoffreiche Moste, die Weine sind einfach und anspruchslos und werden zum Verschnitt verwendet. Die kalifornische Ruby Cabernet ist eine Kreuzung aus Carignan und Cabernet.

Monastrell. Sie ist offenbar eine katalanische Sorte, die auch im Languedoc-Roussillon auftaucht. In den Weinbaugebieten Zentralspaniens wird sie häufig angebaut. Die Sorte ist unempfindlich gegen Trockenheit und resistent gegen Krankheiten. Wenig ertragreich bringt sie farbintensive, alkoholreiche, gut reifende Weine, die hauptsächlich zum Verschnitt dienen.

Mazuelo s. Cariñena

Reben

Weiße Sorten:

Viura ist eine in Spanien weit verbreitete weiße Rebe, fast überall als Macabeo bekannt. Als solche findet man sie auch im Rebsortiment des Languedoc/Roussillon. Die fruchtbare Sorte ohne besondere Ansprüche bringt frische, fruchtige Weine mit ausgeglichener Säure. In den helleren Rotweinen der Rioja Alavese sind immer Anteile der Viura enthalten. Die weißen Riojas bestehen zum größten Teil aus Viura-Säften, denen Malvasia und/oder Garnacha blanca beigefügt ist.

Malvasia. Der weiße Malvasier, fast überall in den wärmeren Weinbauregionen angebaut, gehört zu den uralten Qualitätssorten und war, wegen seiner Haltbarkeit, schon im Altertum bekannt. Weißer Malvasier kommt in zahlreichen Spielarten vor. Die Weine erscheinen mit typischem Sortenbukett von trocken über lieblich bis likörartig süß.

Garnacha blanca, mit der Garnacha tinto verwandt, ist zwar sehr fruchtbar, bringt aber Weine geringer Qualität mit hohem Alkoholgehalt und geringer Säure. Ihr Anbau ist rückläufig.

Xarel-lo, regional auch Pansa blanca genannt, ist eine Rebe Kataloniens. Die in ungünstigen Jahren recht säurereiche Sorte von gutem Alkoholgehalt dient vor allem der Schaumweinbereitung, den spanischen Cavas.

Parellada (auch Montonec). Auch sie ist eine beliebte Cava-Sorte in Penedés, säurereich, mit geringerem Alkoholgehalt, bringt sie aromatisch-fruchtige Bukettstoffe.

Verdejo ist im Rueda-Anbaugebiet, südwestlich von Valladolid, beheimatet. Sie bringt frische, fruchtige Weine von angenehmer Säure. Marqués de Riscal und Marqués de Griñon (Bodegas de Crianza de Castilla La Vieja in Rueda) bringen ausgezeichnete Weine dieser Sorte auf den Markt, denen teilweise noch etwas Viura zugesetzt ist.

Macabeo s. Viura

Albariño. Eine Sorte Galiziens, die sehr helle, perlende, zartfruchtige, trockene, jung zu trinkende Weine bringt. Das Anbaugebiet liegt bei El Rosal und Cambados (nordwestlich von Pontevedra). Ausgezeichnet ist der Albariño »Lagar de Cervera« aus der Bodega Lagar de Fornelos S. A. in El Rosal, die der Bodega La Rioja Alta S. A. gehört, gut auch der Albarino del Palacio aus Fefiñanes.
In Portugal heißt die Rebe Alvarinho und bringt im Gebiet von Monção, nahe der spanischen Grenze, den besten Vinho Verde des Landes.

Rioja

- **Rioja Alta**
  (südlich und westlich von Logroño, vorwiegend am rechten Ufer des Ebro bis rund um Haro):
  sehr gute bis mittlere Rotweine, gute bis einfache Weißweine
- **Rioja Alavesa**
  (nördlich und nordwestlich von Logroño am linken Ebro-Ufer):
  sehr gute bis mittlere Rotweine, gute bis einfache Weißweine
- Rioja Baja
  (östlich von Logroño, hauptsächlich am rechten Ebro-Ufer entlang bis Alfaro):
  einfache Weine, zumeist Verschnittweine

Rioja-Weine sind heute, hinter den Sherry-Varianten, die repräsentativsten Weine Spaniens in der Welt. Das Rioja-Gebiet, in dem auch genügend gewöhnliche Weine wachsen, produziert eben auch die meisten großen spanischen Spitzenrotweine.
Wie andere Länder, weicht auch Spanien nicht von der Regel ab, daß seine besten Weine im Norden des Landes gedeihen.
Die etwa 130 km lange Rioja liegt in einer kargen, weit geschwungenen Hügellandschaft am oberen Lauf des Ebro, im Norden begrenzt von den Bergen der Sierra de Cantabria, im Südwesten von der weiten Sierra de la Demanda.
Das Anbaugebiet mit etwa 45 000 ha Rebfläche zerfällt in drei Zonen. Im Westen Rioja Alta zwischen den Weinhandelsstädten Haro und Logroño, ein etwa 450 m hoch gelegener Bereich mit eher kühlem, mitteleuropäischem Klima, das dort die in Spanien seltene Feuchtigkeit für die Vegetation bringt. Die Weine sind entsprechend hochwertig, mit gutem Säure- und Gerbstoff-Gehalt, körperreich und sehr alterungsfähig.
In der Mitte, nordwestlich von Logroño, am linken Ufer des Ebro, liegt mit nach Süden geneigten Hängen Rioja Alavesa. Dort wachsen elegante, geschmeidige, schneller reifende Weine. Die dritte Anbauzone, Rioja Baja, die östlich von Logroño bis Alfaro reicht, ist ein eher trockenes Gebiet mit mediterranem Klimaeinfluß mit einfachen, tannin- und alkoholreichen Weinen.
Rioja Alta und Alavesa haben vorwiegend eisenhaltige Lehmböden mit hohem Kalkanteil, vor allem in der Alavesa, sowie sandiges Schwemmland. In der Rioja Baja überwiegt schwerer Lehmboden.
Ähnlich wie beim Sherry, wird der größte Teil des Leseguts von den großen Weinhandelshäusern, den Bodegas, verarbeitet und stammt aus deren eigenen Lagen oder wird von der großen Zahl kleiner Winzer aufgekauft. Die Bodegas bereiten daraus Verschnitte nach Art ihres Hauses nach überraschend gleichbleibender Qualität. Lagenamen in unserem Sinn werden nicht verwendet. Lagebezeichnungen auf dem Etikett wie z. B. Viña Tondonia (viña = Weinberg) werden als Markennamen benützt.
Schon seit langem haben sich die Rioja-Häuser einer strengen Qualitätskontrolle unterstellt. Seit 1970 gibt es in Spanien die Denominación de Origen (ähnlich der französischen A.O.C.), deren regionale Consejos vom Nationalinstitut in Madrid umfassende Kontroll-

vollmachten haben. Damals hat sich das Rioja-Gebiet in einem zusätzlichen »Reglamento« noch höhere Qualitätsauflagen gestellt, die seit 1979 auch für die übrigen spanischen D.O.-Gebiete Gültigkeit haben.
Erstaunlich ist, daß weltweit die kleine Schweiz die größte Menge Rioja-Wein importiert, gefolgt von Großbritannien und Deutschland. Zusammen nehmen diese drei Länder knapp 45 Prozent des gesamten Rioja-Exportes auf.

Sehr gute Jahrgänge: 1962, 1964, 1968, 1970, 1975, 1978, 1981, 1982, 1987
Gute Jahrgänge: 1973, 1974, 1976, 1980, 1983, 1985, 1986, 1988, 1989, 1990

Von über 40 Rioja-Bodegas stellen wir zehn für ihre Qualität bekannte Bodegas mit ihren Spitzenweinen vor:

Bodegas Marqués de Murrieta, Ygay/Logroño

1872 von Luciano Marqués de Murrieta gegründet, heute im Besitz von Vicente Cebrian Sagarriga Graf von Creixell, ist sie, mit Riscal, die älteste Rioja-Bodega. Die Weinbereitung ist traditionell. Der absolute Spitzenwein ist Castillo Ygay Gran Reserva, nur aus besten Jahrgängen, ihm folgt Marqués de Murrieta Reserva, auch dies ein Wein mit außerordentlich langer Ausbauzeit. Außergewöhnlich ist auch der seltene weiße Castillo Ygay.

Vinos des los Hdos. del Marqués de Riscal S.A., Elciego

1883 nahm die vom Marqués de Riscal gegründete Bodega unter der Verwaltung von Jean Pineau, einem Sachverständigen aus dem Bordelais, die Arbeit nach Methode der Bordeaux-Vinifikation auf. Damals schon führte das Gut Cabernet Sauvignon-Reben ein, deren Säfte auch heute in unterschiedlich hohen Anteilen seinen eleganten, fruchtigen Weinen zugesetzt sind. Die Weine werden nur unter der Bezeichnung Marqués de Riscal verkauft, auch die weißen, die nicht aus dem Rioja, sondern dem Rueda-Gebiet, westlich von Valladolid kommen.

Bodegas R. López de Heredia Viña Tondonia S.A., Haro

Sehr traditionsbewußte, berühmte Bodega, die Rafael López de Herredia y Landeta 1881 von einem französischen Weinhändler übernahm und die sich noch heute im Besitz der Familie befindet. Ihre Spitzenweine sind die roten und weißen Viña Tondonia und der rote Bosconia. Die Weine haben große Alterungsfähigkeit.

Bodegas La Rioja Alta S.A., Haro

1890 gegründet und noch heute im Familienbesitz, ist auch sie eine sehr traditionell arbeitende und qualitätsbewußte Bodega, deren rote Spitzengewächse Reserva 890 und Reserva 904 nur in sehr guten Jahren erzeugt und erst nach mindestens 15- bzw. 12jähriger Lagerung die Bodega verlassen. Vorzüglich die roten Viña Ardanza und der etwas leichtere Viña Arana wie auch der weiße Viña Ardanza. Das Weingut erzeugt fast nur Reservas und Gran Reservas.

Bodegas Muga S.A., Haro

Kleine Familien-Bodega, 1926 gegründet und jetzt unter der Leitung der Brüder Don Isaac und Don Manuel Muga. Sie bauen in konservativer Weise sehr feine Weine aus, die zu den besten roten Riojas gehören: die Prado Enea Reservas und Gran Reservas.

Compañía Vinícola del Norte de España (C.V.N.E.), Haro

Auch wenn der Name einem Konzern eher entspräche, ist es doch ein Familienbetrieb mittlerer Größe, 1879 gegründet. In Spanien nennt man die Bodega inzwischen auch CUNE. Die besten Rotweine des Hauses sind Imperial, der hervorragend altert und Viña Real, ein eher geschmeidiger Wein. Sehr beliebt in Spanien ist der weiße Monopol. Gelobt wird auch der Contino aus der kleinen, gleichnamigen Bodega, die C.V.N.E. gehört.

Bodegas Riojanas S.A., Cenicero

Alteingesessene, 1890 gegründete Familien-Bodega traditioneller Art. Das Weingut gärt einen Teil seines Traubenguts in konservativer Weise noch in offenen, steinernen Lagos, was dem Wein sehr fruchtigen Charakter gibt. Spitzenweine sind die

Roten Monte Real und Vina Albiña. 1990 ließ sich Präsident Gorbatschow im Palacio Real de Pedralbes den Monte Real Gran Reserva des exzellenten Jahrgangs 1982 munden.

Bodegas Marqués de Cáceres S.A. (Unión Vitivinicola), Cenicero

1970 gründete Don Enrique Forner die Bodega nach seiner Rückkehr aus Frankreich, wo ihm Château Larose-Trintaudon zusammen mit seinem Bruder gehört, der noch Château Camensac besitzt (beide im Haut-Médoc). Von dorther brachte Forner das Verfahren und Prof. Emile Peynaud, Önologe der Universität Bordeaux, der ihm beratend zur Seite stand. Die Weine werden weniger lange im Faß ausgebaut und altern dafür länger in der Flasche. Die besten roten Gewächse Marqués de Cáceres erscheinen harmonisch und fruchtig, ohne den typischen Eichenholzton der Rioja-Weine. Auch der weiße Marqués de Cáceres ist ein eleganter, fruchtiger Wein.

La Granja Nuestra Señora de Remelluri S.A., Labastida

Der Unternehmer Jaime Rodriguez Salis aus dem baskischen Irún baute in den 60er Jahren für sich und seine Familie ein Refugium in einem stillen Teil der Rioja Alavesa inmitten alter Rebgärten. Die Anlagen wurden erweitert, eine Bodega errichtet, und seit 1971 erzeugt das kleine, feine Weingut exzellente Rotweine: die Remelluris.

Bodegas Domecq S.A., Elciego

Anfang der 70er Jahre erstellte das renommierte Sherry-Haus in Elciego eine hochmoderne, sehr nüchtern wirkende Bodega und rekultivierte knapp 600 ha Land zu neuen Weinbergen. Beste Marke ist der Marqués de Arienzo, ein feinfruchtiger, eleganter Wein und Nachfolger des Privilegio del Rey Sancho, der seit 1987 nicht mehr auf dem Markt ist.

Von fast allen genannten Riojas gibt es Reservas, Gran Reservas, mit oder ohne Jahrgang (s. »Sie müssen wissen«).

Navarra

Bodegas Señorío de Sarría

Ein sehr gepflegtes Weingut bei Puente la Reina südwestlich von Pamplona. Auf etwa 100 ha Rebland werden die Rioja-Sorten und etwas Cabernet Sauvignon gepflegt. Die roten Reservas und Gran Reservas Señorío de Sarría lassen sich durchaus mit den besten Riojas vergleichen.

Ribera del Duero

Das Weinbaugebiet der D.O. Ribera del Duero erstreckt sich auf einer Länge von ca. 100 km bei 30 km Breite entlang dem Duero um die zentral gelegene Stadt Aranda de Duero.

Vega Sicilia

Bei Valbuena de Duero, östlich von Valladolid, am Ufer des oberen Flußlaufs, stehen in etwa 700 m Höhe auf stark kalkhaltigen Lehmböden die Reben des kostbarsten spanischen Weins auf sanft geschwungenen Hängen. Sein Name Vega Sicilia ist eine mundartliche Verstümmelung der alten Bezeichnung dieses Landstrichs: pagos de la Vega Santa Cecilia.

Schon Mitte des 19. Jahrhunderts holte der Gründer des Weingutes Rebstöcke aus dem Bordelais: Cabernet Sauvignon, Merlot und Malbec, die mit den Mosten der einheimischen Tempranillo (hier Tinto Fino) die Hauptsorten des Vega Sicilia sind, mit einem kleinen Anteil der weißen Albillo.

Die Anbaufläche des Weingutes von ca. 140 ha wird mit Absicht nicht erweitert, aber nicht nur darum ist der Vega Sicilia ein seltener Wein. Nur ein Teil der Ernte wird zu Vega Sicilia ausgebaut, und das auch nur in guten und sehr guten Jahren. Aus qualitativ schlechten Jahrgängen wird im Weingut kein Wein dieses Namens produziert.

Aus dem anderen Lesegut wird der »jüngere« Valbuena bereitet, drei und fünf Jahre alt, auch er ein eleganter, fruchtiger Rotwein von unverkennbarer Klasse, besonders, wenn man ihn noch ein paar Jahre liegen läßt.

Vega Sicilia wird sehr aufwendig und sorgfältig ausgebaut, verbringt mindestens zehn Jahre (meistens mehr) in Eichenfässern und wenigstens zwei Jahre in Flaschen, bevor er die Bodega verläßt, womit seine Alterungsfähigkeit noch lange nicht erreicht ist. Dieses spanische Spitzengewächs zeigt großen Körper, intensive Farbe und Frucht bei herrlich fruchtigem Bukett.

Bodegas Peñalba López

Aufstrebende Familien-Bodega bei Aranda de Duero mit guten fruchtigen Tempranillo-Rotweinen »Torremilanos«.

Cooperativa de Ribera del Duero

Alteingesessene, aber sehr fortschrittliche und qualitätsbewußte Cooperative in Peñafiel, die vor allem aus Tempranillo-Trauben (hier Tinto fino) sehr gute Rotweine mit schönen, nachhaltigen Bukettstoffen keltert, die als »Peñafiel« und als Reserva »Protos« in den Handel kommen.

Bodegas Pesquera

Im gleichnamigen Ort entstand Anfang der 70er Jahre die Bodega von Alejandro Fernandez. Seine Tempranillo-Weine sind fruchtig, von guter Struktur. Sie werden unter dem Namen der Bodega verkauft, eine teure Reserva als »Janus«.

Bodegas Pérez Pascuas Hnos.

Kleine, aufsteigende Familien-Bodega, von zwei Brüdern geführt in Pedrosa, deren feine Rotweine »Viña Pedrosa«, vor allem aus Tempranillo, in Spanien große Anerkennung finden.

Sehr gute Jahrgänge:
1973, 1976, 1981, 1982, 1983, 1985, 1986, 1988, 1989
Gute Jahrgänge:
1974, 1975, 1979, 1980, 1987, 1990

Katalonien

Die Region der D.O. Penedès ist ein Kalksteingebiet und bildet etwa ein Halbrund zwischen den beiden Küstenorten Garraf (südlich von Barcelona) und Torredembarra (vor Tarragona) bis wenige Kilometer vor Igualada im nördlichen Hinterland. Vilafranca del Penedès ist das Zentrum, San Sadurní de Noya im Nordosten der Region der Mittelpunkt der Schaumwein-Erzeugung (Cavas).

Bodegas Miguel Torres

Großes, altes Familien-Unternehmen in Vilafranca del Penedès, das Don Miguel Torres Carbó und dessen Sohn Don Miguel Torres Riera zu Blüte und internationalem Ansehen brachte.
Das Weingut, das inzwischen auch nach Übersee expandiert, pflegt auf 400 ha einheimische Sorten wie Tempranillo (hier Ull de Llebre) Monastrell, Garnacha, Cariñena u. a. und, teilweise im kühlen, höhergelegenen Hinterland eine Fülle europäischer Spitzensorten wie Pinot noir, Cabernet Sauvignon, Cabernet franc, Merlot, Syrah sowie die weißen Chardonnay, Sauvignon blanc, Riesling, Gewürztraminer, Muscat d'Alsace etc.
Das Spitzengewächs von Torres war seither der Gran Coronas Black Label, ein intensiver, fruchtiger, reinsortiger Cabernet Sauvignon, der jetzt den Namen seiner Lage »Mas la Plana« führt. Mas la Plana gibt es nur aus den besten Jahrgängen, nach 18 Monaten in amerikanischer und französischer Eiche, verbringt er im Weingut mindestens drei Jahre in Flaschen. Gran Coronas ist ein Verschnitt aus Cabernet Sauvignon und Tempranillo. Auch er verbringt 18 Monate im Eichenfaß und mindestens zwei Jahre im Flaschenlager, bevor er in den Handel kommt. Gran Sangre de Toro wird aus Garnacha und Cariñena verschnitten.
Dies ist nur eine kleine Auswahl aus dem großen Torres-Programm. Das Weingut altert seine Rotweine nur höchstens zwei Jahre in Eichenfässern, dafür entsprechend länger in Flaschen.

Jean Léon S. A.

Kleine, gute Bodega eines spanischstämmigen Amerikaners in Plá des Penedès nördlich von Vilafranca, der mit gutem Erfolg Cabernet Sauvignon- und Chardonnay-Weine ausbaut. Vor allem die Cabernets machen Eindruck.

Masia Bach

Außergewöhnliches Weingut auf dem Landsitz zweier, Anfang des Jahrhunderts durch Uniformen zu Geld gekommener Junggesellen bei San Sadurní de Noya und berühmt geworden durch den üppigen weißen Dessertwein Extrísimo Bach. Jetzt gehört es dem Schaumweinkonzern Codorníu, der auch trokkene Extrísimo-Weine und gute Rotweine erzeugt.

Raimat (D.O. Costers del Segre)

Auf der Hochebene bei Lérida steht Castillo de Raimat mit hochmoderner Bodega in eindrucksvoller Architektur. Schloß und Weingut gehören einem Zweig der Familie Raventos aus dem Schaumwein-Imperium Codorníu in San Sadurní de Noya. Die gewaltige Rebfläche, zu der noch größere landwirtschaftliche Anbauflächen gehören, ist mit Cabernet Sauvignon, Merlot, Pinot noir, Tempranillo und den weißen Sorten Chardonnay, Xarel-lo, Parellada und Macabeo bepflanzt, letztere auch zur Cava-Bereitung.
Die feinen Rotweine werden reinsortig und auch im Verschnitt ausgebaut, wie der Raimat Abadia, der aus 60 % Cabernet Sauvignon, 30 % Tempranillo und 10 % Merlot bereitet wird.

Castell del Remei

Alteingesessene Weinfirma in Penelles bei Lérida, deren langgereifte Rotweine international oft prämiert wurden. Die Bodega baut seit langem Cabernet Sauvignon und Sémillon auf eigenen Weinbergen an. Zu beachten sind die Reservas und die »Extra Cep Cabernet«- und »Extra Cep Sémillon«-Weine.

Malaga

Bodegas Scholtz Hermanos

Gegründet wurde die berühmte Bodega in Malaga von einem Deutschen, befindet sich aber längst in spanischem Besitz. Ihre Pedro Ximénez-Trauben wachsen auf tonigem Kalk im Norden Malagas um Mollina, der Muskateller im Süden auf eisenhaltigen Formationen.
Die besten Scholtz-Malagas werden im Solera-System bereitet, der berühmteste ist, Solera Scholtz 1885, fruchtig, zartbitter, trocken im Abgang. Ausgezeichnet ist der trockene »Seco Añejo 10-years-old«, süß der »Lágrima 10-years-old«, aber sie sind nur ein Teil aus dem Programm dieses besten Erzeugers.

Sie müssen wissen

Auf dem Etikett bedeutet »Cosecha« (Ernte) mit Jahreszahl den Jahrgang. Oft wird auch der englische Begriff »Vintage« gebraucht.
Die Bezeichnung »Años« (z. B. 4 Años) sagt aus, daß der Wein im vierten Jahr nach der Lese abgefüllt wurde.
»Embotellado en origen« ist die Erzeugerabfüllung, D.O. (Denominación de Origen) entspricht etwa der französischen Appellation Controlée.
Crianza (im Gegensatz zu sin crianza) bedeutet für Rotwein eine Mindestalterung von zwei Jahren, davon wenigstens ein Jahr im Faß. Für Rosé- und Weißweine gilt hier nur ein halbes Jahr Faßlager.
Reserva ist ein Qualitätswein, der als Rotwein mindestens drei Jahre, davon wenigstens ein Jahr im Eichenfaß hinter sich hat. Rosé- und Weißweinen ist eine Lagerung von zwei Jahren vorgeschrieben, davon mindestens ein halbes Jahr im Faß.
Gran Reserva ist ein Qualitätswein von bei Rotweinen fünf Jahren mit einem Faßlager von mindestens zwei Jahren. Rose- und Weißweine lagern mindestens vier Jahre, davon ein halbes Jahr im Faß.
Das sind die gesetzlichen Mindestanforderungen. Rioja-Spitzenweine haben jedoch gewöhnlich ganz andere Lagerzeiten hinter sich. Reservas und Gran Reservas der großen Rioja-Bodegas werden sehr viel länger im Faß und/oder in der Flasche ausgebaut. Sie lagern ihre Weine vor dem Verkauf ganz nach der Tradition des Hauses und dem Charakter der Gewächse. Typisch klassischer Rioja mit langem Barrique-Ausbau zeigt den feinen, charakteristischen Holz-

und Vanilleton. Langer Flaschen-Ausbau (der, wenn er auf Kosten des vorgeschriebenen Mindest-Faßlagers geht, übrigens die doppelt lange Lagerung in der Flasche vorschreibt), bringt Weine von eher fruchtigem Ausdruck.

In jedem Fall ist ein Rioja, wie andere spanische Spitzenweine, wenn sie zum Verkauf kommen, trinkfertig, was natürlich nicht heißt, daß sie, in guten Jahren, nicht noch längere Zeit in einem geeigneten Keller ruhen können und dabei immer besser werden.

Portwein

Regionen

Oberes Dourotal

Das staatlich offiziell abgegrenzte Portweingebiet umfaßt den Lauf des Rio Douro von der spanischen Grenze etwa bis zur Stadt Mesão Frio. Auch die Täler der Nebenflüsse sind damit einbegriffen. Das wertvollste Weingebiet liegt etwa am mittleren Douro in der Gegend von Pinhão und am Rio Torto.

Reben

Portwein wird aus einem Gemisch der verschiedensten Rebsorten hergestellt. Die Reben sind heute sämtlich auf reblausfesten amerikanischen Rebstöcken aufgepfropft.

Rote Sorten:
Alvarelhão, Bastardo, Donzelinho, Malvasia preta, Mourisco tinto, Tinta Amarela, Tinta Barroca, Tinta Francesca, Tinto Cão, Tinta Roriz, Touriga Francesca, Touriga Nacional, Souzão.

Weiße Sorten:
Codega, Gouveio, Malvasia fina, Rabigato, Sercial, Donzelinho Branco, Esgana-Cão, Folgazao, Viosinho, Malvasia Rei, Moscatel.

Herstellung

Die Weinlese im Portweingebiet beginnt gewöhnlich Ende September. Es ist eine mühselige, schweißtreibende Arbeit über die steilen Terrassen der Rebhänge, ehe das Traubengut in die steinernen Keltertröge, die lagares, kommt. Zwar werden die Trauben heute mehr und mehr maschinell gekeltert und in Tanks vergoren, trotzdem sind es gerade die qualitätsbewußten Portweinhäuser, die bestes Traubengut noch nach der alten Methode des Traubentretens in den lagares keltern lassen. Wenige Tage läßt man den Most in den lagares, bis etwa die Hälfte des Traubenzuckers sich in Alkohol verwandelt hat. Dann wird er abgezogen in die großen Lagerfässer, die tonels, in denen man die Gärung unterbricht durch Zusatz von 100 Liter Traubendestillat auf 450 Liter Most. Das Destillat ist nicht irgendein Branntwein, sondern darf nur aus Trauben des Portweingebietes stammen. Das Stoppen der Gärung bringt dem Portwein die Restsüße und einen Alkoholgehalt von 18–20 %.

Den Winter über ruhen die jungen Weine am Ort ihrer Herkunft, im Frühling machen sie ihre erste Reise, per Eisenbahn oder auf der Straße, nach Vila Nova de Gaia in die Wine Lodges, die Kellereien der Portwein-Produzenten. Dort entscheiden die Kellermeister über ihr künftiges Geschick. Sie werden geprüft, klassifiziert und »vermählt« in den riesigen Verschnittfässern der Lodge. Hier beginnt der schwierigste und merkwürdigste Teil des Portweingeschäfts: die Mischung, die Zusammenstellung von Grundweinen zu der Cuvée, die einem bestimmten Portwein-Typ, einer Portwein-Marke immer den gleichen Charakter gibt; eine Aufgabe, die sensiblen Geruchs- und Geschmackssinn und sehr viel Erfahrung fordert. Portwein ist, bis auf geringe Ausnahmen, immer ein Verschnitt verschiedener Rebsorten, Lagen und Jahrgänge.

Zur Alterung wird der Wein in Pipen abgefüllt, die typischen 534 Liter-Portweinfässer aus baltischer Eiche. Hier entwickelt er sich zum traditionellen, faßgereiften Port, dem wood port. Mit den Jahren im Faß wird der rote Port immer heller, der weiße Port dunkler, wie die nachfolgende Aufstellung der farblichen Entwicklung des Portweins aufzeigt. Und immer wieder wird überwacht, verschnitten (»blended«, wie die Engländer es nennen), mit etwas jüngeren Weinen »aufgefrischt«, mit sehr alten, kostbaren Tropfen verfeinert, um endlich den gewünschten Port zu erhalten.

Der Qualität seiner Grundweine und seiner Faßentwicklung entsprechend wird ein roter Port zum Ruby, der, wenn er wenigstens acht Jahre Faßreife hat, schon etwas von einem guten Tawny zeigen kann. (Oft erscheinen Rubies jedoch zu jung als eher einfache, süße, mehr oder weniger fruchtige Weine.) Oder er wird, bei höherer bis höchster Qualität, zum Tawny, dessen verschiedene Arten bester Beschaffenheit wir in der Rubrik »Sie müssen wissen« aufzeigen. Ein feiner, alter Tawny ist gewiß etwas vom Besten, das man in Flaschen kaufen kann.

Auch die weißen Ports aus weißen Trauben sind faßgereifte Weine, sie machen jedoch kaum mehr als ein Zehntel der gesamten Portwein-Produktion aus. Die faßgereiften roten und weißen Ports gibt es in den Abstufungen von trocken über halbtrocken bis süß.

Ein sehr alter, holzgereifter Tawny erscheint zumeist eher trocken, die meisten trockenen Ports findet man unter den weißen. Aber auch die als trocken und halbtrocken bezeichneten roten Ports wie auch die Vintages haben einen mehr oder weniger hohen Restzuckergehalt. Das sollte man beim Port immer bedenken.
Flaschengereifte Ports sind die Vintages aus Jahrgängen hoher Ernte-Qualität, die im Jahrzehnt zwei- bis dreimal vorkommen. Auch sie sind Cuvées aus besten Weinen, aber eben nur eines Spitzenjahrgangs. Darüber mehr in »Sie müssen wissen«.

Portwein-Farben

Rot

Die Farbentwicklung faßreifender Ports. Mittels eines Chromoskops unterscheiden die Experten in folgender Farbskala:

Portugiesisch *Englisch*	Alter Jahre	Charakteristik
Retinto *Full*	2–4	Der rote Port im ersten Stadium seiner Entwicklung, sehr kraftvoll, von tiefem Dunkelrot.
Tinto *Red or Medium Full*	4–8	In Geschmack und Körper zeigt er noch Eigenschaften des Full, die Farbintensität läßt nach, er zeigt jetzt tiefes Rot.
Tinto-Aloirado *Ruby or Medium*	8–10	Zwar noch voller Kraft zeigt er jetzt schon die Reife zunehmenden Alters. Farbe: Rubin
Aloirado *Tawny*	15–20–25	Lohfarben erscheint der reife, hochwertige Port mit feinen goldenen Reflexen.
Aloirado-Claro *Light Tawny*	20 und älter	Im Zenith seiner Entwicklung zeigt er sich eine Nuance heller als der berühmte Tawny mit dem ganzen Reichtum an Bukettstoffen vieler Jahrgänge.

Weiß

Portugiesisch *Englisch*	Alter Jahre	Charakteristik
Branco-Pálido *Pale White*	2–3	Die mehr oder weniger trockenen White Ports werden gewöhnlich als Aperitif getrunken, gut gekühlt, auf Eis mit etwas Zitronensaft.
Branco-Palha *Straw-Coloured White*	3–5	Duft- und Geschmacksstoffe verfeinern sich, der Wein erscheint jetzt strohfarben.
Branco-Doirado *Golden White*	6–12	In der Farbe nähert er sich dem viel älteren Light Tawny aber in der Qualität reicht dieses Endprodukt des White Port bei weitem nicht an die Klasse eines ehrwürdigen Light Tawny heran.

Vintage Port-Jahrgänge (seit 1900)

Sehr gute Jahrgänge:
1908, 1912, 1927, 1935, 1945, 1955, 1963, 1970, 1977, 1983, 1985
Gute Jahrgänge:
1900, 1909, 1917, 1920, 1922, 1924, 1931, 1934, 1947, 1949, 1950, 1957, 1960, 1966, 1974, 1975, 1980, 1982
Mittlere Jahrgänge:
1901, 1906, 1918, 1925, 1940, 1951, 1954, 1958, 1967, 1976

Nicht alle Handelshäuser bieten Vintages vom gleichen Jahrgang an (s. hinten: Sie müssen wissen).

Port-Produzenten

Von den 58 bestehenden Port-Handelshäusern stellen wir nachstehend, alphabetisch geordnet, nur die bekanntesten mit ihren besten Erzeugnissen vor. Die von den Firmen herausgebrachten Vintages werden ab 1955 genannt. Die zehn bedeutendsten Port-Marken, nach den Auktions-Durchschnittspreisen, sind: Taylor, Graham, Dow, Fonseca, Warre, Croft, Sandeman, Quinta do Noval, Cockburn und Delaforce.

ANDRESEN (J. H. Andresen Sucrs.)

Vintages: 1963, 1966, 1970, 1979, 1985

Colheita 1970 Tawny
Royal Choice 20 years old Tawny
Century Port Tawny
Vicport Ruby

Special Pale dry (White Port)
Dry White Port

BURMESTER (J. W. Burmester & Co.)

Vintages: 1955, 1958, 1960, 1963, 1964, 1970, 1977, 1980, 1984, 1985

Tordiz 40 Anos Tawny
20 Anos
10 Anos

CÁLEM (A. A. Cálem & Filho.)

Vintages: 1955, 1958, 1960, 1963, 1966, 1970, 1975, 1980, 1982, 1983, 1984, 1985, 1986, 1987

Quinta da Foz

Colheita-Ports
10 Anos
Vintage Character

Secofino (White Port)

COCKBURN (Cockburn Smithes, Lda.)

Vintages: 1955, 1960, 1961, 1963, 1967, 1970, 1975, 1978, 1982, 1983, 1985, 1987

Quinta do Tua, da Santa Maria, do Val do Coelho, do Atayde und Quinta Eire Velha

20 Anos
10 Anos
Director's Reserve Tawny
Special Reserve Tawny
Fine Old Ruby

Dry Tang (White Port)

CROFT (Croft & Co., Lda.)

Vintages: 1955, 1960, 1963, 1966, 1967, 1970, 1975, 1977, 1978, 1980, 1982, 1983, 1985, 1987

Quinta da Roéda

20 Anos
Distinction Tawny
Particular Tawny

DELAFORCE (Delaforce Sons & Co.)

Vintages: 1955, 1958, 1960, 1963, 1966, 1970, 1974, 1975, 1977, 1978, 1980, 1982, 1983, 1984, 1985, 1987

Quinta da Corte

10 Anos
His Eminence's Choice (Tawny 10 Jahre alt)
Vintage Character

Porto Seco (White Port)

DOW'S (Silva & Cosens, Lda.)

Vintages: 1955, 1960, 1963, 1966, 1970, 1972, 1975, 1977, 1980, 1983, 1984, 1985, 1986, 1987

Quinta do Bomfin, Qua. Santa Madalena

20 Anos
Boardroom Tawny
Vintage Character

FERREIRA (A. A. Ferreira, Sucrs.)

Vintages: 1955, 1958, 1960, 1963, 1966, 1970, 1975, 1977, 1978, 1980, 1982, 1983, 1985, 1987

Quinta do Roriz, do Vesuvio, do Vale de Meão

Duque de Braganca – 20 Anos
Doña Antonia Personal Reserve
10 Anos Quinta do Porto
Superior Tawny

Extra Dry White
Blanc Porto Cruz
Superior White

FORRESTER (Forrester & Co. Lda. – Offley-Forrester)

Vintages: 1955, 1960, 1962, 1963, 1966, 1967, 1970, 1975, 1977, 1980, 1982, 1983, 1985, 1987

Quinta da Bõa Vista, do Cachucha

Baron Forrester 20 Anos
10 Anos
Forrester Reserve
L. B. V.
Duke of Oporto

Extra Dry (White Port)

FONSECA (Fonseca Guimaraens, SARL.)

Vintages: 1955, 1958, 1960, 1961, 1962, 1963, 1964, 1965, 1966, 1967, 1968, 1970, 1972, 1974, 1975, 1976, 1977, 1978, 1980, 1983, 1984, 1985, 1986, 1987

Quinta de Panascal, Qua. Cruzeiro, Qua. Santo Antonio

Guimaraens Vintage
20 Anos
10 Anos
Bin N°. 27 (Vintage Character)
Special Tawny

Escudo Aperitif (White Port)
Siroco (White Port Extra Seco)

GRAHAM (W. & J. Graham & Co.)

Vintages: 1955, 1957, 1958, 1960, 1962, 1963, 1964, 1965, 1966, 1968, 1970, 1975, 1976, 1977, 1978, 1979, 1980, 1982, 1983, 1984, 1985, 1986, 1987

Quinta dos Malvedos

20 Anos
10 Anos
Fine Tawny
L. B. V.
Six Grapes Ruby

White Port Pale Dry

KOPKE (C. N. Kopke & Co.)

Vintages: 1955, 1958, 1960, 1963, 1965, 1966, 1970, 1974, 1975, 1977, 1979, 1980, 1982, 1983, 1985, 1987

Quinta São Lutz

Colheita (vieler Erntejahrgänge)
Old World Tawny
L. B. V.
Bridge Ruby

Dry White Port

KROHN (Wiese & Krohn, Sucrs.)

Vintages: 1957, 1958, 1960, 1961, 1963, 1965, 1967, 1970, 1975, 1978, 1982, 1984, 1985

Colheita
20 Anos
10 Anos

MESSIAS (Soc. Agricola e Comercial dos Vinhos Messias)

Vintages: 1960, 1963, 1964, 1965, 1966, 1967, 1970, 1975, 1976, 1978, 1979, 1980, 1982, 1983, 1984, 1985

Quinta do Cachão

Porto Colheita
L. B. V.
2 Coroas Tawny

Extra Seco (White Port)

NIEPOORT (Niepoort & Co. Lda.)

Vintages: 1955, 1960, 1963, 1966, 1970, 1975, 1977, 1978, 1980, 1982, 1983, 1984, 1985, 1987

30 Years old
20 Years old
10 Years old
Colheita (vieler Erntejahrgänge)
Old Companion Tawny
Presidente Tawny
L. B. V.

Very Dry Old (White Port)
Ultrasec (White Port)
Dry White

NOVAL (Quinta do Noval SARL.)

Vintages: 1955, 1960, 1962, 1963, 1964, 1966, 1967, 1970, 1975, 1978, 1980, 1982, 1983, 1984, 1985, 1987

Quinta do Noval, Qua. do Silval

Vintage Nacional (sehr selten, von alten Rebstöcken der Zeit vor der Reblaus)

Over 40 Years old
20 Years old
10 Years old
Porto Noval Colheita
L. B. V.

Old Coronation White
Branco Extra Seco (White)

POÇAS (Manoel D. Poças Junior)

Vintages: 1960, 1963, 1964, 1970, 1975, 1977, 1978, 1982, 1983, 1985

Quinta dos Quartas, Qua. Santa Barbara

L. B. V.
10 Anos
Porto Pousada Tawny

Brig's (White Port)

QUARLES HARRIS (Quarles Harris & Co.)

Vintages: 1963, 1966, 1970, 1975, 1977, 1978, 1980, 1983, 1985

Grand Reserve 1940 (Colheita)
10 Anos
Royal Tawny

RAMOS PINTO (Adriano Ramos Pinto, SARL.)

Vintages: 1960, 1963, 1964, 1970, 1975, 1977, 1980, 1982, 1983, 1984, 1985

Quinta Bom Retiro, Qua. San Domingos, Qua. Santa Maria

Bom Retiro 20 Anos
1937 Tawny (Colheita)

REAL VINICOLA (Real Companhia Vinicola do Norte de Portugal)

Vintages: 1955, 1958, 1960, 1962, 1963, 1967, 1970, 1977, 1978, 1979, 1980, 1982, 1983, 1984, 1985, 1987

Quinta do Sibio, do Corval

Jordão Tawny

Dry White Port

ROBERTSON (Robertson Bros & Co.)

Vintages: 1955, 1960, 1963, 1966, 1967, 1970, 1972, 1975, 1977, 1980, 1983, 1985

Quinta de la Rosa

Vintage-Port unter dem Namen Rebello Valente
Imperial 20 Anos
Pyramid 10 Anos
Old Tawny
Privateer Reserve
L. B. V.

SANDEMAN (Sandeman & Co.)

Vintages: 1955, 1957, 1958, 1960, 1962, 1963, 1965, 1966, 1967, 1968, 1970, 1972, 1975, 1977, 1978, 1980, 1982, 1985

Quinta do Confradeiro, Qua. Casal, Qua. de Laranjeiras

Imperial 20 Anos
Founder's Reserve (Vintage Character)
Fine Ruby

Apitiv (White Port)

WOODHOUSE (Smith Woodhouse & Co.)

Vintages: 1957, 1958, 1963, 1966, 1970, 1975, 1977, 1978, 1979, 1980, 1982, 1983, 1984, 1985

20 Anos

Gould-Campbell ist ein Tochterunternehmen, liefert über Smith Woodhouse:

His Majesty's Choice 20 Anos
Old Lodge Tawny

TAYLOR (Taylor, Fladgate & Yeatman SARL.)

Vintages: 1955, 1957, 1958, 1960, 1961, 1963, 1964, 1965, 1966, 1967, 1968, 1969, 1970, 1972, 1974, 1975, 1976, 1977, 1978, 1980, 1982, 1983, 1984, 1985, 1986, 1987

Quinta de Vargellas, de Terrafeita und do Panascal

40 Anos
20 Anos
10 Anos
L.B.V.

Chip Dry (White Port)

WARRE (Warre & Co.)

Vintages: 1955, 1958, 1960, 1961, 1962, 1963, 1966, 1968, 1970, 1975, 1977, 1978, 1979, 1980, 1982, 1983, 1985, 1986, 1987

Quinta da Cavadinha

Nimrod 20 Anos
L.B.V.
Warrior (Vintage Character)
Colheita
Royal Tawny

Sie müssen wissen

Die klassischen Ports sind die faßgereiften, die wood ports, die, auf Flaschen gefüllt, getrunken werden können. Sie haben ihren Entwicklungsprozeß vollendet, reifen also in der Flasche nicht mehr weiter. Trotzdem kann man sie natürlich im Keller noch lagern. Auf dem Etikett muß vermerkt sein, daß es sich um einen faßgereiften Port handelt. Dort steht entweder »Aged in Cask« oder »Matured in Wood«.

Dated-Port kann nur ein sehr guter faßgereifter Port sein, sonst würde ihm das Instituto do Vinho do Porto nicht das Recht zubilligen, eine der vier zugelassenen Altersangaben auf dem Etikett zu tragen: 10, 20, 30 oder über 40 Jahre alt.
Wenige Portwein-Häuser bringen auch alte Ports ohne eine solche Altersangabe in den Handel und verlassen sich auf den guten Ruf des Hauses und seiner Marke. So z. B. Warre mit »Nimrod«, Ferreira mit »Personal Reserve Doña Antónia« oder »His Eminence's Choice« von Delaforce.
Naturgemäß sind die Ports mit Altersangabe fast alle Tawnies. Die meisten dated-ports findet man unter den 10jährigen. Die größte Auswahl unter den Besten bieten die 20jährigen, dreißig und mehr als vierzig Jahre alte sind Raritäten.

Vintage Character (Vintage Style) ist ein faßgereifter Port aus einer Cuvée verschiedener guter Jahrgänge, der oft in einer Solera (s. Sherry) zu einem ausgezeichneten Ruby heranreift. Das strenge Instituto do Vinho do Porto genehmigt die Bezeichnung »Vintage Character« nur selten.

Colheita-Port oder Port with the date of harvest ist ein faßgereifter Port mit der Angabe des Erntejahres auf dem Etikett, also eine Cuvée aus verschiedenen Grundweinen, aber nur eines Jahrgangs: ein Jahrgangs-Tawny. Vorgeschrieben sind mindestens sieben Jahre Faßlagerung, aber meist reift er länger. Colheita-Ports führen gelegentlich die Bezeichnung Reserva oder Grande Reserva auf dem Etikett, immer aber muß das Erntejahr und der Hinweis, daß es sich um einen wood-port handelt, vorhanden sein. Colheitas gibt es aus weit mehr Jahrgängen als die seltenen Vintage-Ports, die in Flaschen reifen und denen wir uns jetzt zuwenden.

Vintages sind flaschengereifte Jahrgangsports aus einer Cuvée verschiedener sehr guter Grundweine eines einzigen Spitzenjahrgangs. Solch herausragende Jahrgänge kommen im Douro-Gebiet durchschnittlich dreimal pro Jahrzehnt vor. Aber auch dann produziert nicht jeder Hersteller einen Vintage dieses Jahrgangs. Lage und regional bedingte klimatische Unterschiede in der vielfältigen Topographie des Douro-Gebietes, daraus resultierende Qualität und Menge der Ernte und last not least die Genehmigung des allgegenwärtigen Instituto do Vinho do Porto sind die Gründe. Vintage-Port wird nach zwei-, höchstens dreijähriger Faßreife in Flaschen gefüllt, wo er sich langsam, viel langsamer als ein wood port, entwickelt. 20 Jahre Flaschenlager darf man einem guten Vintage schon gönnen, manche brauchen 30 Jahre und mehr, bis sie sich zur Vollkommenheit entwickeln. Dann erscheinen sie voll in Körper und Farbe mit betörendem Duft im Glas (Vintage – portug. = Novidade).

Quinta-Vintage ist ein Jahrgangs-Port, der den Namen eines Weingutes (Quinta) des Herstellers führt. Er muß aus einem guten Jahrgang, kann aber aus verschiedenen Lagen stammen, reift zwei bis drei Jahre im Faß und weiter in der Flasche. Zumeist stammen sie aus den Jahrgängen, in denen der Hersteller keinen offiziellen Vintage herausbringt.

Late-bottled Vintage (L.B.V.). Auch er ist ein flaschengereifter Port nur eines guten Jahrgangs. Seine Cuvée reift vier bis höchstens sechs Jahre im Holzfaß, also doppelt so lange wie die des Vintage. Dann erst beginnt sein Flaschenlager. Obwohl sich seine frühe Entwicklung im Faß nur langsam vollzogen hat, altert er rascher, bedingt durch die insgesamt längere Faßreifung. L.B.V. werden seltener angeboten als Vintages, sie sind weniger teuer, unterliegen aber wie diese den strengen Kontrollen des Instituto do Vinho do Porto.

Crusted Port ist ein Verschnitt meist verschiedener Jahrgänge, der mindestens zwei, oft 3–4 Jahre im Faß lagert, um danach in der Flasche auszureifen, in der er ein Kruste bildet. Er ist sehr viel früher trinkreif als ein Vintage.
Crusted Port muß dekantiert werden.

Garrafeira ist die portugiesische Bezeichnung für Portweine, die mehrere Jahre, bevor sie in den Verkauf kommen, bereits abgefüllt wurden. Die Bezeichnung steht oft auf dem Etikett, immer sind Erntejahr und Jahr der Abfüllung dort angegeben.

Lagerung, Depot und Dekantieren der Ports. Im Gegensatz zu den holzgereiften Ports, die, einmal in Flaschen gefüllt, keiner Lagerung bedürfen und durchweg trinkreif sind, muß mit flaschenreifenden Ports sehr sorgfältig umgegangen werden.
Sie brauchen einen gleichbleibend kühlen, dunklen Keller und sollen dort möglichst nicht mehr bewegt werden. Die Flaschen sind auf der oben liegenden Seite mit einer Markierung zu versehen, falls man sie (dann aber nur sehr behutsam) doch einmal bewegen muß. Das hängt mit der »Kruste«, dem Depot zusammen, das sich beim Ausbau in der Flasche bildet. Darum müssen Vintages auch dekantiert werden. Dazu holt man die Flasche frühzeitig vor dem Genuß und sehr behutsam, damit das Depot nicht aufgewirbelt wird, aus dem Keller, stellt sie vorsichtig aufrecht hin und läßt das Depot sich auf dem Flaschenboden langsam absetzen. Nach vorsichtigem Entkorken läßt man den Wein vor hellem Licht langsam in die Karaffe laufen, solange kein Bodensatz mitkommt. Im Notfall kann man auch filtrieren. Manche Engländer benützen dazu einen silbernen Trichter und ein nur in Wasser gewaschenes Musselin-Tuch. Aus England stammt auch die Methode des Flaschenköpfens, sollte sich der Korken eines sehr alten Ports nicht mehr problemlos entfernen lassen. Dazu wird eine rotglühend gemachte Rundzange einige Zeit um den Flaschenhals gelegt, danach läßt sich der Hals mit Hilfe eines kalten, feuchten Tuches glatt abbrechen.

Portwein-Kontrolle. Port ist sicher der meistüberwachte und kontrollierte Wein, den wir kennen. Das betrifft nicht nur den Wein an sich und seine Entstehung. Vom Boden, auf dem er wächst, über seine Reben, an denen er reift, sein oft langes Leben vom Winzer bis zur Ausfuhr wird ununterbrochen klassifiziert, reglementiert und kontrolliert unter der Aufsicht oder vom Instituto do Vinho do Porto in Porto.
Jede original abgefüllte Flasche Port trägt, über den Korken geklebt, eine Banderole des Instituts mit der Kontrollnummer jeder Flasche und den Kennzeichen des Herstellers.
Flaschen ohne diese Banderole sind in Fässern eingeführte Ports, die hier abgefüllt werden. Alteingesessene Firmen, die Port zu lagern und zu behandeln verstehen, gab es früher und gibt es auch heute in Mittel- und Nordeuropa.

Qualität hat immer ihren Preis. Niemals ist ein guter Port billig. Gehobene Qualitäten sollte man ohnehin in renommierten Fachgeschäften kaufen, dessen Personal auch Kenntnis über das angebotene Sortiment hat.

Weinbau im Wandel

Regionen

(DOC-Gebiete, von Norden nach Süden)

- Vinhos Verdes (die besten aus der Provinz Minho, weiß)
- Douro (gute Rotweine)
- Barraida (gute Rot-, wenig Weißweine)
- Dão (Rot- und Weißweine)
- Bucelas (Weißwein)
- Colares (Rotwein)
- Carcavelos (weißer Aperitif- und Dessertwein)
- Moscatel de Sétubal (Dessertwein)
- Madeira

Ein Merkmal portugiesischer Tafelweine war bisher, daß deren Herkunft weitgehend verborgen blieb. Die Weinhandelshäuser kauften die Grundweine für ihre Verschnitte an verschiedenen Orten, um daraus in eigenen Kellereien die Marken ihrer Häuser auszubauen und sie unter ihrem Namen zu vertreiben. Garrafeiras und Reservas waren die besten. So hing der Qualitätsbegriff einer Marke weniger am Herkunftsgebiet als am Können der Kellermeister der einzelnen Handelshäuser. Das änderte sich langsam aber stetig mit dem Beitritt Portugals zur Europäischen Gemeinschaft. Herkunftsbezeichnungen wurden deutlicher, mehr Anbaugebiete von Qualitätsweinen wurden begrenzt, die große Zahl der portugiesischen Rebsorten wurde beschränkt und neue Verfahren der Weinbereitung eingeführt. Naturgemäß vollzieht sich der Wandel im portugiesischen Weinbau nach den Bestimmungen des neuen Staatlichen Weinbau-Instituts nicht von heute auf morgen, und er ist auch noch nicht vollendet. Darum beschränken wir uns auf die Vorstellung weniger guter Erzeuger portugiesischer Weine aus den obenstehenden DOC-Bereichen.

Um Monção an der Nordgrenze Portugals werden die besten **Vinho-Verde-**Weine aus Alvarhino-Trauben produziert. Erstklassige Erzeuger sind Vinhos de Monção mit »Cepa Velha« und das Gut Palacio de Brejoeira, beide in Monção. Sehr gut ist auch der Vinho Verde der Quinta de S. Claudio aus Esposende.

Die Portweinfirma Ferreira in Porto produziert in ihrem Weingut do Vale de Meão den roten Spitzenwein **Barca Velha** in nur herausragenden Jahrgängen ihrer Ferreirinha-Weine.

Sehr gute **Barraida-**Weine und aus dem benachbarten **Dão-**Gebiet kommen von Cavas do Barrocão, Cavas São João, und Caves Aliança, alle in Anadia. Ausgezeichnet der Barraida der Quinta de Ribeirinho von Luis Pato wie die Dãos des Weingutes Conde de Santar und der Quinta da Insua.

Caves Velhas in Lissabon, identisch mit der Adega João Camillo Alves in **Bucelas** ist der einzige Erzeuger in diesem kleinen DOC-Gebiet im Norden von Lissabon.

Im ebenso kleinen Colares-Gebiet westlich von Sintra wachsen die tanninreichen Ramisco-Trauben für den dunklen **Colares** im reblaussicheren Sand der Atlantikküste. Die Adega Regional in Colares erntet die Trauben für die besten Colares-Produzenten Antonio Bernardino Paulo da Silva für den Colares »Chita« und die Real Companhia Vinícola do Norte de Portugal.

Die Quinta do Barrão von Raul Ferreira & Filho erzeugt die seltenen alkoholreichen, bernsteinfarbenen **Carcavelhos-**Dessert- und Aperitif-Weine aus diesem winzigen DOC-Bereich östlich von Estoril.

»The old Winery« von José Maria da Fonseca in Azeitao nahe Sétubal (nicht zu verwechseln mit J. M. da Fonseca International) ist Erzeuger des berühmten **Moscatel de Sétubal-**Dessertweines, der, je älter um so feiner ist. Das Haus erzeugt u. a. auch sehr gute Dãos.

Madeira

Die einzigartige Fähigkeit der Madeira-Spitzenweine, im biblischen Alter von über hundert Jahren noch Frische bei hoher Komplexität zu bewahren, ließ den Madeira die Flut billiger Kochweine überleben, die den guten Ruf seines einst großen Namens über Jahrzehnte lädierten.

Nach dem verheerenden Auftreten von Oïdium und Reblaus in der zweiten Hälfte des 19. Jahrhunderts, wurden die zahllosen Rebterrassen auf der Insel fast ausnahmslos mit einfachen und Hybrid-Sorten bepflanzt. Nur kleine, wenn auch hochwertige Teile, blieben den klassischen weißen Madeira-Sorten vorbehalten: der Malmsey (Malvasier), Bual (auch Boal), Verdelho und Sercial. Im Hinblick auf die näher rükkende EG wurden diese Fehler endlich korrigiert, mehr klassische Sorten wieder angepflanzt oder aufgepfropft und der alte edle Madeira erhielt so eine neue Chance. Erfreulich ist, daß die in früheren Zeiten so erfolgreiche hervorragende Sorte Terrantez wieder auftaucht, deren höchst eigenwilliger Wein im Abgang trocken, beinahe bitter erscheint. Wenige, sehr alte Terrantez-Madeiras liegen wohl noch in privaten Kellern und ein paar kostbare Tropfen sind in alten Soleras verborgen. Auf die neuen müssen wir bis ins nächste Jahrhundert warten.

Die besten Weinberge sind die von Camara de Lobos und Campanario westlich der Stadt Funchal. Malmsey-Reben wachsen dort wie überall auf der romantischen grünen Insel im unteren Bereich, in den höchstgelegenen Anbauzonen ist es die Sercial (die mit Rheinriesling identisch sein soll), dazwischen liegen die Regionen von Bual und Verdelho.

Spitzen-Madeiras unterscheidet man nach der Traubensorte, aus der der Wein bereitet wurde. Sie wird auf dem Etikett genannt. Malmsey ist ein körperreicher, mahagonifarbener Dessertwein voll natürlicher Süße, bukettreich mit zartem Honigduft, Bual erscheint tiefgold, vollmundig, etwas weniger süß mit rauchigem Unterton, Verdelho ist ein halbtrockener, milder Wein mit zartbitterem Abgang und Sercial ist der trockenste Madeira, pikant blumig mit leichter Schärfe.

Wie beim Portwein wird dem jungen Madeira Weindestillat zugesetzt. Wann dies im Verlauf der Gärung geschieht, hängt von der Traubensorte und dem erwünschten Süßegrad ab. Für sechs Monate kommt der Wein danach in Fässern in die Estufa, das zentral geheizte Warmlager, in dem die Wärme bis 45 Grad gesteigert wird. Spitzenweine lagern bei etwa 35 Grad Celsius und reifen entsprechend langsamer. In früheren Zeiten wurden die Fässer mit Madeira auf eine Seereise durch die tropische Hitze nach Indien und zurück geschickt, was ihre Reifung beschleunigte und ihre Qualität steigerte. Als dieses Verfahren zu kostspielig wurde, ersetzte man es durch die Estufa. Nach dem Wärmeschock läßt man den Spitzenwein achtzehn Monate ruhen, bevor der Verschnitt (blending) beginnt und/oder er in die Solera kommt (s. Sherry). Teilweise sehr alte Soleras der erstklassigen Erzeuger bringen Weine höchster Qualität.

Qualitativ hochwertige, nicht in der Solera, sondern im Verschnitt-System (blending) ausgebaute Weine, lagern wenigstens zehn Jahre, oft sehr viel länger in Eichenfässern.

Inzwischen gibt es, wie vor 1880, als Oïdium und Reblaus die Reben zerstörten, wieder wenige kostbare »Vintages«. Da die Weine der verschiedenen Anbaubereiche stark variieren und die Mengen der einzelnen Traubensorten nicht sehr groß sind, sind »Vintages« auf Madeira ohnehin selten. Ob ein Jahrgangswein zum »Vintage« erklärt wird, das entscheidet sich oft erst zwanzig und mehr Jahre nach seiner Ernte.

Wie Port kann auch qualitativ hochwertiger Madeira, der lange gelagert wird, nicht billig sein. Am besten trinkt man diese Weine chambriert, allein der trockene Sercial kann, als Aperitif, kühl mit etwa 12–13° serviert werden.

Madeira-Jahrgänge

Einige berühmte Madeira-Jahrgänge von 1800–1900

1806	
1808	Malmsey
1816	Bual
1822	
1836	Sercial
1840	Sercial, Verdelho
1845	Bual
1846	Terrantez, Verdelho
1851	Sercial, Bual, Malmsey
1862	Terrantez
1863	Bual, Malmsey
1868	Bual
1870	Sercial

1880 Malmsey
1893 Malmsey
1895 Bual
1898 Verdelho, Sercial
1900

Die nachfolgende Liste der Vintages bis 1956 ist vollständig. Fettgedruckt sind die Weine der genannten Jahrgänge, die noch länger im Keller zu lagern empfehlenswert ist, besonders die mit einem Stern* gekennzeichneten.

1902 **Verdelho**
1903 Sercial
1905 **Sercial, Verdelho**
1906 **Malmsey**
1907 **Verdelho**
1910 **Sercial,** Bual, **Verdelho**
1914 **Bual**
1915 **Bual***
1916 **Malmsey***
1918
1920 **Malmsey*, Bual***
1926 **Bual***
1934 **Verdelho*, Bual*,** Malmsey
1936 Sercial
1940 **Sercial***
1941 **Bual*,** Malmsey
1944
1950 **Sercial***
1951
1952 **Verdelho*, Malmsey***
1954 Bual, **Malmsey***
1956 Bual, Malmsey

Die hinter den einzelnen Rebsorten aufgeführten Jahreszahlen sind ausgewählte, aber weiter zu kontrollierende Jahrgänge, die vielleicht einmal als Vintages deklariert werden können, was bei den fettgedruckten jüngst geschehen ist.

Sercial: **1960,** 1962, **1963,** 1967, **1971,** 1976, 1978, 1979, 1980, 1981
Verdelho: **1968,** 1969, 1980, 1981
Bual: 1960, **1964, 1966, 1968, 1969,** 1970, 1971, 1978, 1979, 1980, 1981
Malmsey: **1964, 1965, 1969,** 1970, 1972, 1978, 1979, 1980, 1981
Terrantez: 1978, 1979, 1980, 1981

Madeira-Erzeuger:

Die 1913 gegründete Madeira Wine Association, in der einige renommierte Firmen zusammengeschlossen waren, hat sich 1981 neu konstituiert als Madeira Wine Company, die sich aus folgenden führenden Häusern zusammensetzt:

Blandy's Madeiras Lda. (1811)
Cossart, Gordon & Co. Lda. (1745)
Freitas Martins, Caldeira & Co. Lda.
Luiz Gomes (Vinhos) Ltd.
Miles Madeiras Lda.
Tarquinio T. da Camara Lomelino Lda.
Viuva Abudarham & Filhos Lda.

Ihr gehören auch die Markennamen der nachfolgenden, teilweise berühmten Häuser, die nicht mehr bestehen:

Barros, Almeida & Co. (Madeira) Lda.
Krohn Bros. & Co. Lda.
Royal Madeira Co. Lda.
V. Shortridge Lawton & Co. Lda.
Rutherford & Miles Lda.
Leacock & Co. (Wine) Lda.
Bianchi's Madeira Lda.
F. F. Ferraz & Co. Lda.
Power Drury (Wine) Lda.
V. Donaldson & Co. Lda.
Welsh Bros. (Vinhos) Lda.

Von der Madeira Wine Company unabhängig gibt es noch folgende Firmen:

Henriques & Henriques
Justinho Henriques Filhos Lda.
Vinhos Barbeito (Madeira) Lda.
H. M. Borges Sucrs. Lda.
Antonio Eduardo Henriques Lda.
Companhia Vinicola da Madeira Lda.
Veiga França (Vinhos) Lda.

Ungarn

Regionen

- Sopron (Ödenburg) (gute Rotweine, mittlere Weißweine)
- **Mór** (gute Weißweine)
- **Debrö** (Mátraalja-Gebiet mit Gyöngyös) (gute bis mittlere Weißweine)
- **Eger** (Erlau) (sehr gute Rotweine, gute bis mittlere Weißweine)
- **Tokaj** (Hegyalja-Gebiet) (sehr gute Weißweine)
- Somló (Schomlauer Gebiet) (gute Weißweine)
- **Badacsony** (Nordwestufer des Plattensees) (sehr gute Weißweine)
- Balaton-Gebiet (nördliches Ufer des Plattensees) (gute Weißweine)
- Pécs (Fünfkirchen, Mecsekalja-Gebiet) (gute bis mittlere Weißweine)
- Szekszárd (Mecsekalja) (gute Rotweine)
- Villány-Siklós (gute Rotweine, mittlere Weißweine)

Reben

Weiße Sorten:

Furmint. Die sehr edle Rebe gedeiht am besten in der ungarischen Tokaj-Hegyalja-Region und ist die Hauptrebe des berühmten Tokajers, an dem sie zu etwa 70 Prozent beteiligt ist. Die Sorte ist sehr anspruchsvoll an die Lage, bringt Mostgewichte zwischen 80 und 130 Grad Öchsle mit charakteristisch hohem Säuregehalt und gibt dem Tokajer die außerordentliche Haltbarkeit. Sortenrein ist der Tokaj-Furmint ein je nach Jahrgang hervorragender Weißwein mit viel Körper und gewinnender Restsüße, der aber stets eine geschliffene Eleganz und Fruchtigkeit behält.

Hárslevelü (Lindenblättrige). Wegen ihrer Blattform trägt die Rebe diesen Namen. Ein edler Wein mit gutem Körper, unvergorener, natürlicher Restsüße und delikater Blume. Die Trauben werden leicht von der Edelfäule befallen und eignen sich gut zu Trockenbeerenauslesen. Bekannt ist der Hárslevelü aus Debrö. In Tokaj werden ihre Säfte zu etwa 25–30 Prozent den herberen und alterungsfähigeren der Furmint beigemischt.

Keknyelü (Blaustengler). Ur-ungarische Rebsorte, die ihren Namen einer vegetativen Eigenart verdankt: den bläulichen Blatt- und Fruchtstielen. Sie ist eine der ältesten und teuersten, weil wenig ertragreichen Sorten Ungarns und wächst in vollendeter Harmonie eigentlich nur am Badacsony-Berg über dem Nordwestufer des Balaton. Ihr gelbgrüner, feuriger, dabei trockener Wein hat einen Alkoholgehalt von 12,5–14 Prozent bei 6 bis 7 Promille Säure.

Leányka (Mädchentraube). Sie wird in mehreren ungarischen Weinbaugebieten kultiviert, findet ihre günstigsten Bedingungen aber um Eger. Die Sorte ist frühreifend und ihre dünnschaligen Beeren haben einen hohen Zuckergehalt. Der Wein ist mild, süffig, mit natürlicher Restsüße und soviel Säure, daß er eine Haltbarkeit von ein paar Jahren hat. In Rumänien ist die Sorte weit verbreitet unter dem Namen Fetească alba.

Ezerjó (Tausendgut). An den Südhängen des Vértes-Gebirges bei Mór findet die Sorte ihre höchste Ausdrucksform. Móri Ezerjó ist ein, trotz der bei ihm üblichen Restsüße, überraschend männlicher Wein.
Im ungarischen Tiefland ist die ertragreiche Sorte eher ein angesehener Massenträger, und die Weine erreichen nicht annähernd die Qualitäten wie bei Mór.

Szürkebarát (Graumönch). Dieser geheimnisvolle Klosterbruder ist niemand anderes als der aus Frankreich eingeführte Pinot gris, unser Ruländer, der in Ungarn am besten am Badacsony-Berg gedeiht und dort auch Auvergnat gris genannt wird.

Olaszriesling (Welschriesling) ist die meistangebaute Weißweinsorte Ungarns, die es dort zu wirklich guten Qualitäten bringt. Die in sehr guten Jahren bereitete Spätlese heißt Szemelt Riesling.

Rote Sorten:

Kadarka. Die ursprünglich aus Albanien stammende Sorte ist in allen Donauländern gleichermaßen beliebt. Sie ist reichtragend, reift spät und bevorzugt trockenen, sonnigen und luftigen Boden. In Ungarn bildet sie in Eger das Rückgrat des Egri Bikavér (Erlauer Stierblut) und gehört seit langem zu den herkömmlichen Sorten von Villány und Szekszárd.
In Südslawien steht sie in Kroatien, Serbien und auf den mazedonischen Weinfeldern. Dort wird sie auch

Gamza genannt, wie in Bulgarien. Rumänischer Kadarka wächst vor allem im Gebiet um Arad. Kadarka ist als Verschnittrebe beliebt und bringt sortenrein einen nicht sehr haltbaren, aber außerordentlich süffigen, milden Wein mit wenig Säure.

Kékfrankos (Blaufränkisch) wird in Ungarn auch Nagyburgundi = Großburgunder oder Burgundi genannt. Diese stolze Bezeichnung aus dem alten österreichisch-ungarischen Weinhandel kann leicht zu Täuschungen führen, denn der süffige und wohlschmeckende Blaufränkische hat mit der Familie der Pinots gar nichts zu tun. Häufig wird Kékfrankos mit Kadarka zusammen gekeltert und bringt reinsortig bekannte Weine in Sopron und Villány-Siklós.

Cabernet Sauvignon und
Cabernet franc. Die beiden französischen Rebsorten werden in Ungarn vor allem im Raum von Eger (Erlau) angebaut. Auch in den Rotweingebieten von Villány und Scekszárd stehen Cabernets.

Médoc noir, die man in Ungarn auch »Schwarze Chasselas« nennt, ist mit der Chasselas rouge nicht identisch. Eher handelt es sich hier um die aus Frankreich eingeführte Cot, die als Malbec an der Gironde zwar vom Merlot etwas verdrängt wurde, aber eine hervorragende Verschnittsorte ist. Als Bestandteil des Erlauer Stierbluts liegt ihr Hauptanbaugebiet in Ungarn darum auch um Eger.

Oporto ist der aus Österreich eingeführte Blaue Portugieser, der in allen ungarischen Rotweingebieten zu finden ist.

Eger/Mátraalja (Debrö, Gyöngyös)
Sehr guter Jahrgang:
1985
Gute Jahrgänge:
1983, 1984, 1986, 1987, 1989, 1990

Mór
Sehr gute Jahrgänge:
–
Gute Jahrgänge:
1984, 1985, 1986, 1988, 1990

Badacsony
Sehr gute Jahrgänge:
1986, 1989
Gute Jahrgänge:
1984, 1985, 1990

Villány-Siklós
Sehr gute Jahrgänge:
1983, 1988, 1990
Gute Jahrgänge:
1982, 1987, 1989

Aszu-Jahrgänge in Tokaj
Sehr gute Jahrgänge:
1963, 1968, 1972, 1975, 1983, 1988
Gute Jahrgänge:
1961, 1964, 1969, 1971, 1973, 1976, 1979, 1981, 1982, 1989, 1990

Die Spitzenlagen

(Von Westen nach Osten)

Badacsony Szluha Oldal, 14 ha
Badacsony Mensics Szölo, 10 ha

Der Badacsonyberg mit diesen beiden besten seiner Weingärten liegt wie ein riesiger, sargförmiger Basaltkörper über dem Nordwestufer des Balaton. Der wärmespeichernde Basalt, vermischt mit Lehm und Tuffen wie am Kaiserstuhl (Baden), bringt alles mit, was zu einem hochwertigen Weingarten gehört:
Den richtigen Einfallswinkel der Sonne, das von dem nahen Plattensee günstig beeinflußte Kleinklima, dessen Wasser während der Nacht abkühlt und die freiwerdenden Kalorien an die Umgebung abgibt, und den Schutz gegen alle Nordwinde. Mitten in diesen hochwertigen Weingärten liegt malerisch das Haus des ungarischen Dichters Sándor Kisfaludi, eines Zeitgenossen Goethes, der zugleich ein großer Weinkenner und Weinkelterer war und dort vor allem den Blaustengler, den vornehmsten Wein dieses Berges, kultivierte. Heute ist es eine gepflegte Weinstube und ein liebliches Gartenrestaurant.
Géza Kozári, Leiter des Ampelologischen Forschungsinstituts am Badacsonyhang, erzählte uns, daß am Badacsony und in den großen Plattenseelagen bei Balatonfüred und Csopak 17 Traubensorten angebaut werden. Man konzentriert sich wie am Badacsonyberg

auf den edlen Blaustengler (Kéknyelü), der immer der teuerste Plattenseewein ist, weil er einer ziemlich heiklen und wenig ergiebigen Traubensorte entstammt.
Der zweite Favorit ist der Furmint, der nicht nur in Tokaj gut wächst, sondern auch am Balaton hervorragende Ergebnisse bringt und, wie der Riesling, seinen Geschmack nach dem Boden stark ändert. In den Balatonfüreder Weinbergen ist er mundig und schwer, mit starker Restsüße, aus Csopak kommt er leicht wie ein Mosel, fast spritzig mit feinem Bukett, und am Badacsonyberg hält er die goldene Mitte.
Die dritte edle Sorte des Badacsonyberges ist der Graue Mönch, den die Fachleute dort »Auvergnat gris« nennen, der aber nichts anderes ist als Grauburgunder. Er bringt hier körper- und bukettreiche Weine.
Auch der Lindenblättrige (Hárslevelü) erreicht hier dieselbe Klasse wie in Debrö, seiner Heimat.
Die am Nordufer des Balatons am häufigsten vertretene Sorte ist der Welschriesling mit besonders guten Ergebnissen um Balatonfüred und Csopak. Rizlingzilváni (Müller-Thurgau), der muskataromatische Muscat Ottonel, Leányka und die Roten Blaufränkisch und Portugieser sind beliebte Tischweine der Region. Die Originalweine aus Badacsony werden allerdings nicht unter dem Lagenamen, sondern dem Ortsnamen, dem die Bezeichnung der Rebsorte hinzugefügt wird, vertrieben (Badacsonyi Kéknyelü). Dies geschieht so bei allen reinsortigen Weinen der ungarischen Spitzenweingebiete.

Mórer Vértes-Hänge

Bei dem Städtchen Mór liegen diese um 1720 von fränkischen Weinbauern angelegten, klimatisch durch die 400 m hohen Kuppen der Vértesberge abgeschirmten Weingärten, die besten zwischen 180 und 250 m ü. d. M. Die steilen Südhänge aus Dolomit, meist kalksteinhaltige Lößböden mit feinem Verwitterungssand durchsetzt, sind fast durchweg mit der Ezerjo-Rebe bepflanzt, die man deutsch »Tausendgut« nennt. Der Móri Ezerjo erreicht in guten Jahren 2–4% Restsüße, die seine Säure von 8–11‰ mildert und einen Alkoholgehalt von 13%. Er ist ein extraktreicher, blumiger und trotz seiner Restsüße erstaunlich männlicher Wein.

Egri Nagyeged

In einiger Entfernung von der romantischen Barockstadt Eger, Heimat des berühmt gewordenen Erlauer Stierbluts (Egri Bikavér), liegt dieser am Kopf bewaldete Südhang aus Trachyt und Rhyolittuff, zum Weinbau geradezu herausfordernd, als ein Vorposten des Bükkgebirges, in der Sonne.
Auf ihm baut man die Kadarka-Rebe, die französischen Cabernet Sauvignon und Cabernet franc, die Médoc noir, den Blaufränkischen, den man hier gern als Großburgunder bezeichnet, und den Portugieser. Aus ihnen zusammen keltert man das berühmte Erlauer Stierblut, an dem die Kadarka-Rebe stets die größten Anteile hat. Das Mengenverhältnis der einzelnen Rebsorten ändert sich jährlich je nach den Eigenschaften des Lesegutes. Wenn der Kadarka zu stark würzt, wird er mehr mit Portugieser verschnitten, während Cabernet und Blaufränkisch den Tanningehalt regeln und seine Haltbarkeit bestimmen.
Delikate Weine bringt die Leányka in den Weinbergen von Eger.

Tokaj-Tarcal: Szarvas Dülö (Hirschweg)

Als Vorposten der sich nördlich davon wie ein Fächer entfaltenden Hegyaljaberge liegt der mit kalkreichem Löß bedeckte vulkanische Trachytkegel des Tokajer Berges. Sein kostbarster Weinberg, der Szarvas Dülö, liegt etwas südöstlich des Dorfes Tarcal, das ein Staatsweingut und ein weinwissenschaftliches Institut beherbergt, als ein reiner Südhang.
Auf dem Wege nach Tokaj, ihm benachbart, liegt der

Tokaj Hétszölö (Siebengärten),

weil er deutlich in sieben Teile aufgeteilt ist. Ihm an Qualität noch etwas überlegen sind die Weinberge der im rechten Winkel nördlich des Bodrog und der Theiß nach Süden zielenden Hegyaljaberge, und zwar

Tállya: Sasalja (Adlergesstell)

wo schwerere Erde auf Trachytboden liegt und hervorragende Hochgewächse reifen.

Mád: Király-Hegy (Königsberg)

Etwas abseits nördlich Mád ist dieser wertvolle Weingarten als reine Südlage, die die Feuchtigkeit besonders gut speichern kann, ein Schatz des ganzen Tokajer Gebietes. Ihm an Qualität nicht nachstehend ist der

Mád: Disznókö (Schweinstein),

ein Weingarten, der etwa an der Südspitze des Hegyaljadreiecks liegt, da, wo der Bodrog sich dem vorgelagerten Tokajer Berg zuwendet, um sich dort in die Theiß zu ergießen.
Im Nordosten der Hegyaljaberge haben noch vier weitere Weinberge den Beifall der Experten gefunden:

Tolcsvá: Kincsem (Mein Schatz)

Olaszliszka: Szentvérdülö (Heiligenblut) und Mandulás (Mandelberg)

Bodrogszegi: Föiskola szölö (Hochschulweinberg)

Hier liegt schwerer, steiniger Boden auf vulkanischem Trachyt, und hier wachsen die besten Qualitäten der Furmint-Rebe, die 70 %, und der Lindenblättrigen, die 25–30 % des Tokajers ausmacht. Zum gesamten staatlich genau umgrenzten und geschützten Tokaj-Hegyalja-Weingebiet gehören insgesamt 28 Gemeinden, die früher größtenteils dem Geschlecht des Führers des ungarischen Freiheitskampfes, dem Fürsten Rákóczi, gehörten. Durch die Rákóczis, die auch in Polen große Besitzungen hatten, wurde der Tokajer zuerst in der polnischen Aristokratie bekannt, an die er durch die Warschauer Firma Fukier, eine Filiale der Augsburger Fugger, geliefert wurde. Durch die Fugger kam der Tokajer an die Höfe Europas und brachte es seither zur unbestrittenen Weltgeltung. Der Zar von Rußland ließ Tokajer Weintransporte durch eine Detachement Kavallerie begleiten.
Heute vertreibt die Monimpex-Budapest, die in Budafok eigene große Kellereien hat, diesen Edelwein in alle Welt.

Die grossen Lagen

Ungarn hat selbstverständlich als klimatisch besonders begünstigtes Weinland, noch eine Anzahl großer Lagen, die den an sich schon hoch angesetzten Qualitätsstandard des Wein-Gothas erreichen. Dazu gehören im Tokaj-Hegyalja-Gebiet die Lagen Veresek bei Mezözombor und Pajzos (Schildberg) bei Bodrogolaszi. Berühmt ist der Weinberg Oremus bei Sátoraljaujhely, aus dessen Lesegut um 1650 der erste Aszu bereitet wurde.
Bei Eger gehören Sik Hegy (Tafelberg) und Vécsey völgy (Vecseytal) zu den guten Lagen. Das nahe Debrö im Bereich Mátraalja ist bekannt für seinen hellen, würzig duftenden Hárslevelü (Lindenblättrigen).
Nördlich des Balatons, dessen große Weingärten wir schon erwähnten, liegt in der Ebene der Vulkankegel des Somlóberges, ein kleines, schon ehedem berühmtes Weißwein-Anbaugebiet, wo es sogar zur Trockenbeerenbildung kommt und wo der Furmint unter einem anderen Namen (Szigti) bekannt ist.
Mecsakalja ist das Anbaugebiet an den Ausläufern der Mecsek-Berge im Südwesten Ungarns mit den seit langem bekannt guten Weißweinen von Pécs. Zu dem Gebiet zählen auch die berühmten Rotweingärten von Szekszárd (Duna-Szt.-György, Paks, Dunaföldar, Tolna), wo die Kadarka vollmundige Rotweine bringt.

Ganz im Süden, an der Grenze zur Wojwodina, liegt das bekannte Rotweingebiet von Villány-Siklós mit vorzüglichen Kékfrankos-Weinen, die bisher als Villányi Burgundi bekannt waren, was sich von der Bezeichnung »Nagyburgundi« (s. Reben) ableitet. Oporto, aber auch Cabernet franc und Pinot noir ergänzen das Rebensortiment der beiden letztgenannten Regionen.
Sopron (Ödenburg) im Südwesten des Neusiedler Sees erzeugt speziell gute dunkle Blaufränkische.

Ungarwein voll Kraft und Feuer, der vorzüglich zu der üppigen, gut gewürzten Küche der Magyaren paßt, wird hoffentlich in dieser ausgeprägten Charakteristik erhalten und weiter gepflegt werden. Leider zeigt der Export nicht immer, was im Lande selbst an Schätzen zu finden ist.

Sie müssen wissen

Was ist Tokaji Aszu? Die Tokajer Ausbruchweine (Beerenauslesen) werden nur in guten Jahren hergestellt. In den letzten drei Jahrzehnten: 1961, **1963,** 1964, **1968,** 1969, 1971, **1972,** 1973, **1975,** 1976, 1979, 1981, 1982, **1983, 1988,** 1989, 1990.

Von den beiden edlen Rebsorten Furmint (eine Sorte ungeklärter Herkunft) und dem ur-ungarischen Hárslevelü (Lindenblättriger) werden in guten Jahren die von der Edelfäule (Botrytis cinerea – s. Rheingau und Sauternes) befallenen Beeren ausgebrochen (Ausbruch, Beerenauslese). Sie werden zunächst sorgfältig gequetscht und mit Most oder Jungwein von etwa 70% Furmint und 30% Hárslevelü vermischt (gemaischt).
Muskateller wird getrennt gelesen und aufbereitet. Je nachdem, ob man 3, 4, 5, selten auch 6 Butten à 25 kg Ausbruchteig auf 1 Gönczer Faß von etwa 135 Liter Most oder Jungwein gibt, erhält man 3–6buttigen Grundwein, der sehr langsam bis auf 13–15% Alkohol vergärt, 6–12% Restzucker und 7–8‰ Säure hat. Bis zu acht Jahre reift der Aszu in den Gönczer Fässern unter den Tokajer Dörfern und Weingärten in langen, niedrigen Kellergängen. Dabei gilt die Faustregel für die Mindestdauer seines Ausbaus: die Zahl der Butten + zwei Jahre.
Den ersten Aszu bereitete um 1650 Szepsi Lackó Máté aus dem Lesegut des Weinbergs Oremus in Sátoraljaujhely. Dort befindet sich auch das aus der Staatskellerei und den Staatsweingütern hervorgegangene Tokajhegyaljai Állami Gazdasági Borkombinát.

Essenz ist eine sehr kostbare Tokajer Rarität, die heute eigentlich nur noch zur Verfeinerung der Aszu-Weine hergestellt wird. Sie besteht aus dem durch das Eigengewicht von Ausbruchbeeren herausgedrückten Saft, der 65% natürlichen, in der Traube gewachsenen Zucker enthält. Das sind etwa 1–2 Liter pro 100 kg Ausbruchbeeren. Die nur sehr schwer und langsam gärende Essenz erreicht ausgereift, bei einem hohen Anteil an unvergorenem Zukker, kaum mehr als 7% Alkohol. Ein paar Fässer dieses seltenen Nektars hütet die Tokajer Domäne wie einen Schatz.

Tokaji Szamorodni. Dieser edle Tokajer stand bis zum 2. Weltkrieg auf dem Tisch jeder deutschen Apotheke als Stärkungsmittel für Rekonvaleszenten. Sein Name kommt aus dem Polnischen, für deren Adel der Besitz eines Tokajer Kellers ein Hobby war und zum Kult wurde und bedeutet nichts anderes als »so wie gewachsen«, also ein Tokajer ohne vorherige Beerenauslese. Die Trauben werden gepreßt, wie sie gewachsen sind. Die Maische aus entrappten, reifen, überreifen und Aszubeeren läßt man 12 Stunden lang stehen, bevor man sie abpreßt. Je nach dem Anteil an Aszubeeren erhält man einen Most von 105 bis 140 Grad Öchsle. Davon ist auch abhängig, ob der Most vollständig durchgärt und man einen trockenen Szamorodni (Száras Szamorodni) oder – falls Restsüße verbleibt – einen süßen Szamorodni (Édes Szamorodni) erhält.
Der trockene Szamorodni ist ein ausgezeichneter Appetitanreger, der süße entspricht einer vollreifen deutschen Auslese eines guten Jahrganges, jedoch von stark oxidativem Charakter. Die Szamorodni stehen dem Sherry-Typ nahe, verfügen jedoch über weniger Alkohol und höhere Säurewerte. Sie zeichnen sich durch Harmonie und ein charakteristisches Lagerbukett aus.

Tokaji Furmint ist nichts anderes als ein sortenreiner Furmint-Wein aus Tokaj, wie ein Soproni Kékfrankos ein sortenreiner Blaufränkisch aus Sopron ist.

Tokayer, die so heißen, aber keine sind, begegnen uns, ohne daß man arglistige Täuschung unterstellen darf, in Norditalien, in der Schweiz und im Elsaß. In den beiden letztgenannten Ländern bezeichnet man unseren Ruländer, den edlen grauen Burgunder (Pinot gris), der übrigens im Wallis unter dem Namen »Malvoisie« verkauft wird und in Ungarn »Grauer Mönch« heißt, schlicht als »Tokayer«. Im Interesse der Verbraucher sollte man in einem zusammengerückten Europa der Verwirrung durch überlieferte Synonyme, die obendrein noch falsch sind, bald ein Ende machen. Ob die im Nordosten Italiens häufig anzutreffende Tocai friulano eine Mutante der ungarischen Furmint ist, wird von den Ampelographen eher bezweifelt. Der graue Burgunder wird in Norditalien nur noch selten Tokay genannt, man bezeichnet ihn richtig als Pinot grigio.

Haltbarkeit der Tokajer

Der Tokajer kann älter als der Sherry, älter als jeder Wein auf dieser Erde werden.

Vor dem 2. Weltkrieg bewahrte die schon erwähnte Warschauer Firma Fukier in ihrem Weinmuseum 328 Flaschen vom Jahrgang 1606 auf, von den vielen tausend Flaschen der Jahrgänge 1668, 1682, 1737, 1783 und 1811 ganz zu schweigen! Die alte polnische Weinhandlung lagerte die Tokajer Flaschenweine auf Grund jahrhundertelanger Erfahrungen nicht liegend, sondern stehend und ersetzte alle 6 Jahre die Korken durch neue. Die Auserwählten, denen diese uralten Tokajer kredenzt wurden, stellten eine überraschende Sublimierung der Duftstoffe fest: Die alten Weine hatten die typische Tokajer-Blume, die immer an frischgebackenes Brot erinnert, verloren und präsentierten ein Bukett von Erdbeeren, Veilchen und in manchen Jahrgängen einen an Kakao erinnernden Geruch.

Auf ungarischen Etiketten heißt:

Édes – süß,
Száras – trocken
Fehér – weiß,
Vöros – rot
Aszali bor – Tischwein
Minösegi bor – Wein bester Qualität
Palackozo – abgefüllt
Magyar Állami Pincegazdaság – Ungarische Staatskellereien

Südslawien

Slowenien Kroatien Herzegowina Wojwodina

Regionen

- **Nordost-Slowenien** (sehr gute und gute Weißweine)
- West-Slowenien (gute Weißweine, gute Rotweine)
- **Dalmatien** (gute Weißweine, gute Rotweine)
- **Slawonien** (sehr gute Weißweine, gute Rotweine)
- **Fruška Gora** (gute Weißweine und mittlere Rotweine)
- **Herzegowina** (gute Weißweine, gute Rotweine)
- Montenegro (mittlere Rotweine und Weißweine)
- Serbien (mittlere Weißweine und Rotweine)
- Amselfeld (Kosovo) (mittlere Rotweine, mittlere Weißweine)
- Mazedonien (mittlere Weißweine, kleine Rotweine)

Reben

Weiße Sorten

Rheinriesling. Mitteleuropas edelste Weißweinrebe. In guten Jahren einer der weißen Spitzenweine der Welt, entwickelt im Süden größeren Körper und etwas höhere Alkoholgrade, aber weniger Bukettstoffe und Harmonie als in seiner deutschen Heimat.

Welschriesling (Laški Rizling, Graševina) ist der bekannteste unter den falschen Rieslingen, zumal er auch in Österreich, Ungarn und im Nordosten Italiens weite Flächen bedeckt und gelobte Weine bringt, die allerdings mit denen des Rheinrieslings nur eine gewisse Verwandtschaft in Farbe und Form der Beeren haben. Der Welschriesling, auch Italienischer Riesling (Riesling italico) genannt, ist kein Rebstock des Nordens. Er verlangt gute und warme Lagen, um zu seiner verhältnismäßig späten Reife kommen zu können, trotzdem er sich auch gegen Frost als widerstandsfähig erwiesen hat. Die Sorte hat weniger Säuregehalt als der Rheinriesling, enthält durchweg mehr Restsüße und kann, in guten Jahren, bei richtiger Pflege zu einem großen Wein werden. In weniger guten Jahren erscheint sein Wein dünn, extraktarm und mit einer in südlichen Weinbaugebieten selten harten Säure.

Bouvier, in Österreich ebenso gern angebaut wie im nördlichen Slowenien (Radgona), ist sie eine Sorte, die als Findling des Weingutbesitzers Clotar Bouvier aus Ober-Radkersburg (Gornja Radgona) Karriere machte. Er hat sie 1900 in seinem Weingarten des Herzegovščak (Herzogsberg) entdeckt und fand sie für die Schaumweinherstellung besonders geeignet, die er gerade in Radkersburg aufbaute. Auch heute sind große Teile dieser südlich der Grenze zur Steiermark gelegenen Weinberge zu diesem Zweck mit Bouvier bepflanzt. Sie reift mittelfrüh und hat mittelgroße, gelbgrüne, runde, dickhäutige Beeren, die außerordentlich saftig sind. In Slowenien nennt man sie auch Ranina und bereitet daraus in guten Jahren um Radgona den Dessertwein »Tigrovo mleko« (Tigermilch).

Traminer, eine der edlen Rebsorten Mitteleuropas, deren Weine das sehr charakteristische und ausgeprägte Bukett wilder Rosen haben. Sie sind im Körper und Alkoholgehalt stärker und voller als andere und entwickeln sich unter günstigen Voraussetzungen im Alter zu oft ganz großen Weinen. Der Ilok-Traminer ist eine Spitzenkreszenz durch seine dort ganz besonders charakteristische Würze.

Sauvignon, wie auch in Österreich Muskat-Silvaner genannt, ist eine der berühmten Reben des Sauternes und erreicht in Slowenien besonders gute Qualitäten.

Ruländer, slowenisch Rulandec, kroatisch Rulendac, kommt in Slowenien in besonderer Güte an den Pohorje-Hängen westlich von Maribor vor wie auch in Slawonien. In beiden Regionen erscheint er besonders körper- und alkoholreich.

Weißburgunder finden wir in Slawonien und in der Fruška Gora sowie in Istrien und in der Vojvodina. Etwas weniger, aber sehr guter Burgundac beli wächst in den Spitzenweingebieten der Slovenske Gorice und im Westen Sloweniens, im Brda-Gebiet.
Die bis in unsere Tage für eine Spielart des Pinot blanc gehaltene Chardonnay wird in den Neuanlagen Sloweniens nun getrennt von der Pinot blanc kultiviert. In den alten Anlagen ist das Verhältnis zwischen Pinot blanc und Chardonnay etwa 30:70. Auf dem Etikett wird Pinot blanc seit 1985 als solche gekennzeichnet, wie auch die Sorte Chardonnay, wenn sie degustativ und ampelotechnisch als solche anerkannt wurden. In Slawonien ist die Problematik ähnlich, die Pfropfreben stammen aus Slowenien und neigen ampelologisch mehr zu Chardonnay.

Šipon, auch Mosler oder Moslavac wird die Spielart der edlen Tokajer-Rebe Furmint (s. Ungarn) genannt, die erfolgreich im slowenischen Spitzenweingebiet kultiviert wird und dort ausdrucksvolle, alterungsfähige Weine bringt.

Pošip ist eine hochwertige Sorte Dalmatiens. Der als Pošip verkaufte Wein besteht zu etwa 60 % aus deren Rebsäften, zu etwa einem Drittel aber aus Maraština und zu 10 % aus Bratkovina. Er erscheint trocken, mit zartsüßem Abgang, mit 13–15 % Alkohol und 5,5–8 ‰ Säure.

Maraština wird in Dalmatien auch »Rukatac« genannt und nimmt hinter der Pošip den zweiten Rang unter den dalmatinischen weißen Rebsorten ein. Ihre besten Bedingungen findet sie auf der Lage Cara Smokvica auf der Insel Korčula. Von strohgelber Farbe mit etwas Grünstich hat der Wein ein typisches Sortenbukett und ist von zartbitterem Geschmack.

Žilavka ist der Stolz der Herzegowina und wurde auch am habsburgischen Kaiserhof geschätzt. Er wächst da und dort im Süden, erreicht aber seine höchsten Qualitäten in den Weingärten bei Mostar. Der Wein ist von gelblich-hellgrüner Farbe, fruchtig, trocken, mit zartem Bukett und erscheint fast wie ein Wein des Nordens, zeigt aber mit seinem Extraktreichtum den Charakter seiner südlichen Herkunft.

Rebula (Ribolla gialla in I), ist eine alte friaulische Sorte, die vorwiegend um Görz angebaut wird. Im Vipava-Tal, östlich von Nova Gorica wird sie, mit Welschriesling und Weißburgunder verschnitten, zum Vipavec »Kindermacher«, einem trockenen Wein, der diesen Namen schon im 16. Jahrhundert bekam.

Malvasija istriana, eine der zahlreichen Spielarten des vor allem in Italien weit verbreiteten weißen Malvasiers, wird in Istrien zu einem trockenen Tischwein gekeltert. In guten Jahren bereitet man aus der Malvasija Dessertweine.

Pinella, mit ihren großen tiefgoldenen Beeren ist sie der Stolz der venetischen Colli Euganei, wächst in Görz so gut wie in Slowenien. Aus Pinella wurde hier Pinela und bringt einen extraktreichen Weißwein mit einem ganz eigenen Aroma, der, gut gekühlt, sehr erfrischend sein soll und von den einheimischen Fachleuten unter die Qualitätssorten gerechnet wird.

Tocai s. Tocai friulano (Italien)

Bogdanuša. Dalmatinische Sorte, vor allem auf der Insel Hvar. Ihr Wein erscheint hellgelb, harmonisch frisch, mit mehr oder weniger ausgeprägtem Sortenbukett.

Grk. Sorte der dalmatinischen Inseln Korčula und Mljet. Sie bringt dort einen starken, vollen, leicht bitter schmeckenden, goldfarbenen Wein mit über 14 % Alkohol bei 6,5 g/l Säure.

Vugava. Sorte Dalmatiens, auf die Insel Vis beschränkt. Bringt dort einen hellgelben, süffigen Tischwein mit charakteristischem Sortenbukett.

Smederevka ist eine autochthone serbische Rebe, die unter dem Namen »Dimiat« auch in Bulgarien angebaut wird. Ihr Hauptanbaugebiet liegt bei Smederevo südlich von Belgrad, sie wird aber auch in Mazedonien kultiviert. Der Wein ist leicht, trocken und frisch (10–12 % A. bei 6–8 g/l Säure). Die reichtragende Sorte reift sehr spät und braucht Vollreife, um angenehme Weine zu bringen. Man verschneidet sie dort gern mit Welschriesling und der hochwertigen Sémillon.

Rote Sorten:

Cabernet franc. Der in den südslawischen Ländern und autonomen Regionen als Cabernet verkaufte trokkene Rotwein ist meist ein Cabernet franc. Den besten trifft man im Donau-Weinbaugebiet der Vojvodina, in Slawonien und in der Nähe der italienischen Grenze an. Aber auch die

Cabernet Sauvignon erfreut sich vielerorts zunehmender Beliebtheit und bringt im slowenischen Küstenland gute Qualitäten.

Pinot noir s. Burgund. Blauburgunder wird besonders in Kosovo kultiviert, aber auch im kroatischen Küstenland.

Merlot. Die aus dem Médoc stammende Sorte hat nach dem Zweiten Weltkrieg einen Siegeszug ohnegleichen angetreten: über das Tessin durch Norditalien, Jugoslawien, Rumänien bis zum Schwarzen Meer. Und das obwohl diese Rebe für den Winzer keine reine Freude ist. Der Merlot bringt vor allem in Westslowenien, wo er auch im Vipava-Tal und bei Koper steht, die besten Qualitäten um Dobrovo im hügeligen Brda-Gebiet (Briški-Merlot).

Plavac-Mali ist die edelste rote Rebe Dalmatiens, ein eher trockener Wein von 14–17 % Alkohol bei 5–8 g/l Säure, der in den Spitzenlagen Dingač und Postup auf der Halbinsel Pelješac seinen typischsten Ausdruck findet. Schnell abgepreßt, als Roséwein heißt er Opolo, den man auf den Inseln Vis, Hvar und Brač besonders schätzt.

Blatina. Autochthone Rebe der Herzegowina, die bei entsprechender Vinifikation gute Rotweine von 11–13 % Alkohol bei 6–7 g/l Säure bringen kann. Der Ampelologe Turković zählte sie zu den bedeutenden Sorten seines Landes.

Teran wird im italienischen Friaul bei Udine als Terrano und Refosco kultiviert und seit altersher im slowenischen und istrischen Karst als Teran und Refošk. Refosco und Refošk sind violettrote Weine mit ausgeprägtem Aroma und etwas zuviel Säure bei oft großem Körper. Aus Trockenbeeren werden auch gute Dessertweine bereitet.

Kadarka. Die in allen Donauländern gleichermaßen beliebte, reichtragende Sorte steht in Kroatien, Serbien und auf den mazedonischen Weinfeldern. Dort wird sie auch Gamza genannt, wie in Bulgarien. Sie ist als Verschnittrebe beliebt und bringt sortenrein einen nicht sehr haltbaren, aber außerordentlich süffigen, milden Wein mit wenig Säure. Aus Kadarka-Trockenbeeren werden auch Dessertweine gewonnen.

Plavina. Rebsorte Norddalmatiens, auch Brajdica genannt. Sie bringt einen hellrubinroten, leichten Tischwein, der dort als »Opol« verkauft wird.

Prokupac. In Serbien und Mazedonien weitverbreitete, fruchtbare Sorte mit besten Qualitäten im Župa-Gebiet. Župski-Prokupac erscheint tiefrot, trocken, mit fruchtigem Sorten-Bukett, angenehm herb. Er ist haltbar. Außerordentlich beliebt ist der Župski ružica, ein rubinroter Prokupac Rosé. Milde Prokupac-Weine sind mit der minderwertigeren Plovdina verschnitten.

Plavka ist eine Sorte geringerer Qualität, deren Säfte in Dalmatien da und dort mit den sehr viel wertvolleren der Plavac Mali verschnitten werden. In Montenegro ist die Rebe häufig anzutreffen.

Nordost-Slowenien

Die Spitzenlagen

Slovenske Gorice (Windisch-Bühel), Haloze und Marburger Gebiet

Sehr gute Jahrgänge: 1971, 1977, 1979, 1981, 1983, 1990
Gute Jahrgänge: 1973, 1976, 1986, 1987

Jeruzalem, 7 ha

Sicher einer der berühmtesten Weinberge des Landes, gehört politisch zu Ljutomer, weingeographisch in das Gebiet von Ormoz. Er ist das Herzstück der Slovenske Gorice und fiel durch seine attraktive Lage schon den Kreuzrittern auf, die dort einen Stützpunkt errichteten und dem Weinberg seinen Namen gaben. Auf teils tonigem, meist aber sandigem Lehm und Mergelboden mit einem differenzierten Humusschleier wächst nicht nur ein hervorragender Muskat-Silvaner (Sauvignon). Ein ebenso großer Anteil (15 %) entfällt auf den Šipon, einer Mutante der echten Tokajer-Rebe Furmint, die hier mit 8–9 g/l Säure bei Öchslegraden von 100 bis 130 entwicklungsfähige, sehr harmonische Weine gibt, die ihren Höhepunkt erst nach 8–10 Jahren erreichen.
Den Löwenanteil hat mit 40 % der Welschriesling (Laški-Riesling), der in Slowenien nicht nur zu unwahrscheinlichen Qualitäten heranreift, sondern auch ein stattliches Alter erreichen kann, wie der Rheinriesling in Deutschland. Unter den restlichen Rebsorten nehmen Traminer und Ruländer den größten Platz ein.
Mehr Traminer wächst auf dem Weinberg

Železne dveri, 35 ha

Früher, zu Zeiten der Habsburger Monarchie, hieß diese wunderbare Lage »Eisentür«. Sie liegt nördlich des Jeruzalem-Weinbergs und hat auf Südost- und Südwest-Hängen, die über 18° geneigt sind, lehmige Kiesböden, auf denen leichte haltbare Weine von zarter Säure und starkem Bukett wachsen, die zu den absoluten Spitzen des Landes gehören. Zu 60 % sind es die berühmten Sauvignons und 30 % Traminer, die hier sehr gut, wenn auch nicht ganz von der Klasse der slawonischen Traminer sind. Südöstlich der Lage Jeruzalem liegt ein anderer Weinberg, der, weil seine

Weine von repräsentativer Qualität sind, fast stets mit seinem Namen auf dem Etikett genannt wird. Es ist der

Kajžar, 20 ha

Es ist ein flach und lang hingebreiteter Weingarten, dessen Weißburgunder, Šipons und vor allem Sauvignons (Muskat-Silvaner) von unwahrscheinlicher Klasse sind. Auch Rheinriesling wird hier angebaut, übertrifft an Körper den echten vom Rhein, dessen Bukettfülle er allerdings nicht ganz erreicht.

Am rechten Ufer der Drau im Gebiet von Haloze (früher Kolos genannt) liegen oft sehr steile Weinberglagen, deren etwas schwerere Weine mit mehr Restsüße und weniger Säure als in der Slovenske Gorice von Ljutomer-Ormoz während der Zeit der österreichisch-ungarischen Monarchie ein große Renommée hatten. Wertvollste Lage dieses Gebiets ist der

Turški vrh (Türkenberg), 26 ha

Auf mit Kies durchsetztem Mergelboden wachsen dort nicht nur besonders duftige Rheinrieslinge, sondern auch Šipons von bemerkenswerter Qualität und Haltbarkeit und hier seltener Blauburgunder.

Im Gebiet von Maribor liegt südlich der Stadt im Pickerer Hügelland der gewaltige Weinberg von

Pekre, 50 ha

Der Pekre ist eigentlich eine Summe von Einzellagen auf teils flachen, mäßig geneigten und steilen Hängen; die sehr geeigneten Böden aus abgebauten Eruptiv-Gesteinen und lockerem Humus bringen nicht nur hervorragende Welschrieslinge und erstklassige Muskat-Silvaner (Sauvignons), sondern auch verblüffend gute Ruländer, die es immerhin auf 6–7 g/l Säure bringen. Weine von 110 bis 120 Öchslegraden und 8 g/l Säure sind dort keine Seltenheit.
Wir probierten in Maribor zwei sehr alte Jahrgänge vom Welschriesling des Pekre, Spätlesen von 127 und 98 Öchslegraden der Jahre 1960 und 1959, die sich mit 6 und 7 g/l Säure als Weine ganz großer Klasse entpuppten und meine Bedenken gegen den Welschriesling endgültig ausräumten. Aus der Spätlese des 11 Jahre alten Welschriesling von 127 Grad Öchsle war eine große Kreszenz von 13 % Alkohol, 6 g/l Säure und 64 g pro Liter Restzucker geworden. Ihre Qualität wurde noch durch den 1959er Pekre, der sich mit 11,1 % Alkohol, 6,9 g/l Gesamtsäure und 30 g/l Zucker präsentierte, übertroffen.
Solche Weine nennen die staatlichen Weingüter dort »Archiv-Weine«, und es ist nicht ganz leicht, an sie heranzukommen. Im Handel tragen sie ein besonderes Etikett.

Ritoznoj, 40 ha

Auf dem Weg von Maribor nach Ljubljana weisen stolze Schilder auf diesen Qualitätsweinberg hin, wo auf fettem Mergel über Urgestein außerordentlich frische Weine wachsen. Selbstverständlich überwiegt auch hier der Welschriesling den frischen, süffigen Silvaner und den edlen, trockenen jungen Šipon. Die Rheinrieslinge sind dortzulande renommiert, aber sie entbehren eben doch, durch ihren südlichen Charakter mit geringerer Säure und infolge der höheren Alkoholprozente, der typischen Rieslingblume, jener ganz und gar typischen Merkmale, die ein echter Rheinriesling in seinem Heimatland bringt.
Früher waren Klöster die Besitzer des Weinbergs, für dessen Bearbeitung die Leute kein Geld bekamen, sondern einen Tag lang von Sonnenaufgang bis Sonnenuntergang für sich lesen durften. Die Überlieferung erzählt nun, daß die geizigen Mönche ihren Weinbergarbeitern morgens Abführmittel in den Tee gaben, damit sie nicht soviel lesen konnten. Die Arbeiter aber hatten die Absicht der unfairen Weinbergherren bald durchschaut, zogen ihre Hosen aus und lasen fleißig. Man sagte dort, sie schwitzten aus dem A..., dafür heißt der Ritoznoj heute noch »A...schwitzer«.

Die grossen Lagen

Kozjak und Kalvarija, 122 ha
Das Eruptivgestein Gneis und Porphyr, die starke Sonneneinstrahlung auf steilen Hängen am linken Ufer der Drau, westlich Maribor, und ein günstiges Kleinklima, bringen hier hervorragende Weißburgunder, von deren geschliffener Klasse wir uns in Marburg überzeugen konnten. Von diesen Weinbergen ist insbesondere der »Goldmuskateller« aus der Gelben

Muskat bekannt, aber auch Rheinriesling und Welschriesling stehen auf diesen beiden Lagen.

Herzegovščak (Herzogsberg), 50 ha
Dieser südlich der Grenze zur Steiermark gelegene Weinberg besteht eigentlich aus drei Hügelketten. Davon ist eine ausschließlich mit Bouvier-Reben bepflanzt, die dort wegen der Schaumweinfabrikation in Radgona eine große Rolle spielt. Die drei Hügelketten des Herzogsbergs, die aufeinander zulaufen, sind zum Teil auch mit Weißburgunder bepflanzt, die ausgezeichnete Weine ergeben.
Die mittlere der drei Hügelketten ist der

Police, 70 ha
der mit Traminer, der hervorragende Weine bringt, Rheinriesling und etwas Bouvier bepflanzt ist.

Janžev vrh (Johannesberg), 30 ha
dessen Traminer ganz ausgezeichnet und besonders beliebt sind. Außer der Masse der Bouvier-Reben, die immer wieder, sowohl im österreichischen Burgenland und der Steiermark wie hier, eine große Rolle spielen, wächst hier vor allem der Šipon, eine Spielart der ungarischen Furmint-Rebe, aus der mit »Lindenblättrigem« und etwas Muskateller bekanntlich der berühmte Tokajer gemacht wird.
Im noblen Weinbaugebiet von Ljutomer-Ormož ist vor allem zu nennen der

Svetinje (Allerheilien), 50 ha
Dort baut man hauptsächlich Weißburgunder und Sauvignon an, der in dieser Gegend wie in der Steiermark unter dem Namen »Muskat-Silvaner« in den Handel gebracht wird. Der Weißburgunder des Svetinje ist besonders köstlich.

Litmerk, 98,5 ha
Sandig-lehmige Böden mit einer dünnen Humusschicht, warmes, beinahe pannonisches Klima geben den Weinen dieses Teils der Slovenske Gorice, vor allem dem Šipon, eine wundervolle Harmonie und Haltbarkeit. Säuregehalte von 7 bis 9 g/l bei 10–13 % Alkohol lassen den Wein langsam altern und machen ihn vom 5. Jahre ab zu einem wahren Genuß. Litmerk ist noch mit Welschriesling bepflanzt.

Dalmatien

Die Spitzenlagen

Dingač, 40 ha

Steile Südhanglage auf sandigem Kreda-Kalk-Flysch-Boden im Ostteil der Halbinsel Pelješac.
Die Lage ist scharf abgegrenzt und bringt den roten Spitzenwein Dalmatiens hervor. Aus der Rebsorte Plavac-Mali wird unter teilweiser Verwendung von Trockenbeeren dieser Rebe ein hochwertiger Wein von dunkelroter Farbe, charakteristischem Aroma und süßlich-herber Geschmacksrichtung von 15 bis 17 % Alkohol gewonnen. Trotz nur 5–6 g/l Säure hält sich dieser Spitzenwein 6–8 Jahre. Die Dingač-Lage ist für touristische Weinfreunde nur sehr schwer per Fußmarsch oder per Boot zu erreichen.

Postup, 35 ha

Die Nachbarlage von Dingač, etwa 10 km westlich, ist ebenfalls gesetzlich abgegrenzt und erscheint wie der Dingač auf dem Etikett. Die Plavac-Mali-Weine dieser Lage werden erst im zweiten Jahre ausgeschenkt und erreichen etwa im vierten Jahre ihren Höhepunkt. Genau wie der Dingač ähnelt er in jungen Jahren mehr einem 4- bis 5jährigen Bordeaux als einem gleichaltrigen Burgunder.
Die beiden Lagen auf der Halbinsel Pelješac sind die wertvollsten der Plavac-Mali-Rebe, die als die beste Dalmatiens gilt.
Auch auf den Inseln Vis, Brač (an der Südküste bei Bol), auf Hvar und bei Split wird er angebaut und unter seinem Rebnamen Plavac verkauft. Von dunkelroter bis violetter Farbe, typischem Geruch, halbtrokkenem Geschmack ist er, 4–5 Jahre alt, ein Genuß auch für verwöhnte Rotweinfreunde.

Die grossen Lagen

Cara-Smokvica, 150 ha
Diese im Zentrum der Insel Korčula zwischen den Dörfern Cara und Smokvica liegenden Weingärten sind sehr geschützt und liegen teils eben, teils auf geneigten Südhängen. Dort wachsen die Trauben für die qualitativ besten und renommiertesten Weißweine Dalmatiens: Pošip und Maraština.

Der weiße Spitzenwein Dalmatiens ist zweifellos der Pošip. Ähnlich dem Sauternes wird er aus drei Rebarten gekeltert: aus der großen, doppelflügeligen, durch ovale Beeren gekennzeichneten Pošip-Rebe, die ihm zu 60% den Charakter gibt, aus 30% Maraština und 10% Bratkovina. Das ist aber auch die einzige Ähnlichkeit, die er mit dem viel haltbareren Sauternes hat, denn der Pošip von hellgelb-grünlichem Color ist ein trockener, keineswegs süßer, trotz seiner Säurearmut aber harmonischer Tropfen, der mit 13 bis 15 Alkoholprozenten eher einem südlichen Ruländer gleicht als irgendeinem anderen Wein.

Leider ist er nicht haltbar und sollte nicht älter als zwei Jahre werden, wenn man ihn mit allen seinen Vorzügen genießen will. Zu allen Fischgerichten ist er dort unten der Wein der Kenner. Mit der Lage Cara-Smokvica verbunden findet der Weinfreund auch oft den Rebnamen Maraština. Unter den Dalmatinern wird er oft auch »Rukatak« genannt. Er ist – etwas gewagt gesagt – der »Mosel« Dalmatiens.

Von strohgelber Farbe mit etwas Grünstich hat er ein typisches Sortenaroma und ist dabei von zartbitterem Geschmack. Die Ärzte empfehlen ihn für den verdorbenen oder streikenden Magen. Er ist hinter dem Pošip mit Abstand der nächste weiße Spitzenwein Dalmatiens. Weder der Vugava von der Insel Vis, noch der Grk, sein Nachbar auf der Insel Korčula, noch irgendein anderer dalmatinischer Weißwein – etwa der Bogdanuša von der Insel Hvar – erreicht seine Harmonie.

Herzegowina

Die grossen Lagen

Mostar-Gnojnice, 1000 ha
Buna
Stolac

Mostar – allen europäischen Touristen bekannt durch seine berühmte alte Bogenbrücke in typisch orientalischer Szenerie – ist den Einheimischen und den Weinfreunden wertvoll durch den berühmten Žilavka. Der Žilavka gedeiht nirgendwo in Jugoslawien besser als auf diesen Weinfeldern der Herzegowina. Von gelblich-hellgrüner Farbe, zartem Geruch, erscheint er eher als ein Wein des Nordens, zeigt aber mit seinem Extraktreichtum den Charakter seiner südlichen Herkunft. Er ist außer den slowenischen Kreszenzen der einzige Weißwein der Region, der sich die Herzen der mittel- und westeuropäischen Weinfreunde erobern konnte. Auf riesigen Weinfeldern kann er sehr rationell kultiviert und geerntet werden. Heute gehören die Besitzungen, von denen man sagt, daß sie Maria Theresia einst gründete, der Weinbauschule von Mostar-Gnojnice, die die alten kaiserlichen Besitzungen verwaltet. Die übrigen Žilavka-Erträge werden meist von den Kellereien Hepok zu Wein gemacht, von dem man stolz behauptet, daß er in alle Welt geht. Die Žilavka-Weine, denen ich persönlich immer noch den Pošip vorziehe, halten sich mindestens drei Jahre. Der Žilavka will, wie alle diese Weine, frisch getrunken sein. Bei 6–6,5 g/l Säure ist er etwas herber als der Pošip.

Auf den großen Weinfeldern der Herzegowina wächst noch der Blatina-Rotwein; mild, süffig und extraktreich hat er nur 11–12% Alkohol bei 6 g/l Säure und ist aber nichts anderes als ein angenehmer, lieblicher Kneipwein, der sich mit dem noblen Žilavka nicht messen kann.

Slawonien und Fruška Gora

Die Spitzenlagen

Die nordkroatischen Weine aus Slawonien sind bei uns weniger bekannt als die slowenischen und dalmatinischen Kreszenzen, weil sie in Gebieten wachsen, die von dem großen Tourismus nicht berührt werden. Die Spitzenlagen erscheinen hier nicht als Einzellagen, sondern als Ortslagen.

Ilok, 300 ha

Das im Donautal gelegene Städtchen ist nicht nur Sitz einer der besten Weinbauschulen des Landes, sondern zugleich ein Zentrum höchstwertiger Weine von den Ausläufern der Fruška Gora. Bis ins 3. Jahrhundert n. Chr. kann man die Existenz dieser Weinberge auf den gesegneten Hügeln zurückverfolgen. Auf Diluvial-Lehm mit z. T. starken Lößdecken wächst vor

allem ein Traminer, der von vielen Experten als bester Europas erklärt wird.
Eine Weinprobe in Ilok zeigt einen säurearmen bis zu 15prozentigen Traminer mit einem trotz seines Alkoholreichtums stark entwickelten Sortenbukett und einer Restzuckersubstanz, die ihm einen ganz besonderen Charme verleiht. Junge Weine sind oft wenig harmonisch, aber schon drei Jahre alt, zeigt der Ilok-Traminer seine großen Eigenschaften, ist allerdings von geringerer Haltbarkeit als die slowenischen Traminer aus der Slovenske Gorice. Auch der Welschriesling, der Silvaner und der Weiße Burgunder erscheinen dort als körperreiche Weine von großer Faszination. Auf den Weinfeldern von Ilok wird 65 % Welschriesling angebaut, nur 16 % der Fläche behält man dem Traminer vor und 10 % dem Weißen Burgunder und dem Silvaner.

Kutjevo, 200 ha

Alte Urkunden aus dem Jahre 1174 beweisen schon die Existenz der Weingärten von Kutjevo, die später von der Kaiserin Maria Theresia dem bekannten Panduren-Hauptmann Baron Trenck geschenkt wurden. 1882 ging das Weingut an die Familie von Turković über. Der große Ampelologe Baron Zdenko von Turković, der eine Kapazität von europäischem Rang war und von dessen Gattin die ausgezeichneten Rebenporträts aus dem Buch »Hornickels Wein-Sorten« des Gesamtwerkes stammen, wurde 1945 enteignet. Die heutige Kellerei hat die vorzügliche Arbeit Turkovics fortgesetzt und ausgebaut. Moderne Kellereianlagen liefern die wahrscheinlich besten Blauburgunder des Landes, obwohl sie nur eine geringe Fläche einnehmen. Auch hier fällt der Hauptanteil von 70 % an den Welschriesling, den man Graševina nennt; 10 % Weißer Burgunder, 10 % Muskat-Silvaner (Sauvignon), 5 % Cabernet franc und 5 % andere Sorten vervollständigen das Angebot.

Die grossen Lagen

Kneževi Vinogradi, 350 ha
Auf den Südlagen der Baranja-Berge in der Nähe der Donau gedeihen hier bei ausgezeichnetem Kleinklima slawonische Weine hoher Klasse, denen fast durchweg ein hoher Trockenextrakt und eine ausgeprägte Blume zu eigen ist. Auch hier wieder haben 50 % Welschriesling den Hauptanteil, Weißburgunder und Sauvignon nehmen je 20 % des Bodens in Anspruch. Die anderen Sorten, unter denen ein Cabernet besonders hervorsticht, 10 %. Alle Weine der Lage Kneževi Vinogradi werden von den Kellereien Belje kultiviert und gekeltert. Geographisch liegt dieser Weingarten nördlich des Städtchens Osijek.

Andere große Lagen der vojvodinischen Fruška Gora:
Kamenica
Dunavka Pajsož
Sremski Karlovci

Sie müssen wissen

Wein-Etiketten
der südslawischen Länder und autonomen Regionen, die den Namen der Lage führen, sind meist Weine von gutem und sehr gutem Herkommen wie Kutjevo, Vipava, Jeruzalem, Železne Dveri, Kajžar oder Pekre. Daneben erscheint die Rebsorte auf dem Etikett, so bei den meisten slowenischen und kroatischen Provenienzen.
In Dalmatien, der Herzegowina und im Süden des Landes erscheint die Lage als Qualitätsausweis auf dem Etikett (Dingač, Postup) oder auch nur der Name der Rebe ohne Lagebezeichnung (Žilavka, Blatina, Graševina, Frankovka, Traminec etc.).

Kvalitetno Vino ist Qualitätswein,
Stolno Vino – Tischwein.
Cŭveno Vino – Auslese
Bijelo – weiß, Crno – rot, Ružica – rosé
Suho – trocken, Polsuho – halbtrocken, Slatko – süß

Der Jahrgang
spielt nicht dieselbe Rolle wie in Mitteleuropa, da in Südslawien das sommerliche Klima erheblich ausgeglichener und günstiger ist.

Zahllose Traubensorten
gibt es in den annähernd 100 Anbaugebieten Südslawiens, die jedoch immer mehr von Qualitätssorten verdrängt werden. Wir haben im Wein-Gotha fast ausschließlich qualitativ hochstehende Rebsorten

berücksichtigt, bei der Rebsortenbeschreibung aber auch solche regional interessanter Weine aufgenommen, vor allem aus den von Touristen bevorzugten Gebieten.

Renski-Riesling
und Rajnski-Rizling wird der Rheinriesling genannt. Laški-Riesling oder Graševina heißt der Welschriesling, Burgundac bijeli oder Beli Burgundec ist Weißburgunder, Rulandec heißt Ruländer oder Grauburgunder, Traminec ist Traminer, Silvanec Silvaner und Rizvanec nennt man den Riesling × Silvaner (Müller-Thurgau). Muškatni Silvanec wird die Sauvignon auch genannt und Rumeni Muškat heißt der Gelbe Muskateller. Plemenka ist die Gutedel-Rebe.
Frankovka oder Modra Frankinja heißt der Limberger, der mit dem österreichischen Blaufränkisch identisch ist, Modri Burgundec oder Burgundac crni ist Blauburgunder, Portugalka der Portugieser.

Haltbarkeit
In der Haltbarkeit scheinen uns die slowenischen Weine aus den Gebieten Ljutomer-Ormož, Ptuj und Maribor alle anderen zu übertreffen. Wir haben in der Vinag, Maribor, 11–13 Jahre alte Welschrieslinge getrunken, die große Weine und noch auf der Höhe der Entwicklung waren. Auch die Sauvignons guter Jahre haben diese Haltbarkeit.

Slowenische Qualitätsweine
tragen als Garantie für Herkunft und Qualität nach dem Weingesetz von 1968 eine vom Weinwirtschaftsverband STYRIA geschaffene Schutzmarke für geprüfte Qualitätsweine. Die runde schwarz/goldene Marke trägt die Aufschrift »Zaščitna Znamka Slovenskih Vin«, wird in der Regel oberhalb vom Etikett angebracht und gilt für Spitzenweine, schwarz/silbern für Qualitätsweine.

Champagner

REGIONEN

- **Montagne de Reims** mit Zentrum Reims und den Dörfern Sillery, Puisieux, Mailly, Beaumont-sur-Vesle, Verzenay, Ambonnay, Bouzy, Louvois, Verzy, Tauxières.
- Das Marnetal: mit den Dörfern Ay, Tours-sur-Marne, Mareuil-sur-Ay.
- **Côte des Blancs** mit Zentrum Epernay und den Dörfern Cramant, Avize, Oger, Le Mesnil-sur-Oger, Oiry und Chouilly.

Die meisten der genannten Gemeinden sind Grands Crus mit der Bewertungsziffer 100. Mareuil und Tauxières gehören zu den Premiers Crus mit der Bewertung 99–90. Die Bewertungsziffer entspricht der Prozentzahl des jährlich festgesetzten Kilopreises der Trauben im Champagner-Anbaugebiet. Geringer eingestufte Lagen erhalten nur 80 Prozent.

REBEN

Pinot noir. Die große Burgunderrebe steht vor allem in der Montagne de Reims, aber auch im Tal der Marne. Der körperreiche Wein bringt dem Champagner feste Struktur und Tiefe. Die Trauben werden nur sanft gepreßt, damit sich der in den Beerenschalen enthaltene rote Farbstoff dem Most nicht mitteilen kann. Champagner mit hohem Anteil dunkler Trauben zeigen einen zartroten Schimmer im tiefgoldenen Farbton.

Chardonnay. Die Sorte des weißen Burgunders wird hier hauptsächlich in der Côte des Blancs, südlich von Epernay, angebaut. Ihr edler, alterungsfähiger Wein erscheint besonders auf Kalkböden körperreich. Sie bringt dem Champagner Frische und besondere Finesse.

Pinot meunier, eine Mutante der Pinot noir, wird vorwiegend im Marnetal kultiviert. In Deutschland ist sie als Müller-Rebe bekannt (Schwarzriesling in Württemberg). Den Namen hat sie von dem Mehlstaub, mit dem ihre hell behaarten Blätter und Triebspitzen bedeckt scheinen. Ihre Weine sind mild und fruchtig.

Nachstehend geben wir einen Überblick über die Spitzenweine einer Auswahl der renommiertesten Grandes Marques de Champagne. Die Liste ist nicht vollständig und wir verfahren dabei, niemandem zuliebe und zuleide, in alphabetischer Reihenfolge. Champagner, die mit Jahrgang angeboten werden, wurden als solche gekennzeichnet, wenn dies nicht aus der Markenbezeichnung hervorgeht.

Bollinger, Ay
Die Firma wurde 1829 von Jacques Bollinger, einem Württemberger gegründet. Bis 1972 befand sich die Leitung des Hauses in Händen der Gattin des Enkels Jacques Bollinger. Mme. Elisabeth Bollinger, die kinderlos war, hatte ihre Neffen Claude d'Hautefeuille, der die Firma bis 1978 leitete und Christian Bizot, dem wiederum seine Neffen Arnould d'Hautefeuille und Michel Villedey zur Seite stehen, zur Nachfolge bestimmt. M. Bizot führt das immer qualitätsbewußte Haus, das bedeutenden Weinbergbesitz in den besten Lagen der Champagne hat.

VIELLES VIGNES FRANCAISES + Jahrgang (aus alten, ungepfropften Reben der Vor-Reblaus-Zeit)
ANNÉE RARE R. D. (R. D. = vor kurzem degorgiert)
R. D. + Jahrgang
GRANDE ANNÉE BRUT
GRANDE ANNÉE ROSÉ

Veuve Clicquot-Ponsardin, Reims
Der eigentliche Gründer des Hauses war François Clicquot, Sohn eines Reimser Bankiers und Tuchhändlers, der auch ein wenig mit dem Wein handelte, der aus der Besitzung seiner Frau in Verzenay und Bouzy stammte. François, der unternehmende junge Champagner-Händler, heiratete 1798 das 21jährige Bürgermeisterstöchterchen von Reims, Nicole-Barbe Ponsardin, und starb 1805. Die 27jährige Witwe übernahm das Geschäft, führte es zu Weltruf und zog sich, erst 43 Jahre alt, auf ihr Château de Boursault zurück, wo sie noch 44 Jahre lang ein Leben in illustrem Stil führte. Ihre Tochter heiratete den Grafen Louis de Chévigné, dem die Witwe in geschäftlichen Dingen nicht viel zutraute. Darum holte sie Eduard Wehrle, Sohn eines hessischen Postmeisters aus Hattenheim in die Firma. Er wurde ihr Buchhalter, Verkaufs-Direktor und später als Edouard Werlé sogar Bürgermeister von Reims. Er führte die Geschäfte in ihrem Sinne weiter, und er führte sie vorzüglich.

Die Nachfolger Werlés, die Grafen de Vogüé, leiteten die Firma bis sie 1987 mit Moët-Hennessy vereinigt wurde.

LA GRANDE DAME + Jahrgang
VINTAGE RESERVE
ROSÉ RESERVE + Jahrgang

Deutz, Ay
Es waren die wohlsituierten jungen Aachener Kaufleute William Deutz und Peter Geldermann, die 1838 in Ay ein Weingut erwarben und eine Champagner-Kellerei gründeten. Die Firma eröffnete 1925 in Breisach einen deutschen Ableger, dessen Keller unter dem berühmten Breisacher Münsterberg die erlesensten Cuvées aus der Champagne und aus den deutschen Weinbaugebieten enthalten. Der letzte Geldermann schied kurz nach dem Zweiten Weltkrieg aus dem Haus in Ay aus.
Seit 1972 wird es vom Ur-Urenkel des Gründers William Deutz, André Lallier-Deutz geleitet. Deutz & Geldermann besitzt im Loire-Tal die Domäne Château de L'Aulée.

CUVÉE WILLIAM DEUTZ + Jahrgang
BLANC DE BLANCS + Jahrgang
BRUT ROSÉ + Jahrgang

Charles Heidsieck, Reims
Florenz-Ludwig Heidsieck, der gegen Ende des 18. Jahrhunderts nach Frankreich gekommen war, hatte sich 1785 in Reims mit einer Champagner-Firma niedergelassen und nannte sich Florens-Louis. Kinderlos geblieben, ließ er 1805 drei Neffen aus Deutschland nachkommen, darunter Charles Heidsieck. 1834 verließ Neffe Christian die Firma von Florens-Louis und machte sich selbständig, Charles Heidsieck gründete sein Haus 1851. Aus dem Stammhaus Heidsieck & Co. wurde 1923 Heidsieck & Co. Monopole, das heute noch besteht, aber mit Mumm zum Seagram-Konzern gehört.
Nur die Firma Charles Heidsieck hatte immer Männer dieses berühmten Namens an der Spitze des Hauses, zuletzt Charles Henri, Remy und Jean-Marc Heidsieck. Jetzt gehört es zu Remy-Martin.

CUVÉE CHAMPAGNE CHARLIE + Jahrgang
BLANC DE BLANCS + Jahrgang
BRUT VINTAGE

Krug, Reims
Das Haus Krug in Reims wurde im November 1843 von Johann-Joseph Krug aus Mainz gegründet und ist seither im Familienbesitz. Die Leitung des Hauses befindet sich jetzt in den Händen der 5. Generation, den Brüdern Henri und Rémi Krug.
Im Hause Krug wird wie eh und je eines besonders gepflegt: höchste Qualität. Aus Traubengut nur bester Qualität gärt der Wein nur in Eiche, und die Reifezeit wird ungewöhnlich lang gehalten. Unter Verzicht auf kommerzielle Erwägungen wird die sorgfältige Produktion gleichbleibend niedrig gehalten.
Das kleine, aber feine Haus bringt nur wenige Cuvées heraus. Die Grande Cuvée kann aus vierzig bis fünfzig Weinen aus sechs bis zehn verschiedenen Jahrgängen stammen.

GRANDE CUVÉE
VINTAGE (nur aus erstklassigen Jahrgängen)
CLOS DU MESNIL + Jahrgang
ROSÉ
COLLECTION (einige alte, hervorragende Jahrgänge für Sammler)

Lanson, Reims
Die ältesten Champagner-Kellereien der Welt überhaupt sind die Firmen Ruinart Père & Fils in Reims und Moët & Chandon. Die Firma Lanson Père et Fils folgt ihnen aber unmittelbar. Sie wurde schon 1760 gegründet von François Delamotte und Jean-Baptiste Lanson, hieß aber Delamotte & Co und wurde erst 1838, als das Geschlecht der Delamottes ausgestorben war, in Lanson Père et Fils umgewandelt. Auch heute noch entscheidet die Familie Lanson maßgeblich über die Geschicke des teilweise veräußerten Hauses.

NOBLE CUVÉE
BRUT + Jahrgang

Laurent-Perrier, Tours-sur-Marne
1812 gegründet und nach dem Tod ihres Mannes Eugène Laurent von der Witwe Mathilde geb. Perrier weitergeführt, expandierte das Haus erst unter seinen neuen Besitzern, der Familie de Nonancourt, die es 1939 gekauft hatten. Der sehr dynamische Bernard de Nonancourt führt die Firma erfolgreich seit 1945.

CUVÉE GRAND SIÈCLE
MILLÉSIME RARE
CUVÉE ALEXANDRA ROSÉ

Moët & Chandon, Epernay
1743 von Claude de Moët gegründet, reussierte das Haus besonders unter dessen Enkel Jean-Rémy, der ein Freund des etwas jüngeren Napoleon war. Jean-Rémy übergab die Firma seinem Sohn Victor und Schwiegersohn Pierre Gabriel Chandon, seither besteht der jetzige Firmenname. Heute ist das Haus ein Teil der Moët-Hennessy-Gruppe.
Zu ihren Kunden gehörten Leo Tolstoi, Fürst Talleyrand, die Grafen Esterhazy, Madame de Staël, die Lords Marlborough, die Familien Rothschild und Churchill, die Fürsten Metternich und Blücher, Napoleon I., die russischen Zaren, die Könige von Bayern und Preußen. Die Firma Moët et Chandon, der seit fast zwei Jahrhunderten die Benediktiner-Abtei Hautvillers und ihre Weinberge gehören, verwaltet damit das natürliche Erbe des berühmten Dom Pérignon, der als Kellermeister von Hautvillers den ersten Champagner herstellte.
Der Dom Pérignon, heute wahrscheinlich der berühmteste Champagner Frankreichs überhaupt, in einer Spezialflasche verkauft, wird strengstens kontingentiert. Er stammt nur aus den besten Lagen des Hauses, ist immer ein Jahrgangswein nur aus den besten Jahren.

DOM PÉRIGNON (zum kleinen Teil auch als Rosé)
BRUT IMPERIAL + Jahrgang
BRUT IMPERIAL ROSÉ + Jahrgang

G. H. Mumm, Reims
1827 gründete der Rüdesheimer P. A. Mumm mit einem Compagnon das Champagnerhaus. Der Mitinhaber schied bald darauf wieder aus, und als die späteren Leiter der Firma, die Enkel George Hermann und Jules sich auch trennten, wurde das Haus nach 1854 unter dem Namen der heutigen Firma weltbekannt, nicht zuletzt durch seinen berühmten Champagner »Cordon Rouge«. Es blühte und gedieh bis zum 1. Weltkrieg 1914, als das Champagner-Weingut als deutsches Vermögen enteignet wurde und der Familie Mumm verlorenging. Aufgrund einschlägiger Bestimmungen durften die neuen französischen Besitzer (neben anderen Anteilseignern vor allem die Familie Dubonnet, deren Schwiegersohn René Lalou das Haus bis 1973 erfolgreich führte) den Firmennamen G. H. Mumm weiterführen, ohne daß sie verhindern konnten, daß sich eine Firma gleichen Namens unter dem letzten von Mumm in Eltville (Rheingau) etablierte. Beide Häuser gehören heute zur Seagram-Gruppe.

RENÉ LALOU + Jahrgang
CRÉMANT DE CRAMANT Blanc de Blancs

Joseph Perrier fils, Châlons-sur-Marne
Gründer der Marke war Joseph Perrier, der 1825 die Firma seines Vaters Alphonse übernahm und sie bis zu seinem Tod im Jahr 1870 zu großem Ansehen brachte. 1888 übergab der kinderlose Enkel des Gründers die Firma an den Weinhändler Paul Pithois, dessen Nachkommen Georges Pithois und Jean-Claude Fourmon heute die Geschicke dieses sehr qualitätsbewußten Hauses leiten, das im Herzen der Champagne eigene Weinberge und eine reizvolle Domäne in Cumières besitzt.

CUVÉE JOSEPHINE + Jahrgang
CUVÉE ROYALE BRUT + Jahrgang
CUVÉE ROYALE BLANC DE BLANCS BRUT
CUVÉE ROYALE BRUT ROSÉ

Perrier-Jouët, Epernay
Nicolas-Marie Perrier, ein Onkel des obengenannten Joseph Perrier, gründete das Haus 1811 unter seinem und dem Mädchennamen seiner Frau. In der Belle Epoque hatte die Firma glanzvolle Erfolge, vor allem in England und Paris. Aus dieser Zeit stammt auch die von Gallé entworfene Jugendstil-Flasche, in deren Nachbildung der Belle Epoque-Champagner vertrieben wird. Heute gehört das Haus wie Mumm und Heidsieck Monopole zum Seagram-Imperium.

BELLE EPOQUE + Jahrgang
BELLE EPOQUE ROSÉ + Jahrgang
BLASON DE FRANCE
BLASON DE FRANCE ROSÉ

Piper-Heidsieck, Reims
Einer der drei Neffen Florens Louis Heidsiecks (s. Heidsieck-Geschichte unter Charles Heidsieck), Christian Heidsieck, eröffnete 1834 sein eigenes Haus in Reims, starb aber schon im darauffolgenden Jahr. Seine Witwe heiratete einen seiner Mitarbeiter Henri Guillaume Piper, fortan hieß die Firma H. Piper & Co. mit Heidsieck als Markenname. Als H. G. Piper starb, übernahm ein anderer Mitarbeiter, J. C. Kunkelmann,

der zwischenzeitlich als USA-Vertreter gearbeitet hatte, das Haus, das ab 1870 unter Kunkelmann & Co. firmierte. Wegen des großen Prestiges, das »Piper's Heidsieck« in Amerika genoß, änderte man den Firmennamen schließlich wieder.
Der letzte Kunkelmann vererbte das Haus seiner Tochter, der Marquise de Suarez d'Aulan, deren Sohn Francois d'Aulan jetzt dem Champagner-Haus vorsteht.

PIPER RARE + Jahrgang
BRUT SAUVAGE + Jahrgang
BRUT + Jahrgang
ROSÉ

Pol Roger, Epernay
1849 gründete Pol Roger das Unternehmen und brachte es bald in den Rang der angesehenen großen Champagner-Häuser. Heute ist die Firma noch immer ein reines Familien-Unternehmen und wird von den Urenkeln des Gründers, den Herren Cristian de Billy und Christian Pol-Roger geführt.
Pol Roger war nicht nur Churchills bevorzugter Champagner, von dem er immer einen Vorrat auch mit auf Reisen nahm, er taufte auch sein bestes Rennpferd auf diesen Namen. Nach Churchills Tod erhielt das Etikett des für England reservierten Pol Roger Extra Dry einen permanenten Trauerrand. Eine liebenswerte Verbeugung vor dem großen Sir Winston.
Der Name Pol Roger steht immer für hohe Qualität.

CUVÉE SIR WINSTON CHURCHILL + Jahrgang
RESERVE SPECIALE PR + Jahrgang
BLANC DE CHARDONNAY + Jahrgang
ROSÉ + Jahrgang

Pommery & Greno, Reims
Das 1836 gegründete Haus verdankt seinen Aufstieg allein der Witwe Louise Pommery, die nach dem Tod ihres Mannes im Jahr 1858 und dem Ausscheiden seines Partners Narcisse Greno zwei Jahre später mit der Champagner-Herstellung begann und ihrer Marke binnen weniger Jahrzehnte weltweites Ansehen verschaffte. Auch der Ausbau der außerordentlich sehenswerten Keller in den gewaltigen Kreidegruben unter ihrem Grundstück, ist auf die Initiative der Witwe Pommery zurückzuführen. 1879 heiratete Louises Tochter den Grafen Guy de Polignac, deren Nachkommen die Firma bis 1979 in Besitz hatten. Auch heute ist die Familie de Polignac noch in leitenden Positionen bei Pommery.

CUVÉE LOUISE POMMERY + Jahrgang
LOUISE POMMERY ROSÉ + Jahrgang

Louis Roederer, Reims
Seine erste eigene Champagner-Marke brachte Louis Roederer 1827 heraus, vergrößerte die Firma gemeinsam mit Sohn Louis und Schwiegersohn Jacques Olry und stellte 1876 für den russischen Zarenhof die Cuvée »Cristal« zusammen, heute noch die Spitzenmarke des Hauses, das ausgezeichneten Weinbergbesitz in den besten Lagen von Verzenay und an anderen Orten der Montagne de Reims hat.
Von 1932 bis 1975 leitete die sehr couragierte Witwe Camille Olry-Roederer das Haus, deren Schwiegersohn Claude Rouzaud und Enkel Jean Claude Rouzaud jetzt die Leitung des Unternehmens haben. Roederer besitzt in der Normandie eine berühmte Pferdezucht.

CRISTAL
BRUT + Jahrgang
BRUT PREMIER
BRUT ROSÉ

Salon, Le Mesnil-sur-Oger
Das kleine exklusive Champagner-Haus gründete der Unternehmer Eugène-Aimé Salon im Jahr 1921, nachdem er in Le Mesnil einen Weinberg erster Güte erstanden hatte. Seitdem wurde Salon-Champagner, bekannt als »Salon Le Mesnil« nur aus Traubengut bester Mesnil-Lagen und nur in erstklassigen Jahren erzeugt: seltene, prätentiöse Cuvées, die sehr langlebig sind.

BLANC DE BLANCS + Jahrgang – Cuvée »S«

Taittinger, Reims
Das Haus Taittinger, das in Reims im Stammsitz der Grafen der Champagne residiert, ist 1932 von Pierre Taittinger durch Übernahme einer 1734 entstandenen Firma gegründet worden. Pierre Taittinger, im 1. Weltkrieg im Stab von General Joffre im Landsitz Château La Marquetterie inmitten der Weinberge südlich Epernay einquartiert, entdeckte dort sein Interesse am Wein und kaufte das Schloß und die dazugehörenden Weinberge gleich nach dem Krieg. Heute besitzt Tait-

tinger 240 ha in den besten Lagen der Champagne. Das Haus lagert seine Champagner u. a. in den Kellergewölben unter der ehemaligen Abtei St. Niçaise, wo in Gängen von sieben Kilometer Länge durchschnittlich 5 Millionen Flaschen liegen. Nach wie vor im Familienbesitz, steht es heute unter der Leitung von Claude Taittinger. Taittingers fungieren als Bürgermeister von Reims und als Staatssekretär im Auswärtigen Amt.
Die Prestige-Cuvée Comte de Champagne wird in einer Nachbildung der ältesten Champagner-Flaschenform verkauft. Die Taittinger Vintage Collection wird in einer schützenden Kunststoff-Umhüllung geliefert, die von Jahrgang zu Jahrgang von einem anderen Künstler entworfen wird. Seit Erscheinen waren dies Vasarely, Arman, Masson, Vieira da Silva und Lichtenstein.

COMTES DE CHAMPAGNE BLANC DE BLANCS BRUT + Jahrgang
COMTES DE CHAMPAGNE ROSÉ BRUT + Jahrgang
TAITTINGER COLLECTION + Jahrgang

Reben

Riesling ist die Sorte der feinen, rassigen, eleganten und fruchtigen Riesling-Cuvées, den Spitzenweinen unter den deutschen Sekten.

Chardonnay. Der zur Champagner-Bereitung bevorzugte Saft dieser Rebe ist auch in einigen qualitativ hochwertigen Sekten enthalten. Völlig unverständlich ist, daß der Anbau der Sorte in Deutschland noch nicht zugelassen ist, anstelle mancher nicht immer bemerkenswerter Neuzüchtungen.

Pinot blanc. Der trockene, fast neutrale Wein kann sehr spritzig wirken, in guten Jahren erscheint er vollmundig und extraktreich.

Grauburgunder (Pinot gris). Trocken ausgebaut, durch frühzeitige, sorgfältige Lese eher säurebetont, werden sie in Baden wie im benachbarten Elsaß, wo man die Rebe Tokay d'Alsace nennt, gern verwendet.

Blauer Spätburgunder (Pinot noir) wird in Deutschland wie in der Champagne behandelt (s. dort) oder zu roten Spätburgunder-Sekten und Spätburgunder-Weißherbstsekten ausgebaut.

Aus der Vielzahl deutscher Sekthersteller begnügen wir uns, die ältesten und bekanntesten großen Namen in den Wein-Gotha aufzunehmen. Aber auch um Qualität bemühte kleinere Häuser und deren Spitzenweine stellen wir, alle in alphabetischer Reihenfolge geordnet, nachstehend vor.

Deinhard, Koblenz
Das germanische Nationalmuseum in Nürnberg weist aus, daß die Deinhards eine Familie von ganz altem deutschen Weinadel sind, die schon bald nach dem Dreißigjährigen Kriege als Weinkenner und Weinfachleute hervortraten. Johann Friedrich Deinhard reist 1825 nach London, beginnt 1843 mit der Schaumwein-Herstellung und führt in großem Stile den »Deinhard Sparkling Moselle« in England, seinen Kolonien und Dominien ein. 1864 sitzt Deinhard bereits mit einer Filiale in London. Er wurde auch bald Hoflieferant des deutschen Kaisers und Königs von Preußen. Nachdem mit August Deinhard die Deinhards auf der männlichen Linie ausgestorben waren, ging die Firma an dessen Schwiegersohn Wegeler und einen Verwandten namens Haßlacher über. Heute sitzen Rolf Wegeler-Deinhard und Hanns-Christof Wegeler-Deinhard hinter den Schreibtischen, von denen aus die Firma geleitet wird.
Die drei Deinhard'schen Weingüter in Oestrich, Bernkastel und Deidesheim mit umfangreichem Besitz in den besten Lagen, machen das Deinhard'sche Unternehmen zu einem der bedeutendsten Weinbergbesitzer Deutschlands. Darum bringt die Kellerei auch immer wieder Lagensekte erstklassiger Lagen auf den Markt.

GEHEIMRAT J. BRUT + Jahrgang
(Rheingauer Riesling)
AVANTGARDE + Jahrgang
(Chardonnay/Loire, Pinot noir/Burgund)
BERNKASTELER DOCTOR BRUT + Jahrgang
RUWER BRUT + Jahrgang (Kaseler Riesling)
TRADITION RHEIN-RIESLING BRUT + Jahrgang
TRADITION CABERNET SAUVIGNON ROSÉ BRUT

Georg Geiling, Bacharach/Rhein
Eine verhältnismäßig junge Firma, erst 1898 in Bacharach von Georg Geiling gegründet, nachdem er schon acht Jahre vorher eine Firma gleichen Namens in Reims etabliert hatte. Geiling, ein Rüdesheimer, dessen 100. Geburtstag die Firma 1963 feiern konnte, war ein unternehmender Mann und gründete Filialen im Elsaß, in Italien, in Polen und in der Schweiz. Er starb in Deutschlands schwärzester Zeit 1947. Seine Frau, Käte Geiling, führte das Haus bis zu ihrem Tode 1957 weiter und übergab es ihrer Nichte, Frau Ursula Geiling-Rasmus, die sie 1955 mit deren Kindern adoptiert hatte. 1981 übernahm deren Sohn Ernst Geiling-Rasmus die Leitung der Firma.

GEORGES GEILING CENTENAIRE Jubiläums-Cuvée Brut – Chardonnay
GG AUSTERN-SECT Extra brut – Riesling
GG LACHS-CUVÉE Brut – Riesling
GG MITTELRHEIN-RIESLING Brut + Jahrgang
GG SPÄTBURGUNDER Dry

Geldermann, Breisach/Breisgau
Deutz & Geldermanns Stammhaus steht in Ay in der Champagne, wo die beiden Aachener William Deutz und Peter Geldermann 1838 eine Champagner-Kellerei gründeten. Das deutsche Haus entstand 1925 in

Breisach mit tiefen Kellern unter dem weit ins Land schauenden Münsterberg. Die Privat-Sektkellerei Geldermann, wie die deutsche Firma heute heißt, wird von René James Lallier-Deutz, dem Ur-Urenkel des Stammhaus-Gründers William Deutz und Rudolf Schilling geleitet und arbeitet aus Überzeugung auch nach der klassischen Méthode champenoise, dem traditionellen Flaschengärverfahren.

DEUTZ & GELDERMANN BRUT + Jahrgang
ODEON BRUT
DEUTZ & GELDERMANN ROSÉ Sec

Hausen-Mabilon, Saarburg
Anfang des 20. Jahrhunderts entstand aus einem Saarburger Weingut die kleine Sektkellerei, im Besitz der Familie Hausen-Mabilon, deren Vorfahren im 17. Jahrhundert als Glocken- und Kanonengießer aus Paris an die Saar gekommen waren. Bernd Hausen-Mabilon, der das Haus heute führt, ist ein bedingungsloser Verfechter der klassischen Methode der traditionellen Flaschengärung, in der alle Mabilon-Sekte bereitet werden: vorwiegend Saar-Riesling und als Spezialität eine Cuvée aus der alten Rebsorte Elbling.

SAARBURGER SCHLOSSBERG + Jahrgang
MABILON BRUT DE BRUT (Saar-Riesling)
MABILON BRUT DE BRUT ELBLING
ELBLING BRUT + Jahrgang

Henkell & Söhnlein, Wiesbaden
Die Firma Henkell wurde von Adam Henkell 1832 gegründet, machte ihre meisten Umsätze als Weinhandlung und beschäftigte sich nur allmählich und in kleinem Umfange mit der Sektbereitung. Erst 1894 gelang Otto Henkell mit der Entwicklung des »Henkell Trocken« der Durchbruch mittels einer gut gesteuerten Werbung, die Henkell Trocken schon um die Jahrhundertwende zum populärsten deutschen Sekt machte. Die Firma übersiedelte bald von Mainz nach Wiesbaden, wo sie 1909 ein pompöses Verwaltungs- und Fabrikationsgebäude errichtete (Architekt Bonatz). 1929 stirbt Vater Otto Henkell, und Otto Henkell Sohn darf für sich in Anspruch nehmen, die Kellerei nach dem Krieg wieder zu alter Höhe gebracht zu haben, was nicht zuletzt auf die kluge Entwicklung einer kleinen Flasche, der berühmt gewordenen Henkell Piccolo (¼-Flasche), zurückzuführen ist.

Johann Jacob Söhnlein gründete 1864 die Sektkellerei Söhnlein-Rheingold. Der Name Rheingold war ursprünglich der Name eines seiner Schaumweine aus Weinen des berühmten Johannisbergs, den er, aus Bewunderung für Richard Wagner, dieser Cuvée gegeben hatte. Wilhelm I. ordnete an, daß die Kriegsschiffe des neuen Deutschen Reiches nicht mehr mit französischem Champagner, sondern mit Söhnlein-Rheingold zu taufen seien. Die Gunst fürstlicher Häuser und internationaler Schiffahrtslinien machten diesen deutschen Sekt weltbekannt.
Mit im Hause Söhnlein beheimatet ist die 1971 gegründete Fürst von Metternich-Sektkellerei GmbH Schloß Johannisberg im Rheingau. 1987 schlossen sich Henkell und Söhnlein unter dem Oetker-Konzern zusammen.

FÜRST VON METTERNICH BRUT + Jahrgang
FÜRST VON METTERNICH Extra trocken
und trocken
(beide aus Riesling der Domäne Schloß Johannisberg und des Bereichs Johannisberg)

Gräflich von Kageneck'sche Sektkellerei, Breisach
Die Sektkellerei trägt nur den Namen dieses breisgauischen Landadel-Geschlechts von Schloß Munzingen in Munzingen am südlichen Ausläufer des badischen Tunibergs. Dahinter steht die Zentralkellerei Badischer Winzergenossenschaften in Breisach. Das Haus bietet eine Fülle von Rebsorten-Sekten an wie Riesling, Weißburgunder, Grauburgunder, Gutedel, Nobling, Müller-Thurgau und Blauen Spätburgunder, alle aus dem badischen Anbaugebiet. Die Marken sind Kageneck, Schloß Munzingen und Greiffenegg.

KAGENECK RIESLING EXTRA BRUT
KAGENECK GRAUER BURGUNDER EXTRA BRUT
KAGENECK SPÄTBURGUNDER BRUT

G. C. Kessler & Co., Esslingen/Neckar
Die Firma Kessler ist die älteste deutsche Sektkellerei, da sie schon 1826 gegründet wurde. Georg Christian Kessler, der Stammvater, hatte zu Napoleons Zeiten als Buchhalter und Exportleiter der berühmten Champagner-Kellerei Veuve Clicquot gearbeitet. Kessler, ein Heilbronner, ließ sich dann 1826 in Esslingen nieder und gründete die heute noch bestehende Firma. 1841 zieht er in den attraktiven Fachwerkbau des

Speyerer Pfleghofs in Esslingen, nachdem er 1835 Karl Weiß die kaufmännische Leitung des Betriebes übergeben hatte. Die Urenkel, Erich Weiß und Dr. Günther Weiß, leiten heute noch diese immer auf hervorragende Leistungsreputation bedachte Firma, in der inzwischen auch die nächstfolgende Generation durch Ulrich Weiß vertreten ist. Die herausragenden Qualitäten des Hauses werden im traditionellen Flaschengärverfahren bereitet.

HOCHGEWÄCHS ULTRA BRUT und
HOCHGEWÄCHS
(aus französischen, vor allem Chardonnay-Weinen)
EILFINGER BERG RIESLING
NECKARHALDE RIESLING + Jahrgang
URHERB RIESLING EXTRA DRY (Saar-Riesling-Cuvée)
JÄGERGRÜN RIESLING Trocken

Kloss & Foerster, Rüdesheim
Zu den alten und renommierten deutschen Sektkellereien gehörte schon immer Kloss & Foerster in Freyburg a. d. Unstrut, der Hersteller der »Rotkäppchen«-Sekte.
Julius Kloss und Carl Foerster gründeten 1856 auf den Hängen des Unstruttales über dem kleinen mitteldeutschen Städtchen Freyburg, das von Jenenser Studenten und Naumburger Seminaristen gleich gern besucht – manchmal auch heimgesucht – wurde, ihre Sektkellerei. Nach 20jähriger Anlaufzeit gelang ihr der Durchbruch. 1881 wird sie ausgezeichnet und hat um 1900 einen Jahresumsatz von fast 1 Million Flaschen. Die kommunistische Zonenregierung enteignet noch 1945 die Besitzer, die sich glücklicherweise 5 Jahre später in Westdeutschland neu etablieren können, zuerst in Wiesbaden und seit 1953 in Rüdesheim ansässig sind. Dort leitete Günter Kloss, der Urenkel des Gründers bis zu seinem Tod im Jahre 1970 die Firma, die heute in der fünften Gründergeneration von seinem Sohn Michael Kloss geführt wird.
Das Haus stellt seine Spitzensorten nach wie vor im traditionellen Flaschengärverfahren her.

RÜDESHEIMER BURGWEG EXTRA BRUT Riesling + Jahrgang
IMPERATOR BRUT Rheingauer Riesling + Jahrgang
RHEINGAU RIESLING DRY (Bereich Johannisberg) + Jahrgang
SPÄTBURGUNDER WEISSHERBST BRUT (Rheingauer Spätburgunder) + Jahrgang
ASSMANNSHÄUSER STEIL TROCKEN (Rot) + Jahrgang

Kupferberg, Mainz/Rhein
Die Kupferbergs sind ganz alte und international erfahrene deutsche Schaumweinexperten. Christian Adalbert Kupferberg gründete mit einem Teilhaber namens Kempf 1847 in Neustadt a. d. Weinstraße eine Sektkellerei. Aber schon drei Jahre später erwarb er die alten römischen Gewölbe und Keller auf dem Caestrich, einer Höhe über Mainz, auf der die Legionäre Caesars ihre Befestigungen errichtet hatten. In 7 Stockwerken unter der Erde wurden hier im Laufe der Zeit 60 Keller in den Berg getrieben. In der Zeit von 1850 bis 1870 führte Kupferberg drei Viertel seiner Produktion allein nach England aus und wurde später Hoflieferant vieler deutscher und ausländischer Fürstenhäuser. Unter der Leitung von Dr. Christian Adalbert Kupferberg und seines Neffen Heinz Hermann Freiherr Schilling von Canstatt hat die Firma die schweren Kriegsschäden nicht nur voll überwunden, sondern ihrem Sekt, vor allem der Marke »Kupferberg Gold« wieder zu großem Ruf verholfen. Nachdem Dr. Christian Adalbert Kupferberg 1980 die Firmenleitung aus Altersgründen verlassen hat, verband sich das Haus mit der Spirituosengruppe Racke. Christian Andreas Kupferberg ist nach wie vor Gesellschafter.

FÜRST VON BISMARCK BRUT + Jahrgang
FÜRST VON BISMARCK EXTRA TROCKEN + Jahrgang
KUPFERBERG RIESLING BRUT
(aus Rhein- und Mosel-Saar-Ruwer-Riesling)

Langenbach, Bingen/Rhein
Den Namen des Wormser Weinguts Langenbach sieht man um die Liebfrauenkirche über den Portalen des eingezäunten Liebfrauenstift-Weinbergs. Die Langenbachs sind schon seit Mitte des 19. Jahrhunderts im rheinhessischen Weinhandel ein Begriff. Die Sektproduktion kommt erst 1911 hinzu und hat sich seither, trotz der Rückschläge durch zwei Weltkriege, weiter gut entwickelt. 1991 wurde sie nach Bingen verlegt.

WALDRACHER RIESLING + Jahrgang (Ruwer-Cuvée)
RIESLING BRUT + Jahrgang
PURPUR (Spätburgunder)

Menger-Krug, Deidesheim/Gau Odernheim
Hohe Qualität vor Quantität, das ist das Motto des außergewöhnlichen Sekt-Gutes Menger-Krug, das Klaus Menger-Krug und seine Frau Regina 1977 bei der Gründung ihres inzwischen sehr erfolgreichen Hauses anstrebten. Dieser hohe Anspruch beginnt schon mit der strikten Ertragsbegrenzung der Reben in den seit Generationen familieneigenen Weingütern in Rheinhessen und in der Rheinpfalz, wo die Menger-Krugs auf insgesamt 65 ha edle Sorten pflegen, die zum größten Teil der Sektherstellung vorbehalten sind: Riesling, Pinot noir, Pinot meunier, Pinot gris und Pinot blanc. Nur die Chardonnay fehlt hier noch! Die Sekte, die nur aus Weinen der eigenen Lagen stammen, weshalb die Menge limitiert ist, werden ausschließlich und sehr sorgfältig nach der klassischen Méthode champenoise bereitet. Dabei legt Menger-Krug besonderen Wert auf individuell langes Ausreifen seiner Cuvées. Die Liebe zum Produkt, nicht nur das Können, das der Geisenheim-Absolvent offenbar in guten Häusern der Champagne erworben hat, ist wohl das Geheimnis der erfolgreichen Menger-Krug-Cuvées.

NOCTURNE (aus Weinen hoher Prädikatsstufen)
PINOT BRUT (Pinot noir/Pinot blanc)
RIESLING BRUT
CUVÉE ZERO (Pinot blanc/Riesling)
BRUT ROSÉ

Mumm, Hochheim/Main
Die direkte Vorgängerin dieser Firma wurde 1761 in Frankfurt (Main) durch die Ahnen des letzten Inhabers ins Leben gerufen. 1827 wurde als Filiale in Reims das Champagnerhaus gegründet, welches nach 1854 unter dem Namen G. H. Mumm & Co. (Cordon Rouge) weltbekannt war. Dieses Unternehmen ging infolge des Ersten Weltkrieges der Familie Mumm verloren, die französischen Erwerber durften aber auf Grund von Bestimmungen des Versailler Vertrages dennoch die Marke »G. H. Mumm« weiterführen. Um die Tradition aufrechtzuerhalten, gründete der letzte deutsche Inhaber der offenen Handelsgesellschaft »G. H. Mumm & Co.«, Reims, unter dem Familiennamen 1922 in Frankfurt (Main) die Firma Mumm & Co. Nachfolgend strengten die Franzosen vergeblich jahrzehntelang Prozesse gegen Mumm-Eltville an, um diesem die Führung ihres Namens zu untersagen. Die Franzosen hatten nämlich wohl die Markenrechte, nicht aber die »Firma« und das Recht an dem Familiennamen erwerben können. Seinerseits legte Mumm-Eltville den größten Wert darauf, nicht mit Mumm-Reims verwechselt zu werden. Diese Firmengeschichte ist wahrhaftig dramatisch genug. Nach dem Tod von G. H. von Mumm im Jahr 1964 führte die Baronin von Mumm die Firma in Eltville bis 1970. Heute gehört Mumm zum Seagram-Verband, und der Firmensitz wurde 1981 nach Hochheim verlegt.

MUMM BRUT Rheingauer Riesling + Jahrgang
MUMM EXTRA DRY Rheingauer Riesling + Jahrgang

Oppmann, Würzburg
Josef Oppmann, Sohn einer alteingesessenen Würzburger Winzerfamilie, lernte die Champagner-Herstellung in Frankreich und eröffnete 1865 seine »Schaumweinfabrik« in Würzburg. Internationale Auszeichnungen ließen ihn bald zum Herzoglich Bayerischen Hoflieferanten avancieren. Heute ist die Sektkellerei mehrheitlich im Besitz der Familie August von Finck.
Beste Marke des Hauses ist die

CUVÉE FRANKEN-RIESLING

Schloß Saarfels, Serrig/Saar
Der Weingutsbesitzer Adolf Wagner aus Saarburg gründete 1911 in Serrig die Sektkellerei Schloß Saarfels mit 10 ha Weinbergen. Inzwischen besitzt sie knapp 30 ha, davon 22 der ehemaligen Staatsdomäne Serrig. Die Kellerei arbeitet ausschließlich nach der Méthode champenoise, vorwiegend mit Weinen aus eigenem Anbau: Riesling und Weißburgunder.

KÖNIG-JOHANN-BERG BRUT + Jahrgang
STAADTER MAXIMINER PRÄLAT BRUT + Jahrgang
AUS DEM FELSVERLIES BRUT + Jahrgang

Schloß Vaux, Eltville/Rhein
Die schon 1868 von Heinrich Graeger gegründete Sektkellerei Schloß Vaux trägt ihren Namen nach der Besitzung, die der Familie Graeger in der Nähe von Metz gehörte und die sie im 1. Weltkrieg verlor. Danach wurde die Sektkellerei nach Eltville im Rheingau verlegt. Das vor allem nach dem Krieg sehr bekannt

gewordene und auf Qualitätsarbeit bedachte Haus wurde 1961 von den Graeger-Erben verkauft und hatte inzwischen verschiedene Eigentümer. Seit 1983 ist Schloß Vaux eine AG, deren handverlesene Aktionäre, ein Club von Weinkennern, höchste Qualität anstreben. Die Sekte werden im traditionellen Flaschengärverfahren bereitet, die kostbarsten stammen aus berühmten Rheingauer Lagen, die Grundweine werden in renommierten Weingütern gekauft. Zu den übrigen Cuvées werden nur Qualitätsweine bestimmter Anbaugebiete (QbA) verwendet und aus Affinität zum alten Stammsitz gibt es ein kleines französisches Programm.
Alle Lagen-Sekte von Schloß Vaux sind Jahrgangssekte und werden in der jahrgangsspezifischen Geschmacksrichtung zwischen extra brut und extra trocken ausgebaut.

ERBACHER MARCOBRUNN RIESLING + Jahrgang
STEINBERGER – FAVORIT RIESLING + Jahrgang
ELTVILLER LANGENSTÜCK RIESLING + Jahrgang
RAUENTHALER WÜLFEN RIESLING + Jahrgang
HATTENHEIMER SCHÜTZENHAUS RIESLING + Jahrgang
ASSMANNSHÄUSER HÖLLENBERG WEISSHERBST Spätburgunder + Jahrgang
ASSMANNSHÄUSER HÖLLENBERG SPÄTBURGUNDER + Jahrgang

Schloß Wachenheim AG., Wachenheim/Weinstraße
1888 gründeten die Gebrüder Friedrich und Ludwig Böhm, ihres Zeichens Weinhändler in Wachenheim, die Firma, die 1899 an Karl Josef Wagner überging, der bis dahin Betriebsleiter der Kessler'schen Sektkellerei in Esslingen war. Nach dem Tode Kommerzienrat Wagners wurde die Firma 1939 in »Sektkellerei Schloß Wachenheim AG« umbenannt. Das Haus stellt seine Spitzen-Cuvées im Verfahren traditioneller Flaschengärung her.

BRUT RIESLING (Saar-Riesling)
FORSTER MARIENGARTEN RIESLING + Jahrgang
WACHENHEIMER SCHENKENBÖHL RIESLING + Jahrgang
IHRINGER VULKANFELSEN SPÄTBURGUNDER + Jahrgang
RUBIN PRIVILEGIUM BRUT (Burgund-Weine)

Treis, Zell-Merl
1907 gründete Otto Treis die gleichnamige Sektkellerei als Tochterunternehmen der schon hundert Jahre bestehenden Treis'schen Weinkellerei im Zandthof in Merl an der Mosel, einem ehemaligen Lehensgut des Erzbistums Trier. Heute noch ist das Haus im Besitz der Familie und wird von Theo und Otto Treis geführt, die sich aus Tradition besonders dem Mosel-Riesling verpflichtet fühlen.

TREIS TRADITION Mosel-Riesling
MOSEL-RIESLING extra brut oder trocken
WILTINGER SCHARZBERG brut (Saar-Riesling) + Jahrgang

Sie müssen wissen

Die drei gängigen Verfahren der Schaumwein-Erzeugung durch eine zweite Gärung sind:

Das klassische Champagner-Verfahren, die méthode champenoise, das in seinem Herkunftsgebiet sehr strengen Vorschriften unterliegt. Das beginnt schon im Weinberg mit der Vorgabe der Rebsorten und setzt sich fort bei der Gewinnung der Grundweine. In der Champagne dürfen von 4000 kg Trauben nur 2665 Liter Most für die Champagner-Bereitung verwendet werden. Zehn der dort traditionell benutzten 205-l-Eichenfässer füllen sich fast ohne Druck aus der Presse. Das ist der vin de cuvée, der von einigen Häusern ausschließlich benutzt wird. Bei der zweiten Pressung entstehen zwei Faßfüllungen, also 410 l, die première taille. Die dritte Pressung bringt das 13. Faß, die deuxième taille.
Die erste Gärung findet entweder in kleinen Eichenfässern, in Edelstahl- oder glasausgekleideten Tanks statt. Manche Häuser lassen der alkoholischen Gärung noch einen biologischen Säureabbau folgen, die malolactische Gärung. Danach beginnt die schwierige Arbeit der Analyse, Verkostung und Mischung der verschiedenen neuen Grundweine: die Zusammenstellung der Cuvée, wozu auch vins de réserve aus älteren Jahrgängen zur Verfügung stehen. Der fertigen Cuvée wird die Fülldosage (liqueur de tirages) zugesetzt, eine Lösung aus Wein, Zucker und ausge-

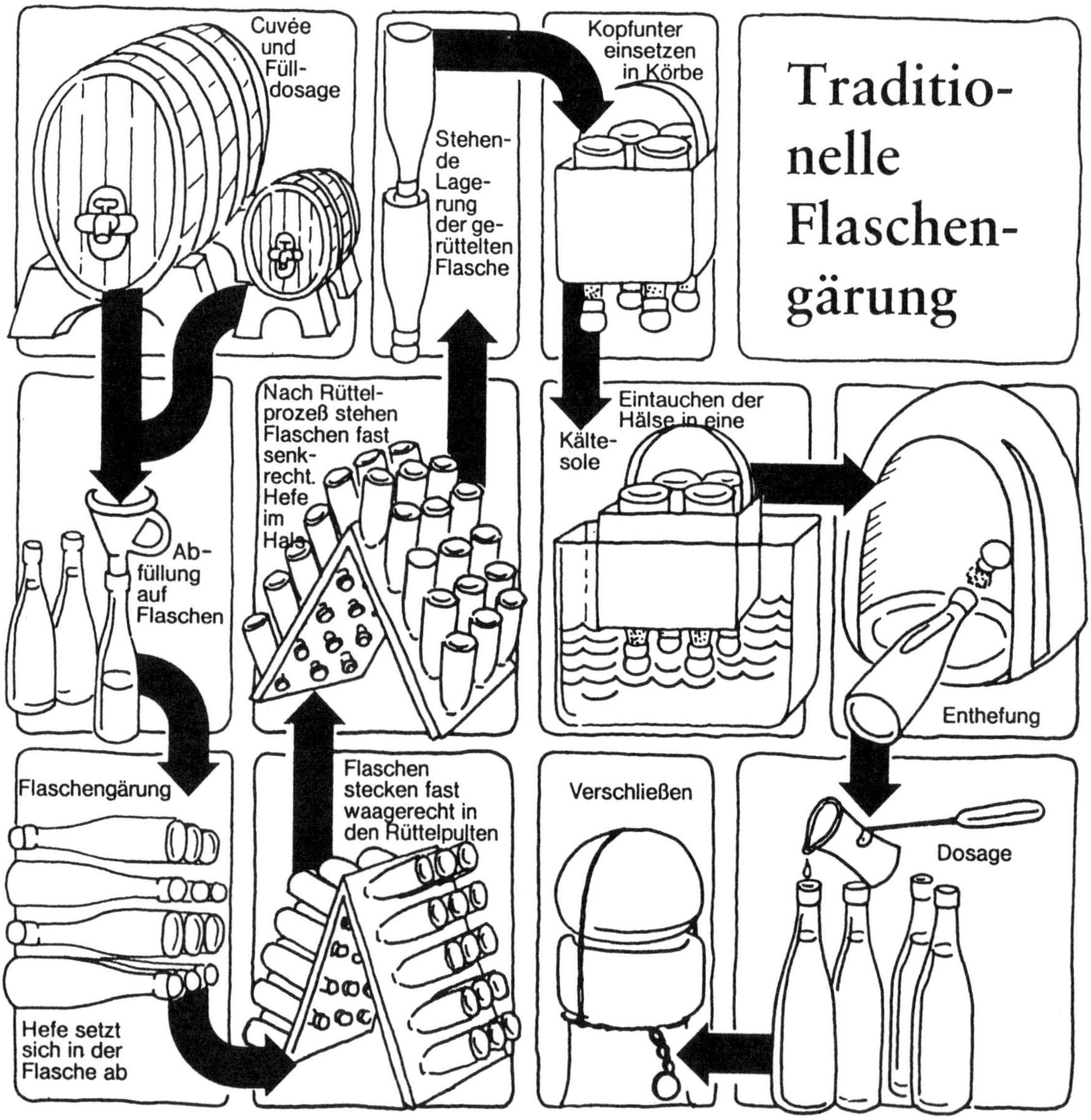

Das klassische Champagner-Verfahren ist die Methode der traditionellen Flaschengärung.

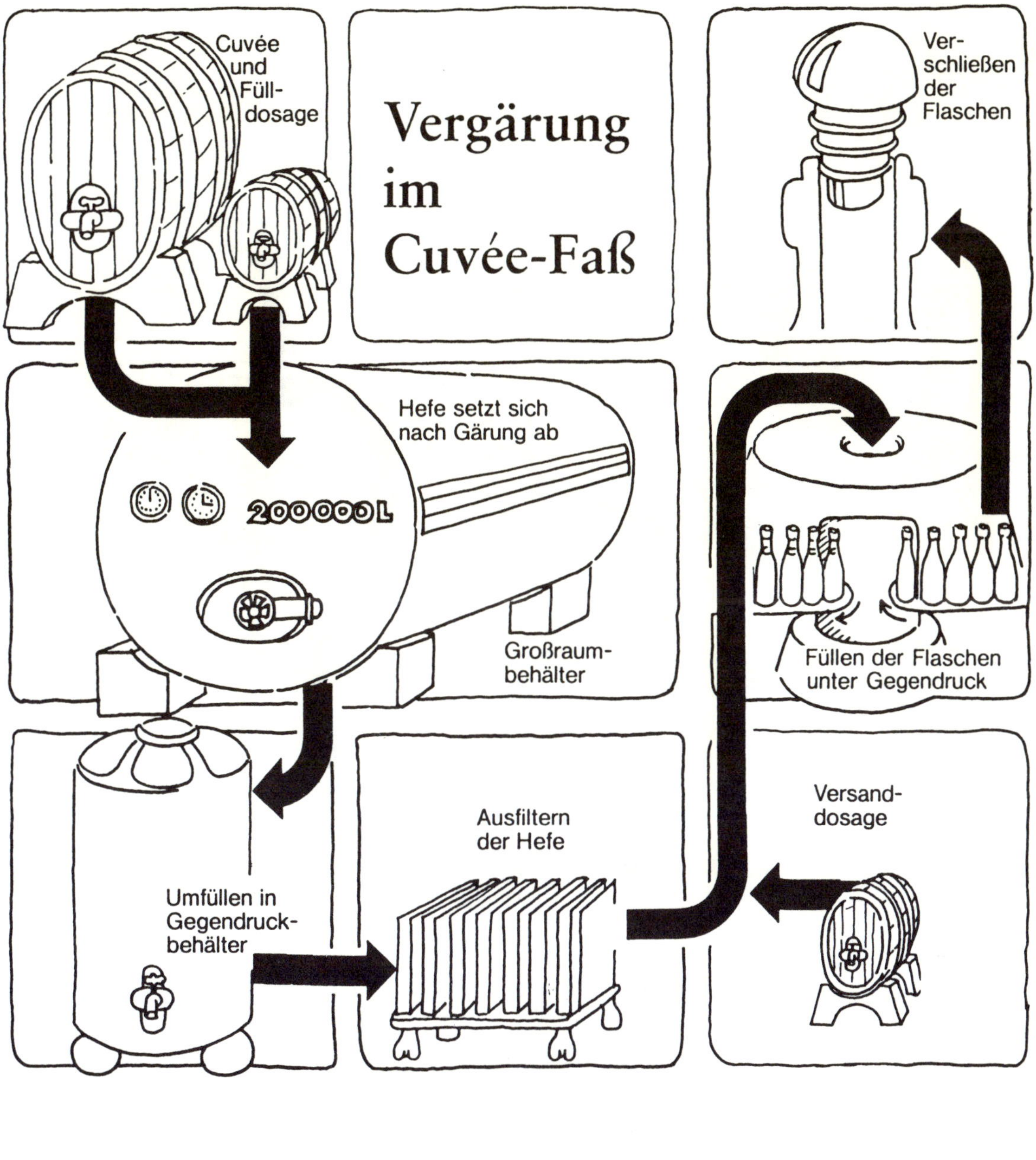

Die Vergärung im Cuvée-Faß ist die Großraum-Gärung, auch Cuve Close- und Charmat-Methode genannt.

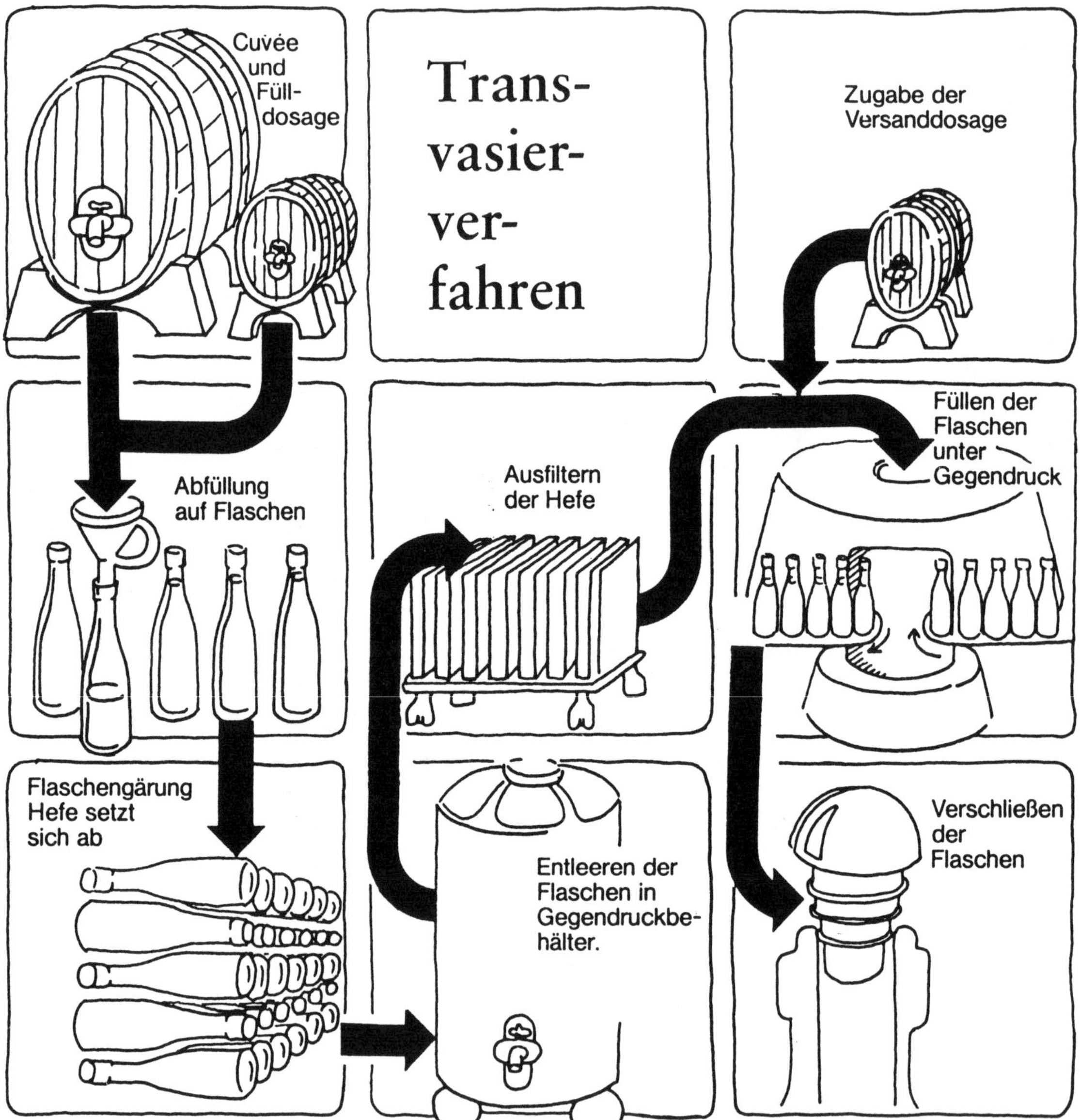

Das Transvasier-Verfahren ist ein Kompromiß zwischen der klassischen Champagner-Methode und der Großraumgärung. Schaumweine, die ohne den Zusatz »traditionell« oder »klassisch« als »Flaschengärung« deklariert sind, wurden im Transvasier-Verfahren hergestellt (s. Sie müssen wissen).

Verband Deutscher Sektkellereien e. V.
Graphiken: Söhnlein Rheingold KG, Wiesbaden

wählten Reinzuchthefen; der Wein wird auf Flaschen gezogen und mit Kronenkorken verschlossen.
In der Flasche erfolgt nun die zweite Gärung, wobei die Hefe den Zucker in Alkohol und Kohlensäure aufspaltet. Nach Beendigung der zweiten Gärung bleibt in der Flasche ein Hefedepot, das während der gesamten Reifezeit dem Wein wertvolle Extrakt- und Geschmacksstoffe abgibt. Zur weitgehenden Autolyse der Hefe und um den Hefesatz schließlich entfernen zu können, werden die Flaschen zuerst waagerecht in die Rüttelpulte (pupitres) gesteckt und – über mehrere Wochen – täglich leicht gerüttelt, gedreht und jeweils ein bißchen steiler gestellt, bis der Hefesatz in spiralförmigem Absenken den Korken erreicht hat. Bis zur Enthefung bleibt die Flasche jetzt steil auf dem Kopf. Die sehr arbeits- und darum kostenaufwendige Remuage wird in einigen Champagner-Häusern auch mit mechanischen Rüttelpulten, den gyropalettes, durchgeführt.
Zum Degorgieren, dem Entfernen des Hefesatzes, wird der Flaschenhals durch ein eisiges Solebad von – 25 bis – 35° C geführt, in dem das Depot zu einem Pfropf gefriert. Beim Öffnen wird der durch den im Innern der Flasche herrschenden Druck herausgetrieben. Die dabei entweichende Menge wird umgehend aufgefüllt mit der Versanddosage (liqueur d'expédition), einer Lösung aus Wein und Zucker, die den durch die zweite Gärung verbrauchten Zucker ersetzt und dem Champagner die Geschmacksabstufung von brut bis mild verleiht. Sodann wird die Flasche endgültig verkorkt und mit der Drahtagraffe gesichert.
Vor der Verkapselung und Etikettierung lassen gute Häuser den Wein noch einige Monate ruhen, um ihm Zeit zu geben, sich mit der Dosage aufs beste zu verbinden.

Die Großraumgärung, auch Cuve Close- und Charmat-Méthode genannt, war Anfang des 20. Jahrhunderts von Eugène Charmat aus den Versuchen von Maumené und anderen weiterentwickelt und zur Reife gebracht worden. Sie wird von der Mehrzahl der Sekthersteller für billige Sekte angewandt.
Bei diesem Verfahren wird die Cuvée unter Zugabe der Fülldosage in große, mit Rührwerken versehene Drucktanks gefüllt, in denen die zweite Gärung stattfindet. Durch periodisches Einschalten der Rührgeräte wird die Hefe immer wieder aufgewirbelt, um deren Autolyse zu begünstigen.
Nach Reifung auf dem Hefelager im Tank werden nun alle notwendigen Arbeiten unter Gegendruck ausgeführt, um ein Entweichen der gärungseigenen Kohlensäure zu verhindern. Nach dem Durchlauf durch eine Filtrieranlage zur Enthefung und dem Zusatz der Versanddosage wird der Wein durch einen Gegendruckfüller in Flaschen gefüllt und verschlossen.
Ein Kompromiß zwischen der klassischen Champagner-Methode und dem Verfahren der Großraumgärung ist

das Transvasier-Verfahren. Die zweite Gärung und Reifung aus der Hefe erfolgt dabei, wie traditionell, in Flaschen. Danach werden die Flaschen im Transvasierverfahren in einen Gegendruckbehälter entleert, mit der Versanddosage vermischt und über die Filter-Enthefung bis zum Verschließen der Flaschen genauso behandelt wie beim Großraum-Gärverfahren.

Herstellungs-Verfahren auf dem Etikett. In Deutschland trägt Sekt, der nach der Méthode champenoise bereitet wurde, eben diesen Hinweis, auch in deutscher Sprache. Ab 1994 sind diese Begriffe verboten. So findet sich jetzt schon häufig die Bezeichnung »traditionelle Flaschengärung«, die auf die Champagner-Methode hinweist.
Sekte, die nur als »Flaschengärung« deklariert sind, wurden im Transvasier-Verfahren hergestellt.

Champagner. So dürfen nur Schaumweine aus einem genau begrenzten Anbaugebiet der Champagne bezeichnet werden. Die Appellation Contrôlée Champagne braucht auf dem Etikett nicht erwähnt zu werden, es genügt die Bezeichnung »Champagne«. Die Champagner-Reben sind die zwei roten Sorten Pinot noir (mit der größten Anbaufläche) und Pinot meunier und die weiße Sorte Chardonnay, aus deren Grundweinen die Cuvées der meisten Champagner zusammengestellt sind.
Beim jahrgangslosen Wein, der dem jeweiligen Stil des Hersteller-Hauses entsprechend bereitet wird, werden meist Verschnitte mehrerer Jahrgänge verwendet. Die anderen französischen Schaumweine sind Crémants bestimmter Regionen (s. unten) und Vins Mousseux, letztere in verschiedenen Qualitätsabstufungen.

Vintages (Champagnes millésimés) sind Jahrgangs-Champagner, deren Cuvée zu mindestens 85 Prozent aus einer Ernte stammen muß. Sie werden nur in sehr guten Jahren erklärt.

Blanc de Blancs ist Champagner, der nur aus Weinen der Chardonnay-Traube bereitet wird.

Blanc de Noirs ist eine Rarität, nur aus dunklen Trauben (z. B. »Vielles Vignes Francaises« von Bollinger).

Crémant ist ein nur leicht schäumender Champagner. Durch geringere Zucker-Zugabe im Tirage-liqueur wird weniger Kohlensäure in der Flasche erzeugt. Diese leichte, weinige Champagner-Art war früher sehr geschätzt und wurde teuer bezahlt. Heute wird er in der Champagne nur noch von wenigen Häusern angeboten, z. B. Crémant de Cramant von Mumm, ein Blanc de Blancs aus Cramant-Lagen.
Seit 1975 sind Crémants auch französische Schaumweine, die zwar nach der Champagner-Methode bereitet werden, aber nicht aus der Champagne stammen: der Crémant de Bourgogne, der Crémant de la Loire und der Crémant d'Alsace. Sie alle haben etwa die Kohlensäurebildung des normalen Champagners und diese Bezeichnung nur übernommen, um sich von den gewöhnlichen Mousseux-Weinen abzugrenzen. Crémants der genannten Regionen unterliegen den strengen Bestimmungen der Appelation contrôlées.

Lagen-Champagner gibt es dort eigentlich nicht. Uns ist nur der »Clos du Mesnil« von Krug bekannt, ein Blanc de Blancs.

R. D. (Récemment dégorgé) steht auf dem Etikett, wenn ein Champagner erst vor kurzem degorgiert wurde, wie Bollingers R. D., der 7–10 Jahre auf der Hefe bleibt. Die Année Rare R. D. aus demselben Haus bis zu 15 Jahre, wobei sie perfekte Reife erreichen.

Cuvée nennt man in der Champagner- und Sekt-Herstellung den Verschnitt der Weine aus verschiedenen Rebsorten, Lagen oder Jahrgängen.

Jahrgangs-Sekte. Hier müssen mindestens 85 Prozent der Grundweine aus dem gleichen Erntejahr stammen.
Wird auf dem Etikett die Rebsorte genannt, muß der Sekt zu mindestens 85 Prozent aus deren Trauben gewonnen sein.

Lagen-Sekt. Seine Cuvée kann aus verschiedenen Jahrgängen der auf dem Etikett genannten Einzellage zusammengestellt sein, wenn er nicht gleichzeitig als Jahrgangssekt deklariert ist. Einige deutsche Sektkellereien bieten immer wieder Lagen-Sekt aus guten, auch aus großen Lagen an (s. Deinhard, Schloß Vaux u. a.).

Deutscher Sekt. Die Bezeichnung auf dem Etikett sagt aus, daß die Grundweine aus in Deutschland gewachsenen Trauben stammen. **Deutscher Sekt b. A.** ist ein Sekt aus Grundweinen eines bestimmten Anbaugebietes (z. B. Mosel-Saar-Ruwer, Rheinpfalz u. a.). Wird ein Bereichsname genannt wie Johannisberg, kommen die Trauben aus dem genannten Bereich, bei Angabe einer Großlage wie Rüdesheimer Burgweg aus deren begrenztem Gebiet.
Einige deutsche Sektfirmen bieten erstklassige Sekte aus Grundweinen französischer Provenienz an, wie Kessler mit seinem »Hochgewächs«, Geldermann, das mit seinem Stammhaus Deutz in der Champagne noch eng verbunden ist, u. a.

Winzersekte gibt es seit einigen Jahren zuhauf. Weingüter und Genossenschaften, die eigenen Sekt anbieten, schießen wie Pilze aus der Erde. Häufig schließen sie sich zu Vereinigungen ihrer Anbaugebiete zusammen. Dabei ist es natürlich wichtig zu wissen, welche Qualitätskriterien diese ihren Mitgliedern auferlegen.
Sehr hohe Qualitätsansprüche stellt die Vereinigung der Sektgüter der Rheinfalz in Neustadt-Mußbach an der Weinstraße, Am Brückenwehr 10, die nicht nur die erlaubten Rebsorten stark einschränkt, nur Brut- und Extra Brut-Sekte zuläßt und eine mindestens zwölfmonatige Flaschenreifung auf der Hefe vorschreibt. Die Grundweine müssen bis März reifen, der fertige Sekt nochmals drei Monate beim Hersteller.

Lagerung. Champagner und Sekt lagert man am besten im dunklen Keller bei 10°–12° Celsius liegend. Jahrgangs-Champagner gewinnen unbedingt in zwei bis drei Jahren an Geschmacksintensität, große Vintages können bis zu zehn Jahre liegen.

Glas und Temperatur. Nur hohe, schlanke Kelchgläser oder Champagner-Flöten werden dem Wein gerecht. Sektschalen lassen die Bläschen nicht gut aufsteigen, sie verderben das Bukett. Champagner oder Sekt zu quirlen, ist eine barbarische Gewalttat.

Wer keine Kohlensäure verträgt, sollte besser Wein trinken.
Champagner und Sekt sollen kühl, nicht eiskalt, serviert werden, am besten zwischen 6° und 8° Celsius, bester Champagner zwischen 8° und 10° Celsius.

Herb oder süß. Alle Erzeuger von Champagner oder anderen Schaumweinen in der EG sind verpflichtet, die nachfolgenden Bezeichnungen des Süßegrades ihres Produkts auf dem Etikett zu verwenden:

	Restzuckergehalt
Extra Brut (extra herb)	0–6 g/l
Brut (herb)	bis 15 g/l
Extra Dry (extra trocken)	12–20 g/l
Sec (trocken – dry – secco – asciutto – seco)	17–35 g/l
Demi-Sec (halbtrocken – medium dry – abbocato – semi-seco – meio-seco)	33–50 g/l
Doux (mild – sweet – dolce – dulce – doce)	über 50 g/l

Flaschengrößen. International sind folgende Flaschengrößen bekannt, die größeren Typen davon aber nur noch selten im allgemeinen Gebrauch:

Normalflasche – 0,75 l
Magnum – 2 Flaschen
Jeroboam – 4 Flaschen
Rehoboam – 6 Flaschen
Methusalem – 8 Flaschen
Salmanazar – 12 Flaschen
Balthazar – 16 Flaschen
Nebukadnezar – 20 Flaschen

Frankreich

Crémants und andere französische Schaumweine

Aus der Fülle der Schaumweine Frankreichs, stellen wir aus verschiedenen Gebieten ein paar bemerkens- und probierenswerte Weine und deren Produzenten vor. Sie alle sind von anderem Charakter und alle sind sie AC-Weine.

Loire

Vouvray

Der Vouvray Pétillant ist ein schwach schäumender, feiner, fruchtiger Wein aus Chenin blanc-Trauben. Er ist sehr schwierig zu bereiten, weshalb auch nur wenig erstklassige Pétillants zu finden sind. Er wird, wie der Vouvray Mousseux, in der klassischen Champagner-Methode hergestellt. Bester Erzeuger ist Marc Brédif mit dem Brédif-Pétillant, aber auch die Domaine Freslier, beide in Vouvray.
Sehr gute Mousseux machen die Domaine du Haut-Lieu von Gaston Huet und Le Clos Boudoin des Fürsten Poniatowski, aber auch Philippe Foreau, alle in Vouvray.

Saumur

Die Méthode champenoise wird auch für die Crémants aus Saumur angewandt, die vor allem aus Chenin blanc (Pineau de la Loire), Chardonnay und Cabernet franc-Trauben stammen. Letztere nennt man an der Loire auch »Breton«.
Sehr gute Crémant de Loire-Weine produzieren die Häuser Langlois-Chateau, im Besitz von Bollinger (Champagne), mit dem Blanc de Blancs aus Chenin blanc und Chardonnay sowie Bouvet-Ladubay, das Taittinger in Reims gehört und die Crémants Brut Saphir und Crémant d'Or Blanc de Blancs herausbringt. Ackermann-Laurance mit den Crémants Princes de Loire und Cuvée Privée sind durchaus zu empfehlen.

Burgund

Crémant de Bourgogne-Rebsorten sind Pinot noir, Pinot blanc, Chardonnay und Aligoté.
Sehr guter Erzeuger: André Delorme, Domaine de la Renarde in Rully (Côte Chalonnaise), gut sind die der Frères Mongeon-Gueneau und des Hauses Louis Bouillot, beide in Nuits-St-Georges, Caves du Viré in Viré und L. Vitteau in Chagny-Rully.

Elsaß

Wie alle Crémants in Frankreich, dürfen auch die Crémants d'Alsace nur nach der Méthode champenoise hergestellt werden. Zugelassen sind die Rebsorten Pinot blanc, Pinot Auxerrois (eine Spielart der Pinot blanc), Pinot gris (Tokay d'Alsace), Riesling, Chardonnay und Pinot noir.
Dopf et Irion, Château de Riquewihr haben den Crémant d'Alsace groß gemacht, heute wird er von vielen guten Elsässer Winzerbetrieben angeboten.

Rhône

Clairette de Die

Im Tal der Drôme, südöstlich von Valence, ist das kleine Anbaugebiet des Clairette de Die-Schaumweins aus Clairette- und Muscat-Trauben. Ein köstlicher, blumiger Wein in der alten Version lieblich und halbtrocken nach der Méthode dioise bereitet, bei der dem Wein zur zweiten, der Flaschengärung, kein Zucker, wie beim Champagner, zugesetzt wird, sondern der nach der ersten, unterbrochenen Gärung noch vorhandene natürliche Traubenzucker genutzt wird. Die trockene Version wird im Champagner-Verfahren hergestellt.
Größter Erzeuger ist die Cave Coopérative in Die mit dem »Tradition« und dem Brut.
Das Weingut Albert Andrieux in Saillans erzeugt ebenfalls gute Weine, auch in alter Manier.

Midi

Blanquette de Limoux

Schon Anfang des 16. Jahrhunderts sollen dort Benediktiner in St-Hilaire Schaumwein erzeugt haben. In jedem Fall ist der Blanquette de Limoux ein vielgelobter, feiner, fruchtiger Mousseux, hergestellt nach der Méthode champenoise. Die Rebe Mauzac, die man wegen ihrer weißen Blattunterseite »Blanquette« nennt, Chenin blanc und Chardonnay sind die Sorten des Blanquette, die entlang dem Flüßchen Aube an den Pyrenäen-Ausläufern um Limoux auf kalkhaltigem Untergrund stehen.
Haupterzeuger ist die Winzergenossenschaft Producteurs de Blanquette de Limoux mit sehr gutem Brut und Jahrgangsweinen, empfehlenswert auch die Antech-Weine der Domaine de Flassian in Limoux.
Wenig originell erscheint daneben der neu eingeführte Crémant de Limoux.

ITALIEN

Spumante

Die Italiener erzeugen immer mehr gute Schaumweine im klassischen Verfahren der Flaschengärung, der Metodo champenois oder classico. Neuerdings werden Schaumweine dieser Herstellungsart auch »Classimo« genannt. Sie stammen vorwiegend aus Pinot nero, Chardonnay, Pinot bianco und Pinot grigio.
Die nach Regionen geordnete Aufstellung zeigt einige Erzeuger und deren repräsentative Marken auf. Darunter befinden sich auch etliche große Weingüter, die nur einen Schaumwein produzieren, auch aus regionalen Sorten.

Piemont

BRUNO GIACOSA (Neive)
- Extra Brut

FONTANAFREDDA (Serralunga d'Alba)
- Contessa Rosa + Jahrgang
- Brut Gattinara + Jahrgang

ROCCHE DEI MANZONI (Migliorini, Monforte d'Alba)
- Valentino Brut
- Riserva Elena

GANCIA (Canelli)
- Gran Riserva Carlo Gancia
- Gancia dei Gancia Vintage

GIUSEPPE CONTRATTO (Canelli)
- Reserve for England
- Riserva Bacco d'Oro
- Riserva Novecento

RICCADONNA (Canelli)
- Riserva Privata Angelo Riccadonna
- President Brut Riserva Privata

CALISSANO (Alba)
- Realbrut

VILLA BANFI (Strevi)
- Brut

CINZANO (Turin)
- Marone Cinzano pas dosé + Jahrgang

SOLDATI-LA SCOLCA (Gavi)
- Pados
- Extra Brut

LA GIUSTINIANA (Gavi)
- Nature

Lombardei

CA'DEL BOSCO (Erbusco)
- Dosage Zero
- Brut Millesimato
- Crémant

CAVALLERI (Erbusco)
- Cavalleri Vintage
- Pas Dosé
- Brut

BELLAVISTA (Erbusco)
- Gran Cuvée Pas Operé Millesimato
- Gran Cuvée Brut Millesimato
- Crémant Millesimato

GUIDO BERLUCCHI (Borgonato di Cortefranca
- Cuvée Imperiale Brut
- Brut Millesimato
- Pas Dosé

ANTICA CANTINA FRATTA (gehört zu Berlucchi)
- Antica Brut + Jahrgang

MONTE ROSSA (Bornato)
- Extra Brut dei Rossa Millesimato
- Non Dosato
- Rosé

LA VERSA (S. Maria della Versa)
- Brut La Versa Millesimato

MAGGI (Stradella)
- Cristal Pinot Brut

Trentin

FERRARI (Trento)
- Giulio Ferrari – Riserva del Fondatore Milles.
- Brut de Brut Perlé Millesimato

CAVIT (Trento)
- Firmato

CESARINI SFORZA (Trento)
- Brut Riserva dei Conti
- Brut Blanc de Blancs

EQUIPE TRENTINA (Mezzolombardo)
- Equipe 5 Riserva Millesimato

GIUSEPPE SPAGNOLLI (Aldeno)
- Spagnolli Brut

Venetien

CONTE LOREDAN-GASPARINI (Venegazzù del Montello)
- Venegazzù Brut

CARPENÈ MALVOLTI (Conegliano)
- Brut

BISOL (S. Stefano di Valdobbiadene)
- Bisol Brut Riserva

Friaul-Julisch Venetien

PUIATTI (Farra d'Isonzo)
- Extra Brut

DORIGO (Buttrio)
- Montsclapade Pinot Pas Dosé

M. COLLAVINI (Corno di Rosazzo)
- Applause Nature

Toskana

MARCHESI ANTINORI (Florenz)
- Extra Brut Riserva Millesimato
- Brut Nature

MARCHESI DE'FRESCOBALDI (Florenz)
- Frescobaldi Brut Millesimato

BARONE RICASOLI (Florenz)
- Brut

CASTELLO DI QUERCETO (Greve in Chianti)
- Francois Ier.

TENUTA DI CAPEZZANA (Carmignano)
- Brut di Capezzana

CASALE – RICCARDO FALCHINI (San Gimignano)
- Falchini Brut (Vernaccia)

Marken

GAROFOLI (Loreto)
- Brut Riserva – Verdicchio

ATTILIO FABRINI (Serrapetrona)
- Verdicchio Metodo Champenois

Umbrien

DECUGNANO DEI BARBI (Corbara di Orvieto)
- Decugnano Brut

LUNGAROTTI (Torgiano)
- Brut

Spumante aus einheimischen Rebsorten wird häufig im Charmat-Verfahren bereitet wie der Prosecco di Conegliano e Valdobbiadene aus Venetien, ein frischer, fruchtbetonter Schaumwein, der in der Superiore di Cartizze-Version aus diesem höherwertigen kleinen Gebiet bei Valdobbiadene besonders fein und harmonisch erscheint. (Pino Zardetto, Scomigo di Conegliano; Nino Franco, Valdobbiadene; Carpenè Malvolti, Conegliano; Bisol, S. Stefano di Valdobbiadene; Adami, Colbertaldo di Vidor; Bortolin, S. Stefano di V.)
Auch der populäre Asti Spumante, der, mäßig im Alkoholgehalt, in seiner besten Form munter schäumend, frisch und fruchtig-süß mit dem duftigen Bukett des Weißen Muskatellers daherkommt, wird im Tank bereitet, allerdings in einem der Bewahrung des traubentypischen Charakters dienenden Verfahren der einmaligen Gärung. Erstklassige Erzeuger verhelfen der etwas in Verruf geratenen Piemonteser Spezialität zu neuem Ansehen. (Fontanafredda, Serralunga d'Alba; Gancia, Canelli; Contratto, Canelli; La Brenta d'Oro, Vezza d'Alba; Flli. Bera, Neviglie; Martini e Rossi, Pessione; Vignaioli di S. Stefano Belbo u a.)

Spanien

Cava

»Cava« (Keller) ist der in Spanien geschützte Begriff für Schaumwein, der nur im klassischen, traditionellen Flaschengär-Verfahren hergestellt werden darf. Die meisten Cavas kommen aus der katalanischen Landschaft Penedés mit den Zentren San Sadurní da Noya und Vilafranca del Penedés. Die Rebsorten des Cava sind vorwiegend weiß. Im Penedés sind es die Macabeo (Viura), deren Weine fruchtig und frisch erscheinen, die spät reifende Parellada (Montonec), säurebetont, aromatisch und von mäßigem Alkoholgehalt und die robuste Xarel-lo, die alkoholreichere Weine bringt. Neuerdings zeichnet in manchen guten Cavas die Chardonnay-Traube für Finesse. Die rote, farbintensive und alkoholreiche Monastrell ist lediglich zur Herstellung von Cava Rosé von Bedeutung.

Einige Erzeuger und ihre besten Weine sind:

Penedés

CASTILLO DE PERELADA (Vilafranca, Barcelona)
- Gran Claustro Reserva
- Brut Castillo

FREIXENET (San Sadurní)
- Brut Barroco + Jahrgang
- Cuvée DS + Jahrgang
- Brut Nature
- Cordon Negro + Jahrgang

ROGER GOULART (Sant Esteve)
- Grand Cru + Jahrgang

JUVÉ Y CAMPS (San Sadurní)
- Reserva da la Familia

MARQUÉS DE MONISTROL (Monistrol de Noya)
- Gran Tradicion + Jahrgang
- Brut Reserva + Jahrgang
- Rosado Brut

MESTRES (Mestres Sagués in San Sadurní)
- Mas Via
- Clos Nostre Senyor
- Los Cupages des Mestres 1312 Brut

MONT MARCAL (Manuel Sancho y Hijas in Castelvi de la Marca)
- Gran Reserva + Jahrgang
- Mont Marcal Nature

PARÉS BALTÁ (Pacs del Penedés)
- Brut Nature Cuvée Privée
- Brut de Brut

PARXET (Tiana)
- Brut Nature Chardonnay
- Brut Nature

RAVENTOS I BLANC (San Sadurní de Noya)

SEGURA VIUDAS (San Sadurní)
- Reserva Heredad
- Brut Vintage

Rioja

Rebsorten: Viura und Malvasia

Erzeuger:

MUGA (Haro)
- Conde de Haro + Jahrgang

(nur aus Viura-Trauben)

BODEGAS BILBAINAS (Bilbão)
- Royal Carlton Brut Nature

Die Autoren

Fast 30 Jahre ist es her, daß Ernst Hornickel mit dem Buch »Die Spitzenweine Europas« damals und in Folge eine ganz neue Sparte von Sachbüchern ins Leben gerufen hat.
In den 60er Jahren gab es auf dem deutschen Buchmarkt nur spärliche Schilderungen einzelner Weinbauregionen; eine umfassende Darstellung der europäischen Spitzenwein-Gebiete gab es nicht.
In der Sprache des espritvollen Feuilletonisten mit erkennbar umfassendem Bildungshorizont wurden »Die Spitzenweine Europas« in kürzester Zeit nicht nur zum meistgekauften Weinbuch deutscher Sprache, es erschien ebenso in London, Den Haag wie New York.
Ein Erfolg, der diejenigen, die Ernst Hornickel kannten, nicht überraschte. Verwirklichte er doch alles, was er anpackte, mit Initiative, Kreativität und großem Einsatz und dem ihm eigenen Gespür für Neues in Inhalt und Darstellung.
1902 in Zeitz geboren, machte er eine Lehrerausbildung, war kurze Zeit Lehrer und nebenher Sportjournalist. 1926 holte ihn John Jahr nach Hamburg. 1935 vom Belser-Verlag für die »Sport-Illustrierte« gewonnen, zog er mit Frau und Tochter nach Stuttgart. Nach dem Krieg war Hornickel Herausgeber und Chefredakteur der »Sport-Illustrierten«, gründete den Motor-Presse-Club und den der Sportpresse Baden-Württembergs.
Von 1953 bis 1977 machte er im Auftrag der ARAL AG das »Aral-Journal«, eine der angesehensten deutschen Public-Relations-Zeitschriften im Rang einer Kulturzeitschrift, deren hohes Niveau in Inhalt und Aufmachung unbestritten war.
Auf einer Reportage-Reise zu den Kulturschätzen Burgunds geriet Hornickel freilich unversehens vom vorgesehenen Wege ab auf die Straße des Dionysos. Sein Interesse galt plötzlich einer ganz anderen Kultur: der des Weines. Die daraus entstandenen Aufsätze faszinierten den Stuttgarter Verleger Dr. Heinrich Seewald so sehr, daß er den Autor zu einem Buchprojekt überredete. »Die Spitzenweine Europas« wurden geboren. Heute wissen wir, daß es eine verlegerische Königsidee war.
Seine Tochter Pia Charlotte, ständige Mitarbeiterin ihres Vaters, stand ihm auch bei der Vorbereitung dieses Buches und seiner Folgebände zur Seite. Nach ihrem Lebenslauf befragt, äußerte sie dazu: »Mein Leben ist mit dem meines Vaters weitgehend identisch, und es gibt dazu nichts weiter zu sagen, als daß es aufregend, vielseitig und schön war.«
Niemand also wäre berufener gewesen, durch eine völlige Neubearbeitung das Buch von Ernst Hornickel auch für die weininteressierten Leser von heute zu einem aktuellen Erlebnis werden zu lassen.

Stichwortverzeichnis

Châteaux (Bordeaux-Weine) werden unter C aufgeführt, Rebsorten finden sich unter R. Die Mehrzahl der großen Burgunder-Lagen (außer den Spitzenlagen) sind unter deren Ortsnamen zu suchen. Erzeuger sind als Weingut (WG) oder Domaine gekennzeichnet.

A

B

C

Château:

D

E

F

K

L

M

N

O

P

Q

R

S

T

U

V

Bildhinweise: Schutzumschlag: Fotostudio Schneider, Kaiserslautern; zu S. 33 Latour; S. 34 Haut-Brion; S. 80 Prof. Claus, Geisenheim; S. 96 Europress; S. 97, 113, 145, 209 Armin Faber, Mülheim/Ruhr; S. 112 Gebietsweinwerbung Nahe; S. 128 Gebietsweinwerbung Frankenwein-Frankenland; S. 129 Weinwerbezentrale Badischer Winzergenossenschaften; S. 144 Kurverein Zermatt/H. Preissig; S. 146 Almasy/Bavaria und Soc. des Exporteurs des Vins Suisses; S. 160 Fontanafredda Tenimenti; S. 161 Barone Ricasoli und Biondi-Santi; S. 192 Consejo Regulador Denom. di Origen Jerez und Informationsbüro Sherry; S. 280–282 Graphiken Söhnlein Rheingold/Verband Deutscher Sektkellereien; übrige: Autorenfotos. Die Beurteilung der italienischen Wein-Jahrgänge wurde nach Angaben der Unione Italiana Vini in Mailand erstellt.